Duden

Abiturwissen

Geschichte

3., aktualisierte Auflage

Duden Schulbuchverlag
Berlin · Mannheim · Zürich

Herausgeber
Dr. Hermann Fromm

Autoren
Dr. Gerd Fesser, Dr. Hermann Fromm, Prof. Hans-Joachim Gutjahr †,
Dr. Reinhard Hoßfeld, Dr. Sonja Huster, Dr. Detlef Kattinger,
Dr. Detlef Langermann, Hendrik Margull, Sieglinde Stropahl, Dr. Günter Wehner,
Dr. Helmut Willert

Bibliografische Information der Deutschen Nationalbibliothek
Die Deutsche Nationalbibliothek verzeichnet diese Publikation in der Deutschen
Nationalbibliografie; detaillierte bibliografische Daten sind im Internet über
http://dnb.d-nb.de abrufbar.

Das Wort **Duden** ist für den Verlag Bibliographisches Institut GmbH als Marke
geschützt.

Alle Rechte vorbehalten. Nachdruck, auch auszugsweise, vorbehaltlich der Rechte,
die sich aus den Schranken des UrhG ergeben, nicht gestattet.

© Duden 2011   F E D C B A
Bibliographisches Institut GmbH, Dudenstraße 6, 68167 Mannheim, und
Duden Paetec GmbH, Bouchéstraße 12, 12435 Berlin

Redaktion David Harvie, Dr. Sonja Huster, Dr. Detlef Langermann
Gestaltungskonzept Britta Scharffenberg
Umschlaggestaltung WohlgemuthPartners, Hamburg
Layout DZA Satz und Bild GmbH, Marlis Konrad
Grafik Karl-Heinz Bergmann, Christine Gebreyes, Gerlinde Keller, Marlis Konrad,
Bibliographisches Institut GmbH, Manuela Liesenberg, Dieter Ruhmke
Druck und Bindung Parzeller Druck- und Mediendienstleistungen GmbH & Co. KG,
Frankfurter Straße 8, 36043 Fulda

ISBN 978-3-411-02709-5

Inhaltsverzeichnis

1	Geschichte: Geschehen in Raum und Zeit	9
1.1	**Geschichte und Geschichtsforschung**	**10**
1.1.1	Geschichte – ein mehrdeutiger Begriff	10
1.1.2	Geschichtswissenschaft und Geschichtsschreibung	10
1.1.3	Grundlegende Erkenntnisse über den Geschichtsprozess	13
1.2	**Geschichtliche Denk- und Arbeitsweisen**	**14**
1.2.1	Geschichtliche Quellen und ihre Bedeutung	14
1.2.2	Methoden und Arbeitsweisen im Geschichtsunterricht	19
1.2.3	Kalender und Zeitrechnung	24

2	Vor- und Frühgeschichte	25
2.1	**Menschwerdung und Vorgeschichte**	**26**
2.1.1	Die Menschwerdung	26
2.1.2	Gliederung der Vor- und Frühgeschichte	30
2.2	**Der Mensch in der Steinzeit**	**31**
2.2.1	Religion und Kunst in der Altsteinzeit	31
2.2.2	Sesshaftwerdung in der Jungsteinzeit	34
2.3	**Die Kulturen der Bronze- und Eisenzeit in Europa**	**38**
2.3.1	Der Mensch in der Bronzezeit	38
2.3.2	Handwerk und Handel in der Eisenzeit	41

3	Frühe Hochkulturen	45
3.1	**Mesopotamien**	**46**
3.1.1	Bedingungen für die Herausbildung der Hochkultur	46
3.1.2	Die Hochkultur der sumerischen Stadtstaaten	47
3.1.3	Die Großreiche der semitischen Völker	49
3.1.4	Die Metropole Babylon	54
3.2	**Ägypten**	**56**
3.2.1	Bedingungen für die Herausbildung der Hochkultur	56
3.2.2	Wirtschaft und Gesellschaft	57
3.2.3	Die Herrschaft der Pharaonen	60
3.2.4	Die Religion der Ägypter	62
3.2.5	Leistungen der Ägypter	63
3.3	**Das alte Israel**	**67**
3.3.1	Einwanderung und Bildung des Stammesverbandes	67
3.3.2	Der Staat Israel entsteht – Saul, David, Salomo	68
3.3.3	Reichsteilung, Fremdherrschaft und Diaspora	70
3.3.4	Die Entstehung des israelitischen Monotheismus	71
3.4	**Die Hochkulturen Asiens**	**73**
3.4.1	Erste Hochkulturen in China	73
3.4.2	Die Indus- oder Harappa-Kultur	78

▍Überblick
S. 85–88

4	Antike	89
4.1	**Griechenland**	**90**
4.1.1	Die griechische Frühzeit (um 3000 v. Chr.–1000 v. Chr.)	91
4.1.2	Das klassische Griechenland (um 1000–300 v.Chr.)	96
4.1.3	Alexander der Große und der Hellenismus	109
4.2	**Das Römische Reich (753 v. Chr.–476 n. Chr.)**	**114**
4.2.1	Römische Königsherrschaft und Republik	114

4.2.2	Die römische Kaiserzeit 125
4.2.3	Der Untergang des Römischen Reiches. 133

■ Überblick
S. 137–138

5	**Mittelalter**	**139**
5.1	**Das Mittelalter als geschichtliche Epoche**	**140**
5.1.1	Periodisierung des Mittelalters in Europa.	140
5.1.2	Völkerwanderung.	142
5.2	**Byzantinisches Reich**	**147**
5.2.1	Die Entstehung des Byzantinischen Reiches	147
5.2.2	Blütezeit des Byzantinischen Reiches	148
5.2.3	Niedergang des Byzantinischen Reiches	150
5.3	**Die Reiche der Araber**	**151**
5.3.1	Mohammed und der Islam.	151
5.3.2	Die Entstehung und Entwicklung des Kalifats	153
5.3.3	Leistungen der muslimischen Kultur	155
5.4	**Das Frankenreich**	**157**
5.4.1	Das Reich der Merowinger.	157
5.4.2	Das karolingische Reich	159
5.4.3	Die fränkischen Reiche nach der Teilung	165
5.4.4	Grundstrukturen der Verfassung im Fränkischen Reich.	168
5.4.5	Das Lehnswesen	171
5.4.6	Adel und Ritterstand – Eine neue Art zu kämpfen	173
5.5	**Kirche und Staat im Hochmittelalter**	**177**
5.5.1	Die Anfänge des Deutschen Reiches	177
5.5.2	Der Investiturstreit	179
5.5.3	„Ora et labora" – Mönche in der Welt des Mittelalters.	182
5.5.4	Das staufische Zeitalter	183
5.5.5	Die Kreuzzüge	188
5.5.6	Die bäuerliche Lebenswelt.	191
5.5.7	Innerer Landesausbau und Ostkolonisation	195
5.6	**Spätmittelalter und der Aufschwung der Städte**	**197**
5.6.1	Vom Interregnum zum „Hausmachtkönigtum"	197
5.6.2	Der Aufstieg der Städte	198
5.6.3	Alltagsleben in einer mittelalterlichen Stadt	202
5.6.4	Kaisermacht und Fürstenmacht.	204

■ Überblick
S. 209–210

6	**Das Zeitalter der großen geografischen Entdeckungen**	**211**
6.1	**Renaissance und Humanismus in Europa**	**212**
6.1.1	Das neue Weltbild	212
6.2	**Die Suche nach einem Seeweg nach Indien**	**217**
6.2.1	Portugals Aufstieg zu einer Großmacht	217
6.2.2	Die Niederlande suchen einen Seeweg nach Indien	221
6.2.3	Unbekannte Königreiche in Afrika	222
6.3	**Spanien auf dem Weg zur Weltmacht**	**225**
6.3.1	Spaniens Aufstieg.	225
6.3.2	Vernichtung altamerikanischer Hochkulturen	228
6.4	**Engländer und Franzosen siedeln in Nordamerika**	**231**
6.4.1	Erste Kontakte mit den Einheimischen	231
6.4.2	Die wissenschaftliche Erforschung Amerikas und	
	die Begründung der modernen Evolutionstheorie	232
6.5	**Weitere Entdeckungen der Europäer**	**234**

6.5.1	Russland dringt nach Sibirien vor	234
6.5.2	Entdeckungen in Australien und Ozeanien	235

▌Überblick
S. 236

7	**Von der Reformation bis zum Absolutismus**	**237**
7.1	**Die Krise der Kirche im Spätmittelalter**	**238**
7.1.1	Die Kirche bestimmt das Leben der Menschen.	238
7.1.2	Missstände in der Kirche und Kritik.	239
7.2	**Martin Luther und die Reformation**	**240**
7.2.1	Luthers Kampf gegen die Missstände der Kirche	240
7.2.2	Der Reichstag zu Worms	242
7.2.3	Luther, Melanchthon und Lucas Cranach der Ältere	244
7.3	**Soziale Unruhen**	**245**
7.3.1	Ritteraufstände.	245
7.3.2	Der Bauernkrieg	246
7.3.3	Müntzer, Luther und die Wiedertäufer.	249
7.4	**Die Folgen der Reformation**	**251**
7.4.1	Landesfürstliche Kirchenpolitik	251
7.4.2	Der Kampf zwischen den protestantischen Ständen und dem Reich	252
7.4.3	Der Augsburger Religionsfrieden	253
7.4.4	Katholische Reform und Gegenreformation	255
7.4.5	Glaubensspaltung und Glaubenskämpfe in Westeuropa	257
7.5	**Der Dreißigjährige Krieg 1618–1648**	**260**
7.5.1	Konfessionelle Gegensätze	260
7.5.2	Der Krieg mündet in einen europäischen Machtkampf.	262
7.5.3	Der Westfälische Frieden von 1648	265
7.6	**Der Absolutismus in Frankreich**	**267**
7.6.1	Ludwig XIV. – ein König im Zeichen der Sonne	267
7.6.2	Wirtschaft	268
7.6.3	Großmachtpolitik und Vorherrschaftsstreben in Europa	270
7.7	**Aufgeklärter Absolutismus**	**271**
7.7.1	Die Aufklärung	271
7.7.2	Der Absolutismus in Preußen.	274
7.7.3	Der Absolutismus in Österreich-Ungarn	278
7.7.4	Der Absolutismus in Russland	280
7.7.5	Streit und Krieg und Tradition – europäische Konflikte im 18. Jahrhundert	283
7.7.6	Das Barock in Europa: Lebensweise, Baukunst und Musik . . .	286

▌Überblick
S. 288

8	**Das Zeitalter bürgerlicher Revolutionen**	**289**
8.1	**Die Englische Revolution und die Entstehung der USA**	**290**
8.1.1	Der Kampf zwischen Krone und Parlament	290
8.1.2	Europäische Kolonien in Amerika	294
8.1.3	Vom Bündnis zum Bundesstaat – Die Entstehung der Vereinigten Staaten von Amerika	295
8.2	**Die Französische Revolution 1789**	**298**
8.2.1	Ursachen der Revolution	298
8.2.2	Vom absoluten Königtum zum Verfassungsstaat.	300
8.2.3	Terror und Ende der Revolution	305
8.3	**Gesellschaftliche und politische Veränderungen in Europa**	**307**
8.3.1	Napoleon verändert die Landkarte Mitteleuropas.	307

8.3.2	Die preußischen Reformen	309
8.3.3	Die Befreiungskriege	310
8.3.4	Der Wiener Kongress und die Neuordnung Europas	312
8.4	**Revolutionen von 1848/49**	**315**
8.4.1	Februarrevolution in Frankreich – Märzrevolution in Österreich	315
8.4.2	Die Revolution in Deutschland	316
8.4.3	Das gewaltsame Ende der Revolution	317
8.4.4	Weltweite Unabhängigkeitskämpfe	319
8.5	**Die industrielle Revolution**	**323**
8.5.1	Der Beginn der Industrialisierung	323
8.5.2	Soziale Probleme der industriellen Entwicklung	325
8.5.3	Die Herausbildung einer Arbeiterpartei	326

■ Überblick
S. 328

9	**Aufstieg und Untergang des preuß.-deutschen Kaiserreichs**	**329**
9.1	**Preußens Ringen um die Vorherrschaft**	**330**
9.1.1	Die preußische Politik nach 1848	330
9.1.2	Krieg – „Politik mit anderen Mitteln"	331
9.2	**Die Gründung des Deutschen Reiches**	**333**
9.2.1	Der deutsch-französische Krieg	333
9.2.2	Reichsgründung und Reichsverfassung	334
9.2.3	Innenpolitik – Kulturkampf und Sozialistengesetze	336
9.2.4	Außenpolitik – Bismarcks Bündnissystem	339
9.3	**Die Epoche des Imperialismus**	**340**
9.3.1	Expansionsbestrebungen der großen Mächte	340
9.3.2	Widerstand gegen die Kolonialherren	343
9.4	**Das Deutsche Kaiserreich unter Wilhelm I.**	**345**
9.4.1	Das „Persönliche Regiment" Wilhelms II.	345
9.4.2	Wettrüsten und neue Krisen	346
9.5	**Der Erste Weltkrieg**	**349**
9.5.1	Schlachtfeld Europa	349
9.5.2	Die innenpolitische Situation im Deutschen Reich während des Krieges	353

■ Überblick
S. 358

9.5.3	Das Jahr 1917 – Revolution in Russland	356
10	**Demokratie und Diktatur in Deutschland**	**359**
10.1	**Die Weimarer Republik**	**360**
10.1.1	Von der Monarchie zur Republik	360
10.1.2	Regierungsbildung und Verfassung	362
10.1.3	Der Versailler Vertrag	364
10.1.4	Krisenjahre der neuen Republik	366
10.1.5	Außenpolitische Erfolge	368
10.1.6	Die „Goldenen Zwanziger"	369
10.1.7	Das Ende der ersten deutschen Republik	372
10.2	**Nationalsozialistische Diktatur**	**375**
10.2.1	Ideologie und Machtstruktur des Nationalsozialismus	375
10.2.2	Ermächtigungsgesetz und Gleichschaltung	377
10.2.3	Hitlers Außenpolitik (1934–1938)	379
10.2.4	Das Leben unter der NS-Herrschaft	380
10.2.5	Der Weg in den Krieg	385
10.3	**Der Zweite Weltkrieg**	**386**

10.3.1 Anfängliche militärische Erfolge 386
10.3.2 Vom Russlandfeldzug bis zur totalen Niederlage 387
10.3.3 Widerstand in Deutschland und den besetzten Ländern. 393
10.3.4 Kriegskonferenzen und Kriegsziele der Alliierten . . . . 395 | Überblick
S. 398

| 11 | Von der Teilung zur Wiedervereinigung Deutschlands | 399 |
| 11.1 | Der schwierige Neuanfang in Deutschland | 400 |

11.1.1 Die Situation nach dem Zusammenbruch 400
11.1.2 Die Umsetzung der alliierten Kriegsziele 402
11.1.3 Der politische Wiederaufbau vor dem Hintergrund
des beginnenden Ost-West-Konflikts 407

11.2 Konsolidierung der beiden deutschen Staaten 417

11.2.1 Einbindung in die Bündnissysteme – Bildung der Blöcke 417
11.2.2 Politik in der Zeit des atomaren Gleichgewichts 423
11.2.3 Die neue Ostpolitik 430

11.3 Die Wiedervereinigung 436

11.3.1 Veränderungen in Mittel- und Osteuropa 436
11.3.2 Die friedliche Revolution in der DDR 438
11.3.3 1990 – der Prozess der Vereinigung der beiden deutschen
Staaten 443
11.3.4 Weitreichende Veränderungen in Osteuropa. 451
11.3.5 Entkolonialisierung 453
11.3.6 Pulverfass Naher Osten: Die Entstehung des
israelisch-arabischen Konflikts. . . . . 467 | Überblick
S. 474

Geschichte – Geschehen in Raum und Zeit

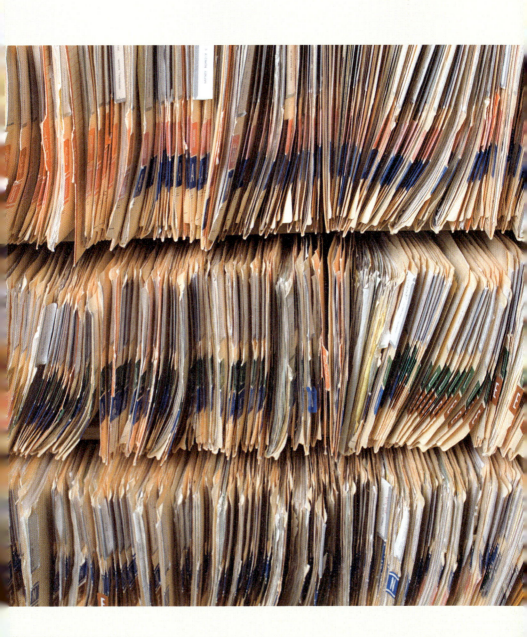

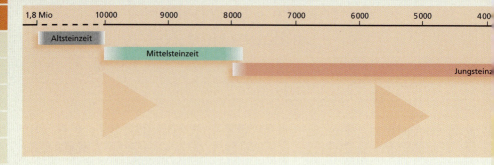

1.1 Geschichte und Geschichtsforschung

1.1.1 Geschichte – ein mehrdeutiger Begriff

▶ Dem ursprünglichen Wortsinne nach bedeutet der Begriff **Geschichte** (mhd. *geschiht,* ahd. *gisciht*) Geschehnis, Ereignis oder Aufeinanderfolge und Ablauf von Ereignissen.

Der Begriff **Geschichte** wird sowohl in der Wissenschaft als auch umgangssprachlich in unterschiedlichem Sinne gebraucht.
– **Geschichte im weitesten Sinne** ist der Ablauf und Zusammenhang des gesamten vergangenen Geschehens in Raum und Zeit. So verstanden zählen zur Geschichte die Erdgeschichte, die Naturgeschichte und die Menschheitsgeschichte.
– Geschichte im engeren Sinne ist der Entwicklungsprozess oder die **Geschichte der Menschheit.** Damit ist die Gesamtheit der Veränderungen der menschlichen Gesellschaft gemeint, wie sie durch das Denken und Handeln Einzelner oder gesellschaftlicher Gruppen in unterschiedlicher Art und Weise in der Vergangenheit erfolgte und sich in der Gegenwart fortsetzt. In dieser Bedeutung wird der Begriff Geschichte am häufigsten verwendet.
– **Geschichte als Begriff der Literaturwissenschaft** ist die mündliche oder schriftliche, in einen logischen Handlungsablauf gebrachte Schilderung eines tatsächlichen oder erdachten Geschehens oder Ereignisses – eine **Erzählung.**
– **Weitere Bedeutungen des Begriffs Geschichte:** Er steht sowohl für die **Geschichtswissenschaft** als auch die **Geschichtsschreibung,** aber auch für das Unterrichts- und Studienfach Geschichte.
Der eingebürgerte sinnverwandte Gebrauch des Begriffs Geschichte macht es erforderlich, immer aus dem Textzusammenhang zu erschließen, in welchem Sinne er jeweils benutzt wird.

> Die **Rekonstruktion der Vergangenheit der Menschheit** ist Gegenstand des Geschichtsunterrichts in der Schule und dieses Buches.

1.1.2 Geschichtswissenschaft und Geschichtsschreibung

Mit der Herausbildung und Entwicklung der Geschichtswissenschaft, die ihre eigene Geschichte hat, überwanden die Menschen in einem langen und komplizierten **Erkenntnisprozess** ihre anfänglichen mythischen Vor-

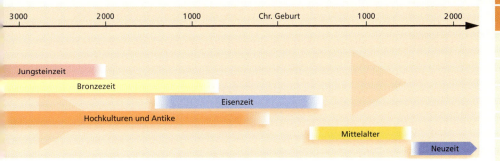

stellungen über ihren Werdegang. An ihre Stelle trat mehr und mehr gesichertes Wissen.

Dieser Prozess ist jedoch noch längst nicht abgeschlossen. Er wird fortdauern, so lange die Menschheit existiert und also Geschichte stattfindet. Außerdem veranlassen aktuelle Ereignisse die Menschen immer wieder, sich mit der Geschichte zu beschäftigen, um aus der Betrachtung der Vergangenheit Ansätze für Problemlösungen der Gegenwart zu finden. Grundsätzlich besteht darüber hinaus gleichsam ein stetes Bedürfnis der Menschen, immer mehr und Genaueres darüber zu erfahren, woher sie kommen, was sie eigentlich sind, und zu ermessen, wohin sie gehen könnten.

Insofern ist die Geschichte der Menschen ein fortdauernder Prozess der Verständigung über sich selbst, menschlicher Selbsterkenntnis und Identitätsstiftung.

▪ Der große deutsche Romanschriftsteller THOMAS MANN hat in einem eindrucksvollen Bild die Geschichte mit einem unerschöpflichen Brunnen verglichen, auf dessen Grund man wahrscheinlich nie gelangen wird.

Zitat:
„Tief ist der Brunnen der Vergangenheit. Sollte man ihn nicht unergründlich nennen? ... Da denn nun gerade geschieht es, daß, je tiefer man schürft, je weiter hinab in die Unterwelt des Vergangenen man dringt und tastet, die Anfangsgründe des Menschlichen, seiner Geschichte, seiner Gesittung, sich als gänzlich unerlotbar erweisen und vor unserem Senkblei, zu welcher abenteuerlichen Zeitenlänge wir seine Schnur auch abspulen, immer wieder und weiter ins Bodenlose zurückweichen. Zutreffend aber heißt es hier ‚wieder und weiter'; denn mit unserer Forscherangelegentlichkeit treibt das Unerforschliche eine Art von foppendem Spiel: es bietet ihr Scheininhalte und Wegesziele, hinter denen, wenn sie erreicht sind, neue Vergangenheitsstrecken sich auftun, wie es dem Küstenjäger ergeht, der des Wanderns kein Ende findet, weil hinter jeder lehmigen Dünenkulisse, die er erstrebte, neue Weiten zu neuen Vorgebirgen vorwärtslocken."
(THOMAS MANN, Joseph und seine Brüder 1, Fischer Verlag, Frankfurt 1967, S. 5)

▶ **HERODOT,** griech. Geschichtsschreiber (485 v. Chr. bis um 425 v. Chr.)
Gilt als „Vater der Geschichtsschreibung".
Obwohl er als Kind seiner Zeit auch an Mythen und Legenden glaubte, gilt er wegen seines Strebens nach historischer Wahrheit, nach Ordnung und Verarbeitung von Nachrichten als Begründer einer kritischen Geschichtsschreibung.

Die Geschichte als tatsächliches Geschehen in der Vergangenheit existiert für uns nur im Bewusstsein: als Erinnerung noch lebender Zeitzeugen der jüngsten Vergangenheit, als Widerspiegelung in Kunstwerken verschiedener Genres, hauptsächlich jedoch vermittelt durch die **Geschichtswissenschaft** und die Darstellung ihrer Ergebnisse in der **Geschichtsschreibung.**

> Die **Geschichtswissenschaft erforscht** die Vergangenheit der menschlichen Gesellschaft von den Anfängen bis zur Gegenwart. In der **Geschichtsschreibung** werden die Ergebnisse dieser Forschungsarbeit **dargestellt.**

Grundlagen der Geschichtswissenschaft sind Überlieferungen und Zeugnisse der Vergangenheit aller Art, man nennt sie **historische Quellen.**
Gegenstand der Geschichtswissenschaft ist das gesamte vergangene Geschehen in der Entwicklung der Menschheit.
Ziel geschichtswissenschaftlicher Forschung ist es, die geschichtlichen Tatbestände möglichst genau festzustellen und historische Zusammenhänge und Entwicklungen zu erkennen bis hin zur Erkenntnis von Tendenzen, typischen Erscheinungen oder Besonderheiten in der geschichtlichen Entwicklung. In ihrer Entwicklung erfolgte eine **Aufgliederung** und **Spezialisierung** der Geschichtswissenschaft.

strukturelle Gliederung	räumliche Gliederung	zeitliche Gliederung
• Wirtschaftsgeschichte • Sozialgeschichte • politische Geschichte • Kulturgeschichte • Parteiengeschichte • Rechtsgeschichte • Kirchengeschichte • Geschichte der Arbeiterbewegung und der Gewerkschaften • Geschichte technischer Entwicklungen • Hobbygeschichte: Vereinsgeschichte Familiengeschichte • Frauengeschichte	• Weltgeschichte (Geschichte der Menschheit in ihrer Gesamtheit) • Geschichte geografischer Großräume (afrikanische Geschichte, osteuropäische Geschichte, …) • Nationalgeschichte (Geschichte einzelner Staaten und Völker) • Landes-, Regional- oder Heimatgeschichte (Geschichte des raumgebundenen Teilgeschehens innerhalb der Nationalgeschichte)	• Vor- und Frühgeschichte • Geschichte des Altertums • Geschichte des Mittelalters • Geschichte der Neuzeit • Zeitgeschichte

Bei der Deutung und Wertung geschichtlicher Ereignisse spielen die Geschichtsphilosophie und die Geschichtsauffassung eine bedeutende Rolle.
In diesem Zusammenhang ist die Frage nach der „Wahrheit" in der Geschichtswissenschaft und Geschichtsschreibung ein besonderes Problem. Aufgrund unterschiedlicher Möglichkeiten historisches Geschehen zu deuten, gibt es keine Objektivität in der Geschichtsschreibung.

Für eine umfassende Geschichtsbetrachtung ist die Aufdeckung der Multikausalität bedeutsam. Die unterschiedlichen Betrachtungsweisen (Multiperspektivität) geschichtlicher Vorgänge berücksichtigt die Geschichtswissenschaft, indem sie Aussagen verschiedener historischer Personen heranzieht.

1.1.3 Grundlegende Erkenntnisse über den Geschichtsprozess

Jede Generation findet bei ihrem Eintritt in die Geschichte bestimmte Verhältnisse und Umstände vor, die sie sich nicht aussuchen kann. Durch ihre Tätigkeit verändern die Menschen das jeweils Vorgefundene.

> Der **ständige Wandel** in allen Bereichen der Gesellschaft ist das wichtigste **Merkmal** der Geschichte.

Besonders das vergangene 20. Jahrhundert legt dafür Zeugnis ab. Vieles, was heute in **Wissenschaft** und **Technik** selbstverständlich ist, schien zu Beginn dieses Jahrhunderts reine Utopie zu sein – oder es war überhaupt nicht denkbar, wie die Computer- und Gentechnologie zeigen.

- Den Flugversuchen der BRÜDER WRIGHT folgte (ORVILLE, 1871–1948; WILBUR, 1867–1912) – gemessen an den großen Zeiträumen der Menschheitsgeschichte – verhältnismäßig schnell der Sprung zum Mond. Die Erforschung des Planeten Mars befindet sich in ihren Anfängen (Marssonden).

Die wirtschaftlichen, gesellschaftlichen und geistig-kulturellen Veränderungen in der Geschichte sind keine Naturereignisse. Sie werden von den Menschen selbst gemacht. Diese sind sowohl Nutznießer als auch Opfer geschichtlicher Entwicklungen.

> Die Menschen sind **Schöpfer** ihrer eigenen Geschichte und beeinflussen damit auch die gesellschaftlichen Verhältnisse, unter denen sie leben und wirken.

Es gibt in der Geschichte keine vorherbestimmten Ziele. Deutungen der Geschichte im Sinne einer wie auch immer begründeten Erwartung eines vorgegebenen Endzustandes, auf den die Geschichte zusteuert, wie etwa in religiösen Offenbarungen oder marxistisch-leninistischer Geschichtsauffassung, sind wissenschaftlich nicht vertretbar.

Methoden

1.2 Geschichtliche Denk- und Arbeitsweisen

1.2.1 Geschichtliche Quellen und ihre Bedeutung

▶ Überreste und Traditionen werden in Primär- und Sekundärquellen eingeteilt.

Die Kenntnisse der Geschichte beruhen auf einer Vielzahl und ständig zunehmenden Anzahl bestimmter **Zeugnisse** von vergangenen Taten und Ereignissen, den **Geschichtsquellen**.

> **Quellen** sind historisches Material, das Aufschluss über die Vergangenheit ermöglicht. Die Quellenkunde bezeichnet als Überreste diejenigen Gegenstände, die von einem Geschehnis unmittelbar übrig geblieben ist, während unter Traditionen die Quellen zu verstehen sind, die absichtlich zum Zweck der Information aufgezeichnet wurden.

▶ Für die neuste Geschichte besitzen Überreste wie Ton-, Foto- und Filmdokumente sowie Interviews mit Zeitzeugen einen bedeutenden Quellenwert.

Ohne das Studium von **Quellen** sowie ihre umfassende Auswertung sind keine **Geschichtswissenschaft** und keine **Geschichtsschreibung** möglich. Zur Prüfung und Wertung von Quellen dienen je nach dem Charakter der Quelle bestimmte **historische Hilfswissenschaften**, z. B. die **historische Geografie**, die **Numismatik** (Münzkunde), die **Chronologie** (Zeitkunde), die **Urkundenlehre** u. a. m.
Die geschichtlichen Quellen können nach unterschiedlichen Gesichtspunkten in verschiedene Gruppen eingeteilt werden.

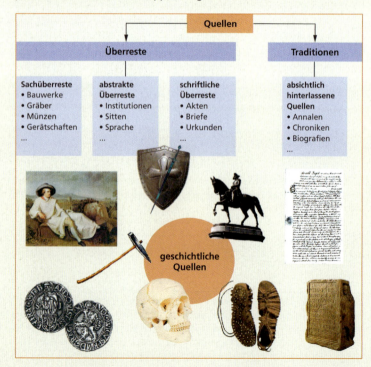

Schriftliche Überreste

Schriftliche Überreste können sein:

Bedeutung/Merkmal	Beispiel
Urkunden	
Die Urkunde ist eine schriftliche Erklärung, häufig in Form eines Vertrages, meist über eine rechtliche Angelegenheit zwischen zwei oder mehreren Seiten. Sie kann ein bestehendes Recht bekräftigen oder aber auch einen neuen Rechtszustand herbeiführen. Zu den Urkunden zählen auch Testamente, Königs- und Papsturkunden. Häufig handelt es sich auch um dispositive Urkunden (Willenserklärung des Ausstellers; Geschäftsurkunden; z. B. Charta der Vereinten Nationen). Urkunden gibt es seit der Antike (etwa seit 600 v. Chr.). Sie können in einfacher, aber auch sehr feierlicher Form verfasst sein. Im Alten Testament wird eine der ersten Urkunden (ein Kaufbrief) erwähnt: „(Jeremia Kapitel 32, Vers 8–14) Kaufe doch meinen Acker in Anatot, der im Lande Benjamin liegt; denn dir kommt es zu, ihn zu erwerben und einzulösen; kaufe du ihn! Da merkte ich, daß es des HERRN Wort war und kaufte den Acker von Hanamel, meines Oheims Sohn, in Anatot, und wog ihm das Geld dar, siebzehn Lot Silber. Und ich schrieb einen Kaufbrief und versiegelte ihn und nahm Zeugen dazu und wog das Geld dar auf der Waage nach Recht und Gewohnheit." Meist sind Urkunden durch ein Siegel, einen Stempel und/oder eine Unterschrift beglaubigt, damit ihre Rechtsgültigkeit nicht angezweifelt werden konnte. Oft wurden sie in Kanzleien von Königen, Fürsten oder Städten ausgestellt und an öffentlichen Stellen, meist in Archiven, aufbewahrt. Urkunden sind eine äußerst wertvolle Quelle. ■ Ein Bauer kann durch eine Urkunde von einem Richter feststellen lassen, dass ein bestimmtes Stück Land seit langer Zeit ihm gehört. Ebenso kann eine Urkunde verfügen, dass dieses Land dem Bauern neuerdings zugeteilt wird und in seinen Besitz übergeht.	Urkunde der Ersterwähnung Köpenicks am 10. Februar 1209  Bodenreformurkunde 

Bedeutung/Merkmal	Beispiel
Gesetze	
Gesetze geben Auskunft über die Einstellung der Gesellschaften jener Zeit zu Eigentum, Schaden, Erbe usw. Sie zeigen auch, wie Verfehlungen geahndet wurden. **Gesetze** können in unterschiedlichster Form überliefert sein, z. B. als zunächst nur mündlich überliefertes Recht (später schriftlich aufgezeichnete germanische Gewohnheitsrechte), als Inschrift in einer steinernen Gesetzesstele (Codex HAMMURAPI), als Niederschrift auf Pergament und Papier (viele mittelalterliche und neuzeitliche Gesetzestexte, wie der Sachsenspiegel 13. Jh.) oder als Druckerzeugnisse, wie das Grundgesetz der Bundesrepublik Deutschland oder Gesetzessammlungen (Gesetzblätter der jeweiligen Bundesländer o. a.). Bei der Arbeit mit Gesetzen ist ebenfalls zu berücksichtigen, dass sie meist die Interessen ihrer Schöpfer oder Auftraggeber verkörpern.	Der Sachsenspiegel  Das Grundgesetz 
Annalen, Chroniken, Biografien, Berichte	
Annalen (lat. Annus = Jahr) sind Jahrbücher, in denen in zeitlicher Reihenfolge die Ereignisse der jeweiligen Jahre in zusammenhängender, erzählender Form dargestellt sind. Deshalb werden sie oft auch erzählende Quellen genannt. Annalen waren bereits im alten Orient und im alten China bekannt. Zur Zeit der römischen Republik, etwa seit dem 2. Jh. v. Chr., waren Annalen die Grundform der römischen Geschichtsschreibung. Später wurden sie in Klöstern oder Abteien aufgeschrieben.	Im **Mittelalter** waren **Annalen** ein wichtiges Hilfsmittel, um zu bestimmen, auf welchen Tag das Osterfest fiel. Annalen haben ihren **Aussagewert** meist für ihren Entstehungsort, wobei die Auswahl der Ereignisse sehr klein ist. Meist muss man über **lateinische** Sprachkenntnisse verfügen, um Annalen erschließen zu können.

Bedeutung/Merkmal	Beispiel
Annalen, Chroniken, Biografien, Berichte	

Die Chronik ist die im Mittelalter und im 16. und 17. Jh. am meisten verbreitete Form der Geschichtsschreibung. Chroniken berichten zusammenhängend über größere Zeitabschnitte. Sie versuchen, einen Zusammenhang zwischen Ereignissen und Zeitabschnitten zu geben bzw. den Zusammenhang zwischen den Ursachen für bestimmte Ereignisse und ihren Folgen herzustellen. Abhängig vom Gegenstand der Darstellung unterscheidet man u. a. Welt-, Kaiser-, Papst-, Bischofs-, Kloster-, Städte-, regionale, lokale u. a. Chroniken. Im Mittelalter waren auch gereimte Chroniken verbreitet.

Die **Biografie** erfordert ein besonders hohes Maß an Menschenkenntnis und Kenntnis der Lebensumstände des zu Beschreibenden. Das ist auch bei der Auswertung von Biografien zu berücksichtigen, ebenso die Entstehungsumstände, d. h., in welchem Verhältnis der Biograf zur beschriebenen Persönlichkeit stand usw.
Ähnlich verhält es sich bei der Auswertung von Autobiografien und Tagebüchern, vor allem, wenn von vornherein eine Veröffentlichung durch den Autor ins Auge gefasst worden war. Man benötigt profunde Kenntnisse des Lebenslaufs des Autors, seines persönlichen Werdegangs, seines Berufes bzw. seiner Tätigkeiten wie auch seiner politischen Einstellung und seiner Motivation.
Berichte
Berichte sind vermeintlich sachliche, gleichzeitig aber auch subjektive Wiedergaben eines Geschehens oder Sachverhalts.

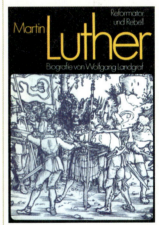

Tagebücher, Briefe

Tagebücher sind autobiografische Zeugnisse.

Nach den Regeln der Quellenkunde gehört der **Brief** der Form nach seit dem **Mittelalter** zu den Urkunden. Briefe vermitteln vielfach eine sehr persönliche Sicht auf Ereignisse und Tatsachen.
Um einen **Brief** auszuwerten, sind wie bei allen schriftlichen Überresten **Hintergrundinformationen** notwendig. Diese ermöglichen es, den Brief besser in die Entstehungsumstände einzuordnen.

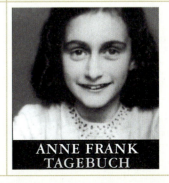

Sachüberreste

▶ Auf römischen Münzen war häufig der Kaiser abgebildet. Werden solche Münzen in einem römischen Grab gefunden, sind sie bei der Datierung der gefundenen Gegenstände sehr hilfreich.

Gebäude, Ruinen, Denkmale, Kunstwerke, Bodenfunde, Werkzeuge und Geräte, Gegenstände des täglichen Bedarfs, aber auch Münzen, Wappen, Siegel usw., die für Historiker einen Aussagewert haben, sind Sachüberreste.

Auf Burgen wehen heute noch, besonders zu mittelalterlichen Burgfesten, Fahnen mit dem Wappen der Burgherren.

Bauwerke wie die Zipser Burg oberhalb der Gemeinde Spisske Podhradi/ Slowakei sagen etwas über die Baukunst, die technische Entwicklung, aber auch den Reichtum, die Sorge um den Schutz der Burgherren vor eventuellen Angreifern aus.

Zur Erschließung dieser Quellen sind Grundkenntnisse anderer Wissenschaften notwendig, beispielsweise der Kunstgeschichte, um Kunststile einzuordnen. **Bilder, Fotografien, Karten** gehören ebenso zu den **Sachüberresten.** Sie sind Momentaufnahmen des Geschehens oder sagen etwas über geografische Vorstellungen der Menschen aus jener Zeit aus.

▶ Für die Vorgeschichte sind Bodenfunde die wichtigsten Quellen.

▶ Eine Sitte ist z. B. die *Walz,* d. h. die Wanderung der Handwerksgesellen, die heute eine Wiederbelebung erfährt. Gebräuche und Sitten haben ihren *Ursprung* meist im **Mittelalter,** oft sogar noch in **heidnischer Zeit.**

Bodenfunde werden in Fundbeschreibungen festgehalten. Sie sind eine wertvolle Ergänzung zu schriftlichen Überresten. Bei richtiger Einordnung bereichern sie das Bild vom Alltagsleben der Menschen zu früheren Zeiten, von ihren kulturellen und handwerklichen Leistungen. Ein bedeutender Fund in Deutschland waren in jüngster Zeit die Keltengräber am Glauberg/Hessen.

Abstrakte Überreste

Zu den abstrakten Überresten zählen die **Sprache,** einschließlich **Sprichwörtern** und **Redewendungen,** wie auch bestimmte **Sprachentwicklungen,** sowie Sitten und Gebräuche.

Warum wird in Norddeutschland oft „ick", statt „ich" gesprochen? Warum gibt es im Norden Deutschlands niederdeutsche Quellen, in anderen Bereichen aber nicht? Durch die zweite Lautverschiebung, die etwa im 6. Jh. einsetzte, trat eine Spaltung in Ober- und Mitteldeutsch ein. Das Niederdeutsche blieb beim alten Lautstand der Konsonanten. Es lebt in der Gegenwart als Plattdeutsch fort.

Was bedeuten bestimmte Sprichwörter und Redewendungen, z. B. „den Stab über jemanden brechen" für „jemanden verurteilen"? So wurde früher über dem Kopf eines zum Tode Verurteilten vom Richter vor der Hinrichtung der sogenannte Gerichtsstab zerbrochen und ihm vor die Füße geworfen.

1.2.2 Methoden und Arbeitsweisen im Geschichtsunterricht

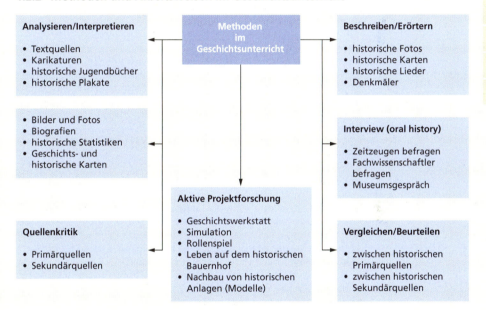

Analyse und Interpretation von Bildern und Fotos

Die **Analyse historischer Quellen** beantwortet Fragen nach geschichtlichen Ereignissen und Sachverhalten sowie die nach geschichtlichen Personen. Auch die Frage nach den Ursachen und Folgen geschichtlicher Abläufe ist zu klären. Die Beurteilung und Bewertung geschichtlicher Abläufe erfolgt möglichst aus unterschiedlichsten Perspektiven.

Das **Interpretieren von Bildern und Fotos** schließt das Erkennen unterschiedlichster Bildarten (Fresken, Buchmalerei, Ölgemälde, Fotografie, Montage, Zeichnungen, Karikaturen, Plakate usw.) sowie ihre Einordnung in geschichtliche Epochen und Kulturen ein. Bilder können Aufschluss geben über den Alltag, die Kleidung, gebräuchliche Werkzeuge, Jagdzeremonien, Bauweisen, Denkweisen.

■ Die **Bildsprache** vergangener Epochen ist für spätere Generationen nicht immer genau nachvollziehbar. So hatten Bilder im Mittelalter auch die Aufgabe, Botschaften, Mahnungen, Warnungen etc. der nicht lesenden Bevölkerung sinnlich zu vermitteln.

Bei der Analyse eines Bildes sind folgende Fragen zu klären:

Wer war der Maler/Fotograf?

In welchem gesellschaftlichen Umfeld lebte er?

Was sagt das Bild aus (Erschließen des Bildinhaltes: Thema, Art und Weise der künstlerischen Umsetzung)?

Welche Wirkungsabsicht verfolgte der Bildschöpfer bzw. dessen Auftraggeber?

Analyse und Interpretation von Texten

Texte werden zuallererst für Menschen in ihrer Zeit verfasst (Überreste: Gesetzestexte, Urkunden, Akten, Edikte, Protokolle, Manifeste, Briefe, Reden, Augenzeugenberichte). Darüber hinaus gibt es Texte, die auch für die Nachwelt geschrieben sind (beabsichtigte Überlieferung, Tradition, Geschichtsbücher, Biografien, Augenzeugenberichte, Herrscherberichte usw.). Während Gesetzestexte einen historischen Fakt darstellen, enthalten Briefe, Reden, Biografien und Memoiren Auslegungen zeitgeschichtlicher Vorgänge durch ihre Verfasser.
Folgende Fragen sind zu stellen:
– Wer war der Autor?
– Wie sah das gesellschaftliche Umfeld des Autors/Urhebers aus?
– An wen richtete sich der Text?
– Welchen Aussagewert hat die Textquelle?
– Aus welchem Blickwinkel berichtet der Text? Und gibt es Quellen, die den geschichtlichen Vorgang aus anderer Perspektive wiedergeben?
– Wann und unter welchen Umständen ist der Text entstanden?
– Welche geschichtlichen Folgen hatte der Text?
In einem zweiten Schritt müssen analysierte Quellen bewertet und beurteilt werden.
Ältere Texte wurden in einer heute nicht mehr verständlichen Sprache verfasst. Man muss sie deshalb z. T. an die heutige Sprache anpassen bzw. nicht mehr übliche Wörter übersetzen.

Oral History

Oral History (engl.: „mündliche Geschichte") ist Erfahrungsgeschichte. Durch Befragen von Zeitzeugen wird die subjektive Erfahrung einzelner Menschen erfasst. Dabei geht es um die Erinnerungen der Befragten unter Beachtung bestimmter Entstehungsbedingungen. Zur Oral History zählen Interviews und die Befragung von Zeitzeugen. Dadurch können schriftliche Quellen ergänzt werden.
Zeitzeugen unterliegen stets auch Wertewandlungen, denen bei der Beurteilung dieser Quellen Rechnung getragen werden muss. Sie werden unmittelbar nach einem geschichtlichen Ereignis andere Aussagen tref-

fen als zehn, zwölf oder fünfzehn Jahre später. So urteilt ein Schüler, der 1989 12 Jahre alt war, über sein Leben in der DDR:

> „… der Zusammenhalt untereinander und die Kameradschaftlichkeit waren in der DDR viel mehr ausgeprägt als jetzt. Das ist sicherlich auch durch die ‚Pioniere' und die ‚FDJ' zu erklären, aber man war eben eine große Gemeinschaft. Jetzt ist es eher so, dass jeder für sich selber das Beste will, ohne Rücksicht auf andere – nur immer ‚ICH'. Diese Veränderung hat man auch in meiner Klasse gemerkt – wie alle immer mehr nur für sich lernen; man macht keine Hausaufgaben zusammen, lässt andere nicht seine Ausarbeitungen einsehen oder tauscht sich mit ihnen aus …" (STEFAN DRESSLER, 1998)

Quellenkritik

Die Aussage von Bildern und Texten muss überprüft werden.
Bilder und Texte können
- Mittel politischer Propaganda,
- Ergebnis von Manipulationen (Bildverfälschung z. B. durch Retusche, Verherrlichung von Herrscherpersönlichkeiten) sein.

Die **Quellenkritik einer Fotografie** enthält Fragen nach
– dem Fotografen,
– dem Inhalt des Fotos,
– der ästhetisch-künstlerischen Gestaltung,
– den Umständen der Aufnahme,
– dem Zweck der Aufnahme,
– dem Zeitpunkt der Aufnahme,
– der Überlieferung.

Bilder können leicht manipuliert werden:

Das Bild zeigt, wie der ehemalige Generalsekretär SITHU U THANT (1909–1974) vom 36. US-Präsidenten LYNDON B. JOHNSON (1908–1973) empfangen wird.

Methoden

Das **quellenkritische Betrachten einer Karikatur** fragt nach
– dem Thema der Grafik,
– dem Druckort und dem Erscheinungsdatum,
– dem Grafiker,
– der dargestellten Situation,
– dem politischen/gesellschaftlichen Problem,
– den abgebildeten Figuren/Personen,
– der Symbolik und Metaphorik einzelner zeichnerischer Elemente.

Der unten gezeigte Stich stellt die Deputation der preußischen Nationalversammlung vor dem König FRIEDRICH WILHELM IV. während der Revolution von 1848 dar.
Deutlich ist auf dem Bild die lockere Haltung der Deputierten zu erkennen. Einige aus der Gruppe wenden sich dem König (links im Bild) zu, andere blicken stolz entschlossen geradeaus. Ein Deputierter verneigt sich vor dem Monarchen, der, sich hochmütig von der Gruppe abwendend, den Raum verlassen will. Der Stich drückt die Verächtlichkeit und Nichtachtung des Königs gegenüber den Deputierten aus.

Am 8. November 1848 verlegte der König die Preußische Nationalversammlung nach Brandenburg. Zwei Tage später wurde Berlin durch Militär besetzt. Am 15. November fand die letzte Sitzung in Berlin statt. Sie wurde durch das Militär gesprengt. Am 5. Dezember erließ der König eine Verfassung, die seine eigenen Machtpositionen nicht verringerte. Die Revolution war damit gescheitert.

Die **Quellenkritik** (kritische Untersuchung eines Textes) beschäftigt sich mit
– der Zeit und dem Ort der Entstehung einer Quelle,
– dem Autor,
– der Version einer Quelle,
– der Echtheit von Dokumenten bzw. Zweck einer Fälschung,
– dem Vergleich mit anderen Quellen.

Den „Sturm auf die Tuilerien" am 10. August 1792 schildern zwei Augenzeugen völlig anders:

Madame JULIEN am 10. August 1792 an ihren Mann:	J. E. BOLLMANN am 12. August 1792 an seinen Vater:
„Die Nacht war ohne Ereignisse vorbeigegangen. Die große Frage, die auf dem Spiel stand, mußte viele Menschen und, sagte man, die Faubourgs herbeiziehen; darum hatte man in die Tuilerien viele Nationalgarden berufen. Die Nationalversammlung hatte auch dreifache Wache … Die Marseiller verbanden sich brüderlich mit den Pariser Garden. Man hörte die Rufe: Es lebe der König! Im Faubourg rief die Nation: Es lebe die Nation! Mit einem Mal werden alle Fenster im Schloss von Schweizern besetzt und sie geben urplötzlich eine Salve auf die Nationalgarde ab. Die Tore des Schlosses öffnen sich, dahinter starrt es von Kanonen, die ihre volle Ladung auf das Volk abschießen. Die Schweizer verdoppeln sich. Die Nationalgarde hatte kaum so viel Munition, um zwei Schuß abzugeben, sie hat eine Menge Verwundete; das Volk flieht; dann sammeln sich alle in Wut und Verzweiflung. Die Marseiller sind lauter Helden, die Wunder der Tapferkeit verrichten. Man stürmt das Schloß. Die Gerechtigkeit des Himmels ebnet alle Wege, und die Schweizer büßen den niedrigen Verrat, dessen Werkzeuge sie sind, mit Tod jedweder Art. Die ganze königliche Familie, der Spielball einer blutgierigen Sippe, hatte sich in einem günstigen Augenblick in die Nationalversammlung geflüchtet … Heute, am 10. August, sollte die Gegenrevolution in Paris ausbrechen. Immer töricht, wie sie sind, glaubten unsere Widersacher, daß die Korruption der Führer eines Teils der Nationalgarde, gestützt von den Royalisten mit ihren Schweizern und allen Lakaien der Tuilerien, die Sache machen und den waffenlosen Sansculotten Schrecken einjagen werden. Sie sind niedergeschmettert, das Glück hat sich gewendet, und in weniger als zwei Stunden ist der Louvre gestürmt und der Sieg entschieden."	„Um 9 Uhr morgens … zogen die bewaffneten Haufen, sich gebärdend wie rasend Tolle, … gegen die Tuilerien zu … Ich kam noch vor Ankunft der Horde in den Garten der T. Ich sah einen großen Haufen von braven Schweizern und Nationalgardisten sich langsam vom Schlosse weg gegen die Nationalversammlung hin bewegen. Der brave Röderer, Generalprokurator des Departements, unfähig, zur Ruhe noch etwas zu wirken, hatte den König gebeten, sich mit den Seinigen in die Mitte der Nationalversammlung zu begeben … Der brave Röderer … sagte, er habe der Schweizergarde … Befehl gegeben, nicht anzugreifen … Bald darauf hörte man die ersten Kanonenschüsse … Ich war immer in der Nähe des Gefechts … Die Horde von Pikenträgern und Föderierten war gegen das Schloss gezogen und hatte die Schweizergarde aufgefordert, es zu übergeben. Diese hatte sich geweigert. Die Föderierten feuerten, die Schweizer feuerten wieder. Auf beiden Seiten ladete man die Kanonen mit Mitraille (Kartätschen). Die Schweizer, kaum tausend Mann, verließen sich auf die Unterstützung der Nationalgarde, aber diese ließ sie schändlicherweise im Stich … Die armen Schweizer …, überwältigt von der Menge, streckten endlich das Gewehr … Nachdem sie sich ergeben hatten, fiel man jämmerlich über sie her, zwanzig über einen … Ich habe Szenen gesehen, worüber die Menschheit schauderte … auf dem Schlosse ist jetzt alles zuunterst zuoberst gekehrt … Der König ist an demselben Tage seiner Amtsverrichtung entsetzt, seine Einkünfte sind eingezogen worden, denn kein Mensch in der Nationalversammlung wagte der herrschenden Partei zu widersprechen. Der Pöbel schwärmt noch wütend in den Straßen umher … Man fürchtet noch mehr Ausschweifungen, denn man ist des Pöbels nun gar nicht mehr Meister. Zucht und Ordnung ist verloren …"

1.2.3 Kalender und Zeitrechnung

> ▶ Wer den ersten **Kalender** schuf, ist nicht mehr bekannt. Sicher aber ist, dass der Kalender von besonderen Personen erstellt wurde – heute würden wir sie als Medizinmänner, Schamanen, Priester oder Gelehrte bezeichnen. Sie sind die Urheber der heutigen modernen Zeitrechnung.

Geschichte findet in der Zeit statt. **Geschichtsforschung** und **Geschichtsschreibung** erfordern einen linearen, messbaren, objektiven **Zeitbegriff.**

Die Zeitrechnung ist eine wesentliche Voraussetzung für die sichere Bestimmung der **Zeitpunkte** von Ereignissen oder von **Zeitabschnitten** (Perioden, Zeitalter) im Geschichtsverlauf. Ohne Zeitbegriff wäre eine **Periodisierung** der Geschichte nicht möglich.

Wesentliches Mittel zur Einteilung (Messen) der Zeit ist der **Kalender.** Die Entstehung des Kalenders ist eine der interessantesten Leistungen der Menschheit. Die ersten Kalender entstanden vermutlich mit der Sesshaftwerdung der Menschen, denn wer Ackerbau betreibt, darf z. B. den Aussaat- und Erntetermin nicht verpassen.

> ▶ Der **jüdische Kalender** setzt beispielsweise mit der vermuteten Weltschöpfung ein, die nach unserer Zeitrechnung 3761 v. Chr. stattgefunden haben soll.
> Der **römische Kalender** dagegen beginnt seine Zählung mit der sagenhaften Gründung Roms im Jahre 753 v. Chr.
> Die **islamische Zeitrechnung** setzt mit der Flucht Mohammeds von Mekka nach Medina im Jahre 622 n. Chr. ein. Der römische oder **julianische Kalender** setzte sich schließlich durch und war in den meisten Ländern verbreitet.

Die genaue **Berechnung eines Kalenders** erfordert besondere Kenntnisse der **Mathematik** und der **Natur**. Es entwickelten sich verschiedene Typen von Kalendern z. B.
– Mondkalender,
– Sonnenkalender,
– Mischkalender.

Der verbreitetste Kalender war der julianische, benannt nach JULIUS CAESAR. Er erfuhr erst im Jahre 1582 unter Papst GREGOR XIII. eine Korrektur. Dieser **gregorianische** Kalender ist mit geringen Abweichungen heute noch in der Mehrzahl der Länder gültig.

Unsere **Zeitrechnung** hat die Einheiten der Natur übernommen. Eine Umdrehung der Erde um sich selbst ist **ein Tag,** der Umlauf des Mondes um die Erde ist **ein Monat** und der Umlauf der Erde um die Sonne ist **ein Jahr.** Um ein konkretes **Datum** festzulegen, bedarf es eines Bezugspunktes. In unserer Zeitrechnung dient hierzu die **Geburt Christi,** welche mit dem Jahr 1 gleichgesetzt wird.

> ■ Der Zusatz bei Jahreszahlen „n. Chr." bedeutet demnach nach der Geburt Christi und der Zusatz „v. Chr." bedeutet vor Christi Geburt.
> Die Zeitangabe „13. Jahrhundert n. Chr." umfasst die Jahre 1201 bis 1300 n. Chr.
> Die Zeitangabe „8. Jahrhundert v. Chr." bedeutet 800 bis 701 v. Chr.
> Die Gründung Roms 753 v. Chr. erfolgte im 8. Jahrhundert v. Chr. Der Beginn der Reformation LUTHERS in Wittenberg 1517 n. Chr. heißt, sie begann im 16. Jahrhundert n. Chr.

Es ist auffällig, dass die gemeinhin als Zeitenwende bezeichnete Geburt von JESUS auf das Jahr 1 gelegt wird und zur Kennzeichnung des Umbruchs von der Zeit vor und nach Christi keine „Null" auftaucht. Die Erklärung dafür liegt darin, dass die mittelalterlichen Mönche, die Kalender schufen, wie ihre Zeitgenossen die „Null" nicht kannten.

Vor- und Frühgeschichte | 2

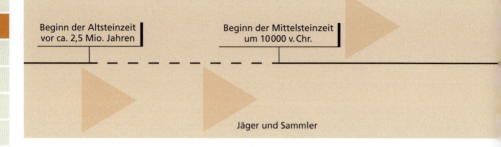

2.1 Menschwerdung und Vorgeschichte

2.1.1 Die Menschwerdung

▶ Bis zum Anfang des 20. Jh. waren Fossilfunde, mit denen man eine Verwandtschaft der Menschen mit den Affen beweisen konnte, noch selten. Die wenigen Funde ließen sich noch schwer erklären.

Man kann nach dem derzeitigen Stand der Wissenschaft davon ausgehen, dass Mensch und Schimpanse am engsten miteinander verwandt sind. Die Aufspaltung der Entwicklungslinien zum Gorilla, Schimpansen und Menschen von einem gemeinsamen Vorfahren her dürfte vor etwa 6 bis 8 Millionen Jahren erfolgt sein.

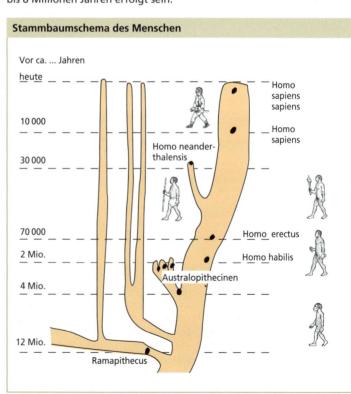

2.1 Menschwerdung und Vorgeschichte

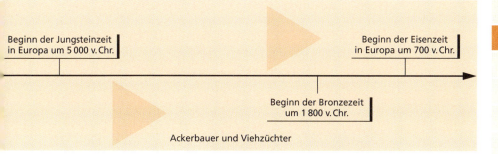

Beginn der Jungsteinzeit in Europa um 5 000 v. Chr.

Beginn der Bronzezeit um 1 800 v. Chr.

Beginn der Eisenzeit in Europa um 700 v. Chr.

Ackerbauer und Viehzüchter

■ Der älteste Mensch, der außerhalb Afrikas gefunden wurde, lebte in der heutigen Republik Georgien. 2001 wurde in Dmanasi ein Schädel gefunden, der fast wie ein Homo habilis ausgesehen haben könnte. „Der älteste Mensch, der außerhalb Afrikas gefunden wurde, ähnelt zur Überraschung der Fachwelt kaum dem Homo erectus, der lange Zeit als erster Wanderer zwischen den Kontinenten galt. ... Nach unserer Rekonstruktion sah dieses Wesen fast aus wie der affenähnliche Homo habilis, ein 1,4 bis 2,4 Millionen Jahre alter Hominide (Menschenartige) ..."
(aus: National Geographic, August 2002)

▶ Seit den 60er-Jahren des 20. Jh. haben intensive Feldforschungen, vor allem in Afrika, zu vielen hundert Funden von Vor- und Frühmenschen geführt.

Die Menschwerdung vollzog sich in der Einheit von biologischer und kultureller Evolution.

▶ Unter Evolution ist die natürliche Entstehungsgeschichte der Organismen zu ihrer heutigen Vielfalt zu verstehen.

> Die **biologische Evolution** umfasst alle genetisch bedingten Veränderungen, während es sich bei der **kulturellen Evolution** um die Herausbildung von **Traditionen** und deren Weitergabe von Generation zu Generation handelt.

Die kulturelle Evolution vollzog sich anfangs äußerst langsam, seit etwa 80 000 Jahren jedoch beschleunigt. Kultur ist ein Artmerkmal des Menschen. Zur Kultur zählen Kunst, Wissenschaft, Technik, Sittlichkeit und Religion. Funde von Werkzeugen, die Art ihrer Verwendung, die Herstellung von Kleidung, Formen der Tier- und Menschendarstellungen legen Zeugnis ab über die Entwicklung der menschlichen Kultur. Die biologische oder genetische Entwicklung der Menschen äußerte sich in
– der Zunahme der Leistungsfähigkeit des Gehirns,
– der Fähigkeit zur sprachlichen Kommunikation,
– dem aufrechten Gang und der Greifhand mit beweglichem Daumen.

▶ Zu den Traditionen zählen die zunehmenden Fähigkeiten und Fertigkeiten wie Bearbeitung von Steinen und anderen Materialien, Entwicklung der Sprache, der Schrift ...

Wesentliche Etappen der Menschwerdung

Übergang vom Tier zum Menschen

Australopithecus (Affenmensch)	lebte vor etwa 4,4 Mio. Jahren **Fundorte:** Afrika	**Homo-habilis-Gruppe (Urmensch)** (geschickter Mensch)	lebte vor etwa 2,4 bis 1,6 Mio. Jahren **Fundorte:** Olduvai-Schlucht/ Afrika
Körperbau	**Lebensweise**	**Körperbau**	**Lebensweise**
Größe: 120 bis 150 cm	**Lebensraum:** Savanne und Waldnähe	**Größe:** ca. 160 cm	**Lebensraum:** Savanne und Waldnähe
Gewicht: 35 bis 45 kg	**Nahrung:** fast ausschließlich Pflanzen	**Gewicht:** 35 bis 55 kg	**Nahrung:** Pflanzen, jagdbares Wild (Fleisch wird eine neue Nahrungs- grundlage)
kein Kinn, vor- stehendes Gebiss, dicke Überaugen- wülste	**Behausung:** keine	kein Kinn, kleineres Gebiss, dicke Überaugen- wülste	
Hirnvolumen: ca. 500 cm^3	**Sprache:** keine, aber Laut- äußerung unter- stützt durch Gesten	**Hirnvolumen:** ca. 500 cm^3	**Behausung:** Höhlen, Fels- vorsprünge
aufrechter Gang	**Feuer:** nein	aufrechter Gang	**Sprache:** entwickelt sich, aber sehr langsame Sprachgeschwindig- keit
	Werkzeuge: kaum bearbeiteter Stein, Knochen, Hornteile, Holz		**Feuer:** bekannt
			Werkzeuge: Geröllgeräte, einfache Feuerstein- werkzeuge
			Mythen/Religion: erste Anzeichen von Kopfjägerei und Kannibalismus

Menschwerdung

Homo-erectus-Gruppe (Frühmensch) (aufrecht gehender Mensch)	lebte vor etwa 1,5 Mio. bis 40 000 Jahren **Fundorte:** Turkansee/Ostafrika, Dmanisi/Georgien, Java, Europa
Körperbau	**Lebensweise**
Größe je nach Rasse: 125 bis 180 cm **Gewicht:** 50 bis 70 kg Kinn in Ansätzen vorhanden, kleineres Gebiss, noch Überaugenwülste schlanker Körperbau **Hirnvolumen:** ca. 700 cm^3 bis über 1 500 cm^3 vollständig aufrechter Gang	**Lebensraum:** Afrika, Asien, Europa **Nahrung:** Pflanzen, jagdbares Wild, Fisch **Behausung:** Höhlen, erste Hütten, leben in Horden als Jäger und Sammler **Sprache:** Herausbildung des Sprechmuskels (Pharynx), dadurch Weiterentwicklung der Sprache **Feuer:** bekannt **Werkzeuge:** Steinwerkzeuge, Speere, Schaber, Hausgeräte **Mythen/Religion:** Bestattungen, Kulthandlungen, Verehrung von Tieren **Anfänge der Kunst:** Funde in China und auf Java

Heutiger Mensch

Homo-sapiens-Gruppe (Jetztmensch) (wissender Mensch)	lebte vor etwa 150 000 bis 35 000 Jahren **Fundorte:** Cro-Magnon/Frankreich, Oberkassel bei Bonn, Tschechien
Körperbau	**Lebensweise**
gefundene Skelette sind dem modernen Menschen sehr ähnlich geringe bis keine Überaugenwülste, steile Stirn, deutliches Kinn großwüchsig **Hirnvolumen:** ca. 1 200 cm^3	**Lebensraum:** Afrika, Asien, Europa **Nahrung:** Pflanzen, jagdbares Wild, Fisch **Behausung:** Höhlen, Hütten, Zelte, Pfahlbauten; leben in Horden als Jäger und Sammler **Sprache:** Ausprägung der Sprache **Feuer:** bekannt **Werkzeuge:** Steinwerkzeuge sehr verfeinert, Speere, Schaber, Hausgeräte, Kleidung wurde hergestellt, Keramik **Mythen/Religion:** Bestattungen, Kulthandlungen, Verehrung von Tieren **Anfänge der Kunst:** Höhlen- und Felsmalerei, Kultgegenstände aus Stein, Elfenbein u. a.

2.1.2 Gliederung der Vor- und Frühgeschichte

▶ Die **Vorgeschichte** gliedert sich in das **Steinzeitalter** (Altsteinzeit, Mittelsteinzeit, Jungsteinzeit) und das **Metallzeitalter** (Kupferzeit, Bronzezeit, Eisenzeit). In die Altsteinzeit fällt die Entwicklung zum Homo sapiens sapiens, dem nicht nur vernunftbegabten (lat. sapiens), sondern auch anatomisch modernen Menschen.

> Als Vorgeschichte bezeichnet man die Geschichte der Menschheit von den Anfängen bis zum Einsetzen schriftlicher Quellen. Den darauf folgenden Zeitabschnitt, für den neben archäologischen Funden auch schriftliche Überlieferungen und sonstige historische Quellen (Sprachdenkmäler, Ortsnamen, Münzen u. a.) zur Verfügung stehen, nennt man Frühgeschichte.

Die Übergänge zwischen den Zeitaltern sind fließend. Dabei werden die Zeitalter nach dem vorherrschenden ver- und bearbeiteten Material bezeichnet.
Beginn der einzelnen Zeitalter nach der Altsteinzeit:

▶ Die Zeitalter setzten in den verschiedenen Regionen der Erde zu unterschiedlichen Zeiten ein. Das erschwert die Periodisierung der Vor- und Frühgeschichte. So begann die Eisenzeit in Asien bereits um 1500 v. Chr., während sie in Europa erst um 700 v. Chr. einsetzte.

	Beginn in Asien	Beginn in Europa
Jungsteinzeit	um 8000 v. Chr.	um 5000 v. Chr.
typischer Gegenstand		
Kupferzeit	um 4000 v. Chr.	um 3000 v. Chr.
typischer Gegenstand		
Bronzezeit	um 3500 v. Chr.	um 1800 v. Chr.
typischer Gegenstand		
Eisenzeit	um 1500 v. Chr.	um 700 v. Chr.
typische Gegenstände		

2.2 Der Mensch in der Steinzeit

2.2.1 Religion und Kunst in der Altsteinzeit

Die Altsteinzeit (Paläolithikum) umfasst in der menschheitsgeschichtlichen Epoche den längsten Abschnitt. Diese Zeit reicht 2,5 Mio. Jahre zurück und endete regional verschieden um 10000/8000 v. Chr.

> Die **wirtschaftliche Grundlage** der Menschen in dieser langen Epoche waren die **Jagd** und das **Sammeln.**

Die ersten Werkzeuge der Menschen waren bearbeitete Steine. Daher hat diese Epoche auch ihren Namen. Die ersten Menschen lebten gemeinsam in Horden.

Das Leben in der Horde als Jäger und Sammler

> Unter **Horde** wird eine wandernde Gruppe, das kann ein **Stamm** oder eine **Sippe** sein, verstanden. Diese Menschengruppe hatte einen gemeinsamen **Lagerplatz.**

Die Menschen lebten in enger Verbundenheit mit der Natur und waren in hohem Maße von ihr abhängig.

▪ Mitglieder einer Horde beim Bearbeiten von Steinen und Kämmen von Fellen (Rekonstruktion).

▶ **Stamm** = Verbände, die gemeinsame Traditionen ausbilden, mehrere Sippen

Sippe = Verband mehrerer Familiengemeinschaften, die einen gleichen Stammvater haben

Familie = Gruppe aller miteinander verwandten Personen

▶ Eine **Horde** umfasste etwa 15 bis 20 Menschen. Günstige natürliche Unterstände bildeten erste Behausungen. Das waren Höhlen, Felsvorsprünge oder einfacher Wetterschutz aus Zweigen und Laub. Den größten Teil der Zeit verwandten die Menschen für die Nahrungssuche.

Wichtigste Waffe und vielseitiges Werkzeug war der **Faustkeil.** Er ist das kennzeichnende Werkzeug der Steinzeit.

2 Vor- und Frühgeschichte

Der Faustkeil bestand in den meisten Fällen aus Feuerstein oder Quarzit (Bild links). Mit der Zeit wurde die Bearbeitung der Steine immer feiner. Funde von fein bearbeiteten Feuersteinsplittern (sogenannten Mikrolithen) und Steinbeilen weisen auf zunehmende Fertigkeiten und Steinkenntnisse hin (Bild rechts).

▶ Nach seinem Fundort in Frankreich wird der Faustkeil auch **Abbeville** genannt. Der Faustkeil wurde durch Schlag, Druck und Absplitterung aus Steingeröllen gewonnen und verarbeitet.

Mit den besseren Geräten konnten die Menschen auch ihre Jagdmethoden verfeinern.

In offenen Graslandschaften war die **Treibjagd** die bestimmende Methode. Zu solchen Jagden waren Zusammenarbeit, Planung, Absprache und ein Führer nötig, um den Erfolg zu sichern. Nebenstehende Rekonstruktion veranschaulicht die Zusammenarbeit nach erfolgreicher Jagd.

Anfänge von Religion und Kunst

▶ **Kulthandlung** = eine an feste Vollzugsformen gebundene, meist religiöse Handlung

Ritual/Ritus = religiöser Brauch in Worten, Handlungen und Gesten

Alles, was der Mensch sich nicht erklären konnte, siedelte er in einer **Glaubens-, Mythen-** und **Sagenwelt** an. Es entstanden Geschichten von Göttern, von der Entstehung des Kosmos, des Menschen oder eines Volkes. Damit verbunden entwickelten sich bestimmte **Kulthandlungen** und **Riten**.

Mythen sind der Versuch der Menschen, sich die Schöpfung der Erde, der Natur und des Menschen zu erklären und zugleich zu bewahren. Sie stellen auch Antworten auf Fragen dar, die an die Vergangenheit gerichtet werden. In allen Mythen wurden erst Himmel und Erde gleichsam als Bühne geschaffen, die mit Pflanzen, Tieren und Menschen belebt wurde. Es war ein einfaches Umsetzen der jeweils eigenen Weltbetrachtung. Dazu bedurfte es zunächst keiner Götter. Mithilfe von Tieren, mit denen sich die naturnahen Menschen verbunden fühlten, verbanden sie ihren Glauben an Lebensmächte oder Geister. Mythen fanden z. B. ihren Ausdruck in Jagdritualen. Diese waren zugleich Regeln, welche beachtet werden mussten, um die Jagdkultur für kommende Generationen zu erhalten. Sie kommen vielfach in Höhlenzeichnungen zum Ausdruck.

2.2 Der Mensch in der Steinzeit

Bestattungszeremonien widerspiegelten auch mythische Vorstellungen und Anfänge religiösen Denkens. Die Toten wurden an eigens bestimmten Stellen einer Höhle bestattet und mit farbiger Erde bedeckt. Blumen und Schmuck wurden ihnen ins Grab mitgegeben. All diese Rituale deuten darauf hin, dass sich die Menschen Gedanken machten um Dinge, die über die Sicherung des Alltagslebens hinausgingen.

Den **Religionen** ging der Glaube an Lebensmächte oder Geister und der Glaube an die Verwandtschaft mit einem Naturgegenstand oder Tier (**Totemismus**) voraus. Bei Naturvölkern in Südamerika oder Afrika leben diese Vorstellungen z. T. noch heute fort. Allen diesen Vorstellungen gemein ist das Sichhinwenden an eine überirdische Macht. Unter Religion versteht man einen ganz bestimmten Bezug zwischen einer überweltlichen Gottheit oder mehreren Göttern und den Menschen. Dieser Bezug wird bestimmt durch das Glaubensbekenntnis und die Gottesverehrung. Eine hohe **Kunstfertigkeit** zeigte sich in den **Höhlenzeichnungen**. Sie stellten wahrscheinlich eine Art **Jagdzauber** dar. Um sich einen Jagderfolg zu sichern, wurden Tiere kunstvoll an die Felswände gemalt und symbolisch mit Beschwörungsformeln getötet. Diese religiösen Handlungen nennt man **Schamanismus**. Besonders in Frankreich und Spanien wurden im vergangenen Jahrhundert Höhlenzeichnungen entdeckt. Berühmt wurden vor allem die **Höhlenmalereien von Lascaux** in Südfrankreich. Sie entstanden in der Zeit zwischen 31 500 und 17 000 v. Chr.

▶ Ein historisch späteres Beispiel für einen Mythos ist das **Gilgameschepos**, das vor etwa 4 000 Jahren in altbabylonischer Zeit geschrieben wurde.

▶ Die Originalhöhle („**Lascaux**" genannt) wurde im Jahr 1940 von vier Jugendlichen entdeckt und ist seit 1963 für die Allgemeinheit geschlossen. Sie darf täglich nur noch von maximal fünf Personen besucht werden. Ursache für diese Zugangsbeschränkung war die Zerstörung der Malereien durch die Atemluft zu vieler Besucher.

Kleine **Frauenfigürchen** aus der Altsteinzeit deuten auf den Glauben an die **Fruchtbarkeit**, die wahrscheinlich den Fortbestand der Gruppe sichern sollte.

■ Die Venus von Willendorf ist eines der bekanntesten archäologischen Fundstücke der Altsteinzeit. Die Figur entstand um 25 000 v. Chr. Sie besteht aus Kalkstein und ist 11 cm hoch. Die Figur stellt eine beleibte, unbekleidete Frau dar. Der Kopf hat kein Gesicht, die Frisur besteht aus parallelen Lockenreihen, an den Handgelenken hat sie gezackte Armreifen. Am selben Ort wurden, aus Mammutstoßzahn gefertigt, eine möglicherweise unvollendete Frauenstatuette mit 22,5 cm Höhe und ein ovaler Körper von 9 cm Höhe gefunden.

All diese Funde deuten auf den Beginn religiösen Denkens hin.

Kultfigur aus der Steinzeit – die Venus von Willendorf

2.2.2 Sesshaftwerdung in der Jungsteinzeit

Vom Jäger und Sammler zum Ackerbauer und Viehzüchter

In der **Jungsteinzeit,** dem Neolithikum, vollzog sich eine der größten Umwälzungen der Menschheitsgeschichte. Sie ist durch eine tief greifende Veränderung der **Lebensweise** der Menschen gekennzeichnet, den Übergang von **Jägern** und **Sammlern** zu **Ackerbauern** und **Viehzüchtern.**

Die Jungsteinzeit währte in Europa von etwa 5000 bis 3000 v. Chr. **Die Vervollkommnung der Steinwerkzeuge** und die **Sesshaftwerdung der Menschen** kennzeichnen die Jungsteinzeit. Der Übergang von der Altsteinzeit zur Jungsteinzeit wird als **Mittlere Steinzeit** bezeichnet. Dieser Abschnitt wird nicht näher als historischer Entwicklungsabschnitt beschrieben.

Mit der Verfeinerung und Verbesserung der **Werkzeuge** und Waffen konnten die Menschen mehr Tierarten jagen. Sie bereicherten die Nahrungsgrundlage. Die Steine wurden mit Sand und härteren Steinen glatt geschliffen, wurden durchbohrt, sodass Beile und Äxte hergestellt werden konnten, wie die in der Abbildung dargestellten Funde zeigen.

Diese neuen Geräte gestatteten es, Bäume zu fällen und zu bearbeiten. Ausgehöhlte Stämme, sogenannte **Einbäume,** wurden als Boote zum Fischfang genutzt. Auch das führte zu einer Bereicherung der Nahrung und schränkte die Wanderungen nach neuen Nahrungsquellen ein.

▶ Wichtige Neuerungen vollzogen sich, wie Ziegelbau, Steinschliff, Keramik, Töpferscheibe …

Am Ende der Jungsteinzeit hatten die Menschen aus Feuerstein Sicheln geschaffen, aus Astgabeln Hacken und einfache Holzpflüge hergestellt. Auf Reibesteinen konnten sie Getreide zermahlen und einfache Holzwebstühle dienten zur Herstellung von Textilien aus Schafwolle und den Fasern des Flachses. Diese Entwicklung ging einher mit der schrittweisen Veränderung der **Lebensweise.**

Lebensweise in der Jungsteinzeit

▶ In Europa setzte diese Entwicklung etwa 2400 v. Chr. ein.

Der **tief greifende Wandel** in der **Lebensweise** der Menschen in der Jungsteinzeit vollzog sich durch den Übergang zur **sesshaften** Lebensweise auf der Grundlage von **Ackerbau** und **Viehzucht.**

Dieser Übergang vollzog sich zuerst in Kleinasien (um 5000 v. Chr.), im Zweistromland und Syrien. Dieses frühgeschichtliche Siedlungsgebiet wird auch als „Fruchtbarer Halbmond" (Karte) bezeichnet. Bodenfunde von hier belegen ein erstaunliches Kulturniveau.

2.2 Der Mensch in der Steinzeit

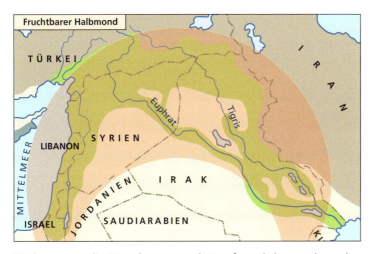

Hierher waren die Menschen gewandert aufgrund der zunehmenden Trockenheit großer Gebiete (von der Sahara bis zur Kirgisensteppe), um in den Flussoasen zu siedeln. Die Menschen konnten nicht mehr durch Jagen und Sammeln ihre Nahrung sichern. Sie begannen, wilde Pflanzen anzubauen und Tiere zu züchten.

■ So wurden nicht nur Körner von wild wachsenden Getreidepflanzen gesammelt, sondern diese wurden nun auf Ackerflächen ausgesät. Wölfe, wilde Ziegen, Schafe, Schweine, auch Rinder begann man zu zähmen und später zu züchten. Diesen Prozess nennt man **Domestikation**. Es entwickelten sich erste Haustiere und Kulturpflanzen. Die Menschen lernten, dass gewisse Böden sich besonders für den Anbau einzelner Pflanzenarten eigneten, dass der Boden bearbeitet und bewässert werden musste, um höhere Erträge zu erzielen. Die Bodenbearbeitung, die Aussaat, Bewässerung, Ernte zwangen die Menschen, sesshaft zu werden. Aus Flechtwerk, Holz und Lehm errichteten sie ihre Hütten und auch Vorratsspeicher für ihre Nahrungsmittel.

▶ Eines der ersten Haustiere war der gezähmte Wolf. Wölfe wurden in der Nähe der Menschen toleriert, da sie sich für den Menschen nützlich machten. Sie waren Fleischspender und Pelzlieferant, „Gesundheitspolizei" sowie Alarmauslöser bei Gefahr.
Die Domestikation des Wolfes begann mit der Zähmung der Jungtiere. In der Folgezeit beeinflusste der Mensch über viele Wolfsgenerationen dessen Verhalten, Aussehen sowie Gestalt. Aus dem „gezähmten Wolf" entwickelte sich der Hund.

Mit dem **Ackerbau** und der **Viehzucht** änderte sich die **Lebensweise**. Man spricht in diesem Zusammenhang vom Übergang von der **aneignenden Wirtschaft** zur **erzeugenden Wirtschaft**. Die Herausbildung dieser neuen Wirtschaftsform mit ihren weitreichenden Folgen für die Entwicklung der Menschheit wird auch **neolithische Revolution** genannt.

▶ Neolithikum = Jungsteinzeit

2 Vor- und Frühgeschichte

aneignende Wirtschaft	erzeugende Wirtschaft
Leben in Horden mit gemeinsamem Lagerplatz	Leben in Siedlungen bis hin zu Städten
Treibjagden Sammeln von essbaren Pflanzen, Vogeleiern, Kleinlebewesen … Fischfang Faustkeil = wichtigstes und vielfältigstes Werkzeug	Ackerbau Viehzucht Fischfang Töpferei Weberei Werkzeug-, Waffen-, Schmuckherstellung Handel
beginnende Spezialisierung	starke Arbeitsteilung

▶ Erste beschriebene Tontafeln mit Wirtschaftsaufgaben aus dieser Zeit wurden in Uruk gefunden (↗ S. 48).

Die Menschen waren mit der Umstellung von der **aneignenden Wirtschaft** zur **erzeugenden Wirtschaft** nicht mehr ausschließlich mit der Nahrungsmittelerzeugung beschäftigt. Im Laufe der Zeit wendeten sich immer mehr Menschen anderen Arbeiten zu (Töpferei, Weberei, Herstellung von Werkzeugen, Waffen oder Schmuck usw.). Ackerbau und Viehzucht und die sich in diesem Zusammenhang immer stärker ausprägende **Arbeitsteilung** führten zur Entwicklung von **Großfamilien,** die in Dörfern siedelten, später in mit Mauern befestigten Städten. Das waren Zentren des Zusammenlebens unter den Bedingungen der arbeitsteiligen Produktion.

■ Nicht überall und zur gleichen Zeit vollzogen sich diese Veränderungen. So besiedelten Ackerbauern erst ab dem 3. Jt. v. Chr. Südosteuropa. Von dort drangen sie über die Flussgebiete der Donau nach Mitteleuropa vor. Nach Norddeutschland gelangte die Ackerbaukultur etwa im 2. Jt. v. Chr.

In Norddeutschland zwischen Rhein und Weichsel sowie in Südskandinavien ist die älteste Ackerbaukultur als **Trichterbecherkultur** bekannt. Die charakteristischen Gefäßformen gaben ihr den Namen. Die Menschen der Trichterbecherkultur lebten in rechteckigen Pfostenhäusern, die oft mit einem Wall oder Palisaden befestigt waren.

Die Trichterbechergefäße waren teilweise bereits aus Kupfer gefertigt.

Herausbildung sozial differenzierter Gesellschaften

Im Zusammenhang mit der Sesshaftwerdung entstanden erstmals **Gesellschaften,** die sich in Gruppen und Schichten gliederten.

Durch das sich sehr stark entwickelnde **Handwerk** wurden altbekannte Gegenstände, wie Steinwerkzeuge oder Schmuck, mit mehr Sorgfalt und neuen Verfahren hergestellt. Neue Fertigkeiten, wie das **Töpfern,** bildeten sich heraus und die Nutzung von **Metallen.** Aus dem regional begrenzten Handel entwickelten sich bereits frühe Formen des Fernhandels. In einem Zeitraum von mehreren Jahrtausenden entstanden mit der

2.2 Der Mensch in der Steinzeit

Sesshaftwerdung der Menschen **allmählich dörfliche** und **städtische Siedlungen**.

> Durch das Zusammenleben der Menschen in sich entwickelnden **Dorf-** und **Stadtanlagen** veränderte sich die **Lebensweise** der Menschen weiter. Sie wurden unabhängiger von der Natur. Gleichzeitig verstärkte sich die **Abhängigkeit** voneinander.

Aus der Jungsteinzeit sind nur wenige Siedlungen bekannt. Mit dem Übergang zur Bronzezeit in Europa (etwa 1800–700 v. Chr., ↗ S. 30) aber entstanden in zunehmendem Maße (beginnend in Südosteuropa) neben befestigten **Höhensiedlungen** auch **Flachland-** und **Seeufersiedlungen**. Diese lagen vor allem im Alpenvorland und an den schweizerischen Seen.

Pfahlbausiedlung

Pfahlbausiedlungen stammen überwiegend aus der Jungsteinzeit. Flachland- und Höhensiedlungen wurden durch Gräben, Wälle und Palisadenzäune mit Toren befestigt. Diese Anlagen dienten dem Schutz der Bewohner vor Überfällen.

Die **Siedlungen** bestanden aus Holzhäusern, zunächst Rundbauten, später wurden rechteckige Häuser gebaut. Sie wurden mit Lehm verputzt und mit gegerbten Fellen und Häuten sowie gewebten Matten wohnlich gemacht. Fußböden aus Holzdielen dienten in ebenerdigen Häusern der Isolierung gegen Nässe.

In anderen Teilen der Welt begann die Anlage von städtischen Siedlungen sehr viel früher. So entwickelten sich bereits vor mehr als 5000 Jahren in **Mesopotamien** in dem fruchtbaren Land zwischen den Flüssen Euphrat und Tigris die ersten **städtischen Siedlungen**. Es entstanden Städte wie Ur, Lagasch, Uruk und Eridu. Hier lebten die Menschen in fest gemauerten Häusern aus Lehmziegeln. Sie bauten zum Teil riesige, stufenförmige Tempel. Diese frühen **städtischen Hochkulturen** (↗ S. 55, 82 ff.) waren auch die Basis für weitreichende Erfindungen und andere Neuerungen. Mesopotamische Töpfer erfanden um 3500 v. Chr. als Erste das **Rad** und bauten Wagen zum Transport ihrer Waren.

Ausgrabungen in **Jericho** erbrachten stadtähnliche Siedlungen, die bis in die Mittelsteinzeit um 8000 v. Chr. zurückreichen.

Diese **Stadtsiedlung** gilt als die älteste der Welt und war stark befestigt. Unter den Funden waren auch Gegenstände jungsteinzeitlichen Ahnenkults, z. B. aus Lehm modellierte, verzierte Schädel.

▶ **Jericho** wird als Vorstufe der städtischen Hochkultur bezeichnet.

2.3 Die Kulturen der Bronze- und Eisenzeit in Europa

2.3.1 Der Mensch in der Bronzezeit

▶ **Das Ursprungsgebiet** für die **Erzverarbeitung** war der Vordere Orient. Dort war **Kupfer** im 4. Jahrtausend das bestimmende Metall und etwa ab 2500 v. Chr. Bronze. Von **Mesopotamien** drang die Kenntnis von Bronze über den Kaukasus und Anatolien nach Ägypten und von dort in den ägäischen Raum. **Kreta** wurde für die westeuropäischen Kulturen ein wichtiges Zentrum, das weit ausstrahlte. (✎ S. 92 ff.)

▶ **Bronze:** Sammelbegriff für Legierungen des Kupfers mit anderen Metallen. Weil Zinn wie kein anderes Metall die Härte und Festigkeit steigert, herrschen Zinnbronzen vor. Die Erfindung von Bronze ist wahrscheinlich dem Zufall zu verdanken. Später entwickelte sich eine ausgereifte Bronzemetallurgie.

▶ **Kultur:** Gesamtheit der geistigen und künstlerischen Lebensäußerungen, der geschaffenen charakteristischen Leistungen einer Gemeinschaft oder eines Volkes während einer bestimmten Epoche.

Die Geschichte der **Metallverarbeitung** reicht über 6 000 Jahre zurück. Sie war in der Vor- und Frühgeschichte so wichtig, dass neben der Kupferzeit zwei weitere geschichtliche Epochen nach Metallen benannt wurden: die **Bronzezeit** und die **Eisenzeit**.

> Die **Bronzezeit** (ca. 1800–800 v. Chr.) ist die auf die Jungsteinzeit folgende frühgeschichtliche Epoche. In dieser Epoche diente überwiegend Bronze als das bevorzugte Material zur Herstellung von Geräten, Waffen und Schmuck.

Die **Bronzezeit** bildete sich in Europa regional unterschiedlich früh heraus. Die Übergänge von der Jungsteinzeit zur Bronzezeit sind fließend. Vielerorts kam vorwiegend noch reines Kupfer zum Einsatz.
Europäische Zentren der Kultur der Bronzezeit waren vor allem die Bergbaugebiete in Siebenbürgen, Tirol, Mitteldeutschland, Spanien, England, Irland und der tschechische Teil des Erzgebirges. Die Verwendung der **Bronze** war für die Menschen ein wesentlicher **technischer Fortschritt**. Bronze war härter als Kupfer und ließ sich auch leichter schmelzen.

Herausbildung verschiedener Kulturen

Die Bronzezeit führte in Europa zur Herausbildung verschiedener Kulturen. Es entstanden **Kulturgroßräume** mit stark gegliederter Gesellschaft.

Die wichtigsten Kulturen

Aunjetitzer Kultur (um 1800–1500 v. Chr.)

Siedlungsgebiet
Sie erstreckte sich von Mitteldeutschland über Böhmen und Niederösterreich. Diese Kultur hatte weitreichende Handelsbeziehungen, war sie doch Durchgangsgebiet der Handelswege vom Mittelmeer zum Norden.

Kennzeichnend sind einheitliche Keramik und Bestattungsriten (Flachgräberfelder, Hockergräber in der Mehrzahl). In Mitteldeutschland sind aus dieser Zeit die ersten Fürstengräber bekannt wie das Hügelgrab von Leubingen mit einem reichen Goldfund.
Es wurde ein hoher Stand der Bronzeverarbeitung erreicht.

Eine nahestehende Kultur ist die **Glockenbecher-Kultur** in Bayern (Straubing), benannt nach der vorherrschenden Form der Gefäße.

Die wichtigsten Kulturen

Hügelgräber-Kultur (um 1500–1300 v. Chr.)

Siedlungsgebiet
Das Siedlungsgebiet war begrenzt durch die Maas, die Seine, die Alpen, die Oder und Niedersachsen.

Bestattungszeremonie
Die Toten wurden unter Grabhügeln mit Beigaben von Schmuck und Waffen bestattet.

Wirtschaft
Wichtigste wirtschaftliche Grundlage war die Viehzucht.

Urnenfelder-Kultur (um 1300–700 v. Chr.)

Siedlungsgebiet
Das Gebiet erstreckte sich von der mittleren Donau nach Süden, nach Polen, Mitteldeutschland (Lausitzer Kultur) sowie nach Westfrankreich, Mittelitalien, Nordspanien.

Bestattungszeremonie
Diese Zeit wurde in Europa nach der Sitte benannt, die Toten zu verbrennen und in Urnen zu bestatten.

Siedlungsform
befestigte Höhensiedlungen, Seeuferrandsiedlungen, umfangreiche Dorfsiedlungen.

Wirtschaft/Verkehr
Herstellung von Bronzeblechgeschirr, Waffen, Schmuck. Typisch ist bronzenes Pferdegeschirr.
Gütertausch über weite Teile Mitteleuropas.
Es entwickelte sich zunehmend eine arbeitsteilige Wirtschaft mit Handwerkern, Händlern, Ackerbauern und Viehzüchtern.

Religion
Der Sonnenkult verbreitete sich.

Die wichtigsten Kulturen

Urnenfelder-Kultur (um 1300–700 v. Chr.)

Ausbreitung der Urnenfelder-Kultur

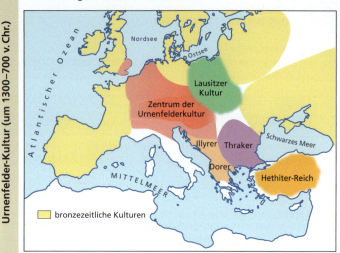

Sie erstreckte sich über Norddeutschland und Skandinavien.

Siedlungsform
Befestigte dörfliche Siedlungen. Die Bewohner lebten in Rechteckhäusern mit Vorhalle.

Nordischer Kreis (um 1500–1300 v. Chr.)

Wirtschaft
Kunsthandwerkliche Produktion trat gegenüber einer uniformen Produktion zurück. Gegossene Bronzegefäße hatten eine hohe Qualität.

Bestattungszeremonie
Als Grabform nahmen die Brandbeisetzungen zu. Vorherrschend war aber noch der Tumulus (= Hügelgrab).

2.3 Die Kulturen der Bronze- und Eisenzeit in Europa

Einfluss der Bronzezeit auf die Lebensweise der Menschen

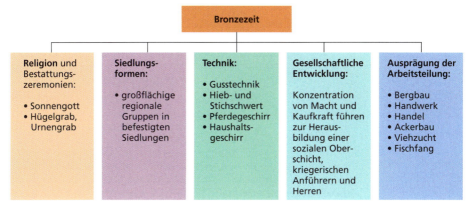

In allen Kulturkreisen gab es – bei unterschiedlicher zeitlicher und gegenständlicher Ausprägung sowie regionaler Verschiedenheit – wesentliche Fortschritte in nahezu allen Bereichen der Gesellschaft und der Menschen.

2.3.2 Handwerk und Handel in der Eisenzeit

Die **Eisenzeit** ist das in der Frühgeschichte auf die Bronzezeit folgende **Zeitalter**. Sie begann in Europa um 700 v. Chr. Ihr Ende überschnitt sich mit den Anfängen des **Römischen Reiches** (↗ S. 116). Es wurde allgemein Eisen zur Herstellung von Waffen und Geräten verwendet.

▶ In **Anatolien** wurden bereits 2500 bis 1500 v. Chr. Waffen aus Eisen hergestellt. Der Eisengebrauch breitete sich von dort nach Europa, Asien und Afrika aus. In China begann er um 800 v. Chr.

Eine entscheidende Voraussetzung für den Übergang zu dieser neuen frühgeschichtlichen Epoche waren zahlreiche **Eisenvorkommen**, die zur Bildung von Eisenhütten und Verarbeitungsstätten führten.

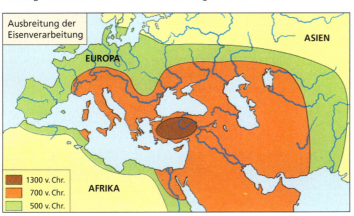

2 Vor- und Frühgeschichte

> Der **Übergang** zur vorwiegenden Verwendung von **Eisen** war hauptsächlich dadurch bedingt, dass Eisen gegenüber der Bronze drei wichtige **Vorteile** aufwies:
> – Es ergab schärfere und haltbarere Schneiden bei Werkzeugen und Waffen.
> – Es musste nicht mit einem anderen Metall kombiniert werden.
> – Die Eisenerzvorkommen waren weit verbreitet.

In frühgeschichtlicher Zeit war es nicht möglich, so hohe Schmelzofentemperaturen zu erzeugen, dass Eisen zum Guss in Hohlformen geschmolzen werden konnte. Die Eisenstücke wurden nach dem Schmelzen aus der Schlacke genommen, erneut erhitzt und zu den gewünschten Gegenständen oder Formen gehämmert. Um Eisen herzustellen, benötigte man über Jahrhunderte beträchtliche Mengen an Feuerholz und große Erzlager und -vorräte (↗ S. 39).

> Das produzierte **Eisen** wurde zur **Herstellung** von Nägeln, Werkzeugen, Waffen, Pferdeausrüstungen, Schmuck (in geringem Maße), Kochgeräten und zahlreichen Kultgegenständen verwendet.

▶ **La-Tène-Kultur** leitet sich aus den Funden von La Tène her. Hier fand man aus der Zeit 3. bis 1. Jh. v. Chr. Bauten, Skelette, eine große Anzahl von Waffen, Wagenteilen, Sensen, Drehmühlen und anderes Gerät.
Im 1. Jh. v. Chr. änderte die Aare ihren Lauf und es kam zu einer Hochwasserkatastrophe. Bauten, Geräte u. a. sind dadurch konserviert geblieben.

Nach einem Gräberfeld bei Hallstadt im Salzkammergut (Österreich) wird die frühe Eisenzeit in Europa (etwa 650 bis 500 v. Chr.) auch **Hallstattzeit** genannt. Die zweite wichtige Produktion nach der von Eisen war die Salzgewinnung (Salzbergbau bei Hallstatt und Dürrnberg).
Die voll entwickelte Eisenzeit (um 500 v. Chr. bis zum Abschluss der Epoche) wird in der Geschichtswissenschaft auch als La-Tène-Zeit oder **La-Tène-Kultur** bezeichnet.

Eisenproduktion und gesellschaftliche Verhältnisse bei den Kelten

> Unter den **Kelten** versteht man eine größere Gruppe europäischer Volksstämme mit gemeinsamen sprachlichen und kulturellen Merkmalen. Mit der **Eisenproduktion** gewannen sie großen Einfluss auf Europa.

Die **Kelten** waren talentierte Handwerker und mutige Kämpfer. Es fehlte ihnen jedoch der erforderliche politische Zusammenhalt, um später dem wachsenden Druck Roms und der germanischen Volksstämme standhalten zu können.
So wurden sie im 1. Jh. bereits in damals entlegene Gebiete Europas zurückgedrängt, u. a. in die Bretagne, nach Wales und Irland. Hier haben sich **keltische Dialekte** und keltische Kultur bis heute erhalten können.

Die Kelten stellten auch sehr dekorativen Goldschmuck her.

2.3 Die Kulturen der Bronze- und Eisenzeit in Europa

Siedlungsformen

Die Kelten lebten vor allem als Hirten und Bauern in Stämmen. Sie siedelten ab dem 2./1. Jh. v. Chr. in größeren Stadtanlagen, dem **Oppidum**. Die Siedlungen lagen in früherer Zeit meist auf Anhöhen oder geschützten Landzungen. Ausgedehnte Mauern und Wälle umgaben sie. Im sogenannten Oppidum hatten die Verwaltung und Rechtsprechung ihren Sitz. Außerdem wurden dort Handwerksprodukte hergestellt und Handelsgüter getauscht.

▶ **Kelten** („die Tapferen", „die Erhabenen" oder die „Hohen"), griech. Keltoi, lat. Celtea, auch Galli, Galatae. Ein aus spärlichen antiken schriftlichen Überlieferungen, aus archäologischen Befunden und sprachwissenschaftlichen Forschungsergebnissen erschlossenes, uneinheitliches Volk, das große Teile West-, Mittel-, Südosteuropas und Kleinasiens bewohnte.

Produktion und Handel

Im Oppidum war die **Eisenproduktion** bestimmend. Die Eisenverhüttung erfolgte in etwa 1 m hohen Verhüttungsöfen, die mit einem Gemisch von Eisenerz und Holzkohle gefüllt waren. Zangen, Hämmer, Meißel und andere Handwerkszeuge keltischer Schmiede sind Zeugnisse für die Be- und Verarbeitung von Eisen. Außerdem prägten Waffen-, Grob- und Feinschmiede die arbeitsteilige Wirtschaft. Neben der Metallherstellung und der Landwirtschaft bestimmten die Töpferei, das Glashandwerk, die Stellmacherei und Wagenherstellung sowie die Textilproduktion wesentlich den Alltag. Ausgrabungsfunde zeugen außerdem von einem ausgedehnten **Fernhandel.** Vor allem Metalle wie Kupfer, Zinn und Eisen beherrschen den keltischen Handel. Die Bergwerke in

▶ Um 1 kg Eisen herstellen zu können, benötigte man 10 kg Holzkohle. Für 10 kg Holzkohle wurden 50 kg Holz gebraucht.

Hallein und Hallstatt im östlichen Alpenraum lieferten Salz, das ein wesentliches Exportgut war. Bernstein und Pelze erhielten die Kelten durch Tauschhandel mit den Germanen im Ostseeraum. Aus dem Mittelmeerraum erwarben sie griechischen Wein und kunstvolle Vasen.

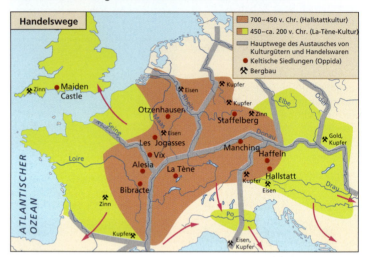

Gesellschaftliche Struktur

Viele Anzeichen deuten darauf hin, dass es bei den Kelten zunächst eine relativ straffe Organisation der Gesellschaft in Form von **Stammesgemeinschaften** gab, die die Verteilung von Gütern und Arbeitskräften ermöglichte. Zu den Neuerungen in den keltischen Kerngebieten gehörten die Herausbildung einer zuvor unbekannten **Adelsherrschaft** und die Anlage befestigter, stadtähnlicher Siedlungen als **Stammeszentren** mit eigener Münzprägung und spezialisierten Werkstätten.

Nach einem Bericht von JULIUS CAESAR gab es bei den Kelten eine dreischichtige Gesellschaftsstruktur:
- eine Ritterschaft,
- die Druiden (Priester) und
- als dritte Schicht das Volk.

Die Abbildung zeigt die Stele eines keltischen Fürsten vom Glauberg/Hessen. Sie stellt das Standbild des Verstorbenen dar.

Großen Einfluss auf das Alltagsleben der Kelten hatten die **Priester,** die Druiden. Die Druiden leiteten die Erziehung, ihnen oblag auch die Rechtsprechung. Ihr Wissen war geheim und durfte nur mündlich überliefert werden. Das Volk konnte zwar zur Volksversammlung zusammenkommen, war aber meist vom Adel (Ritterschaft) abhängig und ihm zum Gehorsam verpflichtet.

Frühe Hochkulturen 3

3 Frühe Hochkulturen

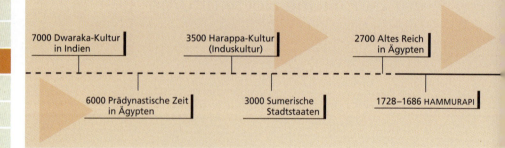

7000 Dwaraka-Kultur in Indien

6000 Prädynastische Zeit in Ägypten

3500 Harappa-Kultur (Induskultur)

3000 Sumerische Stadtstaaten

2700 Altes Reich in Ägypten

1728–1686 HAMMURAPI

3.1 Mesopotamien

3.1.1 Bedingungen für die Herausbildung der Hochkultur

▶ **Mesopotamien,** griech. meso = mittel, zwischen; potamoi = die Flüsse. Gemeint ist das Land zwischen den Flüssen Euphrat und Tigris.

Die geografischen Entstehungsgrundlagen der sumerisch-mesopotamischen Hochkultur waren das trocken-warme, dem Pflanzenwachstum sehr förderliche Klima Südmesopotamiens und das dort ganzjährig zur künstlichen Bewässerung verfügbare Euphratwasser.

Das historische Mesopotamien umfasste das Gebiet zwischen den Flussläufen von Euphrat und Tigris, das die Flüsse im mittleren und südlichen Teil als Fremdlingsflüsse durchziehen. Das erlaubte im hügeligen Norden einen ertragsarmen Regenfeldbau, im Süden war nur Bewässerungslandwirtschaft in den Flussoasen möglich. Beide

Flüsse treten ca. 100 km nördlich Bagdads in die flachen Schwemmlandebenen des historischen Babyloniens und Sumers ein. Die Frühjahrsschneeschmelze in den anatolisch-iranischen Randgebirgen ließ sie im Schwemmland alljährlich für einige Wochen großflächig über die Ufer treten. Das erforderte Deichbauten zum Hochwasserschutz und Bewässerungsanlagen für die lange Trockenperiode. Dafür besaß die Umgebung des Euphrats eine erheblich höhere Lagegunst. Den Euphrat speisten nur wenige Nebenflüsse am Oberlauf. Daher war er frei von den durch Starkregen im iranischen Zagros-Gebirge ausgelösten zerstörerischen irregulären Hochwasserwellen, die oberer und unterer Sab sowie der Dijala im reißenderen Tigris verursachten. Dank geringerer Fließgeschwindigkeit hatte sich der Euphrat anders als der Tigris nur unwesentlich in das Schwemmland eingetieft. Das erleichterte den Bau weit ins Binnenland führender Zweigkanäle. Die an ihnen entstehenden künstlichen Bewässerungssysteme und -oasen waren Ausgangspunkt und **Voraussetzung der Hochkultur.** Die Anhebung des Grundwasserspiegels in den Bewässerungsoasen barg allerdings das Risiko der Bodenversalzung

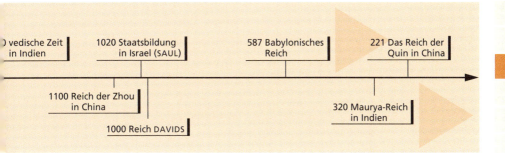

durch kapillaren Wasseraufstieg. Um die langfristige Nutzbarkeit des Bewässerungslandes zu garantieren, bedurfte es daher einer auch die Entwässerung einschließenden Wasserwirtschaft.

3.1.2 Die Hochkultur der sumerischen Stadtstaaten

Einwanderer vom Volk der **Sumerer** schufen in Südmesopotamien die älteste **Hochkultur** der Geschichte. Der Übergang zur Hochkultur begann um 3400 v. Chr. Ihre volle Entfaltung mit eigener Schrift war um 2800 v. Chr. abgeschlossen. Anders als in Ägypten handelte es sich um eine ausgeprägte **Stadtkultur**. Die Städte waren genetisch und funktional **Tempelstädte**. Politisch, ökonomisch und gesellschaftlich dominierten zunächst die Priester des lokalen Stadtgottes. Staatlich zersplittert blieb Sumer politisch ohne Bedeutung. Seine Kultur beeinflusste weite Gebiete des Nahen Ostens und prägte **Mesopotamien** für Jahrtausende.

Im regenarmen **Mittel-** und **Südmesopotamien** waren künstliche Bewässerungssysteme Ausgangspunkt und Voraussetzung der **Hochkultur**. Die von Sumpf und Wüste weiträumig getrennten Bewässerungsoasen speiste je ein vom Euphrat abzweigender Hauptkanal. Die Verteilung übernahm ein über 100 km sich zu den Parzellen hin extrem verästelndes System.

▶ Nordmesopotamien weist kalte Winter und heiße Sommer auf, Südmesopotamien sehr heiße Sommer und mildere Winter. Nordmesopotamien erhält bis zu 400 mm Niederschlag pro Jahr, der Süden unter 200 mm.

▶ Die **Sumerer** zählen weder zur semitischen noch zur indogermanischen Völkerfamilie. Ihre Herkunft ist unsicher. Manche Forscher vermuten eine Beziehung zu den Trägern der **Indus-Hochkultur**.

Effektive und gerechte Verteilung des knappen Wassers durch Priester verhalf diesen an der Hauptkanalwurzel zu konkurrenzloser Autorität. **Tempel** als regionale Wirtschafts- und Verwaltungszentren einer stark arbeitsteiligen Gesellschaft sind

Beterstatuette aus Mari, 2900–2460 v. Chr. (Damaskus, National-museum). Die Augen sind mit Muscheln und Lapislazuli eingelegt.

▶ Der älteste (ca. 3300 Jahre alte) Stadtplan. Keilschrift-tafelfragment des maßstabsgerechten Grundrisses von Nippur.

▶ **Rollsiegel** sind die bemerkenswertesten Produkte des sume-risch-babylonischen Kunsthandwerks. In die zylinderförmigen Seitenflächen der walzenartigen Siegel waren zumeist reli-giöse Szenen ein-geschnitten. Durch Abrollen auf dem Ton von Krug- oder Tür-verschlüssen hinter-ließen sie unverwech-selbare und zugleich in beliebiger Zahl her-stellbare Abdrücke.

▶ **Königtum** und **König** (lugal = sume-risch: großer Mann) sind im Vergleich zur Tempelaristokratie eine relativ späte Er-scheinung in Sumer. Die Sumerer hielten sie für „vom Himmel herabgekommen".

in **Sumer** seit 5000 Jahren nachweisbar. Zur Registrierung und Verteilung der in Tempelmagazinen gelagerten landwirtschaftlichen Produkte dien-ten bereits Vorläufer der Keilschrift.

Zum Schutz von Tempel und Stadt besaß die Stadt **Uruk** in Sumer bereits um 2700 v. Chr. starke Mauern mit 900 Türmen. In Uruk lebten 30000 bis 50000 Menschen. Seine Bewässerungsoase umfasste 76 abhängige Dörfer.

> Die Macht der Stadtelite dokumentierten weit sichtbare Tempel auf künstlichen Terrassenhügeln. Daraus entwickelte sich die für Mesopotamien typische Lehmziegel-Zikkurat. Der **Tempel** besaß anfangs den gesamten Grundbesitz im Stadtstaat.

Die von einem Tempel gekrönte Stufenpyramide der Zikkurat (Tempel-turm) war die dem Kult dienende Nachbildung des zentralen kosmischen Berges aus dem sumerisch-babylonischen Weltbild.

Zum Wirtschaftskomplex des Tempels gehörten neben Priestern und Bauern auch Werkstatt- und Handelspersonal. In den **Tempelwirtschaf-ten** wurden alle Landesprodukte gesammelt und wieder verteilt. In ihnen wurden Tausende von Personen beschäftigt. Sie erhielten, ih-rem sozialen Rang entsprechend, Nah-rungsrationen aus den Magazinen. Teile der Äcker wurden als Dienst-land vergeben oder verpachtet. Die Priesterschaft markierte ihre Eigen-tumsansprüche mit speziellen **Roll-siegeln**. Dieses Herrschaftsinstrument ermöglichte eine Kontrolle ohne Anwe-senheit der Kontrolleure.

> Bis 2500 v. Chr. löste das **Königtum** die Priester in den Stadtstaaten als politische Macht ab. Inhaber ursprünglich zeitlich begrenzter, durch Wahl besetzter Heerführerämter konnten ihre Stellung in Zeiten wachsender Rivalität und militärischer Konflikte unter den Städten dauerhaft und vererbbar etablieren.

Tempel und Königspalast bildeten nach 2500 v. Chr. konkurrierende Dop-pelspitzen. Paläste unterhielten Wirtschaftsbetriebe wie Tempel. Der Kö-nig vereinte in der sich differenzierenden Gesellschaft die Funktion von Oberpriester, Heerführer, Richter und Gesetzgeber. Er organisierte Be-wässerung, Kanal- und Mauerbau. **Sumerische Königsgesetze** waren fortschrittlich und milde. URAMMU von Ur löste um 2100 v. Chr. traditio-nelle Körperstrafen wie Verstümmelung durch Geldbußen ab. URUKA-GINA von Lagasch betätigte sich um 2350 v. Chr. als erster bekannter Sozialreformer.

Sumer war zwar eine kulturelle Einheit. Die Überwindung der staatlichen Zersplitterung gelang jedoch nicht aus eigener Kraft.

Südmesopotamiens Geografie mit seinen isolierten Bewässerungsoasen behinderte eine territorialstaatliche **Reichsbildung**. Im Streit von ca. 12 großen Stadtstaaten vergleichbarer Stärke um die Vorherrschaft herrschte lange ein relativ stabiles Gleichgewicht. Gekämpft wurde mit Infanteriephalangen und schweren vierrädrigen Streitwagen. Um 2350 v. Chr. unterwarf LUGALZAGGESI von Umma die übrigen Stadtstaaten für wenige Jahre. Steigender äußerer Druck verhinderte aber eine dauerhafte Reichsbildung.

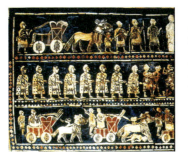

Mit Wildeseln (Onager) bespannter zweiachsiger sumerischer Kampfwagen (Ausschnitt der sogenannten Standarte von Ur)

3.1.3 Die Großreiche der semitischen Völker

Das Reich von Akkad

Seit ca. 3000 v. Chr. drangen vom Reichtum der Hochkultur angezogene ostsemitische Nomaden in Süd- und Mittelmesopotamien ein. Um 2340 v. Chr. errichteten sie ein Reich mit der Hauptstadt **Akkad**. Der Dynastiegründer **SARGON** unterwarf ganz Sumer. Durch rasche Ausdehnung seiner Herrschaft bis in die Nachbarregionen Mesopotamiens errichtete er **das erste Großreich der Geschichte**. Erfolgreiche Integration von Sumerern und Semiten führte zu einer einheitlichen mesopotamischen Kultur.
Mit der Garnisonsstadt Akkad errichtete SARGON einen neuen Residenz- und Stadttyp. Hier war die Garde des neuen, aus Semiten rekrutierten stehenden Heeres stationiert. Seine professionellen Söldner kämpften mit flexibler Beduinenkampftechnik und leichter Bewaffnung aus Wurfspeer, Pfeil und Bogen. Sie waren den unbeweglichen schwer bewaffneten Sumerern überlegen. Eine weitere Säule seiner Macht war ein ge-

Stele SARGONs II.

winnreiches Seehandelsmonopol für Akkad. Der gesamte Handel Mesopotamiens mit Arabien und Indien wurde vom König kontrolliert und besteuert.

Als **Großkönige** versuchten SARGON und seine Erben ihr Reich zum **Territorialstaat** zu formen. Titel wie **„Herr der vier Weltgegenden"** und „König der Könige" verkündeten ihren Machtanspruch. Die dauerhafte Integration des 1 000 km durchmessenden Reiches misslang jedoch. Herrscher unterworfener Städte wurden gegen Großkönigsverwandte ausgetauscht. Die Vizekönige ließen sich von alten Lokaltraditionen und -eliten zu eigenem Macht- und Unabhängigkeitsstreben verführen.

Die Proklamation des Großkönigs zum Gott und der damit verbundene Anspruch auf die Tempelländereien trieb die städtischen Priester endgültig in die Opposition. Immer wieder erschütterten Aufstände ganzer Städtekoalitionen das Reich. Es überdauerte nur 150 Jahre. SARGONS Weltherrschaftsidee blieb und fand in Mesopotamien immer neue Nachahmer.

> Trotz Unterwerfung blieb Sumers Einfluss in Architektur, Agrar- und Bewässerungstechnik, Schrift, Ökonomie, Gesellschaft, Religion und Wissenschaft Mesopotamiens prägend. Akkadisch setzte sich, bereichert mit vielen sumerischen Lehnwörtern, im Alltag durch. Sumerisch überdauerte als Gelehrtensprache der neuen bikulturellen Elite.

Assyrien

> Das extrem militarisierte **Assyrien** erreichte die mit Abstand größte territoriale Ausdehnung eines antiken semitischen Großreichs. Materielle Triebfeder der Expansion waren Assurs geringe Wirtschaftskraft und die Bedeutung von Tribut und Beute für König und Volk. Ideologisch entsprang Assurs Imperialismus dem Selbstverständnis der Könige als Vollstrecker der **Weltherrschaft** des Reichsgottes Assur.
>
> Im Zenit seiner Macht eroberte **Assur** 671 v. Chr. Ägypten. Wenige Jahrzehnte später verschwand es nach einem beispiellosen implosionsartigen Zusammenbruch (614–608 v. Chr.) fast spurlos aus der Geschichte.

Phasen der Assyrischen Geschichte

▶ Reich und Volk erhielten ihren Namen von der um 2700 v. Chr. gegründeten, nach ihrem Lokalgott benannten Stadt Assur.

Assyriens Geschichte beginnt mit dem Sesshaftwerden semitischer Nomaden am oberen Tigris. Bis 1800 v. Chr. blieb Assur ein Fernhandelsstadtstaat. Die Eroberung durch eine Nachbardynastie machte es zur Hauptstadt eines expansiven Flächenstaates.

Die Wirtschaftsbasis des rohstoffarmen, dünn besiedelten Landes war risikoreicher, ertragsarmer Regenfeldbau. Daraus entsprang die Bedeutung von Beute und Kriegen. Sie entarteten zu gigantischen Plünderungen. Heere schleppten wie Karawanen Gefangene, Vieh, Metallprodukte,

3.1 Mesopotamien

Bauholz, Textil- und Luxusgüter nach Assur. Der Löwenanteil des Königs floss in monumentale Festungs- und Repräsentationsbauten.

Der **Heerbann** wurde alljährlich zur Unterstützung des stehenden Heeres aufgeboten. Die Stärke des Militärs beruhte auf Vielseitigkeit: Reiterei und verbesserte Streitwagen stärkten die Offensivkraft. Kameltruppen operierten gegen unruhige Nomaden. Pioniere perfektionierten Flussüberquerungen und Festungskampf.

Assurs Kriegsführung und Herrschaftspraxis waren äußerst brutal. Zerstörungen, Tributpflicht und Deportationen schürten den Hass der Unterworfenen.

Besiegte Staaten wurden als Vasallen tribut- und dienstpflichtig. Verträge banden sie ewig an Assur. Assyrische „Berater" kontrollierten sie. Bei Ungehorsam drohten drakonische Strafen und Einsetzung assyrischer Provinzgouverneure. Provinzen drückten Steuer- und Dienstpflicht. Massendeportationen Besiegter sollten Aufstände verhindern und Kernassyriens Bevölkerung und Wirtschaft stärken. Königstraßen, königlicher Post- und Geheimdienst sowie strategisch platzierte Garnisonen sicherten Assurs Herrschaft.

> Obwohl **Babylon** und Sumer die **Kultur** der assyrischen Oberschicht stark beeinflussten, blieb zwischen Assyrien und Südmesopotamien ein starkes Kulturgefälle. Gesetze und Sitten der Assyrer waren archaisch und unbarmherzig.

Hofkultur, -kunst und Architektur der Könige Assyriens orientierten sich an **Babylon**. Ohne Beispiel in Mesopotamien war ein 280 m langer und 22 m breiter Aquädukt. Er war Teil einer über 50 km langen Flussableitung zur Wasserversorgung der Residenz Ninive und ihrer Parks. Die Palastbibliothek besaß auf über 22 000 Keilschrift-Tontafeln die größte Literatursammlung Mesopotamiens.

Keilschrift – Grundlage von Großreichsbildung und Hochkultur

Die Anfänge der Keilschrift liegen an der Wende vom 4. zum 3. vorchristlichen Jahrtausend. In dieser Zeit ergab sich die Notwendigkeit, komplexe Sachverhalte so festzuhalten, dass sie auch später noch erkannt und überprüft werden konnten. Nach einer Vorstufe, in der „Zählsteine" und entsprechende Symbole verwendet wurden, gelangte man relativ rasch zu einer Aufzeichnung von Zahlen und Gegenständen. Da im Schwemmland Babyloniens Ton in Fülle vorhanden war, boten sich als Beschreibmaterial Tontafeln an, die man nach der Beschriftung trocknen ließ. Wegen der Empfindlichkeit der Tontafeln müssen wir allerdings davon ausgehen, dass der allergrößte Teil der Keilschrifturkunden, die einmal bestanden haben, nicht mehr erhalten ist. Dennoch sind viele Hunderttausend Texte in Keilschrift erhalten geblieben.

Die frühen Zeichen, die eine Art Bilderschrift darstellten, erwiesen sich schon bald als recht unpraktisch. Auf dem Ton ließen sich mit dem Griffel, der in der Regel aus Rohr bestand, runde Linien schlecht ziehen.

▶ Jeder Reichsangehörige war alljährlich zur Dienstleistung oder zur Heeresfolge verpflichtet. Tatsächlich wurden zum **Heerbann** nur die Angehörigen des assyrischen Reichsvolkes aufgeboten. Für Heerbanndienst stand kein fester Sold zu.

▶ Die **Keilschrift** ist nach den dreieckigen (keilförmigen) Abdrücken benannt, aus denen in der entwickelten sumerisch-babylonischen Schrift die bedeutungstragenden Zeichen zusammengesetzt wurden. Diese Abdrücke wurden mit einem Griffel aus geschnittenem Schilfrohr in das weiche Schreibmaterial Ton gepresst. Der wurde nach Fertigstellung der Texte zu dauerhaften Tontafeln gebrannt.

Man vereinfachte deshalb die, Zeichen dadurch, dass man Rundungen in Striche auflöste, die dann, mit dem Rohrgriffel in den Ton gezogen, an der Stelle, an der der Griffel ansetzte, eine stärkere Vertiefung als am Ende erhielten. Dadurch entstand die typische Nagel- oder Keilform, der die Schrift ihren heutigen Namen verdankt. Die einzelnen Schriftzeichen sind in der Regel aus mehreren Teilen zusammengesetzt, wobei lediglich drei Typen vorkommen: ein senkrechter Keil, ein waagerechter Keil und ein Winkelhaken. Die Köpfe der waagerechten Keile schauen in der klassischen Form der Keilschrift, wie sie seit der Mitte des 3. Jt. üblich gewesen ist, nach links, da die Schriftrichtung von links nach rechts verlief. Gelegentlich, in der Frühzeit vielleicht öfter, wurde auch von oben nach unten geschrieben.

Hammurapi, König eines Großreichs und Gesetzgeber

▶ **Babylon,** griech. Variante des akkadisch/babylonischen Stadtnamens: Bab Ili = Gottestor, biblisch: Babel)

König HAMMURAPI von Babylon (1728–1686 v. Chr.) ist einer der historisch bedeutendsten Herrscher Mesopotamiens. Unter der Herrschaft des 6. Königs von **Babylon** stieg die Stadt von der Bedeutungslosigkeit zur unangefochtenen Metropole des von HAMMURAPI neu geeinigten Mesopotamien auf. Seine besondere historische Leistung ist das nach ihm benannte Gesetzeskorpus des **Codex Hammurapi.**

Babylons Weg zur Hegemonie war HAMMURAPIS diplomatischem Geschick ebenso geschuldet wie dessen militärischer Machtentfaltung. HAMMURAPI instrumentalisierte in der Tradition SARGONS von Akkad Babylons geostrategische Lagegunst zur Kontrolle des für Sumer lebenswichtigen Euphratwassers. Sein wichtigster Bau war der Kanal „Hammurapi ist der Reichtum der Völker". Er stabilisierte und garantierte die Wasserversorgung wichtiger sumerischer Städte im Süden Babylons und machte sie von Babylon abhängig. Die Wirtschaft Mesopotamiens kennzeichnete zu HAMMURAPIS Zeit bereits eine weitgehende Privatisierung der Palast- und Tempelwirtschaften. Pacht-Unternehmer bewirtschafteten gegen Vorschusszahlung Palastländereien, -gewässer und -herden. Gewinn zogen sie aus erwirtschafteten Überschüssen. Ihr Risiko waren Verluste, z. B. durch Raubtiere oder Naturkatastrophen. Privatunternehmer führten auch die öffentlichen Projekte wie Kanalbau und -instandhaltung durch. Die Entfaltung des Privatsektors sorgte für gesellschaftliche Dynamik und Differenzierung. Zunehmende Komplexität von Wirtschaft und Gesellschaft schuf ständig neue Rechtsprobleme. Das erhöhte den Bedarf nach umfassender **Gesetzgebung.**

Hoch differenzierte Palastwirtschaft

```
                              Silber              Silber
         Oberhirte ●    ────►        ────►  Obergärtner ●
         als        ◄────   Markt    ◄────  als
Ergänzung Unternehmer   Ü           Ü       Unternehmer       Ernteausfall
bei      Pacht     Ei                       Ei      Pacht für
Verlusten für 1 Jahr    Zuwachs    Ü        Datteln  1 Jahr
                       (Teil) Ü             (Anteil) Pflege, Ernte
         Herde     Wolle    Domäne   Datteln  Dattelgärten
              Zuwachs   Ei    Silber  Ei                     Eventuell Garantiemenge bei
              (Teil)
                    Ei       Palast
```

● = z. T. mit Subunternehmer
Ei = Eigenverbrauch
Ü = Überschuss

■ HAMMURAPI, der König der Gerechtigkeit, bin ich.
  – Wenn jemand in ein Haus ein Loch einbricht, so soll man ihn vor jenem Loche töten und einscharren.
  – Wenn jemand den unerwachsenen Sohn eines andern stiehlt, so wird er getötet.
  – Wenn jemand einen andern im Streite schlägt und ihm eine Wunde beibringt, so soll er schwören: „Mit Wissen habe ich ihn nicht geschlagen", und den Arzt bezahlen.

▶ Die 2,25 m hohe Basaltstele mit den Gesetzestexten HAMMURAPIS wurde 1902 etwa 200 km von Babylon entfernt in Susa (Südwestiran), der Hauptstadt des alten Reiches von Elam, gefunden. Dorthin dürfte sie 1165 v. Chr. als Kriegsbeute gelangt sein.

Inhalte des Codex Hammurapi

Der **Codex** war kein *echtes Gesetzbuch*. Die 280 Paragrafen enthalten eine Urteilssammlung zu verschiedensten Gegenständen des Straf-, Zivil- und Verwaltungsrechts. Rechtskundige der Königskanzlei stellten sie zusammen. Neu war die Vollständigkeit der Sammlung und das Ziel, Betroffenen durch Veröffentlichung in allen Teilen des Reiches ihr Recht zugänglich zu machen. Das Medium der öffentlich aufgestellten Keilschriftstele mit beispielhaften Urteilen schränkte Richterwillkür ein. Sie dokumentiert **HAMMURAPIS** Verständnis vom Königtum: Gemäß dem sumerisch-akkadischen Ideal vom guten Hirten sah er sich als Beschützer der Schwachen.
In der Praxis schützte HAMMURAPIS Recht die Schwachen nur teilweise vor den Mächtigen. Rechtsgleichheit war Mesopotamien fremd. Dieselbe Tat konnte höchst unterschiedlich bestraft werden. Entscheidend war die soziale Stellung der Täter.

▶ Der Begriff Codex war zu HAMMURAPIS Zeit unbekannt. Er bezeichnet in der lateinischen Sprache eine echte Gesetzessammlung in Buchform, wie sie das spätantike Römische Reich kannte.
Die Einteilung in Paragrafen kennt HAMMURAPIS Text nicht. Sie ist das Werk moderner Historiker.

3 Frühe Hochkulturen

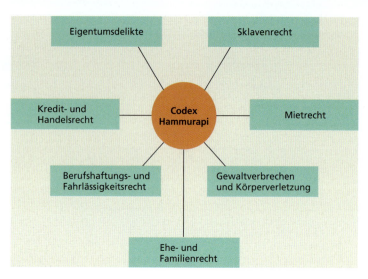

▶ Das Prinzip der Wiedervergeltung kommt am eindeutigsten in der berühmten biblischen Formel: „Auge um Auge, Zahn um Zahn" zum Ausdruck.

Sklaven strafte das Gesetz z. B. viel härter als Freie, Zivilisten härter als Soldaten. Das Strafrecht HAMMURAPIS beherrschte der Talion, das altertümliche **Prinzip der Wiedervergeltung**.

Ausgewählte Beispiele von HAMMURAPIS Gesetzen

Fall/Delikt	Folgen/Strafe/Regelung
Brechen von Knochen eines Freien	Brechen der entsprechenden Knochen des Täters
Brechen von Knochen eines Sklaven	Erstattung des halben Kaufpreises an den Besitzer
Ohrfeigen eines Freien durch Sklaven	Abschneiden der Ohren des Täters
Tod des Besitzers beim Hauseinsturz	Hinrichtung des Baumeisters
Heirat ohne Ehevertrag	Ungültigkeit der Ehe
Nichtanerkennung der Adoptiveltern	Herausreißen der Zunge des Adoptivsohns

▶ Die biblische Sage von der babylonischen „Sprachverwirrung" dürfte auf das Erleben der von NEBUKADNEZAR deportierten 50 000 Judäer zurückzuführen sein.

Der Codex Hammurapi ist der älteste überlieferte Rechtstext.

3.1.4 Die Metropole Babylon

Babylon verdient als erste Großstadt der Geschichte das Prädikat Weltstadt. Noch an der Peripherie der damals bekannten Welt des Nahen Ostens galt es als die Verkörperung von Stadt und **Stadtkultur**.
Babylon beherbergte allein zwei der **„sieben antiken Weltwunder"**.

3.1 Mesopotamien

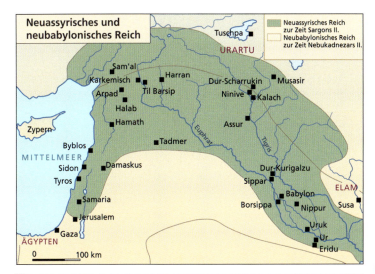

Seine Hochblüte erlebte **Babylon** als Hauptstadt des Neubabylonischen Reiches unter König NEBUKADNEZAR II. (605–562 v. Chr.).

An bebauter Fläche, Bevölkerungsgröße, Baumonumenten und Urbanität übertraf es alle Städte seiner Zeit. Reichweite der Beziehungen und der Bekanntheitsgrad der Metropole blieben lange Zeit unübertroffen. Ein mindestens 18 km langer doppelter Mauerring umschloss 8 km² Stadtfläche. Den Stadtkern schützte eine weitere innere Dreifachmauer mit vorgelagertem 80 m breitem Graben. Eine über 120 m lange steinerne Euphratbrücke verband auf sieben Pfeilern aus behauenen Natursteinen und Ziegelsteinfüllung Alt- und Neustadt. Die 92 m hohe siebenstufige **Lehmziegel-Zikkurat** war das gewaltigste Bauwerk Mesopotamiens und galt als Weltwunder. Ihre Grundfläche maß 92 × 92 m, ihre Höhe maß 92 m. Das „Etemenanki" genannte Gebäude krönte der Hochtempel des Stadtgottes Marduk.

Das zweite **antike Weltwunder** war ein von den Assyrern „Grüner Berg", von den Griechen „Hängende Gärten der Semiramis" genanntes System von vier auf unterschiedlichen Höhenniveaus angelegten dachgartenartigen Terrassen. Babylon hatte ab 600 v. Chr. mehrere 100 000 Einwohner. Die Stadt war der kosmopolitischste Ort der Zeit. Deportierte Judäer und Iraner, arabische und indische Händler, griechische Touristen und Söldner dürften zur sprichwörtlich gewordenen babylonischen Sprachverwirrung beigetragen haben. **Babylons** Wirtschaft war anders als in den meisten Städten **Mesopotamiens** überwiegend nichtagrarisch. Zum Dienstleistungssektor gehörte ein funktionierendes Bankgewerbe.

Die Stadtanlage war bewusst gegliedert und gestaltet. Vom Ischtar-Tor zum Marduk-Tempel verlief achsenartig die Prozessionsstraße. Mit ihrer Anlage wurden erstmals Auf- und Grundriss einer Stadt bewusst gestaltet. Sie diente bei Ausfahrten des Königs der Inszenierung von Macht und Pracht.

▶ Zikkurat = Haus der Verbindung von Himmel und Erde. Der eigentliche Marduk-Tempel Esangila lag im südlich anschließenden Teil des Tempelkomplexes. Die Zikkurat hinterließ auch in der biblischen Sage vom „Turmbau zu Babel" ihre Spuren.

▶ Semiramis ist die griechische Version des Namens der assyrischen Königin SAMMURAMAT, die nach 811 v. Chr. mehrere Jahre die Regentschaft für ihren unmündigen Sohn ADADNIRARI III. führte. Die **Hängenden Gärten** dürften aber Bauten NEBUKADNEZARS II. von Babylon sein.

3.2 Ägypten

3.2.1 Bedingungen für die Herausbildung der Hochkultur

> Die **geografische Voraussetzung** der altägyptischen Staats- und Kulturentwicklung war die Fruchtbarkeit der periodisch überfluteten Flussoase des Nils.

Altägypten umfasste die Flussoase des Nils von den Stromschnellen bei Assuan im Süden bis zur Mündung im Norden. Der Nil durchfließt hier die Ostsahara. Hohe Jahresdurchschnittstemperaturen (Kairo 21 °C, Luxor 24 °C) lassen ganzjähriges Pflanzenwachstum zu, aber sehr geringe Niederschläge (Kairo 24 mm, Luxor 1 mm im Jahr) ermöglichen eine Landwirtschaft nur bei Bewässerung mit Nilwasser. So nannte schon der griechische Historiker HERODOT Ägypten das „Geschenk des Nils". Oberägypten bestand aus der etwa 650 km langen, aber nur zwischen 2,5 und 20 km breiten Niltalaue, das nördlich Kairos gelegene Unterägypten aus dem 160 km langen (in der Antike), von fünf Flussarmen fächerförmig durchzogenen, an der Küste über 200 km breiten Delta.

▶ Die Dreiecksform der Nilmündung erinnerte schon antike griechische Besucher an den dreieckigen Buchstaben Delta ihres Alphabets. Die Mündungsform des Nil wurde namengebend für alle vergleichbaren Flussmündungen mit hoher Sedimentlast, niedrigem Gefälle, niedriger Fließgeschwindigkeit und dementsprechender hoher Sedimentablagerung.

Die Hauptquellflüsse, der in Ostafrika (Viktoriasee) entspringende Weiße und der das äthiopische Hochland entwässernde Blaue Nil, vereinigen sich im Sudan bei Khartum. Bis zum Bau des Assuandamms (Inbetriebnahme am 21. Juli 1970) steuerte die Hochwasserwelle des Blauen Nils den jahreszeitlich stark schwankenden Nilabfluss von Juni bis August. Der Normalabfluss von 120 m³/s schwillt durch monsunale Starkregen in Äthiopien für einige Wochen auf bis zu 6 000 m³ an. Riesige Sümpfe im Sudan dämpfen und „filtern" dagegen die Hochwasser des Weißen Nils und garantieren seinen stetigen ganzjährigen Abfluss. Abtragung im Quellgebiet des Blauen Nils sorgt für hohe mineralreiche Sedimentfracht des Hochwassers. In Ägypten überflutete die Nilschwemme alljährlich die gesamte Talaue und lagerte dabei 1–3 m schwarzen Ton als mineralreichen Dünger ab.

3.2 Ägypten

Die Notwendigkeit, die Bewässerung und Speicherung gerecht und effizient zu organisieren, führte am Nil zur Entstehung regionaler Machtzentren. Auseinandersetzungen der regionalen Machthaber untereinander und mit räuberischen Nomaden förderten einen Konzentrationsprozess der Macht, der in der staatlichen Einigung Ägyptens mündete.

Mit Laufveränderungen, Abtragung und Ablagerung gestaltete die Nilschwemme das Tal alljährlich um. Wurde die Talaue im Oktober wieder trocken, waren Felder und Dorffluren für die Aussaat völlig neu anzulegen und zu markieren. Dazu bedurfte es übergreifender Organisation und Kooperation. Zwischen den Jahren variierten die Hochwassermengen und damit die Ernten erheblich. Um Hungersnöten vorzubeugen, speicherten die Bauern Überschüsse. Seit ca. 3500 v. Chr. nutzten sie die künstliche **Bassinbewässerung.** Sie gestattete eine Ausweitung der Ackerflächen und -erträge, erhöhte aber wie die Vorratswirtschaft den Regelungsbedarf.

> ▶ Bei der Bassinbewässerung wurden Teile des Nilhochwassers zur Verwendung in der Trockenzeit in künstlichen Staubecken zurückgehalten.

Als Folge entstanden immer größere regionale Zusammenschlüsse. An ihrer Spitze standen Gaufürsten in zentralen Orten. Sie stützten sich auf kleine Beamtengruppen und übernahmen zugleich die Abwehr von Überfällen, zu denen die Reichtümer des Niltals **Nomaden** provozierten. In ihren Residenzen entfalteten sich Handwerk und Arbeitsteilung. Die Gauherren rivalisierten jedoch auch untereinander. Bei diesen Auseinandersetzungen kam es zunächst zur Bildung zweier getrennter Reiche in Ober- und Unterägypten und schließlich nach 3100 v. Chr. zur gewaltsamen Reichseinigung durch die Könige Oberägyptens.

> ▶ Nomaden sind nicht sesshafte Tierzüchter der Savannen, Steppen und Wüsten. Die zunehmende Wüstenbildung in der Nachbarschaft des Niltals erhöhte seit 3500 v. Chr. den Druck der Wanderhirtengruppen auf die Dörfer der Sesshaften im Tal.

3.2.2 Wirtschaft und Gesellschaft

Ägypten besaß eine hochgradig arbeitsteilige und durch strenge Vorschriften geregelte **Staatswirtschaft.** Die wirtschaftliche Grundlage stellte die Landwirtschaft dar. Die Macht des Königtums entsprang dem Zugriff auf Agrarerträge und die Arbeitskraft. Das Gesellschaftssystem war durch eine starke Rangfolge der Ämter gekennzeichnet. Dadurch herrschte eine starre, krasse soziale Ungleichheit. Es bevorzugte die königlichen Beamten **(Schreiber).**

Die Einigung Ägyptens unter einem zentralen Königtum bewirkte eine dramatische Veränderung in Wirtschafts- und Bodeneigentum.

Die Ackerflächen wurden zu Staatseigentum. Auf dieser Grundlage beanspruchte der König Ernteerträge und Arbeitsleistung der Bauern. Im Gegenzug erhielten sie wie Handwerker und Beamte Rationszuteilungen aus den Königsspeichern. Das Land wurde in königliche **Domänen** eingeteilt, die die Grundversorgung sicherten.

> ▶ Die **Domänen** umfassten je ein Dorf mit seiner Flur (ca. 25–50 Aruren = 6,9–13,8 ha). Sie führten bis zu 50 % der Ernte an die Speicher ab.

Staatliche Grundversorgung mit Konsumgütern in Altägypten	
periodisch, im Ideal tägliche Lieferung	Brot, Bier, Datteln, Fisch, Gemüse, Hülsenfrüchte
periodisch (meist monatlich)	Getreide

Staatliche Grundversorgung mit Konsumgütern in Altägypten	
periodisch in großen, z. T. jährlichen (nicht bedarfsdeckenden) Intervallen	Kleidung, Schuhwerk

Staatliche Zusatzversorgung mit Konsumgütern in Altägypten	
episodisch bei besonderen Anlässen (hohe religiöse Feste usw.)	Fleisch, Feigen, Honig, Wein

Seit 2500 v. Chr. erhielten Königsverwandte, Beamte und Tempel aus der Königsdomäne ausgesonderten Boden (und Bauern) zur Versorgung. Beides war veräußer- und vererbbar. Obwohl die Eigentümer hohe Abgaben entrichteten, schwächte die Entwicklung das Königtum. Im Neuen Reich stieg der Tempel des Reichsgottes Re von Karnak zum größten Landbesitzer auf. Seine Priesterschaft gewann starken politischen Einfluss.

Bevölkerung und Wirtschaft im Neuen Reich (um 2500 v. Chr., geschätzt)

Bevölkerung insgesamt:	4,5 Millionen
Nutzfläche insgesamt:	6 Millionen Aruren (1 650 000 ha)
Getreideernte pro Jahr:	ca. 45 Millionen Sack (ca. 7 Milliarden Liter bzw. 4 200 000 t) Davon Abgaben an Speicher von Staat, Tempel usw.: 22,5 Millionen Sack bzw. 2 100 000 t

▶ Diese Getreideerntemenge entspricht 105 000 beladenen Güterwagen, die eine Länge von 1 344 km ergeben. Das ist die Entfernung etwa von Berlin nach Budapest.

Knickpyramide der Gesellschaft

Bauern waren als arbeitspflichtige **Hörige** an die Domäne gebunden. Freiheit galt nur im Privatleben. Sie konnten jederzeit umgesiedelt und zur **Zwangsarbeit** verpflichtet werden. Ihre Arbeitsleistung und -zeit unterlagen strenger Kontrolle. Das gesellschaftliche Ansehen der Bauern war gering.
Auch das Handwerk befand sich in Staatshand. Arbeiter wurden z. T. in vorgeschriebenen Orten kaserniert. Leistungen waren genau festgelegt. Werkzeuge stellte der Staat. Lohn zahlte er als Versorgungsration. Sozial rangierten Handwerker, allen voran Kunsthandwerker, weit vor den Bauern.

3.2 Ägypten 59

Fronarbeiter in Ziegeleien, Minen und Steinbrüchen stellten die unterste soziale Schicht. Sie waren meist nomadische Einwanderer. Bei Fluchtversuchen drohte ihnen wie Kriegsgefangenen und Verbrechern **Versklavung.** In solchem Fall musste der Käufer die Sklaven beschützen und ernähren.

Auch der **Außenhandel** wurde durch den Staat kontrolliert. Ägypten benötigte Einfuhren von Bau- und Schiffbauholz, Pferden, Waffen und Streitwagen für die Armee. Für den Bedarf von Königshof und Oberschicht importierte es Luxuswaren jeder Art. Exportiert wurden Getreide und Gold aus königlichen Minen. Das königliche Schatzhaus rüstete Handelskarawanen und -flotten aus. Es übernahm Verteilung und Verkauf der Waren. **Minen und Steinbrüche** waren ebenfalls im Besitz des Staates.

▶ **Nomaden** und Halbnomaden aus den Randwüsten baten bei Hungersnöten um Aufnahme in Ägypten. Bei Bereitschaft zur Fronarbeit wurde ihnen die Aufnahme gewährt.

> Wirtschaft und Gesellschaft blieben Jahrtausende fast unverändert. Kennzeichen waren eingeschränkte Freiheit, strenge Kontrolle, Strafen und Lenkung. Preise und Löhne waren fest. Dafür bot das System in „Normalzeiten" Sicherheit und existenzsichernde Mindestversorgung.

Markt gab es nur vereinzelt. Gehandelt wurden vom Eigenkonsum abgesparte Überschüsse aus Staatszuteilungen. Handwerker durften in der Freizeit privat arbeiten und verkaufen. Freie Kleinunternehmer wie Friseure oder Wirte kannte nur der Dienstleistungssektor.

Die Bürokratie der Staatswirtschaft hatte immer wieder mit Versorgungsproblemen zu kämpfen. Die wurden für Handwerker leicht existenzbedrohend. Um 1150 v. Chr. entfachte eine Versorgungskrise den ersten geschichtlich fassbaren **Streik** in der Königsnekropole von Theben.

Schreiber bildeten aufgrund ihrer privilegierten Arbeit, Versorgung und Macht die Spitze der Gesellschaft. Für sie gab es Eliteschulen. Faktisch standen sie nur Schreiberkindern offen. Unter staatlicher Aufsicht nahmen hohe Beamte Schüler als „Söhne" in ihre Haushalte auf. Absolventen dieser Eliteschulen erwarteten nach langjährigem Erlernen der **Hieroglyphenschrift** (↗ S. 66) und längerem Verwaltungs„praktikum" große Karrieren. Die besten Chancen boten sich Mitschülern des Kronprinzen in der Palastschule.

▶ Die Arbeiter legten aus Protest zweimal monatelang die Arbeit nieder. Das erzwang die Lieferung des ausstehenden Lohnes durch den Wesir des Pharao RAMSES III.

In Altägyptens Gesellschaft herrschte der Mann. Rechtsstellung, Ansehen und Freiheit der Frau übertrafen aber die in anderen orientalischen Kulturen. Die Frau konnte ihren Partner frei wählen und sich ebenso wieder scheiden lassen. Nach einer Heirat durfte sie ihren persönlichen Besitz behalten, hatte aber auch das Recht, vom Mann versorgt zu werden. Sie konnte selbstständig beruflich tätig sein.

Trotzdem blieb ihr gesellschaftlicher Platz meist Familie und Haushalt. Haushalte umfassten nur Eltern und heranwachsende Kinder. Bei Vornehmen zählten Zöglinge und Diener dazu.

▶ Ehe und Kinderzeugung galten als Pflicht. Pflicht der Kinder war es, die Eltern im Alter zu versorgen sowie die Betreibung des **Totenkults,** von dem die Existenz der Eltern im Jenseits abhing.

> Die Frau hatte in Ägypten, gemessen an anderen antiken Kulturen, eine vergleichsweise emanzipierte Stellung.

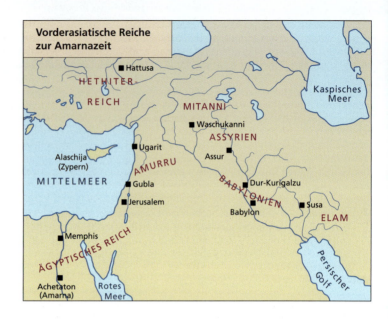

3.2.3 Die Herrschaft der Pharaonen

▶ Durch **Inkarnation** (lat. = Fleischwerdung) nimmt ein göttliches Wesen menschliche Gestalt an.
Die **Maat** als Weltordnung wurde von den Ägyptern in kosmischen Rhythmen und Kreisläufen gedacht: Nilschwelle und Niedrigwasser, Aussaat und Ernte, Tag und Nacht, Geburt und Tod … Naturgesetz, Gesellschaftsordnung und Recht waren Teilaspekte der Maat.

Vom Beginn der **ägyptischen Hochkultur** bis zum Ende der staatlichen Eigenständigkeit war der König (Pharao) absolutes Zentrum von Staat, Gesellschaft und Religion. Er galt als lebender Gott. Als oberster Priester, Heerführer, Gesetzgeber und Richter garantierte er die Weltordnung gegen die Chaosmächte. Durch einen hierarchischen Verwaltungs- und Beamtenapparat wurde seine Macht bis auf die Dorfebene herunter wirksam.

3.2 Ägypten

Der König (Pharao als Bezeichnung für den ägyptischen König leitet sich vom altägyptischen Per-aa = großes Haus, der Bezeichnung des königlichen Palastes, ab) galt als irdische Verkörperung des Himmelsgottes Horus und Sohn des Totengottes Osiris. Seine Hauptaufgabe war die Bewahrung der Weltordnung Maat. Als Kultherr übte er wichtige Rituale persönlich aus. Die übrigen Kulthandlungen übertrug er Priestern. Dem ordnungsgemäßen gesellschaftlichen Zusammenleben dienten Gesetzgebung und Rechtsprechung.

Altägyptische Darstellung des Gottes Osiris

Das Ausland galt als Bereich des Chaos. Daher war der König verpflichtet zur Ordnung durch Krieg und Eroberung.

Die Vielfalt der Regierungsaufgaben führte zur Ausbildung einer differenzierten **Verwaltung**. Das wichtigste Amt des Premierministers bekleidete der **Wesir**.

▶ **Wesir** als Bezeichnung für den höchsten Beamten des Pharaos ist kein ägyptisches Wort, sondern dem Arabischen entnommen. In arabisch-islamischen Monarchien war der Wesir Stellvertreter des Kalifen bzw. Emirs.

Entstehung, Qualität und Funktion des Königtums spiegeln die Herrschaftsinsignien wider. Die wichtigsten Machtsymbole waren Krummstab und Geißel, Hirtenwerkzeuge zum Antreiben und Aussondern. Stierschwanz am Gürtel, Pantherfellumhang und Ziegenhaarzeremonialbart sollten dem König magische Tierkräfte verleihen. Die Reichseinigung, die symbolisch bei jeder Thronbesteigung wiederholt wurde, symbolisierte die aus weißer Krone Oberägyptens und roter Krone Unterägyptens zusammengewachsene Reichskrone. Die Wappentiere und Schutzgötter beider Reichsteile, Oberägyptens Königskobra und Unterägyptens Geier, schützten den König auf Kronen und Stirnringen.

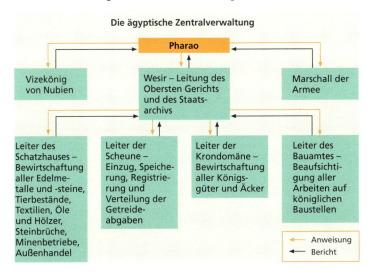

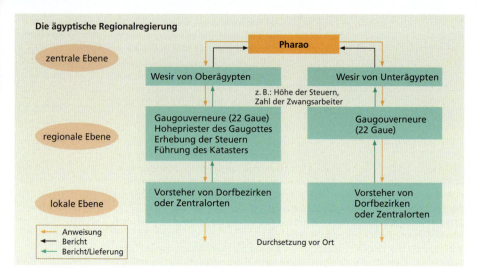

▶ **Polytheismus:**
Vielgötterei, Verehrung einer Vielzahl persönlich gedachter Götter

3.2.4 Die Religion der Ägypter

Ägyptens **Religion** war polytheistisch. Sie besaß eine ausgeprägte **Jenseitsorientierung**. Im Zentrum religiöser Praktiken und religiösen Denkens stand die Sicherung eines Weiterlebens nach dem Tode. Götter galten als menschengestaltige und tierköpfige Mischwesen.

▶ Wichtige ägyptische Götter waren weiterhin: Seth, Anubis, Thot, Sobek, Chnum, Nut, Geb.

Ägyptens Götterwelt umfasste unzählige regional und einige reichsweit verehrte Gottheiten. Der landesweite Kult der Hauptgötter war Ergebnis bewusster **Religionspolitik** nach der Reichseinigung. Zum höchsten Gott stieg Re von Theben auf. Besonders wichtig war der Totengott Osiris. Der Mythos seiner Ermordung und Wiederbelebung war Basis aller Hoffnung auf Überwindung des Todes und ewiges Leben.

Ausgewählte Götter Ägyptens		
Name	Merkmale	Funktion
Osiris	menschengestaltig, grünhäutig mit Königsinsignien Krummstab und Geißel	Totenrichter und Herr des Totenreichs, repräsentiert Auferstehung, ewiges Leben und den Jahreszyklus der Natur
Isis (Bild li.)	menschengestaltig mit Kuhhörnern und Sonnenscheibe	Muttergöttin, Schwester und Gattin des Osiris, Mutter des Horus
Horus	falkenköpfig	im König Mensch gewordener Himmelsgott, Sohn und Rächer seines Vaters Osiris

Berufspriester versahen den täglichen Tempelkult.

AMENOPHIS IV. (ECHNATON) und Königin NOFRETETE revolutionierten 1351 bis 1334 v. Chr. die Religion. Sie erklärten den Sonnengott Aton zum allein existierenden Gott. Nach Echnatons Tod erzwangen Volk und entmachtete Priester die Restauration der alten Götter.

Das Jenseits galt als ewige Parallele zum irdischen Leben. Zur **Ewigkeitsvorsorge** gehörten gut ausgestattete Gräber als Totenwohnung und mumifizierte Körper als Seelenträger. Dabei wurden der Leiche zunächst die inneren Organe entnommen. Wasserentzug mittels Natron und Balsamierung mit gummi- und parfumölgetränkten Leinenbinden bewirkten anschließend eine dauerhafte Konservierung der Körperhülle.
Die Organe wurden in vier besonderen Gefäßen, den Kanopen, separat konserviert. Die **Mumien** wurden schließlich in Sarkophage gebettet. Die über 70-tägige Mumifizierung endete mit der „Wiederbelebung" durch eine Mundöffnungszeremonie.

▶ Die Büste der NOFRETETE kann im Neuen Museum in Berlin bewundert werden. Sie zeugt von der hohen Kunstfertigkeit der Ägypter. Die Büste diente in einem Atelier der Residenz Amarna als Vorlage für die Serienproduktion von Abbildungen.

Die war die Voraussetzung für die Rechtfertigung im Totengericht. Darin prüfte Osiris die Taten der Verstorbenen. Das Bestehen der Prüfung garantierte ewiges Leben. Missetätern drohte die Vernichtung.

3.2.5 Leistungen der Ägypter

Hieroglyphenschrift

> Das für Ägyptens Hochkultur charakteristische hochkomplexe Zeichensystem der **Hieroglyphenschrift** entstand vor über 5000 Jahren. Es diente von Beginn an als effektives Herrschafts- und Verwaltungsinstrument. Die Hieroglyphenschrift umfasst etwa 800 Bildzeichen (z. B. Tiere und Gegenstände).

Die Hieroglyphenschrift entstand zunächst als rein piktografisches System. Jedes Zeichen repräsentierte den dargestellten Gegenstand (Piktogramm).
In der entwickelten Hieroglyphenschrift standen Zeichen auch für Tätigkeiten, Ideen (Ideogramme) oder Laute (Phonogramme). Wie Hieroglyphen konkret zu lesen waren, zeigten Zusatzmarkierungen. Fehlende klare Schreibvorschriften erschwerten die Lesbarkeit. Zeichen konnten von links nach rechts und umgekehrt sowie von oben nach unten und umgekehrt angeordnet werden.

▶ **Hieroglyphen,**
griech. hieroglyphikos grammata = Heilige Zeichen. Von den Griechen für das ihnen fremde ägyptische Schriftsystem benutzter Begriff. Er knüpft an das ägyptische Verständnis der Schrift als magische „Gottesworte" an. Schreiben und Schrift standen unter dem Schutz des Gottes Thot.

Hieratische Schrift,
griech. hieros = heilig. Die hieratische Schrift wurde nach der Einführung des Demotischen nur noch für religiöse Texte verwendet.

Demotische Schrift,
giech. demos = das Volk. Die demotische Schrift wurde zur eigentlichen Alltagsschrift Ägyptens. Sie blieb noch viele Jahrhunderte nach der Eroberung Ägyptens durch Alexander die Schrift der einheimischen Bevölkerung. Unter den hellenistischen Königen der Ptolemäer-Dynastie und unter römischer Herrschaft bediente sich die Staatsverwaltung in Ägypten griechischer Schrift und Sprache.

Hieroglyphen und ihre möglichen Bedeutungen:

Hieroglyphe	piktografische Bedeutung	ideografische Bedeutung	phonetische Bedeutung
	Brot	Ortsbestimmung	t
	angewinkelter Arm	Beamter	a
	Korb	Herr	k
	Sonne	Sonnengott	re
	Skarabäus	verwandeln	hpr
	Sandalenriemen	leben	anch
	Auge	sehen	ir

Die Verwaltung entwickelte für ihre Sachtexte schon sehr früh aus Hieroglyphen eine einfache Kursivschrift. Die **hieratische Schrift** erlaubte schnelles Schreiben mit Tinte auf den unkomplizierten und preiswerten Schreibstoffen Papyrus und Ton. Seit 700 v. Chr. setzte sich eine noch weiter standardisierte und vereinfachte Schrift in der Verwaltung durch. Mit dieser **demotischen Schrift** gelang fast ein stenografisches Schnellschreiben.

Im Zuge der **Christianisierung** ging die Kenntnis der Hieroglyphen verloren. Erst 1822 gelang dem Franzosen JEAN-FRANÇOIS CHAMPOLLION mit dem „**Stein von Rosetta**" ihre erneute Entschlüsselung.

Der „Stein von Rosetta" enthielt in hieroglyphischer, demotischer und griechischer Schrift einen Text des Königs PTOLEMÄUS I. (323–282 v. Chr.). CHAMPOLLION entdeckte das hieroglyphische Pendant der griechischen Fassung des Königsnamens Ptolemäus in der Königskartusche. Das erlaubte die Bestimmung des Lautwerts der betreffenden Hieroglyphen.

Die Pyramiden

> Die monumentalen Königsgrabbauten der großen Pyramiden stellen die bekanntesten Zeugnisse und Leistungen der ägyptischen Hochkultur dar.

Pyramiden waren die Königsgräber vom Beginn der 3. Dynastie des Alten Reiches bis zum Ende des Mittleren Reichs. Die Pyramidenform steht in engster Verbindung mit der Idee des Aufstiegs des verstorbenen Königs zum Himmel. Die klassische Pyramide wurde innerhalb weniger Jahr-

zehnte über die Zwischenform der Stufenpyramide aus rechteckigen, bankähnlichen Grabbauten (Mastaba) entwickelt. Den Höhepunkt des Pyramidenbaus markierte die um 2600 v. Chr. errichtete **Cheopspyramide** bei Gizeh.
Eine Pyramide bildete mit einem am Nil gelegenen Taltempel und einem östlich der Pyramide errichteten Totentempel einen Gesamtkomplex. Im Taltempel wurde der König mumifiziert und auf die Bestattung vorbereitet. Im Totentempel wurden täglich die für das Wohlergehen des Königs im Jenseits erforderlichen Kulthandlungen vollzogen.
Der Bau einer Grabpyramide begann beim Regierungsantritt eines Königs. Erbaut wurden die Pyramiden von Fronarbeitern und zusätzlichen Bauern, die in der Trocken- und Überschwemmungszeit Zwangsarbeit leisteten. Die technischen und logistischen Leistungen des Pyramidenbaus sind erstaunlich. Für große Pyramiden mussten Millionen tonnenschwere Blöcke gebrochen, transportiert und bearbeitet werden. Tausende Arbeiter waren jahrzehntelang mit Nahrungsmitteln zu versorgen. Die Bauten wurden exakt nach den Himmelsrichtungen ausgerichtet. Bei den rechten Winkeln am Bau gelang die Minimierung der Abweichung auf maximal 2 Bogenminuten. Das entspricht schärfsten heutigen Normen.

▶ Das Wort Pyramide ist wahrscheinlich altägyptischen Ursprungs. Es gelangte über das griechische und das lateinische „pyramis" in die deutsche Sprache.

Die Cheopspyramide hat eine Höhe von 146,6 m. Ihre Seitenlängen betragen 230,4 m.
Sie wurde aus 2 300 000 Kalkstein- und Gneisblöcken à 2,5 t (einzelne bis 80 t) errichtet.
Ca. 36 000 Steinmetz- und Bauarbeiter und ca. 10 000 Steinbrucharbeiter arbeiteten etwa 20 Jahre an diesem Bauwerk.

Wissenschaftliche Leistungen

> Ägypten kannte keine von der Religion emanzipierte Wissenschaft. Natur, Religion, Gesellschaft und Staat galten gleichermaßen als dem allgegenwärtigen Prinzip der **Maat** (∕ S. 61) unterworfen. Erkenntnisse der ägyptischen „Universalwissenschaft" sollten die Ordnung des Kosmos in allen Bereichen gewährleisten bzw. optimieren.

Ägyptens frühe Wissenschaft systematisierte und katalogisierte Beobachtungen von Natur und Gesellschaft. Grundlage der Wissensbewahrung war die Schrift. Sie erkannte gefühlsmäßig Zusammenhänge und Gesetze. Zum Teil entwickelte sie Theorien. An Ägyptens Erkenntnisse knüpfte vielfach die Wissenschaft der Griechen an.

Mathematik und ihre Anwendung

> **Mathematik** war Schlüsselwissen der ägyptischen Hochkultur. Sie fand Anwendung in Bau-, Vermessungs-, Kataster- und Steuerwesen, Astronomie und Zeitrechnung. Ägypter rechneten im Dezimalsystem. Spezielle Hieroglyphen standen für die Einer, Zehner, Hunderter usw.

Mathematiker kannten Beweisverfahren und eine erstaunlich präzise Näherung der Zahl Pi. Sie beherrschten Bruch- und Potenzrechnung, Winkel-, Flächen- und Körperberechnung, z. B. von Pyramidenstümpfen. Flächenberechnung fand jedes Jahr nach der Nilschwelle zur kompletten Neuvermessung und -einteilung aller Felder Anwendung.
Mathematik wurde nicht nur im Pyramiden- und Tempelbau angewandt. Wasserbauingenieure realisierten Staudamm- und Kanalprojekte mit

▶ Grundlage für die **Flächenberechnung** war die exakt definierte, reichsweit gültige Elle. Die Ellenlänge betrug 52,5 cm. 10 000 Quadratellen ergaben das Standardflächenmaß Arure (0,275 ha). Wichtigstes Geometerinstrument war das 100-Ellen-Knotenseil.

Schleusenanlagen. Dazu zählt eine 45 m breite künstliche Verbindung von Mittelmeer und Rotem Meer.

Astronomie

> Astronomen errechneten das **Sonnenjahr** auf 365 Tage. Die fehlenden 6 Stunden glich kein Schaltjahr aus.

Sie unterschieden Planeten und Fixsterne. Den Eintritt der Nilschwelle bestimmten sie durch Beobachtung des Sternes Sirius.

Medizin

Ägyptens Ärzte waren im Altertum berühmt und gefragt. Sie waren z. B. auf Parasitenbefall, Wund-, Darm-, Augen- oder Frauenheilkunde hoch spezialisiert. Ihnen standen genaue Kataloge von Krankheiten und ihren speziellen Therapien zur Verfügung. Heilungserfolge beruhten auf empirisch gewonnener Kenntnis von Heilpflanzen und -mitteln.

Geografie

▶ Der griechische Historiker **HERODOT** (um 490–425 v. Chr.) bezweifelte die Glaubwürdigkeit der ägyptischen Quellen. Er glaubte nicht, dass die Flotte während einer Westkursfahrt die Sonne mittags an Steuerbord (in Fahrtrichtung rechts) gehabt haben sollte. Genau das aber spricht für (mindestens) eine **Äquatorpassage** und eine längere Fahrt auf der Südhalbkugel.

2 000 Jahre vor den Portugiesen umfuhren Phönizier im Auftrag Ägyptens Afrika. Die dreijährige Fahrt führte 37 000 km vom Roten Meer über das Kap der Guten Hoffnung und die Straße von Gibraltar zur Nilmündung. Vom geografischen Niveau Ägyptens zeugt die älteste bekannte Landkarte. Das über 3 000 Jahre alte hieratisch beschriftete Papyrusfragment zeigt die Lagesituation einer Goldmine.

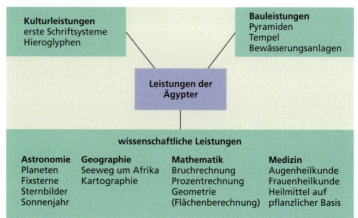

3.3 Das alte Israel

3.3.1 Einwanderung und Bildung des Stammesverbandes

> Von ca. 1400 bis 1200 v. Chr. ließen sich semitische Stämme in mehreren Schüben im Gebiet zwischen dem Fluss Jordan und dem Mittelmeer (Kanaan) nieder. Diese Kleintiernomaden gingen mit der Sesshaftwerdung schrittweise zu Waldrodung und Ackerbau über. Die fruchtbaren Ebenen beherrschten zunächst die militärisch, ökonomisch und kulturell überlegenen einheimischen kanaanäischen Stadtstaaten.

Ägyptische Quellen erwähnen im 14. Jh. v. Chr. nach Kanaan eindringende Nomaden. Dahinter ist die **erste Einwanderungswelle** der sogenannten **Lea-Stämme** zu vermuten. Sie trafen dort auf die ebenfalls zur semitischen Sprach- und Völkerfamilie gehörenden Kanaanäer, von denen sie den Kult des kanaanäischen Götterkönigs **El** übernahmen. Nach ihm nannte sich der Verband bald „Israel" (Gott El kämpft).

Die ab 1200 v. Chr. einwandernden **Rahel-Stämme** brachten den Kult des auf dem Sinai verehrten Berg- und Vulkangottes Jahwe und die (im Kern historische) Erinnerung an eine Flucht aus Ägypten, den **Exodus,** mit.

Mittelpunkt dieses „Urerlebnisses" war das erfolgreiche Entkommen nomadischer Fronarbeiter vor ägyptischen Streitwagen. Bei der Entstehung des Rahel-Verbandes spielte die historische Person **Mose** eine wichtige Rolle. Rahel- und Lea-Stämme wuchsen mit den unbedeutenderen **Silpa-** und **Bilha-Stämmen** unter dem Namen „Israel" zu einem Volk mit gemeinsamer Religion und Kultur zusammen.

Die dominanten Rahel-Stämme setzten den Kult Jahwes im Gesamtverband durch. Ursprünglich separate Überlieferungen der Stämme verschmolzen zu einer Geschichte und lieferten die Basis eines stammesübergreifenden Zusammengehörigkeitsgefühls. Das stärkte eine künstliche Abstammungsgemeinschaft: Fiktive namengebende Ahnen der Stämme wurden als Kinder des „Erzvaters" Jakob zu einer Familie verbunden. Bei Bedrohung verteidigte sich die Stämme-Familie gemeinsam.

Identitätsstiftung und Zusammengehörigkeitsstärkung durch Traditionszusammenführung: Die Verknüpfung der Erz- und der Stammesväter

Name	Siedlungsraum	Stammeszugehörigkeit	vermutliche historische Rolle	Rolle in der Tradition Gesamtisraels
ABRAHAM	Raum Hebron	vermutlich Juda	Häupter von Landnahmegruppen	Projektion in ferne, rein nomadische Vergangenheit vor der Landnahme, Versippung zu vier Generationen einer Familie. (ISAAK = Sohn ABRAHAMs, JAKOB = Sohn ISAAKs, RUBEN, JUDA, JOSEPH, GAD usw. = Söhne JAKOBs)
ISAAK	Beersheba (Nord- und Südnegev)	vermutlich Simeon		
JAKOB	Beth-El (Gebirge Juda) Pni-El (Ostjordanland) Sichem (Geb. Samaria)	vermutlich Ruben		
RUBEN, JUDA, JOSEPH, GAD usw.				

3.3.2 Der Staat Israel entsteht – Saul, David, Salomo

Sauls Heerbannkönigtum über Israel

> Im 11. Jh. v. Chr. wurde der lockere Verband der israelitischen Stämme durch die **Philister** existenziell bedroht. Unter dem äußeren Druck errichtete der Aufgebotsführer SAUL um 1020 v. Chr. eine Königsherrschaft.

Seeschlacht RAMSES III. gegen an Federhelmen erkennbare „Seevölker"

Israels Stämme übertrugen im Kriegsfall **„Richter"** genannten Anführern spontan und auf Zeit die Führung übergreifender Heerbannaufgebote. SAUL aus dem Stamm Benjamin behauptete diese Stellung auf Dauer und erreichte seine Wahl zum König über die nördlichen Stämme. Er suchte, neben den lockeren Stammesstrukturen festere staatliche Institutionen und königliche Machtmittel zu etablieren. Das gelang aber nicht.

3.3 Das alte Israel

Um 1000 v. Chr. fiel er in der Schlacht von Gilboa mit großen Teilen des Heerbannes gegen die Philister.
Die Philister zählten zu diesen von Ägypten mit Mühe abgeschlagenen Invasoren, die möglicherweise auch das Ende des mykenischen Griechenlands verursachten. Auf Initiative Ägyptens siedelten die Philister um 1200 v. Chr. in Palästinas Küstenebene. Im Besitz von Eisenwaffen, waren sie für die nur über Bronzetechnologie verfügenden Israeliten furchtbare Gegner. Das illustriert z. B. die Goliath-Geschichte des Alten Testaments (1. Kg.).

David (ca. 1000 v. Chr.–ca. 960 v. Chr.) – Gründer eines Großreichs

> Im Süden begründete SAULS Konkurrent DAVID ein Königtum über den Stamm Juda. Nach der Ermordung von SAULS Sohn und Nachfolger ISCHBAAL erkannten auch die Nordstämme DAVIDS Königtum an. Israel und Juda bildeten eine Personalunion. Die Festigung der Königsmacht erlaubte DAVID die Errichtung eines weit über Palästina hinausgreifenden Großreichs.

▶ Das Volk der Philister besiedelte ab 1200 v. Chr. die Küstenebene des heutigen Staates Israel. Der Bund der 5 mächtigen Stadtstaaten der Philister übte starken Druck auf Israels Stämme aus. Nach dem 2. jüdischen Aufstand benannte Rom 135 n. Chr. die Provinz Judäa in Palästina um. Dieser Name ist die griech. Form des aramäischen Wortes „P(e)listain" und des hebräischen „P(e)listim".

DAVID begann seine Karriere als Söldnerführer im Dienst der Philister. Bei Gründung und Ausdehnung seiner Herrschaft stützte er sich auf seine Söldner als Kern eines stehenden professionellen Heeres. Damit gelang die Eroberung der stark befestigten Kanaanäerstadt **Jerusalem**. DAVID erhob sie zur Hauptstadt.
Hierhin überführte er den besonders von den Nordstämmen hoch verehrten, dem Gott Jahwe heiligen Kultgegenstand der **Bundeslade**. Die Bundeslade war ein leicht beweglicher Gegenstand aus nomadischer Zeit. Im sogenannten „Zelt der Begegnung" hatte sie als Thron des unsichtbaren Gottes Jahwe gedient. Die Bundeslade wurde auf dem Berg Zion aufgestellt.
Sie sollte die Nordstämme an den König und die Hauptstadt binden (Altes Testament, 2. Buch Samuel, 6. Kapitel [Vers 6.1–6.19]).

Der Aufbau einer auf Schriftlichkeit gegründeten Verwaltung stärkte die Macht und die Effektivität der Königsherrschaft.

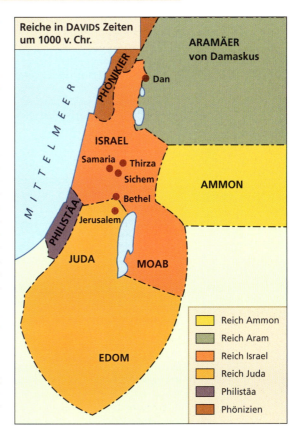

Salomo (ca. 960 v. Chr.–926 v. Chr.) – Blüte und Krise

Unter DAVIDs Nachfolger SALOMO blühte das Reich kulturell. Die Residenz Jerusalem und die Oberschicht profitierten von königlicher Macht- und Prachtentfaltung. Dies wurde mit steigender Belastung der breiten bäuerlichen Bevölkerung erkauft.

SALOMO baute Jerusalems Palastbezirk aus. Daneben errichtete er einen prächtigen Tempel für Gott Jahwe. Dessen Allerheiligstes nahm die Bundeslade auf. Als irdischer Sitz des Gottes Israels wurde Jerusalem mit dem Berg **Zion** zur **Heiligen Stadt** des Judentums.
Festungsstädte mit Streitwagengarnisonen sicherten Salomos innere und äußere Macht. Der Bau einer Handelsflotte und eines Hafens am Roten Meer förderte Handel und Königseinnahmen. Steigende Kosten für Armee, Bauten und Hofhaltung belasteten primär die Nordstämme. Sie mussten Frondienste leisten. Ihr Gebiet wurde in 12 jeweils einen Monat zur Versorgung des Königs verpflichtete Distrikte aufgeteilt. Ein Aufstand unter der Führung des Beamten JEROBEAM scheiterte jedoch.

3.3.3 Reichsteilung, Fremdherrschaft und Diaspora

Nach SALOMOS Tod zerbrach die Personalunion von Israel und Juda. Die Nachbarvölker gewannen die Selbstständigkeit zurück. An die Stelle des Großreichs traten zwei schwache und miteinander rivalisierende Teilstaaten. Beide gerieten unter den Druck der Großmächte Ägypten und Assur.

„Schwarzer Obelisk" SALMANASSARS III. von Assur.
Die Spalte enthält Israels Tributpflicht.

In den Stämmen Juda und Benjamin sowie in Jerusalem konnte sich DAVIDS Dynastie mit SALOMOS Sohn REHABEAM souverän durchsetzen und bis zur Zerstörung des **Südreiches Juda** 587 v. Chr. ungefährdet behaupten. REHABEAMS Weigerung, Steuern und Frondienst der Nordstämme zu reduzieren, provozierte deren Abfall. Sie erhoben den nach Ägypten geflohenen JEROBEAM zum König des eigenständigen **Nordreiches Israel**. JEROBEAM baute zwei mit Jerusalem konkurrierende Jahwe-Tempel in Dan und Bethel. Das trug ihm die Feindschaft der Priesterschaft Jerusalems ein. Die Toleranz seiner Nachfolger hinsichtlich der Verehrung anderer Götter rief heftige Kritik jahwetreuer Propheten hervor. Beides schwächte Israels Monarchie. Damit verbundene häufige Königsstürze und Dynastiewechsel und das lange Fehlen einer mit Jerusalem vergleichbaren Hauptstadt behinderten eine dauerhafte Stabilisierung.
721 v. Chr. vernichtete die Großmacht Assur das Nordreich und deportierte die Bevölkerung.
Judas Könige ließen sich um 600 v. Chr. in eine Konfrontation mit der neuen Großmacht Babylon ein. Sie hofften auf die Uneinnehmbarkeit des unter Jahwes göttlichem Schutz stehenden Jerusalem. Sich selbst sahen sie im Zeichen des nun voll ausgebildeten Monotheismus (von griech. monos = ein, eins und Theos = Gott)) als irdische Werkzeuge des weltbeherrschenden Gottes Jahwe. 587 v. Chr. eroberte Babylon Jeru-

salem. Es deportierte Königshaus, Priesterschaft und Oberschicht nach Mesopotamien und zerstörte Jahwes Tempel.

> Das Ende des Südreichs beendete für Jahrhunderte die israelitische bzw. jüdische Staatlichkeit. Es bedeutete aber nicht das Ende der Geschichte des im Südreich lebenden Volkes. Es überdauerte Exil und Fremdherrschaft als einzigartige Religionsgemeinschaft. Aus den jahwetreuen Einwohnern des Staates Juda entstand das Volk der Juden.

Persiens Sieg über Babylon 539 v. Chr. brachte den exilierten Juden das Heimkehrrecht. Persien förderte den Neubau des Jerusalemer Tempels. Die Juden erhielten in Palästina weitgehende Autonomie. Im 2. Jh. gelang den nationalreligiösen jüdischen Makkabäern nochmals die Errichtung eines unabhängigen jüdischen Reiches in Palästina. Erst Rom beendete dessen Selbstständigkeit.

▶ Die Makkabäer entstammten einer ländlichen Priesterfamilie, die sich an die Spitze eines Aufstands stellte. Sie gründeten als neue Dynastie eine unabhängige Herrschaft über Jerusalem und weite Teile Palästinas.

Nicht alle Juden kehrten aus Babylon zurück. Im Hellenismus verließen sogar viele Juden freiwillig Palästina. Zentrum der jüdischen Diaspora (griech.: Zerstreuung) war Alexandria in Ägypten. Diaspora-Juden übernahmen die griechische Sprache, bewahrten aber ihre Religion und die Bindung an Jerusalem.

3.3.4 Die Entstehung des israelitischen Monotheismus

> Die Ausbildung des israelitischen **Monotheismus** ist ein komplizierter, ca. 1000 Jahre dauernder Vorgang. Er begann vor der Besiedlung Kanaans und kam erst kurz vor dem Untergang Judas (587 v. Chr.) zum Abschluss. Die erste Phase stand im Zeichen der Absorption anderer Götter durch den Gott Jahwe. Anschließend erfolgte in Israel die Durchsetzung Jahwes zum einzigartigen Universalgott. Der christliche und islamische Monotheismus wurzeln in dem Israels.

Israels Vorfahren verehrten ortsungebundene Götter von Sippen- und Stammesführern (Gott ABRAHAMS, Gott ISAAKS usw.). Sie wurden z. T. als unsichtbar verstanden oder als Teraphim, leicht transportable Familiengötterfiguren, mitgeführt.

Von den Kanaanäern übernahmen die Lea-Stämme Ernte- und Jahreszeitenfeste sowie Kult und Heiligtümer des Götterkönigs El. Dabei verschmolzen die alten Familiengötter zunächst mit El zu einem einzigen Gott. Die spätere Durchsetzung des unsichtbaren Jahwe als Gott des Gesamtvolkes Israel führte zur Gleichsetzung Jahwes und Els. Aus El wurde schließlich eine andere Bezeichnung Jahwes. Die ursprünglich kanaanäischen Feste erhielten im Zusammenhang mit Jahwes Anerkennung als Gott des Volkes Israel völlig neue Bedeutungen. Sie wurden zu Erinnerungsritualen für die Zeit vor der Landnahme.

Ursprung und gewandelte Bedeutung von Festen in Israels Religion

Fest	Ursprung	neue Bedeutung im Jahwe-Glauben
Passah (Pessach)	Nomadischer Ritus beim Frühlingsweidewechsel: Bestreichen der Zeltpfosten mit Blut zum Schutz der Erstgeburten vor dem Wüstendämon Pazuzu („Würger")	Fest der Verschonung der israelitischen Erstgeburten vor dem Auszug aus Ägypten bei der letzten der sieben „biblischen Plagen" Jahwes für Ägypten
Massot (Fest der ungesäuerten Brote):	Kanaans Frühjahrserntedankfest zum Beginn der Getreideernte (Gerste)	Fest der Erinnerung an den Auszug aus Ägypten (weil beim überstürzten Aufbruch Zeit zum Säuern des mitgenommenen Brotteigs fehlte)
Shavuot (Wochenfest)	Kanaans Sommererntedankfest zum Abschluss der Getreideernte	Fest der Erinnerung an den Erhalt des Gesetzes (Gebote) Jahwes während der Wüstenwanderung
Sukkoth (Laubhüttenfest)	Kanaans Herbstfest der Oliven-, Feigen- und Weinlese, bei der auf den Feldern Hütten errichtet wurden	Fest der Erinnerung an den Auszug aus Ägypten (weil Israel dabei leicht bau- und aufgebbare Laubhütten bewohnte)

Propheten und Jerusalemer Jahwe-Priester bekämpften die von Israels und Judas Königen lange tolerierte Verehrung „fremder" Götter und die uralten ländlichen Jahwe-Höhenheiligtümer. Dort verehrten die Bauern Gott repräsentierende Kultsteine (Mazzeben) und -pfähle (Ascheren). Jahwes Verehrung in der Mazzebe widersprach der Lehre von seiner Unsichtbarkeit und der Forderung nach Bildlosigkeit. Ascheren waren am anstößiger. Aschera (↗ Bild) galt als Göttin an Jahwes Seite. Ende des 7. Jahrhunderts verbot König JOSIA die Höhenheiligtümer. Im Buch **Deuteronomium** erhielt der Jahwe-Glauben unter Josia klare verbindliche Vorschriften und Gebote.

▶ **Deuteronomium,** griech. = zweites Gesetz. Das Deuteronomium ist das 5. Buch Mose der Bibel. „Ihr solltet nichts dazutun zu dem, was ich euch gebiete, und sollt auch nichts davon tun, auf daß ihr bewahrt die Gebote des Herrn, eures Gottes, die ich euch gebiete" (Deuteronomium 4.2).

Die Durchsetzung der ausschließlichen Verehrung Jahwes war ein wichtiger Meilenstein auf dem Weg zum Monotheismus. Die weitere Konsequenz der Verneinung der Existenz jeglicher „fremden" Götter markierte den Übergang zum reinen Monotheismus. Jahwe galt in Israel als einziger allmächtiger Gott, der vom Berg Zion Welt und Völker lenkte. Judas Untergang verstanden Propheten als Strafe Jahwes an seinem ungehorsamen Volk.

3.4 Die Hochkulturen Asiens

3.4.1 Erste Hochkulturen in China

Anfänge der chinesischen Zivilisation

Das Territorium des heutigen Chinas war schon in der Altsteinzeit (10000 v. Chr.) besiedelt. Bereits im 5./4. Jt. v. Chr. kultivierten die Menschen in China den Reis. Die sogenannte **Hemudu-Kultur** kannte Verfahren, wie man Holzgefäße durch das Aufbringen von Lackschichten gegen verschiedene Umwelteinflüsse resistent machen konnte. So konnte keine Feuchtigkeit ins Holz eindringen, es gelang, die Gefäße auf 100 Grad Celsius zu erhitzen.
Etwa zeitgleich zur Harappa-Kultur (Indus-Kultur), zur Kultur von Mohenjo-Daro, der vermutlich ältesten Stadtsiedlung der Welt, von Jericho und der alten Siedlungen Mesopotamiens hat sich hier eine Hochkultur entwickelt.

Auf KONFUZIUS geht die Einteilung der **Dynastien der chinesischen Frühzeit** zurück. Er benutzte dafür den Begriff **San-dai** („drei Dynastien"): Ins 21. Jh. v. Chr. fällt die **Xia-Dynastie** (21.–16. Jh. v. Chr.), deren Existenz aber nicht bewiesen ist. Archäologisch lässt sich die ins 19. Jh. v. Chr. fallende **Erlitou-Kultur** nachweisen, die an den drei Flüssen Hwangho (Gelber Fluss), Wei He und Fen He vorherrschte.

Die Abbildung von YU DEM GROSSEN, dem Begründer der Xia-Dynastie, stammt aus der Quing-Zeit.

▶ **Orakelknochen** nennt man Schildkrötenpanzer oder Schulterblätter von Rindern, in die Schriftzeichen eingeritzt waren. Man benutzte die Knochen, um ein Jagdglück oder den Willen der Götter vorherzusagen. Dazu wurden sie nach dem Beschriften von der Innenseite her erhitzt, sodass im Panzer Risse entstanden, aus denen dann das Orakel gelesen wurde.

Fundstätten der Erlitoukultur

In jene Zeit fallen wichtige kulturelle Leistungen: Man war in der Lage, wichtige Flüsse zu regulieren und für die **Bewässerung der Felder** nutzbar zu machen, man baute **große Städte** mit **Tempeln** als Lebensmittelpunkte. Begründer der Xia-Dynastie war der konfuzianischen Überlieferung nach YU DER GROSSE. In dieser Zeit wurden auch die bisher **ältesten Schriftzeichen Chinas** entwickelt, die jedoch nur in Form von **Orakelknochen** belegt sind. Die meisten dieser auch als „Drachenknochen" (longgu) bezeichneten Funde stammen jedoch aus der **Shang-Dynastie** (16.–11. Jh. v. Chr.). Die Shang stürzten die Xia. Ihr Stammgebiet lag unweit der Xia-Residenz Yangcheng. Aus dieser Zeit stammen **frühe Bronzefunde,** Pferde- und Streitwagen. Auch die **Seide** war bereits bekannt.

Organisation des frühen chinesischen Staates

Die Shang-Dynastie besaß bereits eine entwickelte Herrschaftsstruktur. Während in der Zhengzhou-Periode (16.–14. Jh. v. Chr.) die Thronfolge über die Brüder der Könige geregelt war, legte man in der Anyang-Periode (13.–11. Jh. v. Chr.) die Vater-Sohn-Thronfolge fest. Der König vereinte die weltliche und geistliche Macht in seiner Person. Er ernannte seine Ratgeber, Statthalter und Heerfürsten, die meist aus der eigenen Familie stammten.

In der Shang-Zeit galten verstorbene Herrscher als vergöttlichte Wesen und nahmen ihren Platz neben Naturgöttern und Naturgeistern innerhalb der frühen chinesischen Religion ein. Es gab also bereits ein ausgeprägtes Jenseits-Denken. Oberster Gott der Shang-Zeit war ein „di" oder „shangdi" („Gott in der Höhe"). Der **Priesterkönig** war religiöses Oberhaupt. Er befragte in einem religiösen Zeremoniell (Orakel) Ahnen und Götter und er bestimmte die Opfergaben (Menschen-, Tier- und Pflanzenopfer).

■ Bei einer Opferhandlung konnten 100 Schafe, 100 Schweine, 100 Hunde, bis zu 1 000 Rinder geopfert werden.

▶ Die **zhongren** waren an Grund und Boden gebunden (in der Landwirtschaft tätige Leibeigene), aber auch die Bediensteten am Königshof und in den Städten. Sie wurden aber auch als Soldaten des Königs eingesetzt.

Der chinesische Staat stützte sich wirtschaftlich auf die Königsländereien (Domänen), die von Leibeigenen („zhong" bzw. „zhongren" = „die Vielzahl der Menschen") bewirtschaftet wurden. Es dominierte der Anbau von verschiedenen Hirsearten, Sojabohnen, vereinzelt Weizen, Gerste und Reis. Zhongren wurden auch bei der Förderung, dem Transport und der Verhüttung von Kupfer und Zinn zu Bronze eingesetzt. Den eigentlichen Bronzeguss erledigten dagegen Handwerker („duogong" = „die vielen Handwerker", später „baigong" = „die hundert Handwerker").

Unter der Zhou-Dynastie (11. Jh. v. Chr. – 221 v. Chr.) prägte sich in China der Lehensfeudalismus heraus. Perioden dieser dynastischen Zeit waren die frühe westliche (bis 771 v. Chr.) und die späte östliche (bis 221 v. Chr.) Zhou.

Herausbildung des chinesischen Kaisertums

Die Zhou hatten als Vasallen der Shang die Macht durch eine Rebellion übernommen. Um 1045 v. Chr. siegten die Zhou unter WUWENG („der kriegerische König") in der entscheidenden Schlacht gegen die Shang in Muye. Priester-König DI XIN wurde getötet, sein Sohn WUGENG wurde Vasall der Zhou.

■ Einer der Gründe, warum die Shang gestürzt wurden, mag in der unvorstellbaren Grausamkeit gelegen haben, mit der sie das Land regierten. So soll der letzte Shang-König ZHOU XIN den Sohn des Zhou-Königs WENWANG, der am Shou-Hofe als Geisel lebte, getötet und aus seinem Leichnam eine Suppe bereitet haben, die er dann WENWANG vorsetzte. Dieser, nichts ahnend, aß die Speise. ZHOU XIN wollte mit seiner Tat lediglich beweisen, dass WENWANG nicht als Weiser gelten konnte.

3.4 Die Hochkulturen Asiens

Die Hauptstadt Hao befand sich bis zum Jahre 770 v. Chr. südwestlich vom heutigen Xi'an.
Seit den Zhou galt der König als der Tianzi („Sohn des Himmels"). Hierunter verstand man seither einen Herrscher, der als Priester-König zwischen Himmel (Ahnen, Götter) und Erde (Volk) vermittelte. Das sicherte ihm die Macht über „das, was unter dem Himmel" (Tanxia), also auf der Erde ist. Der irdische Herrscher verpflichtete sich, die Rituale zu Ehren des Himmels zu vollziehen und die seit der Zeit YU DES GROSSEN (Xia-Dynastie) verehrten neun heiligen Opfergefäße der Erdgottheiten („She") zu bewahren. Der König war also nicht mehr gottgleich, sondern lediglich Vertreter und Ausführender göttlichen Willens.
Streitigkeiten innerhalb der Teilreiche der Zhou-Dynastie führten nach dem Tode WUWENGs dazu, dass nahe der heutigen Stadt Luoyang die Hauptstadt der **östlichen Zhou** gegründet wurde, die sich als Hauptstadt des Reiches bis ins Jahr 249 v. Chr. halten konnte.
Die Kämpfe zwischen den Vasallenstaaten führten zu zwei entscheidenden Perioden innerhalb der Geschichte der Zhou: **Frühlings- und Herbst-Periode** (Chunqiu) nannte KONFUZIUS die Zeit zwischen 722 und 481 v. Chr. Er bezeichnete damit die Blüte und den beginnenden Zerfall seines Idealstaates der Zhou. Die Vasallenstaaten kämpften um die Vorherrschaft im Land, die Könige waren nur noch formell in ihrem Amt. Von den vielen kleineren Staaten überlebten schließlich sieben, die gegeneinander stritten. Deshalb wurde dieser Epoche der Name **Chan-Guo-Zeit (streitende Reiche)** gegeben, aus der das erste chinesische **Kaiserreich der Quin** hervorging.

> Unter den **westlichen Zhou** (bis 770 v. Chr.) wurden große Teile des „shijing" („Buch der Lieder") geschaffen, der ältesten Sammlung chinesischer Poesie.

Wichtige kulturelle Leistungen der Zhou-Zeit

Wichtige kulturelle Leistungen fallen in die Zeit der Zhou-Dynastie:
So wurde die chinesische Schrift weitgehend zu ihrer heutigen Form entwickelt. Es kam zu einem Aufblühen der Literatur, der Künste und der Philosophie.
Die Zeit der Zhou-Dynastie brachte die sogenannte Epoche der **„Hundert Schulen"** hervor. Die großen chinesischen Philosophen KONFUZIUS (KONG FUZI, 551–479 v. Chr.), LAOTSE (LAOZI, ca. 400 v. Chr.) und MENZIUS (MENGZI, 372–289 v. Chr.) begründeten ihre philosophischen Schulen, die alle bis heute einen Einfluss auf das chinesische Denken haben.
Die wichtigsten Schulen der chinesischen Philosophie sind der Konfuzianismus, der Daoismus (nach LAOZI), der Mohismus (nach MO DI), die Schule der Legalisten, MENGZIs Weiterentwicklung konfuzianistischer Gedanken und die Schule von XUNZI.
Die wichtigsten philosophischen Bücher sind: „Yi Jing" (I Ging, ‚Buch der Wandlungen') des KONFUZIUS, „Sun Zi Bing Fa" (‚Strategie des Sun Zi'), „Dao De Jing" (Tao Te King, ‚Buch vom Dao und De', ‚Das Buch vom Dao und von der Tugend') des LAOTSE, das „Zhuang Zi" (‚[Werk des] ZHUANG ZI, auch CHUANG-TZU, 369–286 v. Chr.) sowie das dem LIE ZI (LIE-TZU, ca. 3. Jh. v. Chr.) zugeschriebene „Lie Zi" ([Werk des] LIE ZI).
Neben der Philosophie blühte die Wissenschaft. So führte man in China 1 000 Jahre früher als in Indien das Dezimalsystem in die Mathematik ein.
Die traditionelle chinesische Medizin entwickelte sich. Die Aufzeichnungen in dem medizinischen Buch „Huang Di Nei-Jing" („Buch des Gelben

Kaisers zur Inneren Medizin") stammen aus dieser Periode. Dabei handelt es sich um ein Zwiegespräch des Gelben Kaisers (HUANG-DI) mit dem Arzt QI BO.

Ausprägung des chinesischen Kaisertums

Die Abbildung zeigt QUIN SHI HUANG-DI, der Erste Erhabene Göttliche, den ersten chinesischen Kaiser.

Unter der Zhou-Dynastie waren die stärksten Vasallen die Han, Zhao, Chu, Yan, Qin und Qi. Das Reitervolk der Qin aus dem Nordwesten Chinas errang unter den Kämpfen der streitenden Reiche eine Vorrangstellung.
221 v. Chr. stürzte der Qin-König ZHENG (256 v. Chr. – 210 v. Chr.) den letzten Zhou-König und bestieg als **erster Kaiser Chinas** den Königsthron. Er nannte sich seitdem QUIN SHI HUANG-DI, der Erste Erhabene Göttliche. Diesen Titel **(Huang-Di)** übernahmen alle anderen Herrscher nach ihm. HUANG-DI zerschlug die Einzelstaaten und begründete den Qin-Einheitsstaat. Er führte eine Reihe von Reformen durch. So vereinheitlichte er Maße, Gewichte und die Schrift. Er führte einen einheitlichen Kalender für das Großreich ein.

▶ Die Chinesen selbst bezeichnen ihr Land als **Zhonghua** (Reich der Mitte). Das chinesische Schriftzeichen dafür ist ein Rechteck mit einer Zäsur in der Mitte.

Das Rechteck symbolisiert die Erde, die man sich damals als regelmäßig geformtes flaches Land vorstellte.

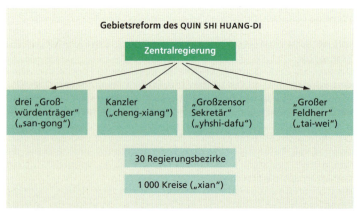

Das Prinzip dieser Zentralregierung wurde von allen nachfolgenden Dynastien übernommen. Das reformierte Strafrecht bestimmte, dass alle **Menschen vor dem Gesetz** gleich seien. Allerdings führte HUANG-DI drakonische Strafen ein. So wurden kleine Vergehen schon mit Zwangsarbeit oder Verbannung bestraft.
Die Quin führten brutale Hinrichtungsmethoden und Körperverstümmelungen ins Strafrecht ein.

> Die Epoche des ersten chinesischen Kaisertums wird nach dem Volk der Quin die Zeit der Qin-Dynastie (249–210 v. Chr.) genannt. Sie lieh vielen Völkern auch die Bezeichnung für das Land China.

In die Zeit der Quin-Dynastie fallen auch gewaltige Bauvorhaben. So wurden weit reichende Kanal- und Straßennetze errichtet. Die Quin ließen auch die Große Chinesische Mauer errichten. Dazu wurden, zum Schutz gegen nördliche Angriffe, die in den Vasallenstaaten angelegten Wälle zu einem großen Mauernkomplex zusammengefügt. Der Bau der Mauer kostete einer Million **zhongren** (leibeigenen Bauern) das Leben.

Der Überlieferung nach soll QUIN SHI HUANG-DI besonders tyrannisch geherrscht haben. So soll er die philosophischen Schulen verboten und 400 Anhänger des KONFUZIUS bei lebendigem Leibe begraben lassen haben. Sein Grabmal, das 1974 entdeckt wurde, beinhaltet die unterschiedlichsten Grabfiguren.
Eine komplette Armee von ca. 6000 lebensgroßen Terrakotta-Soldaten, jede Figur mit individuellem Gesicht, kunstvoll nachgeahmten Uniformen und 2000 kostbaren Bronzewaffen, sowie Pferde und Streitwagen wurden gefunden.

Der erste chinesische Kaiser starb 210 v. Chr. Seinem Nachfolger gelang es nicht, die bald ausbrechenden Unruhen im Lande erfolgreich niederzuschlagen. Es begann die 400 Jahre währende Han-Dynastie (210 v. Chr.–220 n. Chr.), als LIU BANG, Abkömmling eines Bauern, 207/206 v. Chr. die Hauptstadt des Reiches eroberte und 202 v. Chr. den Kaiserthron bestieg.

Der Konfuzianismus

Der Konfuzianismus, seit der Han-Dynastie (206 v. Chr.–220 n. Chr.) Staatsreligion, hat als philosophisches System den größten Einfluss auf China gehabt. Er wirkt als Übermittler der ältesten chinesischen Kultur bis heute fort und regelt die Verhaltensnormen in den zwischenmenschlichen Beziehungen.
In den frühen chinesischen Philosophien wurden zwei Grundfragen abgehandelt:
– Welchen Platz hat der Mensch im Universum? (Sinn des Lebens)
– Wie finden die Menschen eine soziale Ordnung und Harmonie?

Die Kernfrage nach der Harmonie des Universums, des Kosmos, der die Natur und die Menschenwelt erfasst, wird dahingehend beantwortet, dass die Ordnung in der menschlichen Welt genau der Ordnung in der Natur entspricht. Ziel allen Strebens muss die absolute Tugend sein. Daraus ergibt sich das Grundgerüst des Konfuzianismus:

die fünf fundamentalen menschlichen Beziehungen	die fünf Kardinaltugenden	die drei sozialen Pflichten
Vater – Sohn Fürst – Untertan Mann – Frau älterer – jüngerer Bruder Bruder Freund – Freund	1. Menschlichkeit 2. Rechtlichkeit und Wohlwollen 3. Anstand und Sitte 4. Klugheit 5. Zuverlässigkeit	– Loyalität (Untertanentreue) – Pietät (kindliche Verehrung der Eltern und Ahnen) – Höflichkeit

Der Konfuzianismus ist neben dem Taoismus und dem Buddhismus eine der bedeutendsten philosophischen Richtungen in China und Ostasien. Dabei wurde es traditionell selbstverständlich, dass die drei Religionen nicht nur nebeneinander existierten, sondern miteinander. Kaiser XIAO-ZONG der südlichen Song-Dynastie (1163–1189) sagte: „Der Buddhismus ist für den Geist zuständig, der Taoismus für den Körper und der Konfuzianismus für die Gesellschaft."

3.4.2 Die Indus- oder Harappa-Kultur

Kultur	Zeitraum
Dwaraka-Kultur	7000–4000 v. Chr.
Harappa-Kultur	2500–1500 v. Chr.
vedisches Indien	1500–600 v. Chr.
Beginn des Buddhismus	600–320 v. Chr.
Marya-Reich	320–187 v. Chr.
Kuschan-Reich	um 100 v. Chr.–200 n. Chr.
Gupta-Dynastie	320–500 n. Chr.
Vordringen des Islam	ab 712 n. Chr.
Mogul-Reich	1526–1857

▶ Forscher glauben, im Golf von Cambay eine Hochkultur entdeckt zu haben, die noch 4000 Jahre älter ist als die Harappa-Kultur. Sie gehen davon aus, dass bereits 7000 v. Chr. mit der Dwaraka-Kultur die erste menschliche Hochkultur der Welt existierte.

Der Begriff Indus-Kultur leitet sich ab vom Indus-Tal in Pakistan, wo seit den 1920er-Jahren die Reste bedeutender Städte ausgegraben werden, deren kultureller Entwicklungsstand sehr hoch und einheitlich war. Nach dem Fundort Harappa im Indus-Tal wird sie auch als Harappa-Kultur (3500–1500 v. Chr.) bezeichnet.

Weitere bedeutende Fundorte sind Mohenjo-Daro, Amri, Chanhu-Daro und Kot Diji. 1922 war man eher zufällig auf die Reste einer sehr alten Zivilisation gestoßen, als man nach Spuren des Alexander-Feldzuges (334–323 v. Chr.) suchte.

3.4 Die Hochkulturen Asiens

Das Gebiet des Indus-Tales war seit rund 500 000 Jahren von Menschen besiedelt. Seit 8000 v. Chr. (Jungsteinzeit) gab es sesshaft gewordene Bauern und Viehzüchter. Etwa 4000 v. Chr., so vermuten Historiker, nutzten die Menschen des Indus-Tales erstmals Wasserfahrzeuge für den Fischfang und zur Flussüberquerung. Um 2000 v. Chr. wurden bereits bestehende Städte mit großen Bauwerken durch einfache Behausungen überbaut, bereits entwickelte Techniken und Erfindungen nicht weiter genutzt.

So hat es nachweisbar in Harappa und Mohenjo-Daro eine entwickelte Schrift gegeben, es wurden hochwertige Keramiken gefertigt und es gab eine erstaunlich fortgeschrittene Architektur. Straßen waren angelegt, Befestigungssysteme entwickelt und große Stadtanlagen mit perfekter Kanalisation gebaut worden. Mohenjo-Daro wurde auf einer künstlichen Plattform sehr planvoll errichtet. Rund 40 000 Menschen lebten dort. Wasser entnahm man aus bis zu 20 Meter tiefen, mit Ziegeln gemauerten Brunnen.

▶ Das Verschwinden der Harappa-Kultur ist nicht auf Naturkatastrophen oder vernichtende Schlachten zurückzuführen. Dafür fanden sich bei den Ausgrabungen keine Belege.

Man trieb Handel, sogar Fernhandel per Schiff, und hatte bereits eine streng verwaltete Stadtgemeinschaft. Die Gesellschaft war stark arbeitsteilig organisiert. Ob der Staat durch Könige oder Priester regiert wurde, lässt sich nicht mit Sicherheit sagen. Das Land könnte von einem Priesterkönig regiert worden sein. Dafür sprächen gefundene Artefakte, wie figürliche Plastiken aus Stein und Terrakotta. Möglich ist jedoch auch eine Regierung durch bürgerliche Selbstverwaltung, da man keine großen Königsgräber, Tempel und Paläste fand.

Büste eines „Priesterkönigs", gefunden in Mohenjo-Daro.

Über die **Lebensweise der Menschen** geben nur gegenständliche Funde Auskunft:

Handwerker produzierten
- Geräte aus Metall (vor allem für den kultischen Bereich),
- Geräte aus Flint (Feuerstein),
- Keramik,
- Metall (Bronze),
- Holzboote,
- Kleidung (Textilspinnerei),
- hölzerne Karren,
- Kunsthandwerk (Gold, Silber, Bronze),
- Schmuck aus Karneol, Lapislazuli, Kristall, Achat und anderen Steinen. Schmuck wurde unter anderem bis nach Mesopotamien exportiert. So fanden Forscher im Grab der mesopotamischen Königin PUABI (um 2500 v. Chr.) Karneolschmuck aus dem Indus-Tal.

Kanalisation in Mohenjo-Daro (Provinz Sind, Pakistan) um 2600–1800 v. Chr.

Die Bauern lebten in umliegenden kleineren Siedlungen. Sie produzierten vor allem:
- Weizen,
- Reis,
- Baumwolle.

> Fast 2000 Jahre vor den griechischen Stadtstaaten scheint sich im Indus-Tal eine von Bürgern geschaffene Demokratie entwickelt zu haben.

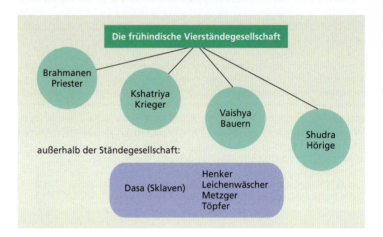

Indien in vedischer Zeit

▶ **Veden,** Sanskrit = Wissen, vgl. lat. vidi = ich habe gesehen. Die Veden wurden in Sanskrit verfasst, einer Sprache, die aus dem Arischen entstand und sich bis zum heutigen Hindu entwickelte.

> Etwa 1500 v. Chr., also nach dem Verschwinden der Harappa-Kultur, wurde Nordwestindien durch arische Stämme erobert. Nach den heiligen Schriften (Veden), die kurz danach entstanden, nennt man diese Zeit der indischen Geschichte auch die vedische Zeit.

Die Arier ließen sich zwischen Hindukusch und dem Pandschab (Fünfstromland) nieder. Später dehnten sie ihr Siedlungsgebiet nach Osten aus bis hin zum Ganges. Dieses große Gebiet wurde zum Zentrum vedischer Kultur. Die großen indischen Epen „Rigveda" und „Mahabharata" haben dort ihre Schauplätze.

Zwei Theorien

▶ **Arier,** von Arya, bedeutete ursprünglich „gastfreundlich", später fand eine Bedeutungsverschiebung zu „Edler" statt.

Die halbnomadischen Arier wanderten nachweislich aus Kleinasien nach Indien ein, wo sie die einheimische Bevölkerung wegen der Benutzung von Bronzewaffen schnell besiegen konnten. Zur **Religion und Staatsbildung** der Arier gibt es unterschiedliche Auffassungen in der historischen Literatur. Zum einen wird behauptet, die halbnomadischen Eindringlinge hätten neben ihrer **Sprache und Schrift** auch das Glaubensgerüst des späteren **Hinduismus** mitgebracht. Die Arier hätten sich an die Spitze der Kultur gestellt. Sie sollen die an einen Fruchtbarkeitskult glaubenden „Dasas" (die Urbevölkerung) nicht als gleichberechtigt in ihre Gesellschaft integriert haben, sondern sie gemeinsam mit deklassierten Ariern als den vierten Stand der vedischen Gesellschaft („Shudra") betrachtet haben. „Dasa" wurde später die Bezeichnung für „Sklave" oder „Diener".

Die frühindischen Stände waren noch nicht erblich, d. h., die Stände konnten gewechselt werden. Die Zugehörigkeit zu einem Stand hing vom Wissen und Können des Einzelnen ab. Ehen konnten zwischen Angehörigen unterschiedlicher Stände geschlossen werden. Speiseverbote (Unreinheit von Lebensmitteln) galten nur für Brahmanen und nur für Opferrituale.

▶ Die frühindische (vedische) Ständegesellschaft lebt heute im indischen Kastensystem weiter.

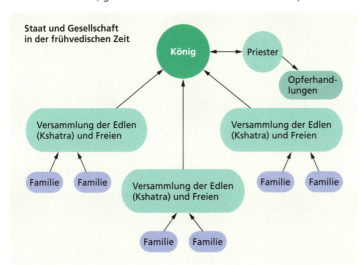

Eine andere Theorie geht davon aus, dass die Arier die bereits höher entwickelte Indus-Kultur für sich nutzten. Demnach übernahmen sie das Wirtschaftssystem, die Schrift und das Glaubensgerüst (Veden) von den Einheimischen, übersetzten die (oft mündlich überlieferten) heiligen Schriften, die Veden, lediglich in ihre Sprache. Indische Wissenschaftler gehen davon aus, dass die Veden um 3500 v. Chr. entstanden sind, also bevor die Arier in Nordindien einfielen.

Für diese Theorie spricht auch, dass für halbnomadisch lebende Völker keine Notwendigkeit besteht, sich einer Schrift zu bedienen. Erst wenn gezielter Bewässerungsbau, eine extensiv betriebene Wirtschaft und florierender Handel ausgeprägt sind, ist eine Schrift vonnöten. Bis in die spätvedische Zeit lebten die Stämme jedoch in Dörfern und betrieben Ackerbau und Rinderzucht. Städte waren in vedischer Zeit unbekannt, Fernhandel unwahrscheinlich. Als Zahlungsmittel dienten Rinder. Wozu hätten Arier die Schrift gebraucht?

Arbeitsteilung in vedischer Zeit

Viehzüchter	Bauer	Handwerker
Rinderzucht oft nomadischer Viehzüchter	Anbau von Reis, Gerste, Hirse, Weizen, Hülsen-früchten, Kürbis, Sesam	Keramik, Wagenbau, Kupfergefäße, Messer, Pfeile, Speere, Hämmer, Äxte u. a. Werkzeuge, Kunsthandwerk (Schmuck)

Vedische Religion

Die wichtigsten vedischen Götter	
Indra	Gott des Firmaments und Quelle der Fruchtbarkeit
Surya	Sonnengott
Ushas	Morgenröte
Agni	Feuergott
Mitra	Vertragsgott
Varuna	Eidgott, Hüter der Unsterblichkeit

Der Priester (**Brahmane,** daher auch die Bezeichnung für den frühen Hinduismus: **Brahmanismus**) war der Mittler zwischen Göttern und Menschen. Anders als in anderen Hochkulturen hatte der König in der vedischen Zeit keine religiöse Funktion. Seine Bedeutung im Opferritual wuchs nur allmählich, je stärker die Bedeutung der Götter abnahm und die Rolle des Königs durch die Brahmanen gestärkt wurde. Denn im Laufe der Zeit wurden die Brahmanen immer mächtiger. Das Opferritual trat ins Zentrum religiöser Handlungen. Das Opfer selbst wurde zu einem Machtmittel der Priester, weil die Rituale immer komplizierter wurden und den wichtigsten Platz in der vedischen Gesellschaft einnahmen.

Offenbar aus vorvedischer Zeit gelangte um 500 v. Chr. eine neue Form der Religiosität in das vedische Glaubensgerüst. Man begann, an den Kreislauf von Wiedergeburten (Seelenwanderung) und Erlösung aus ihm zu glauben. Der Mensch wird so lange wiedergeboren, bis seine Seele durch Ekstase aus diesem Kreislauf erlöst wird und so ins Reich der Götter gelangt. Nur durch richtiges und gutes Handeln (Karma) kann der Mensch in der nächsten Inkarnation (Wiedergeburt) besser werden. Zu einem guten Handeln gehört die Pflichterfüllung (Dharma) innerhalb der Kaste:

3.4 Die Hochkulturen Asiens

Eine besondere Rolle im neuen Denken des **Hinduismus** nahm das Verhältnis zwischen Brahman und Atman ein. Brahman wird gemeinhin als Weltseele definiert, Atman stellt dagegen die Einzelseele dar. Weltseele und Einzelseele wurden nun als eine Einheit gesehen. Mit dem Verhältnis Atman zu Brahman beschäftigen sich vor allem die **Upanishaden.**
Die hinduistische Religion ist keine einheitliche. Es gibt verschiedene Richtungen, die sich an den verehrten Hauptgöttern orientieren. Die wichtigsten hinduistischen Götter sind: Brahma, Vishnu, Shiva, Krishna, Ganesh.

▶ Gegenwärtiger Anteil des Hinduismus gegenüber anderen Religionen in Indien:
Hindu-Religionen 83 %
Muslime 11 %
Christen 2–3 %
(davon 60 % Katholiken)
Sikhs 2 %
Buddhisten 1 %
Jainas 0,5 %
Parsen 120 000
Juden 12 000

Buddhismus

Um 500 v. Chr. forderte GAUTAMA SIDDHARTA (560 v. Chr.–480 v. Chr.) eine Überwindung des Kastenwesens. Seine Lehre verkündete, dass Erleuchtung und Weisheit lediglich durch die Vervollkommnung der menschlichen Seele zu erreichen sind. Sein Religionsname lautet BHAGAVAT TATHAGATA BUDDHA.
Buddha verkündete die „vier edlen Wahrheiten":
1. Das Leben ist voll von Leiden **(Dukkha).**
2. Das Leiden entsteht, weil Gier, Hass und Verblendung Begehren (Tanha) erzeugen.
3. Das Leiden kann überwunden werden: Erlöschen die Ursachen (das Begehren), erlischt das Leiden.
4. Der Weg dorthin ist der **Edle Achtfache Pfad:** richtige Gesinnung, richtiges Denken, richtiges Reden, richtiges Handeln, richtige Lebensführung, richtiges Streben, richtiges Aufmerken und richtige Versenkung.
Nach ihrem Religionsstifter nennt man diese Religion **Buddhismus.** Sie ist eine Religion ohne Gott. Toleranz gilt als Grundprinzip.
Die Meditation in ihren verschiedenen Spielarten wurde auch durch MAHAVIRA VARDHAMANA (599 v. Chr.–527 v. Chr.), den Begründer des Jainismus, als Weg zur eigenen Vervollkommnung angesehen. Zudem herrscht innerhalb dieser Religion absolutes Tötungsverbot. Die Jainisten sind strenge Vegetarier. Sie erkennen wie die Buddhisten kein göttliches Wesen an. Götter sind nur auf einen höheren Bewusstseinsstand gelangte Lebewesen.

Maurya-Reich (ca. 320 v. Chr.–187 v. Chr.)

Zwischen 512 v. Chr. und 325 v. Chr. wurde Nordindien zunächst von den Persern, später von den Makedoniern (ALEXANDER DER GROSSE) erobert. ALEXANDERS Zeitgenosse CHANDRAGUPTA MAURYA bildete gegen Ende des 3. Jh. v. Chr. das erste indische Großreich. Er hatte mithilfe seines Ratgebers KAUTALYA, der später sein Minister wurde, den Nanda-König von Magadha (Süd-Bihar) gestürzt und so seine Herrschaft begründet.
CHANDRAGUPTAs Sohn BINDUSARA vergrößerte das Reich um den gesamten Subkontinent. Ihm folgte ASHOKA DER GROSSE (286 v. Chr.–231 v. Chr., Thronbesteigung um 269/268 v. Chr.). Nach einer blutigen Schlacht in der Nähe von Bhubaneswar eroberte ASHOKA das Königreich von Kalinga. Ganz erschüttert vom Massaker, soll er sich daraufhin entschieden haben, auf jegliche Gewalttätigkeit zu verzichten.

▶ ASHOKAS Wappensiegel bildet vier Löwen ab, gemeinsam mit dem Chakra (das Rad) ist es heute das Staatssiegel Indiens.

3 Frühe Hochkulturen

▶ 250 v. Chr., auf dem 3. Buddhistischen Konzil in der Maurya-Hauptstadt Pataliputra (heute Patna), wurde beschlossen, Missionare in verschiedene Gebiete des Subkontinents und in die Nachbarländer zu entsenden, um den Buddhismus zu verbreiten.

ASHOKA erhob den Buddhismus zur Staatsreligion und gründete über 80 000 buddhistische Klöster. Von hier aus gelangte der Buddhismus nach ganz Asien. Sein Einfluss reichte zeitweilig von Afghanistan bis nach Südindien und im Osten bis nach China.

Während der Regierungszeit ASHOKAS war eine Hochblüte der Kunst zu beobachten. ASHOKA war eines der wenigen weltlichen Oberhäupter, die ganz Indien vereinigen konnte.

ASHOKA ließ Steintafeln mit den Lehren des Buddhismus aufstellen. Seine buddhistischen Friedensgesetze ließ er auch in die sogenannten **Ashoka-Säulen** einmeißeln.

Edikte des Kaisers Ashoka (auch PRIYADÁRSIN = „der Humane")

- Tierschutz (Tötungsverbot von Tieren)
- Medizinische Fürsorge für Menschen und für Tiere
- Rundreisen der Beamten „zum Zwecke der Unterweisung ihrer Untergebenen in den sittlichen Pflichten (dhamma)"
- Die Proklamation des moralischen Gesetzes („Gut ist Gehorsam gegen Mutter und Vater. Gut ist Gabenspenden an Freunde, Bekannte und Verwandte, an Brahmanen und Büßer. Gut ist es, lebende Wesen nicht zu töten. Auch das Unterlassen von Schmähungen gegen Andersdenkende und das Meiden von Streit ist gut.")
- Beamtete Hüter des Rechtes und der Moral (sind „damit beschäftigt, dem moralischen Gesetz Geltung zu verschaffen, den rechten Lebenswandel zu fördern")
- Toleranz (der König ehrt alle religiösen Vereinigungen als gleichwertig)
- Unparteiliche Gerichtsbarkeit (Richter sollen bei der Rechtsprechung frei sein von Zorn, Grausamkeit, Scheu vor wiederholter Anstrengung, Trägheit und Ungeduld.)

Ashoka-Säule

Um 200 v. Chr. zerfiel das Großreich der Maurya. Über dreihundert Jahre wechselten sich in Indien verschiedene Dynastien in vielen Kleinstaaten ab. So eroberten die Skythen 25 n. Chr.–45 n. Chr. Nordindien.

▶ Das weltberühmte Tadsch Mahal, das SHAH-JAHAN (1627–1665) als Mausoleum für seine Lieblingsfrau erbauen ließ, ist das eindrucksvollste Werk der Mogul-Architektur.

Um 100 v. Ch. entwickelte sich das **Kuschan-Reich.** Die Kuschan waren ein nomadisches Reitervolk, das von den Xiongnu (viele vermuten, es handele sich hierbei um die Hunnen) aus ihren angestammten Siedlungsgebieten vertrieben worden waren. Das Kuschan-Reich erstreckte sich im 1. und 2. Jh. n. Ch. von der unteren Ganges-Ebene bis zum Aralsee nach Sin kiang. Die Kuschan nahmen den buddhistischen Glauben an. Man förderte Kunst und Kultur. Angeregt durch griechische Kunstwerke, entstanden wertvolle Denkmäler der sogenannten **gräkobuddhistischen Kultur.** Erstmals wurde nun auch der Buddha von Bildhauern dargestellt.

Das erste muslimische Sultanat entstand zu Beginn des 13. Jh. Ein einzigartiges Nebeneinander verschiedener Religionen erlebte Indien zur Zeit des sogenannten Mogul-Reiches (1526–1857).

Mesopotamien

v. Chr. ca. 3000 bis 2400	Sumerische Stadtstaaten	Bewässerungs- und Stadtkultur, Keilschrift, rivalisierende Tempelstädte, Ausbildung von Monarchien
ca. 2340 bis 2170	Reich von Akkad	Territorialstaatsbildung SARGONS von Akkad, erstes Weltreich der Geschichte, Vergottung des Königs
ca. 1900 bis 1595	Altbabylonisches Reich	HAMMURAPI (1728–1686), Unterwerfung Mesopotamiens durch Babylon, Gesetzeswerk „Codex Hammurapi"
ca. 1800 bis 1074	Alt- und mittelassyrisches Reich	SCHAMSCHIADAD I. (1749–1717), Eroberung und Umwandlung der Handelsstadt Assur zur Hauptstadt eines expandierenden Territorial- und Militärstaats, Kultureinfluss Babyloniens
ca. 966 bis 608	Neuassyrisches Reich	Palastbauten in den Residenzstädten Assur und Ninive, rücksichtslose und brutale Expansion, Eroberung Babylons, Vorstoß ASSARHADDONS (681–669) nach Ägypten
ca. 587 bis 538	Neubabylonisches Reich	Babylon wird Weltstadt: Ausbau und Befestigung durch NEBUKADNEZAR II. (605–562), Ischtar-Tor
seit 538	persische, hellenistische und parthische Herrschaft	Allmählicher Niedergang der babylonisch-mesopotamischen Kultur und Tradition, Rückgang der akkadischen Sprache und der Keilschrift, griechischer Kultureinfluss

auf **http://wissenstests.schuelerlexikon.de** und auf der DVD   **Wissenstest 3**

Altisrael

v. Chr. ca. 1400 bis 1200	Besiedlung	Einwanderung und Sesshaftwerdung von Stämmen und Sippenverbänden nach Kanaan, Übernahme des Jahwe-Kultes vom Sinai; Übergang zum Ackerbau
ca. 1200 bis 1020	Richterzeit	Zusammenwachsen der Jahwe verehrenden Stämme zum Volk Israel, Richter führen Stammesaufgebote in Auseinandersetzungen mit kanaanäischen Stadt-staaten
ca. 1020 bis 1000	Staatsbildung	Wahlmonarchie SAULS über die nördlichen Stämme (Israel), Abwehrkämpfe gegen die Philister
ca. 1000 bis 926	Großreich	DAVID: Vereinigung Israels und Judas, Eroberung Jerusalems, Unterwerfung der Nachbarstaaten SALOMO: Tempelbau, kulturelle Blüte, feste Staats-organisation, älteste Schriften des Alten Testaments
ca. 926 bis 587	Getrennte Reiche	Zerfall in Teilstaaten: Juda (mit Stamm Benjamin und Jerusalem) unter der Dynastie DAVIDS, Israel (721 v. Chr. Untergang) mit wechselnden Hauptstädten und Dynastien, Prophetie und Durchsetzung des Mono-theismus, Abhängigkeit von Assur und Ägypten
ca. 587 bis 539	Babyloni-sches Exil	Untergang Judas, Tempelzerstörung, Deportation der Elite nach Babylon, Stabilisierung als Gesetzes- und Schriftreligion
539 bis 168	Persische und hellenistische Herrschaft	Wiedererrichtung des Tempels, religiöse Autonomie in Palästina, Diasporajudentum außerhalb Palästinas, Übersetzung des Alten Testaments ins Griechische
168 bis 63	Hasmonäer-zeit	Wiedererlangung der staatlichen Unabhängigkeit im Makkabäeraufstand, Hasmonäer als Hohepriester und Könige
ab 63	Römische Herrschaft	Rom herrscht durch Klientelfürsten, prächtiger Aus-bau des Tempels durch HERODES, im jüdischen Auf-stand (66–70 n. Chr.) Zerstörung Jerusalems und des zweiten Tempels, danach direkte Herrschaft Roms

Wissenstest 3   auf **http://wissenstests.schuelerlexikon.de** und auf der DVD

Ägypten

v. Chr.		
ca. 6000 bis 3000	Prädynastische Zeit (Frühgeschichte)	Sesshaftwerdung, Entwicklung von Bewässerungslandwirtschaft und differenziertem Handwerk in vielen unabhängigen Regionen des Niltals
ca. 3000 bis 2700	Thinitenzeit (Eintritt in die Geschichte)	Reichseinigung und Staatsorganisation durch in Thinis residierende Könige Oberägyptens; Entwicklung von Hieroglyphenschrift und Hochkultur
ca. 2700 bis 2160	Altes Reich	Hauptstadt: Memphis an der Grenze Ober- und Unterägyptens; Bau der Pyramiden als Königsgräber
ca. 2160 bis 2040	Erste Zwischenzeit	Reichszerfall: soziale und wirtschaftliche Destabilisierung, Kämpfe rivalisierender Gaufürsten
2040 bis 1797	Mittleres Reich	Von Theben aus erneute Reichseinigung durch die Herrscher Oberägyptens, Kultivierung des Fajum, Vorherrschaft über Vorderasien und Nubien
1797 bis 1543	Zweite Zwischenzeit	Nach erneutem Reichszerfall: Fremdherrschaft der Hyksos über Unterägypten
1543 bis 1075	Neues Reich	Wiederherstellung der Reichseinheit durch Oberägyptens Könige; Amun von Theben wird Reichsgott; Königsgräber im „Tal der Könige" bei Theben
1075 bis 30	Spätzeit	Unabhängigkeitskämpfe und wechselnde Fremdherrschaften (Libyer, Kuschiten, Perser, makedonische Ptolemäerdynastie) und Invasionen (Assyrer); steigender griechischer Kultureinfluss seit 332 v. Chr.

auf **http://wissenstests.schuelerlexikon.de** und auf der DVD   **Wissenstest 3**

Überblick

China

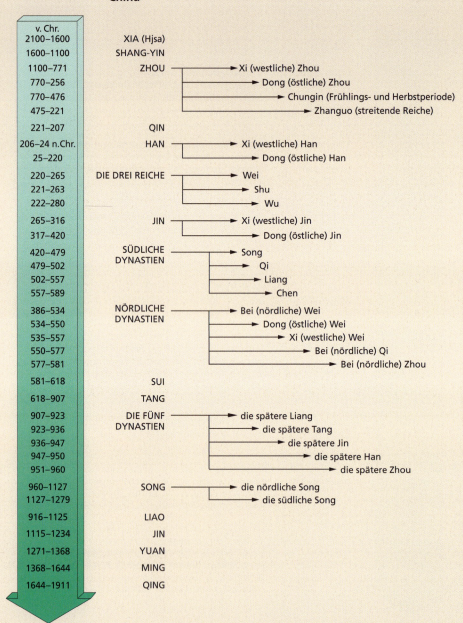

Wissenstest 3   auf http://wissenstests.schuelerlexikon.de und auf der DVD

Antike 4

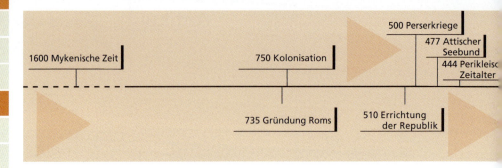

4.1 Griechenland

4.1.1 Die griechische Frühzeit (um 3000–1000 v. Chr.)

> Das **Territorium** des **alten Griechenland** umfasste **vier Bezirke:**
> – den südlichen Teil der Balkanhalbinsel (= kontinentales Griechenland)
> – fast alle Inseln des Agäischen Meeres
> – Kreta
> – einen schmalen Küstenstreifen Kleinasiens.

Die Landschaft des alten Griechenland unterschied sich in vielem von den Stromlandschaften Ägyptens und Mesopotamiens. Sie wird stark vom Meer geprägt. Es gibt mehr als 3000 Inseln im Ionischen und Agäischen

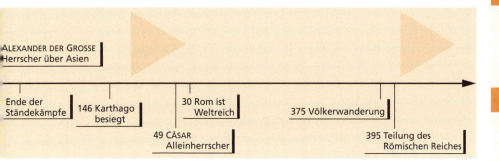

Meer. Tief ins Land greifende Buchten kennzeichnen die meist felsigen Küsten des Festlandes. Das Landesinnere weist schroffe Geländeformen auf mit hohen Erhebungen (Pindos 2637 m, Olymp 2917 m). Hebungen und Senkungen führten zur starken Kammerung des Reliefs. Es entstanden fruchtbare abgeschlossene Beckenlandschaften. Diese Landschaft beeinflusste entscheidend die wirtschaftliche und politische Entwicklung der Griechen mit. Die Griechen lebten von **Ackerbau, Viehzucht** und **Fischfang**. Außerdem entwickelten sich **Handwerk** und **Handel**. Die Nähe zum Meer und die zahlreichen Inseln hatten zur Folge, dass die **Seefahrt** schon früh Bedeutung erlangte. Sie war eine wichtige Voraussetzung für den Handel und führte auch zu Kontakten mit den Völkern des Alten Orient.

Besiedlung Griechenlands

> Griechenland war bereits in der Altsteinzeit bewohnt, wie Funde aus dem 4. und 3. Jt. v. Chr. belegen.

Um die Wende vom 3. zum 2. Jahrtausend v. Chr. kamen Völker aus Kleinasien und besiedelten die südliche Balkanhalbinsel. Sie betrieben Ackerbau und Viehzucht und begründeten die ersten festen Siedlungen. Auch die Kenntnis der **Metallgewinnung** und **-verarbeitung** breitete sich vom Orient her aus. Die Griechen bezeichneten die Urbevölkerung später als **Karer** und **Leleger**.
Die griechische Frühzeit ist nur durch **Ausgrabungsfunde** und mythologische **Überlieferungen** rekonstruierbar. Erst seit ca. 100 Jahren wurde durch die Ausgrabungen an drei sagenumwobenen Orten der Beweis der frühen Besiedlung Griechenlands erbracht.

SCHLIEMANN-Grabmal

> HEINRICH SCHLIEMANN legte **Troja,** die Burgen von **Mykene** und **Tiryns** frei. ARTHUR EVANS fand den Palast des **Minos** in **Knossos** auf Kreta.

Kulturen Kretas und Mykenes

Kreta nahm innerhalb Griechenlands durch seine insulare Lage eine andere Entwicklung als das griechische Festland. Die indoeuropäische Wan-

▶ **König Minos**, griechische Sagengestalt. Als Sohn des Zeus und der Europa war er in **Knossos** König von Kreta. Wegen seiner Gerechtigkeit herrscht er als Totenrichter in der Unterwelt neben seinem Bruder Rhadamanthys.

derung von 2500 bis 1600 v. Chr. machte zunächst vor Kreta halt, sodass die vorgriechische Urbevölkerung ihre Eigenheiten lange Zeit erhalten konnte.
Durch den friedlichen Seeverkehr mit den Ländern des Ostmittelmeeres kam Kreta schon früh mit den Hochkulturen des Alten Orients in Berührung und wurde durch sie beeinflusst.

Auf Kreta entstand die **erste europäische Hochkultur,** die nach dem legendären König Minos als **minoische Kultur** bezeichnet wird. Zentrum der minoischen Welt waren die gewaltigen Palastanlagen in **Knossos,** Phaistos und Malia.

Die Paläste, im Bild die Palastanlage von Knossos, dienten sowohl kultischen als auch wirtschaftlichen Zwecken.
An der Spitze stand ein König. Um einen Zentralhof herum gruppierten sich Wohn- und Repräsentationsräume, Werkstätten, Lagerräume und Heiligtümer.
Der Palast von Knossos hatte eine Fläche von 20 000 m². 1 500 Räume,

Palast von Knossos

Gänge und Säle, die verwirrend in mehreren Stockwerken angeordnet waren, **Malereien** an den Wänden, komfortable Bäder, **Wasserleitungen, Abwassersysteme** u. v. m. zeugten vom materiellen Wohlstand und einer hohen Kultur der Bewohner Kretas. Die Paläste, Städte und Siedlungen waren unbefestigt, was auf eine ungefährdete Königsherrschaft schließen lässt.

Mit einer mächtigen **Flotte** beherrschte **Kreta** den gesamten östlichen Mittelmeerraum und schützte mit ihr die Insel vor äußeren Feinden. **Krieg** spielte im Leben der Bewohner eine untergeordnete Rolle.

Griechische Stämme dringen in den ägäischen Raum

Das Gebiet des heutigen Griechenlands wurde in der Frühzeit von mehreren **Wanderungsbewegungen** indoeuropäischer Völker, den Frühgriechen erfasst.

1. Indoeuropäische Wanderung
1900 v. Chr. drangen **griechische Stämme** der **Achäer** und etwas später der **Ioner** vom Norden her auf die Balkanhalbinsel. Sie unterwarfen die Urbevölkerung, passten sich jedoch bald der höher stehenden bäuerlichen Kultur der einheimischen Bevölkerung an.
Die griechischen Stämme gewannen die **Vorherrschaft** über die Balkanhalbinsel. Um 1450 v. Chr. eroberten sie **Kreta** und beendeten damit die kretische Vormachtstellung im Mittelmeerraum.

Mykenische Kultur

Die **kretisch-minoische Kultur** lebte in der Kultur der Griechen weiter fort. Den Namen erhielt sie nach ihrem Zentrum **Mykene**. Die Palastanlagen dieser Burg zeigten klar das kretische Vorbild, z. B. in der Vielzahl von ineinander gehenden Räumen und Gängen. Es gab jedoch auch Unterschiede zwischen beiden Kulturen. Die mykenischen Burgpaläste waren im Gegensatz zu den unbefestigten Palästen von Kreta von **massiven Mauern** umgeben, die 5–10 m dick waren. Die Bewohner rechneten ständig mit Angriffen von Feinden. Anders als auf Kreta herrschte hier ein kriegerischer Geist. Die Mykener besaßen eine für ihre Zeit hoch stehende **Waffentechnologie**: Schwerter, Dolche, Rüstungen und Helme wurden aus harter Bronzelegierung hergestellt.

▶ 1939 wurden im Palast von Pylos 600 Tontafeln mit mykenischer Schrift entdeckt. 1952 gelang es dem Engländer Ventris, diese zu entziffern. Er stellte dabei fest, dass die **Silbenschrift** ein altertümliches Griechisch war, und erbrachte damit den Beweis, dass die Mykener tatsächlich Frühgriechen waren.

Mykenischer Burgpalast

Löwentor

Die **Keramik** war praktisch, aber wenig kunstvoll. Ein einheitliches mykenisches Reich gab es nicht. Von den Burgpalästen aus beherrschten Kleinkönige das Umland. Der mächtigste der achäischen Fürsten war der König von Mykene, dem die Landschaft von Argolis gehörte. Er übte vermutlich die Oberherrschaft über weite Teile Mittelgriechenlands aus.

▶ Die Folge der Zerstörung der mykenischen Kultur war das sogenannte „**Dunkle Zeitalter**" (dark age), das 300 Jahre andauerte. „Dunkel" deswegen, weil in dieser Periode wenig an Kultur hinterlassen wurde, was Archäologen finden und interpretieren konnten.

2. Indoeuropäische Wanderung

Um 1200 v. Chr. kam es erneut zu einer **Wanderungsbewegung** indoeuropäischer Völker, in deren Zuge die **Dorer**, ein weiterer griechischer Stamm, auf die Balkaninsel vordrangen. Sie zogen bis Mittelgriechenland. Die dort ansässigen Achäer und Ioner wurden unterdrückt oder vertrieben. Ein Teil wanderte nach Kleinasien und auf die ägäischen Inseln aus. Die **Dorer** waren ein sehr kriegerisches Volk, das auf einer niedereren Kulturstufe stand als die Mykener (Achäer und Ioner). Sie zerstörten auf ihren Wanderungen die mykenische Kultur. Die Palastwirtschaft verschwand, Kunst und Schriftlichkeit gerieten in Vergessenheit.

> Zu Beginn des 1. Jt. v. Chr. fanden die **Dorer** endgültig ihren **Siedlungsplatz** auf der **Peloponnes**. Damit fand die Wanderungsbewegung ihr Ende. Die Griechen wurden sesshaft. Eine neue Staats- und Lebensform bildete sich heraus, die **Polis**.

Grundlagen der griechischen Kultur

▶ **Barbaren** = Menschen, die unverständliche Laute sprachen.
Die Griechen bezeichneten sich als **Hellenen** und ihr Siedlungsgebiet als **Hellas**.
(Die Bezeichnung Griechen stammt von den Römern. Griechen, lat. graeci)

Griechenland war kein einheitliches großes Reich, wie es Ägypten war.

> Durch die geografische Lage begünstigt, entstanden in Tälern und Buchten viele kleine **Stadtstaaten**.

Trotz dieser territorialen Zersplitterung und über alle Gegensätze hinweg fühlten sich die Griechen als ein Volk und grenzten sich bewusst von den Nichtgriechen, die sie als Barbaren bezeichneten, ab. Die Griechen verband eine **gemeinsame Sprache** und **Schrift** und die **gleiche Götter-** und **Sagenwelt**.

Götter- und Sagenwelt

▶ Die **griechische Schrift** entwickelte sich im 8. Jh. v. Chr. aus der phönikischen Buchstabenschrift. Durch das Einfügen von Vokalen entstand die erste vollständige Lautschrift, die später Vorbild für das lateinische Alphabet wurde.

> Die Griechen verehrten eine Vielzahl von Göttern **(Polytheismus)**. Nach ihren Vorstellungen hatten die Götter menschliche Gestalt und waren auch in ihrem Verhalten den Menschen sehr ähnlich.

Die Götter unterschieden sich jedoch von den Menschen durch ihre ewige Jugend, Schönheit und Unsterblichkeit. Die Götter lebten nach dem Glauben der Griechen auf dem Gipfel des höchsten Berges in Griechenland, auf dem ca. 3 000 m hohen **Olymp**.
Um die Gunst der Götter zu erringen:
- brachte man ihnen Opfer, baute ihnen prachtvolle **Tempel**, in denen man ihnen opferte und sich an sie wenden konnte (z. B. Zeus-Tempel in Olympia, Apollon-Heiligtum in Delphi, Parthenon-Tempel in Athen),
- veranstaltete man ihnen zu Ehren Feste und sportliche Wettkämpfe (z. B. Olympische Spiele, Fest des Dionysos).

▶ Die wohl bedeutendsten Überlieferungen stammen von HOMER, einem Dichter, der im 8. Jh. v. Chr. gelebt hat. In zwei Epen (Sing.: Epos = Heldengedicht), der **Ilias** und der **Odyssee**, berichtete er über die olympische Götterwelt, vom Kampf um Troja und den Irrfahrten des Odysseus. Sie galten allen Hellenen als geschichtliche Wahrheit und begründeten so die **kulturelle Einheit** der Griechen mit.

Zeustempel in Athen

Geringer als die Götter, doch weit über den Menschen standen die **Heroen** (= Helden). Sie stammten von den Göttern ab, waren zwar nicht unsterblich wie diese, besaßen aber übermenschliche Kräfte. Die berühmtesten Heroen waren: Prometheus, Herakles, Theseus, Achill.
Vieles, was wir über die Vorstellungen der Götter und der Heroen der Griechen wissen, stammt aus Sagen. Diese wurden von Generation zu Generation mündlich weitergegeben und seit dem 8. Jh. v. Chr. mit der Entwicklung der Schrift aufgezeichnet.

Delphi

Ein besonderes Ansehen in der gesamten griechischen Welt erlangte **Delphi** mit dem **Heiligtum Apollons**. Es stellte den Mittelpunkt der antiken Welt dar. Apollon, Gott der Heilkunst und der Musen, verfügte auch über zukunftsweisende Kräfte. Menschen aus allen Teilen Griechenlands kamen zum **Orakel von Delphi,** um bei wichtigen Vorhaben die Zustimmung bzw. den Rat der Götter einzuholen.

Olympia

> **Olympia,** im Nordosten der Peloponnes, galt als Symbol für den antiken Sport überhaupt. Hier fanden alle vier Jahre die berühmtesten Spiele der Antike zu Ehren des Göttervaters Zeus statt.

▶ Die Griechen nannten die Tempelanlagen, in denen man den Rat der Götter einholte, **Orakel.**

Freie unbescholtene Griechen aus allen Teilen des Landes nahmen teil. Während der Wettkämpfe herrschte in ganz Griechenland Frieden. Die Sieger wurden mit einem Ölzweig vom Baum des Herakles geehrt. 393 n. Chr. wurden die **Olympischen Spiele** durch den christlich-römischen Kaiser THEODOSIUS (↗ S. 138) als heidnische Spiele verboten.

Stadion

▶ Die **Olympischen Spiele** dauerten ursprünglich drei Tage und wurden nur in einer Kampfart, dem Wettlauf, ausgetragen. Später wurden sie auf fünf Tage ausgedehnt und auch das Wettkampfprogramm wurde erweitert. Sportarten wie Ringkampf, Diskus- und Speerwurf, Wagenrennen kamen hinzu.
Erst 1500 Jahre später, 1894 wurden die ersten Olympischen Spiele der Neuzeit auf Anregung PIERRE DE COUBERTINS ins Leben gerufen und 1896 fanden die ersten Olympischen Spiele der Neuzeit in Athen statt.

Griechische Kolonisation

> Zwischen 750 und 550 v. Chr. wanderten die Griechen aus den verschiedensten Stadtstaaten des Festlandes (Mutterstädte) und Kleinasiens aus und gründeten neue Ansiedlungen, **Kolonien.**

Wichtige **Mutterstädte** waren Korinth, Megara, Chalkis und Milet, jeweils mit mehreren Tochterstädten. SOKRATES (um 479–399 v. Chr., griechischer Philosoph) beschrieb das Ergebnis der Kolonisation mit folgenden Worten: „Wir sitzen um unser Meer wie die Frösche um den Teich."

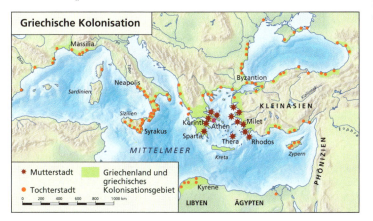

Ursachen der Kolonisation

> Vermutliche Hauptursache für die **Kolonisation** war der **Mangel** an **Ackerboden.**

▶ Das väterliche Erbe wurde gleichmäßig unter allen Söhnen verteilt, was zwangsläufig zur steten Verkleinerung des Ackerlandes führte. Diese Kleinbauern konnten von den geringen Erträgen nicht mehr leben.

Ein rapides **Bevölkerungswachstum** seit dem 8. Jh. v. Chr., **Missernten** und **Erbteilung** des landwirtschaftlichen Bodens verschärften die wirtschaftliche Not.

Politische Streitigkeiten, Abenteuerlust und auch die Suche nach neuen **Handelsplätzen** waren weitere Ursachen.

Die Suche nach neuem **Siedlungsland** wurde in der Regel von der Stadt organisiert oder sogar erzwungen. Sie gab den Kolonisten Schiffe, Waffen und einen Expeditionsleiter. Vor der Auswanderung holte man sich beim **Orakel von Delphi** göttliche Zustimmung und Ratschläge.

Die Landnahme erfolgte oft gewaltsam. Alle neu gegründeten Kolonien waren wirtschaftlich und politisch unabhängig von ihren Mutterstädten, blieben aber durch die gemeinsamen Traditionen der Bürger mit den Mutterstädten eng verbunden.

Folgen der Kolonisation

- Die griechische **Sprache** und **Kultur** breiteten sich über große Teile des Mittelmeerraumes aus.
- Bedeutende Niederlassungen, wie **Byzanz** am Bosporus, **Syrakus** und **Messina** auf Sizilien, **Tarent** und **Neapel** in Unteritalien wurden Ausstrahlungspunkte griechischer Kultur.
- Handel und Wirtschaft erlebten einen Aufschwung.
- Ausländische Stilrichtungen fanden Eingang in die griechische Kunst (geometrischer Stil).

4.1.2 Das klassische Griechenland (um 1000–300 v. Chr.)

▶ **Polis,** griech. polis (Sing.), poleis (Plur.) = Stadtstaat

Herausbildung der Polis

> Die Griechen bezeichneten ihren Stadtstaat als **Polis.** Zur Polis gehörten eine **städtische Siedlung** als Zentrum, das **landwirtschaftlich genutzte Umland** und seine **Bewohner.**

▶ Rivalitäten, Machtkämpfe und Bündnisse kennzeichneten das Nebeneinander der Poleis. Im 5. Jh. v. Chr. gab es auf dem Boden des heutigen Griechenlands **250 selbstständige Stadtstaaten** von unterschiedlicher Größe und Struktur.

Kleine einst selbstständige Dörfer, die meist um einen befestigten Burgberg entstanden waren, schlossen sich zu Gemeinschaftssiedlungen, zu **Poleis,** zusammen. Die geografischen Bedingungen (↗ S. 92) Griechenlands begünstigten die Herausbildung der Kleinstaaten.

Die herrschende Schicht war zunächst der **Adel.** Adelig waren Geschlechter, die seit vielen Generationen über einen ausgedehnten Landbesitz verfügten und damit Macht und Reichtum besaßen.

Sie bekleideten die wichtigsten Ämter, z. B. Richter, Feldherr, Priester.

Die Bewohner einer Polis waren in verschiedene *soziale Gruppen* unterteilt:

Politisches Mitspracherecht war an das **Bürgerrecht** gebunden. Die Bürger bildeten den **Demos,** das Volk. Voraussetzung war lange Zeit der Grundbesitz.

▶ Demos, griech. demos = Volk; Volksgemeinde eines altgriechischen Stadtstaates. Heute bezeichnet Demos den kleinsten staatlichen Verwaltungsbezirk in Griechenland.

In **Sparta** blieb diese Einschränkung stets bestehen, während sich in vielen anderen Poleis die politische Gleichheit durchsetzte. Diese galt nur für Männer; Frauen, Metöken und Sklaven waren vom Bürgerrecht ausgeschlossen. Die Bürger einer Polis waren in noch kleinere Gemeinschaften, die Stämme (Phylen), eingegliedert.
Für alle **Poleis** galten folgende Merkmale:

Athen

Athen liegt auf der Halbinsel Attika in einer Ebene und war ein idealer Platz für ein **Machtzentrum.** Athen war der mächtigste griechische Stadtstaat. Es war dichter besiedelt als andere griechische Städte und das Zentrum der Künste und Wissenschaften. Schutzherrin der Stadt war **Athene,** die Göttin der Weisheit und des Krieges. In der Frühzeit wurde Athen von Königen regiert, die ihren Sitz auf der **Akropolis,** dem Burgberg von Athen, hatten. Die Könige dehnten im 10. Jh. v. Chr. ihre Herrschaft über die Halbinsel aus. Die Akropolis, zunächst eine starke Festung, wurde später zur geheiligten Stätte mit wichtigen Tempeln und Heiligtümern. Etwa im 8. Jh. v. Chr. wurde die Herrschaft eines Königs **(Monarchie)** von

Die Ausdehnung Athens im 6. Jh. v. Chr.

> **Aristokratie,** griech. aristokratía = Herrschaft der Besten. Die Herrschaft wird von einer Minderheit (meist Adel) im Staat ausgeübt.

der Adelsherrschaft (**Aristokratie**) verdrängt. Die Aufgaben des Königs übernahmen jetzt neun adlige Beamte (**Archonten**). Sie verwalteten die Polis, waren oberste Priester, Heerführer, Leiter der Regierung und für Recht und Gesetz zuständig. **Archonten** konnten nur Männer aus den reichsten Adelsfamilien werden. Sie wurden für ein Jahr von der Volksversammlung der Adligen gewählt. Nach Ablauf ihrer Amtszeit traten die Archonten in den **Areopag** (Adelsrat) ein.

Athen geriet in eine Krise

Im 7. Jh. v. Chr. kam es zu einer wirtschaftlichen und sozialen Krise in Athen. Die Herrschaft der **Aristokratie** geriet ernsthaft in Gefahr. Gründe für die Krise:

Akropolis in Athen

> Der **Adelsrat** tagte auf dem Hügel des Kriegsgottes Ares in der Nähe der **Akropolis**. Er überwachte die Beamten und war zugleich das oberste Gericht. Dieser Gerichtshof konnte auch die Todesstrafe aussprechen.

1. **Bevölkerungswachstum,** Mangel an fruchtbarem Boden und Erbteilungen führten zu Verkleinerungen des bäuerlichen Grundbesitzes. Der Boden konnte seine Bebauer oft nicht mehr ernähren, viele Bauern verarmten. Bei *Missernten* waren die Bauern gezwungen, Schulden aufzunehmen und ihr Land zu verpfänden.
Wer nicht in der Lage war, die Schulden zurückzuzahlen, geriet in **Schuldknechtschaft,** d. h., er musste seine Arbeitskraft dem adligen Grundherrn zur Verfügung stellen oder wurde als Sklave verkauft.
Die Gegensätze zwischen den armen Bauern und den reichen Adligen wuchsen so an, dass eine gewaltsame Auseinandersetzung drohte.

> **Hopliten,** griech. hoplítes = Schildträger. Es war ein schwer bewaffneter Fußsoldat (Bild rechts).

2. Die Ausweitung der griechischen **Siedlungsgebiete** im Ergebnis der **Kolonisation** und die Übernahme der **Münzprägung** von den Lydern (Kleinasien) führte zu einem Aufblühen von Handel und Handwerk. Viele Kaufleute und Handwerker wurden wohlhabend. Während ihre wirtschaftliche Bedeutung für die Polis wuchs, blieben sie weiterhin von der politischen Mitsprache ausgeschlossen.

3. Anstelle der berittenen adligen Einzelkämpfer, die bis in das 7. Jh. v. Chr. die **Hauptstreitmacht** der Griechen bildeten, traten jetzt Bauern, städtische Handwerker und Kaufleute als schwer bewaffnete Fußsoldaten (**Hopliten**). Sie trugen die Hauptlast in den Kämpfen und forderten jetzt auch ein **politisches Mitspracherecht**.

> Die Strafen des **Drakon** für auch nur kleine Vergehen waren sehr hart. So wurden selbst geringfügige Diebstähle mit dem Tod bestraft, deshalb spricht man bis heute von „drakonischen Maßnahmen", wenn Strafen unangemessen hoch sind.

Die Unzufriedenheit der Bürger Athens führte zu Unruhen, es drohte ein Bürgerkrieg zwischen Arm und Reich.

Einige Adlige erkannten die Gefahr und bestimmten aus ihrer Mitte **624 v. Chr. DRAKON** zum Archonten. Er versuchte die bäuerliche Unzufriedenheit zu bekämpfen, indem er mehr Rechtssicherheit schuf. Dem Adel entzog er das Recht auf Blutrache. Die Ursachen der Krise löste er nicht.

Reformen des Solon

594 v. Chr. berief der Adel SOLON, einen Mann aus vornehmem altadligem Geschlecht, zum ersten Archonten mit außerordentlichen Vollmachten. Er sollte als Schiedsrichter die Konflikte zwischen Arm und Reich abbauen und eine **dauerhafte Ordnung** schaffen, die eine größere Gerechtigkeit in der Polis ermöglichte.

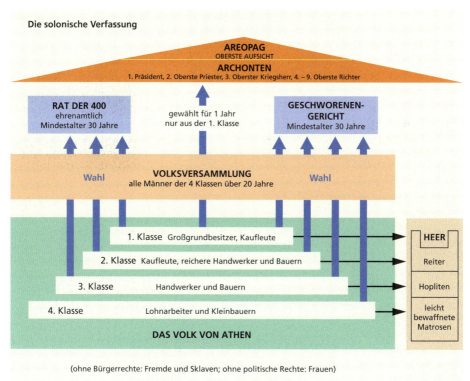

Die solonische Verfassung

(ohne Bürgerrechte: Fremde und Sklaven; ohne politische Rechte: Frauen)

Maßnahmen des Solon:

- Aufhebung der **Schuldknechtschaft,** das heißt: Kein Gläubiger durfte von seinem Schuldner verlangen, dass dieser mit seiner Person für die Schulden haftet. Die Bauern erhielten ihr verpfändetes Land zurück. Ihre Schulden wurden gestrichen.
Die Bauern, die ins Ausland als **Schuldsklaven** verkauft wurden, wurden auf Staatskosten zurückgekauft und erhielten ihre alten **Bürgerrechte.**
Mit diesem Gesetz linderte SOLON die schlimmsten Auswüchse der sozialen Not auf dem Land. Eine Neuaufteilung des Bodens erfolgte nicht, sodass der Adel seine beherrschende Stellung behielt.
- Neuordnung des politischen Lebens: Um dem Staat eine dauerhafte Ordnung zu geben, beteiligte Solon alle Bürger Athens an den öffentli-

▶ **Timokratie,**
griech. Vermögens-
herrschaft.
Staatsform, in der
die Rechte der
Bürger nach ihrem
Vermögen bemessen
werden.

chen Angelegenheiten. Dazu teilte er die Bevölkerung nach ihrem Vermögen in 4 Klassen ein. Jede von ihnen hatte entsprechend ihrem Besitz unterschiedliche politische Rechte und Pflichten **(Timokratie)**. Wohlhabende Bürger hatten größere Rechte als Arme. Ohne politische Rechte blieben die Metöken, Fremde, Frauen und Sklaven.

Durch die politische Mitwirkung des Volkes in der **Volksversammlung,** dem **Volksgericht** und dem Rat der 400 wurde die Macht des Adels begrenzt. Aus der aristokratischen Herrschaftsform wurde eine **Timokratie,** eine Herrschaft nach dem Vermögen.

Tyrannis des Peisistratos

▶ **Tyrannis** = Form
einer Alleinherr-
schaft; man bezeich-
nete ursprünglich
jeden Alleinherrscher,
der kein König war,
als Tyrannen.

Die Reformen SOLONS behoben die Ursachen der Krise nicht. Die Spannungen zwischen Adel und übrigen Bürgern wurden nicht überwunden.

Es kam zu erneuten Unruhen in Athen, an deren Spitze sich 561 v. Chr. **PEISISTRATOS,** ein Adliger stellte. Mit Unterstützung der unzufriedenen Bauern erhob er sich zum Alleinherrscher und errichtete eine **Tyrannis** in Athen.

▶ Nach seinem Tod
528 v. Chr. überließ
PEISISTRATOS die
Herrschaft seinen
beiden Söhnen. Diese
herrschten mit Grau-
samkeit und Gewalt.
510 v. Chr. vertrieben
die Athener den letz-
ten Tyrannen mithilfe
der Spartaner.

PEISISTRATOS ließ die solonische Verfassung bestehen, besetzte aber die Ämter mit seinen Anhängern. Er förderte Handel und Gewerbe.
Unter der Herrschaft des PEISISTRATOS erlebte Athen einen allgemeinen Aufschwung, von dem vor allem die **Mittelschicht** profitierte.

Reformen des Kleisthenes

KLEISTHENES knüpfte an die Reformen SOLONS an und gab dem Volk weitere politische Mitspracherechte, indem er eine Neueinteilung der attischen Bevölkerung (Phylenordnung) vornahm und die Verfassung reformierte. KLEISTHENES teilte die attischen Bürger in 10 neue Phylen ein, die sich jeweils aus Stadt-, Küsten- und Landbewohnern zusammensetzten.

▶ **Phylen,** ur-
sprünglich für die
Stammesverbände
der Oberschichten
altgriechischer
Staaten verwandte
Bezeichnung

Mit der neuen **Phylenordnung** entzog KLEISTHENES dem Adel seine Machtbasis. Dieser verlor dadurch seine Gefolgschaft. Die Einteilung der Bevölkerung in **Vermögensklassen** behielt er bei. Aufgrund der neuen Phylenordnung wurde auch die **solonische Verfassung** reformiert.

Neuerungen der Verfassung

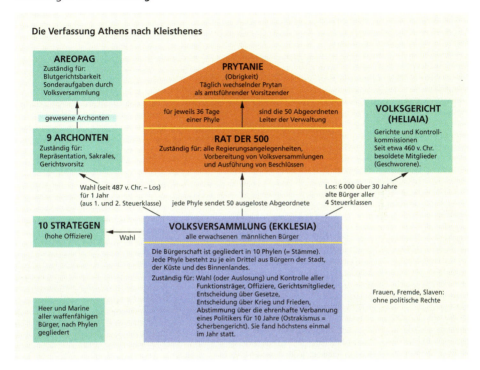

Die Bedeutung der Volksversammlung wuchs. Jeder Bürger Athens konnte nun über alle wichtigen politischen Fragen mit abstimmen.

> Die Reformen KLEISTHENES stellten einen entscheidenden Meilenstein auf dem Weg zur attischen **Demokratie** dar.

Sparta

Die Entstehung Spartas war ein Ergebnis der Dorischen Wanderung. Im 11. Jh. v. Chr. drangen dorische Stammesverbände auf die Peloponnes vor und siedelten im fruchtbaren Eurotastal. Die Bewohner der Region hießen **Spartiaten**.
Am Rande der Stadt siedelten die Dorer, die sogenannten Umwohner, die **Periöken**. Die vordorisch unterworfene Bevölkerung wurde zu unfreien besitzlosen Sklaven, zu **Heloten**.

▶ Ostrakismos = Scherbengericht; wurde durchgeführt, um die Wiederkehr einer Tyrannis zu verhindern. Die Namen der Politiker, von denen man annahm, dass ihre Macht für die Polis gefährlich war, wurden auf eine Tonscherbe (Ostrakon) geschrieben. Der Politiker, dessen Name am häufigsten eingeritzt war, musste die Stadt für 10 Jahre verlassen.

> Sparta war neben Athen die bedeutendste **Polis**. Sie nahm innerhalb Griechenlands eine Sonderstellung ein.

▶ Fünf Dörfer, die wahrscheinlich von den Frühgriechen gegründet und von den Doren erobert wurden, schlossen sich zur Polis **Sparta** zusammen.

Im 8. Jh. v. Chr. eroberten die Spartiaten das fruchtbare Messenien jenseits des Taygetos-Gebirges und verfügten damit über ein größeres zusammenhängendes Territorium. Im Gegensatz zu den meisten griechischen Poleis hatten die Spartiaten nur **ungünstigen Zugang zum Meer.**

Um ihren Herrschaftsanspruch über die Messenier dauerhaft sichern zu können, musste Sparta **militärische Stärke** zeigen. Das gesamte Zusammenleben änderte sich. Die Spartiaten entwickelten eine neue Kampfweise, die **Hoplitenphalanx.**

> Sparta wurde zu einem **Kriegerstaat.**

▶ Im 7. Jh. v. Chr. gab nach antiker Überlieferung der sagenhafte König LYKURGOS Sparta eine **Verfassung.** In Wirklichkeit war sie jedoch das Ergebnis eines langwierigen Prozesses.

In der Mitte des 6. Jh. v. Chr. stand fast die ganze Peloponnes unter dem Einfluss Spartas. Anstelle der Eroberungspolitik schloss Sparta jetzt Bündnisse mit den Poleis auf der Peloponnes. Im 530 v. Chr. gegründeten **Peloponnesischen Bund** übte Sparta die Vorherrschaft aus. Sparta wurde die stärkste **Landmacht** in Griechenland.

Ruinen der Stadt Sparta

Bevölkerungsstruktur und politische Ordnung Spartas

> Die Bevölkerung Spartas gliederte sich in drei soziale Gruppen, die scharf voneinander getrennt waren, die **Spartiaten**, die **Periöken** und die **Heloten.**

Spartiaten 2 %	– Nachkommen des einstigen dorischen Stammesadels – herrschende Schicht = alle waffenfähigen Männer über 30 Jahre (= Vollbürger) – Aufgaben: Leitung des Staates, Erhaltung einer ständigen Kriegsbereitschaft – lebten von den Abgaben der Heloten in der Stadt Sparta
Periöken 20 %	– persönlich frei, aber ohne politische Rechte – waren im Umland der Stadt Sparta angesiedelt – lebten von Ackerbau, Handwerk und Handel – verwalteten ihre Orte selbstständig – waren zur Heeresfolge verpflichtet

4.1 Griechenland

Heloten 78 %	– Staatssklaven, unfrei und rechtlos, Eigentum des Staates – entstammten der in den Kriegen unterworfenen Bevölkerung – bearbeiteten das Land der Spartiaten wirtschaftlich eigenständig und mussten die Hälfte der Ernteerträge an die Spartiaten abliefern – im Kriegsfall wurden sie als Waffenträger eingesetzt

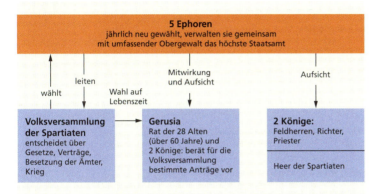

Die **Verfassung** Spartas blieb über mehrere Jahrhunderte bestehen. Sie garantierte der Minderheit der Spartiaten, die sich als „Gleiche" bezeichneten, die Herrschaft über die Periöken und die Heloten.

Lebensweise der Spartiaten

Das Leben der Spartiaten war durch ständige **Kriegsbereitschaft** bestimmt. Da sie nur 2 % der Bevölkerung ausmachten und in ständiger Furcht vor einem Aufstand der zahlenmäßig überlegenen Heloten (fast 80 %) lebten, waren sie stets wachsam.

Sparta glich einem großen Heerlager. Ein Familien- und Privatleben gab es nicht. Der Staat bestimmte über das Leben eines jeden Einzelnen von Geburt an. Nur gesunde kräftige Neugeborene konnten am Leben bleiben; schwächliche dagegen wurden nach der Geburt auf Beschluss der Ältesten getötet und in eine Schlucht am Taygetos geworfen. Bis zum 7. Lebensjahr durften die Kinder in ihrer Familie bleiben. Danach erhielten die *Jungen* eine **staatliche Gemeinschaftserziehung,** die bis zum 30. Lebens-

Gipfel des Taygetos-Gebirges, das das Landschaftsbild von Sparta beherrscht

jahr andauerte. Diese war ganz auf militärische Bedürfnisse ausgerichtet. Gehorsam, Härte, Bedürfnislosigkeit, Ausdauer waren wesentliche **militärische Tugenden.** Ihre Kost war einfach, jeglicher Luxus verboten. Ab dem 20. Lebensjahr waren die Spartiaten zum Kriegsdienst verpflichtet und mit 30 Jahren Vollbürger ihrer Polis.

Auch die *Mädchen* erhielten eine strenge körperliche Ausbildung. Sie sollten zu kräftigen Frauen werden, die später gesunde Kinder zur Welt bringen sollten.

Perserkriege

> Um 550 v. Chr. begannen die Perser, die im Süden des heutigen Iraks lebten, ein *Großreich* aufzubauen. Unter KYROS und seinem Sohn KAMBYSES eroberten sie die Gebiete der **Hochkulturen:** Mesopotamien, Ägypten und Kleinasien (↗ S. 46 ff., 57 ff.).

Großkönig DAREIOS I.

▶ Die Perser duldeten zwar religiöse Toleranz, jedoch keine politische Selbstständigkeit.

Auch die Bewohner der Griechenstädte an der kleinasiatischen Küste (größtenteils ionische Gründungen) wurden zu persischen Untertanen. Der Großkönig DAREIOS I. (522–486 v. Chr.) gab dem Reich eine straffe Verwaltung. Er teilte es in 20 Verwaltungsbezirke auf, die je einem Satrapen (Statthalter des Königs) unterstanden. Ein gut ausgebautes Straßennetz (2 683 km lang), die Einführung einer einheitlichen Währung und eine für alle gültige Amtssprache und Schrift trugen dazu bei, das Riesenreich besser zu verwalten. Die unterworfenen Völker zahlten jährlich Steuern und konnten weiter nach ihren Sitten leben sowie ihre Religion ausüben. Der Großkönig forderte von seinen Untertanen allerdings unbedingten Gehorsam. Diese Haltung führte zum Widerstand der Griechenstädte in Kleinasien. Sie verstanden sich nicht als Untertanen eines Herrschers.

Im Jahre **500 v. Chr. erhoben** sich die **ionischen Griechenstädte** unter Führung Milets, um sich von der persischen Herrschaft zu befreien. Die Unterstützung aus dem **Mutterland** war sehr gering, nur **Athen** und **Eretria** sandten Hilfe. So endete der **Aufstand** nach anfänglichen Erfolgen mit einer verheerenden Niederlage der kleinasiatischen Griechenstädte. 494 v. Chr. machten die Perser **Milet** dem Erdboden gleich und verschleppten die Bevölkerung als Sklaven. Überall wurden wieder persische Herrscher eingesetzt.

> Der **Ionische Aufstand** war der Auslöser für die **Perserkriege**. Die Perser sahen nun in Griechenland eine Gefahr, die ihre Herrschaft über die Meerengen und die Ägäis bedrohen konnte.

König DAREIOS wollte sich mit dem Feldzug gegen Athen und Eretria an den Städten rächen, die sich im ionischen Aufstand gegen das Perserreich gestellt hatten. 490 v. Chr. kam sein Heer in der Ebene von **Marathon** an und wurde hier von den Athenern geschlagen. 480 v. Chr. zog die persische Armee unter König XERXES erneut gegen Griechenland. In der Schlacht bei den **Thermopylen** wurden die Griechen besiegt. Die Wende brachte die Seeschlacht bei **Salamis**.

Der Attische Seebund

Die griechischen Städte hatten im gemeinsamen Kampf diesen Sieg gegen die Perser errungen. Doch schon kurze Zeit später zerfiel das Bündnis. **Sparta** war mit den erreichten Ergebnissen zufrieden und zog sich aus dem Bündnis zurück, um sich wieder auf die Sicherung seiner eigenen Interessen auf der Peloponnes zu konzentrieren. **Athen** wollte den Kampf gegen die Perser fortsetzen, denn die Perser beherrschten noch Kleinasien und hatten Stützpunkte auf den Inseln.

> 477 v. Chr. wurde der **Attische Seebund** gegründet, in dem sich Küstenstädte und Stadtstaaten der Ägäis-Inseln zusammenschlossen.

Das Seebündnis erhielt eine straffe Organisation.
Die Bundesgenossen waren zunächst gleichberechtigt. Athen stellte das mit Abstand größte Flottenkontingent und übernahm im Bund die politische und militärische Führungsrolle. Jahr für Jahr lief die Flotte des Seebundes aus, um die Griechenstädte in Kleinasien von persischer Besatzung zu befreien. Unter Führung des attischen Feldherrn KIMON eroberten sie nach und nach die verlorengegangenen Gebiete zurück. Der Krieg wurde bis **449 v. Chr.** geführt.
Im **Kalliasfrieden** (Name des Verhandlungsführers der Athener) 449/448 v. Chr. fand der Krieg sein Ende.
Athen nutzte seine Überlegenheit, um seine Vormachtstellung weiter auszubauen und eine strenge Herrschaft einzuführen.

▶ Mit dem Sieg des Landheeres **479 v. Chr.** in der **Schlacht von Platäa** unter Führung Spartas und dem **Seesieg bei Mykale** wurde der erneute Vorstoß der Perser abgewehrt. Die Griechen konnten ihre Freiheit behaupten.

▶ Alle Mitglieder leisteten einen jährlichen Beitrag. Sie stellten Schiffe zur Verfügung oder zahlten eine festgelegte Geldsumme, mit der der Flottenbau und der Unterhalt der Flotte finanziert wurden. Die **Bundeskasse** wurde zunächst auf **Delos** aufbewahrt, wo auch die **Bundesversammlung** tagte.

- Wer aus dem Bund austreten wollte, wurde gewaltsam unterworfen und bestraft (470 Naxos, 463 Thasos).
- 454 v. Chr. wurde die Bundeskasse von Delos nach Athen überführt.
- Entscheidungen über die Verwendung der Bundesmittel traf die athenische Volksversammlung.
So wurden Bundesgelder für den Aufbau Athens (Neubau der Akropolis) verwendet.

Aus den ehemals gleichberechtigten **Bündnispartnern** wurden **tributpflichtige Staaten**. Sie mussten die Machtstellung Athens anerkennen und wurden gegebenenfalls dazu mit Waffengewalt gezwungen.

Perikleisches Athen – Politik und Wirtschaft

> Im Ergebnis der **Perserkriege** kam es zum weiteren Ausbau der Demokratie in Athen.

PERIKLES
(nach 500 v. Chr. bis 429 v. Chr.) gelang es durch seine überragenden rhetorischen Fähigkeiten immer wieder, die Bürger von seiner Politik zu überzeugen.
So konnte er über Jahre die Innen- und Außenpolitik Athens maßgeblich bestimmen.

Ab 462 v. Chr. vollzog sich unter den adligen Politikern EPHIALTES und PERIKLES eine **Verfassungsreform**, mit der das Werk KLEISTHENES' fortgesetzt wurde und zum Ausbau der **Demokratie** in Athen führte.
Maßnahmen waren:
- Die Einführung von **Tagegeldern** (Diäten) für den Rat der 500 und das Volksgericht (später auch für die Volksversammlung) ermöglichte nun auch den ärmeren Bürgern, sich aktiv am politischen Leben zu beteiligen.
- Dem **Areopag** wurde die Aufsicht über die Beamten und sein Vetorecht gegen Beschlüsse der Volksversammlung entzogen. Er war nur noch für die Blutgerichtsbarkeit verantwortlich.
- **Archont** konnte man nur noch durch Losentscheid werden, damit verlor dieses Amt seine Attraktivität für ehrgeizige Politiker. Auch die Bürger aus der 3. Klasse wurden zu diesem Amt zugelassen.

> Die Vorrechte des Adels waren endgültig beseitigt.
> Die **Volksversammlung** war nun die wichtigste Institution der **Verfassung**. Sie tagte 40 mal im Jahr.

In der Volksversammlung wurden alle wichtigen Entscheidungen getroffen und jeder attische Bürger, ob arm oder reich, hatte die gleiche Stimme.
Athen befand sich auf dem Höhepunkt der Demokratie. Trotzdem blieb die attische Demokratie auch unter PERIKLES die Herrschaft einer **Minderheit** über eine **Mehrheit**. Frauen, Metöken und Sklaven waren von der politischen Mitbestimmung ausgeschlossen.

PERIKLES wurde von 444 bis 430 v. Chr. jährlich erneut zum Feldherrn gewählt. Er besaß das Vertrauen der Volksversammlung. PERIKLES wurde zum bedeutendsten Staatsmann in Athen. In seiner Zeit erlebte Athen innenpolitisch die Vollendung der demokratischen Verfassung, außenpolitisch seine **größte Machtentfaltung** und eine **Blüte der Kultur**. Die Blütezeit Athens wurde daher auch als **perikleisches Zeitalter** bezeichnet.

4.1 Griechenland

> Die wirtschaftliche Basis Athens bildete die **Landwirtschaft.** 75 % der attischen Bürger besaßen ländlichen Grundbesitz.

Die meisten Bewohner waren Kleinbauern. Der Mangel an fruchtbaren Böden und die ständig zunehmende Bevölkerung waren mit Ursache dafür, dass die heimische landwirtschaftliche Produktion den Bedarf an Grundnahrungsmitteln für die attische Bevölkerung nicht deckte.
Die Bewohner der Stadt lebten vorwiegend von **Handwerk** und **Handel.** Die Handwerker stellten in meist kleinen Familienbetrieben Gebrauchsgüter und künstlerische Gegenstände her. Attika war reich an Tonlagern, sodass sich schon früh die **Töpferei** entwickelte. Andere Gewerbe, wie das Schmiedehandwerk, erfuhren in den langen Kriegen ihren Aufschwung, man brauchte Waffenschmiede, Schildmacher u. v. m.
Mit dem Ausbau der Flotte in den Perserkriegen vermehrte sich die Zahl der Werften.
Eine weitere wichtige Rolle für die attische Wirtschaft nahm der **Bergbau** ein. Das in den Bergwerken des Lauriongebirges gewonnene Silbererz lieferte das Material für die überall begehrten athenischen „Eulen". So nannten die Athener im Volksmund ihre Münzen, auf deren Reversseite der geweihte Vogel der Göttin Athene abgebildet war.
Der **Handel** erlebte im 5. Jh. v. Chr. einen enormen Aufschwung. Er wurde auf dem Seeweg abgewickelt. Der *Binnenhandel* auf dem Festland spielte nur eine geringe Rolle.
Die **Seebundflotte** sicherte den Handel im gesamten Mittelmeerraum.

> ▶ 330 v. Chr. konnte z. B. nur die Hälfte der Bevölkerung mit einheimischem Getreide versorgt werden.

> Athen mit seinem Hafen **Piräus** wurde zeitweise zum bedeutendsten **Handelszentrum** der Mittelmeerländer. Waren aus allen Ländern wurden hier umgeschlagen.

> ▶ Athen exportierte vor allem Olivenöl und Wein, Marmor, Silber und Blei, Gebrauchs- und Kunstgegenstände aus Ton.
> Getreide, Wolle, Papyros, Elfenbein u. v. m. wurde eingeführt.

Erziehung und Bildung

> Das **politische System** der Athener setzte ein hohes Maß an **Bildung** voraus. Obwohl keine **Schulpflicht** bestand, gingen die meisten Jungen zur Schule (Mädchen durften keine Schule besuchen). In Athen gab es zahlreiche **Privatschulen,** die auch Kinder einfacher Bürger gegen ein geringes Schulgeld besuchen konnten.

Die **Jungen** wohlhabender Eltern besuchten ein **Gymnasium,** das waren ursprünglich Sportschulen. Hier stand körperliche Ertüchtigung, die auf den Kriegsdienst vorbereiten sollte, im Vordergrund. Aber auch Musik, Literatur, Grammatik, Geschichte und vieles mehr wurde hier gelehrt.
Wer im späteren Leben in der Politik eine Rolle spielen wollte, studierte nach der Grundausbildung bei einem Gelehrten **Philosophie** und **Rhetorik** (Redekunst). Mit 18 Jahren mussten die Jungen eine 2-jährige militärische Grundausbildung leisten.
Die Erziehung der **Mädchen** verlief anders. Die Mütter brachten ihnen bei, was sie selbst vorher gelernt hatten, vor allem Hausarbeit, manchmal

> ▶ Der Unterricht fand in Wohnhäusern oder auch im Freien statt. Die Jungen lernten zunächst lesen und schreiben. Zum Üben dienten die Schriften HOMERS „Ilias" und „Odyssee". Musik und Sport nahmen in der Bildung einen hohen Stellenwert ein.

auch Lesen, Schreiben und Musizieren. Im Alter von 15 Jahren wurden viele Mädchen bereits von ihren Eltern verheiratet. Das Leben der Mädchen und der Frauen war in der Regel auf das Haus beschränkt.

Wissenschaft, Kunst und Kultur

Das perikleische Zeitalter war ein Höhepunkt der klassischen griechischen Kultur. Besonders in der Philosophie, der Architektur, der Bildhauerei und dem Theater wurden beachtliche Leistungen vollbracht. Auch in der Medizin und in den Naturwissenschaften leisteten die Griechen des „Goldenen Zeitalters" Vorbildliches. Bis in die Gegenwart wirken diese Werke der griechischen Kultur nach.

Wissenschaft und Philosophie

HERODOT (um 490–425 v. Chr.) gilt als der erste bedeutende Geschichtsschreiber. Er beschrieb ausführlich die Perserkriege.
THUKYDIDES (um 460–nach 400 v. Chr.) berichtete über den Peloponnesischen Krieg.
HIPPOKRATES (um 460–um 370 v. Chr.) war seinerzeit der berühmteste Arzt in Griechenland. Er forschte nach den Ursachen der Krankheiten. Ihm wird auch der Berufseid der Ärzte zugeschrieben, der heute noch gilt.

▶ Die berühmtesten Philosophen des klassischen Griechenlands waren SOKRATES (um 470–399 v. Chr.), PLATON (427–347 v. Chr.) und ARISTOTELES (384–322 v. Chr.).

> Die **modernen Wissenschaften** haben ihren Ursprung bei den Griechen.

Die griechischen **Philosophen** (Freunde der Weisheit) suchten hinter allen Dingen die Wahrheit. Sie stellten Überlegungen über die Entstehung der Erde, über das Wesen und das Zusammenleben der Menschen an. Ihre Lehren gaben sie an Studenten weiter.

Architektur und Bildhauerei

Perikles ließ die 480 v. Chr. von den Persern zerstörte Stadt Athen neu aufbauen. Der Architekt IKTINOS übernahm die Leitung der Arbeiten auf der Akropolis. Mit dem **Parthenon,** dem Tempel der Stadtgöttin Athene, schuf er den eindrucksvollsten Tempel auf dem griechischen Festland. PHIDIAS, der bedeutendste Bildhauer seiner Zeit, schmückte den Tempel mit figurenreichen Reliefs und schuf die Götterstatue der Athene. Noch heute bewundern ca. 3 Millionen Besucher jährlich die Reste dieses Bauwerks.

Parthenon auf der Akropolis in Athen

Griechische **Baukunst** und **Bildhauerei** galten über Jahrhunderte wegen ihrer klaren Strenge und Ruhe als Vorbild. Im 18. und 19. Jh. wurden viele Gebäude errichtet, die sich am Stil der **klassischen Antike** orientierten (z. B. das Brandenburger Tor, das Kapitol in Washington, die Glyptothek in München).

Theater

Das **Theater** spielte im Leben der Griechen eine große Rolle. Seine Wurzeln lagen in den religiösen Festen zu Ehren des Gottes Dionysos. Bedeutende Dichter waren AISCHYLOS (525–456 v. Chr.), SOPHOKLES (um 497/496–406/405 v. Chr.), EURIPIDES (um 480–406 v. Chr.) und ARISTOPHANES (um 445–385 v. Chr.). Ihre Werke stehen noch heute auf den Spielplänen der Theater, ihre Stoffe dienten vielen späteren Dichtern als Grundlage für eigene literarische Werke.

▶ Antikes Theater in Epidauros. Die Theateraufführungen wurden als Wettkampf der Dichter veranstaltet. Die Zuschauer sahen je vier Aufführungen an drei Tagen. Alle vier hatte ein Dichter geschrieben, drei davon waren Tragödien und zum Ausklang folgte eine Komödie. Es gab nur Erstaufführungen, Wiederholungen waren selten.

Peloponnesischer Krieg

Der Aufstieg **Athens** zur führenden **Seemacht** in Griechenland führte zu ständigen Spannungen und politischen Auseinandersetzungen mit Sparta. **Sparta**, mit dem **Peloponnesischen Bund**, war weiter die stärkste **Landmacht**. Beide beanspruchten eine Vormachtstellung in Griechenland. Um ihren Machtbereich zu erweitern, mischten sie sich in die Streitigkeiten zwischen den anderen griechischen Poleis ein. Aus einem solchen Anlass heraus kam es 431 v. Chr. zum **Krieg** zwischen **Athen** und **Sparta**, dem sogenannten **Peloponnesischen Krieg,** der mit kurzen Unterbrechungen 30 Jahre andauerte. Der Krieg endete mit einer Niederlage Athens.

4.1.3 Alexander der Große und der Hellenismus

Während die griechischen Poleis in dauernde Kämpfe um die Vormachtstellung verwickelt waren, entstand im Norden Griechenlands ein mächtiger Staat: **Makedonien.**

Makedonien war bis zum 5. Jh. v. Chr. ein Land ohne größere Städte, die Bevölkerung lebte von Viehzucht und Jagd; Handel und Gewerbe waren nur gering ausgeprägt. Stammeskönige und adlige Ritter beherrschten das Land. Die Griechen bezeichneten die Makedonier als Barbaren.
Unter PHILIPP II., König von 359–336 v. Chr., war **Makedonien** zu einem mächtigen Staat geworden. Er einigte die makedonischen Stämme, schuf

ein schlagkräftiges Heer und unterwarf die Nachbarvölker (Thessalien, Illyrien, Thrakien). 344 v. Chr. war die ganze nördliche Agäis und ihre Küste bis zum Hellespont makedonisch.

PHILIPP II. dehnte nun seine Macht nach Süden aus und bedrohte damit die griechischen Poleis. 338 v. Chr. besiegten seine Truppen das griechische Heer bei Chaironeia in Böotien.

> Die griechischen Stadtstaaten verloren ihre Selbstständigkeit. Sie mussten sich zum **Hellenischen Bund** unter makedonischer Vorherrschaft zusammenschließen.

▶ 336 v. Chr. fiel PHILIPP II. einem Mordanschlag zum Opfer.

PHILIPP II. verkündete als Ziel des Bundes einen gemeinsamen Rachefeldzug gegen die Perser, um die kleinasiatischen Griechen zu befreien. Seinen Plan konnte er nicht mehr verwirklichen.

ALEXANDER, Sohn PHILIPPs II., übernahm nach dem Tod seines Vaters die Macht. Er war erst 20 Jahre alt und fest entschlossen, das Werk seines Vaters fortzusetzen.

ALEXANDER (um 356–323 v. Chr.)

▶ Eselsbrücke: Dreidreidrei, bei Issos große Keilerei.

334 v. Chr.	ALEXANDER brach mit einem Heer von 35 000 Makedoniern und Griechen nach Asien auf, um die Perser zu besiegen. Er eroberte zunächst Kleinasien und befreite die Griechenstädte von den Persern.
333 v. Chr.	ALEXANDER schlug das persische Heer unter dem Großkönig DAREIOS III. bei Issos vernichtend. Dareios konnte fliehen. ALEXANDER verfolgte ihn nicht, sondern zog weiter nach Süden an die *phönikische Küste,* um die Basis der persischen Flotte zu erobern, und dann bis nach Ägypten. In Ägypten, das sich mehrfach gegen die persische Herrschaft aufgelehnt hatte, wurde er als Befreier begrüßt und zum Pharao gekrönt. Im Niltal gründete er eine Stadt auf seinen Namen, Alexandria.
331 v. Chr.	In der Schlacht bei **Gaugamela** fiel die endgültige Entscheidung. DAREIOS, der erneut ein gewaltiges Heer aufgestellt hatte, wurde besiegt. **ALEXANDER war nun Herrscher über Asien.** Die Griechen konnten, sofern sie nicht freiwillig im Heer bleiben wollten, nach Hause zurückkehren.

ALEXANDERS nächstes Ziel bestand in der **Sicherung des Reiches im Osten** und darüber hinaus in der **Eroberung** ganz **Asiens.** Er wollte bis an das **Ende der Welt** vorstoßen.

Seinen Feldzug begleiteten viele Wissenschaftler, die den gesamten Kontinent erforschen sollten. Sie fertigten Karten an, vermaßen Land und werteten die Expedition wissenschaftlich aus.

Bis 325 v. Chr. unterwarf ALEXANDER die fernöstlichen Provinzen des Reiches und führte sein Heer über die Gebirgspässe des heutigen Afghanistan zum Indus hinab. Dort besiegte er den Inderfürsten POROS. ALEXAN-

4.1 Griechenland

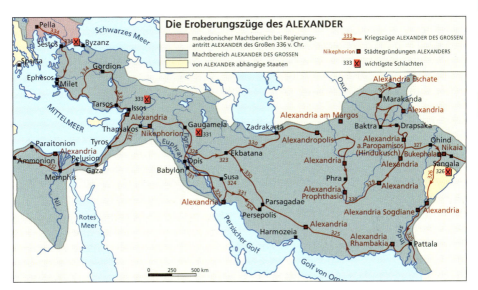

DER hatte in 10 Jahren ein **Weltreich** gegründet, das von Makedonien bis zum Indus und vom Kaspischen Meer bis zum Niltal reichte. Er hatte erkannt, dass die kleine makedonische Erobererschicht dieses Riesenreich auf Dauer nicht allein verwalten und seine Grenzen schützen konnte. Dazu benötigte er die Erfahrungen der Perser und strebte deshalb eine Verschmelzung von **Makedoniern** und **Persern** an.

> In Susa ließ ALEXANDER eine Massenhochzeit ausrichten, auf der 80 Offiziere und 10 000 Soldaten Perserinnen heirateten (er selbst heiratete die Tochter des Königs DAREIOS). Die Anpassung an die Besiegten betrachteten viele Makedonier als eine Demütigung, was zu mehreren **Verschwörungen** gegen ALEXANDERS Herrschaft führte.

ALEXANDERS Maßnahmen zur Herrschaftssicherung
- Persische Adlige wurden an seinen Hof verpflichtet.
- Neben makedonischen wurden auch persische Beamte zur Reichsverwaltung eingesetzt.
- Persische Truppenteile wurden in sein Heer eingegliedert.
- Die Vermählung makedonischer Soldaten mit Perserinnen wurde gefördert.
- Ausbau eines Straßennetzes
- Einführung einer einheitlichen Währung
- Das Griechische wurde Amtssprache.
- Gründung zahlreicher Städte und Besiedlung mit Griechen

Zerfall des Alexanderreiches

Nach dem frühen Tod ALEXANDERS entbrannte unter seinen Heerführern, den **Diadochen** (Nachfolgern), ein 40-jähriger Machtkampf um sein Erbe. Keiner von ihnen konnte sich letztendlich durchsetzen, sodass das Weltreich ALEXANDERS in drei größere Teile zerfiel.
Daneben behaupteten sich kleinere Herrschaften wie die Inselrepublik Rhodos oder das Königreich Pergamon. An der Spitze der Reiche standen Könige, die unumschränkt regierten und sich wie Gottkönige verehren ließen.

> Sein Ziel, die Weltherrschaft zu erreichen, gelang ALEXANDER nicht. Mit knapp 33 Jahren starb er in Babylon. Spätere Geschichtsschreiber gaben ihm den Beinamen „der Große".

> Die **Monarchie** wurde für die folgenden Jahrhunderte die neue Herrschaftsform.

Die Zeit der griechischen Kleinstaaten war vorbei. Griechenland hatte keine politische Bedeutung mehr, seine Kultur aber hat einen großen Teil der damaligen Welt durchdrungen.

Der Hellenismus

Städte bildeten den Mittelpunkt des **Hellenismus**.
Mit dem Eroberungszug ALEXANDERS DES GROSSEN begann die Zeit des **Hellenismus**.

> Der **Hellenismus** (von Hellenen = Griechen) bezeichnet den Zeitraum von der Herrschaft ALEXANDERS DES GROSSEN bis zum Beginn der römischen Kaiserzeit (300–30 v. Chr.). Die Epoche ist durch die Ausbreitung der griechischen Sprache, Kunst, Wissenschaft und Lebensweise bis nach Indien gekennzeichnet.

Griechische Kultur und Lebensweise wurden in die eroberten Länder bis hin zum Indus getragen. Die Städte spielten bei der Verbreitung die bedeutende Rolle. Sie wurden nach griechischem Vorbild mit Marktplatz, Theater und Tempeln errichtet und wuchsen zu Handels-, Wirtschafts- und Kulturzentren, von denen sich griechische Denkweise und Kultur ausbreiteten.

Mosaik-Ausschnitt-
„Alexanderschlacht"
(2. Jh. v. Chr.)

4.1 Griechenland

Auch die Nachfolger ALEXANDERS setzten diese Politik fort. Unter ihnen kam es zum Höhepunkt des **Hellenismus**. Die griechische Sprache war in allen Reichsteilen Amtssprache, sie wurde zu einer Weltsprache. Viele heutige Begriffe aus Wissenschaft, Verwaltung und Literatur sind griechischen Ursprungs.

▶ ALEXANDER ließ während seiner Regierungszeit ca. 70 Städte (die meisten wurden nach ihm benannt) an strategisch wichtigen Plätzen bauen. In ihnen siedelte er zunächst Soldaten an, um seine Eroberungen zu sichern. Bald erhielten diese Zulauf von Handwerkern und Händlern aus Griechenland.

> Zentrum der **hellenistischen Kultur** wurde **Alexandria** in Ägypten. Es war zu jener Zeit die größte Weltstadt nach Babylon und Zentrum der Wissenschaft und des Welthandels.

In Alexandria befand sich ein Museion (Stätte der Muse) und eine Forschungsstätte mit der größten **Bibliothek.** Auf 700 000 Papyrusrollen war das Wissen der damaligen Welt zusammengetragen.

Wahrzeichen der Stadt **Pharos** war der von 299 bis 277 v. Chr. errichtete **Leuchtturm,** der als eines der **Weltwunder der Antike** galt.

Wissenschaftliche Leistungen des Hellenismus

ARCHIMEDES von Syrakus (um 285–212 v. Chr.)	ARISTARCH von Samos (um 310–um 230 v. Chr.)	ERATOSTHENES von Kyrene (um 290–um 214 v. Chr.)	EUKLID von Alexandria (um 330–275 v. Chr.)	HEROPHILOS (um 330–260 v. Chr.)	ERASISTRATOS (um 330–250 v. Chr.)
ermittelte u. a. die Zahl Pi; entdeckte den Schwerpunkt, das Hebelgesetz; baute hydraulische Maschinen und Krüpmaschinen (Schleudern).	lehrte, dass sich die Erde um die Sonne dreht, versuchte das Verhältnis der Entfernung von Sonne und Mond zu bestimmen.	führte die Gradeinteilung auf Landkarten ein und berechnete den Erdumfang.	verfasste ein Mathematikbuch „Die Elemente", das bis in das 19. Jahrhundert im Gebrauch war.	entdeckte das Gehirn als Zentralorgan der Wahrnehmung und Verstandestätigkeit.	entdeckte den Unterschied von Sehnen und Nerven.

Die hellenistischen Staaten wurden mit dem **Römerreich** konfrontiert. Bis 30 v. Chr. fielen alle **Diadochenreiche** unter römische Herrschaft. Damit ging die **Epoche des Hellenismus** zu Ende.

Die hellenistische Kultur überdauerte den politischen Niedergang und durchdrang auch das neue Weltreich der Römer.

4.2 Das Römische Reich (753 v. Chr.–476 n. Chr.)

4.2.1 Römische Königsherrschaft und Republik

Gründung Roms – Legende und Geschichte

▶ Sieben-fünf-drei, Rom schlüpft aus dem Ei.

▶ Die Legende besagt, dass Romulus, Sohn des Mars und der Vestalin Rhea Silvia, mit seinem Zwillingsbruder Remus auf dem Tiber ausgesetzt wurde. Von einer Wölfin gefunden, ernährt und aufgezogen, gründeten die Brüder später Rom.

Romulus und Remus sollen Rom am 21. April 753 v. Chr. gegründet haben. Romulus wurde der erste König der Stadt. Ihm folgten der Sage nach noch sechs weitere. Der letzte König, TAQUINIUS SUPERBUS, zog, durch seine tyrannische Herrschaft, den Zorn des Volkes auf sich und wurde verjagt. Damit endete 509 v. Chr. die Herrschaft der Könige.

> Die Römer nennen als Gründer ihrer Stadt die Zwillingsbrüder **Romulus und Remus**.

Die geschichtliche Wirklichkeit

▶ Die neue Stadt erhielt wahrscheinlich nach dem etruskischen Adelsgeschlecht RUMILIER den Namen Ruma. Nahezu 150 Jahre beherrschten die Etrusker die Stadt Rom.

Ab 1200 v. Chr. wanderten indogermanische Völker in Italien ein. Eines dieser Völker waren die **Latiner**. Sie ließen sich am Unterlauf des Tibers nieder und lebten hier in dörflichen Siedlungen. Eine latinische Siedlung entstand um 1000 v. Chr. auf dem Palatin, einem der sieben Hügel am Tiber. Sie sollte die Keimzelle des späteren Roms werden.
Anfang des Jahrtausends wanderten erneut Völker in Italien ein. Dabei spielten vor allem die **Etrusker** für die Entwicklung Roms und der Apenninenhalbinsel eine bedeutsame Rolle. Sie stammten wahrscheinlich aus Kleinasien und besiedelten die heutige Toskana. Die Etrusker wurden die nördlichen Nachbarn der Latiner.

> Die **Etrusker** besaßen eine den Griechen vergleichbare **Stadtkultur**. Im 7. Jh. v. Chr. dehnten die Etrusker ihre Herrschaft auch auf die latinischen Gebiete aus. Sie bauten die damals noch unbedeutende Siedlung auf dem **Palatin** nach etruskischem Muster zur Stadt Rom aus.

Zusammenleben zur Zeit der Königsherrschaft

▶ **Patrizier**, lat. pater = Vater.
pater familias = Vater der Familie
Patron, lat. patronus = Schutzherr
Plebejer, lat. plebs = die Menge.

An der Spitze der Stadt stand ein **etruskischer König**. Er war oberster Priester, Richter und Feldherr. Beraten wurde der König durch den **Senat** (Ältestenrat). Dieser wurde aus der Schicht der Oberhäupter der römischen Adelsfamilien gebildet, den **Patriziern**.
Das Oberhaupt einer Adelsfamilie war der **pater familias**. Er besaß über alle Angehörigen seines Familienverbandes die absolute Gewalt. Zur Familie gehörten auch Sklaven und Klienten. **Klienten** waren vor

allem abhängige Bauern, mittellose Bürger und freigelassene Sklaven. Der **pater familias** war für die Klienten der Patron. Die größte Gruppe der römischen Bevölkerung waren die **Plebejer,** die als Kleinbauern und Handwerker lebten. Sie traten in der Heeresversammlung zusammen.
Um 500 v. Chr. zerfiel die Macht der Etrusker. Die Stadt Rom löste sich aus der etruskischen Vorherrschaft und vertrieb die Königsfamilie. Damit endete die Königszeit. Die Zeit der **Republik** begann.

▶ **Republik,** lat. res publica = öffentliche Sache

Ständekämpfe (500–287 v. Chr.)

> Die **römische Gesellschaft** gliederte sich in **zwei Stände,** die strikt voneinander getrennt waren. Auf der einen Seite standen die **Patrizier.** Ihnen gegenüber standen die **Plebejer.**

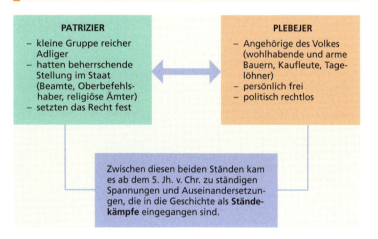

Ursachen der Ständekämpfe:
- Die **Plebejer** gewannen auf militärischem und wirtschaftlichem Gebiet eine wachsende Rolle für den Staat, waren aber von jeglicher **politischer Betätigung** ausgeschlossen.
Auf militärischem Gebiet führte die Wandlung der Kampftaktik vom adligen Einzelkampf zum Kampf in der **Phalanx** (geschlossene, aus mehreren Gliedern bestehende Schlachtordnung) dazu, dass die Plebejer eine entscheidende militärische Rolle erlangten. Wirtschaftlich verfügte ein Teil der Plebejer über große finanzielle Mittel.
- Der **Gegensatz zwischen Arm und Reich** verstärkte sich.

Forderungen der Plebejer:
- politische Mitsprache und Rechtssicherheit
- soziale Gleichberechtigung
- wirtschaftliche Verbesserungen (Landzuteilung, Schuldenerlass vor allem für die ärmeren Schichten)

Die Patrizier gingen auf diese Forderungen nicht ein. Es kam zu Auseinandersetzungen zwischen den beiden Ständen, die sich über einen Zeitraum von mehr als 200 Jahren erstreckten.

4 Antike

▶ **Kampfmittel der Plebejer:**
– Verweigerung der Heeresfolge
– Auszug aus der Stadt und Gründung eines Gegenstaates

Stationen der Ständekämpfe:

um 494 v. Chr.	Die Plebejer gründeten eine eigene **Volksversammlung,** das **concilium plebis,** und ernannten eigene Vertreter zur Durchsetzung ihrer Forderungen, die **Volkstribunen.**
450 v. Chr.	**Zwölftafelgesetz** Gesetze wurden schriftlich festgelegt, damit wurde der willkürlichen Rechtsprechung ein Ende gemacht.
445 v. Chr.	**Aufhebung** des **Eheverbots** zwischen Patriziern und Plebejern
421 v. Chr.	Plebejer wurden schrittweise zu allen **Staatsämtern** zugelassen.
287 v. Chr.	Die Volksversammlung der Plebejer wurde als **gesetzesgebende Versammlung** anerkannt.

Ergebnisse der Ständekämpfe:
– Die Plebejer wurden den Patriziern rechtlich gleichgestellt.
– Wohlhabende plebejische Familien bildeten zusammen mit den Patriziern einen neuen Adel, die **Nobilität.**
– Die meisten Plebejer blieben jedoch **ohne Einfluss,** da es sich nur Mitglieder wohlhabender Familien leisten konnten, sich um unbezahlte Staatsämter zu bewerben.

▶ **Nobilität,** lat. nobilitas = Berühmtheit, Adel

Römische Verfassung

Mit der Vertreibung der Könige wurde Rom zur **Republik,** zu einer „res publica", einer „Sache des Volkes". Alle römischen Bürger hatten *Rechte* und Möglichkeiten, an den *Entscheidungen* in ihrem Staat mitzuwirken. Die **politische Macht** war auf drei Institutionen, die **Volksversammlung,** den **Senat** und den **Magistrat,** aufgeteilt. Keiner von den dreien konnte allein entscheiden. Die **Regierungsgewalt** lag in den Händen der Magistrate, der Beamtenschaft.

▶ **Magistrate,** lat. magistratus = Amt, Beamter

Jeder römische Bürger besaß das Recht, sich um ein Amt zu bewerben. Vorbedingung für die Bewerbung waren **freie Geburt, Unbescholtenheit** und **die ehrenvolle Erfüllung des Militärdienstes.**
Ein Vermögen brauchte nicht nachgewiesen zu werden. Da die Ämter jedoch unbesoldet waren, lag ihre Besetzung voll und ganz in den Händen der **Nobilität.**

▶ Anfänglich konnte sich die Regierung mit dem Konsulat als *einzigem* Amt begnügen. Doch je größer der Staat wurde, um so vielfältiger wurden auch die Aufgaben der Verwaltung.

Um die Machtanhäufung eines Einzelnen zu verhindern, sah die **römische Verfassung** für die Magistrate **verschiedene Einschränkungen** vor:
– Die Amtszeit war auf ein Jahr beschränkt (Prinzip der Annuität).
– Alle Ämter wurden mit mindestens zwei Personen besetzt, von denen jeder Amtsinhaber die Entscheidung seines jeweiligen Kollegen durch sein Einspruchsrecht rückgängig machen konnte (Prinzip der Kollegialität).

4.2 Das Römische Reich (753 v. Chr.–476 n. Chr.)

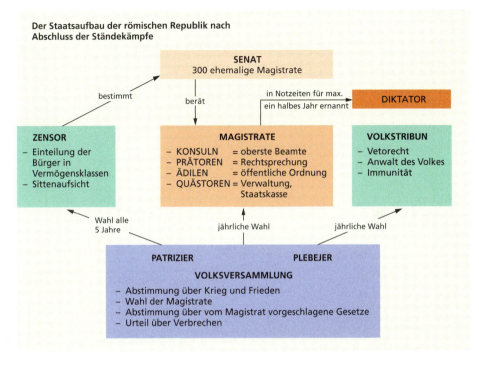

- Für alle Ämter war eine Ämterlaufbahn und ein Mindestalter vorgeschrieben.
- Nach jeder Amtsperiode musste mindestens eine einjährige Pause eingelegt werden.
- Es war verboten, dasselbe Amt zweimal zu besetzen und Ämter zu häufen.

> Über die **Volksversammlung** war das römische Volk am politischen Geschehen beteiligt. Zu ihr waren alle **freien Männer** zugelassen, die das römische Bürgerrecht besaßen. **Ausgeschlossen** waren **Frauen, Sklaven** und Angehörige verbündeter oder unterworfener Völker.

Das römische Volk trat in verschiedenen **Volksversammlungen** zusammen: den **Zenturiatskomitien** (Versammlung des römischen Heeres), den **Tributskomitien** (Einteilung erfolgte nach Wohnbezirken) und im **concilium plebis** (Versammlung der Plebejer).

Alle **Volksversammlungen** unterlagen bestimmten **Regeln:**
- Bei den **Abstimmungen** zählte nicht die Stimme des einzelnen Bürgers, sondern die **Stimmeinheit,** die nach Besitz oder Wohnbezirk zusammengestellt wurde. Auf diese Weise sicherten sich die wohlhabenden römischen Bürger ein Übergewicht bei allen Abstimmungen.

▶ **Senat,** lat. senex = Greis

▶ Nach dem Ende der Ständekämpfe wurde neben der „res publica" die Formel **SPQR** = Senatus Populusque Romanus (Senat und Volk von Rom) zur offiziellen Bezeichnung des römischen Staates. Sie sollte das Symbol für die Eintracht von Volk und Senat darstellen. Scheinbar verwirklichte die Verfassung diese Eintracht.

– **Diskussionen** waren in den Volksversammlungen ausgeschlossen. **Vorlagen** des Magistrats konnten nur angenommen oder abgelehnt werden.
– Die Volksversammlung verfügte über kein **Initiativrecht**, das heißt, sie konnte **keine Gesetze** vorschlagen.

Der **Senat** war das einflussreichste politische Organ und bildete die Schaltstelle des Reiches.

Gründe für den großen Einfluss:
– Alle Senatoren waren ehemalige **Konsuln** oder **Prätoren** und verfügten so über große Erfahrungen in Verwaltung und Politik.
– Der Senat durfte zwar keine Gesetze beschließen, aber ohne seine Zustimmung wurden diese nicht rechtskräftig.
– Gesetzesentwürfe, die der Volksversammlung vorgelegt werden sollten, mussten zuvor vom Senat gebilligt werden.

Ausbreitung der römischen Herrschaft

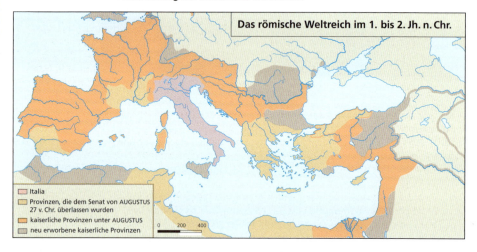

Das römische Weltreich im 1. bis 2. Jh. n. Chr.

☐ Italia
☐ Provinzen, die dem Senat von AUGUSTUS 27 v. Chr. überlassen wurden
☐ kaiserliche Provinzen unter AUGUSTUS
☐ neu erworbene kaiserliche Provinzen

▶ **Konsul** = die beiden höchsten Beamten an der Spitze der Republik
Prätor = Titel der obersten Staatsbeamten, lat. der Vorangehende. Sie sind den Konsuln nachgeordnet.

Nach der Vertreibung der etruskischen Könige war Rom eine von mehreren wichtigen Städten in Latium. In zahllosen Kriegen, die sie gegen ihre Nachbarn führten, erweiterten die Römer ihr Staatsgebiet ständig.
106–117 n. Chr. erreichte Rom seine größte Ausdehnung. Portugal, Spanien, Nordafrika, Ägypten, Kleinasien, Griechenland, Frankreich und ein Teil Britanniens gehörten zum Römischen Reich. Aus der einstigen kleinen Siedlung am Tiber wurde der Mittelpunkt eines **Weltreiches**.

Phasen der Ausbreitung der römischen Herrschaft

1. Phase um 500–250 v. Chr.: Rom errang die Vorherrschaft über Mittel- und Unteritalien. In Auseinandersetzungen mit den Etruskern, Latinern und Samniten errang Rom bis 280 v. Chr. die Vorherrschaft in Mittelitalien.

Mit dem Sieg über **Tarent** (275 v. Chr.) beherrschte Rom ganz Unteritalien mit seinen Griechenstädten.

> In rund 200 Jahren dehnten die Römer ihre Herrschaft über fast ganz Italien aus. Die besiegten **Stämme** und **Stadtstaaten** wurden jedoch nicht in ein einheitliches Reich eingegliedert, sondern durch **Verträge,** die ihnen ihre Eigenständigkeit in inneren Angelegenheiten beließen, an Rom gebunden.

Die Bevölkerung der unterworfenen Nachbarstämme erhielt das volle oder das eingeschränkte **Bürgerrecht** oder wurde zu **Bundesgenossen** Roms. Mit diesem System der **abgestuften Rechte** übte Rom eine **indirekte Herrschaft** über Italien aus.
Zur Absicherung der Herrschaft wurden auf dem Gebiet der Bundesgenossen römische Bürger in **Kolonien** angesiedelt. Diese besaßen dann das latinische Bürgerrecht, das sie aber von der Teilnahme an der Volksversammlung ausschloss. Bei Rückkehr nach Rom erhielten sie wieder volles Bürgerrecht.

> Die **Kolonien** dienten als **militärische Stützpunkte,** trugen aber auch mit dazu bei, die römische Lebensweise und lateinische Sprache in ganz Italien zu verbreiten.

2. Phase 264–133 v. Chr.: Rom errang die Vormachtstellung über den Mittelmeerraum.
Nach der Eroberung Tarents hatte Rom im ganzen westlichen Mittelmeerraum nur noch einen ernst zu nehmenden Gegner, die Stadt **Karthago.** Karthago, im 10. Jh. v. Chr. von den Phöniziern als Handelsniederlassung gegründet, war seit dem 7. Jh. v. Chr. zur größten **Handels-** und **Seemacht** geworden.

> Die Ausdehnung des römischen Machtbereiches über Italien hinaus führte zum Kampf zwischen **Rom** und **Karthago** um die **Vorherrschaft** im **Mittelmeerraum.**
> In **drei Kriegen,** in einem Zeitraum von 120 Jahren, wurden die Karthager, die von den Römern **Punier** genannt wurden, besiegt.

Nach wechselvollen Kämpfen, in denen **HANNIBAL** den römischen Legionen in der **Schlacht bei Cannae** 216 v. Chr. die schwerste Niederlage ihrer Geschichte zufügte, konnten die Römer 146 v. Chr. die Karthager besiegen.

Im Laufe der ersten Hälfte des 2. Jh. v. Chr. vernichteten die Römer die Nachfolgestaaten ALEXANDERS DES GROSSEN: 201–168 v. Chr. wurde Makedonien geschlagen. Ägypten und Syrien gerieten zunächst in römische Abhängigkeit, bevor sie im 1. Jh. v. Chr. in das Römische Reich eingegliedert wurden. Im Jahre 30 v. Chr. beherrschte Rom den gesamten Mittelmeerraum. Aus dem **Stadtstaat** war ein **Weltreich** geworden.

▶ Tarent hatte PYRRHUS VON EPIRUS nach Italien gerufen, um gegen die Römer zu kämpfen. Zunächst errang PYRRHUS viele Siege, jedoch mit ungeheuren Verlusten. Daher stammt der sprichwörtliche Ausdruck „Pyrrhussiege".

▶ **Die drei punischen Kriege:**
1. Punischer Krieg 264–241 v. Chr.
2. Punischer Krieg 218–201 v. Chr.
3. Punischer Krieg 149–146 v. Chr.

▶ Mahnende Worte BRECHTS an die Heutigen:
„Das große Karthago führte drei Kriege. Es war noch mächtig nach dem ersten, noch bewohnbar nach dem zweiten. Es war nicht mehr auffindbar nach dem dritten."

4 Antike

▶ Die **Statthalter** verfügten über unbeschränkte Vollmachten. Sie führten das Kommando über das in der Provinz stationierte Heer und leiteten die Verwaltung.

Die neu erworbenen Gebiete außerhalb Italiens wurden zu **Provinzen**. Anders als in Italien übte Rom seine Herrschaft hier direkt aus. Die Verwaltung erfolgte durch **römische Statthalter,** die der Senat jährlich einsetzte. Die Einheimischen wurden als Untertanen behandelt. Sie waren zu **Steuerzahlungen** an Rom verpflichtet.

Krise der Republik und Reformversuche

▶ **Proletarier,** lat. proles = Nachkommenschaft
Sie besaßen nichts weiter als ihre Nachkommenschaft. Zur Zeit CAESARS wurde die Einwohnerzahl Roms auf 700 000 geschätzt, davon waren 200 000 Getreideempfänger. Sie wurden zu Proletariern.

Die Eroberungen und Expansionen (Ausdehnung) im 3. und 2. Jh. v. Chr. führten jedoch zu tiefgreifenden wirtschaftlichen, sozialen und gesellschaftspolitischen Veränderungen.

> Rom stieg vom kleinen Stadtstaat zur **Weltmacht** auf, ohne seine **politische Grundstruktur** den neuen Verhältnissen anzupassen. Die Institutionen der **Verfassung** der römischen Republik waren den vielen Veränderungen in Staat und Wirtschaft nicht mehr gewachsen.

Folgen der Expansion

Wirtschaftliche Veränderungen	Soziale Veränderung Polarisierung der Gesellschaft		Gefährdung der Republik
– Geldwirtschaft ermöglicht Ausweitung des Handels – Sklavenwirtschaft – Latifundienbildung	– zunehmender Reichtum der Großgrundbesitzer und der Ritter	– Verarmung der Bauern – Teile der Bauernschaft wurden zu Proletariern	– Zunahme innerer Spannungen – ungenügende Gewährleistung der Wehrfähigkeit Roms – Zerstörung des Gemeinschaftsgefühls der „res publica" durch das Machtstreben Einzelner

Reformversuche

Ackergesetze der Gracchen
Innerhalb der Nobilität gab es Politiker, die versuchten, dieser Krise mit **Reformen** entgegenzutreten. Die Brüder TIBERIUS und GAIUS GRACCHUS

4.2 Das Römische Reich (753 v. Chr.–476 n. Chr.)

versuchten als Volkstribunen 133 und 123 v. Chr., die Lage der Bauern durch Verteilung von Staatsland zu verbessern. Damit wollten sie das Anwachsen des **Proletariats** stoppen und gleichzeitig die Zahl der Bauern erhöhen, die sich selbst ausrüsten und Heeresdienst leisten konnten. Ihre Reformen scheiterten nach Anfangserfolgen.

TIBERIUS wurde nach mehreren Vorstößen gegen die römische Verfassungspraxis 133 v. Chr. mit 300 seiner Gefolgsleute auf dem Kapitol getötet. Sein jüngerer Bruder, der die Reformbestrebungen fortsetzte, ließ sich nach der Niederlage seiner Anhänger 121 v. Chr. von einem Sklaven töten.

> Die **GRACCHEN** hatten versucht, mithilfe der Volksversammlung und gegen den Willen des Senats ihre **Reformen** durchzusetzen. Der Senat vereitelte die Reformen. Er vertrat die Interessen der Großgrundbesitzer, die nicht bereit waren, Land- und Vermögensverluste hinzunehmen.

Diese Auseinandersetzung zeigte, dass die römische Führungsschicht in sich gespalten war. Es standen sich **Optimaten** (optimus, lat. = das Beste) und **Popularen** (populus, lat. = Volk) gegenüber. Gewalt wurde von nun an ein Mittel der politischen Auseinandersetzung.

OPTIMATEN	POPULAREN
– hielten an der bisherigen Rolle des Senats fest – waren gegen jegliche Veränderungen der Besitzverhältnisse	– griffen vor allem die Forderungen des Volkes auf – versuchten, ihre Ziele mithilfe der Tribunen und der Volksversammlung durchzusetzen

Heeresreform des Marius

Die Agrarreform der GRACCHEN war gescheitert. Das Problem der abnehmenden Wehrkraft in Rom blieb ungelöst. Das schrumpfende Heer von Wehrpflichtigen konnte das Reich nicht mehr ausreichend schützen.

Der populare Politiker und Feldherr GAIUS MARIUS versuchte, durch eine **Heeresreform** die Wehrkraft zu erhöhen.

Inhalt seiner **Reform**:
– Die Soldaten wurden aus der Schicht des Proletariats rekrutiert.
– Während ihrer Dienstzeit, die zunächst 16, dann 20 Jahre betrug, wurden die Soldaten vom Staat unterhalten und besoldet.
– Nach Abschluss der Dienstzeit erhielten die Soldaten als Veteranen (von lat. vetus = alt) eine Bodenparzelle als Eigentum.

▶ Veteranen, lat. vetus = alt

> **MARIUS** löste mit seiner **Heeresreform** zwei wichtige Missstände der römischen Republik:
> 1. Rom erhielt wieder ein schlagkräftiges Heer.
> 2. Die Proletarier erhielten durch den Heeresdienst eine Tätigkeit und die Aussicht auf eine gesicherte Versorgung.

Die **Heeresreform** führte zu einer Veränderung des römischen Heerwesens:
- Aus dem einstigen römischen Bürgerheer wurde ein **Berufsheer**.
- Die Soldaten fühlten sich mehr ihren Feldherren, die ihnen Beuteanteil und Landzuweisung garantierten, als den wechselnden römischen Magistraten und dem Senat verpflichtet.
- Es bestand die Gefahr, dass das Heer zu einem persönlichen Machtinstrument der Feldherren wurde, mit dem sie ihre eigenen Herrschaftsansprüche durchsetzen konnten.

Bundesgenossenkrieg (91–88 v. Chr.)

Die **Krise** der römischen Republik war mit den Reformen nicht behoben. Nach wie vor gab es die ungelösten Probleme des römischen Bürgerrechts für die italischen Bundesgenossen. Die Gegensätze zwischen Rom und den Bundesgenossen wuchsen weiter. Da sie im Krieg die gleichen Lasten wie die Römer zu tragen hatten, verlangten sie die rechtliche Gleichstellung. Dagegen wehrten sich die Senatoren. Es kam zum Krieg. Im Ergebnis des darauf ausbrechenden Krieges erhielten alle **Bundesgenossen,** die sich zu Rom bekannten, das volle **Bürgerrecht**. Zahlreiche Bundesgenossen in Mittel- und Unteritalien sagten sich von Rom los und gründeten einen neuen Staat.

Bürgerkrieg zwischen Marius und Sulla

Innere und äußere Unruhen und Konflikte gefährdeten weiterhin die römische Republik. Die Folgen waren blutige **Bürgerkriege,** an denen die Republik letztendlich zugrunde ging. Nach dem **Bundesgenossenkrieg** kam es in Rom zum **Bürgerkrieg** zwischen den Anhängern der Optimaten und der Popularen.

Diktatur Sullas

LUCIUS CORNELIUS SULLA (138 v. Chr.–78 v. Chr.), überzeugter Optimat, und der Populare MARIUS führten mit ihren Armeen gegeneinander Krieg und übten abwechselnd eine Schreckensherrschaft über Rom aus. SULLA ging siegreich aus diesem Kampf hervor und wurde 82 v. Chr. vom Senat zum **Diktator** ernannt. Sein Amt war nicht zeitlich befristet.
SULLAS Hauptziel bestand in der Wiederherstellung der **Senatsherrschaft.** Um dieses Ziel zu erreichen, versuchte er die Popularen als Opposition auszuschalten. Mithilfe von Proskriptionslisten verfolgte er die Anhänger der Popularen.

▶ **Proskriptionslisten,** lat. proscribere = öffentlich bekannt machen, jmd. ächten, Gegner wurden auf öffentlich ausgehängten Listen für vogelfrei erklärt. Der Besitz der Geächteten wurde vom Staat beschlagnahmt.

Das Ende der Republik

Die von SULLA wiederhergestellte Ordnung hielt jedoch nicht lange. Der Senat war zu schwach, um sich gegen einflussreiche Feldherren durchzusetzen. Ohne sie ließ sich das römische Weltreich kaum noch gegen Angriffe von außen verteidigen oder vor Aufständen im Innern schützen. **Feldherren** bestimmten immer mehr die Politik des Reiches.

1. Triumvirat

60 v. Chr. verbündeten sich drei Männer zum **Triumvirat** (Dreimännerbund): GNAEUS POMPEIUS MAGNUS, der erfolgreiche Feldherr, GAIUS JULIUS CAESAR, der Führer der Popularen, und MARCUS LICINIUS CRASSUS, der reichste Mann Roms. Diese Männer bestimmten die Politik Roms. CAESAR nutzte das Bündnis, um sich 59 v. Chr. zum Konsul wählen zu lassen und sich im Anschluss ein außerordentliches Kommando in Gallien zu verschaffen. In einem achtjährigen Feldzug eroberte CAESAR ganz Gallien bis zum Rhein und unterstellte es der römischen Herrschaft. So errang CAESAR großes Ansehen und vor allem ein treu ergebenes Heer. In der Missachtung seiner Verdienste für Rom durch den Senat sah CAESAR das Ende seiner politischen Karriere.

CRASSUS (114–53 v. Chr.)

Bürgerkrieg zwischen Pompeius und Caesar

Am 10. Januar 49 v. Chr. überschritt CAESAR mit seinem Heer den Rubikon, den Grenzfluss zwischen Gallien und Italien, und zog gegen Rom. Es kam zum erbitterten **Bürgerkrieg** zwischen dem Senat unter Führung des einstigen Verbündeten POMPEIUS und den Legionen CAESARS. Nach fünf Jahren Bürgerkrieg zog CAESAR 45 v. Chr. als Sieger im Triumph nach Rom. Seine Machtstellung war jetzt unangefochten.

Alleinherrschaft Caesars

CAESAR versuchte, die **Krise der Republik** zu beenden, indem er die **Alleinherrschaft** anstrebte. Das republikanische System ließ er formal bestehen, höhlte es aber aus, da er wichtige Ämter in seiner Person vereinigte (Diktatur auf Lebenszeit, Rechte eines Volkstribuns, Oberbefehl über das Heer).

> CAESAR war nun **Alleinherrscher** in Rom. Er ernannte Beamte und Statthalter, entschied über Krieg und Frieden. Der Senat, den er mit seinen Anhängern besetzte, bestätigte nur noch die von CAESAR beschlossenen Maßnahmen.

CAESAR
(100–44 v. Chr.)

CAESAR leitete eine Reihe von Maßnahmen ein, um die soziale Lage des Volkes zu verbessern und den Staat neu zu ordnen:
– Gründung von **Kolonien** außerhalb Italiens, in denen Veteranen und Proletarier angesiedelt wurden,
– Stärkere **Kontrolle** der **Verwaltung** der Provinzen,
– Beschäftigung von arbeitslosen Proletariern in öffentlichen **Bauprojekten** Roms.

Bei vielen Römern regte sich Kritik an seiner Machtfülle. Um die alte Republik vor einer Monarchie zu retten, verschworen sich 60 Senatoren und ermordeten CAESAR am 15. März 44 v. Chr.

2. Triumvirat

Der Mord an CAESAR bewahrte die römische Republik nicht vor dem Untergang. Er hatte vielmehr neue Bürgerkriege um das Erbe CAESARS zur Folge.

43 v. Chr. verbündeten sich abermals drei Männer zum **Triumvirat,** um die Geschicke Roms in die Hand zu nehmen; MARCUS ANTONIUS (82–30 v. Chr.), einer der Unterfeldherren und vertrauter Freund CAESARS, MARCUS AEMILIUS LEPIDUS, ehemaliger Reiterführer, und GAIUS OCTAVIUS (OCTAVIAN) (63 v. Chr.–14 n. Chr.), Großneffe und Adoptivsohn CAESARS. Mit ihrer Herrschaft begann eine Schreckenszeit in Rom. Sie teilten die Verwaltung unter sich auf. ANTONIUS erhielt den reichen Osten, ging nach Ägypten und heiratete KLEOPATRA. LEPIDUS erhielt die Provinz Afrika. OCTAVIAN erhielt den Westen mit Italien.

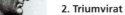

ANTONIUS
(82–30 v. Chr.)

Es kam zwischen den ehemaligen Verbündeten zu Machtkämpfen. LEPIDUS war zu schwach und musste seine Herrschaftsansprüche 36 v. Chr. an OCTAVIAN abtreten. OCTAVIAN erklärte der ägyptischen Königin KLEOPATRA (69–30 v. Chr.) den Krieg. Tatsächlich galt dieser Krieg jedoch ANTONIUS.

Bürgerkrieg zwischen Antonius und Octavian

KLEOPATRA
(69–30 v. Chr.) (Zeichnung von MICHELANGELO BUONARROTI)

31 v. Chr. kam es zur militärischen Auseinandersetzung zwischen ANTONIUS und OCTAVIAN. In der **Seeschlacht bei Actium,** an der Westküste Griechenlands wurde ANTONIUS geschlagen. ANTONIUS und KLEOPATRA nahmen sich 30 v. Chr. das Leben. Ägypten wurde als letzter hellenistischer Staat 30 v. Chr. römische Provinz. OCTAVIAN war nun Alleinherrscher.

4.2.2 Die römische Kaiserzeit

Zeitalter des Augustus

Nach dem Sieg über ANTONIUS in der Schlacht bei Actium besaß OCTAVIAN die alleinige Regierungsgewalt. Um nicht das gleiche Schicksal wie sein Adoptivvater CAESAR zu erleiden, ging OCTAVIAN bei der Festigung seiner Macht behutsam vor. Er wollte nur noch „princeps" (= erster Bürger) sein. Davon abgeleitet bezeichnet man die Herrschaftsform seit AUGUSTUS als **Prinzipat**.
27 v. Chr. gab OCTAVIAN alle seine besonderen Vollmachten aus den Bürgerkriegen an den Senat zurück und erklärte die **Republik** als wiederhergestellt. In Anerkennung seiner Leistungen für Rom verlieh ihm der Senat den Ehrentitel **AUGUSTUS** (= der Erhabene), den er fortan in seinem Namen führte. AUGUSTUS ließ alle Institutionen (Senat, Magistrat, Volksversammlung) der Republik weiter bestehen. Nach außen hin behielten sie ihre alten Rechte.
Die Republik bestand nur ihrem Namen nach weiter. Die eigentliche **Macht** lag in den Händen des **AUGUSTUS**. Aus Furcht vor erneuten Unruhen und Bürgerkriegen übertrug der Senat ihm nach und nach die Befugnisse aller wichtigen verfassungsmäßigen Ämter.

OCTAVIAN
(63 v. Chr.–14 n. Chr.)

AUGUSTUS besaß die **Amtsgewalten** eines
- **Volkstribuns,** damit war er unantastbar, verfügte über das Vetorecht (konnte sämtliche Aktionen des Senats und Magistrats unterbinden) und die Gesetzesinitiative,
- **Konsuls** und hatte damit den Oberbefehl über das Heer und die Führung der Außenpolitik,
- **Zensors,** die ihn berechtigten, Senatoren zu benennen bzw. zu entlassen.

> Das Römische Reich hatte sich von einer **Adelsrepublik** in eine **Monarchie** verwandelt. Mit der Herrschaft AUGUSTUS' begann die **Kaiserzeit** im Römischen Reich.

▶ AUGUSTUS konnte alle Bereiche des Imperiums kontrollieren. Eine Reihe von Ehrungen und Titeln, die ihm der Senat verlieh, betonten seine besondere Stellung. AUGUSTUS erhielt den Titel „Vater des Vaterlandes". Der achte Monat wurde ihm zu Ehren „August" genannt. AUGUSTUS besaß eine große Machtfülle und herrschte faktisch wie ein Monarch.

Das „goldene Zeitalter" des Augustus

AUGUSTUS festigte die innere Ordnung des Römischen Reiches und legte damit die Grundlage für eine lange **Friedenszeit**.
Maßnahmen zur Sicherung der inneren Ordnung:
- Einsetzung **kaiserlicher Beamter** zur Verwaltung des Riesenreiches. Ihre Vollmachten waren durch den Staat begrenzt, sodass Willkürmaßnahmen eingeschränkt waren.
- Die **Plünderung der Provinzen** wurde beendet.
- Das Volk wurde durch kostenlose Getreidespenden und Zirkusspiele zufriedengestellt (panem et circenses).
- Eine rege **Bautätigkeit** führte zur Schaffung von neuen Arbeitsplätzen.
- Die **Veteranen** erhielten in neugegründeten Kolonien Land, vor allem in Spanien und Gallien.

4 Antike

> Der innere Frieden führte zu einem Aufschwung von **Handel** und **Gewerbe**. Eine rege **Bautätigkeit**, die alles Bisherige in den Schatten stellte, begann. (82 Tempel wurden restauriert, Triumphbögen, öffentliche Thermen, Markthallen, das Augustus-Forum wurden gebaut.) Dichtung und Geschichtsschreibung erlebten eine Blüte. Rom wurde zum Mittelpunkt der Welt.

▶ Der Senatsadel stammte jetzt nicht mehr ausschließlich aus den alten römischen Adelsfamilien, sondern zunehmend aus der Führungsschicht der Provinzen. Nur wer ein Mindestvermögen von 1 Million Sesterzen besaß, konnte vom Kaiser in den Senatorenstand aufgenommen werden.
Äußerlich waren sie an ihrer Kleidung, einer weißen Toga mit breitem Purpursaum, zu erkennen.

Leben in der Kaiserzeit

Die Gesellschaft des Kaiserreiches blieb scheinbar unverändert. Nach wie vor bildete der **Senatsadel** die Oberschicht. Er setzte sich aus 600 Senatoren mit ihren Familien zusammen. Die Senatoren bekleideten die höchsten Ämter. Sie waren Statthalter in den Provinzen und übernahmen die Führung in den Legionen. Sie handelten jedoch nicht mehr selbstständig, sondern im Namen des Kaisers.
Der **Ritterstand** bildete die zweite Schicht im Reich. Er gewann durch die vielfältigen Verwaltungsaufgaben in der Kaiserzeit an Bedeutung. Ritter übernahmen z. B. Offiziersstellen im Heer, verwalteten die Finanzen in den Provinzen, organisierten die Getreideversorgung in Rom und kommandierten die Leibgarde des Kaisers. Der Ritterstand war nicht erblich. Unterhalb dieser Stände war die römische Gesellschaft sehr vielfältig gegliedert. Es gab erhebliche soziale Unterschiede. Die **Masse der Bevölkerung** waren Kleinhandwerker, Tagelöhner und Bauern. Es gab immer noch Bürger mit römischem Bürgerrecht und die sogenannten Nichtrömer. Das **Bürgerrecht** wurde im Laufe der Kaiserzeit weiter ausgedehnt. Die **Sklaven** bildeten die unterste Schicht der römischen Gesellschaft. Diese waren nach römischer Auffassung rechtlos, galten als Sache und waren ganz der Willkür ihrer Besitzer ausgeliefert.

▶ Auf den **griechischen Inseln Delos** und **Rhodos**, den **Hauptsklavenmärkten** der Antike, wurden täglich bis zu zehntausend Sklaven wie Handelsware verkauft.

Lebensbedingungen
Die Lebensbedingungen der Sklaven waren sehr unterschiedlich. Es hing davon ab, welche Arbeiten sie verrichteten und was für einen Herrn sie hatten. Ein hartes Los hatten die Sklaven auf den Latifundien und in den Bergwerken. Ständig vom Tode bedroht waren die **Gladiatoren** (Schwertkämpfer). Unter besseren Bedingungen arbeiteten Handwerkssklaven, die zum Teil als „Facharbeiter" beschäftigt waren. Am besten traf es die Hausklaven. Gebildete Sklaven, die oft als Hauslehrer und Ärzte tätig waren, genossen eine geachtete Stellung.

Widerstand der Sklaven
Ungerechte Behandlung und menschenunwürdige Lebensbedingungen führten zum Widerstand der Sklaven gegen ihre Herren. Im 2. Jh. v. Chr. kam es zu mehreren Sklavenaufständen in Sizilien.

> 73–71 v. Chr. kam es zu dem wohl bedeutendsten **Sklavenaufstand** unter Führung des **SPARTAKUS**.
> SPARTAKUS, ein thrakischer Sklave, wurde in der Gladiatorenschule in Capua zum Schwertkämpfer ausgebildet.

4.2 Das Römische Reich (753 v. Chr.–476 n. Chr.)

Mit 70 weiteren Sklaven gelang ihm die Flucht aus der Gladiatorenschule. Innerhalb kurzer Zeit schlossen sich ihm 10 000 Sklaven an. Zeitweilig wuchs das Sklavenheer auf 40 000 Mann an. Das Heer der Sklaven schlug bei seinem Zug durch Italien mehrere Legionen der römischen Armee. Erst 71 v. Chr. wurde es vom römischen Feldherrn CRASSUS besiegt. 6 000 Sklaven wurden zur Abschreckung an der Straße zwischen Capua und Rom gekreuzigt.

▶ **Sklavenaufstände** bildeten im Römischen Reich jedoch die Ausnahme. Die vorherrschende Form der Auflehnung war der passive Widerstand. Viele Sklaven arbeiteten nachlässig oder flohen.

Wirtschaft, Handel und Verkehr

Auf vielen Gebieten der **Wirtschaft** kam es zur **Spezialisierung**. Die **Landwirtschaft** war der wichtigste Produktionszweig, 70–80 Prozent der Reichsbewohner waren nach heutigen Schätzungen hier tätig. Neben den Gütern der Kleinbauern, die immer mehr abnahmen, waren vor allem mittelgroße Güter, sogenannte Villenwirtschaften, und Großgüter (Latifundien) vorherrschend. Im **Handwerk** kam es verstärkt zu einer Spezialisierung. Die vorherrschende Produktionsform waren kleine Familienbetriebe mit wenigen Angestellten. Sie spezialisierten sich in der Regel auf ein Gewerbe. In Pompeji gab es z. B. über 80 verschiedene Gewerbe. Daneben entwickelten sich größere Betriebe, Manufakturen, mit bis zu 100 Arbeitskräften. Hier wurden vor allem Produkte hergestellt, die eine konstant hohe Nachfrage zu verzeichnen hatten, wie Keramik- und Metallwaren sowie Ziegelsteine.

> Mit der Entwicklung Roms zur **Weltmacht** erlebte der **Handel** einen großen Aufschwung. Die *pax romana* förderte die ungestörten Handelsbeziehungen im ganzen Imperium. Handelsverbindungen reichten von **Indien** bis **Britannien**.

▶ pax romana = römischer Friede

Begünstigt wurde der Handel, weil
- überall gleiche Währung, Gesetze und Sprache galten,
- gesicherte Schifffahrtswege bestanden und
- ein dicht ausgebautes und gut unterhaltenes Straßennetz existierte.

▶ **Straßen** wurden zunächst für militärische Zwecke gebaut; sie sollten eine rasche Verschiebung der Legionen sichern, kamen aber auch dem Handel zugute. Der Bau der **Via Appia** begann 312 v. Chr.

Der Verkehr von Gütern spielte sich vorwiegend auf dem Seeweg ab. Schiffe konnten eine Last von 120 bis 200 Tonnen transportieren und waren damit das billigste Verkehrsmittel im Güterverkehr.

Das gesamte Römische Reich war außerdem mit 100 000 km festen und gepflasterten Straßen durchzogen. Meilensteine und Herbergen für den Pferdewechsel und die kaiserliche Reichspost säumten die Straßen.

Die älteste Straße ist die **Via Appia,** benannt nach dem Zensor APPIUS CLAUDIUS CAECUS. Sie wurde zunächst von Rom nach Capua gebaut und dann bis Brundisium verlängert, von wo aus man mit dem Schiff nach Griechenland gelangte. Damit war sie die erste Fernstraße der Römer mit einer Gesamtlänge von zunächst 240 km.

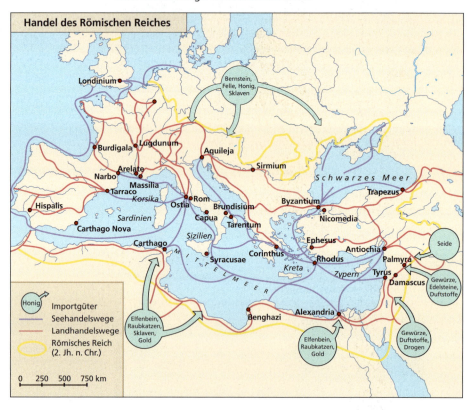

Stadtleben in der Kaiserzeit

Rom war politischer, wirtschaftlicher und kultureller Mittelpunkt des Römischen Reiches.

Auf dem **Forum Romanum** („Marktplatz" Roms) befanden sich die Amtsräume der Behörden, hier trat der Senat zusammen, und die Gerichtsverhandlungen wurden in aller Öffentlichkeit hier abgehalten. In den Markthallen herrschte ein reges Treiben. Man konnte hier seine Waren verkaufen oder auch nur durch die Geschäfte bummeln.

4.2 Das Römische Reich (753 v. Chr.–476 n. Chr.)

AUGUSTUS rühmte sich, die einstige Stadt aus Ziegeln in eine Stadt aus Marmor verwandelt zu haben. Tatsächlich wuchs unter ihm und seinen Nachfolgern **Rom** zu einer **Weltstadt** und wurde zum **politischen, wirtschaftlichen** und **kulturellen Mittelpunkt** des Römischen Reiches.

▶ Die Kaiser schmückten die Stadt mit prachtvollen öffentlichen Gebäuden und Kaiserpalästen.

Thermen waren große öffentliche Bäder. Zu ihrer Ausstattung gehörten Heizungen in Fußböden und Wänden, Kalt- und Warmwasserbecken, Dampfbäder, Ruheräume, Gymnastikanlagen, Verkaufsstände und Bibliotheken. Die Thermen konnte jeder besuchen, ihr Eintritt war frei. In Rom gab es über 100 Thermen. Sie waren der Treffpunkt des gesellschaftlichen Lebens.

Das **Kolosseum** war das größte Amphitheater der antiken Welt. Die Arena konnte geflutet werden, sodass nachgestellte Seeschlachten inszeniert werden konnten. 50 000 Menschen hatten hier Platz. Durch 80 Eingänge gelangten die Zuschauer zu ihren Plätzen. Bei großer Hitze oder bei Regen wurde ein Segel über das Kolosseum gezogen.

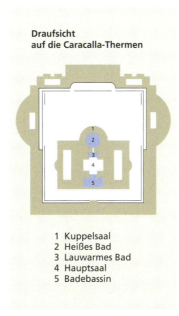

Draufsicht auf die Caracalla-Thermen

1 Kuppelsaal
2 Heißes Bad
3 Lauwarmes Bad
4 Hauptsaal
5 Badebassin

▶ Das Forum bildete den Mittelpunkt der Stadt und des ganzen Reiches. Augustus ließ hier einen goldenen Meilenstein aufstellen, bei dem alle Heeresstraßen des Reiches mündeten.

▶ Im Kolosseum fanden Tierhetzen und Gladiatorenkämpfe statt.

4 Antike

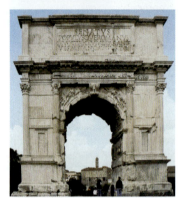

Triumphbögen wurden zur Erinnerung an wichtige militärische Siege der Römer errichtet.
Nebenstehende Abbildung zeigt den Titusbogen auf dem Forum Romanum. Auf ihm ist der Jüdische Krieg (66–70 n. Chr.) dargestellt. TITUS erhielt nach der Zerstörung Jerusalems den Imperatortitel.

Der **Circus Maximus** war eine Wagenrennbahn. Er hatte eine Länge von 621 m und war 118 m breit. 250 000 Zuschauer fanden hier Platz.

▶ Mit der Erweiterung der Stadt waren 19 Wasserleitungen in Rom nötig. Sie führten das Wasser zum Teil aus einer Entfernung von über 100 km heran.

Die erste staatliche **Wasserleitung** in Rom wurde 312 v. Chr. gebaut. Die Leitungen verliefen in Aquädukten über der Erde oder unterirdisch. Als Leitungen dienten Rohre aus Blei, Holz oder Ton. Damit das Wasser floss, bediente man sich eines gleichmäßigen Gefälles von weniger als einem Prozent.

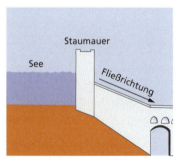 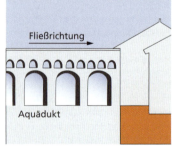

Besonders viel Wasser wurde für die Thermen benötigt. Hinzu kamen Trinkwasserbrunnen an Straßen und Plätzen und Privatanschlüsse in Haushalten.

Das **Pantheon** ist ein Tempel, der allen Göttern geweiht war. Die Römer waren gegenüber den Anhängern aller Religionen duldsam.
Seit dem 7. Jh. ist das Pantheon eine christliche Kirche, in der sich die Gräber RAFFAELS und der italienischen Könige befinden.

Wohnverhältnisse

In der Kaiserzeit lebten nach heutigen Schätzungen ungefähr eine Million Menschen in Rom. Die wohlhabenden Bürger bewohnten geräumige **Stadtvillen,** die Platz für Familie und Dienerschaft boten. Sie waren komfortabel ausgestattet; kostbare Mosaikfußböden, Wandgemälde und Plastiken schmückten das Haus. Sie verfügten in der Regel über fließendes Wasser, Toiletten und Fußbodenheizung (Hypocaustum). Der Fußboden ruhte auf kleinen Pfeilern. In den so entstandenen Hohlraum wurde warme Luft eingeführt, die den Fußboden heizte.

Die Masse der Bevölkerung lebte unter sehr ärmlichen Bedingungen in drei- bis fünfgeschossigen **Mietshäusern,** den **insulae.** Im Erdgeschoss befanden sich häufig Verkaufsstände und Gaststuben; im ersten Stockwerk wohnten die Betreiber der Läden und darüber waren die Wohnungen der Mieter. Die größeren Mietshäuser konnten bis zu 200 Mieter aufnehmen.

▶ Den Luxus und die Pracht römischer Privatvillen kennen wir aus Pompeji, das nach dem Ausbruch des Vesuvs 79 n. Chr. von einer mehrere Meter dicken Asche- und Bimssteinschicht verschüttet und so konserviert wurde. Das Bild stellt eine Rekonstruktion dar.

▶ Die Wohnungen waren dunkel, schlecht belüftet und nicht beheizbar. Tragbare Holzkohlebecken, die als Heizung und Kochstelle dienten, verräucherten die Räume und verursachten häufig schwere Brände. Toiletten und Wasserleitungen gab es nur in sehr wenigen Mietshäusern und dann auch nur im Erdgeschoss. Die Bewohner mussten die öffentlichen Toiletten benutzen und das Wasser aus Straßenbrunnen holen.

Heereswesen und Grenzsicherung

> **Legionen** und Hilfstruppen sicherten das Römische Reich.
> Das römische Heer der Kaiserzeit war ein **Berufsheer.**

Die Truppen wurden unmittelbar an den Grenzen des Reiches stationiert. In Italien selbst gab es während der Kaiserzeit keine Soldaten, außer der kaiserlichen Leibgarde, den Prätorianern, einer Polizeitruppe und der städtischen Feuerwehr. Die Legionäre waren römische Bürger aus Italien. Mit der fortschreitenden Ausweitung des Bürgerrechts konnten später auch Bewohner der Provinzen in die Legionen aufgenommen werden. Karrierechancen im römischen Heer machten diesen Beruf verlockend.

▶ In der Regel umfasste eine Zenturie 100 Mann, davon waren 80 Mann für den Kampf vorgesehen und 20 sorgten für Verwaltungs- und Nachschubaufgaben.

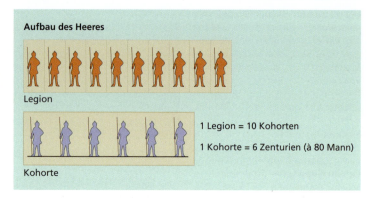

▶ Befehligt wurden diese Truppen von römischen Offizieren. Ihre Dienstzeit betrug 25 Jahre. Nichtrömer, die in das Heer eintraten, erhielten nach Beendigung der Dienstzeit mit ihren Familien das römische Bürgerrecht.

Einfache Soldaten konnten es bis zum Zenturio (Offiziersrang) bringen, das heißt, sie konnten etwa 100 Mann befehligen.

Neben den Legionen bildeten die **Hilfstruppen** einen weiteren Bestandteil des römischen Heeres. Die Hilfstruppen, die etwa die gleiche Stärke hatten wie die Legionen, setzten sich aus den Bewohnern der **Provinzen** ohne römisches Bürgerrecht zusammen.

Grenzsicherung

Ziel der **Eroberungen** in der Kaiserzeit war die Schaffung eines **räumlich zusammenhängenden Reiches** mit natürlichen und leicht zu sichernden Grenzen.

Wo natürliche Grenzen, wie Meere, Gebirge, Wüsten oder Flüsse, fehlten, wurden künstliche Grenzbefestigungen geschaffen, z. B. der **Hadrianswall** im nördlichen England oder der rätisch-obergermanische **Limes** in Südwestdeutschland.

▶ Der Limes (von lat.: Grenzpfad) war die Grenzbefestigung zwischen Römern und Germanen. Er hatte eine Länge von 550 km, begann am Rhein südlich von Bonn und endete kurz vor Regensburg an der Donau.

Das römische Kastell Saalburg, am Obergermanischen Limes nordwestlich von Homburg v. d. H.; 1898–1907 wieder aufgebaut

Hinter den Grenzbefestigungen befanden sich **Kastelle** mit bis zu 600 Mann Besatzung. Ein Straßennetz sorgte für gute Verkehrsanbindungen in das Land. An den Straßen, die zu den Kastellen führten, entstanden oft Siedlungen. In ihnen wohnten die Angehörigen der Soldaten, aber auch Handwerker und Händler, die die Soldaten versorgten.

Weißenburg – Römer-Kastell in Bayern

Romanisierung der Provinzen

Unter Kaiser TRAJAN (53–117 n. Chr.) erreichte das Römische Reich seine größte Ausdehnung. 50–60 Millionen Menschen lebten damals in 40 Provinzen. Die Bewohner der ehemals unterworfenen Gebiete passten sich im Laufe der Zeit immer mehr an die **römische Lebensweise** an, übernahmen die Sprache, Denkweise und Zivilisation.

> Diesen Vorgang der Anpassung bezeichnet man als **Romanisierung**.

TRAJAN
(53–117 n. Chr.)

4.2.3 Der Untergang des Römischen Reiches

Die Krise des Römischen Reiches

Über Jahrhunderte war das Römische Reich nach innen und außen ein geordneter und machtvoller Staat. Im 3. Jh. n. Chr. geriet das Reich in eine wirtschaftliche und politische Krise.
Eine wesentliche **Ursache** dieser Krise war die **wachsende Bedrohung** an den **Reichsgrenzen**. Diese zogen sich über eine Strecke von 15 000 km durch drei Erdteile.

Politische und wirtschaftliche Auswirkungen

Unter dem Eindruck der Kriege gewann das Heer eine bis dahin nie dagewesene Machtstellung. Entscheidungen für das Reich fielen nicht mehr in Rom, sondern auf **Kriegsschauplätzen** an den Grenzen des Reiches, da wo sich die Kaiser aufhielten. In den Jahren von 193 bis 284 n. Chr. gab es mehr als **30 Kaiser** und **Gegenkaiser**. Keiner dieser sogenannten **Soldatenkaiser** hatte eine lange Regierungszeit. Durch den häufigen **Machtwechsel** ging die Kontinuität in der Innenpolitik verloren.

Erhöhte Aufwendungen für die Verteidigung des Reiches wurden notwendig. Diesem wachsenden Geldbedarf des Staates standen sinkende Steuereinnahmen gegenüber. Um dieses Defizit auszugleichen, wurde die Bevölkerung mit **Steuern** belastet. Das führte jedoch zu steigenden Preisen. Der einstmals so blühende Handel zwischen Italien und den Provinzen ging zurück.

4 Antike

Die Neuordnung des Römischen Reiches unter Diokletian und Konstantin (284–337 n. Chr.)

Präfekturen:
- Oriens
- Italia et Africa
- Gallia

▲ Residenz des Prätorianerpräfekten
△ Stadtpräfektur

Vom Prinzipat zum Dominat (lat. dominus = Herr, Gebieter)

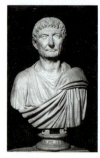

DIOKLETIAN
(245–313 n. Chr.)

284 n. Chr. beendete DIOKLETIAN die Zeit der Soldatenkaiser. Dem ehemaligen Soldaten gelang es in einer 20-jährigen Regierungszeit, das Reich durch verschiedene Reformen zu festigen. Zur besseren Verteidigung teilte DIOKLETIAN die Herrschaft mit **drei Mitregenten.**

Das Römische Reich wurde somit von **vier Kaisern** regiert (Tetrarchie = Viererherrschaft). Jeder verwaltete einen Reichsteil von einer eigenen Hauptstadt aus. Die Einheit des Reiches blieb jedoch erhalten. Die Kaiser seit DIOKLETIAN sahen sich nicht mehr als „Prinzeps", sondern als „Dominus et Deus" (Herr und Gott) über Untertanen. Aus dem **Prinzipat** war der **Dominat** geworden.

> Als **Dominat** bezeichnet man die Kaiserherrschaft seit DIOKLETIAN bis 395 n. Chr. Die Kaiser regierten unumschränkt. Das Leben der Untertanen wurde durch harte Gesetze eingeschränkt.

Reformen des Diokletian:
- Neugliederung des Reiches – das Reich wurde in hundert neue Provinzen gegliedert.
- Währungsreform – neue Münzen mit höherem Metallgehalt wurden geprägt.
- Neuordnung des Steuerwesens
- Festlegung von Höchstpreisen für Waren und Leistungen
- Um die landwirtschaftliche Produktion zu erhöhen, wurde den Bauern verboten, ihr Land zu verlassen.
- Für Handwerker bestand Berufszwang. Kinder von Handwerkern mussten den Beruf ihres Vaters ergreifen.

Die Reformen DIOKLETIANS führten vorübergehend zu neuer innerer und äußerer Sicherheit. Sie begründeten aber auch einen **Zwangsstaat,** in dem die Bürger als Untertanen vielen Repressionen ausgesetzt waren.
Als DIOKLETIAN und MAXIMIAN abdankten, kam es erneut zu Bürgerkriegen, aus denen KONSTANTIN I., zunächst als Mitkaiser und ab 324 n. Chr. als Alleinherrscher, hervorging. Er vollendete die Reichsreformen DIOKLETIANS. Die neue Hauptstadt des Reiches wurde **Byzanz,** die ihm zu Ehren **Konstantinopel** genannt wurde. Rom war nur noch eine Großstadt unter anderen.

KONSTANTIN I.
(um 280–337 n. Chr.)

Das Römische Reich als christlicher Staat

> Im Leben der Römer besaß die **Religion** einen hohen Stellenwert. Die Römer verehrten viele Götter **(Polytheismus),** die alle ihr jeweils eigenes Aufgabengebiet besaßen.

Der mächtigste römische Gott war **Jupiter.** Das Verhältnis zu den Göttern und ihre Verehrung war eine Sache der Öffentlichkeit (Religion war eine Staatsangelegenheit). Der römische Staat war zunächst gegenüber allen Religionen tolerant.
Einen besonderen Status in diesem „Vielreligionenreich" nahm die römische **Provinz Palästina** ein. Die hier lebenden Juden unterschieden sich von ihren Nachbarvölkern durch einen strengen **Monotheismus.** Sie glaubten nur an einen Gott, **Jahwe.**
Zu Beginn des 1. Jh. entstand in Palästina eine neue Religion, das **Christentum.** Sie ist aus der Religion der Juden hervorgegangen. Ihr Begründer war **JESUS VON NAZARETH.** Im Jahre 30 wurde er wegen angeblicher Gotteslästerung am Kreuz hingerichtet. Nach dem Tod JESU breitete sich das Christentum über die Grenzen Palästinas im gesamten Römischen Reich aus.
Bis zum Beginn des 4. Jh. hat sich das **Christentum** von den bescheidenen Anfängen der Urgemeinde in Jerusalem über das gesamte römische Imperium ausgebreitet.

▶ Das Christentum wurde in der Mitte des 1. Jh. vor allem durch die **Apostel** (= Boten) PETRUS und PAULUS in weite Teile des Mittelmeerraumes getragen. Sie unternahmen **Missionsreisen** (= Aussendung) und gründeten Gemeinden in Kleinasien, Griechenland und Rom.

Ursachen, die die Ausbreitung begünstigten:
– Zunächst gab es religiöse Toleranz im Römischen Reich.
– **Missionare** verbreiteten den christlichen Glauben.
– Die **pax romana,** die gemeinsame Sprache und die guten **Verkehrsverbindungen** begünstigten die Missionstätigkeit.
– Die christliche Lehre übte große Anziehungskraft vor allem auf die ärmeren Volksschichten aus, da die Vorstellung von der **Gleichheit aller Menschen** vor Gott und die Forderung der **Nächstenliebe** den Menschen Trost und Hoffnung gaben.

> Aus der geduldeten, später verfolgten christlichen Lehre wurde eine **Staatsreligion.**

Bis zum 2. Jh. wurden die Christen bis auf vereinzelte **Verfolgungen** (z. B. 64 unter NERO) im Allgemeinen geduldet. Erst ab dem 3. Jh., als außen-

136 4 Antike

▶ Aus der Zeit der Christenverfolgung stammt das Fischsymbol. Es war das geheime Erkennungs- und Bekennungszeichen der Christen. Die Buchstaben des griechischen Wortes Fisch (I – CH – TH – Y – S) gelten als Abkürzung für Iesus (Jesus), CHristos (Christus), THeou (Gottes), Yios (Sohn), Soter (Erlöser).

politische Bedrohung und wirtschaftliche Not das Reich erschütterten, kam es zu schweren Christenverfolgungen.

Alle Versuche, das Christentum zu vernichten, scheiterten. 311 beendete Kaiser GALERIUS die Christenverfolgung und erlaubte die christliche Organisation. Unter KONSTANTIN hörte die Christenverfolgung endgültig auf.

> Im **Mailänder Toleranzedikt von 313** erkannte Kaiser KONSTANTIN das Christentum als gleichberechtigte Religion an.

391/392 wurde unter Kaiser THEODOSIUS (379–395) das Christentum (katholische Lehre) zur **Staatsreligion.** Unter schwerer Strafandrohung verbot er die heidnischen Kulte, damit fanden auch die Olympischen Spiele ihr Ende.

Völkerwanderung und Auflösung des Römischen Reiches

▶ Die **germanische Völkerwanderung** war kein einheitlicher Vorgang, sondern die Summe von Bevölkerungsbewegungen unterschiedlicher Zielsetzung und Ursachen. Zu den Ergebnissen der germanischen Völkerwanderung gehören die tiefgreifenden Bevölkerungsumgruppierungen in ganz Europa, die mitverantwortlich sind für das Ende des Römischen Reiches.

Der Zerfall des Römischen Reiches hatte verschiedene Gründe und vollzog sich über einen langen Zeitraum. Er begann in der Mitte des 3. Jh. mit dem Eindringen germanischer Stämme und war 476 mit der Absetzung des letzten weströmischen Kaisers ROMULUS AUGUSTUS durch den Germanen ODOAKER besiegelt.

3. Jh.	Die äußere Bedrohung der Reichsgrenzen führte zur Schwächung des Römischen Reiches.
375	Die **Völkerwanderung,** ausgelöst durch den mongolischen Reiterstamm der Hunnen, hatte eine Flucht- und Wanderbewegung in ganz Europa zur Folge. Diese hielt 200 Jahre an. Germanische Stämme drangen in das Römische Reich ein.
395	Nach dem Tod THEODOSIUS' (379–395), des letzten Kaisers, der über das gesamte Römische Reich herrschte, kam es zur Teilung des Reiches in das **Weströmische Reich** und das **Oströmische Reich.**

Weströmisches Reich mit der Hauptstadt Ravenna	Oströmisches Reich mit der Hauptstadt Konstantinopel
Das Weströmische Reich konnte dem Ansturm der durch die Völkerwanderung in Bewegung geratenen Stämme nicht mehr standhalten. 476 setzte der Germane ODOAKER den letzten weströmischen Kaiser ROMULUS ab. Damit endete das Weströmische Reich. Auf seinem Territorium entstanden zahlreiche Reiche, die oft nur kurze Zeit Bestand hatten.	Das Oströmische Reich, in dem sich das römische Kaisertum halten konnte, existierte als **Byzantinisches Reich** bis 1453, bis zur Eroberung durch die Türken.

Griechische Antike

v. Chr.

um 2000 bis um 1200	Eindringen indoeuropäischer Stämme von Norden her	Frühgriechen

→ Mykenische Zeit (ca. 1600–1200 v. Chr.)
→ Kreta (um 2000–1400 v. Chr.)

um 1200 bis um 1000	Dorische Wanderung	
um 1000 bis um 750	Dunkle Jahrhunderte	Entstehung einer Vielzahl von Städten
um 750 bis 500	Griechische Kolonisation	Die Griechen breiten sich im Mittelmeergebiet und am Schwarzen Meer aus.

500 bis 404

→ 500–479 v. Chr. Perserkriege
→ 477 v. Chr. Attischer Seebund, Attisches Seereich
→ 443–429 v. Chr. Zeitalter des Perikles
→ 431–404 v. Chr. Peloponnesischer Krieg

338 bis 323 — Vorherrschaft Makedoniens

→ 336–323 v. Chr. ALEXANDER DER GROSSE
→ Weltreich ALEXANDER

323 bis 1. Jh. — Diadochenreiche (Nachfolgerreiche des Alexanderreiches) Hellenismus

---

auf **http://wissenstests.schuelerlexikon.de** und auf der DVD   **Wissenstest 4**

Römische Antike

v. Chr.

753	Sagenhafte Gründung Roms
um 510	Vertreibung des letzten Königs, Errichtung der Republik
451/450	Zwölftafelgesetz
390	Plünderung Roms durch die Gallier
287	Ende des Ständekampfes zwischen Patriziern und Plebejern
bis 282	Rom erringt die Herrschaft über Mittel- und Unteritalien
264–201	Rom besiegt Karthago und wird Vormacht im westlichen Mittelmeergebiet
200–133	Rom erobert Griechenland und die Provinz Asia (das westliche Kleinasien) Vormachtstellung auch im östlichen Mittelmeerraum.
133/123	Die Volkstribunen TIBERIUS (133) und GAIUS GRACCHUS (123) suchen nach einer Lösung der aufgehäuften sozialen Probleme
107	MARIUS wird Konsul, Einrichtung einer Berufsarmee
102/101	MARIUS besiegt Kimbern und Teutonen
88–31	Bürgerkriege erschüttern die Republik
49–45	CÄSAR siegt im Bürgerkrieg und erringt die Alleinherrschaft
44	Ermordung CÄSARS
27	OKTAVIAN (AUGUSTUS) begründet das Prinzipat

n. Chr.

98–117	Größte Ausdehnung des Römischen Reiches unter Kaiser TRAJAN
313	Unter Kaiser KONSTANTIN dürfen Christen ihre Religion öffentlich bekennen
330	Konstantinopel wird Hauptstadt des Römischen Reiches
391	Christentum wird Staatsreligion
395	Teilung des Reiches in eine west- und eine oströmische Hälfte
410	Plünderung Roms durch die Westgoten ALARICHS
476	Absetzung des letzten weströmischen Kaisers ROMULUS AUGUSTUS durch den germanischen Heerführer ODOAKER

Wissenstest 4   auf **http://wissenstests.schuelerlexikon.de** und auf der DVD

Mittelalter 5

5 Mittelalter

5.1 Das Mittelalter als geschichtliche Epoche

5.1.1 Periodisierung des Mittelalters in Europa

Begriff Mittelalter

▸ Medium Aevum: Der Begriff geht auf deutsche **Humanisten** des 15. und 16. Jh. zurück, die das Mittelalter als ein finsteres Zeitalter kulturellen Verfalls ansahen, das das goldene Zeitalter der Antike mit deren Wiederbelebung durch die Renaissance verband.

Als **Mittelalter** wird die auf die Antike folgende und der Neuzeit vorangehende geschichtliche Epoche bezeichnet. Es wird davon ausgegangen, dass das Mittelalter mit der **Völkerwanderung** (4.–6. Jh.) beginnt und um 1500 mit der Reformation endet.
Die Völkerwanderung umreißt die Zeit zwischen 376 und 568, vom Hunnenansturm bis zur Eroberung Italiens durch die Langobarden.

> Innerhalb des Mittelalters wird eine Binnenperiodisierung vorgenommen. So unterscheidet man: **Frühmittelalter** (6.– Mitte 11. Jh.), **Hochmittelalter** (Mitte 11. Jh. – Mitte 13. Jh.) sowie **Spätmittelalter** (Mitte 13.– ca. 1500).

Wann das Mittelalter beginnt und endet, ist umstritten. Die Geschichtswissenschaftler haben ihre Diskussion darüber bislang nicht abgeschlossen. Klassische Zäsuren für den Beginn aus der Sicht des europäischen Mittelalters sind der Untergang des **Weströmischen Reiches 476** oder aber das Eindringen des Islam nach Europa im 7. und 8. Jh. Für das Ende des Mittelalters werden die Reformation 1517, die Entdeckung Amerikas 1492 oder die Eroberung Konstantinopels durch die Türken im Jahre 1453 angeführt. Das **Frühmittelalter** ist gekennzeichnet durch die Herausbildung feudaler Herrschaftsstrukturen. Dazu gehören
- Grundherrschaft, d. h. die Verfügungsgewalt des Adels über Grund und Boden und die auf ihm lebenden Bauern,
- Übergang des Bauern in hörige Abhängigkeit,
- Herausbildung des Lehnsrechts, d. h. der Verleihung von Grund und Boden durch den König an seine Vasallen,
- Herausbildung des Papsttums innerhalb der katholischen Kirche, d. h., der Bischof von Rom gilt als Stellvertreter Gottes auf Erden,
- der Papst stellt sich unter den Schutz des fränkischen Königs, d. h., es beginnt die faktische Trennung von Papst und Byzanz,
- Entstehung multinationaler Staatsgebilde.

5.1 Das Mittelalter als geschichtliche Epoche

Das **Hochmittelalter** ist aus deutscher Sicht durch die Herausbildung eines deutschen Staatswesens gekennzeichnet. Neuere Forschung sieht den Beginn des Hochmittelalters mit den entscheidenden gesellschaftlichen Wandlungen seit dem 11. Jh. an:
– deutliches Bevölkerungswachstum,
– gestiegener Nahrungsbedarf,
– Verbesserung der Produktionsmethoden innerhalb der Landwirtschaft,
– Erschließung neuer Siedlungsgebiete,
– Entstehung neuer Märkte durch Aufschwung in Handwerk und Handel,
– Städte- und Handelsbündnisse,
– Aufschwung der Städte,
– Ansiedlung von Bauern in den Städten,
– wachsender Einfluss des Papsttums,
– Entstehung neuer Bildungseinrichtungen (Universitäten).

Im **Spätmittelalter** machte sich eine allgemeine Krisenstimmung breit. Pestepidemien, Missernten und Hungersnöte führten zu weiteren gesellschaftlichen Veränderungen.

▶ Pest, Missernten, auch Kriege führten in Mitteleuropa zu einem spürbaren Bevölkerungsrückgang im Spätmittelalter. Dadurch kam es zu Verödungen ganzer Landstriche. Preisverfall für Getreide steigerte die Not der armen Bevölkerung.

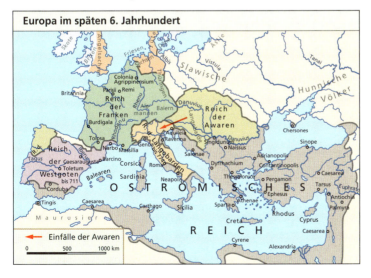

5.1.2 Völkerwanderung

> Der Epochenbegriff Völkerwanderung bezeichnet den Zeitraum des Übergangs **von der Antike zum Mittelalter**.
> Unter **Völkerwanderung** versteht man die Wanderungsbewegung ganzer Völker und Völkerstämme. Im engeren Sinne bezeichnet der Begriff die Wanderungsbewegung der germanischen Stämme über die Grenzen des Römischen Reiches infolge der Hunneneinfälle seit ca. 370.

▶ Die Hunnen waren ein aus Zentralasien stammendes Volk von Reitern und Nomaden. Im Zusammenhang mit der Ausdehnung des chinesischen Reiches am Ende des 2. Jh. v. Chr. begannen ihre Nachbarn, andere Völker zu verdrängen. Dazu gehörten auch die Hunnen, die sich jetzt aus Zentralasien nach Europa bewegten. (Bild mit dem Hunnenkönig ATTILA)

Das Römische Reich war bereits wirtschaftlich, militärisch und moralisch geschwächt. Die Völkerwanderung beschleunigte nun seinen Untergang. Die Hunnen, ein asiatisches Reitervolk, eroberten das Reich der Ostgoten (im Gebiet der heutigen Ukraine) unter ihrem König ERMANERICH im Jahre 375. Dies löste eine Abwanderung der Ostgoten über die Grenzen des zerbrechenden Römischen Reiches aus. Sie ließen sich nach dem Tod des Hunnenkönigs ATTILA in der **Pannonischen Tiefebene** (das heutige Ostösterreich, Slowenien, Kroatien sowie West- und Südungarn) nieder und plünderten unter ihrem Anführer THEODERICH den Balkan.

Hunnischer Reitersattel

Wichtige Völkerschaften der Völkerwanderungszeit

Westgermanen	Ostgermanen	nicht germanische Völker
Alemannen	Westgoten	Hunnen
Sueben	Ostgoten	Awaren
Langobarden	Wandalen	Alanen
Franken	Burgunder	Slawen

Germanische Stämme und Reiche

> Im Ergebnis der Völkerwanderung gründeten die Germanen auf dem Territorium des ehemaligen Weströmischen Reiches eigene Staaten.

▶ **THEODERICH VON RAVENNA** entspricht dem Dietrich von Bern der deutschen Sagenwelt.

Nachdem THEODERICH 488 zum Schutzherrn über Italien (**Patricius Italiae**) ernannt worden war, bezwang er ODOAKER, den letzten 476 durch germanische Söldner ausgerufenen Heerkönig, und zerstörte dessen Reich.
THEODERICH eroberte die Hauptstadt des Weströmischen Reiches, Ravenna, und tötete den bereits entmachteten ODOAKER eigenhändig. Sein **Ostgotenreich** bestand von 493 bis 553. Nachdem THEODERICH ODOAKER 493 getötet hatte, war er alleiniger Herrscher über Römer und Goten in Italien. Der oströmische Kaiser ANASTASIOS (491–518) erkannte

seine Herrschaft an. Der Herrschaftsmittelpunkt des Ostgotenreiches war Ravenna.

THEODERICH gelang es, ein friedliches Nebeneinander zwischen den arianischen Goten und der katholischen Bevölkerung herzustellen. Jedoch setzte er eine strikte Aufgabenteilung durch: Während die Goten Kriegsdienst leisten mussten und dafür ein Drittel des Ackerlandes erhielten, blieben Verwaltung und Wirtschaft Aufgabe der Römer.

Um diese Ordnung aufrechtzuerhalten, legte THEODERICH ein Heiratsverbot zwischen Römern und Goten fest. Schwierigkeiten machte auch der Unterschied zwischen **Arianismus** und Katholizismus, der eine wirkliche Verständigung zwischen beiden Bevölkerungsgruppen verhinderte. Nach dem Tod THEODERICHS 526 ging das Ostgotenreich in Auseinandersetzungen mit dem oströmischen Kaiser JUSTINIAN (527 bis 565) 553 unter.

Grabmal des THEODERICH in Ravenna

▶ Als **Arianismus** bezeichnet man eine frühe christliche Lehre aus dem 4. Jh., benannt nach dem Priester ARIUS. Danach ist Jesus Christus nicht wesensgleich mit Gott, weil er als *Mensch geboren* wurde. Die Dreieinigkeit Gott–Sohn–Heiliger Geist wurde somit infrage gestellt. Das **Konzil von Nicaia** verdammte ARIUS' Lehre 325.

Die **Westgoten,** unter Kaiser VALENS (364–378) im östlichen Teil des Römischen Reiches angesiedelt, fügten den Römern in der **Schlacht von Adrianopel** eine vernichtende Niederlage bei und wurden nach Thrakien umgesiedelt.

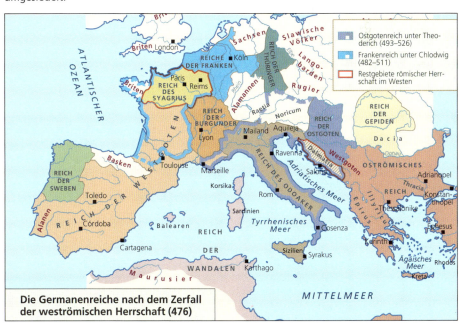

Die Germanenreiche nach dem Zerfall der weströmischen Herrschaft (476)

144   **5   Mittelalter**

Unter König ALARICH (370–419) zogen sie plündernd über den Balkan und die peloponnesische Halbinsel, um schließlich zwischen 401 und 403 einen Angriff auf Italien zu unternehmen. Dieser scheiterte zunächst, endete dann aber 408 mit der Belagerung Roms.

Die Westgoten gaben sich 408 noch mit der Zahlung von Lösegeld zufrieden, in einem zweiten Anlauf im Jahre 410 eroberten und plünderten sie die alte Hauptstadt des Römischen Weltreiches. Sie siedelten im Westen des Weströmischen Reiches, wo ein Teil verblieb. Ein anderer Teil setzte nach Afrika über.

▶ Eine der bekanntesten Leistungen des Westgotenreiches ist das Westgotengesetz (ca. 654).

Das **Tolosanische Westgotenreich** bestand 419–507 in Aquitanien. Der Westgotenkönig wurde als kaiserlicher Statthalter eingesetzt und sorgte mit seinen Truppen für den militärischen Schutz der römischen Bevölkerung. Dafür wurden den Westgoten zwei Drittel des Landes zugesprochen, für das sie keine Steuern zahlen mussten. Herrschaftszentrum war Tolosa, das heutige Toulouse. 477 erreichte das Tolosanische Westgotenreich unter dem König EURICH (466–484) seine größte Ausdehnung, nachdem Großteile Spaniens erobert wurden. Zwei Jahre zuvor konnte Eurich die Aufhebung des Föderatenstatus der Westgoten erreichen. Damit war das Reich von Westrom unabhängig. ALARICH II. († 507), einer der Nachfolger des erfolgreichen Eurich, wurde von CHLODWIG I., dem König der Franken, 507 besiegt. Damit ging das Tolosanische Reich unter.

Dennoch gelang die **Gründung eines neuen Westgotenreiches** in Spanien (507–711). Es war gekennzeichnet von heftigen Auseinandersetzungen zwischen Adel und König, die die vorübergehende Eroberung des südlichen Reichsteiles durch Byzanz ermöglichten. Nach der Zurückdrängung der Byzantiner wurden auch die Sueben im Norden des Reiches verdrängt. Toledo gilt als Hauptstadt des Westgotischen Reiches. Ende des 6. Jh. n. Chr. erfolgte der Übertritt zum Katholizismus. Dies trug zu einer Verbindung von Kirche und Adel bei und stärkte das Königtum, das seit dem 7. Jh. als Wahlmonarchie bestand. 711 erlosch das Westgotenreich, nachdem die **Sarazenen** das Heer des Westgotenkönigs RODERICH († 711) geschlagen hatten.

▶ Als Sarazenen bezeichnete man die ursprünglich nomadisch lebenden Stämme zwischen dem heutigen Syrien und Saudi-Arabien. Später wurden so alle arabischen Stämme des Mittelalters genannt.

Die **Burgunder,** die ursprünglich zwischen Oder und Warthe ansässig waren, überschritten ebenso wie viele andere germanische Stämme die römische Reichsgrenze im Jahre 406. Sie wurden als Föderaten im Gebiet zwischen Mainz und Worms angesiedelt. Nachdem sie 436 eine vernichtende Niederlage gegen die Hunnen hinnehmen mussten, zogen sie auf Geheiß des römischen Feldherrn FLAVIUS AETIUS (390–454) ins Rhônegebiet, wo heute noch der Name Burgund auf sie verweist.

▶ Auf die Langobarden verweist die geografische Bezeichnung Lombardei.

Die **Langobarden,** ein zu den Sueben gehörender germanischer Volksstamm, wurden aus ihren Siedlungsgebieten an der unteren Elbe (um Chr. Geb.) verdrängt und zogen plündernd durch das südliche Europa. Sie fassten in der Pannonischen Tiefebene Fuß, drangen von dort in das damals byzantinische Italien ein und beherrschten zunächst nur den Norden, drangen später aber auch nach Süditalien vor. Auf die Langobarden geht eine der dauerhaftesten Reichsbildungen der Germanen auf römischem Boden zurück.

5.1 Das Mittelalter als geschichtliche Epoche

Zwischen 568 und 774 bestand ein **Langobardenreich,** das bereits der zweite Anlauf einer Reichsgründung war. Siedlungsschwerpunkte waren vor allem die Po-Ebene, die nördliche Toskana, sowie die Landschaften in Mittel- und Süditalien (Umbrien, Spoleto, Benevent). Als Hauptstadt gilt Pavia. Innerhalb des Langobardenreiches kam es bereits (bis 584) zur Verselbstständigung von Herrschaftsbereichen, die mit späteren Herzogtümern verglichen werden können. Die unmittelbare Nachbarschaft zum Byzantinischen Reich führte vielfach zu Auseinandersetzungen zwischen beiden Reichen und zur Teilung Italiens in einen byzantinischen und einen langobardischen Herrschaftsbereich. Im Gegensatz zum Ostgotenreich entzogen die Langobarden den Römern grundlegende Rechte und schlossen sie von der Verwaltung und Herrschaftsausübung aus. So entstand ein rein germanisches Staatswesen. Kriegerische Auseinandersetzungen mit den Franken führten zu einer zeitweiligen Tributabhängigkeit. Auch die Langobarden nahmen das Christentum zunächst in seiner arianischen Form an. Seit 600 trat die langobardische Bevölkerung zum katholischen Glauben über. Dadurch wurde eine Annäherung von Langobarden und Römern möglich, Ehen zwischen beiden Bevölkerungsgruppen wurden erlaubt. Seine Blütephase erlebte das Langobardenreich zwischen 661 und der Mitte des 8. Jh. In dieser Zeit gelangen militärische Erfolge gegen die Franken und Byzanz, die Eroberung der fast selbstständigen Gebiete Spoleto, Benevent sowie schließlich im Jahre 751 die Eroberung Ravennas. In den Jahren 773–774 wurde das Langobardenreich von den immer mächtiger werdenden Karolingern erobert und dem fränkischen Reich einverleibt.

> ▶ Auch bei den Langobarden wurden die sogenannten Volksgesetze aufgezeichnet.

Die **Wandalen** gehörten zu den germanischen Völkerstämmen, die durch die Goten aus ihren alten Siedlungsgebieten (wahrscheinlich Südjütland sowie Mittelschweden) verdrängt wurden. Sie suchten neue Siedlungsgebiete zunächst im heutigen Ungarn, in der Slowakei sowie in Siebenbürgen auf. Sie überschritten 406 die römische Reichsgrenze und wurden 409 in Spanien als Föderaten angesiedelt, von wo sie 20 Jahre später über die Meerenge von Gibraltar nach Nordafrika zogen.
Das **Wandalenreich** (429–534) war die erste Reichsgründung von germanischen Stämmen auf dem Boden des römischen Imperiums (um Tunis), die offiziell von Rom anerkannt werden musste. Hauptstadt war Karthago. Zwischen 435 und 449 galten die Wandalen noch als Föderaten. Nach der Niederlassung verjagten die Wandalen die römischen Latifundisten. Eine andere Maßnahme war die Festlegung der Thronfolgeordnung. Sie sollte nicht mehr nach dem bei den Germanen üblichen Geblütsrecht erfolgen, sondern der erstgeborene Sohn sollte als Herrscher eingesetzt werden. Die Wandalen wurden die vorherrschende Macht im Mittelmeerraum und eroberten 455 Rom. Der ehemalige Mittelpunkt des römischen Weltreiches wurde geplündert. Das Wandalenreich wurde nach dem Tod König GEISERICHS (477) geschwächt durch Auseinandersetzungen zwischen Königtum und Adel und schließlich durch BELISAR, einen Heerführer JUSTINIANS, zerschlagen.

> ▶ Germanische **Föderaten** (von lat. foedus = Bündnis) wurden erstmalig im 3. Jh. für ihre Verdienste von Soldatenkaiser MARCUS AURELIUS PROBUS (276–282) mit Land belohnt.

Die **Alemannen** gingen aus dem westgermanischen Stamm der Sueben hervor. Sie sind im 2. und 3. Jh. n. Chr. am Limes anzutreffen. Im 4. und 5. Jh. nahmen alemannische Stämme auch Zuwanderer aus dem heutigen Mitteldeutschland und Böhmen auf. Sie überquerten den Limes und besiedelten nun in der Mitte des 5. Jh. das Elsass sowie Teile der heutigen Schweiz. Erst der Merowingerkönig CHLODWIG konnte der weiteren Ausbreitung der Alemannen Einhalt gebieten, nachdem er sie 496 und 506 unterworfen hatte und aus der Main-Gegend verdrängte.

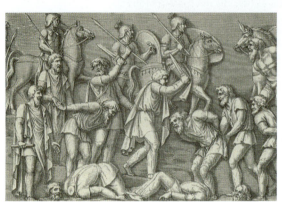

Enthauptung germanischer Edelleute durch römische Legionäre; Relief auf der Mark-Aurel-Säule in Rom, auf der die Markomannenkriege dargestellt sind.

Die **Markomannen** („Markleute") siedelten ursprünglich an der Elbe, wurden dann aber nach Böhmen abgedrängt. Als sie im 2. Jh. die Donau überschritten, führte dies zu Streitigkeiten mit Rom, bei denen der Stamm aufgerieben wurde. Bis zum 4. Jh. wurden die anderen germanischen Stämme ein Auffangbecken für die markomannische Bevölkerung.

Angeln, Sachsen und **Jüten** verließen ihr damaliges Siedlungsgebiet um 450 (Jütland-Angeln, Jüten, untere Elbe-Sachsen), zogen in das von den Römern aufgegebene Britannien und drängten die britannische Bevölkerung nach Wales, Schottland, Cornwall in die Bretagne ab. Hier gründeten sie eigene Reiche. Ein Teil der Sachsen verblieb im Gebiet zwischen Weser und Elbe und konnte erst von den Franken unterworfen werden.

▶ Die Bezeichnung England (franz. = Angleterre) geht auf die Besiedlung der Insel durch die Angeln zurück. Bis heute heißen die Engländer auch Angelsachsen.

Die **Franken** hatten sich aus westgermanischen Kleinstämmen gebildet (Chattuarier, Bataver, Brukterer, Ripuarier u. a.). Ihr Siedlungsgebiet war noch im 3. Jh. das Nieder- und Mittelrheingebiet. Von hier drangen sie im 4. und 5. Jh. über den Rhein hinweg auf das Gebiet des Römischen Reiches vor. Wie viele andere germanische Stämme wurden auch die Franken als Föderaten anerkannt und ihre Niederlassung geduldet. Viele Franken dienten im römischen Heer als Söldner. Im 4. und 5. Jh. kam es zu einer dauerhaften Ansiedlung von Franken, die zu diesem Zeitpunkt bereits von Kleinkönigen regiert wurden. Diese Entwicklungen waren die Grundlage für die Entstehung des **Frankenreiches der Merowinger**. Das Frankenreich gehörte zu den folgenreichsten Reichsbildungen der germanischen Stämme. Die Franken wanderten vom Rhein nach Südwesten bis zur Somme. Zunächst regierten zahlreiche Kleinkönige nebeneinander, bis CHLODWIG I. (482–511) die Franken durch die Beseitigung der Kleinkönige und andere gewaltsame Maßnahmen einte.

Gemeinsam ist allen germanischen Reichen die beginnende Ausbildung von gesellschaftlichen Mustern, die die Voraussetzung für die Entstehung des Feudalismus waren. Dazu gehörten
– die Herausbildung und schriftliche Fixierung eines Gesetzessystems,
– ein Gefolgschaftsadel sowie
– frühe Formen feudaler Abhängigkeit.
Somit trugen diese Reiche den Keim des Feudalismus in sich, der im Frankenreich voll ausgeprägt werden konnte.

5.2 Byzantinisches Reich

5.2.1 Die Entstehung des Byzantinischen Reiches

Die Ost- und Westhälfte des Römischen Reiches entwickelten sich nach 395 unterschiedlich. Das Staatswesen im Oströmischen Reich konnte gesichert werden durch Dominat, konsequente Durchsetzung des Kolonats, Anerkennung des Christentums nach dem **Edikt von Nikaia** 325, die Verlegung der Hauptstadt unter KONSTANTIN DEM GROSSEN (lat. FLAVIUS VALERIUS CONSTANTINUS) nach Konstantinopel im Jahre 330 n. Chr. sowie die Erfolge bei der Abwehr von Slawen, Awaren und Germanen von den Grenzen. Das Reich umfasste den Balkan, die östlichen Mittelmeerinseln, Teile Asiens als Provinz sowie Ägypten und beruhte auf Recht und Verwaltung nach römischem Vorbild sowie der griechischen Sprache und Kultur.

Nach langwierigen Streitigkeiten um das Verhältnis von Kirche und Staat, dem Kampf um die Sicherung der äußeren Grenzen gegenüber Hunnen und Goten kam es schließlich unter JUSTINIAN I. (lat. FLAVIUS PETRUS SABBATIUS JUSTINIANUS, 527–565) zu einer ersten Blütephase des Byzantinischen Reiches.

JUSTINIAN I. gelang es, Kleinasien und Syrien gegen die Perser zu behaupten und einen Frieden mit den Persern zu schließen. In diese Zeit fielen die Zerschlagung des Wandalenreiches in Nordafrika (533/34) sowie die Vernichtung des Ostgotenreiches in Italien (553) und Versuche, Spanien zu gewinnen.

▶ **KONSTANTIN I., DER GROSSE,** geb. um 280 in Naissus, gest. am 22. Mai 337 in Ankyron, war Sohn des Kaisers KONSTANTIUS I.

▶ Das **Edikt von Nikaia** beschloss die Anerkennung des Christentums, grenzte sich jedoch vom Arianismus ab. 381, während eines Konzils in Konstantinopel, erfolgte die Erweiterung dieses Glaubensbekenntnisses zum Nicänisch-konstantinopolitanischen Glaubensbekenntnis. Es geht von dem Grundsatz aus, dass Gott mit dem Vater Jesu Christi identisch sei, was schon von den Aposteln in Jerusalem gelehrt worden sei.

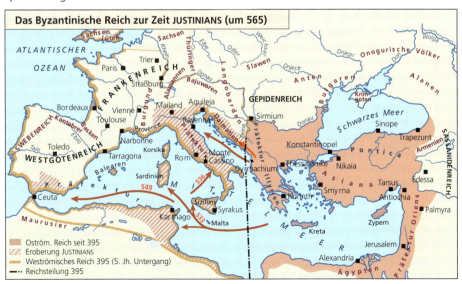

▶ Im Nika-Aufstand rebellierten die sogenannte blaue und grüne Zirkuspartei gegen die Herrschaft Justinians. Die Niederschlagung des Aufstandes übernahm THEODORA I., die Gemahlin Kaiser JUSTINIANs, gemeinsam mit den Feldherren BELISAR und NARSES.

▶ **Exarchate** dienten der Aufrechterhaltung der byzantinischen Herrschaft in weit entlegenen Herrschaftsbereichen. Der dort eingesetzte Statthalter, der **Exarch**, übte die politische und militärische Gewalt aus. Das Exarchat Ravenna bestand bis 751, das in Karthago bis 698.

▶ **Themen** sind byzantinische Heeresabteilungen, die in Kleinasien eingesetzt wurden. Bauernmilizen (Stratioten) übernahmen sowohl militärische, Verwaltungs- und landwirtschaftliche Aufgaben. Die Stratioten waren zum Militärdienst verpflichtet, erhielten dafür erblichen Landbesitz. An der Spitze der Themen standen Strategen, die militärische und zivile Gewalt ausübten.

Da diese militärischen Maßnahmen enorme Kosten verschlangen, kam es bald zu einer Staatsverschuldung. Die Bevölkerung reagierte darauf mit dem **Nika-Aufstand** (532).

Nach der Niederwerfung des Aufstandes baute JUSTINIAN die uneingeschränkte Herrschaft des Kaisers aus, schuf eine einheitliche Gesetzgebung und errichtete in Konstantinopel die Hagia Sophia, eines der bedeutendsten Bauwerke des byzantinischen Mittelalters.

JUSTINIAN gilt als einer der bedeutendsten Staatsmänner und Herrscher der byzantinischen Geschichte. Sein Ziel war die Wiedererrichtung eines römischen Weltreiches. Dies gelang teilweise vor allem in Mittel- und Süditalien.
Ihm kommt das Verdienst zu, durch seine Restaurationspolitik ein mediterranes Imperium mit Schwerpunkt im Reichsosten und der Hauptstadt Konstantinopel geschaffen zu haben. Darüber hinaus ermöglichte diese Politik die Bewahrung antiker Kunst und Kultur, als deren Förderer sich JUSTINIAN erwies.

JUSTINIAN I.

Unter dem Nachfolger JUSTINIANS I., JUSTIN II. (565–578), gingen große Teile Italiens an die Langobarden verloren. Um den Bestand des Reiches auch in weit entlegenen Gebieten zu sichern, wurden unter MAURIKIOS (582–602) besondere Verwaltungsbezirke **(Exarchate)** errichtet, in denen der durch den Kaiser eingesetzte Herrscher die uneingeschränkte militärische und richterliche Gewalt ausübte.

5.2.2 Blütezeit des Byzantinischen Reiches

Das mittelbyzantinische Reich hatte von 610 bis 1204 Bestand. Stärker als bisher kam die griechisch-hellenistische Tradition in Staat und Kultur zur Geltung. Griechisch wurde zur Amtssprache erhoben. Durch die Heeres- und Verwaltungsreformen (**Themenordnung** des HERAKLAIOS, 610–641) entging Byzanz dem Untergang. Dennoch gab es auch nach dem Sieg über die Perser (628) andauernde slawische und awarische Einfälle auf der Balkanhalbinsel. Da sich Byzanz der nun auch einsetzenden arabischen Angriffe nicht erwehren konnte, geriet der Balkan in die Hände slawischer Stämme, die die byzantinische Oberhoheit jedoch anerkennen mussten.

5.2 Byzantinisches Reich

Die Zeit der syrischen Herrscher (717–802) war geprägt durch den mehr als 120 Jahre dauernden **Bilderstreit** (Verbot der Bilderverehrung). Während des Bildersturms gingen Kunstschätze des byzantinischen Mittelalters unwiederbringlich verloren. Erst 843 wurde die religiöse Verehrung von Bildern wieder von einem Konzil gestattet. Bis dahin hatte Byzanz allerdings bereits Ravenna an die Langobarden verloren. Es konnte die Herrschaft über den Balkan durch die Bulgaren und die Kaiserkrönung KARLS DES GROSSEN im Jahre 800 nicht verhindern. Einen neuen Aufschwung erreichte Byzanz im 9. Jh. unter Kaiser (byzantinisch: **Basileus**) MICHAEL III. (842–867). Auf seine Initiative geht die Missionierung der slawischen Völker durch KYRILLOS und METHODIOS zurück. Für den Aufschwung in dieser Zeit sprechen eine Eroberungspolitik Byzanz' gegenüber den muslimischen Reichen in Asien sowie die vollständige Loslösung der byzantinischen orthodoxen Kirche vom Papsttum in Rom.

▶ **Basileus** nannten sich die byzantinischen Kaiser seit dem 7. Jh.

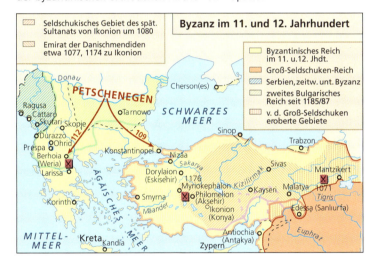

Auch die gesellschaftlichen Verhältnisse hatten sich seit dem Ende des 4. Jh. grundlegend verändert. Die Heeres- und Verwaltungsreformen des Heraklaios leiteten in Byzanz die **Entstehung feudaler Verhältnisse** ein: Durch die Übertragung von Land zu erblichem Besitz entstand ein **Themenadel**. Daneben erfolgte durch die Landschenkungen vom Basileus an Kirche und Klöster eine Überführung freier Bauern und **Stratioten** (moslemische Söldner) in eine Form der **Hörigkeit** und Unfreiheit.

> Als Hörigkeit bezeichnet man die Abhängigkeit von Bauern von einem Grundbesitzer in einer Grundherrschaft oder Gutsherrschaft. Der Bauer war meist zur Zahlung von Abgaben und Leistung von Frondiensten verpflichtet und oft sowohl rechtlich als auch persönlich unfrei.

Auf diese Hörigen hatte der Staat (Basileus) keinen direkten Zugriff mehr, da sie durch feudale Bindungen an den Themenadel und die Kirche bzw.

150 5 Mittelalter

> Als Beamtenadel bezeichnet man die feudale Privilegien nutzende Beamtenschicht der Städte.

Klöster gefesselt waren. Dagegen blieb innerhalb der aufblühenden Handwerks- und Handelsstädte eine staatliche Kontrolle durch die Oberaufsicht über die Zunftorganisation erhalten. Bestimmend blieben die Gegensätze zwischen dem Beamten- und dem Grundbesitzeradel in den Provinzen. Die unter MICHAEL III. einsetzende Blüte wurde fortgesetzt unter den makedonischen Herrschern (867–1056). Zwar verloren sie Sizilien an die Araber, Unteritalien blieb aber byzantinisch. Teile Syriens und Mesopotamiens konnten zurückerobert werden. Auch das Bulgarenreich wurde wieder unter byzantinische Kontrolle gebracht.

5.2.3 Niedergang des Byzantinischen Reiches

> Komnenen: byzantinisches Kaisergeschlecht, das aus dem Militäradel hervorging, herrschte 1057–1059 sowie 1081–1185 in Byzanz; benannt nach ISAAK I. KOMNENOS

Unter der Dynastie der **Komnenen** (1057–1059, 1081–1185) verfiel das Byzantinische Reich aufgrund der zunehmenden Auseinandersetzungen zwischen dem Grundbesitzeradel in den Provinzen und dem Beamtenadel in den Städten. Der erste Herrscher der Komnenen war ISAAK I., der jedoch nur zwei Jahre regierte. Der Kaiser wurde zur Abdankung gezwungen, weil es Differenzen zwischen ihm und der orthodoxen Kirche gegeben hatte. Nachfolger wurde der kirchenfreundliche KONSTANTIN DUKAS. Als die **Normannen** unter ROBERT GUISKARD mit Unterstützung des Papstes Süditalien eroberten und die Byzantiner eine vernichtende Niederlage gegen die Seldschuken in der **Schlacht bei Manzikert** (1071) hinnehmen mussten, begann die Krise des Byzantinischen Reiches.

Immer wieder wurde das Reich durch türkische Seldschuken und normannische Truppen angegriffen.

ALEXIOS I. KOMNENOS (1081–1118) verbündete sich mit Venedig gegen die Normannen. Es gelang ihm, sie aus Byzanz zu verdrängen. 1090/91 konnte er auch den Einfall der Seldschuken abwehren. ALEXIOS I. reformierte das Heer, die Verwaltung und die Wirtschaft des Landes. So erreichte er kurzfristig eine Konsolidierung des Byzantinischen Reiches.

MANUEL KOMNENOS (1143–1180) heiratete aus Bündnisgründen 1143 eine Verwandte des Kaisers KONRAD II. Beide Reiche wollten gemeinsam gegen die sizilischen Normannen vorgehen. Der Nachfolger KONRADS II., FRIEDRICH I. BARBAROSSA, stieß jedoch beim Vormarsch auf Sizilien auf den heftigen Widerstand der norditalienischen Städte und musste seinen Unterstützungsplan aufgeben.

Zwischen 1204 und 1261, im sogenannten **Lateinischen Kaiserreich**, konnten die Angriffe von außen auf das Reich auf Dauer nicht abgewehrt werden. Durch den Sieg der Bulgaren über Kaiser BALDUIN (1205) wurde die Kaiserherrschaft entscheidend geschwächt. Angriffe der Seldschuken konnten 1211 zwar zurückgeschlagen werden, die Seldschuken wurden 1242 sogar Vasallen der Mongolen, jedoch ging das Lateinische Kaiserreich 1261 unter. Neuer Kaiser wurde MICHAEL VIII. PALAIOLOGOS. Er begründete die Dynastie der **Palailogen** (1261–1453). Diese Dynastie ist durch das vehemente Vordringen osmanischer Seldschuken gekennzeichnet.

1389 drangen sie bis nach Serbien vor, in der legendären **Schlacht auf dem Amselfeld** (Kosovo) verloren die Serben ihre Unabhängigkeit.

Mit dem Tod Kaiser KONSTANTINS XI. und der Eroberung Konstantinopels ging das Byzantinische Reich 1453 unter.

5.3 Die Reiche der Araber

5.3.1 Mohammed und der Islam

Der Islam gehört zu den fünf Weltreligionen, neben Buddhismus, Christentum, Hinduismus und Judentum.

▶ Mehr als 20 % aller Menschen gehören heute dieser Religion weltweit an (mehr als 1 Mrd).

Das Wort Islam kommt aus dem Arabischen und bedeutet so viel wie Ergebung, Glaube, Gehorsam. Die Lehre des Islam fordert von ihren Gläubigen, dass sie Allah gehorsam sind und nur an ihn und seinen Propheten MOHAMMED glauben.
MOHAMMED (um 570–632) ist der Begründer des Islam, dem es durch seine besonderen Lebensumstände gelang, die Religion zu verbreiten.

MOHAMMED auf dem Ritt ins Paradies, türkische Buchmalerei 1436

▶ Als Prophet bezeichnet man eine religiöse Autorität (z. B. ein Mensch, dem Glauben geschenkt wird), der göttliche Botschaften vor anderen Menschen verkündet. Jesus gilt im Islam als anerkannter Prophet.

Der Islam ist – ebenso wie Christentum und Judentum – eine monotheistische Lehre, wobei es Berührungspunkte zu beiden Religionen gibt. Aus diesem Grunde wurden Juden und Christen nicht als auszulöschende Feinde angesehen, sondern toleriert. Allerdings grenzte MOHAMMED den Islam von Christentum und Judentum ab: Die Gebetsrichtung der Muslime änderte er von Jerusalem in Mekka, statt eines Fastentages führte er einen Fastenmonat ein, der traditionelle Wochenfeiertag wurde der Freitag.

▶ Monotheismus (von griech. mono = eins und Theos = Gott) bedeutet die Verehrung nur einer Gottheit.

Die Verbreitung des Islam

5 Mittelalter

▸ Zum Islam gehört ebenfalls die kultische Reinheit. Die rituelle Waschung gehört zur äußeren Reinheit, während innere Reinheit z. B. den Verzicht auf den Genuss von Schweinefleisch sowie Alkohol gebietet.

▸ Der sogenannte **Dschihad** beinhaltet nicht generell den „Heiligen Krieg", sondern die Verpflichtung des Gläubigen, für die Verbreitung des Islam zu wirken und gegen die Feinde des Glaubens vorzugehen. Während die Ungläubigen zwangsbekehrt werden dürfen, also auch unter Anwendung von Gewalt, darf eine Zwangsbekehrung gegenüber Juden und Christen nicht erfolgen, da sie als Monotheisten (Anhänger einer Eingottlehre) die Offenbarung Gottes empfangen haben und den Muslimen gleichgestellt sind. Das Argument des Heiligen Krieges ist vor allem in jüngster Zeit von terroristischen fundamentalislamistischen Organisationen zu Propagandazwecken ausgenutzt worden.

Noch zu Lebzeiten ließ MOHAMMED die Glaubenslehre im Koran aufzeichnen. Die „fünf Pfeiler" **des Islam** sind:
1. der Glaube an Allah,
2. das tägliche fünfmalige Gebet,
3. das Fasten während des Fastenmonats, dem Ramadan,
4. die Pflicht zur Wallfahrt (Hadsch, arab. = Hadjdj) nach Mekka,
5. die freiwillige Almosensteuer (Zakat).

Unabhängig davon stellt der Islam ein Lehrgebäude dar, das auf folgenden Grundsätzen ruht:
1. Allah ist der einzige Gott und Mohammed sein Prophet.
2. Das Leben ist vorherbestimmt.
3. Der persönliche Einsatz für die Verbreitung des Islam ist Pflicht.
4. Das Ende der Welt naht.
5. Die Wiederauferstehung ist dem Gläubigen sicher.
6. Alle Menschen sind vor Allah gleich.

Daneben gibt es Verhaltensregeln, die zu Barmherzigkeit, Wohltätigkeit, Ehrlichkeit, Achtung vor den Eltern sowie alten und schwachen Menschen, Aufrichtigkeit usw. verpflichten.

Mohammed und die Durchsetzung des Islam

Die Kaufleute Mekkas verfolgten MOHAMMED wegen seiner Ansicht, dass alle Menschen vor Gott gleich seien und Wohlhabende die Armen und Notleidenden durch Almosen unterstützen sollten. Darüber hinaus behinderte MOHAMMEDS Lehre den Versuch der reichen Mekkaner, aus dem Kult um die **Kaaba** finanziellen Gewinn zu erzielen.

622 n. Chr. nutzte MOHAMMED das Angebot zweier verfeindeter Stämme, in ihrem Streit zu vermitteln, um aus Mekka nach Medina (Jathrib) zu fliehen (Hedschra).
In Medina scharte MOHAMMED viele Anhänger um sich und wurde nach der erfolgreichen Schlichtertätigkeit eine anerkannte religiöse und politische Führerpersönlichkeit.
Im Jahre 630, nachdem er sich gegen andere Propheten durchgesetzt und andere vorislamische Religionen beseitigt hatte, gelang ihm die Einnahme von Mekka.
Sein bevorzugter Aufenthaltsort blieb aber Medina, wo er 632 starb

Die 707–709 erbaute Große Moschee in Medina: Das Grab des Propheten wird von einem Kuppelbau gekrönt.

5.3 Die Reiche der Araber   **153**

und in der Großen Moschee beigesetzt wurde. Die Leistung MOHAM-
MEDS besteht darin, die vorislamischen Religionen beseitigt und die arabischen Stämme auf den Islam eingeschworen zu haben. Somit trug er
entscheidend zur Ausbreitung des Islam bereits zu seinen Lebzeiten bei.

5.3.2 Die Entstehung und Entwicklung des Kalifats

Aufgrund der einenden Religion kann man von einem islamischen Kulturkreis sprechen, in dem Völker unterschiedlicher Herkunft und ursprünglich unterschiedlicher Religion zusammenleben. Er wird geprägt
durch eine gemeinsame Gebetssprache und Kultur. Die Durchsetzung der
arabischen Sprache im muslimischen Kulturkreis hängt mit dem Verbot
zusammen, den Koran zu übersetzen. Die Herrschaft wird von Kalifen
(Statthaltern) wahrgenommen. Juden und Christen, die nicht zum Islam
übertraten, wurden nicht zur Annahme des Islam gezwungen, sondern
sie standen ursprünglich unter besonderem Schutz, mussten allerdings
für diesen Schutz Steuern zahlen. Dies gilt nicht für **Ungläubige.**
Es entstanden **Formen feudaler Abhängigkeit:** Einer Kriegerkaste, die
zur Leistung von Kriegsdienst bei Steuerbefreiung verpflichtet war, stand
eine Schicht von gläubigen Untertanen gegenüber. Der während der islamischen Expansion eroberte Landbesitz wurde Staatseigentum, auf dem
Bauern und Sklaven arbeiteten. Daneben bildete sich eine Form des Pri-
vateigentums an Grund und Boden heraus, über das Beamte, Offiziere
und Stammesoberhäupter verfügten. Sie erhielten es von den Kalifen als
Schenkungen. Ein System von Grundherrschaften, wie in Byzanz oder im
Frankenreich, entstand allerdings nicht. Feudale Leistungen wurden in
Form von Steuern eingefordert. Jedoch sind auch Formen der Fronarbeit
gegenüber den Kalifen bekannt. Denn die Eigentümer verpachteten ihren Grund und Boden zuweilen und verblieben selbst in den städtischen
Zentren. Ein ausgesprochenes Lehnswesen, wie etwa im Frankenreich,
entstand nicht, da die Neuerungen im Heerwesen anders als dort geregelt wurden. Die freien Araberheere wurden ersetzt durch Söldnerheere,
die gegen eine finanzielle Entschädigung, nicht aber gegen Verleihung
bzw. Schenkung von Land ihren Kriegsdienst leisteten.

> **Kalifen** sind die Nachfolger MOHAM-MEDS seit 632, die über die muslimi-sche Gemeinschaft herrschten. Von diesem Begriff wird Kalifat (Herrschaft über die Glau-bensgemeinschaft) abgeleitet.

Die Entstehung des Kalifenreiches

Der erste Kalif, ABU BEKR (632–634), hatte den Propheten MOHAMMED
auf seiner Flucht von Mekka nach Medina 622 begleitet. Seine Tochter
AISCHA war mit MOHAMMED verheiratet. Als Nachfolger des Propheten
hatte er noch mit der Unterwerfung von arabischen Stämmen zu tun, die
sich der islamischen Ordnung entziehen wollten. Dagegen ging OMAR
(634–644) daran, ein arabisches Weltreich aufzubauen. OMAR gelang
es, Syrien (635), Palästina (638), Persien (636/42) und Ägypten (642) zu
erobern. Er installierte in den eroberten Gebieten eine Militärverwaltung. Die Befehlshaber der Besatzungstruppen übernahmen neben ihrer militärischen Funktion auch die Aufgabe des Statthalters, des religiösen Oberhauptes und des obersten weltlichen Richters. Die Festigung
des arabischen Großstaates wurde unter OTHMAN (644–656) und ALI
(656–661) weiter verfolgt.

> OMAR beseitigte den noch im natio-nalen Rahmen beste-henden arabischen Staat und baute ein am Islam ausge-richtetes Weltreich auf (theokratisches Weltreich).

Das Reich unter den Omaijaden (661–750)

▶ ALI war der Schwiegersohn MOHAMMEDS. Aufsehen erregend war die Verlegung des Herrschaftsmittelpunktes von Medina nach Kufa. Auch ALI wurde im Zusammenhang mit inneren Streitigkeiten ermordet.

MUAWIJA (661–680) setzte die Söhne ALIs ab; damit waren die letzten zeitgenössischen Blutsverwandten des Propheten von der Machtausübung ausgeschlossen. Unter MUAWIJA erfolgte die Verlegung des Herrschaftsmittelpunktes nach Damaskus.

Die Auseinandersetzung mit den unmittelbaren Erben MOHAMMEDS führte zur religiösen Spaltung der Muslime in Schiiten, Sunniten und Charidschiten. Während die Schiiten die berechtigte Nachfolge allein Ali und dessen Nachkommen zusprechen, sehen die Sunniten auch die Kalifen als berechtigte Nachfolger Mohammeds an. Die Sunniten vertreten innerhalb des Islam die religiöse Orthodoxie. Sie berufen sich allein auf den Koran und die Sunna. Nur diese sollen das islamische Recht bestimmen. Charidschiten (arab.: die Ausziehenden) sind eine islamische Sondergemeinschaft, die sich aus ursprünglichen Anhängern ALIs rekrutierte. Sie waren der Auffassung, dass die Nachfolge MOHAMMEDS dem würdigsten Gläubigen zukommen sollte, unabhängig von einer etwaigen Blutsverwandtschaft zu MOHAMMED. Deswegen trennten sie sich von ALI und seinen Gefährten.

▶ Sunna (arab. = Brauch, Sitte) ist die Gesamtheit der von MOHAMMED sowie den ersten vier Kalifen überlieferten Aussprüche, Urteile und Verhaltensweisen. Sie bildet mit dem Koran die Grundlage islamischen Rechts (Scharia).

Während die Versuche, Byzanz zu erobern, scheiterten, gelang die Eroberung von Gebieten im Osten (u. a. Samarkand und Buchara). Nach der Beseitigung eines zeitweiligen Gegenkalifats in Mekka erreichte das Kalifenreich unter WALID (705–715) seine größte Machtentfaltung.
Das Kalifat umfasste nun Teile Asiens und Europas vom Indus bis nach Spanien. Erst die Franken stoppten das weitere Vordringen der Araber nach Europa in der Schlacht von Tours und Poitier.
Innere, religiös motivierte Streitigkeiten sowie wirtschaftliche

▶ In Spanien entstand 756 das Emirat von Córdoba durch ABD AR-RAHMAN, einen Omaijaden, der den Sturz der Omaijadendynastie überlebte.

Engpässe führten zu einer schweren Krise im Kalifat der Omaijaden und schließlich zu deren Sturz durch ABBU L-ABBAS um 750.

Das Kalifenreich unter den Abbasiden (750–1258)

Unter den Abbasiden veränderte sich das Kalifenreich entscheidend: Die Stammeszugehörigkeit, die noch unter den Omaijaden eine große Rolle spielte, verlor mehr und mehr an Bedeutung. Stattdessen zählte nun nur

noch der Glaube, der die arabische Welt sowohl staatlich als auch religiös einte.
Der Mittelpunkt des Reiches wurde in das 762 gegründete Bagdad verlegt, Verwaltungs- und Steuerrecht wurden einer grundlegenden Reform unterzogen.

Medrese (islamische Lehranstalt) von Taschkent

Der Staat wurde nach persischem und byzantinischem Vorbild umgestaltet. Die politischen Geschicke bestimmten Wesire. Der Einfluss des Kalifen auf die Politik konnte nur durch den Hofstaat, der diesen wie eine Mauer umgab, weitervermittelt werden.

▶ **Wesir:** wichtigster Minister innerhalb der islamischen Staaten. Das Amt wurde um 750 unter den Abasiden eingeführt.

Bereits unter dem Kalifen HARUN AR-RASCHID (786–809) zeigten sich erste Auflösungserscheinungen des Reiches, die sich in der Errichtung von Sonderdynastien in Marokko sowie in Kairuan äußerten. Seit dem 9. Jh. nahm der Einfluss der Sunniten zu. Das 9. Jh. leitete den Fall des Kalifats in die politische Bedeutungslosigkeit ein, nachdem das Reich von schiitischen Aufständen heimgesucht und der Kalif als oberster Herrscher de facto entmachtet wurde. An seine Stelle trat der Oberemir. Mit dem Einfall der Mongolen in Persien und der Eroberung Bagdads durch mongolische Truppen im Jahre 1258 endete die Abbasidenherrschaft.

▶ **HARUN AR-RASCHID** ist der Held der Geschichten aus „Tausendundeiner Nacht".

▶ **Emir** ist der Titel für arabische Stammesführer und Fürsten, auch für Heerführer.

5.3.3 Leistungen der muslimischen Kultur

Der Einfluss der muslimischen Kultur auf unser Alltagsleben ist unbestritten. Wir benutzen ein von den Arabern überliefertes Zahlensystem, die arabischen Ziffern. In unserer Sprache wimmelt es nur so von Anleihen aus dem Arabischen (Scheck, Risiko, Alkohol, Benzin, Alchemie/Chemie etc.). Diese Leihgaben haben etwas mit der Vorbildhaftigkeit der muslimischen Kultur, vor allem auf dem Gebiet der Naturwissenschaften, der Kunst und Architektur sowie der Geografie zu tun.
Zentren der muslimischen Kultur waren die Städte mit ihren Moscheen, Medresen und Hochschulen. In ihren Bibliotheken wurde das antike Wissen erhalten, da man – gewissermaßen als kulturelle Erben des Byzantinischen Reiches – antike Werke sammelte und abschreiben ließ. Dies betraf vor allem die Naturwissenschaften, insbesondere die Medizin. Ausgrabungen und schriftliche Quellen unterrichten uns darüber, dass muslimische Ärzte bereits erfolgreich komplizierte Operationen an Auge und Hirn des Menschen vornahmen. Dies war nur möglich, weil die Medizin als praktische Wissenschaft anerkannt war. Größere arabische Städte

▶ **Medrese:** traditionelle islamische Hochschule mit Schwerpunkten Theologie, Rechtswissenschaften und mit Internat für die Schüler, heute Bezeichnung für die allgemeinen Schulen.

verfügten in der Regel über Krankenhäuser und Apotheken. Diesem Umstand verdanken wir die Überlieferung des ersten Arzneimittelhandbuches.

▶ Ein erstes Beispiel dafür ist der um 1000 in Kairuan lebende Mediziner IB AL-DJASSAR, dessen Werke ins Griechische, Lateinische und Hebräische übersetzt wurden. Die Vermittlung fand vor allem über Spanien statt, von wo sich arabisches Wissen nach Mittel- und Westeuropa verbreitete. Ein anderes Beispiel ist die Überlieferung eines medizinischen Handbuches aus der Feder von AVICENNA (eigentlich IBN SINA).

■ Dabei handelt es sich um ein in griechischer Sprache von DIOSKURIDES VON ANAZARBOS verfasstes Buch, das Kaiser KONSTANTIN VII. 948 einem arabischen Kalifen schenkte. 951 wurde es von einem eigens dafür an den Hof des Kalifen gesandten griechischen Mönch zusammen mit einem jüdischen Arzt übersetzt. Erst im 16. Jh. wurde es schließlich in Antwerpen von einem spanischen Arzt in seiner Muttersprache veröffentlicht.

Die arabischen Künste und Wissenschaften waren nicht nur eigenständige Schöpfungen, sondern sie bewahrten auch große Teile der europäischen Kultur und entwickelten sie weiter. So sind die Werke des Griechen ARISTOTELES über arabische Übersetzungen in Europa bekannt geworden.
COSTA BEN LUCA übersetzte die „Mechanik" des HERON VON ALEXANDRIA.
THEBIT BEN KHORAT übersetzte Schriften von ARCHIMEDES, APOLLONIUS, ARISTOTELES, EUKLID, HIPPOKRATES und GALEN ins Arabische.
Die Verflechtung muslimischer mit europäischer Kultur geschah vor allem in Spanien, das die Araber seit dem 8. Jh. besetzt hielten.

Verflechtungen arabischer und christlich-jüdischer Kultur waren am Hofe des sizilischen Königs und Kaisers des Heiligen Römischen Reiches FRIEDRICH II. ganz selbstverständlich. FRIEDRICH beherbergte nicht nur jüdische Wissenschaftler, sondern auch Muslime, Griechen und Italiener an seinem Hof in Palermo. Schon die Zeitgenossen staunten über die Toleranz des Kaisers gegenüber nicht christlichen Religionen, insbesondere dem Islam.
Die deutsche Nonne und Schriftstellerin HROTSWITH VON GANDERSHEIM nannte das maurische Córdoba – das wichtigste islamische kulturelle Zentrum auf dem europäischen Kontinent – eine „Zierde der Welt". Die Stadt ist Geburtsort von MUHAMMAD IBN AHAMAD IBN RUSCHD, in Europa besser bekannt unter seinem latinisierten Namen AVERROES. Er war Richter, Mediziner und Philosoph. Als Übersetzer und Kommentator der Werke ARISTOTELES' wurde AVERROES zum Wegbereiter abendländischer Kultur. Seine Kommentare hatten enormen Einfluss auf die mittelalterliche Scholastik, insbesondere auf die Strömungen des „Lateinischen Averroismus".
Sein „Buch der Versammlung" („Kitab al-kulliyat fi't -tibb") beeinflusste die europäische Medizin stark. Der Autor behandelte in diesem Werk Fragen der Anatomie, Physiologie, Pathologie, Nahrungs- und Heilmittellehre, Hygiene und Therapeutik.

Noch die Wissenschaftler des 19. Jh. profitierten von den Erkenntnissen ihrer muslimischen Vorstreiter vor allem auf folgenden Gebieten: Mathematik, Astronomie und Astrologie, Physik und Mechanik, Chemie bzw. Alchemie, ferner Medizin und Pharmazie, Philosophie sowie Magie, also der Geheimwissenschaften.

5.4 Das Frankenreich

5.4.1 Das Reich der Merowinger

Die Franken besiedelten im 5. Jh. Gebiete im heutigen Belgien und Nordfrankreich. Unter den vielen Kleinkönigen dominierte das Geschlecht der Merowinger, aus dem auch CHLODWIG I. stammte. Er trat 482 als Kleinkönig die Nachfolge seines Vaters CHILDERICH I. an.

Mit rücksichtsloser Gewalt schaltete er die anderen fränkischen Kleinkönige aus und erreichte somit die Alleinherrschaft. CHLODWIG zerschlug 486 die letzten Reste des Weströmischen Reichs. Er setzte die Ausdehnung des Frankenreichs zu einem Großreich fort, indem er 496 die Alemannen, die zwischen dem Main und den Alpen siedelten, unterwarf (↗ Bild). In diesem Zusammenhang soll CHLODWIG vom arianischen zum katholischen Glauben übergetreten sein.

507 eroberte er das Westgotenreich. Bis zu seinem Tod (511) unterwarf er auch den rheinfränkischen König. Somit hatte er ein Großreich entstehen lassen, das sich vom Rhein bis zur Garonne erstreckte und auch durch das Oströmische Reich Anerkennung genoss. Die Reichsgründung wurde vom oströmischen Kaisertum durch die Erhebung CHLODWIGs in den Senatorenstand gebilligt. Man übersandte dem König das Senatorenornat und verlieh ihm 508 den Titel eines römischen Ehrenkonsuls.

> Die Bezeichnung Merowinger geht auf den fränkischen Kleinkönig MEROWECH zurück (um 450). Der erste bezeugte Vertreter des Merowingergeschlechts ist CHLODIO (um 425). Abbildung: CHLODWIG I. bei seiner Taufe, Elfenbeinschnitzerei

> Nachdem CHLODWIG das westgotische Heer in die Flucht geschlagen hatte, soll er eigenhändig den Westgotenkönig ALARICH II. getötet haben.

> Wahrscheinlich spielten rein praktische Gründe die entscheidende Rolle für die Annahme des katholischen Glaubens. Zum einen waren CHLODWIGS Frau und die gemeinsamen Söhne bereits katholische Christen. Zum anderen ermöglichte die Annahme des Christentums ein Bündnis mit der katholischen Kirche in Gallien. Auch die Westgoten konnten einer Anerkennung CHLODWIGS mit weniger Vorbehalten gegenüberstehen, wenn dieser als Katholik kam.

Paris wurde das Zentrum des Merowingerreiches. Entscheidend für das entstehende Großreich war, dass es mit dem Übertritt Chlodwigs zum katholischen Glauben zu einer Verbindung von gallorömischen Elementen (vor allem der Verwaltung) mit fränkischen Elementen (Gefolgschaft, freie Bauernschaft, Heerwesen) kam.

Herausbildung des Lehnswesens

Das Aufeinandertreffen von germanischem Gefolgschaftswesen und spätantiken Grundbesitzern war sehr fruchtbringend. So entstand eine neue Form des Adels sowie einer abhängigen Bauernschaft. Dies waren Voraussetzungen für das **Lehnswesen,** dessen Entwicklung im 8. Jh. seinen Abschluss fand.

Im Frankenreich verschmolzen die gallorömische Senatoren- und Grundbesitzerschicht mit dem fränkischen Stammesadel. Dieser verfügte über besonderes Ansehen (dank militärischer Erfolge) und Reichtum und hatte bereits Gefolgschaften ausgebildet. Er arbeitete nicht mehr unmittelbar in der Landwirtschaft. Die neue Adelskaste verfügte nun über Grund und Boden und veräußerte ihn als Zeichen der Anerkennung und auch zur Sicherung des Lebensunterhaltes an den Dienstadel. So entsteht die Eigentumsform des **Allod.**

> Als **Allod** bezeichnet man den freien Besitz über Grund und Boden, den der Eigentümer nach Belieben vererben und verkaufen kann.

Da der König selbst der größte Grundbesitzer war, konnte er diese Entwicklung durch Schenkungen an Privatpersonen, aber auch an Kirchen und Klöster beschleunigen. Die ursprünglich freien fränkischen Bauern gerieten so in die Abhängigkeit der Grundbesitzer. Auf diese Weise entstanden der Feudaladel und die feudalabhängigen Bauern.

Lex Salica

Gefestigt wurde die Organisation des Reiches durch ein fränkisches Reichsgesetz, die **Lex Salica** (ca. 510).

> Die **Lex Salica** ist eine der wichtigsten Rechtsquellen zur frühmittelalterlichen Geschichte. Sie trifft u. a. Aussagen zu Eigentumsverhältnissen und zur Erbfolge.
> Gerade letztere Regelungen wurden wichtig für die Thronfolgeordnungen im Deutschen Reich sowie in Frankreich.
> Lex Salica bedeutet auf deutsch „Gesetz der Salier" bzw. „Gesetz der salischen Franken".

Der Übertritt zum Katholizismus legte nicht nur die Grundlage für ein gutes Verhältnis der im Fränkischen Reich zusammengeschlossenen Volksgruppen. Daraus ergab sich auch eine dauerhafte Verbindung von Königtum und Kirche, die für das Fränkische Reich prägend werden sollte.

▶ Die alte gallorömische Senatorenschicht wurde nicht abgeschafft, sondern in ihren Verwaltungsämtern belassen. Besonders stark war sie im Süden des Reiches – in den Civitates – vertreten, während im Norden – in den eigentlichen fränkischen Gauen – die Franken vorherrschten. Ausgleichend wirkte sich auch aus, dass Franken und Gallorömer bei der Aufnahme ins Heer und auch bei anderen Gelegenheiten gleichberechtigt behandelt wurden.

Missionierung der deutschen Stämme

CHLODWIG und seine Nachfolger unterstützten die Ausbreitung des Christentums durch systematische Christianisierung und Mission. Sie holten iroschottische Mönche ins Land, die Klöster gründeten. Dies war notwendig, um dauerhaft wirken zu können und die germanische Bevölkerung mit dem christlichen Glauben vertraut zu machen. Meist wurden Massentaufen abgehalten. Eine zweite Missionswelle wurde von angelsächsischen Missionaren betrieben. Sie stellten ihre Bemühungen unter den Schutz des Frankenreiches, nachdem sie keinen bleibenden Erfolg erreichen konnten. WILLIBRORD (658–739) erhielt 692 von Papst SERGIUS I. einen Missionsauftrag für Friesland und gründete nach anfänglichen Erfolgen das Bistum Utrecht. Er erhielt die Weihe zum „Erzbischof der Friesen". Die nun häufigeren Misserfolge der Friesen-Mission ließen ihn ins Kloster Echternach gehen. Von hier aus unternahm er immer wieder Missionsversuche in Friesland, Thüringen und Hessen.

BONIFATIUS, der „Apostel der Deutschen", ist das bekannteste Beispiel für die angelsächsische Mission im Fränkischen Reich.

▶ Die iroschottische Mönchskirche entstand zunächst in Irland, Schottland und Wales durch ägyptische Mönche. Aufgrund der griechisch-orthodoxen Tradition spricht man auch von keltisch-griechischer Mönchstradition, die allerdings auch lateinische Einflüsse aus Gallien aufnahm. Diese Mönche missionierten zuerst in England, dann seit dem 6. Jh. auch auf dem Festland. Nachdem sich CHLODWIG dem Katholizismus angeschlossen hatte, folgten auch die Missionare dieser Tradition, sodass die Mission nach einem einheitlichen Glaubensbekenntnis und Ritus verlaufen konnte.

- Eine Legende ist die Fällung der Donar-Eiche bei Geismar: Dabei habe BONIFATIUS das Wahrzeichen des germanischen Gottes Donar, unterstützt durch göttlichen Beistand, gefällt und die Taufe der heidnischen Bevölkerung erreicht.

BONIFATIUS ist bekannt als Kloster- und Bistumsgründer. Auf ihn gehen u. a. die Gründung der Bistümer Erfurt und Freising sowie die Klostergründungen in Tauberbischofsheim und Fulda zurück. Dort ist er auch bestattet worden, nachdem er von friesischen Heiden während eines späten Missionswerkes erschlagen wurde.

5.4.2 Das karolingische Reich

Der Aufstieg der Karolinger

Nach dem Tod CHLODWIGS wurde das Reich unter dessen vier Söhne THEUDERICH, CHLODOMER, CHILDEBERT und CHLOTHAR aufgeteilt. Diese sollten gleichberechtigt als fränkische Könige regieren. Ihnen gelang die weitere Ausdehnung des Frankenreiches. Neben Thüringen (531) und Burgund (534) konnten auch den Baiern, Alemannen, Ostgoten und Westgoten Gebiete abgenommen werden. 536 hatten die Franken sogar den Zugang zum Mittelmeer erreicht. CHLOTHAR I. (498/500–561) einige

▶ BONIFATIUS (672/73 bis 754), eigentlich WINFRIED, missionierte seit 716 auf dem Festland, vor allem in Friesland, Thüringen, Hessen und Bayern. 719 erhielt er einen Missionsauftrag vom Papst. 722 wurde er zum Bischof geweiht, zehn Jahre später – insbesondere wegen seiner Erfolge in der Missionsarbeit – zum Erzbischof für das Missionsgebiet auf dem Gebiet des späteren Deutschen Reiches.

das Reich nochmals zwischen 558 und 561, jedoch kam es nach seinem Tod zu einer erneuten Aufteilung unter seine vier Söhne. Der frühe Tod eines der Brüder sowie die sich verschärfenden Auseinandersetzungen zwischen dem Königtum und dem frühfeudalen Stammesadel bewirkten die Entstehung von drei Reichsteilen:

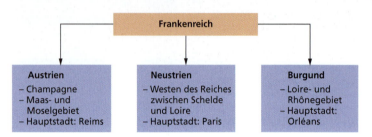

Nach einer Zeit der innerfamiliären Auseinandersetzungen um die Macht im Frankenreich gelang es CHLOTHAR II. (584–629, König seit 613) wieder, das Frankenreich in seiner Hand zu einen. Da ihm dies nur mithilfe der Adligen in Burgund und Austrien gelang, musste er diese durch politische Zugeständnisse entschädigen. Dies geschah im **Edictum Chlotharii** von 614. Es verpflichtete den König zur Wahl von königlichen Beamten (Grafen) unter den Grundbesitzern aus der jeweiligen Grafschaft. So entstand eine vom König unabhängige Beamtenschicht, die die Macht in der jeweiligen Grafschaft ausübte. Austrien, Neustrien und Burgund erhielten eine Quasiselbstständigkeit. Diese wurde durch die Anführer der königlichen Gefolgschaft, die **Hausmeier**, ausgeübt.

▶ Eine besondere Rolle spielten dabei ARNULF VON METZ und PIPPIN DER ÄLTERE, die als die Stammväter des Geschlechts der Karolinger gelten. ARNULF V. METZ war Bischof von Metz und PIPPIN D. Ä. Hausmeier König DAGOBERTS von Austrien. Beide übernahmen de facto die Herrschaft in Austrien seit 622 für den schwachen König.

Hausmeier waren ursprünglich Verwalter an germanischen (Fürsten-)Höfen, übernahmen seit dem 7. Jh. auch militärische Aufgaben und stellten sich an die Spitze der königlichen Gefolgschaft.

CHLOTHARS Sohn DAGOBERT I. (König von 629–639) gelang noch einmal die Einigung des Fränkischen Reiches der Merowinger. Während dieser Zeit erlebte das Hausmeier-Amt eine politische Aufwertung. CHLOTHAR II. hatte DAGOBERT als Hausmeier PIPPIN DEN ÄLTEREN und als geistlichen Berater den Bischof ARNULF VON METZ beigeordnet, die für ihn faktisch die Regentschaft ausübten. Sie blieben auch nach CHLOTHARS Tod seine maßgeblichen Berater. Die Inhaber des Hausmeier-Amtes stammten aus dem Geschlecht der Karolinger aus dem Maas-Mosel-Gebiet. Es ging aus der Verbindung der Nachkommen von Bischof ARNULF VON METZ und PIPPIN I., DEM ÄLTEREN, hervor. ARNULFs Sohn ANSEGISEL heiratete PIPPINs Tochter BEGGA. Dieser Verbindung entstammt PIPPIN II., DER MITTLERE (635–714). Nach langen innenpolitischen Kämpfen mit dem Hausmeier von Austrien, BERCHAR, gelang es ihm, Hausmeier des gesamten Frankenreichs zu werden. Durch geschickte Heiratspolitik (er vermählte seinen Sohn DROGO mit der Witwe BERCHARS) und Verdrängung der Merowinger aus Paris konnte er seine Macht festigen und ausweiten. Er unterwarf 689 die Friesen und integrierte Friesland in das Frankenreich.

KARL MARTELL (688–741; Hausmeier seit 717) gelang die Einigung des Reiches und im Jahre 732 die Zurückdrängung der Araber (Schlacht von Tours und Poitier, die KARL MARTELL durch den Einsatz des fränkischen Fußvolkes gewann) von den Grenzen des Fränkischen Reiches.
Er unterwarf Alemannen und Baiern. Seit 737 herrschte er allein, ohne dass es einen König aus dem Haus der Merowinger gegeben hätte.

KARL MARTELL in einer Buchillustration

Das karolingische Reich unter Pippin III., dem Jüngeren (714–768)

Nach 751 herrschten die Karolinger mit päpstlicher Unterstützung als Könige im gesamten Frankenreich. PIPPIN III., DER JÜNGERE, war zunächst seit 741 gemeinsam mit seinem Bruder KARLMANN Hausmeier im Frankenreich. Seit 747 herrschte er allein, jedoch noch nicht als König. PIPPIN III. gelang vier Jahre später die Absetzung CHILDERICHS III. (König 743–751).
PIPPIN ging in der Königsfrage sehr behutsam vor. Er sandte 750 zunächst einen Geistlichen nach Rom, um Papst ZACHARIAS um Rat zu fragen. Papst ZACHARIAS antwortete darauf mit dem Ausspruch: „Es sei besser, der wirkliche Inhaber der Gewalt heiße König als einer, der ohne Königsgewalt geblieben sei." CHILDERICH III. und sein Sohn wurden abgesetzt. Darauf folgte die Wahl und Krönung PIPPINs III. zum König der Franken. Sie ließen ihm durch den Geistlichen die Frage vorlegen, ob es gut sei, wenn Könige ohne wirkliche Gewalt das Frankenreich regierten.

PIPPIN III., der Jüngere, fränkischer König

Ein weiteres Merkmal der Politik König PIPPINS I. war ein Bündnis mit dem Papsttum, das bald nach seiner Wahl zustande kam. Papst STEPHAN (752–757) hatte seit langem Schwierigkeiten mit den in Mittel- und Nord-italien ansässigen Langobarden unter deren König AISTULF (749–756). PIPPIN lud den Papst daraufhin in das Frankenreich ein, wo der Papst ihn nochmals mit dem heiligen Öl salbte. Papst und Frankenkönig schlossen ein Freundschaftsbündnis (auch die Söhne PIPPINS waren

▶ PIPPIN III. wurde als König PIPPIN I. karolingischer Herrscher.

darin eingeschlossen), das sich vor allem gegen die Langobarden richtete. 754 wurden die Karolinger zu Schutzherren der Römer (patricius Romanorum) und unterwarfen im gleichen Jahr und 756 die Langobarden.
Bestandteil der Bündnisvereinbarungen war die Rückerstattung der Gebiete, die ehemals den Langobarden gehörten. Dies geschah durch die sogenannte **pippinsche Schenkung.** Sie war Grundlage für die Entstehung des Kirchenstaates, der somit Teile des römischen Stadtgebietes, das Exarchat von Ravenna, sowie Teile Mittelitaliens zwischen Rimini und Ancona (die sogenannten Pentapolis, das Fünf-Städte-Gebiet) umfasste. Daneben gelang es PIPPIN, konkurrierende Herzogtümer, z. B. Aquitanien (760–768), auszuschalten und in das Frankenreich einzuverleiben. Auch das seit 720 arabische Narbonne konnte er für das Frankenreich gewinnen. Als PIPPIN I. 768 in St. Denis starb, hatte er das Reich unter seine Söhne KARL und KARLMANN aufgeteilt.

Das Frankenreich unter Karl dem Großen (747–814, König seit 768)

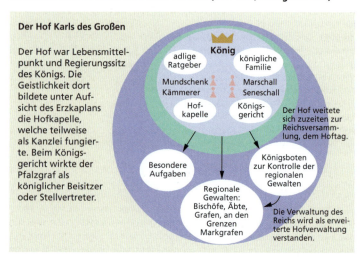

Die sich anbahnenden Auseinandersetzungen mit KARLMANN fanden bereits 771 durch dessen frühen Tod ein Ende. In den Jahren 773 und 774 gelang es KARL DEM GROSSEN, die wieder aufflammenden Gegensätze zwischen Papsttum und Langobardenreich einzudämmen: Er eroberte das Langobardenreich und machte sich zum König der Langobarden. Die **Sachsenkriege** (772–804) nahmen KARL DEN GROSSEN fast seine gesamte Herrschaftszeit in Anspruch. Zunächst eroberten fränkische Heere die Eresburg und zerstörten die dort verehrte heidnische Heiligenstatue. Dabei handelte es sich um die Irminsul. Dies war eine Weltsäule, nach Auffassung der Sachsen verhinderte sie ein Herabfallen des Himmels auf die Erde. Ziel war es, die Sachsen sowohl zu christianisieren als auch zu unterwerfen. Deshalb kam es in dieser Zeit häufig zu Massentaufen. 776 unterwarfen sich die Sachsen ein erstes Mal und verpflichteten sich, das Christentum anzunehmen; im Jahr darauf erneuerten sie diese Verpflichtung. 778 brach jedoch ein Aufstand sächsischer Adliger unter ihrem Anführer WIDUKIND aus, der allerdings niedergeschlagen werden konnte. 782 führte KARL DER GROSSE die fränkische Verwaltung in Sachsen durch die Einrichtung von Grafschaften ein.

▸ Die Eresburg befand sich in der Nähe von Marsberg, Nordrhein-Westfalen, auf einer ca. 900 m langen und 350 m breiten Anhöhe, die mit dem Obermarsberg gleichzusetzen ist.

▸ 777 fand die erste Reichsversammlung auf sächsischem Boden, in Paderborn, statt. KARL wollte damit also auch zeigen, dass er Sachsen in das Frankenreich einbeziehen wollte.

> Als Grafschaft wird das Amtsgebiet eines Grafen bezeichnet. Dieser ist ein königlicher Beamter mit Aufgaben in Rechtsprechung, Heeresaufgebot und Verwaltung.

Als ein sächsisches Heer die fränkischen Truppen im gleichen Jahr vernichtend geschlagen hatte, entschloss sich KARL DER GROSSE zum sogenannten **Strafgericht bei Verden an der Aller.** Auch nachdem WIDUKIND sich hatte taufen lassen und mit KARL einen Frieden geschlossen hatte, gingen die Aufstände weiter. Diesmal richteten sie sich vor allem gegen die Einführung des Kirchenzehnten, einer Abgabe, nach der der zehnte Teil der Ernte der Kirche zustand. Die Franken reagierten mit der Besiedlung sächsischen Gebietes durch fränkische Siedler und mit der Deportation von Sachsen ins Frankenreich. 804 unterwarf KARL die Sachsen endgültig. Bereits 802 hatte sich eine Aussöhnung mit der Einführung der **Lex Saxonum** angedeutet.

▸ Dabei sollen ca. 4 500 sächsische Aufständische hingerichtet worden sein, die der sächsische Adel ausgeliefert hatte.

> **Lex Saxonum** ist das sächsische Gesetz. Es stellt eine Verbindung von fränkischem Recht und sächsischem Volksrecht dar.

Bereits 782 hatte KARL ein Gesetz für die Sachsen eingeführt, in dem die geringsten Vergehen gegen Eigentum oder den christlichen Glauben mit dem Tod bestraft wurden. Das Gesetz von 802 stellt in diesem Sinne eine

5 Mittelalter

> ▶ Bistum: Amtssitz eines Bischofs. Bischof ist ein hoher Geistlicher in der katholischen bzw. evangelischen Kirche.

> ▶ TASSILO III. (744–794, Herzog von Bayern 748–788) entstammte der Dynastie der Agilofinger und war ein Cousin KARLs. KARL zwang TASSILO 787, Bayern von ihm als Lehen zu nehmen. 788 entzog er es ihm wieder und schickte TASSILO und dessen Familie in die Klosterhaft.

> ▶ EINHARD, der Biograf KARLs, schrieb, dass KARL sein Missfallen über die Krönung zum Ausdruck gebracht habe. Dies ist jedoch nicht so zu verstehen, dass KARL die Kaiserkrönung nicht gewollt hat. Vielmehr missfiel KARL die Art und Weise, wie sich der Papst in den Vordergrund gespielt hat, indem er ihm theatralisch die Krone auf den Kopf setzte. Als KARLs Sohn LUDWIG 813 zum Mitkaiser erhoben wurde, geschah dies ohne Mitwirkung des Papstes, d. h., LUDWIG setzte sich die Kaiserkrone selbst auf und dokumentierte damit die Unabhängigkeit vom Papsttum.

Milderung dar. Eine systematische Christianisierung der Sachsen erfolgte nun von den Bistümern Bremen, Verden, Minden, Münster, Osnabrück und Paderborn aus. Auch im Südwesten versuchte KARL DER GROSSE, das Territorium des Frankenreiches zu erweitern. Dies gelang ihm jedoch nur teilweise. Trotzdem setzte er hier 778 seinen Sohn LUDWIG als Unterkönig über Aquitanien ein.

Noch während der Sachsenkriege konnte sich KARL auch dem letzten verbliebenen selbstständigen Herzogtum, Bayern, zuwenden. Er entmachtete 788 den letzten Bayernherzog, TASSILO III.

Die Reichsgrenzen sicherte Karl durch die Einführung von besonderen Grafschaften, der Grenzmarken (786/799 Bretonische Mark, 795 Spanische Mark sowie Grenzmarken im Osten gegen die Slawen und Awaren).

Kaiserkrönung Karls des Großen und Renovatio Romanorum Imperii

Den Höhepunkt der Herrschaft Karls des Grossen stellt die **Kaiserkrönung** durch Papst LEO III. (795–816) in Rom dar. Papst LEO III. war bereits im Jahre 799 infolge von Auseinandersetzungen mit der römischen Bevölkerung, insbesondere dem Adel, zu KARL nach Paderborn geflohen und hatte hier um Hilfe gebeten. Diese gewährte KARL, indem er eine Untersuchung der Vorwürfe gegen LEO III. einleitete. Durch einen Eid befreite sich der Papst von den Vorwürfen und krönte KARL DEN GROSSEN am 24. Dezember 800 in Rom zum Kaiser.

Die **Bedeutung der Kaiserkrönung** lag darin, dass das Kaisertum im Gebiet des seit 476 erloschenen Weströmischen Reiches wiederbelebt wurde. Damit brachte man zum Ausdruck, dass man sich als Fortsetzer des Römischen Reiches verstand. Folgerichtig tauchte auch der Gedanke von der Erneuerung des Römischen Reiches **(Renovatio Romanorum Imperii)** auf. Er wurde in der Diskussion um die Berechtigung und Bedeutung des fränkischen Kaisertums verbunden mit dem Gedanken der Übertragung des Römischen Reiches auf die Franken (translatio imperii). Dies brachte Verwicklungen mit Byzanz mit sich, da sich die byzantinischen Kaiser ebenfalls als berechtigte Nachfolger und Fortsetzer des Römischen Reiches verstanden. 812 kam es jedoch zur Anerkennung der Kaiserwürde KARLS durch den byzantinischen Kaiser MICHAEL I. KARL musste dafür jedoch Byzanz folgende Gebiete überlassen: Venetien, Istrien, Dalmatien. Als KARL DER GROSSE 814 starb, konnte LUDWIG DER FROMME das Reich seines Vaters ohne Schwierigkeiten übernehmen. KARL hatte bereits zu Lebzeiten durch eine Nachfolgeordnung (divisio regnorum) für die Nachfolgeregelung gesorgt. Danach sollte das Reich unter seinen drei legitimen Söhnen PIPPIN, KARL und LUDWIG aufgeteilt werden. Da PIPPIN und KARL bereits 810 bzw. 811 starben, blieb LUDWIG als letzter erbberechtigter Sohn übrig und trat die Nachfolge an.

> Es war ein Verdienst KARLS DES GROSSEN, durch umfassende Reformen in der Verwaltung und der Kirche Verfassungsinstitutionen geschaffen zu haben, die für die Geschichte des Deutschen Reiches vorbildlich wurden. Darüber hinaus ist die Wiederbelebung von Kultur und Wissenschaft eine nicht zu verkennende Leistung KARLS.

Der fränkische Geschichtsschreiber EINHARD schilderte KARL DEN GROSSEN als lerneifrigen, wissensdurstigen Menschen:

- „KARL war ein begabter Redner ... Er beherrschte nicht nur seine Muttersprache, sondern erlernte auch fleißig Fremdsprachen. Latein verstand und sprach er wie seine eigene Sprache ... Er lernte Rechnen und verfolgte mit großem Wissensdurst und aufmerksamem Interesse die Bewegungen der Himmelskörper. Auch versuchte er sich im Schreiben und hatte unter seinem Kopfkissen immer Tafeln und Blätter bereit, um in schlaflosen Stunden seine Hand im Schreiben zu üben" („Das Leben Karls des Großen").

Karolingische Renaissance

Die **karolingische Renaissance** genannte Belebung der mittelalterlichen Kultur gehörte zu einem groß angelegten Programm. Es wurde durch den Hof KARLS DES GROSSEN gesteuert und in die Tat umgesetzt. Es wurde eine Pfalzschule ausgebildet, in der der Angelsachse ALKUIN (730–804) eine besondere Rolle sowohl als Lehrer als auch als Förderer von Wissenschaft und Kultur spielte. Diese Pfalzschule war Vorbild für andere geistliche Bildungseinrichtungen, etwa Kloster- und Domschulen.

Antike Bildungsinhalte und -ideale wurden wiederbelebt. Dies betraf insbesondere die Pflege der frühchristlichen und der antiken Literatur. Karl reformierte die Schrift (karolingische Minuskel) durch die Vereinheitlichung der Schriftenvielfalt. Die karolingische Minuskel wurde zur Ausgangsform aller Kleinbuchstaben späterer Antiqua-Schriften (Serifen-Schriften). Karl sammelte außerdem Heldenlieder der im Frankenreich lebenden Stämme. Diese wurden allerdings von seinem Sohn LUDWIG DEM FROMMEN vernichtet. Es wurde ein Bildungskanon etabliert, der sich an den sogenannten sieben freien Künsten **(septem artes liberales)** orientierte (Grammatik/Rhetorik/Dialektik, Arithmetik/Geometrie/Astronomie/Musik).

5.4.3 Die fränkischen Reiche nach der Teilung

KARL DER GROSSE hatte ein Großreich gebildet, das sich im Osten von der Elbe bis zum Atlantik im Westen erstreckte. Die Nord-Süd-Ausdehnung umfasste ein Territorium, das sich von der Nordsee bis südlich von Rom erstreckte. KARL überlebte fast alle seine Söhne: 810 starb PIPPIN von Italien, ein Jahr später zunächst PIPPIN DER BUCKLIGE, dann KARL DER JÜNGERE. Der einzige Erbe des Riesenreiches war nun LUDWIG VON AQUITANIEN. Er wurde 813 von der Reichsversammlung in Aachen als Kaiser bestätigt.

► In der Geschichtsschreibung wird der drittgeborene Sohn KARLS DES GROSSEN LUDWIG „DER FROMME" genannt, da er unter dem Einfluss von geistlichen Beratern stand.

5 Mittelalter

▶ Nach dieser **Ordinatio imperii** sollte LOTHAR, der seit 825 gemeinsam mit dem Vater herrschte, die Kaiserwürde tragen, PIPPIN sollte in Aquitanien regieren, während LUDWIG Bayern erhalten sollte.

▶ Grund für die Änderung der Thronfolgeordnung war die Geburt eines weiteren Sohnes, KARLS DES KAHLEN (823–877). Diesen hatte LUDWIG mit seiner zweiten Frau JUDITH gezeugt. JUDITH erreichte 829, dass auch ihr Sohn durch LUDWIG DEN FROMMEN versorgt wurde. Er erhielt u. a. Alemannien, das Elsass und Teile Burgunds. Diese Maßnahme war nicht nur ein Verstoß gegen die Ordinato imperii, sondern gefährdete auch die Reichseinheit. LOTHAR war inzwischen nach Italien verbannt worden, da besonders er Widerstand gegen diese Regelung leistete.

▶ Die **Straßburger Eide** sind der älteste Beleg dafür, dass innerhalb des Fränkischen Reiches eine große Völker- und Sprachenvielfalt bestand, denn sie wurden in Althochdeutsch und Altfranzösisch verfasst.

LUDWIG DER FROMME (778–840, König seit 814) unternahm zunächst alles, um die Einheit des karolingischen Reiches zu wahren. Nachdem er selbst durch Papst STEPHAN V. (816–817) zum Kaiser gekrönt worden war, machte er sich 817 an die Regelung der Thronfolge unter seinen Söhnen. Sein ältester Sohn LOTHAR (795–855; Mitkaiser 825, Kaiser 840) sollte die Kaiserwürde übernehmen. Dies geschah 825, als er von einem Italienaufenthalt zurückkehrte.

Die anderen beiden Söhne sollten jeweils Teilreiche erhalten. 829 setzte LUDWIG diese Regelung außer Kraft, was einen Aufstand der drei Söhne auslöste. Diesen schlug der Kaiser jedoch bereits 830 nieder.

Das Frankenreich befand sich nun offensichtlich in einer Krise. Sie wurde allerdings nicht nur durch die Nachfolgefrage ausgelöst, sondern auch eine Vielzahl innerer Probleme war dafür verantwortlich. Schließlich führte diese Krise zu seinem Zerfall.

833 kam es erneut zu einem Aufstand der Söhne LUDWIGS DES FROMMEN gegen ihren Vater. Grund war die Absetzung PIPPINS in Aquitanien. Die Brüder erreichten, dass das Heer des Vaters zu ihnen überging, und setzten den Kaiser ab. Dieser konnte jedoch 834 wieder ins Amt zurückkehren, da sich KARL DER KAHLE und PIPPIN gegen das Machtstreben LOTHARS wandten und sich für die Wiedereinsetzung LUDWIGS stark machten. Letztlich scheiterten die Umsturzbemühungen an der Unfähigkeit LOTHARS, die Interessen seiner Brüder und des Adels zu bündeln.

Ein zweiter Schritt zur Aufhebung der Thronfolgeordnung von 817 war die Einsetzung KARLS DES KAHLEN in das Unterkönigreich Aquitanien nach dem Tod des bisherigen Amtsinhabers PIPPIN. Nach dem Tod LUDWIGS DES FROMMEN 840 kam es zu Erbfolgekriegen zwischen den Brüdern.

LUDWIG DER DEUTSCHE und KARL DER KAHLE verbündeten sich gemeinsam gegen ihren älteren Bruder LOTHAR I. und besiegten ihn in der **Schlacht von Fontenoy**. Beide bekräftigen ihr Bündnis 842 durch die sogenannten **Straßburger Eide**. Dies waren Bündnisschwüre der beiden Brüder, die vor den Heeren abgelegt wurden.

843 erfolgte die erste Teilung des Frankenreiches in ein Mittel-, Ost- und Westreich. Diese wurde im **Vertrag von Verdun** besiegelt. Die Aufteilung fand unter LOTHAR I., LUDWIG DEM DEUTSCHEN und KARL DEM KAHLEN (823–877; König 840/843–877; Kaiser 875–877) statt. Der Sohn des 838 verstorbenen PIPPIN I., PIPPIN II., wurde nicht berücksichtigt. Seine Ansprüche gingen auf KARL DEN KAHLEN über. Das Reich wurde nach wirtschaftlichen und Gründen der Gleichberechtigung geteilt, das heißt, der zu erwartende wirtschaftliche Ertrag war ausschlaggebend.

Der Vertrag von Verdun beschloss die erste einer Vielzahl von fränkischen Reichsteilungen. Mit ihr begann der Zerfall des Reichs KARLS DES GROSSEN in viele, oft nur kurzlebige Kleinreiche.

5.4 Das Frankenreich

Das Mittelreich (843–870) erhielt LOTHAR I. Im **Vertrag von Meerssen** 870 wurde es aufgelöst. Während LUDWIG DER DEUTSCHE die Osthälfte des Mittelreiches erhielt, ging der Rest an KARL DEN KAHLEN.
Dieser hatte im Vertrag von Verdun bereits das gesamte Westfränkische Reich (Neustrien, Aquitanien, Teile Burgunds) erhalten. Es grenzte im Osten an das Mittelreich LOTHARS I. und im Westen an den Atlantik sowie an das Emirat von Córdoba. Die Kaiserwürde ging 875 auf KARL DEN KAHLEN über. Dieser erwarb nach dem Tod LUDWIGS II. auch das Königreich Italien. Das Westfränkische Reich löste sich nach dem Tod KARLS DES KAHLEN und seiner Nachfolger auf.
Das Ostfränkische Reich LUDWIGS DES DEUTSCHEN, das nach seinem Tod zerfiel, umfasste Bayern, Teile Frankens, Sachsen, Hessen und Thüringen.
Im **Vertrag von Ribemont** 880 konnte LUDWIG III. noch einmal die Westhälfte Lothringens für sich gewinnen.

▶ Das Mittelreich war bereits nach dem Tod LOTHARS I. unter dessen Söhnen aufgeteilt worden. Dabei erhielt LUDWIG II. (822–875; König v. Italien 844, Kaiser 850/855–875) Italien, LOTHAR II. (835–869, König 855–869) Lothringen (das nördliche Teilreich von der Nordsee bis in das Quellgebiet von Maas und Mosel) und KARL († 877) die Provence und Burgund. Das letztgenannte Teilreich wurde nach dem Tod KARLS unter LUDWIG II. und LOTHAR II. aufgeteilt.

▶ KARL DER KAHLE und LUDWIG III. fochten heftige Kämpfe um das lothringische Erbe aus. Bereits 876 hatte jedoch zunächst LUDWIG III. die Oberhand behalten und KARL in der Schlacht bei Andernach die Einnahme Ostlothringens verhindern können. Im **Vertrag von Ribemont** gelang es nun LUDWIG III., Westlothringen von den Nachkommen KARLS DES KAHLEN zu erobern. Es kam zwischen 895 und 911 noch einmal zu Bestrebungen, ein lothringisches Reich zu errichten, jedoch scheiterten diese endgültig im Jahre 911.

Zwar einte KARL DER DICKE (839–888, ostfränkischer König 876–887, westfränkischer König 885–887, Kaiser 881–887) noch einmal das Frankenreich in seiner Hand und erreichte die Kaiserkrönung durch Papst JOHANNES VIII. (872–888). Er wurde allerdings 887 abgesetzt und 888 ermordet. Die letzten rechtmäßigen Nachfolger im Ostfränkischen Reich waren ARNULF VON KÄRNTEN (850–899, König seit 887) und LUDWIG „das Kind" (893–911; König seit 900). ARNULF betrieb keine Wiederherstellung des Frankenreiches, achtete jedoch darauf, dass seine Oberherrschaft von den anderen Teilherrschern gewahrt blieb. Er erreichte noch einmal die Kaiserwürde. Jedoch währte seine Herrschaft nicht lange, da er 899 an den Folgen eines Schlaganfalls verstarb.
Um 900 zeigten sich zwei Entwicklungen, die entscheidend zum endgültigen Zerfall des Frankenreiches führten: Zum einen hatte sich das ehemals einheitliche Großreich in mehr oder weniger selbstständige Reichsteile gespalten. Dies waren das Westfrankenreich, das Ostfrankenreich, Italien sowie zwei burgundische Teilreiche. Daneben strebten neue Adelsgeschlechter dem Aufstieg entgegen. Sie hatten sich beson-

dere Verdienste in der Verteidigung der Grenzen gegen äußere Feinde erworben, die Schutzherrschaft über Bistümer, Grafschaften und königliche Güter erworben und übten dadurch die Herrschaft auf ihrem Besitz anstelle von Königen aus. Sie schufen innerhalb des West- und des Ostreiches neue Herzogtümer. Für den Ostteil des ehemaligen Fränkischen Reiches waren die „neuen" Herzogtümer: Bayern, Sachsen, Franken, Schwaben und Lotharingien. Die Theorie, dass es sich dabei um „jüngere" Stammesherzogtümer handelt, ist mittlerweile überholt. Es gibt in den Quellen keinerlei eindeutige Hinweise, dass hier eine Verbindung zwischen Herzogtum und Stamm vorliegt.

Im Ostfränkischen Reich entsprang einem dieser Herzogtümer ein neues Herrschergeschlecht, das der Entwicklung des Ostfränkischen Reiches zum Deutschen Reich entscheidende Impulse geben sollte: Das Geschlecht der **Ottonen** (auch: Liudolfinger, Ludolfinger).

▶ Das Geschlecht der Ottonen wurde begründet vom Grafen LIUDOLF († 866).

5.4.4 Grundstrukturen der Verfassung im Fränkischen Reich

An der Spitze des Königreiches stand der König. Wichtigstes Instrument der Herrschaftsausübung der Karolinger war seit KARL DEM GROSSEN der königliche Hof. Der königliche Hof versorgte einerseits den König. Andererseits war der Hof der Mittelpunkt eines Reiches, in dem es keine eigentliche Hauptstadt gab, sondern sich der König mit seinem Hofstaat als Reisender durch sein Reich bewegte. Die Leitung des königlichen Hofes lag in den Händen der vier **Erzämter**.

▶ Der Begriff des Erzamtes stammt hingegen erst aus dem 14. Jh.

Erzämter nennt man die obersten Hofämter im karolingischen, später auch im Deutschen Reich. Seit dem 13. Jh. wurden diese Ämter als Lehen aufgefasst und erblich. Sie wurden später an die Fürsten, die den König wählten (**Kurfürsten**), vergeben. Seitdem die Karolinger die Königswürde innehatten, wurde das Amt des **Hausmeiers**, d. h. des Vorstehers der Hofverwaltung abgeschafft und durch die vier Erzämter ersetzt.

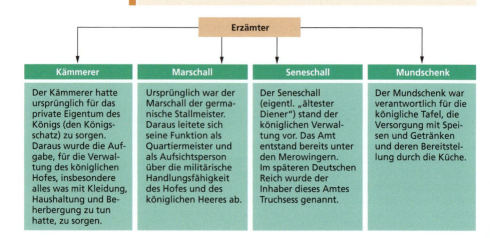

Kämmerer	Marschall	Seneschall	Mundschenk
Der Kämmerer hatte ursprünglich für das private Eigentum des Königs (den Königsschatz) zu sorgen. Daraus wurde die Aufgabe, für die Verwaltung des königlichen Hofes, insbesondere alles was mit Kleidung, Haushaltung und Beherbergung zu tun hatte, zu sorgen.	Ursprünglich war der Marschall der germanische Stallmeister. Daraus leitete sich seine Funktion als Quartiermeister und als Aufsichtsperson über die militärische Handlungsfähigkeit des Hofes und des königlichen Heeres ab.	Der Seneschall (eigentl. „ältester Diener") stand der königlichen Verwaltung vor. Das Amt entstand bereits unter den Merowingern. Im späteren Deutschen Reich wurde der Inhaber dieses Amtes Truchsess genannt.	Der Mundschenk war verantwortlich für die königliche Tafel, die Versorgung mit Speisen und Getränken und deren Bereitstellung durch die Küche.

Daneben gab es bereits seit den Merowingern das Amt des Pfalzgrafen.

Die **Pfalzgrafen** waren, während der König Gericht hielt, als Beisitzer anwesend und bei der Rechtsprechung behilflich. Unter den Karolingern hatte der das Amt innehabende Pfalzgraf auch dafür zu sorgen, dass die vielen königlichen Aufenthaltsorte – die Pfalzen – intakt waren. Auch dort hatte er richterliche Aufgaben zu übernehmen.

PIPPIN III. richtete am königlichen Hof eine weitere Institution ein, die Hofkapelle.
Mitglieder der **Hofkapelle** waren Geistliche. Sie hatten dem König und den Mitgliedern des Hofes den geistlichen Beistand zu leisten. Da die Kapläne lesen und schreiben konnten, waren sie auch für die Ausstellung von Urkunden und anderen Schriftstücken zuständig. In ihren Händen lag die Geschichtsschreibung, die Ausbildung bei Hof und der Aufbau einer Hofbibliothek. Aus der Hofkapelle ging später die Hofkanzlei hervor.

Da der König nicht gleichzeitig überall sein konnte, war er gezwungen, in seiner Abwesenheit den Grafen und Bischöfen die Herrschaft anzuvertrauen.

Der **Graf,** ein weltlicher Adliger, übte die Herrschaft im Namen des Königs in seinem Herrschaftsbezirk, der Grafschaft, aus. Er war befugt, das Heer auf königlichen Befehl aufzustellen, und übernahm die Rechtsprechung. Er war also ein königlicher Beamter. Die Grafen hatten die Pflicht, in regelmäßigen Abständen im Grafending zusammenzukommen und Recht zu sprechen.

Die **Bischöfe,** als geistliche Adlige, nahmen Verwaltungs- und Herrschaftsaufgaben – ähnlich wie die Grafen – in ihrem geistlichen Herrschaftsgebiet, dem Bistum oder Sprengel, wahr. Dabei übernahmen sie vor allem die geistliche Gerichtsbarkeit, da sie keine weltlichen Befugnisse hatten. Für diese stand ihnen der Schutz von weltlichen Schutzherren zu, die man Vögte nannte.

Um zu verhindern, dass die Bischöfe und Grafen Entscheidungen trafen, die für den König und das Reich ungünstig waren, schuf KARL DER GROSSE das Amt der Königsboten, die Kontrollaufgaben wahrnahmen.
Die **Königsboten** (lat. missi dominici) waren Beamte, die mit besonderen Vollmachten ausgestattet waren. Damit es unter ihnen keine Kumpanei gäbe, hatte man festgelegt, dass jeweils ein Geistlicher und ein Weltlicher die entsprechenden Aufgaben übernahmen.

Ruinen der staufischen Kaiserpfalz in Gelnhausen

Der Name leitete sich davon ab, dass diese Geistlichen auch für den Schutz einer Reliquie, den Mantel (lat. capella) des hl. Martin von Tours zuständig waren.

▶ Zu den Aufgaben der Markgrafen gehörte die selbstständige Einberufung des Heeres sowie die Rechtsprechung im Gericht.

Im Zuge der zahlreichen karolingischen Eroberungen und der Grenzsicherung spielte das Amt des Markgrafen eine besondere Rolle. Markgrafen wurden in den Markgrafschaften, an den Grenzen des Reiches benötigt.

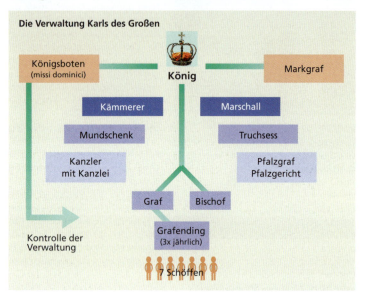

▶ KARL hielt sich nachweislich am liebsten in der Kaiserpfalz in Aachen auf. Sie gilt als das eigentliche Zentrum von Verwaltung und Hof im Frankenreich während der Herrschaft KARLS DES GROSSEN.

Ein Kennzeichen der Herrschaftsausübung in der karolingischen Zeit war das Nichtvorhandensein einer Reichshauptstadt. Vielmehr war das karolingische Königtum ein Reisekönigtum, das heißt, der Hofstaat fuhr im Land umher. Dabei waren die Grafen, Bischöfe, Markgrafen und insbesondere die Pfalzgrafen zur Beherbergung des königlichen Hofstaates verpflichtet. Als Lieblingspfalz Kaiser KARLS DES GROSSEN gilt die Kaiserpfalz in Aachen.
794 wählte KARL Aachen sogar zu seiner Residenz. Offenbar wegen seiner angeschlagenen Gesundheit nutzte er immer häufiger die dort vorhandenen heilkräftigen warmen Quellen. Im Aachener Dom

wurde der als „pater Europae" (Vater Europas) gerühmte fränkische Herrscher bestattet. 1165 ließ ihn FRIEDRICH I. BARBAROSSA heilig sprechen. im Mittelalter wurde KARL als idealer christlicher Herrscher verehrt und zur Hauptfigur zahlreicher Sagen.

5.4 Das Frankenreich

5.4.5 Das Lehnswesen

Seit dem Entstehen des Frankenreiches ist das Lehnswesen die Grundlage für den mittelalterlichen Staat.

> Den mittelalterlichen „Staat" an sich gibt es eigentlich nicht. Vielmehr wird dieser Begriff als Hilfsmittel verwendet, um zu erklären, wie die Beziehungen der unterschiedlichen Gruppen von Menschen innerhalb der Gesellschaft (König, weltlicher Adel, geistlicher Adel, Bürger, freie Bauern, Hörige, Tagelöhner) funktionierten und welche Grundlage es dafür gab.

▶ Hörige im Mittelalter waren abhängige Bauern, die an den Bauernhof gebunden waren und ihrem Grundherren Hand- und Spanndienste leisten mussten.

Im 8. Jh. setzten die Karolinger entscheidende Veränderungen im Militärwesen durch. Bis zu diesem Zeitpunkt stellten freie Bauern den Großteil des Heeres. Die Verpflichtung zum Kriegsdienst war ein Kennzeichen des sogenannten freien fränkischen Bauern. Da die militärischen Verpflichtungen allerdings zunahmen (u. a. wegen der Arabereinfälle im Westen des Frankenreiches), wurden viele Bauern so in den finanziellen und wirtschaftlichen Ruin getrieben. Dies bedeutete, dass sie sich in den Schutz eines Adligen oder der Kirche begeben mussten. Sie verloren oft ihre rechtliche und persönliche Freiheit, mussten Abgaben und Frondienste leisten oder wurden hörig. Auf der anderen Seite verringerte sich dadurch um so mehr die Anzahl der zum Kriegsdienst fähigen Bauern. Der Not gehorchend, musste also ein neues System der Militärorganisation geschaffen werden. Berittene Krieger **(Panzerreiter)** übernahmen als eine Art Berufskrieger die Wehraufgaben. Dafür erhielten sie vom König ein **Lehen.**

▶ **Panzerreiter** waren mit Pferd und Rüstung ausgestattete berittene Krieger, die für die Erfordernisse der damaligen Militärtaktik besser gewappnet waren als der Bauernfußkrieger.

> Ein **Lehen** ist ein Land oder ein Amt, das die Berufskrieger vom König für ihren militärischen Dienst erhielten. Dafür waren sie dem König zu Dienst und Treue verpflichtet. Derjenige, der ein Lehen empfing, wurde Lehnsmann genannt, derjenige, der ein Lehen vergab, Lehnsherr. Der König (Lehnsherr) seinerseits war zum Schutz seiner Untertanen (Lehnsmänner, Lehnsleute) verpflichtet.

▶ **Lehen,** vgl. nhd. = leihen

Das Wort Lehen ist vom lat. Wort „feudum" hergeleitet. Deswegen spricht man oft auch von Feudalismus oder Feudalgesellschaft. Für das deutsche Mittelalter sind diese gesellschaftlichen Rahmenbedingungen kennzeichnend. Die Belehnung ist ein vielschichtiger, komplizierter Vorgang. Er spielt sich zwischen dem Lehnsherrn (Senior) und dem Lehnsmann (Vasall, von kelt. gwas = Knecht) ab. Auf der einen Seite begründet die Belehnung ein (personen)rechtliches Verhältnis zwischen Senior und Vasall, bei dem der Vasall dem Senior gegenüber zu militärischer und Amtsdienstleistung verpflichtet ist (Rat und Hilfe, lat. consilium et auxilium). Ebenso war der Senior verpflichtet, den Vasallen in gleicher Weise zu schützen. Der Vasall unterwirft sich bei der Belehnung dem Senior (im sogenannten Handgang: der Lehnsherr legt seine Hände um die gefalteten Hände des Lehnsmanns herum) und leistet einen Lehnseid. Die sogenannte dingliche Seite des Lehnswesens ist das Lehen, das sowohl in

▶ Aufgrund dieser personenrechtlichen Beziehungen im mittelalterlichen „Staat" spricht man oft von einem „Personenverbandsstaat".

Form von Land, aber später auch in Form von Ämtern oder Titeln vergeben werden konnte.
Im **Lehnswesen** fließen
– das altgermanische Gefolgschaftswesen und
– frühe Formen der Hörigkeit aus der Spätantike
zusammen.

> Im Gegensatz zum Allod, das eine Form des frei verfügbaren und erblichen Eigentums an Grund und Boden darstellt, ist das Lehen nur geliehenes Gut bzw. ein geliehenes Amt. Es fällt je nach den Bedingungen des Lehnsvertrages wieder an den Lehnsherrn zurück, ist also nicht von vornherein erblich.

Zu den Lehnsleuten des Königs (Kronvasallen) konnten sowohl geistliche als auch weltliche Adlige gehören. Die Kronvasallen vergaben ihrerseits oft Land an ihre Untertanen. Diese wurden dann zu ihren Lehnsleuten (Untervasallen). Dies war notwendig, damit sie ihre Lehen mithilfe der Untervasallen verwalten und ihre Aufgaben gegenüber dem König als obersten Lehnsherrn erfüllen konnten.

▶ Untervasallen waren also Lehnsleute, die ihre Lehen von den Kronvasallen erhielten. Auch sie leisteten einen Lehnseid und begaben sich in die Vasallität. Für sie galt, dass der König oberster Lehnsherr war.

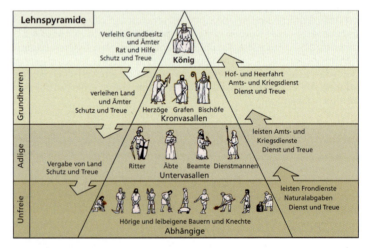

Der König war der größte Grundbesitzer im mittelalterlichen Staat. Er, seine Lehnsleute und deren Untervasallen bewirtschafteten ihr Land (sowohl das Allod als auch die Lehen) in Form von **Grundherrschaften**. Da die Adligen ihren Grundbesitz und ihre Lehen nicht selbst bewirtschaften konnten, wurde das Land von abhängigen, persönlich unfreien Bauern bewirtschaftet, oder es wurde ihnen zu bestimmten Bedingungen zur Nutzung überlassen. Sie mussten Abgaben bzw. Leistungen in Form von Arbeitsdiensten auf dem Grund und Boden der Grundherren (Frondienst) leisten. Zentrum einer solchen Grundherrschaft war der Fronhof. Er wurde geleitet von einem Fronhofsverwalter, der die Arbeiten auf dem Fronhof beaufsichtigte, aber auch für den Schutz und die Versorgung der Bauern verantwortlich war.

5.4.6 Adel und Ritterstand – Eine neue Art zu kämpfen …

Im 8. Jh. war das Frankenreich durch die Araber, die 732 die Pyrenäen überquerten und in das Fränkische Reich einfielen, massiv bedroht. Sie trafen jedoch jetzt nicht mehr auf das gewohnte Aufgebot von fränkischen Bauernkriegern, die zu Fuß kämpften, sondern auf eine neue Art und Weise der Kriegführung: Ihnen stand ein berittenes fränkisches Heer, d. h. Reiterkrieger, gegenüber (etwa in der Schlacht von Tours und Poitier 732).

Diese Veränderung innerhalb des Kriegswesens ist verantwortlich für eine beginnende Differenzierung in unterschiedliche gesellschaftliche Schichten. Die angesehenste dieser Schichten war der Ritterstand. Die Ritter hatten vor allem die Aufgabe, als gepanzerte Reitertruppe dem Heeresaufgebot des Königs zu folgen und den Schutz und die Verteidigung des Fränkischen Reiches zu übernehmen.
Der freie fränkische Bauer als Fußkrieger, der bisher diese Aufgabe übernommen hatte, konnte sie aus verschiedenen Gründen nicht mehr wahrnehmen und wurde durch die Ritter abgelöst. Zum einen waren die fränkischen Fußkrieger den schnellen berittenen muslimischen Reiterkriegern militärisch unterlegen, was zu einer Veränderung der fränkischen Kriegführung – der Aufstellung von Reiterheeren – führte. Auf der anderen Seite war die Ausrüstung sehr kostspielig, sie hätte den Hof eines Bauern weit überfordert.
Darüber hinaus war es notwendig, sehr viel für die Kriegführung zu Ross zu üben.

> Aus den berittenen Kriegern wurde eine berufsmäßige Kriegerschicht, die sich nur mit dem Waffenhandwerk beschäftigte. Sie löste die Bauernheere ab.

Dies bedeutete aber auch, dass er sich nicht mehr selbst um seinen Lebensunterhalt kümmern konnte. Nur Adligen war es möglich, da sie über Land und Bauern verfügten, sich eine selbstständige Ausrüstung zu leisten. Daneben erhielten sie durch den König für die Leistung des Kriegsdienstes weiteren Grund und Boden in Form von Lehen. Aber auch viele nicht zum Adel gehörende Krieger wurden als **Ritter** aufgeboten.

> Diese **Ritter** waren Nichtadlige, vielfach sogar nachweislich Unfreie, die an den Höfen des Adels als Berater, Aufseher und Verwalter von Burgen und Landbesitz tätig waren. An sie wurden sogenannte Dienstlehen vergeben. Sie wurden Dienstadlige oder **Ministeriale** genannt.

▶ Je nach Qualität war eine Ritterausrüstung so viel wert wie 30–45 Milchkühe. Man schätzt, dass ein Streitross dem Wert eines Ochsen entsprach und eine Ritterrüstung so viel wert war, wie ein mittlerer Bauernhof abwarf. Die Ausrüstung bestand aus dem Streitross, einer Rüstung, die je nach zu erwartender Angriffswaffe unterschiedlich sein konnte, einem ca. 20 kg wiegenden Kettenhemd, mit dem man gegen Schwerthiebe einigermaßen gut geschützt war. Mit dem Aufkommen der Armbrust als Angriffswaffe verwendete man den stählernen Plattenpanzer, der ca. 50–60 kg wog. Dazu gehörten Beinschienen, Helm, eiserne Handschuhe. Der Ritter war allein kaum in der Lage, die Rüstung anzuziehen, dabei mussten ihm die Knappen helfen, die ihn auch begleiteten, damit er im Falle eines Sturzes vom Pferd wieder in den Sattel gelangte. Zur Ausrüstung gehörten Langschwert, Kurzschwert, Lanze, Streitaxt bzw. Streitkeule sowie ein Brustpanzer, Helm und Beinschienen für das Reitpferd.

Mit diesen Lehen wurde für den Lebensunterhalt der Ritter gesorgt. In ihrer Lebensweise unterschieden sie sich kaum noch vom Geburtsadel. Seit dem 11. Jh. unterscheidet man den Hochadel und den niederen Adel. Zum Hochadel gehörten all die alten, eingesessenen Adelsgeschlechter, zum niederen Adel die neuen, aus dem Ritterdienst hervorgegangenen Geschlechter. Seit dem 12. Jh. war der Ritterstand nach unten hin abgeschlossen, das heißt, es war generell nicht mehr möglich, in den Ritterstand aufzusteigen, wenn nicht bereits der Vater des Kandidaten zum Ritterstand gehört hatte.

Ausbildung der Ritter

Um Ritter werden zu können, musste man Sohn eines Adligen oder Ritters sein. Im Alter von sieben Jahren begann der Kandidat die Ausbildung, meist am Hof eines anderen Ritters, wo er zunächst als Page das Verhalten am Hofe sowie als Knappe das Waffenhandwerk erlernte. Dies geschah durch ein jahrelanges intensives Training, bei dem der Knappe die Jagd sowie das Verhalten im Kampf erlernte. Mit Vollendung des 14. Lebensjahres erhielt der Knappe ein eigenes Schwert und wurde einem Ritter zugeteilt, der ihn in der Waffenkunst unterwies.

▶ Zum Verhalten am Hofe gehörten auch die Tischsitten und das Verhalten gegenüber den Damen bei Hofe.

Die Ausbildung zum Ritter war beendet, wenn der Knappe das 21. Lebensjahr vollendet hatte und den Ritterschlag erhielt, nachdem er einen feierlichen Eid abgelegt hatte. Um die Fähigkeiten der Kampfkunst zu beweisen, wurden Turniere durchgeführt, bei denen sich die Ritter in unterschiedlichen Disziplinen maßen. Bekannt sind u. a. der Zweikampf mit der Lanze sowie Aufeinandertreffen von Gruppenformationen. Solche Turniere waren jedoch nicht nur Ort von Streit und Kampf, sondern zugleich Ort der adligen Repräsentation, d. h. von höfischen Festen, bei denen sich der hohe und niedere Adel zur Schau stellte.

Die Rolle der Frau bei Hofe

Den Frauen und Mädchen kam eine ganz andere Rolle bei Hofe zu: Sie erhielten eine Ausbildung, die sie zum Lesen und Schreiben sowie zur Anfertigung und Instandhaltung von Kleidung befähigte. Den Frauen oblag die Aufsicht über den Haushalt und das Personal. Vom Mittelalter bis ins 20. Jh. hielt sich die Aufteilung der Zuständigkeiten:
– Die Frau ist Herrscherin über das Haus.
– Der Mann ist Herrscher über die Welt.
Sehr wichtig war das höfische Benehmen, das sehr strenge Normen, vor allem im Umgang mit dem anderen Geschlecht, vorschrieb. Die Frau der adligen Gesellschaft verfügte über eine geringere rechtliche Stellung als ihre männlichen Standesgenossen. Sie genoss weniger Rechte und Freiheiten, vor allem was das Erbrecht und das Eherecht anging.

Die Burg, der Lebensmittelpunkt von Adel und Ritterschaft

Lebensmittelpunkt des Adels und der Ritter waren die Burgen. Burgen wurden vor allem an strategisch günstigen Punkten angelegt, z. B. an günstig gelegenen Wasserläufen oder auf Anhöhen. Deswegen spricht man oft von Wasserburgen bzw. Höhenburgen.

Burgen wurden zunächst aus Holz erbaut, später (ab dem 9. Jh.) aus Stein. Ihr Bau dauerte 3–7 Jahre. Sie waren sowohl Behausung des Adligen oder Ritters als auch Schutz- und Zufluchtsort vor Angreifern bei Krieg, halfen ihm, Handelswege und Straßen zu kontrollieren, und sicherten vor allem die Herrschaft über Land und Leute. Diese Vielfalt von Funktionen schlug sich auch im Aufbau einer Burg nieder. Im Vordergrund stand die Verteidigungsfunktion, weshalb den militärischen Anlagen eine besondere Bedeutung zukam.

Wasserburg Gravenstein in Ostflandern

▶ Jede Burg verfügte über ein Burgtor mit Zugbrücke, die oftmals in eine Ringmauer mit Schießscharten für Bogen und Armbrustschützen eingelassen war. Vor der Ringmauer befand sich ein Wassergraben, vielfach auch ein äußerer Schutzwall. Im Inneren der Burganlage verlief ein innerer Verteidigungsgürtel, der aus einem Wehrgang mit Torhaus und Fallgitter bestand. Auf dem Burghof thronte unübersehbar der Burgfried, in dem man sich verschanzen konnte.

Neben diesen militärischen Funktionen musste die Burg auch Bereiche des alltäglichen Lebens abdecken: So gab es Wirtschaftsgebäude und Stallungen, die Kemenate (ein beheizbarer Wohnraum, der vor allem den Frauen vorbehalten war), einen Ziehbrunnen zur Wasserversorgung sowie eine Kapelle für das tägliche Gebet.

Der Rittersaal hatte oft nur eine Wärmequelle, den Kamin oder ein offenes Feuer, und musste durch hölzerne Fensterläden gegen Wind und Wetter geschützt werden. Lediglich den Frauen stand in der geschützten Kemenate (ab dem 13. Jh. waren sie mit Kachelöfen ausgestattet) etwas mehr Komfort zu.

Schloss Neuenstein – Rittersaal

▶ Viele Burgen verfügten jedoch über einen recht kargen Standard. Das prunkvolle Bild, das Film und Fernsehen vom Ritterleben zeichnen, ist ein Trugbild. Die meisten Ritter und Adligen lebten in ärmlichen Umständen. Prunk und Luxus gehörten eher zur Ausnahme.

Ritter verlieren an Bedeutung

Als am Ende des Mittelalters das Schießpulver und die ersten weit reichenden Feuerwaffen nach Europa gelangten, läutete dies auch das Ende der Blütezeit für den Ritterstand ein. Ihre Burgen waren nun nicht mehr uneinnehmbar, und gegen die weit reichenden Feuerwaffen waren sie mit Rüstung, Schwert und Lanze machtlos. Sie verloren ihre Bedeutung als Krieger. Viele von ihnen verdienten sich ihren Lebensunterhalt als Söldner in den entstehenden Söldnerheeren. Andere wurden Ausbilder in den Söldnerarmeen oder Offiziere. Manche machten ihren Besitz jedoch auch zu Geld und verkauften ihn an die reichen Bürger in den Städten, um selbst in die Stadt zu gehen und dort als Bürger einen Neuanfang zu versuchen. Einige Ritter hielten sich jedoch auch als Raubritter an den aufblühenden Städten, in denen Handel und Handwerk getrieben wurde, schadlos, überfielen diese oder raubten Kaufleute und Händler auf den Handelsstraßen aus.

In Italien des 14. und 15. Jh. bezeichnete man das Heilige Römische Reich Deutscher Nation als „Mördergrube". Mittels des damals herrschenden Fehderechtes schickten die Raubritter private Kriegserklärungen an ihre ebenfalls raubritternden Konkurrenten bzw. an Kaufleute oder an die reichen Handelsstädte. Mit dem „Ewigen Landfrieden" von 1495 (↗ S. 208) fand das Raubrittertum ein Ende.

Die Raubritter waren zu jener Zeit sehr gefürchtet. Es wundert daher nicht, dass sich um sie zahlreiche Sagen und Legenden ranken. In der Mark Brandenburg waren die Ritter DIETRICH und JOHANN VON QUITZOW faktisch die eigentlichen Herrscher im Land. Ihr Einfluss reichte sogar bis ins mächtige Berlin-Cölln. Am Roten Rathaus von Berlin erinnert ein Fries an die „Fehde der Quitzows": Maskierte Raubritter wollen die Viehherden der Stadt rauben. Dabei schonen sie auch harmlose Reisende nicht. Die unteren Stände kommen den Angegriffenen zu Hilfe.

5.5 Kirche und Staat im Hochmittelalter

5.5.1 Die Anfänge des Deutschen Reiches

Nach dem Zerfall des Fränkischen Reiches etablierten sich das Königreich Frankreich aus der westlichen Reichshälfte des ehemaligen Karolingerreiches sowie das Ostfränkische Reich.

Der ostfränkische König HEINRICH I. (919–936) hinterließ bei seinem Tod 936 seinem Sohn OTTO (936–973) ein gefestigtes Reich. Es bestand aus den Herzogtümern Sachsen, Franken, Schwaben, Bayern, Oberlothringen sowie Niederlothringen und wurde während der Regierungszeit OTTOS I. um die Grenzmarken erweitert, um das Reich gegen die östlichen Nachbarn, verschiedene slawische Stämme, Dänemark und das Königreich Polen, zu sichern. Aus dem Ostfränkischen Reich, dem Reich der Deutschen (Regnum theutonicorum), entwickelte sich im Laufe der Zeit der mittelalterliche deutsche Staat, das Deutsche Reich (Regnum teutonicum). Diese Bezeichnung tauchte erstmals im Jahre 920 auf.

▶ HEINRICH I. war der erste König aus dem Geschlecht der Liudolfinger.

▶ HEINRICH I. hatte zwar 933 die Ungarn bei Riade (am Zusammenfluss von Unstrut und Helme) nach einem neunjährigen Waffenstillstand zurückdrängen können, jedoch war dieser Erfolg nicht von Dauer, da die Aufstände im Ostfränkischen Reich sie zu erneuten Einfällen ermunterten.

Die Herstellung und Sicherung der Reichseinheit – Abwehr der Ungarneinfälle

Die Sicherung der Reichsgrenzen sowie der Machtausbau nach Innen gehörten zu den wichtigsten Aufgaben OTTOS I. Während die Ostgrenze durch den Ausbau der Marken zuverlässig gesichert werden konnte, waren die Einfälle der Ungarn über die Reichsgrenzen ein ernsthaftes Problem. 955 gelang es jedoch OTTO I., die Ungarn in einer **Feldschlacht auf dem Lechfeld** entscheidend zu schlagen. Die Schlacht auf dem Lechfeld fand am 10. August westlich von Augsburg und am 11./12. August auf dem Ostufer des Lech statt. Die Ungarn kehrten nach der Niederlage auf dem Lechfeld in die Pannonische Tiefebene zurück, wo sie im Jahre 1001 die Bildung des ungarischen Königreiches abschlossen. Damit waren die Grenzen des Reiches vorerst gesichert.

Niederwerfung der Aufstände und Reichskirchensystem

Voraussetzung für den Sieg über die Ungarn war die Niederwerfung der Aufstände, die im Inneren des Reichs nach dem Machtantritt OTTOS I. ausgebrochen waren. Die Sicherung der Macht im Reichsinneren erreichte OTTO I. vor allem dadurch, dass er wichtige Machtpositionen in Staat und Kirche mit engen Verwandten und Vertrauten besetzte. Neben weltlichen Adligen, die als Herzöge und Grafen eingesetzt wurden, bediente er sich der Kirche, um seine Macht zu festigen. Er setzte Geistliche in wichtige kirchliche und weltliche Ämter ein und stattete sie mit Lehen aus. Damit wurde die Kirche zu einem Macht- und Verwaltungsinstrument in den Händen des Königs und späteren Kaisers. Diese Verwaltungspraktik wurde **Reichskirchensystem** genannt. Es hatte Bestand bis zum Ende des 11. Jh.

▸ Der Bruder OTTOS I., BRUNO, spielte innerhalb des Reichskirchensystems eine besondere Rolle. Er war sowohl Kanzler des Königs als auch Verwalter des Herzogtums Lothringen und Erzbischof von Köln.

Ein Merkmal des **Reichskirchensystems** war, dass der König über die Einsetzung in kirchliche Ämter bestimmte und ebenso über die Ressourcen der Kirchen verfügte wie über die einer Eigenkirche. Da Geistliche wegen des Zölibats weder Kinder haben noch heiraten durften, konnte nach dem Tod eines Bischofs oder Abtes ein Geistlicher eingesetzt werden, der dem König als vertrauenswürdig galt, ohne dass auf irgendwelche Erbansprüche zu achten war.

Anfänge der Italienpolitik

▸
1. Italienzug: 951–952
2. Italienzug: 961–965
3. Italienzug: 966–972

Unter OTTO I. wurden erste expansive Züge der deutschen Außenpolitik sichtbar. Diese äußerten sich in drei Italienzügen, die das Königreich Italien zu einem Bestandteil des Deutschen Reiches machten. Während des zweiten Italienzuges erreichte OTTO I. 962 die Krönung zum Kaiser durch Papst JOHANNES XII. und setzte damit die von KARL DEM GROSSEN begonnene Tradition der Kaiserkrönungen fort, die gleichzeitig auch ein Mittel war, das Papsttum in Rom zu kontrollieren. OTTO nutzte die Gelegenheit seiner Italienzüge, die Differenzen Roms mit den Langobarden zu beenden und sich zum „König der Franken und Langobarden" ausrufen zu lassen. Er heiratete die vom Langobardenkönig BERENGAR II. geraubte burgundische Prinzessin ADELHEID.

OTTO I. lebte von 912 bis 973

Aufgrund seiner innen- und außenpolitischen Leistungen, vor allem wegen der Herstellung der Einheit des entstehenden Deutschen Reiches sowie der Herstellung einer starken königlichen Zentralgewalt gegenüber den Interessen der Fürsten wird OTTO I. auch OTTO DER GROSSE genannt.

5.5.2 Der Investiturstreit

Der Ausbau der kaiserlichen Herrschaft über die Kirche

Unter den Nachfolgern OTTOS DES GROSSEN wurde das Reichskirchensystem weiter ausgebaut und perfektioniert. Seinen Höhepunkt erlebte es unter HEINRICH II. und HEINRICH III., die nach Belieben Päpste ein- und absetzten.

In der Kirche regt sich Widerstand

Gegen den Einfluss der weltlichen Mächte, vor allem des deutschen Königtums, auf die Kirche regte sich bald Widerstand in der Kirche selbst. Dieser wurde von einer Gruppe von Reformern getragen. Grund dafür war, dass die Geistlichen als Inhaber von weltlichen Ämtern Aufgaben im Auftrag des Königs und Kaisers wahrnahmen und sich in ihrem Lebensstil dem weltlichen Adel anpassten. Dies hatte zur Folge, dass die kirchlichen Sitten und Normen, vor allem in den Klöstern, immer mehr verfielen. Vielfach wurde das Zölibat nicht eingehalten. Besonders die Simonie, der Kauf eines kirchlichen Amtes, war den Kirchenreformern ein Dorn im Auge, da vielfach Menschen zu einem geistlichen Amt kamen, die nicht dafür geeignet waren.

Kaiser HEINRICH III. und AGNES VON POITOU

▶ Ein Beispiel für den Einfluss des deutschen Königtums auf die Kirche ist die Absetzung von drei Päpsten durch den deutschen König HEINRICH III., der seinen eigenen Wunschkandidaten als Papst einsetzen ließ.

Als Ursache für die Missstände innerhalb der Kirche sahen die Reformkräfte den Einfluss der deutschen Könige und Kaiser auf die Kirche und besonders das Papsttum. Um diesen Einfluss einzuschränken, berief sich das Papsttum und die Reformkirche auf die Idee von der Gewaltenteilung. Danach beschränkte sich die Aufgabe der Könige und Kaiser auf die staatlichen, also weltlichen Belange. Dem Papst sollte dagegen die Oberaufsicht über die Kirche gegeben sein.

Der Investiturstreit

Die Auseinandersetzung zwischen Kaisertum und Papsttum um die Frage der Einmischung der weltlichen Herrscher in geistliche Angelegenheiten, vor allem bei der Einsetzung und der Wahl von Bischöfen und Äbten, der Investitur, wurde zu einer Auseinandersetzung darüber, wem die größere Macht zustünde, Papsttum oder Kaisertum. Damit stellte sich auch die Frage danach, ob das Kaisertum gegenüber dem Papsttum Vorrang genösse oder umgekehrt.

▶ Die Klosterreformbewegung hatte ihre Zentren in den französischen Klöstern Gorze und Cluny, wo die Erneuerer der Kirche ausgebildet wurden und ihre geistige Heimat fanden.

Der Investiturstreit eskalierte unter Kaiser HEINRICH IV. und Papst GREGOR VII. GREGOR VII., ursprünglich ein Mönch namens HILDEBRAND aus dem Reformkloster Cluny, wurde 1073 Papst und vertrat kompromisslos die Idee von der Befreiung der Kirche von der weltlichen Bevormundung.

▶ **Laieninvestitur:** Das Verbot der Einsetzung von Geistlichen in ein geistliches Amt durch weltliche Adlige, d. h. v. a. Könige und Kaiser. Es war erstmals 1059 in der Papstwahlordnung von Papst NIKOLAUS II. erhoben worden.

Er erneuerte im Dictatus Papae 1075 das **Verbot der Laieninvestitur.** Darüber hinaus vertrat er die Auffassung, dass es keine höhere richterliche Gewalt gäbe als die des Papstes und dass der Papst allein das Recht habe, nicht nur Bischöfe, sondern auch Könige abzusetzen. Da König HEINRICH IV. auch nach der Verkündung des Dictatus Papae – entsprechend der bisherigen Praxis – Bischöfe und Äbte einsetzte und sie damit zu seinen Lehnsleuten machte, drohte GREGOR VII. dem König mit dem Bann.

GREGOR VII. – Holzstich

▶ **Bann:** Ausschluss eines Gläubigen aus der kirchlichen Gemeinschaft. Dies zog die Reichsacht nach sich.

Daraufhin ließ HEINRICH IV. auf einer Reichsversammlung in Worms 1076 in Anwesenheit von Herzögen, Bischöfen und Äbten einen Brief verlesen, in dem er den Papst aufforderte, vom Stuhl Petri zu steigen:

■ „Ich Heinrich von Gottes Gnaden, mit allen unseren Bischöfen, wir sagen: Steige herab, steige herab!"

Er erklärte ihn für abgesetzt. Zudem wurde der Brief an den „Mönch Hildebrandt" formuliert, war also provozierend. Nun setzte der Papst seine Drohung in die Tat um und stieß auf der Fastensynode 1076 den Bannfluch gegen den König aus und entband die Untertanen HEINRICHS IV. von ihrem Treueid. Schnell fielen die meisten der Untertanen von HEINRICH IV. ab und drohten auf einer Fürstenversammlung in Tribur mit seiner Absetzung, wenn er sich nicht vom Bann GREGORS VII. löse. Dies gelang HEINRICH IV. durch den **Gang nach Canossa** 1077, bei dem er

▶ **Canossa:** Felsenburg in Norditalien, in der die Zusammenkunft zwischen HEINRICH IV. und GREGOR VII. vereinbart worden war. Im Beisein der Gräfin MATHILDE VON TUSZIEN und des Abtes HUGO VON CLUNY sollte HEINRICH IV. Buße leisten.

Buße leistete und den Papst zur Aufhebung des Bannes zwang. Dadurch war es HEINRICH zwar gelungen, der Absetzung zu entgehen, das Ansehen des deutschen Königtums hatte jedoch sowohl durch den Bann als auch durch die öffentliche Buße Schaden genommen.

5.5 Kirche und Staat im Hochmittelalter

Währenddessen hatte sich im Deutschen Reich eine Fürstenopposition gebildet, die trotz der Lösung HEINRICHS vom Bann die Einsetzung eines neuen Königs betrieb. 1077 wählten die Fürsten RUDOLF VON SCHWABEN zum Gegenkönig. Daraus entwickelte sich ein Bürgerkrieg, der bis 1080 dauerte.
Die Abmachungen von Canossa sahen vor, dass GREGOR VII. zwischen Fürsten und König vermitteln sollte. Zwar erreichte HEINRICH IV. die Kaiserwürde 1084, innenpolitisch aber scheiterte er an der Fürstenopposition, die 1106 seine Absetzung erreichte Die Fürsten verbündeten sich mit dem Sohn HEINRICHS IV., HEINRICH V. Dieser wandte sich gegen seinen Vater, weil er befürchtete, die Auseinandersetzung mit dem Papsttum würde Auswirkungen auf seine Thronfolge haben.
Der Investiturstreit selbst wurde erst 15 Jahre nach dem Tod HEINRICHS IV. durch das **Wormser Konkordat** 1122 entschieden.

König HEINRICH IV., Abt HUGO VON CLUNY und Gräfin MATHILDE VON TUSZIEN auf der Burg Canossa; Malerei auf Pergament in der Handschrift „Vita Mathildis" des Donizo von Canossa aus Oberitalien; um 1114

▶ Bereits vor dem Investiturstreit hatte sich eine Fürstenopposition in Sachsen gegen den König gebildet, die er durch ein Bündnis mit den Reichsstädten, v. a. Worms, und den Ministerialen niederschlagen konnte.

> Ein **Konkordat** ist ein Vertrag zwischen der katholischen Kirche und einem Staat. Das **Wormser Konkordat** wurde zwischen HEINRICH V. und Papst CALIXT II. vereinbart und im Dom von Worms verkündet.

Das Wormser Konkordat legte fest, dass die Bischöfe durch das Domkapitel gewählt werden sollten. Nur der Papst oder ein Vertreter durfte die Investitur mit Ring und Stab vornehmen. Der König durfte die Bischöfe in Deutschland vor der Weihe belehnen, das heißt, sie mit den weltlichen Insignien (Zepter und Schwert) in ihr Amt einsetzen, in Italien und Burgund erst sechs Monate nach der Wahl.

Investiturstreit und Wormser Konkordat hatten folgende Ergebnisse: Dem Kaiser blieben zwar noch beträchtliche Einflussmöglichkeiten auf die Kirche. Die vollkommene Abhängigkeit der Kirche vom Kaiser- bzw. Königtum, wie sie seit OTTO I. praktiziert wurde, war aber beseitigt worden. Die Bischöfe waren nun nicht mehr nur willenlose Vollstrecker der königlichen Politik, sondern ebenso vollwertige Vasallen wie die weltlichen Kronvasallen, die ihre Lehen aus der Hand des Königs erhalten hatten.

Die deutschen Fürsten hatten durch ihre Opposition und durch die aufreibenden Auseinandersetzungen zwischen Kaiser- und Papsttum erheblich an Einfluss auf Kosten des Königtums gewonnen.

▶ Der sogenannte Reichsfürstenstand, d.h. ein fester Kreis von weltlichen und geistlichen Fürsten, war mit dem Ende des Investiturstreites abgeschlossen. Seine Mitglieder bestimmten die Geschicke im Deutschen Reich, vor allem die Wahl von Königen, entscheidend mit.

> Der Einfluss der deutschen Fürsten äußerte sich in der Entwicklung zu **Landesherrschaften,** in denen die Landesfürsten als nahezu uneingeschränkte Herrscher regierten.

Sie hatten die Gerichts- und Münzhoheit sowie die Hoheit über das Zollwesen; in ihren Händen lagen Polizeiaufgaben und die Befehlsgewalt über das Heer. Vielfach herrschten in den Landesherrschaften unterschiedliche Währungen und Maße. Die Herausbildung der Landesherrschaften schränkte die Autorität und Zentralgewalt des Königtums beträchtlich ein.

5.5.3 „Ora et labora" – Mönche in der Welt des Mittelalters

Mönche und ihre Lebenswelt – das Kloster – sind ein ganz entscheidender Faktor für die Zeit des Mittelalters. Ohne ihre Leistungen ist die heutige materielle Kultur nicht vorstellbar.

▶ Diese **drei Gebote** gehen auf das Leben Christi zurück, der ebenfalls in Armut lebte, über keinen Besitz verfügte und ehelos, d.h. in Keuschheit lebte.

Die mittelalterlichen Mönche ordneten ihr ganzes Leben der Verehrung Christi unter. Sie lebten in Klöstern und folgten bestimmten Geboten, die ihnen **Armut, Besitzlosigkeit** und **Keuschheit** vorschrieben. Sie organisierten sich in Ordensgemeinschaften, denen alle Klöster, die einer bestimmten Regel folgten, angehörten.

Die älteste dieser Ordensgemeinschaften ist der **Benediktinerorden,** der auf den heiligen BENEDIKT VON NURSIA und die Gründung eines Klosters im italienischen Montecassino im 6. Jh. zurückgehen soll. Gemäß dem Motto des Benediktinerordens „Ora et labora!" widmeten sich die Mönche dieses Ordens dem Gebet und der Arbeit; das bedeutete Wecken und Gebet noch vor Sonnenaufgang, Beginn der Arbeit auf dem Feld und in den Klosterwerkstätten mit dem Morgengrauen sowie Abschluss bei Einbruch der Dämmerung. Darauf folgten dann oft noch Stunden des gemeinsamen oder einsamen Gebets. Die meisten Klöster verfügten als Selbstversorger über eigene Werkstätten, d.h. Bäckereien, Brauereien, Weinkeller, Metzgereien, Werkstätten für Tischlerarbeiten und für die Herstellung von Kleidung und Schuhwerk, von Werkzeug für die Feldarbeiten.

Diejenigen, die sich für ein späteres Mönchsdasein entschieden hatten, wurden darauf in eigens dafür eingerichteten Klosterschulen vorbereitet, wo sie Lesen, Schreiben und Rechnen lernten. Vielfach erwarben sie hier auch Spezialkenntnisse, die sie später als Geistliche und Berater an Fürsten- und Königshöfen gebrauchen konnten.

In der Mitte des 11. Jh. zeichnete sich eine Krise und ein Verfall des Klosterlebens ab, dem man durch eine Klosterreform begegnete. Eine besondere Rolle dabei spielten die Benediktinerklöster Cluny und Gorze in Burgund. Die Äbte und Mönche dieser Klöster strebten wieder die Einfachheit des mönchischen Lebens an, den Rückzug aus den weltlichen Dingen, vor allem der Politik.

Benediktinerkloster St. Michael in Bamberg

Neue Orden

Die Klosterreformbewegung brachte neue Ordensrichtungen hervor, von denen der Zisterzienserorden der bekannteste ist. Der um 1100 gegründete **Zisterzienserorden** bekannte sich zur Benediktinerregel. Die Zisterzienser verbanden vor allem das geistliche Leben mit der praktischen Arbeit, dies vor allem in der Landwirtschaft. Deswegen kam dem Zisterzienserorden eine große Bedeutung bei der Besiedlung und landwirtschaftlichen Kultivierung des Gebietes zwischen Elbe und Oder während der deutschen Ostsiedlung zu. Die Bauweise der Zisterzienserklöster prägte die Architektur – vor allem Norddeutschlands – entscheidend. Zu den sogenannten Bettelorden gehörten **Franziskaner- und Dominikanerorden,** die vor allem in den mittelalterlichen Städten wirkten. Der Franziskanerorden wurde durch den heiligen FRANZISKUS VON ASSISI ins Leben gerufen und 1223 durch den Papst bestätigt. Noch heute erkennt man die Franziskaner an dem braunen Ordensgewand mit weißem Strick und brauner Kapuze.

Neben den Franziskanern entstand am Beginn des 13. Jh. der Dominikanerorden. Ebenso wie die Franziskaner konzentrierten sich die Dominikanermönche stark auf das Gebet und die Bußfertigkeit der Menschen in Stadt und Land. Daneben gehörte die geistliche Ausbildung zu ihren Aufgaben. Viele Dominikaner lehrten als Doktoren und Professoren an den mittelalterlichen Universitäten Europas. Insgesamt gehört die Bewahrung antiken Wissens zu den großen Leistungen der Mönchsorden. In ihren Schreibstuben schrieben Mönche die Schriften griechischer und römischer Philosophen ab und übersetzten sie in das hochmittelalterliche Deutsch. Gleiches trifft auch für wissenschaftliche Abhandlungen zu sowie für medizinische und Arzneimittelhandbücher. Daneben illustrierten sie die Abschriften und Übersetzungen kunstvoll mit Buchmalereien.

Darstellung der Vogelpredigt des heiligen FRANZ VON ASSISI

5.5.4 Das staufische Zeitalter

Als 1125 mit HEINRICH V. die salische Königsfamilie erlosch, wählten die deutschen Fürsten mit dem sächsischen Herzog LOTHAR VON SUPPLINBURG (1125–1137) einen eher unbedeutenden Fürsten aus dem Norden des Deutschen Reiches. Immer mehr zeigte sich, dass die geistlichen und weltlichen Fürsten ihren Einfluss auf die deutsche Königswahl geltend

▶ Die Staufer nannten sich nach der Burg Staufen, einer Burg in der Nähe von Lorch.

▶ Nach dem Geblütsrecht hätte Herzog FRIEDRICH VON SCHWABEN der Nachfolger HEINRICHS V. werden müssen, doch die Fürsten entschieden sich in einer freien Wahl gegen ihn, um ihren Einfluss unter der Herrschaft des vermeintlich schwachen LOTHAR VON SUPPLINBURG zu stärken.

machten. Das Wahlrecht gewann gegenüber dem alten germanischen Geblütsrecht die Oberhand. Auch die Nachfolger LOTHARS III. wurden durch die Reichsfürsten gewählt. Es kristallisierte sich ein bestimmter Kreis von Fürsten heraus, in dessen Händen die Königswahl lag.

Dieser Kreis der Königswähler wird zu einem für die Königswahl des Spätmittelalters entscheidenden Faktor. Aus ihm gehen die späteren Kurfürsten hervor, die mit der Wahl (von küren) des Königs betraut sind.

Die Wahl LOTHARS III. führte im Reich zu Uneinigkeit und Rivalität unter den Fürsten, da ein Teil sich für einen anderen Kandidaten, KONRAD III. (1127–1135), entschied. KONRAD entstammte dem Geschlecht der Staufer und blieb bis 1135 Gegenkönig, das heißt, zwei Könige versuchten, die Macht in Deutschland auszuüben.

Welfen und Staufer

Das gesamte 12. Jh. ist auch durch den Gegensatz zwischen den Geschlechtern der Staufer und Welfen gekennzeichnet. Während die Welfen bei der Königswahl des Jahres 1125 trotz der engen Verwandtschaft mit den Staufern ihre Stimme für LOTHAR III. gaben, ging die Anwartschaft der Welfen auf den Königsthron bei der Wahl des Jahres 1138 dadurch verloren, dass ihr geblütsrechtlicher Anspruch auf die Nachfolge übergangen wurde.

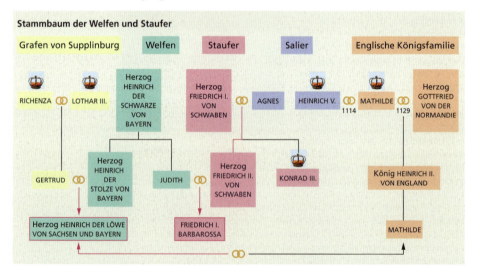

Verschärft wurde der Gegensatz dadurch, dass König KONRAD III. den Welfen 1138 das Herzogtum Bayern aberkannte.

Friedrich I. Barbarossa

Mit der Wahl FRIEDRICHS I. BARBAROSSA (Fridericus dux de Staupha) 1152 begann ein neues Zeitalter in der deutschen Geschichte. Durch die Wahl gelang zunächst ein Ausgleich zwischen Staufern und Welfen, da

5.5 Kirche und Staat im Hochmittelalter

FRIEDRICH ein Verbindungsglied zwischen beiden Familien darstellte. Den Ausgleich zwischen Staufern und Welfen beförderte auch, dass der Welfe HEINRICH DER LÖWE das Herzogtum Bayern 1156 von den Staufern zurückerhielt.

Die Beilegung der staufisch-welfischen Auseinandersetzungen ermöglichte es FRIEDRICH I., die Italienpolitik seiner Vorgänger wieder aufzunehmen. Dies führte zum einen zu einer Machtprobe mit dem Papsttum, das seinen im Investiturstreit gegenüber dem deutschen König erworbenen Machtanspruch behaupten wollte.

Auf der anderen Seite stellten sich die reichen und selbstbewussten oberitalienischen Stadtstaaten auf die Seite des Papstes und wurden damit zu einem weiteren Machtfaktor in der Italienpolitik des deutschen Königtums.

FRIEDRICH BARBAROSSA unternahm in den Jahren 1154–1186 allein sechs Italienzüge, um den deutschen Einfluss in Italien wieder zu verstärken, aber auch alte Machtpositionen gegenüber dem Papsttum zurückzugewinnen.

Im Vordergrund des 1. Italienzuges stand die Kaiserkrönung, die 1155 nach der Unterwerfung Roms erfolgte.

Zu Beginn des 2. Italienzuges 1158 entzog BARBAROSSA den lombardischen Städten das Recht des Brücken- und Wegezolls.

FRIEDRICH BARBAROSSA gelang es anfänglich so, seinen Einfluss in Norditalien wieder zu verstärken und den Widerstand der Städte zu brechen (Zerstörung Mailands 1162). Diese erhielten jedoch unerwartet Unterstützung nach einer uneinheitlichen Papstwahl des Jahres 1159:

Während FRIEDRICH BARBAROSSA auf VIKTOR IV. setzte, unterstützten die norditalienischen Städte sowie Sizilien, Frankreich und England den von der Mehrheit der Kardinäle gewählten Papst ALEXANDER III. und stellten sich somit gegen FRIEDRICH BARBAROSSA. Die norditalienischen Städte erstarkten wieder und gründeten den **Lombardischen Städtebund** (Lega Lomborda).

1160 exkommunizierte ALEXANDER III. den deutschen Kaiser und wurde auf der Synode zu Toulouse als rechtmäßiger Papst anerkannt. Letztlich gelang es FRIEDRICH BARBAROSSA dennoch, die Ansprüche des deutschen König- und Kaisertums gegenüber dem Papst und den norditalienischen Städten durchzusetzen, nachdem er die

▶ Im Zusammenhang damit entstand das Herzogtum Österreich, dass die Babenberger erhielten. Diesen war 1138 Bayern zugesprochen worden, das hieß, sie mussten jetzt eine Entschädigung erhalten. Gleichzeitig wurde die Mark Österreich in ein Herzogtum umgewandelt (Privilegium minus).

Abbildung FRIEDRICHS I. BARBAROSSA, Kopfreliquiar aus dem Kirchenschatz des ehemaligen Prämonstratenserklosters Cappenberg in Selm, vergoldete Bronze (um 1160)

Kaiser FRIEDRICH I. BARBAROSSA und Herzog HEINRICH DER LÖWE in Chiavenna, Lombardei (1176)

1. Zug: 1154–1155 (Kaiserkrönung)
2. Zug: 1158–1162 (Zerstörung Mailands)
3. Zug: 1163–1164 (Bekämpfung der Lombarden)
4. Zug: 1166–1167 (Katastrophe vor Rom)
5. Zug: 1174–1178 (Friede von Venedig)
6. Zug: 1184–1186 (Heirat HEINRICHS VI.)

> Mailand verbündete sich mit dem Kaiser, und das unteritalienische Königreich Sizilien, seit 1156 mit dem Papsttum verbündet, wandte dem Papst den Rücken zu, als 1186 eine Hochzeit zwischen einem Sohn des Kaisers und einer sizilischen Prinzessin vermittelt wurde. Seit 1194 gehörte das Königreich Sizilien zum Deutschen Reich.

Bündnisgenossen des Papstes für sich gewinnen konnte. 1186 besetzten die Staufer den Kirchenstaat in Rom.

Der Streit mit dem Papsttum und den lombardischen Städten hatte auch innenpolitische Auswirkungen: Durch ihn wurde der staufisch-welfische Gegensatz wieder belebt, da der Welfe HEINRICH DER LÖWE (Herzog von Bayern und Sachsen) die Heeresfolge 1176 im Kampf gegen die lombardischen Städte verweigerte (Fall von Chiavenna).

FRIEDRICH BARBAROSSA ließ den Herzog nach einem Prozess der Reichsfürsten ächten, entzog ihm die Reichslehen, d. h. die Herzogtümer Bayern und Sachsen, und schickte ihn 1181 in die Verbannung nach England. Im Zusammenhang mit der Neuvergabe der Herzogtümer Sachsen und Bayern bildete sich ein Kreis von geistlichen und weltlichen Fürsten heraus, der jüngerer Reichsfürstenstand genannt wird. Er wurde entscheidend für die Königswahl des Spätmittelalters.

Seit 1187 stellte sich FRIEDRICH BARBAROSSA in den Dienst des Kreuzzugsgedankens und an die Spitze eines Kreuzfahrerheeres. Nach anfänglichen Erfolgen starb FRIEDRICH BARBAROSSA 1190 in Syrien auf dem 3. Kreuzzug.

Der staufisch-welfische Thronstreit

> Das Herzogtum Bayern wurde an das Geschlecht der Wittelsbacher vergeben, die hier bis 1918 regierten. Der sächsische Territorialstaat wurde aufgeteilt: Westfalen erhielt der Erzbischof von Köln als Herzogtum, während der andere Teil den Grafen von Anhalt (Sachsen-Anhalt) zugesprochen wurde. Die Welfen erhielten jedoch den eigentlichen Familienbesitz um Braunschweig noch Ende des 12. Jh. zurück.

Der Sohn FRIEDRICH BARBAROSSAS, HEINRICH VI. (1190–1197), versuchte die Politik seines Vaters – vor allem gegenüber dem Papsttum – fortzusetzen. Ein Mittel dazu war ein enges deutsch-sizilisches Bündnis (seit 1194 war HEINRICH VI. auch sizilischer König), das sich gegen das Papsttum richtete. Der Versuch, das Reich zu einer Erbmonarchie umzugestalten, misslang, weil sowohl die Reichsfürsten als auch der Papst den Erbreichsplan ablehnten, in dem den Fürsten als Gegenleistung für den Verzicht auf ihr Wahlrecht die Erblichkeit ihrer Lehen zugesichert wurde.

> Als **Erbmonarchie** bezeichnet man die Form der Monarchie, die im Gegensatz zur Wahlmonarchie durch die Erblichkeit der Thronfolge kraft Thronfolgeordnung (oft in Hausgesetzen verankert) charakterisiert ist.

Dies hatte zur Folge, dass die Fürsten ihr Mitspracherecht bei der Königswahl behielten. Im Deutschen Reich wurde der Gegensatz zwischen Zentralgewalt (Königtum) und Partikulargewalten (Fürsten) zu einem Faktor, der auch bis in die Gegenwart eine Rolle spielen sollte.

Als HEINRICH VI. 1197 verstarb, kam es im Deutschen Reich zu einer Doppelwahl. Während die Staufer ihren Kandidaten Herzog PHILIPP VON SCHWABEN zum König wählen ließen, gelang es den wiedererstarkten Welfen, OTTO IV., einen Sohn HEINRICHS DES LÖWEN, auf den Thron zu heben. Dies löste eine Krise aus, die auch innerhalb Europas Auswirkungen hatte, da die Staufer mit Frankreich verbündet waren und die Welfen mit dem Königreich England.

1208 schien die Krise vorerst beendet, als PHILIPP VON SCHWABEN ermordet wurde. Jedoch schwelte der Konflikt unter Beteiligung des Papsttums

5.5 Kirche und Staat im Hochmittelalter

bis 1214 weiter. Alle europäischen Mächte von Rang und Geltung waren nun an dem staufisch-welfischen bzw. englisch-französischen Konflikt beteiligt, der schließlich 1214 in der **Schlacht bei Bouvines** zugunsten der französisch-staufischen Koalition entschieden wurde.

Friedrich II. (1212–1250)

Bereits als FRIEDRICH II. 1212 ins Deutsche Reich kam, war die Zentralgewalt durch den Thronstreit beträchtlich geschwächt. Zudem stand mit FRIEDRICH II. ein Mann an der Spitze des Königtums, der die meiste Zeit seines Lebens in Sizilien zugebracht hatte und kaum deutsch sprach. Schwerpunkt des Königtums FRIEDRICHS II. war Sizilien, das eines der modernsten Staatswesen Europas wurde mit einer Zentralverwaltung, in der der König und seine Berater die Fäden in der Hand hielten (Konstitutionen von Melfi 1231). Das Deutsche Reich wurde hingegen vernachlässigt: Die Fürsten regierten in ihren Territorien allein: Die Kluft zwischen Zentralgewalt und Territorialgewalten vertiefte sich; die Fürsten gewannen die Oberhand. FRIEDRICH II. bestätigte ihnen 1220 und 1231 wichtige Rechte und Freiheiten, die sie sich inzwischen erworben hatten, um so eine Auseinandersetzung mit den weltlichen und geistlichen Fürsten zu vermeiden.

Auch gegenüber dem Papsttum verlor das deutsche Königtum an Einfluss. Dem Papst gelang es 1213 (Goldbulle von Eger), die aktive Beteiligung des Königs an der Bischofs- und Abtswahl zu beseitigen. Damit waren die Ergebnisse des Wormser Konkordats gegenstandslos. Der König hatte den Einfluss auf die Kirche vollständig verloren.
Zwischen dem Papst und FRIEDRICH II. entbrannte ein Kampf um die Macht innerhalb des Abendlandes. Auslöser war ein Kreuzzugsversprechen FRIEDRICHS II., das dieser nicht einhielt. Deswegen verhängte der Papst 1227 den Bann über ihn. 1245 wurde der Bann erneuert und der König und Kaiser ein Jahr später für abgesetzt erklärt. Das Papsttum befand sich auf dem Höhepunkt seiner Machtentfaltung.

Der Untergang der Staufer

Die Krise fand auch darin ihren Ausdruck, dass zwischen 1246 und 1256 verschiedene **Gegenkönige** von den Fürsten eingesetzt wurden, die ein Spielball der Fürsten und des Papstes waren. Im Deutschen Reich hatte sich der Partikularismus der Fürsten gegen die Zentralgewalt, das Königtum durchgesetzt.

Auch im Königreich Sizilien selbst verloren die Staufer an Einfluss. Es gelangte als päpstliches Lehen an den Bruder des französischen Königs. Gegen die Staufer selbst wurde zu einem Kreuzzug aufgerufen, in dem diese unterlagen; 1268 verschwanden die Staufer aus der Geschichte. Der letzte Staufer KONRADIN wurde gefangen genommen und als 16-Jähriger 1268 öffentlich auf dem Markt von Neapel hingerichtet. 1282 versuchten die staufischen Anhänger nochmals einen Aufstand gegen die französische Herrschaft. Dieser wurde aber in der **Sizilianischen Vesper** blutig niedergeschlagen.

▶ Nachdem OTTO IV. mit päpstlicher Unterstützung König geworden war, hielt er sich nicht mehr an die Versprechungen gegenüber dem Papst und versuchte, entgegen den Abmachungen, Sizilien zu erobern. Deswegen wurde er 1210 gebannt. Außerdem sorgte der Papst dafür, dass der Enkel FRIEDRICH BARBAROSSAS, FRIEDRICH II., zum deutschen König gewählt wurde.

▶ Confoederatio cum principibus ecclesiasticis 1220 (Übereinkunft mit den geistlichen Fürsten), Statutum in favorem principum 1231 (Gesetz zugunsten der weltlichen Fürsten)

▶ Gegenkönig, von einer Gruppe von Fürsten gewählter König, der dem herrschenden König entgegengestellt wurde; in der deutschen Geschichte des Mittelalters ist die Aufstellung von Gegenkönigen verbunden mit dem Übergang vom Geblütsrecht zur freien Königswahl.

5.5.5 Die Kreuzzüge

▶ Der Krak des Chevaliers in Westsyrien (12./13. Jh.). Die Kreuzfahrer errichteten solche Befestigungsanlagen im östlichen Mittelmeerraum, um ihren während der Kreuzzüge errungenen Herrschaftsanspruch zu sichern.

Mit der Zeit des Investiturstreits fällt die beginnende **Kreuzzugsbewegung** zusammen. Papst URBAN II. (1088–1099) rief 1095 auf dem **Konzil von Clermont** zum 1. **Kreuzzug** auf. Auslöser war die Eroberung des Heiligen Grabes durch türkische Seldschuken (in der Schlacht von Manzikert 1071 siegten sie über das byzantinische Heer und eroberten Palästina). Viele Ritter „nahmen daraufhin das Kreuz" und reisten ins Heilige Land. Auch eine Kreuzfahrergruppe von armen Leuten unter PETER DEM EINSIEDLER machte sich auf den Weg nach Palästina.

Die eigentlichen **Ursachen der Kreuzzugsbewegung** und -begeisterung waren:
– das Vorhandensein vieler Ritter, die ohne Erbe – also beschäftigungslos – waren,
– eine während der Zeit des Investiturstreites vertiefte Religiosität,
– der von der Papstkirche versprochene Sündenablass als Lohn für die Beteiligung am Kreuzzug,
– das besondere Ansehen, das nach der damaligen Auffassung ein „Gottesritter" vor Gott genoss, aber auch
– Abenteuer- und Beutelust.

▶ Diejenigen, die sich einem Kreuzzug anschlossen, machten ihren Entschluss dadurch kenntlich, dass sie sich ein weißes Kreuz anhefteten.

Der strapazenreiche 1. Kreuzzug (1096–1099) unter Leitung von GOTTFRIED VON BOUILLON führte zur blutigen Eroberung Jerusalems 1099 durch das Kreuzfahrerheer.

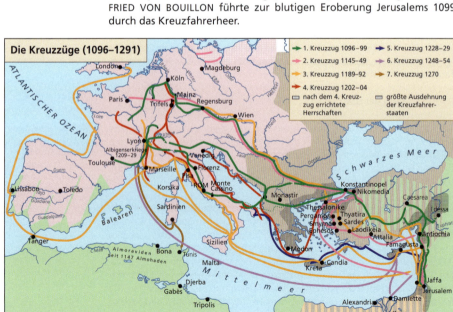

Die Kreuzzüge (1096–1291)

Kreuzzug	Dauer	Anführer
1. Kreuzzug	1096–1099	GOTTFRIED VON BOUILLON, ROBERT VON DER NORMANDIE, BALDUIN VON FLANDERN
2. Kreuzzug	1147–1149	KONRAD III. (Deutsches Reich) LUDWIG VII. von Frankreich
3. Kreuzzug	1189–1192	Kaiser FRIEDRICH I. BARBAROSSA Herzog FRIEDRICH VON SCHWABEN RICHARD II. LÖWENHERZ PHILIPP II. AUGUST VON FRANKREICH
4. Kreuzzug	1202–1204	BONIFAZ VON MONTFERRAT BALDUIN VON FLANDERN
Kinderkreuzzug	1212	Verkauf von Tausenden Jungen und Mädchen durch Verrat und Betrug in die Sklaverei
5. Kreuzzug	1228–1229	Kaiser FRIEDRICH II.
6. Kreuzzug	1248–1256	LUDWIG IX. von Frankreich
7. Kreuzzug	1270	LUDWIG IX. von Frankreich

▶ Der „Kinderkreuzzug" hat wahrscheinlich so, wie nebenstehend beschrieben, nie stattgefunden. Neuere Forschungen betrachten ihn als einen Zug armer Leute (Knechte, Landarbeiter, Tagelöhner), der bereits in Italien scheiterte.

Somit waren die Christen wieder im Besitz des Heiligen Landes. Ein Großteil der nicht christlichen Bevölkerung und muslimischen Besatzer wurde getötet. Sechs weitere Kreuzzüge folgten, angeführt von deutschen, englischen und französischen Königen und Adligen bis zum Jahre 1270. Die **Ergebnisse der Kreuzzüge** waren:
– die Entstehung von Kreuzfahrerstaaten (die Königreiche Jerusalem, Klein-Armenien und Zypern, die Grafschaften Tripolis und Edessa, das Fürstentum Antiochia), die jedoch bis zum Ende des 13. Jh. wieder von den Muslimen zurückerobert wurden,
– die Entstehung von religiösen Ritterorden (Johanniter, Templer, Deutscher Orden).

Der Deutsche Orden erhielt eine neue Aufgabe

Im Zusammenhang mit der Ausdehnung des Reichsterritoriums nach Osten **(Ostkolonisation)** erhielt auch der 1198 als geistlicher Ritterorden gegründete Deutsche Orden eine neue Aufgabe. Er wurde durch den polnischen Herzog KONRAD VON MASOWIEN 1226 (Goldbulle von Rimini 1226) in das Land gerufen, um bei der Bekehrung und Unterwerfung der heidnischen **Pruzzen** zu helfen. Nach fast 200 Jahren Kampf war dem Deutschen Orden nicht nur dieses Ziel gelungen. Die Pruzzen waren in den Kämpfen nahezu vollständig ausgerottet worden. Bekehrung mit Schwert und Blut hieß das Motto, unter dem die Ordensritter auch die anderen baltischen Stämme zum Christentum bekehrten und unterwarfen. Daneben hatte der Orden einen Ordensstaat errichtet, der das ehemalige Stammesgebiet der Pruzzen sowie Teile Litauens, Estlands und Lettlands umfasste.

▶ **Deutscher Orden:** Brüder des der Heiligen Jungfrau Maria geweihten Hospitals der Deutschen zu Jerusalem

5 Mittelalter

▶ Prußen (Pruzzen, Altpreußen), baltische Volksstämme zwischen unterer Weichsel und Memel. Den ersten christlichen Missionsversuchen (ab Ende 10. Jh.) setzten sie als freie Bauern großen Widerstand entgegen, bis sie 1231–1283 durch den Deutschen Orden unterworfen wurden. Trotz der deutschen Besiedlung ihrer Gebiete (u. a. Pomesanien, Ermland, Samland) ab dem 13. Jh. verschmolzen die Prußen erst ab dem 15. Jh. mit den deutschen Neusiedlern. Ihr Name ging als Preußen auf alle Landesbewohner, nach 1701 auf den Staat Preußen über.

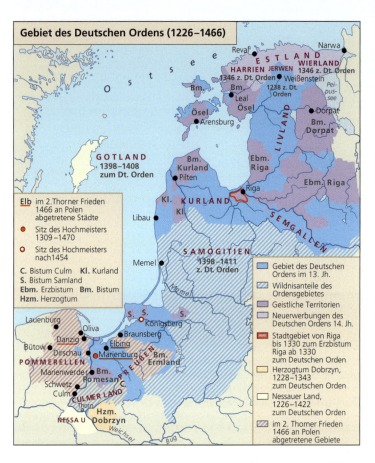

In der Mitte des 14. Jh. gehörte der Orden unbestritten zu den Großmächten an der Ostseeküste. Hauptstützpunkt und Hauptstadt des Ordensstaates war die Marienburg.
Daneben gründete der Orden eine Vielzahl von kleineren Burgen als Stützpunkte, in deren Nähe neue Siedler Dörfer und Städte grün

deten. Sie genossen den Schutz des Ordens. Vor allem in den Städten siedelte der Orden Handwerker und Kaufleute an, sodass diese schnell Wohlstand und Reichtum erreichten. Viele der vom Deutschen Orden gegründeten Städte, vor allem an der Ostseeküste, gehörten der Hanse an. Der entstehende polnische Staat sah das Machtstreben des Deutschen Ordens mit Unbehagen. 1410 fügte der polnisch-litauische Staat dem Orden in der **Schlacht bei Tannenberg** eine entscheidende Niederlage bei, die den Ordensstaat in eine tiefe Krise führte. Er bestand jedoch bis 1525 weiter, als der letzte Hochmeister des Deutschen Ordens den Ordensstaat zu einem Herzogtum unter der Lehnsherrschaft des polnischen Königs umwandelte.

5.5.6 Die bäuerliche Lebenswelt

Entstehung der Leibeigenschaft

Die Bauern machten während des gesamten Mittelalters den Großteil der Bevölkerung aus. Noch um 1500, also gegen Ende des Mittelalters, lebten ca. 80 % der Menschen auf dem Lande.
Die Lebensbedingungen der Bauern veränderten sich einschneidend mit den Veränderungen im Wehrwesen durch die Einführung der Reiterkrieger und das Aufkommen des Ritterstandes. Die Bauern verloren dadurch ihre bisherige Funktion innerhalb des Heeresaufgebotes und konnten sich nun ihrer eigentlichen Aufgabe, der Landwirtschaft, zuwenden. Ein Teil von ihnen war jedoch durch den bisher geleisteten Kriegsdienst in große materielle Schwierigkeiten geraten. Sie hatten ihren Status als freie Bauern verloren und waren in die Hörigkeit geraten: Als freie Bauern waren sie zur Heerfolge verpflichtet. Neben der Lebensgefahr, der sie sich aussetzten (viele Bauern kehrten aus dem Krieg nicht zurück), mussten sie die hohen Kosten für die Ausrüstung aufbringen und vernachlässigten daneben Haus und Hof, der durch die Ehefrau und die Kinder versorgt werden musste. Vielfach verschuldeten sich solche Höfe. Um der Pflicht der Heerfolge zu entgehen oder die Schulden loszuwerden, übergaben die Bauern ihren Hof an einen Adligen oder an ein Kloster. Adliger bzw. Kloster wurden dadurch zum Grundherrn des Bauern. Der Bauer war dadurch vom Kriegsdienst befreit, dass das Kloster oder der Adlige einen Ritter bezahlte, der in den Krieg zog, oder der Adlige dies selbst übernahm. Gleichzeitig genossen die Bauern den Schutz durch das Kloster bzw. den Adligen. Als Gegenleistung musste der Bauer Abgaben und Frondienste (Arbeitsleistungen) für den Adligen bzw. das Kloster leisten. Aus den freien Bauern waren so unfreie oder hörige Bauern geworden.

Der **hörige Bauer** genoss nicht mehr dieselben Rechte wie ein freier Bauer. Er konnte sein Land nicht mehr frei vererben, und auch bei der Eheschließung musste er sich dem Willen des Grundherrn beugen.
Selbst wenn dies nicht für alle mittelalterlichen Bauern galt, glich sich die Rechtsstellung auch der freien Bauern an die der unfreien Bauern an, sodass die Unterschiede sehr gering waren. Auch zwangen viele Adlige freie Bauern durch die Anwendung von Gewalt in die Hörigkeit.
Zu den regelmäßigen Abgaben gehörten die Ablieferung eines bestimmten Anteils der Ernte, der Erträge aus der Viehwirtschaft (Vieh, Milch, Eier, Käse).

> Die Abgaben umfassten den zehnten Teil der Erträge und wurden deshalb **Zehnt** genannt.

> Dies war allerdings nur der sogenannte Laienzehnt, den die Grundherren beanspruchten. Daneben gab es noch den Kirchenzehnt, zu dem seit dem 6. Jh. alle Gläubigen verpflichtet waren.

Daneben gab es die Frondienste, die die Arbeit an bestimmten Tagen auf den Feldern des Grundherrn beinhalteten. Die Hörigen waren auch zu Wege- und Brückenarbeiten verpflichtet, konnten durch den Grundherrn zu Spann- und Handdiensten herangezogen werden. Bei bestimmten Gelegenheiten konnte der Grundherr auch Sonderabgaben fordern, so z. B. Sterbe- oder Todfallabgaben (das Besthaupt, d. h. das beste Stück Vieh im Stall oder das Bestkleid), das Rauchhuhn usw.

Das Dorf – der Lebensmittelpunkt des Bauern

Die mittelalterlichen Dörfer waren nicht besonders groß, oft umfassten sie nicht mehr als 200 Einwohner. Die Menschen lebten zumeist in Großfamilien, die Selbstversorger waren, das heißt, sie stellten die wichtigsten Lebensmittel, Werkzeuge und Kleidung selbst her. Das Leben innerhalb eines Dorfes richtete sich nach den saisonal anfallenden Arbeiten, das heißt, gearbeitet wurde meist von Sonnenaufgang bis Sonnenuntergang auf dem Feld, den Weiden, in den häuslichen Werkstätten und im Stall. Mahlzeiten wurden zu festen Zeiten mehrmals täglich gemeinsam eingenommen. Die Behausungen der Großfamilien waren zumeist einfache Hallenhäuser, die aus einem Raum bestanden, in dem sowohl gearbeitet als auch gegessen und geschlafen wurde. Der gesellschaftliche Mittelpunkt war die Kirche. Erst im 12. Jh. wurden die Holzkirchen allgemein durch Steinbauten abgelöst, in denen die Wandmalereien und bunten Glasfenster den meist lese- und schreibunkundigen Menschen vom Leben und Sterben Jesu berichteten. Da die Kirche das größte Gebäude innerhalb des Dorfes war, fanden hier die Versammlungen der Dorfgemeinde statt, wurden hier Entscheidungen getroffen, die das ganze Dorf angingen.
Vor allem an Sonn- und Feiertagen spielte sich das Leben im Rahmen der Kirchgemeinde ab, an diesen Tagen musste nicht gearbeitet werden, und man feierte kirchliche Feste. Ein solches Fest begann mit dem Gottesdienst. Vergnügungen wie ein gemeinsames Mahl, Tanz, Zechgelage und Spiele schlossen sich an.
An Sonntagen tagte – mehrmals jährlich – das Dorfgericht, dem der Dorfschulze vorstand, um Rechtsstreitigkeiten zwischen den Dorfmitgliedern zu schlichten oder über geringere Vergehen, die zur niederen Gerichtsbarkeit gehörten, zu richten. Auch wenn es das Gebot der gutnachbarschaftlichen Beziehungen gab, kam es nicht selten vor, dass sich einer auf Kosten des anderen bereichern wollte oder dass infolge von Trunkenheit Schlägereien mit Verletzten entstanden waren.

Die Grundherrschaft – Herrschaftsausübung über Land und Leute

Die hörigen Bauern waren in ein System zusammengebunden, für das sich der Name Grundherrschaft durchgesetzt hat. Der Grundherr kann dabei ein einzelner Adliger, ein Kloster, ein König, Bischof, Abt, Graf oder Herzog sein.

5.5 Kirche und Staat im Hochmittelalter

> Grundherrschaft bedeutet die Ausübung der Macht durch einen Grundherrn über Land und Leute.

Dabei gab der Grundherr an die hörigen Bauern, die in unterschiedlicher Intensität von ihm abhängig waren und seiner Gerichtsbarkeit unterstanden, Land aus, das sie für ihn gegen Abgaben und Dienste zu bewirtschaften hatten. Zu einer Grundherrschaft gehörten eine Vielzahl von Gütern, die weit verstreut liegen konnten. Je nach Größe der Grundherrschaft gehörte eine bestimmte Anzahl von Gütern dazu, in denen es jeweils den Fronhof gab, der von einem vom Grundherrn eingesetzten Meier oder Verwalter beaufsichtigt wurde.

▶ **Hufenland:** abgeleitet von Hufe als Maßeinheit für die Größe einer Bauernstelle. Zu einer Hufe gehörten Haus, Hof, Acker, Wiese und Almendenunzungsrecht. Regional schwankte die Größe einer Hufe zwischen 30 und 40 Morgen.

Außerdem existierte Herrenland sowie das an die hörigen Bauern ausgegebene Land **(Hufenland)**. Auf dem Fronhof liefen die Abgaben zusammen. Von hier aus wurden die Leistungen der Hörigen beaufsichtigt und koordiniert. Kennzeichen der Grundherrschaften war, dass die zu einer Grundherrschaft gehörenden Ländereien sehr weit auseinander liegen konnten. Dies war übrigens typisch für klösterliche Grundherrschaften, das heißt, es war in den wenigsten Fällen so, dass ein Dorf einer Grundherrschaft entsprach.

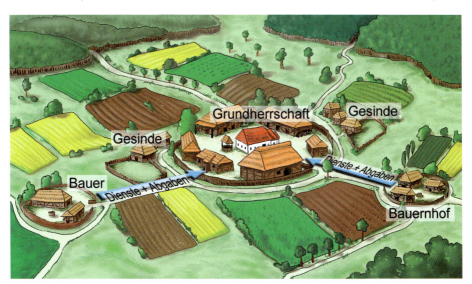

Die agrarische Revolution im Mittelalter – Dreifelderwirtschaft und neue Arbeitsgeräte

Bis zum 8. Jh. hatten die Bauern ihre Felder in der **Zweifelderwirtschaft** genutzt, das heißt, es gab den Anbau von Getreide auf einem Feld, während das andere Feld nicht bewirtschaftet wurde und brach lag (Brache). Im darauf folgenden Jahr wurde dann gewechselt, das heißt, auf dem im letzten Jahr brachliegenden Feld wurde Getreide ausgesät, während sich das ehemalige Getreidefeld jetzt erholen konnte. Seit dem 8. Jh. setzte sich im Frankenreich die **Dreifelderwirtschaft** durch.

> Die Dreifelderwirtschaft bedeutete, dass das für die landwirtschaftliche Nutzung verfügbare Land in drei Nutzungsbereiche (Gewanne) aufgeteilt wurde.

Während auf einem Teil Sommergetreide (Hafer, Gerste) und Hülsenfrüchte (Erbsen, Linsen, Bohnen) angebaut wurden, wurde ein zweiter Teil mit Wintergetreide (Weizen, Roggen, Gerste) bestellt. Der dritte Teil blieb brach (Viehweide). Diese Nutzungsformen wurden meist auf die Anzahl der in einem Dorf existierenden Höfe aufgeteilt, das heißt, gab es in einem Dorf fünf Hofstellen, wurden Winterfeld, Sommerfeld und Brache in fünf gleich große Flurstreifen aufgeteilt. Aussaat- und Erntetermine wurden für alle Dorfmitglieder verbindlich festgelegt (Flurzwang).

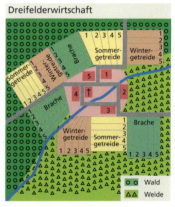

Diese Veränderungen wurden begleitet durch die Anwendung neuer Arbeitsgeräte: Der Pflug mit der eisernen Pflugschar ermöglichte ein tieferes Pflügen des Ackers und eine Bearbeitung größerer Ackerflächen, da man mit ihm schneller pflügen konnte. Man konnte nun dank der Kummetanschirrung Pferde als Zugtiere für den Pflug verwenden. Die Sichel als Erntegerät wurde durch die Sense abgelöst, was ein schnelleres Einbringen des Getreides ermöglichte. Der Dreschflegel löste das Ausschlagen oder Ausstampfen der Körner aus den Ähren ab und war wesentlich schneller und produktiver. Wind- und Wassermühlen übernahmen jetzt das Mahlen des Getreides, das bis dahin von Hand erfolgte.

5.5.7 Innerer Landesausbau und Ostkolonisation

▶ Schätzungen zufolge lebten im Deutschen Reich und in Skandinavien um 1000 ca. 4 Mio. Menschen.
Um 1340 waren es 11,6 Mio. Menschen.

Die Einführung der Dreifelderwirtschaft sowie der neuen landwirtschaftlichen Arbeitsgeräte führte zu einer enormen Steigerung der Bevölkerungszahlen auf ca. das Dreifache, der sogenannten Bevölkerungsexplosion in Mittel- und Nordeuropa, da die Versorgung mit Nahrungsmitteln dank der verbesserten Arbeitstechniken nun auf einer breiteren Basis geschah. Diese Bevölkerungsexplosion, verbunden mit den gültigen Erbteilungsregelungen in der Landwirtschaft, die nur den ältesten Sohn berücksichtigten, während die anderen leer ausgingen, oder aber auch eine Aufteilung des Landes an alle Söhne ermöglichten, wirkte sich negativ auf die Bodennutzung und die Erträge aus. Die Erträge reichten nicht mehr zur Ernährung einer Bauernfamilie aus. Hinzu kamen Naturkatastrophen und Missernten, die die Not der ländlichen Bevölkerung steigerten.

▶ Rodungsdörfer erkennt man an den Endungen -rode, wie Wernigerode, Harzgerode, Bischoferode, bzw. -hagen, wie Levenhagen, Boltenhagen.

HEINRICH DER LÖWE, Herzog von Sachsen und Bayern (Ausschnitt einer Zeichnung seines Grabmals im Braunschweiger Dom)

▶ Vielfach gingen die Ansätze zu eigenen frühen Staatsformen und Großstammesbindungen sowie die eigene Sprache und Kultur verloren. Lediglich den slawischen Stämmen, die sich dem Druck der Eroberer unterwarfen, gelang es, ihre kulturellen Traditionen und Eigenarten zumindest teilweise zu bewahren. Ein Beispiel dafür sind die Sorben in der Lausitz und im Spreewald.

▶ Eine Abgabenbefreiung oder -erleichterung wurde meist für sieben Jahre ausgesprochen. Erst danach, wenn sich die Menschen eingelebt und Fuß gefasst hatten, sollten sie Abgaben zahlen.

Viele Bauern suchten seit dem beginnenden 12. Jh. neue Existenzgrundlagen und fanden sie in bisher unbesiedelten Landstrichen innerhalb des Deutschen Reiches **(innerer Landesausbau),** in denen sie Moore und Urwald vorfanden. Nachdem sie die Moore und Uferstreifen entlang von Flüssen trockengelegt und den Urwald durch Rodungen nutzbar gemacht hatten, fanden sie hier bestes Ackerland vor. Darüber hinaus stellten ihnen die Grundherren das Ackerland zu günstigen Bedingungen zur Verfügung. Meist wurde ihnen Abgabenfreiheit für einen bestimmten Zeitraum in Aussicht gestellt, oder sie erhielten das Land zu günstigeren Bedingungen als in der alten Heimat. Die Mühe lohnte sich also.

Während sich der **Landesausbau** auf bisher unbesiedelte Gebiete innerhalb der Grenzen des Deutschen Reiches konzentrierte, orientierte sich die **deutsche Ostsiedlung** (Ostkolonisation) auf die Siedlungsbereiche slawischer Stämme zwischen Elbe und Oder. Seit dem 12. Jh. kam es in diesem Gebiet jedoch nicht nur zur Ansiedlung von deutschen Bauern in neu gegründeten Dörfern sowie zur Niederlassung von Handwerkern und Kaufleuten in

neu gegründeten Städten, sondern auch zu einer systematischen Unterwerfung und Zwangschristianisierung der slawischen Bevölkerung. Die slawische Bevölkerung verlor dabei meist ihre kulturelle Identität und musste sich den neuen Bedingungen unterwerfen. In den neu entstehenden Dörfern und Städten spielte sie meist nur eine untergeordnete gesellschaftliche Rolle. Die Eroberung der Gebiete zwischen Elbe und Oder wurde besonders durch den Herzog von Sachsen, die Markgrafen von Brandenburg und Meißen, den Erzbischof von Magdeburg und die Grafen von Holstein vorangetrieben.

Die mecklenburgischen und pomoranischen Fürsten unterwarfen sich den deutschen Eroberern und nahmen ihre Stammesgebiete von den deutschen Fürsten als Lehen an. Somit wurden Pommern und Mecklenburg sowie Gebiete an der Saale und das Vogtland zu Bestandteilen des Deutschen Reiches.

Auch nach der Eingliederung dieser Gebiete wurde der Landesausbau durch die gezielte Ansiedlung von Bauern und Handwerkern, die von den Küsten der Nordsee (Friesland, Holland, Flandern) sowie aus dem Altsiedelland (Westfalen) kamen, unter Leitung eines Lokatoren (Anwerber von Bauern, Verteiler des Landes) gefördert. Dies geschah dadurch, dass Werber an der Nordseeküste und im Altsiedelland auftauchten und dort die Siedlungsangebote für die neuen Gebiete verkündeten. In diesen wurde meist die Abgabenbefreiung oder -erleichterung für einen bestimmten Zeitraum in Aussicht gestellt. Grundherrschaftliche Bindungen waren am Anfang noch wenig ausgeprägt, sodass die Neusiedler größere Freiheiten genossen als die Bauern im Altsiedelland. Jedoch setzten auch in den neuen Siedlungsgebieten neue grundherrschaftliche Bindungen – meist nach sieben Jahren – ein.

5.6 Spätmittelalter und der Aufschwung der Städte

5.6.1 Vom Interregnum zum „Hausmachtkönigtum"

Das Interregnum (1256–1273)

Seit dem Untergang der Staufer verfiel die Reichsgewalt immer mehr und wurde zu einem Spielball der Fürsten. Diese Entwicklung wurde bereits unter den letzten Staufern mit den Gegenkönigen eingeleitet. 1257, nach dem Tod des letzten antistaufischen Gegenkönigs, kam es mit der Wahl RICHARDS VON CORNWALL und ALFONS' VON KASTILIEN erneut zu einer Doppelwahl. Durch diese Doppelwahl gelang es den Fürsten, ihre Interessen gegenüber der Zentralgewalt und die Macht in ihren Territorien auf Kosten des Königs zu erweitern. Darüber hinaus ergab sich mit der Wahl von 1257 auch für andere europäische Monarchien die Möglichkeit, Einfluss auf das Deutsche Reich auszuüben: Mit RICHARD VON CORNWALL, einem Bruder König HEINRICHS III. von England, konnte das Königreich England im Reich auf Entscheidungen einwirken. Ähnlich verhielt es sich mit König ALFONS, der gleichzeitig König von Kastilien war. Beide hatten einen rechtlichen Anspruch auf die Königsnachfolge im Deutschen Reich durch entfernte verwandtschaftliche Beziehungen. Eine tatsächliche Umsetzung dieser Möglichkeit gelang jedoch nicht: RICHARD hatte nur begrenzten Rückhalt bei den rheinischen Städten, während ALFONS VON KASTILIEN das Deutsche Reich nie betreten hat.

> Die Zeit zwischen 1256 und 1273 wird als Interregnum (Zwischenreich, königlose Zeit) bezeichnet, obwohl es in dieser Zeit gewählte Könige gab. Sie hatten jedoch keine tatsächliche Macht und verfügten über keinerlei Ansehen und Anerkennung.

Die Taktik der Kurfürsten

Die Kurfürsten, d.h. diejenigen Fürsten, die den König wählten, versuchten seit der Mitte des 13. Jh., möglichst schwache Kandidaten auf den deutschen Königsthron zu bringen, um ihren eigenen Einfluss gegenüber der Zentralgewalt zu stärken. Meist fiel ihre Wahl auf Vertreter aus einem unbedeutenden Grafenhaus. Geschickt schalteten die Kurfürsten den berechtigten Thronfolgeanspruch des jeweiligen Grafengeschlechts aus, indem sie die Ansprüche abwiesen und einen Vertreter aus einem anderen Grafenhaus zum König wählten. Dabei forderten sie von dem jeweiligen Kandidaten Zugeständnisse, die ihre eigene Macht sicherten und erweiterten. Vielfach kam es in dieser Zeit zu Doppelwahlen, da sich die Kurfürsten nicht einig waren.

Da die Könige relativ bedeutungslosen Geschlechtern entsprangen, deren Besitz begrenzt war, versuchten sie, während ihrer Regierungszeit den erblichen Landbesitz zu erweitern und so eine Hausmacht aufzubauen. Dies war notwendig, da sich das Reichsgut, die eigentliche Machtgrundlage des Königtums, in der Zeit der Thronkämpfe akut verringert hatte und für die Hausmachtkönige nicht mehr zur Verfügung stand. Aus diesem Grund war es für die Hausmachtkönige notwendig, zur Sicherung der eigenen Machtgrundlagen neue Gebiete zur Stärkung der Hausmacht hinzuzugewinnen. Diese wurden also nicht in das Reichsgut eingegliedert, sondern durch Verleihung an Söhne oder andere enge Verwandte der eigenen Hausmacht zugeordnet. Das Spätmittelalter wird deshalb auch oft die **Zeit des Hausmachtkönigtums** genannt.

Die Erweiterung der Hausmacht geschah meist durch geschickte Heiratsverbindungen oder war die Folge von kriegerischen Verwicklungen innerhalb des Deutschen Reiches. 1273 fiel die Wahl der Kurfürsten auf RUDOLF VON HABSBURG.

5.6.2 Der Aufstieg der Städte

Der Untergang des Römischen Reiches führte auch zum Verfall der antiken Städte. Zwischen 900 und 1150 kam es jedoch zur Entfaltung einer neuen mittelalterlichen Stadtkultur. Neue Städte entstanden dort, wo alte Römerstädte bestanden (Köln, Trier, Augsburg), oder dort, wo sich herrschaftliche Mittelpunkte gebildet hatten, an Königspfalzen, Burgen oder auch an Bischofssitzen, in deren Schutz sie sich entwickeln konnten. Unabhängig davon entstanden Städte an günstig gelegenen Hafenplätzen und Buchten an den Küsten von Nord- und Ostsee, Kreuzungen von großen Handelswegen oder an Flussfurten.

> An die Gründung von Orten an Flussfurten erinnern heutige Ortsnamen wie Frankfurt, Staßfurt, Erfurt.

Geben und Nehmen – Stadtherr und Bürger

Um eine Stadt gründen zu können, brauchte es herrschaftlichen Schutz, der durch einen Adligen (Grafen, Herzöge, Bischöfe, aber auch Könige) geleistet wurde. Er war es auch, der den Bürgern den Platz für eine neue Stadt anwies und ihnen damit seinen Grund und Boden überließ. Dieser Adlige war der Herr über die Stadt und ihre Bürger und wurde Stadtherr genannt. Die Bürger – also diejenigen, die als Burgleute im Schutz seiner Burg lebten – waren ihm gegenüber als Gegenleistung zur Zahlung von Steuern und Abgaben verpflichtet. Darüber hinaus erließ der Stadtherr ein Stadtrecht, in dem das Zusammenleben der Bürger geregelt wurde: Es legte fest, nach welchen Regeln der Handel auf dem Markt betrieben werden durfte, legte Zölle und Marktabgaben fest, bestimmte Maße und Gewichte, die in der Stadt gültig waren, legte fest, welche Münze galt. Auch die Gerichtsbarkeit lag in den Händen des Stadtherrn, das heißt, er bestimmte die Strafen bei Vergehen gegen das Stadtrecht und erhielt einen Teil der Bußgelder, die dafür zu zahlen waren.

> Die Stadtrechtsurkunden für Lübeck und München regelten z. B. Marktrecht, Immobilienbesitz- und Erbrecht sowie die Gerichtsbarkeit an Hals und Hand.

Städte waren eine Schatzgrube für die Adligen. Da die meisten Städte auch Handelszentren waren, konnten sich die Adligen als Stadtherren durch die Zölle und Abgaben, die ihnen zustanden, bereichern. Dies führte zu einer Welle von Städtegründungen seit dem 12. Jh. (Freiburg im Breisgau durch die Zähringer, München und Lübeck durch Herzog HEINRICH DEN LÖWEN, Leipzig durch die Staufer), für die in Stadtrechtsurkunden die Stadtrechte verliehen wurden.

Die mittelalterlichen Städte waren schon von weit her erkennbar. Ihre hohen Kirchtürme konnte jeder Nahende aus der Ferne sehen. Kam man näher, konnte man auch die wehrhaften Mauern mit Zinnen und Wehrgängen bestaunen, die die Stadt vor Angreifern schützen sollten.

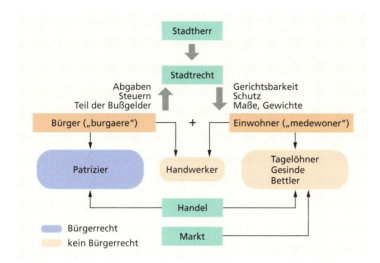

Die Städte erstreiten sich die Unabhängigkeit

Seit der Mitte des 11. Jh. begannen die Bürger der Städte ihr gewachsenes Ansehen und Selbstbewusstsein zur Geltung zu bringen. Sie widersetzten sich in wichtigen Fragen ihren Stadtherrn. Dies geschah in Deutschland erstmalig 1073 in Worms und 1074, als sich die Kölner Bürger gegen den Stadtherrn, Bischof ANNO VON KÖLN, wegen der Beschlagnahmung eines Handelsschiffes erhoben. Auch wenn der Stadtherr in diesem Fall den Aufstand niederschlug, so hatten doch in der Mitte des 13. Jh. die meisten großen Städte die Unabhängigkeit von ihrem Stadtherrn erreicht.

Patrizier, Handwerker und Rechtlose

Vor allem die wirtschaftlich stärkste Gruppe – die Fernhandelskaufleute oder Patrizier – spielten dabei eine große Rolle.

> Vielfach war diese Unabhängigkeitsbewegung (auch kommunale Bewegung) verbunden mit einem Schwur, den sich alle Mitglieder der Stadtgemeinde gegenseitig leisteten und der Schutz und Treue beinhaltete. Aufgrund dessen spricht man oft bei solchen Stadtgemeinden gerade im Verhältnis zum Stadtherrn von **Schwureinungen**.

Sie bestimmten sowohl die wirtschaftlichen als auch die politischen Geschicke innerhalb der Stadt. In Kaufmannszünften (**Gilden**: Wirtschaftsverbände der Kaufleute) nahmen sie ihre wirtschaftlichen Interessen wahr. Aus ihren Reihen gingen die Bürgermeister hervor, sie bestimmten die Wahl der Ratsherren im Rat. So kontrollierten sie auch das öffentliche Leben: Sie setzten für ihre Zunft Löhne und Preise fest, bestimmten die Stückmengen für die Handwerksproduktion, bestimmten, wer wann und

▶ Die Bürger von Worms nutzten die Abwesenheit des Stadtherrn, des Bischofs, zu einem Aufstand und ließen den auf der Flucht vor einer Fürstenopposition befindlichen HEINRICH IV. in die Stadtmauern ein. Damit verbündete sich erstmalig in der deutschen Geschichte eine Stadt mit dem Königtum.

wie lange Zugang zur Stadt hatte. Der Rat griff auch durch Kleider- und Luxusverordnungen in das Alltagsleben der Menschen in der Stadt ein. Auch die Handwerker bildeten ihre eigenen Zusammenschlüsse, die man regional unterschiedlich **Zunft, Gaffel** oder **Innung** nannte. Jeder Handwerkszweig bildete eine Zunft (Töpfer, Seiler, Schmiede, Bäcker usw.). Mitglieder der Zünfte waren die Handwerksmeister, die sich regelmäßig trafen und für ihre Zunft Regeln für die Qualität, Stückzahl und Preise ihrer Erzeugnisse festlegten. Sie bestimmten auch, wie viel Lehrlinge ein Meister ausbilden, wie viel Gesellen er beschäftigen durfte und wer Meister wurde. Auch die Beilegung von Streitigkeiten unter den Meistern gehörte zu ihren Aufgaben.

Neben diesen Aufgaben hatten die Zusammenschlüsse der Handwerker auch gesellschaftliche Funktionen: Sie halfen einander bei finanziellen und wirtschaftlichen Notsituationen (Tod, Krankheit, Konkurs). Bei feierlichen Anlässen in der Stadt traten sie meist gemeinsam auf.

Das Ansehen und die große Rolle der Zünfte zeigte sich auch darin, dass sie verpflichtet waren, an der Stadtverteidigung teilzunehmen. Trotz dieser großen Bedeutung für die Stadt wurde ihnen die Beteiligung an der Regierung in der Stadt lange Zeit von den Patriziern verwehrt. So entstanden seit dem 14. Jh. in vielen Städten Aufstände der Handwerker und kleinen Kaufleute gegen die Patrizier, um eine Beteiligung an der Regierung zu erreichen. Während sich vielfach die Handwerker durchsetzten, konnten in anderen Städten auch die Patrizier die Macht behaupten. In einigen Städten schlossen beide Seiten Kompromisse.

Städtebünde

Auch die Städte gingen bei der Wahrnehmung ihrer Interessen eigene Wege, indem sie Städtebünde gründeten. Der erste dieser Städtebünde war der **Rheinische Städtebund** (1254–1257), der die zunehmende Unsicherheit nach dem Zusammenbruch der Stauferherrschaft erkannte und die Auswirkungen auf die Städte verringern wollte.

Rheinischer Städtebund	Schwäbischer Städtebund
70 Städte: Mainz, Worms, Oppenheim, Bingen, Frankfurt, Speyer, Lübeck, Aachen, Zürich, Regensburg, Sinzig u. a.	**14 Städte:** Ulm, Esslingen, Rottweil, Heilbronn, Hall, Gmünd, Weil der Stadt, Weinsberg, Augsburg, Biberach, Memmingen, Konstanz u. a.

Auch wenn die Fürsten und der König in der Goldenen Bulle die Errichtung von Städtebünden kategorisch verboten hatten, kam es immer wieder zur Errichtung von solchen Vereinigungen, wie z. B. 1377 mit dem **Schwäbischen Städtebund,** der sich vor allem gegen die Finanzpraktiken von König und Fürsten richtete.

Ziel war es u. a. zu verhindern, dass König und Fürsten sich durch Abgaben und andere Forderungen an den Städten bereicherten. Die Entstehung von Städtebünden konnte selbst im 15. Jh. nicht vollständig unterbunden werden.

5.6 Spätmittelalter und der Aufschwung der Städte

Ansicht der mittelalterlichen Hansestadt Rostock

Ein städtisches Bündnis, jedoch mit vordergründig wirtschaftlicher Zielsetzung, war die **Hanse**. Sie entstand bereits im 12. Jh. aus Gemeinschaften von Fernhändlern, die sich zu gemeinsamem Schutz zu Fahrerverbänden (Kaufmannshanse) für den Handel auf der Ost- und Nordsee zusammengeschlossen hatten. Seit dem 13. Jh. übernahmen die Städte die Wahrnehmung der Fernhandelsinteressen ihrer Kaufleute, was in der Mitte des 14. Jh. zu einem förmlichen Bündnis der am hansischen Handel beteiligten Städte – der Hansestädte – führte. Lübeck war lange Zeit die treibende Kraft in diesem Bündnis. Dieses Bündnis – die Städtehanse – schützte gemeinsam die Handelsinteressen seiner Mitglieder ohne königliche oder fürstliche Beteiligung. Es war der wichtigste wirtschaftliche Zusammenschluss des Mittelalters und der Neuzeit. Der Erfolg der Städtehanse basierte auf dem Zwischenfernhandel, das heißt, Hansekaufleute vermittelten den Austausch von Produkten innerhalb eines bestimmten Handelsgebietes. Sie handelten mit Pelzen und Wachs, mit Butter, Hering und Stockfisch, mit Getreide, Wachs und Pech, mit Wolle und Tuch, Zinn, Eisen und Kupfer, mit Wein und Bier. Nahezu alles, was an den Königs- und Fürstenhöfen, aber auch von den einfachen Menschen benötigt wurde, ging durch die Hände des hansischen Kaufmanns und wurde über weite Entfernungen durch Ost- und Nordsee befördert. Dieses Gebiet beherrschten und kontrollierten sie, indem sie an den Eckpunkten ihres Handelsgebietes Niederlassungen errichteten, die Kontore (Nowgorod, Bergen, London, Brügge). Den Kontoren standen **Alderleute** vor, die die Verhandlungen mit den jeweiligen ausländischen Machthabern um die Handelsvergünstigungen der hansischen Kaufleute führten, Abgaben von den Kaufleuten eintrieben und das öffentliche Leben steuerten. Die Hanse erlebte bis zum Ende des 15. Jh. eine enorme Blütephase. Dann, vor allem ausgelöst durch die großen geografischen Entdeckungen und den Verfall der Zentralgewalt im Deutschen Reich, aber auch an der eigenen inneren Schwäche, ging sie im 17. Jh. unter.

5.6.3 Alltagsleben in einer mittelalterlichen Stadt

▶ Eine Rolandsstatue ist eine überlebensgroße steinerne Statue, die den städtischen Frieden symbolisierte. Das Bild zeigt die Rolandsfigur vor dem Rathaus von Brandenburg an der Havel.

Mittelpunkt der Stadt war der Marktplatz mit dem Rathaus. Oft stand auf dem Markt eine **Rolandsstatue,** die die städtische Gerichtsbarkeit symbolisierte. Auf dem Markt fand mehrfach wöchentlich der Markt statt. Auf ihm wurde Recht gesprochen und Urteile vollzogen.

Vielfach entspricht der Straßenverlauf unserer heutigen Innenstädte dem der mittelalterlichen Straßen. Straßen und Gassen waren jedoch in den wenigsten Fällen gepflastert, meist gab es diesen Luxus nur für den **Marktplatz** und die wichtigsten Straßen zu den Stadttoren. Es gab keine Kanalisierung, und auf den Straßen lief das Vieh der Bürger meist frei herum. Das bedeutete, dass sich die Wege, gerade bei Regenwetter, in Schlamm verwandelten und dass in den Städten eine ungeheure Belästigung durch Schmutz, Unrat, Gestank herrschte. Kübel mit Unrat und Fäkalien wurden einfach auf die Straße oder in die Gosse geschüttet. Dies führte dazu, dass Krankheiten und Seuchen Tor und Tür geöffnet waren, was zu einer hohen Sterblichkeitsrate in den Städten führte. Zu Zeiten der großen Pest starben bis zu 60 % der städtischen Bevölkerung.

Die Pflege von Kranken und Alten übernahmen die Spitäler (Heiliggeisthospitäler, St. Spiritus), die durch Stiftungen wohlhabender und reicher Bürger gebaut und unterhalten werden konnten. Bei Ansteckungsgefahr bzw. der Gefahr, dass Seuchen in die Stadt durch Fremde eingeschleppt wurden, mussten diese in Hospitälern und Siechenhäusern vor der Stadt untergebracht werden. Dies betraf

St. Spiritus vor dem Tore in Greifswald

auch wandernde Handwerker und Kaufleute, die oft bei Einbruch der Nacht in Hospitälern vor den Toren der Stadt (St. Georg oder St. Gertrud) Zuflucht suchten.

In den mittelalterlichen Städten herrschte eine relativ hohe Sterblichkeitsrate. Vor allem Alte, Kinder und Frauen wurden Opfer von Seuchen und Krankheiten.
Besonders häufig starben Frauen am Kindbettfieber, dem sie infolge von Erschöpfung und einer mangelnden ärztlichen Versorgung erlagen. Den Frauen und Müttern kam vor allem die Aufgabe zu, neben der Sorge für den Haushalt die Nachkommenschaft (oft bis zu 10 Kinder) zu gebären und großzuziehen. Während der Mann als Handwerksmeister, Geselle oder Kaufmann den Unterhalt für die Familie besorgte, kümmerte sich die Frau um die Kinder, um die Bestellung des Gartens, darum, dass ein genügend großer Vorrat an Nahrungsmitteln und Kleidung vorhanden war. Daneben war sie auch für die grundlegende Ausbildung der Kinder verantwortlich.
Zu denjenigen, die keinerlei Rechte in der Stadt hatten, gehörten Juden, Tagelöhner und diejenigen, die einen unehrenhaften Beruf (Henker, Totengräber, Schinder) ausübten. Ihnen wurde das Bürgerrecht verwehrt, sie durften aber in der Stadt – meist am Rande – wohnen. Leprakranken und Trägern anderer ansteckender Krankheiten wurde der ständige Aufenthalt in der Stadt untersagt. Jedoch durften sie ihren Lebensunterhalt durch Betteln „verdienen", mussten dabei aber, wie die Leprakranken, durch das Tragen von Glöckchen auf sich aufmerksam machen.

Stellung der Juden in den mittelalterlichen Städten

Die Juden standen vor allem wegen ihrer Religion außerhalb der christlichen Stadtgemeinde. Sie lebten in eigenen Vierteln (Getto) oder Straßen und besuchten ihren Gottesdienst in der Synagoge. Juden wurden jedoch nicht als Ausländer angesehen, sondern nur wegen ihrer Religion verhielt man sich ihnen gegenüber abweisend. Die jüdischen Bewohner der Stadt waren also ebenso Deutsche wie die christlichen Bewohner, einen Unterschied gab es offensichtlich nur wegen ihrer Religion. Dieser hatte aber auch wirtschaftliche Folgen. Vielfach waren Juden als Geldleiher und Bankiers tätig, das heißt, sie waren gebildete und wohlhabende Leute. Jedoch wurde ihnen der Zugang zu den Zusammenschlüssen von Handel und Handwerk verwehrt, ebenso wie sie keine Grundstücke in der Stadt erwerben durften, sondern zur Miete wohnen mussten. In der Mitte des 14. Jh. kam es im Zusammenhang mit der Pest zu ersten Judenverfolgungen, Pogromen, bei denen viele Juden getötet wurden, weil man sie für die Pest verantwortlich machte (Judas von Ischariot als Verräter Jesu Christi, Brunnenvergiftermythos).
Die verheerenden Judenverfolgungen (Pogrome) hatten sowohl religiöse als auch finanzielle Hintergründe in Deutschland während der Pest. In Frankreich wurde den Juden vorgeworfen, in einer gemeinsamen Verschwörung die Vergiftung von Brunnen vorgenommen zu haben, wodurch man die Schuldigen für die unheimliche Seuche gefunden zu haben glaubte. Jedoch ging es offensichtlich vielmehr um Geldgier:

▶ Den Christen war es verboten, Geld gegen Zinsen auszuleihen, den Juden jedoch nicht. Vielfach bedienten sich die Patrizier und Adligen jüdischer Bankiers, um Geldgeschäfte zu machen.

Da Juden vor allem als Bankiers und Geldleiher arbeiteten, richtete sich der Hass vieler Menschen besonders gegen sie und ihren vermeintlichen ungeheuren Reichtum. Viele Familien, darunter auch Königsfamilien wie die Luxemburger, waren bei Juden verschuldet. Jetzt schien der Zeitpunkt geeignet, sich von den Schulden zu befreien. Oft waren die Pogrome geplant und vorbereitet. Man wollte sich gezielt an jüdischem Besitz bereichern.

Auch KARL IV. profitierte von den Judenverfolgungen, indem er nicht konsequent gegen diese einschritt, Städte, in denen es zu Pogromen gekommen war, nicht bestrafte und selbst Gewinn aus Erbschaften an jüdischem Besitz schlug.

Judenpogrome und -vertreibungen im mittelalterlichen Europa	
1096/1097	Pogrom während des 1. Kreuzzuges
1146/47	Pogrom während des 2. Kreuzzuges
1190	Pogrom in England
1236	Pogrom in Frankreich
1287	Pogrom am Mittelrhein
1290	Judenvertreibung aus England
1298	Pogrom in Süddeutschland
1306	Judenvertreibung aus Frankreich
1336–1339	Pogrom wegen der Pest in Europa

5.6.4 Kaisermacht und Fürstenmacht

1273 wählten die Kurfürsten RUDOLF VON HABSBURG zum deutschen König. Die Habsburger verfügten über Besitz im Elsass, am Oberrhein sowie in der heutigen Schweiz. Diesen erweiterte RUDOLF, indem er König OTTOKAR VON BÖHMEN, der die Wahl RUDOLFS nicht anerkannte, die Herzogtümer Steiermark und Österreich entzog. Er verlieh sie als erbliche Lehen an seine Söhne. Somit gehörten sie nun zum erblichen Besitz der Habsburger.

Ähnlich verfuhren auch die anderen Hausmachtkönige: Die Luxemburger gewannen auf diese Art und Weise unter HEINRICH VII. 1310 das Königreich Böhmen, die Wittelsbacher 1323 die Markgrafschaft Brandenburg.

RUDOLF VON HABSBURG (1218–1291)

5.6 Spätmittelalter und der Aufschwung der Städte

Das Hausmachtkönigtum der Luxemburger

Während das Königtum der Wittelsbacher mit LUDWIG DEM BAYERN (1314–1347) eine Episode blieb, erlebte die Dynastie der Luxemburger einen unaufhaltsamen Aufstieg, der mit der Wahl HEINRICHS VII. (1308 bis 1313) und dem Erwerb Böhmens für die Luxemburger begann. Sie bestimmten die Geschicke des Deutschen Reiches für fast einhundert Jahre. Mit der Wahl KARLS IV. (1346) zum deutschen König zeichneten sich einschneidende Veränderungen innerhalb des Deutschen Reiches ab. Vor allem das Verhältnis zwischen den Reichsfürsten wurde neu geregelt.

König und Königswähler – die Goldene Bulle

Seit dem Ende des 12. Jh. hatte sich ein Kreis von Fürsten herausgebildet, der bei der Königswahl eine besondere Rolle spielte. Bereits 1257 war aus dem Kreis der Kurfürsten ein Kurfürstenkollegium geworden, das sich aus drei geistlichen und vier weltlichen Königswählern zusammensetzte: den Erzbischöfen von Köln, Mainz und Trier sowie dem König von Böhmen, dem Pfalzgrafen bei Rhein, dem Herzog von Sachsen und dem Markgrafen von Brandenburg. Bis zum Untergang des „Heiligen Römischen Reiches Deutscher Nation" im Jahre 1806 wählten sie den deutschen König. Ihr Hauptinteresse bestand darin, eine starke Königsherrschaft und die Thronfolge innerhalb einzelner Familien zu verhindern, was ihnen allerdings nur teilweise gelang: **KARL IV.** konnte die Wahl seines Sohnes WENZEL durchsetzen.

Jedoch arbeiteten König und Kurfürsten auch zusammen, wenn es um die Schwächung der Machtposition des Papsttums und die Versuche des Papstes ging, die Königswahl im Deutschen Reich mitzubestimmen (Approbationsrecht). Dies gelang den Kurfürsten im Kurverein von Rhense (1338), der die Wahl des Königs ohne päpstliche Anerkennung regelte. Endgültig wurde das Wahlverfahren dann in der **Goldenen Bulle** (1356), dem wichtigsten Verfassungsdokument der mittelalterlichen Geschichte, geregelt. Ihren Namen erhielt die Goldene Bulle von einer Goldkapsel (aurea bulla), mit der das Siegel umschlossen war. Verfasst wurde das Gesetzeswerk im damals üblichen Latein. Kapitel 1–23 wurden in Nürnberg erarbeitet und verkündet, Kapitel 24–31 auf dem Reichstag zu Metz.
Der Anfang 1356 in Nürnberg geschriebene Teil enthält die Kurfürstenverfassung:
Der deutsche König wurde von den Kurfürsten in einer festgelegten Reihenfolge und in einer Mehrheitswahl in Frankfurt gewählt und in Aachen gekrönt, womit Doppelwahlen ausgeschlossen waren.
Eine päpstliche Mitwirkung an der Königswahl wurde nicht erwähnt; stattdessen legte die Goldene Bulle die Anwartschaft des deutschen Königs auf die Kaiserkrone fest.
Die Goldene Bulle legte eine jährliche Versammlung aller Kurfürsten fest. Es sollten Beratungen mit dem Kaiser stattfinden. Bündnisse aller Art mit Ausnahme von Landfriedenseinigungen wurden verboten, ebenso das Pfahlbürgertum. Die Kurfürsten besaßen den Status der Immunität, außerdem wurde das Kurrecht auf den erstgeborenen ehelichen Sohn vererbt.

▶ An die Verkündung der Goldenen Bulle 1356 in Nürnberg erinnert seit 1509 die Kunstuhr des „Männleinhaufens". Jeden Mittag um 12.00 Uhr umziehen sieben Kurfürsten huldigend Kaiser KARL IV. an der Spitze der Frauenkirche.

▶ Die Kurfürsten erhielten vom König:
– Münzprägerecht,
– Zollrecht,
– Judenschutz.

▶ Pfahlbürger wohnten außerhalb der Städte, besaßen aber das Stadtrecht.

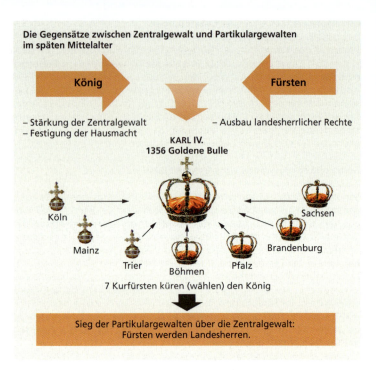

Die Gebiete der Kurfürsten (die Kurlande) wurden zu unteilbaren Territorien erklärt, das heißt, es wurde das immer währende Bestehen der Kurfürstentümer und ihre Funktion als Königswähler gesichert.
Der König gestand den Kurfürsten die Ausübung von Rechtsprechung, Zollrecht und Münzrecht in ihren Herrschaften zu, wodurch sie eine in ihren Herrschaften königgleiche Stellung erreichten.
Das eigentliche Ziel der Goldenen Bulle bestand darin, Thronfolgefehden und die Aufstellung von Gegenkönigen zu verhindern. Dieses Ziel wurde erreicht.

Das Deutsche Reich in der Krise – Fehden, Feme, Raubrittertum

Nachdem die Kurfürsten ihre Rechte und ihre Herrschaftsansprüche in der Goldenen Bulle abgesichert hatten, waren sie auch bereit, die Thronfolge innerhalb bestimmter Familien zuzulassen. Nach den Luxembur-

5.6 Spätmittelalter und der Aufschwung der Städte

gern bestimmten die Habsburger für ca. 400 Jahre die Geschichte des Deutschen Reiches. Allerdings blieben auch die Habsburger auf ihre Hausmacht beschränkt. Ebenso wie ihren Vorgängern gelang es ihnen nicht, die Macht der Fürsten zurückzudrängen. Die Interessen und Machtambitionen der Fürsten überwogen, wobei sie vielfach gegeneinander arbeiteten, was die Situation innerhalb des Deutschen Reiches schwer durchschaubar machte.

Das Königtum wurde seiner Aufgabe als zentraler Ordnungsmacht nicht mehr gerecht. Fehdewesen, Femegerichte und Raubritterunwesen waren an der Tagesordnung:

Adlige Familien führten ihre Privatkriege – Fehden – gegeneinander, wodurch sowohl Dörfer als auch Städte in Mitleidenschaft gezogen wurden.

Sondergerichte – Femegerichte – fällten in geheimer Abstimmung Urteile gegen Rechts- und Friedensbrecher, da die königliche bzw. landesherrliche Gerichtsbarkeit ihre Aufgabe nicht mehr ausreichend wahrnahm.

Schließlich verdienten sich viele Angehörige des Ritterstandes ihren Lebensunterhalt als Raubritter, das heißt, sie bereicherten sich auf Kosten der Städte und Kaufleute.

Das große Sterben und die Agrarkrise

Die Krise innerhalb des Deutschen Reiches hinterließ ihre Spuren auch in der Wirtschaft und in der Bevölkerungsentwicklung. Zu Beginn des 14. Jh. herrschte im Deutschen Reich eine Überbevölkerung, die zu Hungersnöten führte, die durch Missernten und Naturkatastrophen verschärft wurden. Seit dem Beginn des 14. Jh. kam es infolgedessen zu einer Abnahme der Bevölkerungszahlen. Viele dörfliche Siedlungen wurden aufgegeben und zu Wüstungen.

▶ Wüstungen, verlassene Siedlungsstätten (Ortswüstungen) oder aufgegebene, ehemals landwirtschaftlich genutzte Flächen (Flurwüstungen, wüste Marken).

Auch in der Landwirtschaft äußerte sich diese Krise. Es sanken die Preise für landwirtschaftliche Produkte, vor allem Getreide, während sich Handwerkserzeugnisse verteuerten, was dazu führte (Preisschere), dass viele Bauern ihr Land verließen (Landflucht) und ihre adligen Herren Einnahmeverluste hinnehmen mussten.

Für die drastische Verminderung der Bevölkerung war auch die Pest verantwortlich, die das Deutsche Reich ca. 1349 erreichte. Regional unterschiedlich raffte die Pest bis zu 30 % der Bevölkerung hin. In ganz Europa starben zwischen 1346 und 1352 ca. 25 Mio. Menschen an dieser Seuche.

Die Reichsreform

Die anarchischen Zustände im Deutschen Reich führten immer mehr zu seiner Schwächung, sodass die Forderung nach einer Reichsreform laut wurde. Jedoch widerspiegelte sich auch in dieser Frage der Konflikt zwischen Zentralgewalt und Fürsten: Während das Königtum eine Stärkung der Zentralgewalt forderte, versuchten die Fürsten, dies zu verhindern und ihre eigene Position zu stärken. Sie forderten deshalb eine stärkere Beteiligung der Reichsstände an der Machtausübung. Der Wormser Reichstag 1495 beschloss schließlich die Reichsreform. Zu ihren Festlegungen gehörten:

- ein Ewiger Landfrieden, mit dem die Fehden beendet werden sollten,
- die Schaffung eines vom König unabhängigen Gerichts, des Reichskammergerichts mit Sitz in Frankfurt,
- die Einführung einer Reichssteuer, des Gemeinen Pfennigs,
- der Reichstag, der jährlich einberufen werden sollte, um wichtige Beschlüsse zu fassen.

Aus „Der Ewige Landfriede" von 1495
„Wir Maximilian von Gottes Gnaden Römischer König, zu allen Zeiten Mehrer des Reiches ..., haben durch das Heilige Reich und die deutsche Nation einen gemeinsamen Frieden vorgenommen, aufgerichtet, geordnet und gemacht.
Also daß von Zeit dieser Verkündung niemand, von was Würden, Stands oder Wesens der sei, den anderen befehden, bekriegen, berauben, fangen, überziehen, belagern auch dazu nicht selbst oder durch jemand anders von seinetwegen dienen, noch auch in irgendwelche Schlösser, Städte, Märkte, Befestigungen, Dörfer, Höfe oder Weiler absteigen, oder sie ohne des anderen Willen mit gewaltsamer Tat freventlich einnehmen oder hinterlistig mit Brand oder auf andere Weise dermaßen beschädigen soll. Auch soll niemand solchen Tätern Rat, Hilfe oder in einer anderen Weise Beistand oder Vorschub tun, auch sie offenkundig oder hinterlistig nicht beherbergen, behausen, atzen oder tränken, aufnehmen oder dulden. Sondern wer gegen den anderen einen Rechtsanspruch zu erheben gedenkt, der soll solches suchen und tun an den Enden und Gerichten, wo die Sachen hiervor oder jetzt in der Ordnung des Kammergerichts zum Austrag vorgeladen sind oder künftig werden oder ordentlich hingehören. Und darauf haben wir alle offene Fehde und Aufruhr durch das ganze Reich aufgehoben und abgetan, heben die auch hiermit auf und tun die ab aus Römischer königlicher Machtvollkommenheit in und mit Kraft dieses Briefes ..."

Das Mittelalter in Europa

4.– 6. Jh.	**Völkerwanderung**
375	Hunnen erobern das Reich der Ostgoten
493–553	Ostgotenreich in Italien (493–526 unter THEODERICH DEM GROSSEN)
6.– 11. Jh.	**Frühmittelalter**
482–511	Herrschaft CHLODWIGS I., Begründer des fränkischen Großreichs
527–565	Herrschaft JUSTINIANS I. als byzantinischer Kaiser
568–774	Langobardenreich in Italien
570–632	MOHAMMED, Begründer des Islam
732	Zurückdrängung der Araber durch die Franken (Schlacht von Tours und Poitier)
751–758	Herrschaft PIPPINS I. als König des gesamten Frankenreiches
756	Pippinsche Schenkung: Rückgabe langobardischer Gebiete an den Papst
768–814	KARL DER GROSSE
800	Kaiserkrönung KARLS DES GROSSEN durch den Papst in Rom
804	endgültige Unterwerfung der Sachsen durch das Frankenreich
843	Vertrag von Verdun: Teilung des Frankenreichs unter den Söhnen LUDWIGS DES FROMMEN
843–876	LUDWIG DER DEUTSCHE herrscht über das Ostfränkische Reich
919–1024	Herrschaft der Ottonen
936	Tod des Ostfränkischen Königs HEINRICHS I. – Nachfolger OTTO I.
955	Schlacht auf dem Lechfeld: Sieg OTTOS DES GROSSEN über die Ungarn
11.– 13. Jh.	**Hochmittelalter**
1024–1125	Herrschaft der Salier im Heiligen Römischen Reich
1054	Schisma zwischen römisch-katholischer und griechisch-orthodoxer Kirche – endgültige Trennung beider Kirchen
1076	Schlacht von Hastings: Normannen erobern England
1077	Beginn des Investiturstreits (Reichstag in Worms)
1096	Gang nach Canossa durch HEINRICH IV.
1096–1099	Ende des Investiturstreits (Wormser Konkordat)

auf **http://wissenstests.schuelerlexikon.de** und auf der DVD   **Wissenstest 5**

ab 1100	Entwicklung des Ritterstandes
11./12. Jh.	Gründung der ersten Universitäten in Europa (Bologna, Paris, Oxford)
1137–1254	Herrschaft der Staufer im Heiligen Römischen Reich
1147–1149	1. Kreuzzug: Eroberung Jerusalems
1189–1192	Herrschaft FRIEDRICHS I. (BARBAROSSA)
12. Jh.	Höhepunkt des Klosterlebens: Franziskaner, Zisterzienser, Dominikaner
12.–14. Jh.	Deutsche Ostsiedlung
13./14. Jh.	Zahlreiche Städtegründungen in Europa
13. Jh.	Beginn der Inquisition: Verfolgung von Hexen und Ketzern
1250–1500	**Spätmittelalter**
1256–1273	Interregnum
1273–1291	Herrschaft RUDOLFS I. VON HABSBURG
1291	Ende der christlichen Herrschaft in Palästina (nach sieben Kreuzzügen)
1312–1437	Luxemburger und Wittelsbacher stellen die römisch-deutschen Herrscher
13.–15. Jh.	Städtebund der Hanse dominiert den Nord- und Ostseehandel
1339–1454	Hundertjähriger Krieg zwischen England und Frankreich
1348/49	Höhepunkt der Pestwelle (Schwarzer Tod) in Europa
1356	Goldene Bulle: Regelung der Königswahl durch die sieben Kurfürsten
1378–1417	Abendländisches Schisma (doppeltes Papsttum in Rom und Avignon)
14./15. Jh.	Beginn der Renaissance in Italien
1438	Wahl des Habsburgers ALBRECHT II. zum römisch-deutschen König
1453	Eroberung Konstantinopels durch die Türken – Ende des oströmischen Reiches
1455	Erfindung des Buchdrucks durch JOHANNES GUTENBERG in Mainz
1492	Entdeckung Amerikas durch CHRISTOPH KOLUMBUS
1495	Reichsreform: u. a. Beschluss des Ewigen Landfriedens, Reichskammergericht

Wissenstest 5   auf **http://wissenstests.schuelerlexikon.de** und auf der DVD

Das Zeitalter der großen geografischen Entdeckungen | 6

6 Das Zeitalter der großen geografischen Entdeckungen

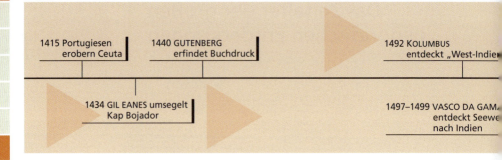

6.1 Renaissance und Humanismus in Europa

6.1.1 Das neue Weltbild

> In Europa vollzog sich zwischen dem 13. und 16. Jh. ein epochaler Wandel. Um 1500 kann von einer Bruchstelle zwischen dem **Mittelalter** und der **Neuzeit** gesprochen werden.

ERASMUS VON ROTTERDAM
(1469–1536)
Er stritt für die Einheit der Kirche. Jeglicher Fanatismus war ihm fremd – auf religiösem und auf weltanschaulichem Gebiet. Seine griechische Ausgabe des **Neuen Testaments** (1516, Basel), die er mit einer eigenen lateinischen Übersetzung und zahlreichen Anmerkungen versah, diente als Grundlage für LUTHERS **Bibel-Übersetzung.**

Erasmus von Rotterdam

ERASMUS VON ROTTERDAM war der bedeutendste **Humanist.** Seine humanistischen Ansichten waren geprägt von seinem Eintreten für ein Leben ohne Krieg. **Wissen** sollte seiner Meinung nach ausschlaggebend sein für eine führende Stellung in der Gesellschaft – und nicht Geld. Er trat dafür ein, keine Kriege im Namen des Glaubens zu führen.

> Das Zusammenleben der Menschen verschiedener Religionszugehörigkeit sollte von Toleranz geprägt sein. Er wandte sich gegen Missstände in der Kirche.

ERASMUS verfasste die **satirische Schrift** „Lob der Torheit" (1511). Hier setzte er sich mit Spott und Ironie mit Unarten seiner Zeitgenossen einschließlich kirchlicher Würdenträger wie Dummheit, Unwissenheit, Aberglauben, Oberflächlichkeit auseinander. ERASMUS vertrat die Auffassung, die **Schule** sollte vor allem zum **Denken** erziehen und nicht zum Auswendiglernen von Büchern. Er setzte sich dafür ein, Mädchen und Jungen gemeinsam zu erziehen und die Prügelstrafe abzuschaffen.

ERASMUS am Schreibpult (Portrait von HANS HOLBEIN D. J., 1523)

6.1 Renaissance und Humanismus in Europa

519 FERNÃO DE MAGALHÃES startet (erfolglose) Erdumseglung

1596/97 WILLEM BARENTS überwintert auf Nowaja Semlja

1532 FRANCISCO PIZARRO erobert Inka-Reich

1582 Russland erobert Sibirien

1519–1521 HERNÁN CORTÉS erobert Mexiko

Mit der Entwicklung von Städten und dem damit verbundenen Aufkommen eines selbstbewussten Bürgertums, der enormen Ausweitung des Handels, der Entwicklung neuer Techniken und besonders der Herausbildung eines neuen Menschenbildes wurde dieser Umbruch geprägt.
Die großen **Entdeckungsreisen** waren nicht denkbar ohne das durch arabisch-islamische Wissenschaftler überlieferte und vervollkommnete geografische und astronomische Wissen, einschließlich der darin enthaltenen Irrtümer und „weißen Flecken".
Nach Auffassung der **Humanisten** sollte das bürgerliche Individuum seine Persönlichkeit frei entfalten können, sein Taten- und Bildungsdrang keinerlei kirchlich-dogmatischen oder feudalen Zwängen unterworfen sein. Der italienische Humanist und Philosoph GIOVANNI PICO DELLA MIRANDOLA drückte das neue Verständnis vom Menschen so aus, indem er in einer seiner Schriften Gott zu Adam sagen lässt: „Ich habe dich weder als göttliches noch als irdisches Wesen geschaffen, weder sterblich, noch unsterblich, damit du frei und souverän dich selbst formst in der Gestalt, die du dir vorgenommen hast."
Humanistisches Gedankengut begann sich zu verbreiten in der Auseinandersetzung mit menschenverachtendem Denken und Handeln. Humanistische Ideen mussten sich durchsetzen in einer europäischen Welt, in der „Ketzer" und „Rebellen", „Hexen" und Juden, also Andersdenkende und Andershandelnde eingekerkert und grausam misshandelt, oft auch mit dem Tode bestraft wurden. **Inquisition** und **Sklavenhandel** prägten die neue Zeit ebenso wie **Humanismus** und **Renaissance**.

GIOVANNI PICO DELLA MIRANDOLA (1463–1494)

▶ **Inquisition** als eine eigene Behörde der katholischen Kirche bildete sich im Mittelalter (↗ S. 234) im Zusammenhang mit der angeblichen Gefährdung der Kirche durch sogenannte Ketzer heraus.
In **Spanien** wurden von 1481 bis 1808 rund 31 000 Menschen Opfer der Inquisition.

> Der Renaissance-Humanismus trat für eine diesseitsorientierte Lebensgestaltung ein, eine durch sittliche und geistige Bildung sich formende Menschlichkeit. Kultur und Wissenschaft waren durch die Wiederbelebung der Antike gekennzeichnet.

Wissenschaft und Kultur

Das Neue bestand darin, dass überall in Europa die Wissenschaftler und Forscher ihre Kenntnisse aus **Erfahrungen** und **Beobachtungen** erwarben. So gewann der Brüsseler Arzt ANDREAS VESALIUS, der Leibarzt KARLS V. und PHILIPPS II. war, bahnbrechende Kenntnisse über den Körperbau des Menschen, indem er Leichen sezierte.

214 6 Das Zeitalter der großen geografischen Entdeckungen

LEONARDO DA VINCI: Mona Lisa (li.)

Proportionsstudie nach VITRUV (re.)

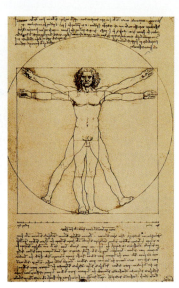

▶ Ein neues Welt- und Menschenbild entstand. Kultur und Wissenschaft, Philosophie und Literatur der griechisch-römischen **Antike** wurden wieder entdeckt. Arabisch-islamische und jüdische Gelehrte des 10.–12. Jh. bewahrten und überlieferten den Europäern wichtige philosophische und naturwissenschaftliche Erkenntnisse der griechisch-römischen Antike.

Für LEONARDO DA VINCI (1452–1519), eines der größten Universalgenies, waren besonders **Naturbeobachtungen** wichtig. Neben seinen berühmten Gemälden wie die „Mona Lisa" entwarf er verschiedene Maschinen und Geräte. So wandte er viel Zeit auf für die Beobachtung des Vogelflugs, um einen **Flugapparat** zu entwickeln.
In der Architektur und Bildhauerei zeigte sich der Renaissancestil.

Wirtschaftliche und politische Entwicklung

Mittelpunkt der wirtschaftlichen und politischen Entwicklung waren die Städte, die sich im Mittelalter herausgebildet hatten. Sie waren Zentren frühkapitalistischer Kultur. Besonders in **Italien**, und hier in Florenz, Genua und Venedig, entwickelten sich reiche Städte nicht zuletzt wegen des enorm gewachsenen Seehandels.
Um die Waren billiger zu erhalten, waren die Kaufleute bemüht, einen **direkten Seeweg** nach **Asien** zu finden. Die **Seefahrernationen Portugal** und **Spanien** übernahmen zur Verwirklichung dieser Ziele die Führung. Ihre Seehäfen, die am Atlantik lagen, wurden mit finanziellen Unterstützungen italienischer und deutscher Handel- und Bankhäuser ausgebaut und für europäische Expansionen gerüstet.

ALBRECHT DÜRER (1471–1528), der besonders als Grafiker bekannt ist, lieferte durch seine darstellende Geometrie GALILEI und KEPLER Impulse

Portugal war ein ethnisch homogenes eigenstaatliches Territorium. So galt Portugal seit der zweiten Hälfte des 14. Jh. als sprachlich geeint. Außerdem konnte bereits 1249 die muslimische Herrschaft in Portugal beendet werden. Damit war die Rückeroberung des Landes (die **Reconquista**) 250 Jahre früher abgeschlossen als in Spanien. Die portugiesische

Monarchie, die sich durch ein hohes wirtschaftliches und handelspolitisches Engagement auszeichnete, sah in der überseeischen Expansion Portugals Zukunft. Begehrteste Produkte waren nach wie vor die Edelmetalle Gold und Silber.

Entwicklung neuer Schiffstypen und Navigationsinstrumente

Der traditionelle Schiffstyp im Mittelmeerraum war die **Galeere**, im Nordseeraum die **Kogge**. Veränderungen am Kiel sowie Verlegung des Ruders führten zur **Karacke**. Als großes Segelschiff trat die Karacke im 14. Jh. an die Stelle der Galeere. Ihre Wendigkeit war durch die neue Segelanordnung bedeutend erhöht worden. Sie konnte eine Ladung von 1000 Tonnen aufnehmen und diente den Portugiesen zunächst für die Indien- und Ostasienfahrten. Kleiner, dafür aber schneller und noch wendiger war die Entwicklung der **Karavelle**. Diesen dreimastigen Schiffstyp verwendeten die Portugiesen bei ihren Afrikafahrten und als Konvoischiffe.

Die **Naue** war dagegen ein reines Transportschiff. Sie hatte bis zu fünf Decks und konnte bis zu 2000 Tonnen laden. Mit Kanonen bestückt, war sie seit dem 14. Jh. den asiatischen Konkurrenten überlegen.

Das Ende dieser Schiffsentwicklung kennzeichnet die von den Spaniern und Portugiesen gebaute **Galeone**. Sie war sowohl Kriegsschiff als auch Handelsschiff. Dieser neue Schiffstyp diente als Begleitschutz für die spanischen und portugiesischen Konvois nach Amerika und Asien.

Ein Segelschiff zwischen zwei Galeeren (PIETER BRUEGHEL D. Ä., 1561/62), o.

Segelschiff VASCO DA GAMAS (Karavelle), li.

▶ Die Krümmung der Erde berücksichtigend, wurden **Karten mit einem Netz von Längen- und Breitengraden** erarbeitet, die die Proportionen der Erde präzise darstellten.

Eine herausragende Bedeutung neben der Entwicklung der Schiffe nahmen die Erarbeitung von Seekarten, Segelhandbüchern, die Entwicklung neuer und verbesserter Navigationsgeräte wie Kompass, Astrolabium, Quadranten und Jakobsstab ein. Im 14. Jh. zählten Kompass, Log oder Logleine, Sanduhr und Koppeltafel zur Navigationsausrüstung. Diese reichten für die Standortbestimmung auf offener See nicht mehr aus.

6 Das Zeitalter der großen geografischen Entdeckungen

Im 15. Jh. entwickelten die Portugiesen zur genauen Bestimmung der Längen- und Breitengrade das **Astrolabium** und den **Quadranten**. Der **Jakobsstab,** der im 15. Jh. in der portugiesischen Seefahrt üblich war, wurde im 16. Jh. das wichtigste und genaueste Instrument überhaupt.

> Die militärische Überlegenheit europäischer Schiffe führte zu kolonialer Herrschaft und Handelsdominanz.

Geografisches Wissen jener Zeit

Abbildung des **geozentrischen Weltbildes**

Es begann das Zeitalter der großen geografischen Entdeckungen. Erdkundliche Entdeckungen im Sinne der **Humanisten** bedeuteten, den Horizont des geografischen Wissens über das Mittelmeergebiet hinaus zu verschieben. Die Ansicht, dass die Erde eine Scheibe sei, war von den Gelehrten längst verworfen, obwohl der endgültig anerkannte Beweis fehlte. Einer der ersten in der Antike, die das vorhandene geografische Wissen ihrer Zeit zusammenfassten, war der Geograf, Astronom und Mathematiker PTOLEMÄUS. Der altgriechische Gelehrte dachte sich die Erde bereits als Kugel. Er sah in ihr das unbewegliche Zentrum des Kosmos **(geozentrisches Weltbild)**. Dieser Irrtum des PTOLEMÄUS wurde von der christlichen Kirche zum Dogma erklärt, das erst von KOPERNIKUS überwunden wurde.

▶ Es ging vor allem darum, zu erkunden, welche möglichen **Seewege** zu in Europa bereits bekannten und auch noch unbekannten Ufern führen.

> NIKOLAUS KOPERNIKUS widerlegte das geozentrische Weltbild und bewies, dass die **Sonne** den **Mittelpunkt** der Welt darstellt und die Erde ebenso wie alle Planeten um die Sonne kreist.

▶ griech. helios = Sonne

▶ Erst **1992** räumte die katholische Kirche ein, dass GALILEI Recht hatte.

Endgültig bewies GALILEO GALILEI die Richtigkeit dieses **heliozentrischen Weltbildes.** Die katholische Kirche leugnete das heliozentrische Weltbild. Um 1400 waren in Europa nur die Kontinente Afrika und Asien bekannt. Dabei beschränkten sich die Kenntnisse über **Afrika** fast ausschließlich auf den nördlichen und nordöstlichen Teil. **Asien** war dagegen besser bekannt. Das aus der Antike überlieferte Bild vom „Wunderland" Indien und dem fernen China war in den Vorstellungen noch lebendig. Besonders Indien bedeutete für die Europäer Reichtum. Waren doch vor allem die Italiener durch den Handel mit Indien und dem vorderen Orient reich geworden.

6.2 Die Suche nach einem Seeweg nach Indien

6.2.1 Portugals Aufstieg zu einer Großmacht

Heinrich der Seefahrer

> Mit dem Segeln „hinaus über das Ende der Welt", initiiert von **HEINRICH DEM SEEFAHRER** (DOM HENRIQUE O NAVEGADOR), begann Portugals indisches Abenteuer. Die **Konzentration** von **geografischem** und **kartografischem Wissen** in Sagres und die Eroberung der nordafrikanischen Stadt Ceuta legten den Grundstein für ein künftiges **Weltreich**.

HEINRICH DER SEEFAHRER befand sich auf dem Wege vom mittelalterlichen Ritter zum aufgeklärten **Humanisten** der Renaissance; sein Denken und Handeln waren geprägt sowohl von weltoffener Toleranz als auch von einem „starren Kreuzfahrergeist".
Im Jahre 1415 gründete er das „**Forschungszentrum**" in **Sagres**. HEINRICH holte viele bedeutende Gelehrte nach Sagres und förderte diese dort in ihren Studien. Hier konnten die Ideen entstehen, die zu den Entdeckungsfahrten führten.

▶ **Karten** wurden mit neu erfahrenem Wissen über **Landmarken, Untiefen, Ankerplätze** sowie anderen navigatorischen Hinweisen vervollständigt und korrigiert. Das war die Voraussetzung für ein weiteres Vordringen entlang der Küste **Afrikas** nach Süden.

> Die von Prinz HEINRICH unterstützten **Forschungen** und **Expeditionen** ebneten den Weg für die späteren Fahrten **BARTOLOMEU DIAZ'** oder **VASCO DA GAMAS**.

Portugal strebte danach, geografisches und ethnografisches Wissen zu mehren, neue Handelsbeziehungen zu knüpfen, aber auch politische Zustände und militärische Gegebenheiten auszukundschaften. Es wurde dabei vom missionarischen Eifer getrieben, alle ungläubigen Seelen auf den „rechten Weg" zu führen.

▶ **Portugal** entstand aus dem Konflikt zwischen **christlichem Abendland** und **islamischem Morgenland**, und es lebte diesen Konflikt.

Portugals Indien-Expeditionen

Die Afrika-Umseglung der Phönizier im Auftrag des ägyptischen Pharaos NECHO war in Vergessenheit geraten. Wenn der Phönizier HANNO tatsächlich bis zum Äquator vorgedrungen war, so hatte er damals eine Leistung vollbracht, für die die Portugiesen siebzig Jahre benötigten. Sie suchten über den Südkurs um Afrika (Kap der Guten Hoffnung) herum den Seeweg nach Indien.
In vielen Versuchen erlitten sie zahlreiche Rückschläge, obwohl sie über wesentlich besser ausgerüstete Schiffe verfügten.

▶ Der **phönizische Seefahrer** HANNO unternahm spätestens 450 v. Chr. eine Expedition entlang der Westküste Afrikas. Wie weit er gelangte, ist umstritten.

Auf Südkurs – bis zum Kap der Guten Hoffnung		
1415	Ceuta	Portugiesen erobern den maurischen Stützpunkt.
1416	Kap Nun	Das erste Schiff erreicht das Kap im Süden Marokkos.
1418	Madeira	Die Insel wird erste überseeische Provinz Portugals. Ab 1425 bauen portugiesische Siedler Wein an.
1427/32	Azoren	Portugiesische Karavellen erreichen die Inselgruppe.
1433	Kanaren	GIL EANES erreicht die Kanarischen Inseln.
1434	Kap Bojador	1434 gelangt GIL EANES endlich die Umseglung des bis dahin so gefürchteten Kaps. Die Legende, dass südlich dieses Kaps kein menschliches Leben möglich sei, ist endgültig zerstört.
1436	Rio de Ouro	ANTÃO CONÇALVES gelangte bis zu einer Meeresbucht Rio de Ouro (Goldfluss).
1441	Kap Blanco	NUNO TRISTÃO kommt bis zum Kap Blanco. Von dort verschleppt er die ersten Schwarzafrikaner nach Europa und beginnt den neuzeitlichen Sklavenhandel.
1444	Senegal	Die Mündung des Senegal-Flusses wird erreicht.
1444/45	Kap Verde	Der westlichste Punkt des afrikanischen Kontinents wird erreicht.
1446	Gambia	NUNO TRISTÃO entdeckt die Mündung des Gambia-Flusses.
1455/56		Der Venezianer CÀDAMOSTO unternimmt im Auftrag Prinz Heinrichs zwei Erkundungsfahrten nach Westafrika. Von ihm ist der erste Augenzeugenbericht eines Europäers aus Westafrika überliefert.
1456 –1462	Kapverden	Die Kapverdischen Inseln (Inseln des Grünen Vorgebirges) werden von ALVISE CADAMOSTO entdeckt.
1470er	Äquator	Entdeckungsfahrten entlang der **Pfeffer-, Elfenbein-, Gold-** und **Sklavenküste** bis zum Äquator. Die Namen der Küstenlandstriche verdeutlichen, worauf es den Portugiesen vor allem ankam.
1471	São Tomé	Die Portugiesen landen auf São Tomé.
ab 1482	Kongo	DIOGO CÃO entdeckt die Kongo-Mündung, er gelangt nach Zaïre und Angola.
1488	Kap der Guten Hoffnung	BARTOLOMEU DIAZ (um 1450–1500) umsegelt das Kap der Stürme, den südlichsten Punkt Afrikas. Heute heißt es Kap der Guten Hoffnung.

6.2 Die Suche nach einem Seeweg nach Indien

Vasco da Gama

VASCO DA GAMA verließ 1497 Lissabon, umsegelte das Kap der Guten Hoffnung und erreichte Moçambique. Von dort aus überquerte er den Indischen Ozean und gelangte am 20. Mai 1498 vor Calicut. VASCO DA GAMA begegnet in Vorderindien einer hoch entwickelten Kultur. Calicut war Zentrum des Handels mit Afrika, Arabien, den Ländern des Persischen Golfes und Indien.
1502 gründete VASCO DA GAMA Niederlassungen für das portugiesische Königreich in **Sofala** und **Moçambique**. Etwa zur gleichen Zeit (1500) entdeckte CABRAL Brasilien.
VASCO DA GAMA legte den Grundstein für die **Vormachtstellung** der Portugiesen im **Indischen Ozean,** für die **koloniale Ausbeutung** weiter Gebiete Südasiens und Ostafrikas.

Die Fahrten von Vasco da Gama und Pedro Álvares Cabral

Das portugiesische Weltreich

> Das **Weltreich** der **Portugiesen** reichte von Lissabon bis dorthin, „wo der Pfeffer wächst".

Die Entstehung des portugiesischen Weltreichs		
1385 1411	Schlacht von Aljubarrota, Friedensschluss mit Kastilien	Mit dem Sieg in der Schlacht von **Aljubarrota** und dem Friedensschluss mit **Kastilien** hält Portugal den iberischen Nachbarn zunächst auf Distanz.
1415	Ceuta	Mit der Eroberung **Ceutas** erfolgt der erste Schritt zur Eroberung eines **Weltreiches**.
1488	Kap der Guten Hoffnung	BARTOLOMEU DIAZ umrundete das **Kap der Stürme**, JOÃO II. taufte es um in **Kap der Guten Hoffnung**.
1497/99	VASCO DA GAMA Seeweg nach Indien	VASCO DA GAMA findet 1497/99 den Seeweg nach Indien und geht in **Calicut** vor Anker.
1501	PEDRO ÁLVAREZ CABRAL Brasilien	CABRAL gelangt auf die andere Seite des Atlantiks, wo er ein Land, das er **Terra de Santa Cruz** nannte, erreicht. Später erhielt es den Namen **Brasilien**.
1510 bzw. 1511	ALBUQUERQUE Goa, Malakka	ALBUQUERQUE erobert die Handelszentren **Goa** und **Malakka**.

1515	Hormuz, Diu	Die Portugiesen nehmen die Inseln **Hormuz** und **Diu** ein und sichern somit ihre Herrschaft über den **Persischen Golf** und das **Arabische Meer**.
1517	China, Ceylon	Die Portugiesen landen erstmals in **China** und setzen sich auf **Ceylon** fest.
1534	Bombay	Sie besetzen **Bombay**.
1557	Macao	Portugiesische Niederlassung in China gegen Zahlung einer Grundrente.
1578	Schlacht von Alcácer Quibir	Das portugiesische Heer unterliegt den Mauren.
1580	Personalunion mit Spanien	Portugal wird von Madrid aus regiert.

Die Portugiesen ergreifen Besitz von den **Molukken**, den **Gewürzinseln**. **Portugal** wird zur größten **Handelsmacht** im Indischen Ozean. Aber es war ein Überseereich ohne Hinterland. Zwischen 1497 und 1572 wurden 625 Schiffe auf die Südroute geschickt, nur 315 kehrten zurück.

Der Vertrag von Tordesillas

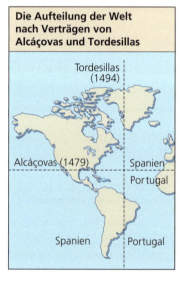

Der **Vertrag von Alcacovas 1479** war eine Friedensvereinbarung, die den Erbfolgekrieg zwischen **Portugal** und **Kastilien** beendete. Portugal verzichtete unter anderem auf die Kanarischen Inseln, die Spanier anerkannten alle Ansprüche Portugals auf andere Inselgruppen im Atlantik und auf Guinea.
Mit den geografischen Entdeckungen der Portugiesen und Spanier in Indien bzw. Amerika gab es neuen Streit darüber, wer welche überseeischen Gebiete beanspruchen darf.
Eine Anordnung des Papstes ALEXANDER VI. führte jedoch zu weiteren Einschränkungen der Portugiesen im Südatlantik. Zeitweise geriet der Seeweg nach Indien in Gefahr, sodass König JOÃO II. von Portugal beim Papst protestierte und Spanien mit Krieg drohte.
FERDINAND VON SPANIEN gab nach und am 7. Juni 1494 wurde mit dem Vertrag von Tordesillas ein Kompromiss geschlossen, der das spanische gegen das portugiesische Kolonialreich abgrenzte. Alle Gebiete westlich des 46. Längengrades sollten an Spanien fallen, alle östlich davon an Portugal. Das gab den Portugiesen den Freibrief für ihre Afrikaroute.

6.2 Die Suche nach einem Seeweg nach Indien

Auch führte der **Vertrag von Tordesillas** u. a. dazu, dass das von CABRAL mehr durch Zufall entdeckte Brasilien unter portugiesische Herrschaft kam.

6.2.2 Die Niederlande suchen einen Seeweg nach Indien

Willem Barents und die erste Überwinterung in der Arktis

> **1581** erklärten die **Vereinigten Nordprovinzen der Niederlande** ihre staatliche **Unabhängigkeit.** PHILIPP III. musste das 1609 in einem 12-jährigen **Waffenstillstand** mit den Generalstaaten anerkennen.

Drei Expeditionen der Holländer in den 1590er-Jahren dienten dazu, die Mündung des Ob und einen nördlichen Seeweg nach China und zu den Gewürzinseln zu finden. Alle drei Fahrten sind mit dem Namen von WILLEM BARENTS verbunden.

BARENTS erkundete als erster Westeuropäer die Westküste der Insel Nowaja Semlja. Einheimischen Pelztierjägern war Nowaja Semlja bekannt.

BARENTS' Verdienst bestand darin, dass er mit der Erkundung des Nördlichen Eismeeres begann.

1596 rüsteten Amsterdamer Kaufleute eine dritte Expedition aus. Zum ersten Mal überwinterten Seefahrer in so hoher geografischer Breite. Kein Westeuropäer hatte bis zu dieser Zeit je die Erfahrung machen müssen, auf dem 77. Breitengrad zu überwintern. Bevor Mitte Juni des darauf folgenden Jahres die Holländer ihre Boote wieder zu Wasser lassen konnten, um die gefahrvolle Heimreise anzutreten, hinterlegte BARENTS einen von ihm verfassten **Reisebericht** im Schornstein des Hauses. Am vierten Tag der Heimfahrt stirbt BARENTS, erschöpft von den Strapazen. Das Meer zwischen Spitzbergen und Nowaja Semlja trägt heute BARENTS' Namen.

▶ 1871 entdeckten norwegische Robbenfänger die Ruine, die von dem Holländerhaus übrig geblieben war. Sie fanden den Reisebericht des WILLEM BARENTS, den dieser 274 Jahre zuvor verfasst hatte.

Um das Kap der Guten Hoffnung nach Portugiesisch-Asien

> Gegen Ende des 16. Jh. gelang es **England** und den **Niederlanden,** die **Vormachtstellung Portugals zurückzudrängen** und mit eigenen Schiffen um das Kap der Guten Hoffnung nach Ostindien zu segeln. 1597 gelangte CORNELIUS HOUTMAN nach **Ostindien.**

ABEL JANSZOON TASMAN (um 1603–1659) entdeckte 1642 das heutige **Tasmanien,** 1643 die Südinsel **Neuseelands,** die **Tonga-** und **Fidschiinseln.**

▶ Im Juni 1602 lief die erste Flotte der Niederländischen Vereinigten Ostindischen Kompanie nach Ostindien aus. 14 große Schiffe und mehr als tausend Mann Besatzung standen unter dem Kommando von Admiral WYBRANT VON WARWIJCK und Vizeadmiral SEBALD DE WEERT.

Die Generalstaaten der Niederlande schickten 1595 eine Flotte unter Admiral CORNELIUS HOUTMANN nach Ostindien. Die Holländer verdrängten die Portugiesen aus Java, Sumatra und von den Molukken sowie von Stützpunkten in Indien.

Erste Expedition der Ostindischen Kompanie

Im Jahre 1600 kam es zur Gründung der englischen **Ostindienkompanie**. Die 1602 gegründete „De Vereenigde Oost-Indische Compagnie" war ein Handelsimperium, das ein Jahrhundert lang weltverändernd wirkte.

Ende 1603 stachen zwölf Schiffe in See. Befehligt wurde die Expedition von STEVEN VAN DER HAGEN. Er hatte den Auftrag, alle portugiesischen Handelsschiffe, die zwischen Goa und Lissabon unterwegs waren, zu kapern und auf den Molukken die Portugiesen zu vernichten. Die Holländer drängten so nach und nach den portugiesischen Einfluss zurück.

> Die 1602 gegründete **Niederländische Vereinigte Ostindische Kompanie** legte den Grundstein für über 300 Jahre niederländische **Kolonialherrschaft** in **Indonesien,** die bis zur Invasion Japans 1942 andauerte.

6.2.3 Unbekannte Königreiche in Afrika

Das alte Reich Gana

▶ Im 12. Jh. gerät **Gana** unter die Vorherrschaft des Königreichs der Sosso (westafrikanisches Volk).
1240 war es der legendäre Herrscher SUNDJATA von Mali, der Gana unterwarf und es in eine Provinz seines Reiches verwandelte.

Das älteste bekannte Königreich in Westafrika wurde von Vorfahren des Soninke-Volkes gegründet. Arabische Schriftsteller nannten es „Land des Goldes". Dieses **Goldland** erstreckte sich im Sahelgebiet zwischen mittlerem Senegal-Fluss und der großen Schleife des Flusses Niger. Heute gehört dieses Gebiet zu den afrikanischen Staaten **Mauretanien** und **Mali.**

Das Reich Mali

Historische Karte mit König MANSA MUSA

Aufstieg und Höhepunkt des **Mali-Reiches** fallen in die Zeit von Mitte des 13. bis Anfang des 15. Jh. Das Mali-Reich war fast 200 Jahre lang der reichste Staat und ca. 1250 das stärkste **Königreich** im **Westen Afrikas.** Sein Herrscher besaß Goldminen und kontrollierte Handelswege durch die Sahara in den Maghreb, nach Libyen und Ägypten

Der legendäre Gründer des Reiches Mali war MARI DJATA oder SUNDJATA (1230–1255). Über ihn erzählen Volksepen, Lieder, Legenden. Der **Reichtum** des Königs von Mali erregte Aufsehen bis nach Ägypten hin und auch Europa erfuhr davon.

Das Reich Benin

Gegründet wurde **Benin** ca. 1250. Dieses **Königreich** des Volks der Bini, am Delta des Nigers gelegen, befand sich im 15. Jh. auf dem Höhepunkt seiner Macht.

Ab dem 15. Jh. knüpften die Herrscher Benins dauerhafte Beziehungen zu den **Portugiesen**, später auch zu anderen europäischen Mächten, die an Sklaven interessiert waren. **Britische Soldaten** raubten 1897 Tausende von Meisterwerken der **Bildhauerkunst** aus Benin. Unter den Kunstwerken befanden sich zahlreiche Porträts portugiesischer Soldaten und Zivilisten in Bronze gegossen (Abbildung). **486** schickte der König von Portugal eine **Handels- und Forschungsexpedition** unter der Leitung von ALFONSO D'AVEIRO an den Hof des Herrschers von Benin. Zu dieser Zeit gab es den **Stadtstaat Benin** schon mehrere Jahrhunderte, ähnlich wie andere städtische Zentren, geschaffen vom Volk der **Yoruba**.

▶ Von einem Enkel SUNDJATAs, ABUBAKARI II., der um 1303 Herrscher des Reiches Mali wurde, ist überliefert, dass er den Versuch unternahm, den Atlantischen Ozean zu überqueren. Er ließ 2000 Schiffe ausrüsten. Von der Expedition kehrte niemand zurück.

Suahelische Hafen- und Handelsstädte an der Ostküste Afrikas

Ruinen einer alten Handelsstadt

Beginnend mit dem 7. Jh. bis Mitte des 12. Jh., entwickelten sich an der Ostküste Afrikas, am Indischen Ozean, etwa **40 Hafen- und Handelsstädte**. Vor allem arabische Händler ließen sich in Städten wie **Mogadischu** nieder. **Chinesische Geografen** hatten schon im 10. Jh. eine ziemlich genaue Kenntnis von den Ufern des „westlichen Meeres". Bis in das 15. Jh. hinein gab es regelmäßige **Handelsbeziehungen** mit China.

> Im 16. Jh. **zerstörten die Portugiesen** die wirtschaftlichen und politischen Strukturen, die sich hier in über 500 Jahren entwickelt hatten.

Groß-Simbabwe

Die **Blütezeit** von **Groß-Simbabwe** reichte von 1200–1450. Um das Jahr 1000 herum trieb Simbabwe mit der Ostküste Handel, die von arabischen Seefahrern besucht wurde. 1512 gelangten die ersten **portugiesischen Berichte** über Alt-Simbabwe nach **Europa**. 1569 kam es zu einem Feldzug FRANCISCO BARRETOS gegen den MWENI MUTAPA (Monomotapa), den „Herrn der Bergwerke". Dieser Feldzug scheiterte.

Ruinen von Groß-Simbabwe

Das Songhai-Reich

▶ **1482** entsandte **Portugal** eine Delegation an den kongolesischen Königshof. Der König des **Kongo** ließ sich später taufen und hieß nun ALFONSO I. 1568 konnte einer der Nachfolger von ALFONSO I. nur dank portugiesischer Hilfe einen Aufstand niederschlagen.

Am großen Bogen des Flusses **Niger** kreuzten sich die alten innerafrikanischen **Handelswege**. Es waren vor allem drei Erzeugnisse, die seit uralten Zeiten über Afrikas große Handelsstraßen befördert wurden: **Elfenbein, Salz, Kolanüsse**. Der Niger war eine wichtige Wasserstraße für den Transport. Gegen **800 n. Chr.** entstand hier das kleine **Königreich Kukia**, die Wiege des **Songhai-Reiches**. 1450–1500 verdrängte **Songhai** Mali als Hauptmacht in der westlichen Sahelzone. 1468 wurde Timbuktu eingenommen, **1473** Djenne erobert. Mit der Einnahme des **Handelszentrums Djenne** erlangten die Songhai-Herrscher Zugang und Kontrolle über die **Goldfelder** von „Bito" (im Grenzbereich der heutigen Republik Elfenbeinküste, Burkina-Faso und Ghana).

Das Reich Kongo

▶ Die Inschrift eines der erhalten gebliebenen Obelisken aus Granit, der von der Existenz der **Hauptstadt Aksums** kündet, berichtet von der Taufe eines Königs um 350. Syrische und ägyptische Mönche verbreiteten das **Christentum** zwischen dem 4. und 6. Jh. in **Nubien** und **Aksum**. Nach der Eroberung Ägyptens durch die Araber waren die christlichen Gemeinden Afrikas von der übrigen christlichen Welt abgeschnitten.

DIOGO CÃO gelangte als erster Europäer an die Kongo-Mündung. Der Aufstieg des **Königreiches Kongo** begann Ende des 14. Jh. Nach einer **Entscheidungsschlacht** gegen die Portugiesen am **29. Oktober 1665**, in der die Krieger des Kongo den Portugiesen unterlagen, begann das **Königreich Kongo zu zerfallen**.

Das Reich Äthiopien

> Als **Nachfolgestaat** von **Aksum** wurde im 12. Jh. das **Königreich Äthiopien** gegründet. Die äthiopische Kirche war von den übrigen christlichen Gemeinden isoliert und entwickelte sich eigenständig.

Äthiopien war durch muslimische Emirate und Reiche eingekreist und suchte Kontakt zum Papst in Rom und zum portugiesischen König in Lissabon. Auch Portugal war an Beziehungen zu Äthiopien interessiert. 1490 machte sich PEDRO DE COVILHÃO (PÊRO DE COVILHÃ) auf den Weg. Er kam von Aden, landete mit arabischen Schiffen an der afrikanischen Küste und gelangte an den Hof des Kaisers ESKENDER von Äthiopien.

6.3 Spanien auf dem Weg zur Weltmacht

6.3.1 Spaniens Aufstieg

> **Spanien** war zunächst der schärfste **Konkurrent Portugals** auf der Suche nach Gold, Diamanten, Sklaven, Elfenbein und exotischen Gewürzen. Als die **Reconquista** mit der Eroberung des **Königreiches Granada**, der letzten **maurischen Bastion** auf der Iberischen Halbinsel, im Jahre 1492 ihren Abschluss fand, konnte sich die spanische Krone verstärkt in den Wettlauf einschalten.

▶ **Reconquista:** Bezeichnung für die Rückeroberung der von den muslimischen Mauren besetzten Iberischen Halbinsel durch christliche Truppen. 1492 endete der Kampf mit der Befreiung Granadas.

Spanien hatte nicht die Absicht, Indiens Reichtümer allein den Portugiesen zu überlassen.

Kolumbus – ein erfahrener Seefahrer

CHRISTOPH KOLUMBUS – Genuese im Dienste der spanischen Krone – suchte den Osten im Westen und begann mit der Wiederentdeckung eines für Europäer bis dahin unbekannt gebliebenen Kontinents, mit der Überzeugung, dass es weiter im Westen Land gibt.
KOLUMBUS hatte bereits im Dienste Portugals eine Expedition nach Guinea unternommen. Sein Versuch, den portugiesischen König JOÃO II. für eine Westfahrt Richtung Indien zu interessieren, schlug fehl.

CHRISTOPH KOLUMBUS (1451–1506)

Die Fahrten des Kolumbus über den Atlantik

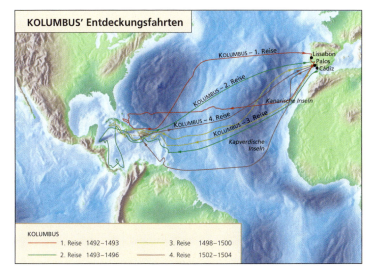

▶ Über die erste Begegnung des **KOLUMBUS mit „Indianern"** können wir noch heute etwas aus dem Schiffstagebuch erfahren.

Nach sechs langen Jahren des Wartens und nachdem der Krieg gegen Granada, die letzte islamische Bastion in Spanien, beendet war, unterstützte Königin ISABELLA VON SPANIEN die Pläne KOLUMBUS'.

> Zwischen 1492 und 1504 überquert **KOLUMBUS** achtmal den Atlantik.

Am 3. August 1492 bis 15. März 1493 startete KOLUMBUS den ersten Vorstoß nach „West-Indien". Drei Schiffe nahmen Kurs nach Westen. Die **Santa Maria** (Bild) befehligte der Admiral selbst. Kapitän der Niña war MARTIN ALONSO PINZÓN, Kapitän der Pinta VINCENTE YÁÑEZ PINZÓN. Am 12. Oktober 1492 „entdeckte" KOLUMBUS eine der Inseln der Bahamas. Auf **Guanahani** kam es zu ersten Begegnungen der Europäer mit „Indianern", wie KOLUMBUS die Einheimischen nannte. Er glaubte, er hätte Indien erreicht. Einige Tage später wurden die Inseln **Kuba** und **Hispañiola (Haiti)** entdeckt.

▶ Was heißt Entdeckung?
PIERRE CHAUNU, ein französischer Historiker, verweist darauf, dass es immer darauf ankommt, von wessen Standpunkt Entdeckungsgeschichte als solche gesehen wird.

KOLUMBUS gründete auf Hispañiola die erste spanische Siedlung. Am 16. Januar verließ KOLUMBUS Hispañiola. In seinem Bordtagebuch hat KOLUMBUS seine Reiseerlebnisse festgehalten. Leider ging das Tagebuch verloren. Doch sein Inhalt wurde überliefert – dank einer Abschrift, die BARTOLOMÉ DE LAS CASAS anfertigte. Diese Abschrift befindet sich heute in der Nationalbibliothek zu Madrid.

Warum der „neue" Erdteil Amerika heißt

Der deutsche Kartograf MARTIN WALDSEEMÜLLER (ca. 1470–ca. 1522) benannte 1507 die neu entdeckten Gebiete (engl.: America) in seiner Weltkarte (↗ Abbildung) nach dem italienischen Reisenden AMERIGO (latinisiert Americum) VESPUCCI.
Mit MATTHIAS RINGMANN gab MARTIN WALDSEEMÜLLER gleichzeitig mit der Weltkarte eine Einführung in die Kosmografie heraus.

Gab es Kontakte zwischen antiken Hochkulturen?

Der altgriechische Geschichtsschreiber ERATOSTHENES schrieb, dass die alten Ägypter mit Indien Handel trieben. Mit Papyrusbooten, ähnlich der „Ra" HEYERDAHLS, kamen sie bis nach Ceylon, dem heutigen Sri Lanka. Es scheint nicht unmöglich, dass sie ihre Handelsfahrten auch in die „neue" Welt führten.
Aber, so wird in der Regel gegenargumentiert: Wenn es denn so gewesen sei, wenn also wissenschaftliche und technologische Kenntnisse der Ägypter auf die **Entwicklung altamerikanischer Kulturen** zumindest Einfluss nehmen konnten, weshalb finden sich dann **keine Spuren** der einfachsten und **meistgebrauchten Erfindung** des Menschen, des **Rades**?

▶ Die Seefahrer, die die Erde umsegelten, stießen auf das Phänomen der Datumsgrenze. Sie machten die Erfahrung, dass derjenige, der die Erde in Richtung Westen umrundet, einen Tag „verliert". Der Italiener ANTONIO PIGAFETTA, der das Bordtagebuch führte, bemerkte es.

Magalhães und die erste Erdumseglung

VASCO NÚÑEZ DE BALBOA erblickte am **25. September 1513** als erster Europäer den Ozean auf der anderen Seite des amerikanischen Kontinents. Er erreichte ihn auf dem Landweg durch die Urwälder **Panamas**.

Den **Seeweg** zu dem neu entdeckten Ozean fand **FERNÃO DE MAGALHÃES**, ein portugiesischer Seefahrer, der in spanischen Diensten stand. Er nannte den Ozean Pazifischer Ozean und plante, zu den Gewürzinseln und Indien über die westliche Route zu gelangen.

Westwärts zu den Molukken

FERNÃO DE MAGALHÃES (FERNANDO MAGELLAN) leitet die **erste Erdumseglung** ein. Im Auftrag des spanischen Königs KARL V. suchte er einen westlichen Seeweg zu den **Gewürzinseln** (Molukken) des Malaiischen Archipels. **1519/1520** entdeckte er die **Meeresstraße** zwischen **Südamerika** und **Feuerland**, die heute seinen Namen trägt.

Die Gestalter und Herausgeber neuerer spätmittelalterlicher Weltkarten konnten die gewonnenen geografischen Erkenntnisse berücksichtigen. Damit war es europäischen Seefahrern und Entdeckern nach **MAGALHÃES** möglich, ihre Routen genauer zu berechnen und somit auch zukünftige Expeditionen genauer zu planen.

▶ FERNÃO DE MAGALHÃES (1480–1521) MAGALHÃES kam bei einem Gefecht mit Einheimischen auf der Insel Mactan, einer kleinen Nachbarinsel der Philippineninsel Cebu, am 27. April 1521 ums Leben.

> Die unter **MAGALHÃES** eingeleitete Erdumseglung brachte die endgültige Gewissheit, dass **KOLUMBUS** keineswegs in Indien gelandet war, sondern Landstriche (wieder)entdeckte, von denen Europa bislang keine Kenntnis hatte.

6 Das Zeitalter der großen geografischen Entdeckungen

▶ MAGALLANES wollte einen Weg westwärts zu den Gewürzinseln finden, einen Weg, der kein Gebiet berührte, das der Papst Portugal zugesprochen hatte. Spanien hätte dann seine Gewürze schneller, billiger und gefahrloser beziehen können als Portugal und damit alle Macht im Welthandel in der Hand gehabt. Gewürze bedeuteten mehr Macht als Gold.

Aus Fernão de Magalhães wurde Fernando de Magallanes

Als die Portugiesen sich anschickten, Calicut in Indien zu erobern, und nach einigen fehlgeschlagenen Versuchen eine Flotte unter dem Oberbefehl von FRANCISCO D'ALMEIDA nach diesem Indien aufbrach, gehörte zu den kampferprobten Soldaten, die ihn begleiteten, auch FERNÃO DE MAGALHÃES. In einer Seeschlacht zwischen Portugiesen und Arabern vor Cananor erwirbt MAGALHÃES erste Verdienste – für Portugal.

MAGALHÃES gelangte auch in DON MANUELs Diensten nach Nordafrika, wo es darum ging, die dortigen Mauren portugiesischer Botmäßigkeit zu unterwerfen. Am 17. Oktober 1517 verließ MAGALHÃES Portugal. Aus FERNÃO DE MAGALHÃES wird **FERNANDO DE MAGALLANES**.

Der Vertrag über die Entdeckung der Gewürzinseln

Am 22. März 1518 wurde der **Vertrag** über die **Entdeckung** der **Gewürzinseln** unterschrieben. Artikel 1 verpflichtete dazu, „die Gewürzinseln und andere Inseln in den Spanien durch die Trennungslinie angewiesenen Grenzen zu entdecken und den Weg zu diesen Inseln durch westliche Meere zu suchen".

6.3.2 Vernichtung altamerikanischer Hochkulturen

Maya

▶ Die Hauptrolle in der rücksichtslosen Eroberung des Maya-Landes übernahm FRANCISCO DE MONTEJO, der bereits an der Expedition Córdobas teilnahm. KARL V. musste zufrieden gewesen sein mit dem, was seine Männer aus dem neuen Kontinent hinwegschleppten, denn er verlieh 1527 MONTEJO das Recht, das Land der Maya zu erobern.

FRANCISCO HERNÁN DE CÓRDOBA landete 1517 auf der Halbinsel Yucatán und traf als Erster auf die Hochkultur der Maya, die am höchsten entwickelte Kultur im vorkolumbischen Amerika. CÓRDOBA wollte sich indianische Sklaven für seine Güter auf Cuba beschaffen.

Im Unterschied zu CORTÉS in Mexiko und Pizarro im alten Peru fand aber MONTEJO kein Gold. Die Maya-Städte mit ihren Palästen, Tempeln und steinernen Statuen waren ihm nichts wert, auch die von den Maya geschaffene Literatur nicht. So verkaufte er die Bewohner der eroberten Maya-Städte an die Spanier in Cuba und Haïti.

Die Maya – die am meisten entwickelte Hochkultur in Altamerika

Im Regenwald des südlichen Mexikos und Guatemalas blieben Steinmonumente der Maya enthalten, deren Inschriften von Archäologen entschlüsselt werden konnten. Eine Bilderschrift kündet von den Leistungen

der Maya-Könige und wichtigen Ereignissen im Leben der Maya. Die Inschriften berichten davon, dass sich die Stadtstaaten der Maya ständig bekriegten. Die **Maya** hatten einen sehr genauen **Kalender** (╱ S. 24), der auf präzisen astronomischen Beobachtungen beruhte.
Die Maya verfügten über das am weitesten entwickelte **Schriftsystem** im vorkolumbischen Amerika. Drei Maya-Bücher, **Bilderhandschriften,** sind erhalten geblieben. Außerdem überdauerten die Jahrhunderte mehrere Hundert **Hieroglypheninschriften,** die einst in den Städten der Maya in Stein gemeißelt wurden. Die erhalten gebliebenen Bilderhandschriften werden heute nach ihrem Aufbewahrungsort benannt. Die Maya hatten wohl zum ersten Mal in der Menschheitsgeschichte die Idee, große Zahlen mehrstellig zu schreiben. 1000 Jahre früher als die Alte Welt kannten sie ein Zeichen für die **Null.** Die Maya rechneten mit einem **Zwanzigersystem.** Ziffern schrieben sie mithilfe von Punkten und waagerechten Strichen, die Null in Form einer geschlossenen Muschel.

▶ Der **Pariser Codex** (Codex Borbonicus) wurde im Jahre 1859 in einem Korb gefunden, der Papier enthielt, das zum Verbrennen bestimmt war.
Der **Madrider Codex** (Codex Tro-Cortesianus) ist der umfangreichste.
Der **Dresdner Codex** (Codex Dresdensis), der heute in der Sächsischen Landesbibliothek aufbewahrt wird, ist 1739 entdeckt worden.

Bücherverbrennung in Maní

1549 kam der Franziskaner DIEGO DE LANDA nach Yucatán und gründete dort das erste „Maya-Kloster". Ohne die Chronik, die LANDA 1566 schrieb, hätte die Nachwelt sehr viel weniger über die Maya erfahren. In dieser Chronik berichtet LANDA von der Geschichte der Maya, ihrer Kultur sowie ihrer Schrift. Einige Maya-Hieroglyphen wurden von LANDA aufgezeichnet und deren Übersetzung hinzugefügt. Dem missionarischen Eifer DE LANDAS ist es allerdings auch zu „verdanken", dass zahlreiche Maya-Bücher und Maya-Handschriften den Flammentod fanden.

▶ In der Chronik de Landas steht auch dieser Satz: „Wir fanden bei ihnen (d. h. bei den Mayas) eine große Menge Bücher. Da aber nichts als Aberglauben und Teufelstrug darin stand, haben wir sie alle verbrannt."

Die Konföderation der Azteken

▶ Die bemerkenswerte Kultur der **Azteken** wurde um 1520 von den Spaniern vernichtet. Nach ihrem alten Stammeshäuptling Mexitli nannten sich die Azteken **Mexica.**

Fast 2000 Jahre lang gab es in Mittelamerika Hochkulturen.
Im Jahre 1500 regierten die Azteken über etwa 10 Millionen Menschen. Ihr Herrschaftsgebiet reichte von einer Küste zur anderen, vom Tal von Mexiko bis Guatemala. **Tenochtitlán,** die Hauptstadt des mächtigen Aztekenreiches, war größer und reicher als jede europäische Stadt des 15. Jh.

▶ **Götterglaube der Azteken**
Menschenopfer standen im Zentrum der aztekischen Religion. Am Großen Tempel von Tenochtitlán brachten die Priester täglich Menschenopfer dar.

Mehrere Chronisten berichteten über die Jahre, in denen MONTEZUMA II. (1469–1520) regierte, dass es in der aztekischen Konföderation kurz vor der Ankunft der Spanier zu erbitterten inneren Streitigkeiten gekommen war. Deshalb konnten sich die Azteken im Kampf gegen die spanischen Eindringlinge nicht auf die Hilfe der von ihnen beherrschten Provinzen verlassen. HERNAN CORTÉS unterwarf schließlich die Azteken.

FRANCISCO PIZARRO (1478–1541)

Pizarro und Atahualpa oder Das Ende von Tahuantin-suyu (Inka)

PIZARRO bemächtigte sich ATAHUALPAS (1495–1533) mit einer Hinterlist. Als sich herumsprach, ATAHUALPA sei PIZARROS Gefangener, waren Heerführer und Soldaten des **Inka** vom Schock gelähmt. Dieser 16. November 1532 setzte den Schlusspunkt unter die Geschichte des Inka-Reiches im alten Peru.

ATAHUALPA, dem letzten Inka, nützte es nichts, dass er PIZARRO das von ihm geforderte Lösegeld herbeischaffen ließ – Unmengen von Gold und Silber als Preis dafür, dass PIZARRO ihm Leben und Freiheit versprach.

▶ Die letzten Worte des Inka-Herrschers ATAHUALPA waren der Überlieferung nach: „Sie wollen Gold. Sie winseln um Gold, sie schreien um Gold, sie zerfleischen einander um Gold" – dann ließ der kastilische Schweinehirt FRANZISCO PIZARRO den „Sohn der Sonne", wie der Herrscher der Inka sich selbst nannte, erdrosseln.

Die Bilderchronik des Huaman Poma de Ayala

FELIPE HUAMAN POMA DE AYALA, ein indianischer Chronist, hinterließ der Nachwelt eine umfangreiche historische Darstellung über die Eroberung des Inka-Reiches und vor allem über Leben und Kultur des Reiches sowie die vorinkaische Geschichte Perus.

> Die **Bilderchronik** ist ein einzigartiges Dokument, eine der wichtigsten schriftlich überlieferten Quellen aus dem alten Amerika.

Über 300 Jahre lang war die **Bilderchronik** unbekannt geblieben und in Vergessenheit geraten.
Erst 1908 wurde die Handschrift der Chronik HUAMAN POMAS von einem deutschen Gelehrten, Dr. RICHARD PIETSCHMANN, zu dieser Zeit Direktor der Universitätsbibliothek Göttingen, in der Königlichen Bibliothek in Kopenhagen entdeckt.

6.4 Engländer und Franzosen siedeln in Nordamerika

6.4.1 Erste Kontakte mit den Einheimischen

Der englische **Freibeuter** und **Admiral** FRANCIS DRAKE im Dienste der englischen Krone war führend beteiligt, als die Engländer 1588 in einer Seeschlacht im Ärmelkanal die als unbezwingbar geltende spanische Armada PHILIPPs II. vernichteten. Mit diesem Sieg wurde die Grundlage für die künftige englische Vorherrschaft auf See gelegt.
Zwischen 1576 und 1586 plünderte der englische Pirat FRANCIS DRAKE die spanischen Besitzungen in Südamerika und erhielt dafür von Königin ELISABETH I. den Adelstitel.

▶ JOHN HAWKINS (1520–1595) war ein erfolgreicher **Sklavenhändler.** Er sparte den Kaufpreis für die Sklaven, weil er diese nicht direkt aus Afrika holte. HAWKINS zog es vor, portugiesische Sklavenschiffe zu kapern.

> Durch die gewaltsame **„ursprüngliche Akkumulation"** wurde der Grundstein für den Aufstieg des **englischen Kapitalismus** gelegt.

Henry Hudson

Der Engländer HENRY HUDSON wurde 1607 von der Englisch-Moskowitischen Handelskompagnie beauftragt, im Norden einen Weg nach Ostindien zu finden, der außerhalb der Einflussgebiete von Portugiesen und Spaniern lag. 1608 gelangte Hudson bis Nowaja Semlja.
Mit einem dritten Anlauf ging HUDSON in einer inselreichen Bucht der Neuen Welt vor Anker. Nach HUDSON kamen Holländer, die Handel treiben wollten. Im Jahre 1623 entstand das Fort „Nieuw Amsterdam". Heute stehen dort die Wolkenkratzer von New York.

JACQUES CARTIER (1491–1557)

Franzosen in Nordamerika – Cartier, Champlain

JACQUES CARTIER segelte 1535/36 den Sankt-Lorenz-Strom hinauf bis in die Gegend des heutigen **Montreal**. Von seinem Heimatort Saint-Malo fuhren bretonische Fischer mit ihren Booten bis zu den Gewässern um Neufundland. **SAMUEL DE CHAMPLAIN** gründete 1608 am Sankt-Lorenz-Strom die Stadt Quebec.
Den französischen Entdeckern wurde bewusst, dass der Reichtum des Landes in den Wäldern zu finden war. Damit schufen sie die Grundlage für einen umfassenden **Handel mit Pelzen**.

▶ CHAMPLAIN war dazu erzogen, in jedem Menschen ein Geschöpf Gottes zu sehen. Das ermöglichte ihm, freundschaftliche Beziehungen einzugehen mit den Algonkin-Indianern, insbesondere dem Stamme der Huronen. Er konnte damit rechnen, dass die Huronen ihn bei seinen Entdeckungsreisen in das Landesinnere unterstützten.

Neu-England

Der weiße Mann brachte Krankheiten und Umweltzerstörung in die Neue Welt. Die kulturellen Annäherungsversuche führten letztlich zu tausendfachem Büffeltod in den scheinbar endlosen Grassteppen, den Prärien. Die Indianer und ihre Kultur wurden weitgehend im Feuerwasser „ertränkt". Es kam zu nie nachlassenden feindseligen und oft auch kriegerischen Auseinandersetzungen um Land, um Indianerland.
Die **Entstehungsgeschichte** der **englischen Kolonien** in Nordamerika und danach der Vereinigten Staaten war gekennzeichnet von einem **Weg der Tränen,** den die Angehörigen der zur Deportation gezwungenen indianischen Stämme beschreiten mussten.

Die Puritaner Neu-Englands

WILLIAM PENN (1644–1718)

Die **Puritaner** „setzten 1703 durch Beschlüsse ihrer Assembly eine Prämie von 40 Pfd. St. auf jedes indianische Skalp und jede gefangene Rothaut, 1720 Prämie von 100 Pfd. St. auf jedes Skalp, 1744, nachdem Massachusetts-Bay einen gewissen Stamm zum Rebellen erklärt hatte, folgende Preise: für männliche Skalp, 12 Jahre und darüber, 100 Pfd. St. neuer Währung, für männliches Gefangene 105 Pfd. St., für gefangne Weiber und Kinder 50 Pfd. St., für Skalps von Weibern und Kindern 50 Pfd. St.!"
(KARL MARX: Das Kapital, Bd. 1, S. 781)

Ganz anders als die **Puritaner** verhielt sich WILLIAM PENN, der die **Quäkersekte** anführte. PENN gründete 1681/82 am Fluss Delaware die Kolonie **Pennsylvania**. Er schloss mit dem Häuptling der Lenape Tamenund einen **Freundschaftsvertrag,** der auch von beiden Seiten eingehalten wurde – trotz aller sonstigen kriegerischen Auseinandersetzungen zwischen Indianern und Europäern. Pontiac, der Häuptling der Ottawa, vereinigte nach dem Sieg der Engländer über die Franzosen 1763 viele Indianerstämme gegen die Engländer im größten und erfolgreichsten Indianerkrieg des 18. Jh. Dieser Krieg wurde 1766 mit einem Friedens- und Freundschaftsvertrag beendet.

6.4.2 Die wissenschaftliche Erforschung Amerikas und die Begründung der modernen Evolutionstheorie

Alexander von Humboldt

Der Universalgelehrte, Forschungsreisende und Humanist ALEXANDER VON HUMBOLDT gilt als **Begründer der modernen wissenschaftlichen Entdeckungsreisen.** Sein vielseitiges Wirken und enzyklopädisches Wissen hatte mehrere Generationen junger Naturforscher zu eigenen Leistungen angeregt.
Der universelle Naturforscher war Wegbereiter der modernen wissenschaftlichen **Geografie.** Er trat ein für die Gleichberechtigung der Rassen und die Abschaffung der Sklaverei. HUMBOLDT begründete die physische Erdbeschreibung und die Pflanzengeografie.
Weltruhm erwarb HUMBOLDT durch seine fünf Jahre währende Reise in die Aquinoktialgegenden des neuen Kontinents (1799–1804). Diese Reise nach **Mittel- und Südamerika,** auf der ihn der französische Botaniker AIMÉ BONPLAND begleitete, begründete HUMBOLDTS Ruf als **zweiter Ko-**

ALEXANDER VON HUMBOLDT (1769–1859)

lumbus, als **Wiederentdecker des lateinischen Amerikas**. SIMÓN BOLÍVAR nannte ALEXANDER VON HUMBOLDT den wahren Entdecker des spanischen Amerikas. HUMBOLDT erkundete das Stromgebiet des **Orinokos** im nordöstlichen **Südamerika**. Von dort aus unternahm er einen Vorstoß zum Amazonas. HUMBOLDTs Forschungen gaben den Anstoß zur wissenschaftlichen Erforschung dieses größten Stromgebiets der Erde.

HUMBOLDT interessierten nicht nur die Erscheinungen der Natur der von ihm bereisten Länder, sondern auch deren **gesellschaftliche Verhältnisse**. Er wurde zum konsequenten **Kämpfer gegen das Kolonialsystem**.

Charles Darwin

CHARLES DARWIN (1809–1882)

Dem englischen Naturforscher CHARLES DARWIN gelang der Nachweis der historischen Entwicklung in der Natur. Er entdeckte die Veränderbarkeit der Tierarten und erklärte sie mit einer Selektionstheorie („Die Entstehung der Arten durch natürliche Zuchtwahl", 1859).

DARWIN begründete die moderne **Evolutionstheorie**. Aus dieser Theorie folgte, dass die heutigen Lebewesen einschließlich des Menschen, von früheren, „primitiveren" Vorläufern abstammen. Damit ließen sich alle Lebewesen zu einem einheitlichen System verbinden. Diese Vorstellung stand im Gegensatz zur Schöpfungslehre der Bibel.

▶ Als besonders ergiebig zeigte sich der Aufenthalt auf den **Galapagosinseln** im Herbst 1835. Hier lebten zahlreiche endemische Arten, vor allem Reptilien und Vögel. Besonders auffallend waren die „**Darwin-Finken**" mit ihren abgestuften Schnabelformen.

Als die Weltumseglung mit dem Vermessungsschiff „**Beagle**" geplant war, wurde ein Naturforscher gesucht, der an dieser Reise teilnehmen konnte. CHARLES DARWIN verließ am 27. Dezember 1831 mit der „Beagle" Plymouth. Die Reise erwies sich als entscheidend für seine wissenschaftliche Laufbahn.

Nach der Rückkehr sichtete DARWIN seine angefertigten Aufzeichnungen und arbeitete ganz bewusst an dem Thema „Entstehung der Arten".

6.5 Weitere Entdeckungen der Europäer

6.5.1 Russland dringt nach Sibirien vor

IWAN III., Großfürst von Moskau (1462–1505), hatte die russischen Fürstentümer vereint und erreichte 1480 die Unabhängigkeit von den Tataren. Westeuropa erfuhr von den Veränderungen in Moskau und Umgebung durch einen Bericht eines kaiserlichen Gesandten, der 1516/17 und 1526 im Auftrag MAXIMILIANS bzw. KARLS V. bei Großfürst WASSILIJ III., dem Vater IWANS DES SCHRECKLICHEN (↗ S. 280), weilte.

▶ SIEGMUND FREIHERR VON HERBERSTEIN (1486–1566), ein Renaissance-Diplomat, der den Humanisten nahe stand, leistete mit seinem 1557 herausgegebenen Buch „Moskovia" (bereits 1549 in Wien in lateinischer Sprache erschienen) einen ersten Beitrag zur Verständigung zwischen Deutschen und den Völkern Russlands.

HERBERSTEINS „Moskovia" brachte den **Westeuropäern** die erste umfangreiche Kunde vom **russischen Großfürstentum**, das nach über 200-jähriger tatarischer Fremdherrschaft seit 1480 auf dem Wege war, die russischen Fürstentümer und Teilfürstentümer zu einem nationalen Staate zu vereinen.

Stroganow und Iwan der Schreckliche (Jermak Timofejewitsch)

IWAN IV. WASSILJEWITSCH, gen. der Schreckliche

IWAN IV. (IWAN DER SCHRECKLICHE) ernannte sich 1547 zum Zaren. Er besiegte die mongolischen Tataren und verdoppelte das Territorium Russlands. Im August 1551 belagerte ein 150 000 Mann starkes russisches Heer Kasan. Am 2. Oktober 1551 wurde Kasan im Sturm genommen. Im August 1556 erfolgte der Anschluss Astrachans an Russland. 1557 war der Anschluss Baschkiriens abgeschlossen. Die Gebiete beiderseits der Wolga und die Wolga selbst als ein wichtiger Handelsweg befanden sich in russischer Hand.

In den 1650er-Jahren bekannte sich der sibirische Chan JEDIGER zum Vasallen Russlands. Eine große Rolle beim Vordringen nach Sibirien spielte die Kaufmanns- und Industriellenfamilie STROGANOW, die große Ländereien an Kama und Tschussowaja erhielt – im Permer Land, noch vor dem Ural. **Die STROGANOWS waren die russischen Fugger.**

Vitus Bering

Der dänische Seeoffizier VITUS JONASSEN BERING stand im Dienste des russischen Zaren PETER I. BERING leitete zwei große Expeditionen (1725/30 und 1733/43), die Sibirien, insbesondere Kamtschatka, und die Inselgruppe der Aleuten erforschte. Er befuhr 1728 den Nordosten des Pazifiks (heute **Beringmeer**).

1741 entdeckte er die Aleuten und den südlichen Teil Alaskas. BERING stand auch an der Spitze der „Großen Nordischen Expedition", deren Start im Frühjahr 1733 erfolgte.
570 Wissenschaftler beteiligten sich an der Großen Nordischen Expedition. Unter ihnen befanden sich Gelehrte, die in Europa bereits einen Namen hatten. LOUIS DE LISLE DE LA CROYÈRE war Chefastronom in Paris. Der Naturwissenschaftler J. G. GMELIN kam aus Tübingen und der Botaniker S. P. KRASCHENNIKOW aus Petersburg. Zu den Teilnehmern zählten auch die deutschen Historiker G. F. MÜLLER und JOHANNES FISCHER.

▶ Den ersten zusammenfassenden **Bericht** über die **Erforschung Sibiriens** und der angrenzenden Meere durch die Große Nordische Expedition gab es erst **1851**.

> Die Große **Nordische Expedition** war die bis dahin größte wissenschaftliche Forschungsreise in der Geschichte der Erderkundung.

VITUS BERING starb auf der Insel, die heute seinen Namen trägt – er wurde ein Opfer des Skorbuts.

6.5.2 Entdeckungen in Australien und Ozeanien

James Cook

Der britische Seeoffizier und Entdecker JAMES COOK (1728–1779) erforschte auf **drei Weltumseglungen** den Pazifik und entdeckte 1770 die Ostküste **Australiens**. Mit COOKs Namen verbunden sind die Erforschung **Neuseelands**, der Inselwelt **Polynesiens**, der Küste von **Alaska** und der **Beringstraße**.

Georg Forster

JOHANN GEORG FORSTER (1754 bis 1794) war Naturforscher und Weltreisender, Schriftsteller und Übersetzer, Politiker und Revolutionär. Neben der Französischen Revolution von 1789 wurden Leben und Werk GEORG FORSTERS vor allem von einem Ereignis bestimmt: der **Weltumseglung** mit JAMES COOK 1772 bis 1775.

1790 bereiste er gemeinsam mit ALEXANDER VON HUMBOLDT den Niederrhein und England. Sie kehrten über Frankreich nach Deutschland zurück.

Im Mittelpunkt des Denkens stand bei FORSTER die Wechselwirkung von Mensch und Natur, die Einheit von Natur, Gesellschaft und Mensch. Freundschaftliche Kontakte verbanden FORSTER mit GOETHE, SCHILLER und HERDER.

▶ **FORSTER** war der Auffassung, dass der Mensch im Kampf mit der Natur steht. In diesem Kampf sah er die wesentliche Grundlage für die geistige Entwicklung der Menschheit.

Die großen geografischen Entdeckungen

1415	HEINRICH DER SEEFAHRER gründet Froschungszentrum in Sagres
1473–1543	NIKOLAUS KOPERNIKUS, Begünder des heliozentrischen Weltbildes
1488	BARTHOLOMEU DIAZ umsegelt das Kap der Guten Hoffnung
1492	Abschluss der Reconquista in Spanien
1492–1504	Entdeckungsfahrten des CHRISTOPH KOLUMBUS
1494	Vertrag von Tordesillas grenzt das portugiesische vom spanischen Kolonialreich ab
1498	VASCO DA GAMA überquert den Indischen Ozean bis Vorderindien
1501	PEDRO ÁLVAREZ CABRAL entdeckt Brasilien
1507	erste Weltkarte MARTIN WALDSEEMÜLLERS mit „Amerika"
1517	Portugiesen landen erstmals in China FRANCISCO H. DE CÓRDOBA trifft auf Yucatán mit Mayas zusammen
1519/20	FERNANDO DE MAGALLANES umsegelt Südamerika zum Pazifischen Ozean
1521	HERNÁN CORTÉS unterwirft das Azteken-Reich für Spanien
1532	FRANCISCO PIZARRO erobert das Inka-Reich für Spanien
1535/36	JACQUES CARTIER segelt den Sankt-Lorenz-Strom hinauf
1588	Sieg der englischen Flotte unter FRANCIS DRAKE über die spanische Armada
1594–1597	WILLEM BARENTS erforscht das Nördliche Eismeer
1600	Gründung der englischen Ostindienkompanie
1608	Gründung Québecs durch SAMUEL DE CHAMPLAIN
1609/10	HENRY HUDSON erforscht die Westküste Nordamerikas (Hudson-River, Hudson-Bay)
1620	„Mayflower" mit englischen Pilgervätern landet in Massachussetts
1623	Gründung der holländischen Handelskolonie „Nieuw Amsterdam" (New York)
1642/43	ABEL J. TASMAN entdeckt u.a. Tasmanien und die neuseeländische Südinsel
1681/82	WILLIAM PENN gründet am Fluss Delaware die Kolonie Pennsylvania
1725/41	der Däne VITUS J. BERING erforscht für Russland den nördlichen Pazifik
1770	JAMES COOK entdeckt Australien
1799–1804	Forschungsreise ALEXANDER VON HUMBOLDTS nach Südamerika

Wissenstest 6   auf **http://wissenstests.schuelerlexikon.de** und auf der DVD

Von der Reformation bis zum Absolutismus | 7

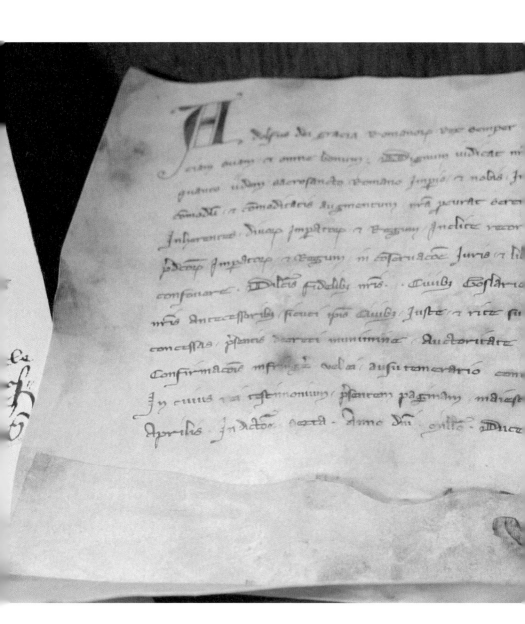

7 Von der Reformation bis zum Absolutismus

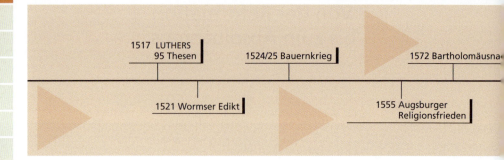

> **Schisma:** Trennung zwischen zwei Kirchen aufgrund theologischer Differenzen

Konziliarismus: Bestrebungen innerhalb der katholischen Kirche, dem Konzil (Zusammenkunft der Bischöfe und anderer Würdenträger zur Beschlussfassung) die höchste kirchliche Gewalt zuzusprechen

Häresie: Bezeichnung, die von einer sich als rechtgläubig erachtenden Kirche einer abweichenden Lehre gegeben wird

> **Foltermethoden:** Bei der **Wasserprobe** musste eine Hexe im Wasser versinken, um ihre Unschuld zu beweisen.
Bei der **Nadelprobe** stach man einer Frau mit einer Nadel in eine Warze oder ein Muttermal. Floss dabei kein Blut, galt sie als Hexe.

7.1 Die Krise der Kirche im Spätmittelalter

7.1.1 Die Krise bestimmt das Leben der Menschen

In der zweiten Hälfte des Mittelalters hatte die Kirche schwere Auseinandersetzungen erlebt. Es waren dies
– der **Investiturstreit** zwischen Kaiser HEINRICH IV. und Papst GREGOR VII. (Canossa, 1077),
– die erzwungene Verlegung der päpstlichen Residenz nach Avignon (1309–1377),
– das große abendländische **Schisma** (1378–1415),
– die Bewegung des **Konziliarismus,**
– der Kampf gegen **Häresie** und **Ketzer.**

> Diese Auseinandersetzungen hatten die **Macht der Kirche** gemindert, aber nicht gebrochen. Mit ihren Glaubensinhalten, den Geboten und Verboten, auch den angedrohten und vollstreckten Strafen bestimmte sie immer noch weitgehend das Leben der Menschen.

Hexen und Hexenverfolgung

Schon kurz nach ihrer Anerkennung als **Staatsreligion** des Römischen Reiches ging die Kirche gegen diejenigen vor, die von der offiziellen Lehrmeinung abwichen. Man nannte sie **Häretiker** oder auch **Ketzer.** Das Vorgehen gegen diese Abtrünnigen wurde als **Inquisition** (lat.: Untersuchung) bezeichnet.
Im **Mittelalter** entstand eine eigene Behörde, die diese Inquisitionsverfahren durchführte. Die kirchliche Seite stellte den Straftatbestand (z. B. der Ketzerei oder der Zauberei) fest, die weltliche Macht musste das Urteil vollstrecken.
1484 erließ Papst INNOZENZ VIII. die „Hexenbulle", worin zwei Dominikanermönche mit der Inquisition und Bestrafung von Hexen und Zauberern beauftragt wurden. Einer der beiden, HEINRICH INSTITORIS, verfasste drei Jahre später den „Hexenhammer". Hierin wurden Hexerei und Zauberei beschrieben und das Gerichtsverfahren festgelegt. Neu an dem im „Hexenhammer" beschriebenen Verfahren war die Einführung der **Denun-**

ziation – der Anzeige aus persönlichen, niederen Beweggründen. Außerdem glaubte man, durch die Hexenprobe und die Folter die Wahrheit zu erfahren.
Seit der Mitte des 16. Jh. steigerten sich diese Vorstellungen zu einem regelrechten **Hexenwahn**. Die Kernländer der Hexenverfolgung waren das Deutsche Reich, wo allein 15 000 bis 20 000 Personen hingerichtet wurden, aber auch dessen Nachbarländer Frankreich und Polen.

▶ Man schätzt, dass 60–80 % der Hingerichteten Frauen waren. Die letzte Hinrichtung einer Hexe in **Deutschland** fand 1775 in Kempten statt.
Der amerikanische Schriftsteller ARTHUR MILLER schrieb 1953 das Bühnendrama „The Crucible" („Hexenjagd"). Er stellt darin die Hexenprozesse des Jahres 1692 in **Salem** (heute ein Vorort von Boston/USA) dar.

7.1.2 Missstände in der Kirche und Kritik

Die Päpste leisteten sich eine luxuriöse und kostspielige Hofhaltung an der Kurie, im Kirchenstaat herrschte oftmals **Nepotismus**. Alles, was die Kirche vergab (z. B. Pfründe, Ablässe, auch Entscheidungen in Rechtsfragen) kostete Geld. Bischöfe und manche Äbte hatten großen Gefallen an einem üppigen und **repräsentativen Lebensstil**.
Die höheren kirchlichen Ämter wurden von Adeligen besetzt; „überzählige" Söhne, das waren solche, die nicht erbten, waren somit versorgt (**Ämterpatronage**). Im Aufbau der Kirche spiegelte sich noch die mittelalterliche Ständeordnung wider.
Nur wenige Pfarrpriester hatten Theologie studiert. Sie missachteten den **Zölibat**, die offiziell verlangte Ehelosigkeit. Zur Aufbesserung ihres Einkommens betrieben sie manchmal Geschäfte oder Gastwirtschaften. Die Betreuung der Gemeinden ließ häufig sehr zu wünschen übrig.
Ablasshandel und **Reliquienverehrung** waren weitere Aspekte der misslichen Situation.
Kritik und Reformideen gab es schon lange vor LUTHER. In den ersten beiden Jahrzehnten des 16. Jh. fand der niederländische Humanist und Theologe ERASMUS VON ROTTERDAM große Beachtung, der sich zwar für die Erneuerung des Christentums einsetzte, aber später die Radikalität der lutherschen Lehre ablehnte (↗ S. 212).

7.2 Martin Luther und die Reformation

7.2.1 Luthers Kampf gegen die Missstände der Kirche

Luthers religiöses Anliegen

MARTIN LUTHER
(1483–1546)
Der Vater MARTIN LUTHERS hatte es durch Beteiligungen an mehreren Gruben im Mansfelder Kupferbergbau zu beachtlichem Wohlstand gebracht. MARTIN LUTHER war der Erste in der Familie, der studierte. Mit 29 Jahren wurde er Universitätsprofessor in Wittenberg. LUTHER war eine der bestimmenden Personen in der von innerer Unruhe und Aufbruchsstimmung gekennzeichneten Gesellschaft.

LUTHER beschäftigte die Frage, wie der **Mensch als Sünder** vor dem gerechten und vor allem auch strafenden Gott bestehen könne. Seine **Rechtfertigungslehre** führte zu zwei Schlussfolgerungen in der religiösen Praxis:
1. Der rechtfertigende Glaube ermöglicht eine direkte Beziehung zwischen Gott und dem Menschen, d.h., Priester und die Kirche sind mehr oder weniger überflüssig.
2. Gute Werke, Askese – und damit auch das Mönchstum – oder auch Wallfahrten verlieren an Bedeutung.

Im Jahr 1520 verfasste LUTHER drei seiner **bedeutendsten Schriften**: „An den christlichen Adel deutscher Nation", „Von der Freiheit eines Christenmenschen" und „Von der Babylonischen Gefangenschaft der Kirche". Hierin löste er sich von der Kirche.

> Als nicht durch die Bibel gerechtfertigt verwarf er die **Hierarchie der Kirche** und das **Kirchenrecht,** Mönchtum und Zölibat, Wallfahrten und Reliquienverehrung. Von den sieben Sakramenten ließ er noch zwei gelten: **Taufe** und **Abendmahl.**

Der Ablasshandel

▶ Nach LUTHER befanden sich die Christen in einer Gefangenschaft, und den Papst bezeichnete er gar als „Antichristen".

1506 begann man in Rom unter Papst JULIUS II. die aus dem 4. Jh. stammende alte **Peterskirche,** eine fünfschiffige Hallenbasilika, durch einen grandiosen Neubau zu ersetzen. Die enormen Geldmittel für den Bau der (bis 1989) größten Kirche der Welt versuchte man unter anderem durch den **Ablassverkauf** aufzubringen.

> Unter **Ablass** verstand man den Erlass einer zeitlichen Sündenstrafe, die der Sünder eigentlich in dieser Welt oder im Fegefeuer abzubüßen hatte. Stattdessen musste er gute Werke verrichten (Gebete, Wallfahrt), um z. B. einen 300-tägigen Ablass zu erlangen.

Jetzt wurde der Ablass in Form eines **Ablassbriefes** verkauft (Bild). Die Höhe des Betrages richtete sich (gestaffelt) nach der sozialen Stellung des Käufers. 1514 wurde der 24-jährige Kardinal **ALBRECHT VON BRANDENBURG**, ein Hohenzollernprinz, der auch noch die Bistümer Magdeburg und Halberstadt verwaltete, zusätzlich Erzbischof von Mainz.

Für diese **Pfründe** musste er eine beträchtliche Summe nach Rom überweisen. Es kam zu einem Dreiecksgeschäft zwischen der Kurie, ALBRECHT und dem Handelshaus der **FUGGER** (Augsburg), an dem alle drei Partner verdienten, die Gläubigen aber die Gelder aufbringen mussten: Die FUGGER liehen ALBRECHT das benötigte Geld, und die Kurie hatte diesem erlaubt, die Hälfte der Einnahmen aus dem Ablassverkauf, die eigentlich zur Finanzierung des Petersdoms verwendet werden sollten, für die Tilgung seiner Schulden zu verwenden.

▷ Der bekannteste Ablassprediger im Bistum Magdeburg war der Dominikanermönch JOHANNES TETZEL (1465–1519).

▷ **Pfründen** waren Einkünfte, für die man eigentlich nicht arbeiten musste. Im außerkirchlichen Bereich nannte man dies **Benefizium** (lat.: Vergünstigung, Wohltat). Hatte eine Person mehrere Pfründen inne, spricht man von **Pfründenkumulation**.

Die 95 Thesen

Der bisher relativ unbekannte LUTHER war über den Ablassverkauf derart erzürnt, dass er 95 Thesen aufsetzte, in denen er gegen den Verkauf von Ablässen wie auch gegen die Ablassverkäufer argumentierte. Nach seiner Überzeugung bewirkte die aufrichtige Reue des Christen eine Vergebung der Sündenstrafen. Seine Vorwürfe gegen den Papst hielten sich noch in Grenzen. LUTHER sandte die Thesen Ende Oktober 1517 an den Erzbischof von Mainz und andere hohe kirchliche Amtsinhaber.

Folgen und Ereignisse nach den 95 Thesen	
1518	Beginn des Ketzerprozesses gegen LUTHER in Rom. LUTHER befolgte eine Vorladung nach Rom nicht. Daraufhin Verhör durch den päpstlichen Legaten CAJETAN in Augsburg. 28. Juni 1519 Wahl KARLS V. zum Kaiser
15. Juni 1520	Androhung des Kirchenbannes
10. Dezember 1520	LUTHER verbrennt vor dem Elstertor zu Wittenberg öffentlich die päpstliche **Bannandrohungsbulle**.
3. Januar 1521	Papst LEO X. belegt LUTHER mit dem Kirchenbann.
April 1521	Reichstag zu Worms
25. Mai 1521	Wormser Edikt

▷ Dass LUTHER die Thesen an die Tür der Schlosskirche zu Wittenberg (Bild) angeschlagen hat, wird heute von vielen Historikern bezweifelt. Nur ein geringer Teil der Bevölkerung, und zwar aus der Oberschicht, konnte überhaupt lesen. Zudem waren die Thesen auf Lateinisch verfasst.

7.2.2 Der Reichstag zu Worms

KARL V.
(1500–1558)

Nach dem Tod Kaiser MAXIMILIANS I. am 1. Januar 1519 standen bei der **Frage der Nachfolge** Machtüberlegungen der deutschen Fürsten, des französischen Königs und des Papstes (LEO X.) im Vordergrund. Der Papst fürchtete eine territoriale Umklammerung des **Kirchenstaates**, falls der Habsburger KARL V. gewählt würde. Er befürwortete daher eine Kandidatur des sächsischen Kurfürsten **FRIEDRICH DER WEISE**, der jedoch daran nicht interessiert war.

Die Fürsten waren auf eine Vergrößerung ihrer Machtbefugnisse aus, und der französische König hätte sich gern zum Kaiser des Heiligen Römischen Reiches wählen lassen. Nach langwierigen diplomatischen Aktivitäten, wurde KARL schließlich von den Kurfürsten einstimmig gewählt.

▶ Der (dann gewählte) Habsburger, Kaiser KARL V., war seit 1516 als KARL I. spanischer König und damit auch Herr über Süditalien (Königreich Neapel) und Sizilien sowie die Kolonien in Amerika.

Die Verhandlungen auf dem Reichstag

Auf dem am 27. Januar 1521 eröffneten Reichstag, dem ersten unter der Herrschaft KARLS V., ging es um hochpolitische Dinge, nämlich um
– die Erweiterung der Reichsgesetzgebung,
– die Wiederbelebung des Reichskammergerichts,
– die Einrichtung eines geordneten Finanzsystems,
– die Regelung des Verhältnisses zwischen KARL V. und den auf eine größere Selbstständigkeit bedachten Fürsten.

▶ Nachdem LUTHER vom Kaiser freies Geleit zugesichert worden war, traf er nach einer fast triumphal zu nennenden Reise durch Thüringen und Hessen in Worms ein.

Im Bewusstsein der Nachwelt war es jedoch der Reichstag, auf dem es um den Fall LUTHER, die „causa Lutheri", ging.
Bei den Verhandlungen am 17. und 18. April kam kein Kompromiss zustande. Als von LUTHER der **Widerruf** verlangt wurde, berief er sich auf die Bibel wie auch auf sein Gewissen. Er blieb standhaft und beendete seine Rede mit dem viel zitierten kurzen Satz: „Hier stehe ich, ich kann nicht anders, Gott helfe mir. Amen."

▶ **Acht:** im Mittelalter Ausschluss aus der Rechts- und Friedensgemeinschaft. Der Geächtete wurde „vogelfrei".
Bann: Der Bann ist oft gleichbedeutend mit der Acht und beinhaltet das Gebot des Meidens. Reichsacht und Kirchenbann folgten in der Regel einander.

Am 19. April verhandelten die auf dem Reichstag anwesenden Stände noch einmal mit LUTHER. Dies führte zu keinem Ergebnis. KARL V., der sich als Wahrer des christlichen Glaubens verstand, erließ das vom päpstlichen Nuntius (Gesandter) ALEXANDER aufgesetzte **Wormser Edikt** (8./26. 5. 1521).

Im **Wormser Edikt** wurde über LUTHER die **Reichsacht** verhängt.

Luther auf der Wartburg

FRIEDRICH DER WEISE wurde **Luthers Beschützer.** Auf der Rückreise nach Wittenberg ließ er diesen „überfallen" und auf die Wartburg in Sicherheit bringen.

7.2 Martin Luther und die Reformation

Da der Kaiser es nicht gewagt hatte, FRIEDRICH DEM WEISEN das **Wormser Edikt** zuzustellen, war es auch in dessen Kurfürstentum nicht gültig, und somit war LUTHER einigermaßen in Sicherheit. Zehn Monate lang, vom 4. Mai 1521 bis zum 6. März 1522, lebte er als **„Junker Jörg"** auf der Wartburg (Bild).

Bibelübersetzung

Während seiner Zeit auf der Wartburg gelang LUTHER seine größte literarische und für die Zukunft der Reformbestrebungen bedeutendste Leistung: Es war die **Übersetzung der Bibel,** genauer, des Neuen Testaments, aus dem Griechischen ins Deutsche.
Um den Text für möglichst viele verständlich zu machen, hatte er „dem Volk aufs Maul" geschaut. Ebenso wichtig waren für LUTHER die theologischen Prinzipien der evangelischen Botschaft.

▶ Es wurde verboten, LUTHER zu beherbergen oder zu verköstigen. Jeder, der ihn ergreifen konnte, sollte ihn dem kaiserlichen Hof übergeben. Die Verbreitung und die Lektüre seiner Bücher wurden verboten.

> Die Übersetzungsarbeit stellte den wesentlichen Beitrag zur **Vereinheitlichung der deutschen Schriftsprache** dar. Durch die neue Technik des Buchdrucks fand die „Luther-Bibel" eine rasche Verbreitung.

Buchdruck

Vor mehr als 1200 Jahren begannen die **Chinesen** mit dem **Buchdruck.** Allerdings handelte es sich zunächst dabei um die Technik des Block- oder Tafeldrucks: In eine Holz- oder Metallplatte wurde ein Text eingeritzt oder eingeschlagen, die Platte wurde eingefärbt und dann das Papier darauf gelegt und gepresst. Im 11. Jh. fertigte man dort schon bewegliche Lettern, und zwar aus Ton, den man dann brannte. Über den arabischen Raum gelangte diese Drucktechnik Ende des 14. Jh. nach Westeuropa.

▶ In China wurde bereits 105 n. Chr. das Papier erfunden.

Der Mainzer JOHANNES GUTENBERG (1400–1468) entwickelte um das Jahr 1440 als Erster im deutschen Raum den **Buchdruck.** Gleich große Metallbuchstaben konnten in beliebiger Reihenfolge zu einem Text zusammengesetzt werden. **1454** hatte er als erstes großes Werk eine Bibel gedruckt, die sogenannte **Gutenberg-Bibel.**

▶ In der Nähe des im 12. Jh. errichteten Mainzer Doms steht das Gutenberg-Museum. Anhand vieler Exponate (Ausstellungsstücke) wird die Geschichte der Drucktechnik gezeigt.

> Die Erfindung des **Buchdrucks** hatte entscheidenden Anteil an der Verbreitung von LUTHERS Schriften.

7.2.3 Luther, Melanchthon und Lucas Cranach der Ältere

▶ Die (ehemaligen) Nonnen mussten versorgt, d. h. verheiratet werden. Katharina kam zunächst in den Haushalt von LUCAS CRANACH.

Beeinflusst von LUTHERS Lehre, flohen am 4. April 1523 zwölf Nonnen aus dem Zisterzienserinnenkloster Nimbschen bei Grimma (nahe Leipzig). Unter ihnen war auch die 24-jährige **KATHARINA VON BORA**.
Am 13. Juni 1525 heiratete LUTHER KATHARINA VON BORA. Für LUTHER war die Heirat jedoch nur die logische Folge seiner Ansichten über das Mönchstum und den Zölibat.

▶ Sein Großonkel, JOHANNES REUCHLIN, schlug vor, den Namen SCHWARZERT ins Griechische zu übersetzen: MELANCHTHON. So kam PHILIPP zu seinem geänderten Nachnamen.

Wittenberg war zur Zeit LUTHERS eine aufstrebende Stadt. Seit 1485 Residenzstadt des Fürstengeschlechts der Ernestiner, gründete Kurfürst FRIEDRICH DER WEISE 1502 eine Universität namens „Leucorea". Neben LUTHER lehrte seit 1518 auch einer der bedeutendsten Humanisten seiner Zeit, PHILIPP MELANCHTHON, an dieser Universität.

▶ Für den Reichstag zu Augsburg (1530) formulierte MELANCHTHON das **Augsburger Bekenntnis** (Confessio Augustana), das zu den grundlegenden Schriften der neuen Glaubensrichtung zählte. Aufgrund seiner Verdienste um das Bildungswesen wurde er anerkennend **Praeceptor Germaniae** (Lehrer Deutschlands) genannt.

PHILIPP MELANCHTHON, der große Humanist und Reformator, wurde 1518 von FRIEDRICH DEM WEISEN an die Universität Wittenberg berufen, wo er Professor für Griechisch wurde.
Hier lernte er LUTHER kennen, der ihn bald für die Reformation gewinnen konnte. Von dem systematisch denkenden und humanistisch gebildeten Melanchthon erlernte LUTHER die griechische Sprache.
Er unterstützte ihn auch bei der Bibelübersetzung. MELANCHTHON baute maßgeblich das **evangelische Bildungswesen** wie auch das System der evangelischen Landeskirche auf.
Nach LUTHERs Tod war er die führende Gestalt des Protestantismus.

LUCAS CRANACH DER ÄLTERE (1472–1553)

LUCAS CRANACH DER ÄLTERE war eine der weiteren bedeutenden Persönlichkeiten, die mit LUTHER befreundet waren.
Zwischen 1501 und 1504 hielt er sich in Wien auf. In dieser Zeit entstanden schon bedeutende Gemälde (u. a. „Kreuzigung", „Ruhe auf der Flucht"). 1505 wurde er Hofmaler in Wittenberg.
Die bekannten **Portraits des Reformators** und seiner Familie stammen von ihm. Neben ALBRECHT DÜRER war er der bedeutendste Maler seiner Zeit.
CRANACH erlebte eine große Karriere als Maler, aber auch als Unternehmer und Kommunalpolitiker. Seinem 1515 geborenen Sohn gab er seinen eigenen Vornamen. Daher wurde dieser dann LUCAS CRANACH DER JÜNGERE, genannt. Er führte nach dem Tod seines Vaters (16. Oktober 1553) die Malerwerkstatt weiter.

7.3 Soziale Unruhen

7.3.1 Ritteraufstände

Das Reich unter Karl V.

KARL V. herrschte über große Gebiete Mittel- und Südeuropas sowie über die Kolonien in Übersee. Doch sein Reich war hinsichtlich der einzelnen Länder, der unterschiedlichen gesellschaftlichen Strukturen und Machtverhältnisse und natürlich auch der Sprachen ein äußerst uneinheitliches Gebilde.

Die deutschen Fürsten waren schon immer darauf aus, ihre Befugnisse auszudehnen und den Einfluss des Kaisers, des Papstes wie auch der Bischöfe zurückzudrängen.
Als erster deutscher Kaiser musste KARL V. als Vorbedingung für seine Wahl eine sogenannte **„Wahlkapitulation"** unterschreiben.
Das Ziel war:
– Die Fürsten wollten die Mitregierung, ein sogenanntes Reichsregiment, erreichen.
– Die drohende Auseinandersetzung zwischen KARL V. und dem französischen König FRANZ I. sollte vom Boden des Reiches ferngehalten werden.

– Die Rechte des Kaisers wurden niedergeschrieben. Für den Fall, dass der Kaiser sich nicht daran hielt, hatten die Fürsten ein Recht auf Widerstand.

Von seinem Vorgänger MAXIMILIAN I. hatte KARL V. einen großen Schuldenberg geerbt. Zudem führte er viele Kriege, die seine finanzielle Lage noch verschlimmerten. Dadurch war er in einem gewissen Grad von seinen Geldgebern, den FUGGERN, abhängig.
Entscheidend für den Fortgang der Reformation war, dass KARL V. vom Wormser Reichstag an bis zum Jahre 1530 nicht in Deutschland war. Er führte Krieg gegen den französischen König FRANZ I.
So konnten sich die neuen Glaubensinhalte ausbreiten, allerdings auch mit Begleiterscheinungen, die LUTHER sehr widerstrebten.

▶ Eine „Wahlkapitulation" ist ein Vertrag, in dem – für den Fall einer Wahl – Zusagen gemacht wurden. Der Begriff „Kapitulation" leitet sich von der Einteilung der Urkunde in Kapitel her.

Der Niedergang des Rittertums

Der niedere Adel war im ausgehenden Mittelalter weitgehend identisch mit den **Rittern**. Diese litten unter dem spätmittelalterlichen Preisverfall

7 Von der Reformation bis zum Absolutismus

▶ Ein Teil der Ritter „verdiente" sich den Lebensunterhalt als **Raubritter**, andere versuchten eine den Fürsten ähnliche Stellung zu erlangen. Zu diesen zählte auch FRANZ VON SICKINGEN.

▶ Als **Fehde** bezeichnet man die Durchsetzung eines Rechtsanspruchs oder irgendeines Ziels auf eigene Faust.

▶ Unter **Säkularisation** versteht man die Einziehung kirchlicher Güter und deren Nutzung durch weltliche Herrscher bzw. den Staat.

▶ Auseinandersetzungen über die Frage, ob man bildliche Darstellungen Gottes oder der Heiligen verehren solle, gab es im Byzantinischen Reich schon im 8. und 9. Jh. Jahrzehntelang war dort die **Verehrung** von **Bildern** mit der Begründung verboten worden, dies sei **Götzendienst**. 787 wurde auf dem 2. Konzil von Nizäa die **Bilderverehrung** offiziell erlaubt.

bei den landwirtschaftlichen Produkten und der im 16. Jh. einsetzenden Inflation. Schwerer noch wog der Verlust ihrer **sozialen Funktion**.
Die karolingischen Könige hatten sich, neben ihren Fußsoldaten, ein Heer aus berittenen Berufskriegern (Ritter) geschaffen. Aufgrund der Entwicklung neuer Waffen (Kanonen, Gewehre) und der Entstehung der Landsknechtsheere wurden die Ritterkrieger nicht mehr benötigt. Sie verloren damit an politischer Bedeutung.

Die sickingsche Fehde

Der von der Ebernburg bei Bad Münster am Stein (Rheinland-Pfalz) stammende Ritter FRANZ VON SICKINGEN (1481–1523) hatte sich durch Raubzüge und Plünderungen großen Stils ein ansehnliches Vermögen und eine beträchtliche Machtstellung verschafft. Durch ULRICH VON HUTTEN hatte er von LUTHERS Kirchenkritik erfahren. Er wandte sich der neuen Glaubensrichtung zu. FRANZ VON SICKINGEN wollte nicht nur als Verfasser kirchenkritischer Schriften, sondern auch durch einen Kriegszug der neuen Lehre zum Sieg verhelfen.

Als Hauptmann der „Ritterschaftlichen Vereinigung" von Landau (Pfalz) belagerte er im August 1522 acht Tage lang vergeblich die Stadt Trier, um den Erzbischof und Kurfürsten RICHARD VON GREIFFENKLAU zu stürzen und die dortigen kirchlichen Gebiete und Besitztümer zu säkularisieren. In der Festung **Landstuhl** (westlich von Kaiserslautern) musste er am 7. Mai 1523 kapitulieren. Er starb am selben Tag an seinen Verwundungen. Andere kleinere Aktionen von Rittern waren ebenfalls erfolglos.

> Die **Ritter** traten fortan nicht mehr als politische Kraft in Erscheinung. Auch ging das **Fehdewesen** erheblich zurück.

7.3.2 Der Bauernkrieg

Religiöse Neuerungen in Wittenberg

Als LUTHER noch auf der Wartburg festsaß, kam es in Wittenberg zu religiösen Neuerungen, bei denen die Professoren MELANCHTHON und KARLSTADT eine führende Rolle spielten. Es kam u. a. zu Bilderstürmereien. LUTHER kehrte im März 1522 von der Wartburg nach Wittenberg zurück. Durch acht eindrucksvolle **Fastenpredigten** beruhigte er die Gemüter weitgehend.

Zur Lage der Bauern

Schon im 15. Jh. gab es im süddeutschen Raum Unruhen und Aufstände unter den Bauern, die jedoch unorganisiert waren und unterschiedliche, örtlich bedingte Anlässe hatten. Der **deutsche Bauernkrieg** der Jahre 1524 bis 1526 hatte andere Dimensionen. Er spielte sich hauptsächlich in **drei Regionen** ab: in **Franken**, in **Südwestdeutschland** und in **Thüringen**.

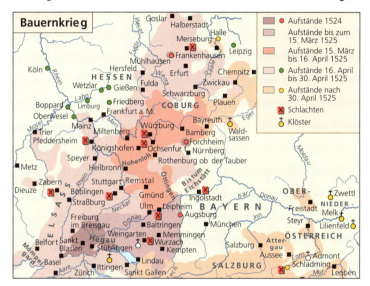

▶ **Allmende** war Grund und Boden (Weiden, Wald oder Ödland), den alle Dorfbewohner gemeinschaftlich und unentgeltlich nutzen konnten.

Die **Beschwerden** der Bauern beinhalteten in den Grundzügen: Sie fühlten sich finanziell in steigendem Maße belastet und in ihren Rechten immer mehr beschnitten. Frondienste, Abgaben und Steuern wurden erhöht, die Nutzung der Allmende wurde eingeschränkt, Jagd und Fischerei waren ihnen verboten.

> Die Bauern sprachen hier vom **„alten Recht"**. Neu hinzu kam die Argumentation mit dem **„göttlichen Recht"**, d. h. die Begründung von Forderungen mithilfe der Bibel. In LUTHERS Schriften war der Bauernstand gegenüber dem mittelalterlichen Bild aufgewertet worden.

Die „Zwölf Artikel"

Eine Schrift, die **„Zwölf Artikel"**, verfasst von dem bibelkundigen Kürschnergesellen **SEBASTIAN LOTZER**, wurde zum bestimmenden Dokument bäuerlicher Beschwerden.

> Eine **Revolutionsschrift** nach unserem heutigen Verständnis war das nicht, denn die Bauern verlangten nicht die Absetzung ihrer Obrigkeiten, d. h. einen Umsturz der gesamten politischen Verhältnisse.

eines der Blätter aus den „Zwölf Artikeln"

▶ In Anlehnung an ein lutherisches Argument auf dem Reichstag zu Worms wollten die Bauern von ihren Forderungen nur dann abrücken, wenn diese dem Wort der Bibel entgegenstünden.

12 Artikel der Bauern (1525)
1. Wahl der Pfarrer
2. Kornzehnte für die Gemeinde
3. Aufhebung der Leibeigenschaft
4. Freie Jagd und freier Fischfang
5. Freier Holzeinschlag
6. Dienstleistungen in erträglichem Maß
7. Alle weiteren Leistungen gegen Bezahlung
8. Zinsen, Steuern, Abgaben nach Ertragslage
9. Recht nach altem Brauch
10. Rückgabe von Gemeindeland
11. Keine Abgaben im Todesfall
12. Bei Nachweis von Widerspruch mit der Bibel – Verzicht

Memmingen 1525

Der Verlauf des Bauernkrieges

▶ Als **Bundschuh**, eigentlich der über dem Fuß mit einem Riemen zusammengebundene Schuh der Bauern, bezeichnete man bald die aufständischen Bauernhaufen.

Der **Bauernkrieg** hatte in den Jahrzehnten vor seinem Ausbruch zwei Vorläufer: Den **„Bundschuh"** und den **„Armen Konrad".** Im **Juni 1524** kam es zunächst im Schwarzwald zu Demonstrationen von Bauern, die sich bald in das Gebiet nördlich des Bodensees ausbreiteten. Mit der Verbreitung der „Zwölf Artikel" im Februar 1525 weiteten sich die Unruhen zu kriegerischen Handlungen aus, die sich in den genannten drei Gebieten abspielten (↗ Karte S. 247). Anfang Juni besiegten die Soldaten des Schwäbischen Bundes die teilweise auch untereinander zerstrittenen Bauernscharen. Bei den Aufständen im **Südwesten** (Schwarzwald, Württemberg, Breisgau, Elsass) gab es große Verwüstungen. In **Thüringen,** einschließlich der nordost- und osthessischen Randgebiete, waren die Bauern zunächst erfolgreicher. Viele Adelige und Städte wurden zum Mitmachen gezwungen.
Schließlich gelang es aber auch hier unter dem Kommando von Landgraf PHILIPP VON HESSEN und dem Herzog GEORG VON SACHSEN, die Bauern unter der Führung von THOMAS MÜNTZER Mitte Mai 1525 bei Frankenhausen zu schlagen.

THOMAS MÜNTZER in Franckenhausen

Ausgelöst durch eine allgemeine Unzufriedenheit, aber auch durch das harte Vorgehen gegen die Anhänger von LUTHERS neuer Lehre kam es ab dem Monat Mai 1525 zu **Aufständen in Tirol** und im Salzburger Land. Der Tiroler Bauernführer MICHAEL GAISMAIR verfasste Anfang 1526 eine utopisch anmutende Schrift, in der er die Errichtung einer christlich und demokratisch regierten **Bauernrepublik** verlangte. Auch hier siegten die Landesherren, unterstützt von Truppen des Schwäbischen Bundes.
In den meisten Gebieten führte die siegreiche Obrigkeit ein furchtbares Strafgericht durch, wobei Tausende von Bauern hingerichtet wurden.

▶ Die militärischen Sieger des Krieges waren die Landesherren, deren Truppen besser bewaffnet und disziplinierter waren. Die Bauern fügten sich in ihr Schicksal, das sich erst 1810 durch die Reformen des FREIHERRN VOM STEIN ändern sollte.

Ursachen und Folgen des Scheiterns

Die Forderungen der Bauern wurden in vielen Städten mit Sympathie betrachtet. Zudem stellte sich den Bauern eine Reihe von schillernden Heerführern zur Verfügung. In **Franken** war es der Reichsritter **FLORIAN GEYER,** der 1519 aufseiten des Schwäbischen Bundes kämpfte, in den Jahren danach dem Deutschen Orden diente und sich 1525 aus religiöser Überzeugung den Bauern anschloss.
Ein Drama GOETHES hat den Reichsritter **GÖTZ VON BERLICHINGEN** für die Nachwelt verewigt. Er stand in den Diensten verschiedener Herren, beteiligte sich an zahlreichen Fehden und betätigte sich gelegentlich sogar als Raubritter. Für die Sache der Bauern focht er, mehr oder weniger gezwungen und, anders als FLORIAN GEYER, ohne innere Überzeugung. In den 40er-Jahren des 16. Jh. war er sogar wieder an kaiserlichen Feldzügen beteiligt.

> Was der Bewegung der Bauern fehlte, war eine **gemeinsame Führung,** ein **einheitliches Vorgehen,** Ausdauer bei ihren Unternehmungen und ein von allen vertretenes **gesamtpolitisches Ziel.**

GÖTZ VON BERLICHINGEN (1480–1562)

7.3.3 Müntzer, Luther und die Wiedertäufer

Müntzers Theologie

Der Theologe THOMAS MÜNTZER war zunächst ein Anhänger LUTHERS. Nach 1520 wurde er radikaler und versuchte schließlich auch mit Waffengewalt, eine **christliche Demokratie** zu errichten.
Im März 1525 errichtete er in **Mühlhausen** sein Gottesreich auf Erden. Er rief die Bauern zur Teilnahme am Aufstand auf und stellte sich an die Spitze eines Bauernheeres, das im Mai 1525 bei **Frankenhausen** vernichtend geschlagen wurde. MÜNTZER endete unter dem Schwert.
MÜNTZER forderte eine neue Form des Zusammenlebens und die Verwirklichung des **Reiches Gottes auf Erden** durch den Menschen. Seine Anhänger sollten ein einfaches Leben bei völliger Gleichheit und gemeinsamem Besitz führen.
Er verband die Lehren der Bibel mit sozialrevolutionären Forderungen. In seiner bekannten „Fürstenpredigt" am 13. Juli 1524 auf dem Schloss zu Allstedt forderte MÜNTZER die Obrigkeit auf, die Pflicht zur politischen Verantwortung für das Gemeinwohl zu übernehmen.

THOMAS MÜNTZER (1490–1525)

7 Von der Reformation bis zum Absolutismus

Luthers Gegenposition: „Zwei Reiche"

LUTHER vertrat die These von den zwei Reichen auf Erden: **Das Reich der Welt,** des Schwertes, sollte die Bösen niederhalten und für Frieden und Ordnung sorgen. Das **Reich Gottes** war das der in Liebe und Gewaltlosigkeit verbundenen Christen. Beide Reiche standen gleichberechtigt nebeneinander. Ungerechtigkeiten seitens einer unchristlichen weltlichen Obrigkeit musste der Christ leidend erdulden; ein **Widerstandsrecht** stand ihm nicht zu. Dementsprechend hatte LUTHER in seiner Schrift „Ermahnung zum Frieden" vom April 1525 (Bild), mit Bezug auf die „Zwölf Artikel", die **Bauernbewegung,** aber auch die Fürsten zur Mäßigung aufgerufen. Die Auseinandersetzungen zwischen den Bauern und der Obrigkeit verschärften sich. In der Schrift „Wider die räuberischen und mörderischen Rotten der Bauern" verurteilte LUTHER den Bauernaufstand.

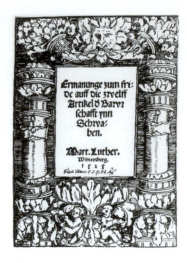

▶ LUTHER stand damit auf der Seite der weltlichen Obrigkeit, denn für eine erfolgreiche Fortsetzung der Reformation benötigte er die Unterstützung der Fürsten.

Das Täufertum

JAN BOCKELSON (JAN VAN LEIDEN, 1509–1536)
Er ernannte sich zum „König von Zion" und errichtete einen prächtigen Hofstaat. Gütergemeinschaft und Vielweiberei waren Kennzeichen einer mit brutaler Gewalt durchgesetzten neuen Gesellschaftsordnung. Ein grausames Schicksal erfuhren 1536 die **Wiedertäufer in Münster.**

> Die **Täufer** entwickelten sich als **Nebenbewegung** der **Reformation.** Sie waren der Überzeugung, dass der Mensch erst im Erwachsenenalter getauft werden sollte. Sie nannten sich ‚Wiedertäufer', weil die als Säuglinge Getauften später noch einmal getauft wurden.

Zentren der **Täuferbewegung** waren die Schweiz, der süd-/südwestdeutsche Raum sowie die Niederlande und Teile Nordwestdeutschlands. In den anderen deutschen Gebieten gab es vereinzelt Formen dieser Bewegung. Ein bedeutender Vertreter war JAN BOCKELSON in Münster.

Ursachen und Erscheinungsformen

Als allgemeine **Ursache** galten Protest und Widerstand
– gegen die fortschreitende Institutionalisierung der neuen Glaubensrichtung und gegen die Institutionen der alten Kirche,
– gegen die nach wie vor verweltlichten Obrigkeiten und
– vor allem auch wegen des Ausbleibens sozialer Reformen.

Gemeinsamkeiten mit dem **Protestantismus:**
– Der Glaube an das bevorstehende Ende der Welt, das **Jüngste Gericht.**
– Eine strikte Orientierung am **Wortlaut** der **Bibel.** Hier wurde besonders die **Bergpredigt** hervorgehoben. Vorbild waren dabei die Urgemeinden des Christentums.

7.4 Die Folgen der Reformation

7.4.1 Landesfürstliche Kirchenpolitik

Landesfürstliche Reformen

> Zwischen den Jahren 1524 und 1526 hatten etliche Landesherren in ihren Territorien offen die **reformatorischen Lehren** eingeführt. Dies geschah in **Hessen, Sachsen, Braunschweig-Lüneburg** und **Mecklenburg,** aber auch in **Reichsstädten** wie Nürnberg, Straßburg, Magdeburg und Memmingen.

PHILIPP I. VON HESSEN – der Großmütige – (1504–1567) 1527 gründete Landgraf PHILIPP VON HESSEN in Marburg (Hessen) die erste evangelische Universität neben Wittenberg. Eine weitere evangelische Universität wurde dann 1557 in Jena gegründet.

Außenpolitische Ereignisse kamen den Landesherren dabei zu Hilfe: **Im Mai 1525** hatte sich der französische König FRANZ I. mit dem Papst gegen KARL V. verbündet (Liga von Cognac).
1526 besiegten die vordringenden **Türken** in der **Schlacht von Mohác** König LUDWIG II. von Böhmen und Ungarn, der dabei umkam. Sie eroberten Buda und Pest und bedrohten die Ostgrenze des Reiches. Durch den Tod LUDWIGS II. fiel dessen Erbe an das Haus Habsburg.
Während des **(ersten) Reichstags zu Speyer (1526)** war Kaiser KARL V. wegen des Krieges gegen den französischen König und dessen Verbündete nicht anwesend. Sein Bruder FERDINAND, der KARL in den deutschen Kernlanden vertrat, war auf dem Reichstag. Die Stände beschlossen eine Abschlusserklärung, einen sogenannten **Reichsabschied:**
Bis zu einem künftigen **Konzil** – das erst 1545 in **Trient** zusammentrat – sollten sich die Fürsten in der Religionsfrage so verhalten, wie sie es Gott und dem Kaiser gegenüber verantworten konnten. Dies bedeutete die (vorübergehende) **Duldung** der neuen Glaubensrichtung.

▶ In der **„Liga von Cognac"** hatten sich Frankreich, England, Mailand, Venedig, Florenz, Genua sowie der Papst zusammengeschlossen.

Das landesherrliche „Kirchenregiment"

Mit der Verfestigung der reformatorischen Lehren ergab sich auch die Notwendigkeit, eine eigene **Kirchenverwaltung** aufzubauen.
Zwischen 1526 und 1528 gingen Reformatoren und Mitglieder der Verwaltung im Kurfürstentum Sachsen daran, die neue Lehre, den Gottesdienst, das Schulwesen und das kirchliche Vermögen neu und einheitlich zu gestalten. LUTHERS Mess- und Predigtbücher bildeten die Grundlage für die Messe. Die Pfarreien und Schulen wurden durch **Visitationskommissionen** überprüft. Den teilweise beträchtlichen Kirchenbesitz hätte LUTHER gern zur Besoldung von Pfarrern und Lehrern verwendet. In vielen Fällen beschlagnahmten hingegen Fürsten und Städte dieses Vermögen und behielten es.
Etwa zehn Jahre später wurde eine aus rechtskundigen fürstlichen Räten und theologischen Beratern bestehende Zentralbehörde für alle Angelegenheiten der Kirche, das **Konsistorium**, eingerichtet.

▶ Unter landesherrlichem **Kirchenregiment** versteht man die Organisation und Aufsicht über die äußeren Belange der Kirche durch die weltliche Obrigkeit (Landesherrn oder Reichsstädte).

7.4.2 Der Kampf zwischen den protestantischen Ständen und dem Reich

Der zweite Reichstag zu Speyer

> Bei Androhung der **Reichsacht** wurde verboten, andere mit Gewalt zum neuen Glauben zu zwingen. Dort, wo sie abgeschafft worden war, sollte die katholische Messe wieder erlaubt werden. Die katholischen Stände billigten dies.

1529 fand ein weiterer Reichstag in Speyer statt. FERDINAND, der wie schon zuvor seinen Bruder KARL vertrat, forderte die **Aufhebung des Reichsabschieds** von 1526, wodurch das **Wormser Edikt** wieder in Kraft gesetzt werden sollte. Dagegen protestierten die evangelischen Reichsfürsten und 14 Reichsstädte in einer „protestatio". Die Vertreter der neuen Glaubensrichtung wurden daraufhin **Protestanten** genannt. Der Ausgang dieses Reichstags von 1529 verfestigte die Spaltung zwischen den beiden konfessionellen Gruppen im Reich.

Dom zu Speyer

Der Reichstag zu Augsburg

> LUTHER befürchtete seine Festnahme, falls er in das katholische Augsburg ginge. Daher verfolgte er die Vorgänge in Augsburg aus sicherer Entfernung von der zu Meißen (Sachsen) gehörenden **Veste Coburg** aus.

> **Rechtfertigungslehre:** Zentralbegriff der reformatorischen Theologie. Die Tilgung von Sünden ist nicht notwendig, wichtig allein ist der Glaube und die sich daraus ergebende Gnade Jesu (↗ S. 236).

MELANCHTHON verliest vor KARL V. die Confessio Augustana.

Nach dem Friedensschluss mit dem Papst und der Abwehr der **Türken** kehrte KARL V. 1530 ins (deutsche) Kernland des Reiches zurück. Er berief sofort einen Reichstag nach Augsburg ein, um die Religionsfrage friedlich beizulegen.
Hinsichtlich der **Rechtfertigungslehre** und des Priesteramtes wurden aber auch die Unterschiede zu den Altgläubigen dargelegt.
Die katholische Seite antwortete mit einer Gegenerklärung, der **„Confutatio"** (lat.: Widerlegung). Am Ende der Verhandlungen wurde in einem Reichsabschied die Confessio Augustana (↗ S. 244) für widerlegt erklärt. Das **Wormser Edikt** war weiterhin in Kraft, Widerstand bedeutete Landfriedensbruch. Die Kluft zwischen den Religionsparteien hatte sich weiter vertieft.

Der Schmalkaldische Bund

Ende des Jahres 1530 verhandelten evangelische Fürsten und die Vertreter von mehreren Städten unter Führung des hessischen Landgrafen PHILIPP I. und des sächsischen Kurfürsten JOHANN FRIEDRICH I. über ein **Verteidigungsbündnis**.
Am **27. Februar 1531** schlossen die evangelischen Fürsten in dem thüringischen Städtchen Schmalkalden den **Schmalkaldischen Bund**.

Festsaal im Schloss Wilhelmsburg Schmalkalden

7.4 Die Folgen der Reformation

LUTHER hatte ein **Widerstandsrecht** gegen die weltliche Obrigkeit bisher abgelehnt. Er ließ sich jetzt jedoch davon überzeugen, dass um des Glaubens willen die Evangelischen vor ihren Landesherren auch mit militärischen Mitteln geschützt werden müssten.
Inzwischen marschierten die **Türken** wieder auf Wien zu. In dieser Situation brauchte der Kaiser die Hilfe der protestantischen Reichsstände. Er erkaufte sich diese auf einem **1532** in Nürnberg abgehaltenen **Reichstag,** indem er die **freie Religionsausübung** zugestand **(Nürnberger Religionsfriede).** Der **Protestantismus** konnte sich unter dem Schutz des Schmalkaldischen Bundes ausbreiten. Bisher noch katholische norddeutsche Gebiete sowie Dänemark und Skandinavien schlossen sich der neuen Glaubensrichtung an.

> 1535 eroberte KARL V. Tunis. 1536–1538 kam es zum 3. Krieg gegen den französischen König FRANZ I., der sich mit den Türken verbündet hatte. 1542–1544 fand dann der 4. Krieg zwischen diesen beiden Herrschern statt, wobei es wiederum um den Einfluss in Norditalien ging.

Der Schmalkaldische Krieg

Nach der Beendigung des Krieges gegen FRANZ I. (Friede von Crépy, 18. September 1544) konnte der Kaiser wieder sein lang gehegtes Ziel verfolgen, die Wiederherstellung der alten **Glaubenseinheit.** Inzwischen war auch das in mehreren Sitzungsperioden tagende **Konzil von Trient (1545 bis 1563)** zusammengetreten, an dem die Protestanten jedoch nicht teilnahmen.
KARL sicherte sich militärisch und diplomatisch ab. Der Papst stellte ihm zur Bekämpfung der Protestanten 12 500 Soldaten zur Verfügung.
Es kämpften jetzt Katholiken gegen Protestanten. Obwohl dem **Schmalkaldischen Bund** über 50 000 Mann zur Verfügung standen, gelang es dem Kaiser, die Truppen des sächsischen Kurfürsten JOHANN FRIEDRICH I. in der **Schlacht bei Mühlberg** an der Elbe zu besiegen (24. April 1547). Der Kurfürst, wie kurz darauf auch Landgraf PHILIPP I. von Hessen, wurde gefangen genommen und musste eine mehrjährige Haftstrafe verbüßen. Auf einem für den Herbst des Jahres einberufenen Reichstag nach Augsburg, dem sogenannten **„Geharnischten Reichstag",** konnte der Kaiser seine Machtstellung nicht festigen.

> Offiziell war es kein Religionskrieg, sondern eine Strafaktion gegen Hessen und Kursachsen, weil diese 1542 den Herzog HEINRICH VON BRAUNSCHWEIG vertrieben und in dessen Gebiet die neue Lehre eingeführt hatten.

> Nach zähen Verhandlungen erließ der Kaiser am 30. Juni 1548 ein Reichsgesetz, das **Augsburger Interim.** Diese vorläufige Regelung sollte die katholischen Positionen wieder herstellen.

> Schon am 18. Februar 1546 war LUTHER in seiner Geburtsstadt Eisleben gestorben. Ein Jahr später, am 31. März 1547 verstarb auch KARLS großer Widersacher, der französische König FRANZ I.

Doch die teilweise mit Gewalt betriebene Durchsetzung der Bestimmungen scheiterte in vielen Gegenden am Widerstand von Fürsten und Städten (vor allem in Magdeburg), aber auch der Bevölkerung.

7.4.3 Der Augsburger Religionsfrieden (1555)

Des Kaisers Stern sinkt

Der allmähliche Niedergang der kaiserlichen Macht zeichnete sich zunächst an der Verschlechterung des Verhältnisses zu **Papst PAUL III.** ab:
– Im Januar 1547 zog der Papst vertragsgemäß seine Hilfstruppen aus Deutschland ab. KARL fühlte sich im Stich gelassen.

- Im März 1547 verlegte der Papst das Konzil aus dem zum Haus Habsburg gehörenden Trient nach Bologna, das auf dem Gebiet des Kirchenstaates lag. Das bedeutete eine Minderung des kaiserlichen Einflusses auf die Beratungen des Konzils.
- Im Oktober 1547 wurde der Sohn des Papstes, PIER LUIGI FARNESE, Herzog von Parma und Piacenza, von rebellischen Adeligen ermordet. Der Papst vermutete den Kaiser hinter diesem Anschlag.

▶ Nach KARLS Abdankung oder Tod sollte sein Bruder FERDINAND Kaiser werden, danach KARLS Sohn PHILIPP, nach diesem FERDINANDS ältester Sohn MAXIMILIAN.

In Augsburg wurden im März 1551 geheime Familienverträge abgeschlossen, die in einem ausgeklügelten System die **Nachfolgeregelung** im Kaiserhaus beinhalteten.

Die Kaiserwürde sollte abwechselnd bei der **österreichischen Linie** (Kernland des Heiligen Römischen Reiches) und bei der **spanischen Linie** (Spanien, die habsburgischen Lande in Italien, Burgund, die Niederlande und die Kolonien in Südamerika) liegen.

Diese Regelung widersprach den Ansprüchen der **Wiener Habsburger** (FERDINAND und MAXIMILIAN), denn die spanische Linie würde zu viel Gewicht erhalten. Auch die Kurfürsten fürchteten um ihre Machtstellung, da ihnen im Falle einer festgelegten Thronfolge das Recht der **Kaiserwahl** genommen wurde.

▶ Schon 1338 fürchteten die sieben Kurfürsten um ihr Recht der Königswahl. Im „Kurverein von Rhens" erklärten sie, dass der von ihnen gewählte König nicht der Zustimmung des Papstes bedürfe. 1356 wurde in der **„Goldenen Bulle"** – einem „Grundgesetz" des alten Reiches – dieses Recht bestätigt und festgelegt.

Die Fürstenrevolution

Angesichts der übermächtig erscheinenden Stellung des Kaisers schlossen sich die Fürsten zusammen, wobei religiöse Gegensätze keine Rolle mehr spielten. Führer dieser Opposition wurde der junge Kurfürst **MORITZ VON SACHSEN**.

Nach einer Übereinkunft mit deutschen Fürsten (Mai 1551) und einem Vertrag mit dem französischen König (Oktober 1551 und März 1552) eroberte ein Heer der Fürsten im Mai 1552 unter MORITZ VON SACHSEN (Bild) die kaiserliche Residenz in Innsbruck. Der Kaiser flüchtete nach Villach (Kärnten). Gleichzeitig besetzte der französische König die Reichsstädte **Metz, Toul** und **Verdun**. KARL konnte in dem bis 1556 dauernden Krieg gegen Frankreich diese Städte nicht zurückerobern.

KARL V. regelte 1556 seine **Nachfolge,** indem sein Bruder FERDINAND deutscher Kaiser wurde. Am 21. September 1558 starb KARL V. in seinem Landhaus bei dem Kloster San Jéronimo de Yuste in Spanien.

MORITZ VON SACHSEN (1521–1553)

> Die aus dem Mittelalter stammende Idee eines christlichen Universalreiches **(„Monarchia Universalis")** hatte Karl V. nicht verwirklichen können. Durch den jahrzehntelangen Kampf um die Vorherrschaft zerbrach auch die Idee einer politischen Einheit Europas.

Der Reichstag in Augsburg 1555

Die Regelung der Auseinandersetzung mit den deutschen Fürsten hatte KARL V. seinem Bruder FERDINAND überlassen. Auf dem Reichstag in Augsburg im Sommer 1555 kam es nach langwierigen Verhandlungen zwischen König FERDINAND und den Reichsständen zu einem Abschluss.

7.4 Die Folgen der Reformation

> Das Nebeneinander der katholischen und der evangelischen Religion wurde bestätigt. Der Landesherr bestimmte die Religion seiner Untertanen. Die später hierzu geprägte lateinische Formel lautete: **cuius regio eius religio** (in der wörtlichen Übersetzung: „wessen das Land, dessen (ist) die Religion").

Die **Protestanten** wurden den **Katholiken** damit rechtlich gleichgestellt. Ausgeschlossen hiervon waren andere religiöse Richtungen, vor allem die Calvinisten und die Täufer. Anstelle des Kaisers bestimmte nun der Landesherr, woran seine Untertanen glauben sollten.

▶ Um den katholischen Besitzstand zu sichern, hatte man sich auf den **„geistlichen Vorbehalt"** geeinigt: Wollte beispielsweise ein katholischer Fürstbischof zum evangelischen Glauben konvertieren, musste er auf seine Herrschaftsrechte verzichten.

Wer sich trotzdem auf sein Gewissen berief, wie dies LUTHER einst getan hatte, und nicht der Glaubensrichtung angehören wollte, die vorgeschrieben wurde, durfte auswandern.

7.4.4 Katholische Reform und Gegenreformation

Der Begriff **„Gegenreformation"** ist hinsichtlich seines zeitlichen Rahmens unter Historikern umstritten. Im weitesten Sinne umfasst er die Zeit zwischen dem Augsburger Religionsfrieden (1555) und dem Ende des Dreißigjährigen Krieges (1648).

7 Von der Reformation bis zum Absolutismus

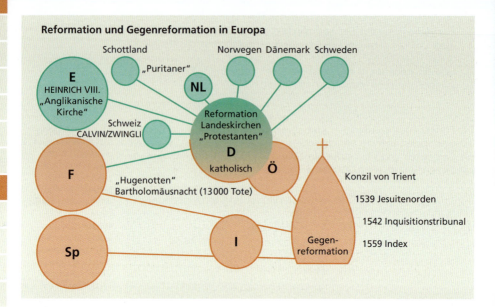

Reformation und Gegenreformation in Europa

- Schottland
- „Puritaner"
- Norwegen, Dänemark, Schweden
- E – HEINRICH VIII. „Anglikanische Kirche"
- NL
- Schweiz – CALVIN/ZWINGLI
- Reformation Landeskirchen „Protestanten"
- D
- Ö katholisch
- F – „Hugenotten" Bartholomäusnacht (13 000 Tote)
- Sp
- I
- Gegenreformation
- Konzil von Trient
- 1539 Jesuitenorden
- 1542 Inquisitionstribunal
- 1559 Index

▶ **Neuerungen** waren: Die Gestaltung des Gottesdienstes, eine Reform der Orden, die Einrichtung von Priesterseminaren und die Anwesenheitspflicht von Bischöfen und Priestern in ihren Bistümern und Gemeinden. Dem Papst mussten alle Beschlüsse des Konzils zur Genehmigung vorgelegt werden.

Unter „**Katholischer Reform**" versteht man die Bemühungen, die katholische Kirche von innen heraus zu erneuern. Als „**Gegenreformation**" bezeichnet man häufig die Versuche, in verlorengegangenen Gebieten den katholischen Glauben mit neuen Methoden und auch mit Waffengewalt durchzusetzen.

Erst **Papst PAUL III.** (1534–1549) strebte eine Reform der katholischen Kirche an und berief schließlich das **Konzil 1545 nach Trient** ein. Die evangelischen Fürsten erschienen jedoch nicht, da sie ein „päpstliches" Konzil ablehnten.

Das Konzil setzte sich ausführlich mit der Lehre LUTHERS auseinander, und zwar mit den **Glaubensinhalten** und kirchlichen Praktiken, die LUTHER abgelehnt hatte. Zudem gab es eine Reihe **Neuerungen,** die die kirchliche Praxis betrafen.

Das Konzil von Trient

▶ Dieses Konzil, auch **Tridentinum** genannt, tagte in drei Perioden: 1545–1547, 1551–1552 und 1562–1563.

Das **Konzil zu Trient** hatte zu einer **Erneuerung** der (katholischen) Kirche beigetragen. Es schuf die Grundlagen für den **Katholizismus** der **Neuzeit**. Gleichzeitig war aber auch die **kirchliche Einheit Europas zerbrochen**. Weder die Teilnehmer des Konzils noch die evangelische Seite waren zu einer Änderung der wesentlichen Inhalte ihres Glaubens bereit.

7.4 Die Folgen der Reformation

Gewaltsame Maßnahmen der Rekatholisierung

1542 setzte Papst PAUL III. im Rahmen der Inquisition als oberste Instanz für alle Glaubensfragen eine aus sechs Kardinälen bestehende Behörde ein. Diese verfolgte unerbittlich alle, die von der offiziellen katholischen Lehre abwichen.
Nach dem Ende des Konzils von Trient wurde ein Verzeichnis verbotener Bücher erstellt, der **Index librorum prohibitorum**. Bücher, die der kirchlichen Lehrmeinung zuwider liefen, wurden in diesen Index aufgenommen. Ohne Erlaubnis durfte solch ein Buch weder verkauft noch gelesen oder aufbewahrt werden. Erst 1967 wurde das Bücherverbot außer Kraft gesetzt. **Glaubensverbote** oder **Vertreibungen** erfolgten nach der „Cuius regio eius religio" – Regelung von 1555 (vgl. Kap. 7.4.3) hauptsächlich in Gebieten, die rekatholisiert werden sollten.

Ignatius von Loyola und die Gesellschaft Jesu

Im Rahmen der katholischen Glaubenserneuerung, die von Italien und Spanien ausging, wurden **neue Orden** gegründet. Einige der bekanntesten waren
– die Theatiner, gegr. 1524 (Priesterausbildung),
– der Ursulinenorden, gegr. 1535 (Mädchenerziehung),
– die Barmherzigen Brüder, gegr. 1571 (Krankenpflege),
– die Vinzentinerinnen, gegr. 1633 (Krankenpflege und karitative Tätigkeit).

1540 gründete **IGNATIUS VON LOYOLA** den **Jesuitenorden** (lat.: societas Jesu, Abk. SJ). Dieser sehr einflussreiche Orden war im 16. und 17. Jh. die wichtigste Stütze der katholischen Reform in Europa.
Seine Hauptaufgabe sah der Orden in der Verbreitung und Festigung des katholischen Glaubens durch Predigen und schulischen Unterricht. Die missionarische Tätigkeit erstreckte sich bis nach China.
In einer Reihe von Ländern wurden die Jesuiten ausgewiesen oder der Orden **zeitweise verboten**. Weltweit hat der Jesuitenorden heute etwa 21 000 Mitglieder. In Deutschland unterhält er mehrere Gymnasien und in Frankfurt die Philosophisch-Theologische Hochschule Sankt Georgen.

IGNATIUS VON LOYOLA (1491–1556)
Ignatius hatte vergeblich versucht, einen weiblichen Orden einzurichten. 1609 gründete MARIA WARD in Saint-Omer (Nordfrankreich) einen weiblichen Parallelorden zum Jesuitenorden.

▶ Positionen
ZWINGLIS:
– Abschaffung der kirchlichen Hierarchie und der meisten kirchlichen Feiertage
– Feier des Abendmahls als Gedächtnismahl unter zweierlei Gestalten
– Abschaffung von Bildern, Prozessionen, Gemeindegesang und Orgelspiel
– Ablehnung von Firmung und letzter Ölung als Sakramente
– Auflösung der Klöster

7.4.5 Glaubensspaltung und Glaubenskämpfe in Westeuropa

Die Reformation in der Schweiz

In der Schweiz vollzog sich die Reformation in zwei Etappen. Zunächst führte **ULRICH ZWINGLI** (1484–1531) die Reformation in Zürich ein. Fünf Jahre nach seinem Tod begann CALVIN, unabhängig von ZWINGLI, in Genf sein einflussreiches reformatorisches Wirken.
ZWINGLI war anfangs von ERASMUS VON ROTTERDAM und dessen Vorstellung von einem auf Vernunft und Moral begründeten Christentum beeinflusst.

▸ Im Oktober 1529 trafen sich LUTHER und ZWINGLI in Marburg zu einem Religionsgespräch, um theologische Meinungsverschiedenheiten auszuräumen. Dies gelang weitgehend, mit Ausnahme der Abendmahlsfrage.

Darüber hinaus beschäftigten ihn aber auch politische und religiöse Fragen. Von 1519 bis zu seinem Tode 1531 wirkte ZWINGLI als Leutpriester am Großmünster in **Zürich**.

Bei einer Reihe von Gemeinsamkeiten gab es auch wesentliche **Unterschiede zu LUTHER** (7.3.3) und seiner Glaubensauffassung. Diese betrafen den aktiven **Widerstand** gegen die Obrigkeit und den Inhalt des **Abendmahls**.

Auf dem **Marburger Religionsgespräch** vom Oktober 1529 wurden die Unterschiede sichtbar. Als ZWINGLI versuchte, den neuen Glauben auch auf die anderen Teile der Schweiz auszubreiten, kam es zu kriegerischen Auseinandersetzungen zwischen Zürich und den katholisch gebliebenen schweizer Kantonen. Letztere siegten 1531 bei **Kappel**.

▸ Hinsichtlich der wirklichen Anwesenheit Christi in der Form der Hostie beim Abendmahl glaubte ZWINGLI: „Dies bedeutet mein Leib.", während LUTHER der Überzeugung war: „Dies ist mein Leib."

Zehn Jahre später unternahm die Reformation unter JOHANNES CALVIN – eigentlich JEAN CAUVIN – einen zweiten Anlauf.

JOHANNES CALVIN war nach LUTHER der bedeutendste Reformator dieser Epoche. Seine Lehre verbreitete sich in west- und auch in osteuropäischen Ländern: in Frankreich, den Niederlanden und Schottland, in Polen und Ungarn.

Die Unterschiede zu LUTHER lagen in der Auffassung von der Gegenwart Christi beim Abendmahl, im Verhältnis zur weltlichen Obrigkeit (es gab ein Widerstandsrecht) und in der Absicht, wie die ewige Seligkeit erlangt werden könne.

1541 wurde eine von CALVIN aufgesetzte Kirchenordnung in Genf beschlossen, die das gesamte öffentliche Leben bestimmen sollte. Hierbei war die Kirche dem Staat übergeordnet.

Nach CALVINS **Prädestinationslehre** stand von vornherein fest, wer zum ewigen Leben und wer zur ewigen Verdammnis bestimmt war. Man glaubte, das an einem sittenstrengen und arbeitsamen Leben erkennen zu können. Besitz und Reichtum waren somit erwünscht, dies sollte aber nicht nach außen hin zur Schau gestellt werden.

JOHANNES CALVIN
(1509–1564)
Der **Kalvinismus**, beeinflusste in bemerkenswerter Weise die wirtschaftliche Entwicklung in Europa wie auch in Nordamerika.

▸ Die Katholiken wurden von Spanien (König PHILIPP II.) unterstützt, die Hugenotten suchten Hilfe in England (Königin ELISABETH I.) und bei protestantischen deutschen Fürsten.

Frankreich und die Hugenotten

Der kalvinistische Glaube breitete sich nach 1540, von der Schweiz kommend, im Süden und Westen Frankreichs aus. Die französischen Anhänger CALVINS wurden **Hugenotten** genannt. 1559 beschlossen die Hugenotten auf ihrer ersten, geheim abgehaltenen Generalsynode in Paris ein gemeinsames Glaubensbekenntnis (Confessio Gallicana).

Die religiösen Auseinandersetzungen waren verbunden mit einem politischen Machtkampf großer Adelsfamilien.

Mit einem Überfall des Herzogs FRANZ VON GUISE auf eine Versammlung von Hugenotten am 1. März 1562 („Blutbad von Vassy") begannen die bis 1598 andauernden acht **Hugenottenkriege**.

1570 kam es dann mit dem **Edikt von St. Germain** zu einem Friedensschluss. Den Hugenotten wurden Gewissensfreiheit, eine begrenzte Religionsausübung sowie vier Städte zugesichert, die sie auch militärisch besetzen durften.

Nach dem Tode König HEINRICHS II. 1559 versuchte seine Frau **KATHARINA VON MEDICI** zu vermitteln. 1572 heiratete ihre Tochter MARGARETE den Hugenotten **HEINRICH VON NAVARRA**. Mehrere Tausend Hugenotten hatten sich in Paris versammelt. Auf Veranlassung der Königinmutter KATHARINA VON MEDICI kam es zur berüchtigten **Bartholomäusnacht**. HEINRICH IV., der von 1593 bis 1610 regierte, erreichte einen Ausgleich mit den Hugenotten im **Edikt von Nantes** (1598). Darin wurde der Katholizismus zwar als Staatsreligion festgeschrieben, den Hugenotten wurden jedoch weitgehende Rechte zugebilligt.

Unter den beiden Nachfolgern HEINRICHS IV., den Königen **LUDWIG XIII.** (1610–1643) und **LUDWIG XIV.** (1643–1715) (↗ S. 267 ff.), entwickelte sich Frankreich zu einem absolutistischen Staat und wurde auf dem militärischen, wirtschaftlichen und kulturellen Gebiet zur führenden Macht Europas. Dem absolutistischen Machtanspruch des Königs standen die Hugenotten im Wege. LUDWIG XIV. setzte den Katholizismus als einzige Glaubensrichtung in Frankreich durch (↗ S. 269 f.). 1685 wurde der Glaube der Hugenotten im **Edikt von Fontainebleau** verboten.

HEINRICH VON NAVARRA, der spätere **HEINRICH IV.** (1553–1610) In der Nacht des 24. August 1572, der **Bartholomäusnacht**, ließ KATHARINA allein in Paris etwa 3 000 **Hugenotten** ermorden („Pariser Bluthochzeit"). In den Provinzen wurden danach wenigstens weitere 10 000 Glaubensgenossen umgebracht. HEINRICH VON NAVARRA musste seinem Glauben abschwören und überlebte so.

> Von den ursprünglich etwa eine Million **Hugenotten** flohen und emigrierten 200 000–300 000, vornehmlich nach Nordamerika, England, in die Niederlande, die Schweiz und auch nach Deutschland. Aufnahmebereite **deutsche Territorien** (vor allem Brandenburg, aber auch Hessen) profitierten von Einwanderern, die wertvolle **handwerkliche** und **technische Kenntnisse** besaßen.

Der Freiheitskampf der Niederlande

Der Freiheitskampf der Niederländer richtete sich gegen die **spanische Vorherrschaft** und für die **freie Ausübung ihrer Religion**. Den nördlichen, zum Teil kalvinistischen Provinzen ging es um ihre politische Unabhängigkeit. Der spanische König **PHILIPP II.** versuchte ab 1556 das Land stärker zu kontrollieren und den kalvinistischen Glauben zu bekämpfen. Er schickte den **Herzog ALBA** gegen die Aufsässigen. Durch Terrormaßnahmen, Massenverhaftungen und Hinrichtungen sollte der Widerstand gebrochen werden. Dabei wurden auch zwei maßgebliche Führer des Aufstandes, die Grafen **EGMONT** und **HORN**, hingerichtet. Herzog ALBA konnte den Widerstand der Niederländer nicht brechen und wurde 1573 abberufen. Im Januar 1579 schlossen sich die teilweise kalvinistischen nördlichen Provinzen zur **Union von Utrecht** zusammen. Sie wählten WILHELM VON ORANIEN zu ihrem Statthalter. Am 26. Juli 1581 erklärte diese Union ihre Unabhängigkeit von Spanien und gründete 1587 die **Republik der Vereinigten Niederlande**, auch Generalstaaten genannt.

▶ Der anfangs noch auf einen Ausgleich bedachte spanische Statthalter, **WILHELM I. VON ORANIEN**, zog sich in seine Stammlande Nassau-Dillenburg (Hessen) zurück und organisierte von dort aus den Widerstand. WILHELM hatte 1544 das Fürstentum Oranien und größere Besitzungen in den Niederlanden geerbt. Bis heute regiert eine Linie des Hauses Oranien-Nassau in den Niederlanden.

> Auf dem **Wiener Kongress** wurden die südlichen Provinzen 1814/1815 mit den („nördlichen") Niederlanden zum **Königreich der Vereinigten Niederlande** zusammengefasst.

Im August 1830 führte ein Aufstand des südlichen Landesteils zur Selbstständigkeit. Der neue Staat nannte sich **Belgien** und wurde im darauf folgenden Jahr zum Königreich.

7.5 Der Dreißigjährige Krieg 1618–1648

7.5.1 Konfessionelle Gegensätze

Kaiser KARL V. war der letzte deutsche Kaiser, der noch vom Papst gekrönt worden war. Nach seinem Rücktritt 1556 kamen für die darauf folgenden 250 Jahre die Nachfolger aus der österreichischen Linie des Hauses Habsburg.

▶ Die Nachfolger Kaiser KARLS V. bis zum Ende des **Dreißigjährigen Krieges:** FERDINAND I. (1556–1564), MAXIMILIAN II. (1564–1576), RUDOLF II. (1576–1612), MATTHIAS (1612–1619), FERDINAND II. (1619–1637), FERDINAND III. (1637–1657).

Erneute Auseinandersetzungen im Reich und mit den Türken

Der **Augsburger Religionsfrieden** von 1555 hatte die Spaltung der Kirche besiegelt, den Territorien eine weitgehende Unabhängigkeit gebracht und das Kaisertum geschwächt.
Trotzdem gab es im Reich aufgrund der gemeinsamen Vergangenheit, der Sprache und der gesellschaftlichen Gliederung ein gewisses Nationalgefühl. Die **Rekatholisierung** durch die Habsburger führte allmählich wieder zu sichtbaren **Spannungen** zwischen dem **Kaiser** und den auf ihre Selbstständigkeit bedachten **protestantischen Fürsten**. In den Achtzigerjahren des 16. Jh. kam es auch in einzelnen deutschen Städten (Aachen, Magdeburg, Köln, Straßburg) zu teils heftigen religiösen Auseinandersetzungen. Eine ständige Gefahr ging von der Expansionspolitik des **Osmanischen Reiches** aus.
Von 1593 bis 1606 kam es erneut zu einem Krieg zwischen den Türken und dem Reich, das von Spanien und den italienischen Staaten finanzi-

ell, vom Papst sogar mit Truppen unterstützt wurde. 1604–1606 erhoben sich in Siebenbürgen die protestantischen Fürsten unter der Führung von **STEFAN BOCSKAY,** um sich vom Reich unabhängig zu machen. Die Lage war in zweifacher Hinsicht kritisch: BOCSKAY hatte sich mit den Türken verbündet, und der Aufstand drohte sich auf Ungarn auszudehnen. Da sich Kaiser RUDOLF II. weigerte, mit den Rebellen zu verhandeln, erhoben die habsburgischen Erzherzöge RUDOLFS Bruder **MATTHIAS** zum „Chef des Hauses".

▶ Die **Türken** beherrschten Mitte des 16. Jh. neben den Gebieten rund um das östliche Mittelmeer und das Schwarze Meer auch den Balkan bis hinauf zum heutigen Budapest. 1529 hatten sie sogar mehr als zwei Wochen lang Wien belagert.

> MATTHIAS schloss mit den Aufständischen am 23. Juni 1606 den **Wiener Frieden.** STEFAN BOCSKAY wurde als Fürst von Siebenbürgen anerkannt, Ungarn erhielt eine eigene Verfassung. Mit den Türken schloss MATTHIAS einen 20-jährigen **Waffenstillstand.**

Union und Liga

Auf Betreiben der **protestantischen Kurpfalz** hatten sich am 14. Mai 1608 **süddeutsche** und **westdeutsche Fürsten** und Städte zur **Union** (auch: protestantische Union) zusammengeschlossen. Sie wollten sich gemeinsam gegen mögliche katholische oder auch habsburgische Übergriffe schützen. Im Gegenzug schlossen sich am 10. Juli 1609 katholische Fürsten unter bayerischer Führung (MAXIMILIAN VON BAYERN) zur **Liga** zusammen. Österreich wurde wegen des habsburgischen Familienstreits nicht zur Liga zugelassen. 1613 konnte es aber den Zugang erzwingen. Für einen Habsburger Erzherzog wurde sogar auf Kosten MAXIMILIAN ein drittes Direktorium für den Schwäbischen Kreis geschaffen. Bisher war die Liga in ein oberländisches und ein rheinisches Direktorium unter der Führung MAXIMILIANS und des Erzbischofs von Mainz eingeteilt. Auch MAXIMILIANS Amt als Bundesoberst wurde nun aufgehoben. Während sich die protestantische Union 1621 auflöste, war die Liga und ihr Heer unter dem Feldherrn TILLY erfolgreicher. Dieses katholische Bündnis bestand bis 1635.

Auseinandersetzungen in Böhmen: der Prager Fenstersturz

Neben den im Reich vorherrschenden Rivalitäten zwischen katholischen und protestantischen Territorien gab es in Böhmen ein zusätzliches Problem: Während der Landesherr, Kaiser RUDOLF II., der auch in Prag residierte, katholisch war, waren die böhmischen Stände überwiegend evangelisch. Mit dem Ziel, Böhmen ganz für das Reich zu gewinnen und seinen Bruder (den Kaiser RUDOLF) abzusetzen, marschierte MATTHIAS mit einem Heer auf Prag zu. Um seine Krone zu retten, verbündete sich RUDOLF mit den protestantischen Fürsten Böhmens. Im **Böhmischen Majestätsbrief** (1609) gewährte er ihnen **Religionsfreiheit** und das Recht, Kirchen und Schulen zu bauen. Nach dem Tod RUDOLFS (Januar 1612)

▶ Der Fenstersturz („**Defenstrierung**") war damals eine in Böhmen gelegentlich ausgeübte Form der **Volksjustiz.**

wählten die Kurfürsten im Mai 1612 MATTHIAS zum Kaiser. Dieser versuchte in den folgenden Jahren, die im **Majestätsbrief** garantierten Rechte allmählich einzuschränken.

Im Frühjahr 1618 beriefen die Protestanten eine Versammlung nach Prag ein, um ihre Beschwerden vorzutragen. Als Kaiser MATTHIAS die Versammlung verbot, zogen die erzürnten protestantischen Ständevertreter am 23. Mai 1618 auf die Prager Burg und warfen die beiden kaiserlichen Räte, die Grafen **SLAVATA** und **MARTINITZ** aus dem Fenster ihrer Amtsstuben.

▶ Den Dreißigjährigen Krieg kann man in 4 Phasen einteilen: 1618–1623 Böhmisch-Pfälzischer Krieg, 1625–1629 Niedersächsisch-Dänischer Krieg, 1630–1635 Schwedischer Krieg, 1635–1648 Schwedisch-Französischer Krieg.
Schon in der zweiten Phase wurde das Reich zum europäischen Schlachtfeld.

7.5.2 Der Krieg mündet in einen europäischen Machtkampf

Obwohl die beiden kaiserlichen Räte den **Prager Fenstersturz** überlebten, war dies der Auftakt zu einer militärischen Auseinandersetzung zwischen dem Kaiser und den böhmischen Ständen. In diese zunächst innerdeutschen Kämpfe griffen schließlich ausländische Mächte ein.

Der Böhmisch-Pfälzische Krieg (1618–1623)

Als Kaiser MATTHIAS am 20. März 1619 starb, wurde der Führer der protestantischen Union, der kalvinistische Kurfürst **FRIEDRICH V. VON DER PFALZ**, böhmischer König (26./27. August 1619). Das bedeutete den endgültigen Bruch mit dem Kaiser und dem Reich. Herzog MAXIMILIAN I. von Bayern stellte dem Kaiser das Heer der katholischen Liga zur Verfügung. Diese von dem Feldherrn JOHANN T'SERCLAES VON TILLY geführten Truppen besiegten das böhmische Heer in der **Schlacht am Weißen Berg** bei Prag (8. November 1620). Das war das Ende des Strebens protestantischer böhmischer Stände nach Unabhängigkeit.

FRIEDRICH V. floh in die Niederlande. Die böhmischen Anführer des Aufstandes wurden hingerichtet, etwa die Hälfte der adeligen Güter eingezogen und an landfremde Getreue des Kaisers verteilt. FERDINAND II. stellte gewaltsam den Katholizismus wieder her.

Da im Reich Truppenteile der Protestanten verblieben waren, ging der Krieg noch fast drei Jahre lang weiter. Die kaiserlichen Soldaten eroberten die Oberpfalz und schlugen die Protestanten in mehreren Schlachten in Südwestdeutschland. TILLY folgte dann den nach Norden abziehenden protestantischen Truppen und besiegte sie im August 1623 bei **Stadtlohn** (Münsterland).

FERDINAND II. ging umgehend daran, auch östlich der Elbe gelegene protestantische Klöster und Kirchengüter wieder der katholischen Kirche zuzuführen. Dies rief die benachbarten ausländischen Mächte auf den Plan.

▶ FRIEDRICH V. (1596–1632)
Da er (etwas verkürzt betrachtet) nur in einem Winter (1619/20) regierte, wurde FRIEDRICH V. auch „Winterkönig" genannt.

Der dänische König CHRISTIAN IV. (1596–1648) entstammte der deutschen Dynastie Holstein-Gottorp.

Der Niedersächsisch-Dänische Krieg (1625–1629)

Angesichts der kaiserlichen Pläne in Norddeutschland verbündete sich CHRISTIAN IV. mit England, den Niederlanden und norddeutschen protestantischen Fürsten. Im Juni 1625 rückte der Dänenkönig mit einem Heer in Norddeutschland ein. Als Herzog VON HOLSTEIN hatte er Besitzungen im Norden des Reiches. Er wandte sich gegen die kaiserliche Politik der Rekatholisierung und hoffte auch auf weiteren territorialen Zugewinn.

In der nun beginnenden **zweiten Phase** des Dreißigjährigen Krieges spielte der aus einem alten, aber armen böhmischen Adelsgeschlecht stammende **ALBRECHT VON WALLENSTEIN** (1583–1634) eine herausragende Rolle.
Seine Treue gegenüber dem Kaiser zahlte sich nach der Niederschlagung des **böhmischen Aufstandes** (1620, Schlacht am Weißen Berg) aus: Er wurde Leiter der Militärverwaltung in Böhmen. Für den Kampf gegen den Dänenkönig stellte WALLENSTEIN ein **eigenes Heer** (24 000 Mann) auf und zog im Sommer 1625 nach Norddeutschland.

▶ Nach einem kurzen Studium der Theologie trat WALLENSTEIN 1604 in den Dienst des Kaisers. Sein Übertritt zum Katholizismus (1606) förderte seine Stellung.

Hinsichtlich des Unterhalts seiner Truppe praktizierte er einen neuen Grundsatz: **Der Krieg ernährt den Krieg.** Ernährung, Unterkunft und Entlohnung seiner Truppen wurden von der Bevölkerung im jeweiligen Kriegsgebiet erzwungen.
Die dänischen Truppen wurden von WALLENSTEIN an der **Dessauer Elbbrücke** (25. April 1626) und von TILLY am 27. August 1626 bei **Lutter am Barenberge** – Kreis Goslar – geschlagen. In den beiden darauf folgenden Jahren besetzten die kaiserlichen Truppen Jütland, Mecklenburg und Pommern. Lediglich die gut befestigte Stadt Stralsund, die zudem mit den Schweden verbündet war, konnte WALLENSTEIN 1628 nicht erobern. Der Niedersächsisch-Dänische Krieg wurde jetzt beendet. Am 22. Mai 1629 schloss WALLENSTEIN mit den Dänen den **Frieden von Lübeck**.
Schon am 6. März 1629 hatte Kaiser FERDINAND das **Restitutionsedikt** erlassen:
– Das von Protestanten nach 1552 eingezogene Kirchengut musste den Katholiken zurückgegeben werden – dies betraf die Erzbistümer Bremen und Magdeburg, zwölf Bistümer und viele Klöster.
– Katholische Reichsstände durften ihre protestantischen Untertanen rekatholisieren.
– Falls geistliche Fürsten (z.B. Fürstbischöfe) zum Protestantismus übertraten, verloren sie ihre weltlichen Herrschaftsrechte und Gebiete.

Diese Maßnahmen bedeuteten eine deutliche Machtsteigerung für Kaiser FERDINAND II. Auf dem **Regensburger Kurfürstentag** (1630) erlitt der Kaiser eine empfindliche Niederlage. Die Kurfürsten verlangten und erreichten die Entlassung WALLENSTEINS und eine drastische Verkleinerung der kaiserlichen Armee.

▶ Inzwischen träumte die Führung des Reiches davon, eine Seemacht zu gründen, und ernannte WALLENSTEIN zum „General des Baltischen und Ozeanischen Meeres".

▶ **Restitution,** lat. = Wiederherstellung (eines früher bestehenden Zustandes)

Der Schwedische Krieg (1630–1635)

Seit Mitte des 16. Jh. entwickelte sich **Schweden** zur Großmacht im Ostseeraum und herrschte zu Beginn des Dreißigjährigen Krieges über Finnland und den nördlichen Teil des Baltikums.
Die gestärkte Macht des Reiches in Norddeutschland war ein weiterer Anlass für den schwedischen König **GUSTAV II. ADOLF,** mit Truppen in

GUSTAV II. ADOLF (1594–1632)

JOHANN T'SERCLAES
GRAF VON TILLY
(1559–1632)

▶ WALLENSTEIN war für eine Beendigung des Krieges, war Sachsen gegenüber zu nachgiebig und in religiösen Fragen zu tolerant. Seine Gegner am Kaiserhof unterstellten ihm Hochverrat. Anfang 1634 setzte ihn der Kaiser erneut ab.

▶ Zahlreiche Dichter und Schriftsteller widmeten sich der Person WALLENSTEINS. FRIEDRICH SCHILLER schrieb 1800 eine Dramentrilogie („Wallensteins Lager", „Die Piccolomini", „Wallensteins Tod"). 1920 verfasste auch ALFRED DÖBLIN einen zweibändigen Roman („Wallenstein").

Kardinal RICHELIEU
(1585–1642)

den Kampf einzugreifen. Im Juli 1630 landete er mit einem gut ausgerüsteten Heer auf Usedom. Der Versuch, dem von TILLY belagerten protestantischen **Magdeburg** zu Hilfe zu kommen, misslang.
Am 17. September 1631 wurde TILLY von GUSTAV ADOLF bei **Breitenfeld** (nahe Leipzig) vernichtend geschlagen. Dieser Sieg öffnete dem Schwedenkönig den Weg nach Südwest- und Süddeutschland. Seine Armeen zogen über Würzburg, Aschaffenburg, Frankfurt und Mainz ins Winterquartier in die Rheinpfalz. Angesichts dieser ernsthaften Lage bauftragte der Kaiser WALLENSTEIN im Frühjahr 1632 mit der Aufstellung eines Heeres und gab ihm weitreichende Vollmachten, auch für mögliche Friedensverhandlungen. Unterdessen rückte GUSTAV ADOLF nach Bayern vor und besiegte TILLYS Heer bei dem Ort **Rain am Lech** (15. April 1632), wobei TILLY tödlich verwundet wurde. Der Schwedenkönig zog über Augsburg nach München, wandte sich dann aber nach Norden.
Am 16. November 1632 kam es bei **Lützen** (südwestlich von Leipzig) zu der bislang blutigsten Schlacht des Krieges, bei der GUSTAV ADOLF fiel. Obwohl das Aufeinandertreffen unentschieden ausging, entschlossen sich die Schweden, unter ihrem Kanzler Graf OXENSTIERNA weiter zu kämpfen. Seine das Reich betreffenden politischen Vorstellungen wurden WALLENSTEIN zum Verhängnis. Am 25. Februar 1634 wurde **WALLENSTEIN** in Eger **ermordet.** Im Herbst 1634 schlug eine kaiserliche Armee die Schweden und ihre (deutschen protestantischen) Verbündeten bei Nördlingen. Danach kam es zum **Frieden von Prag** (30. Mai 1635):
Das Jahr 1624 wurde als **„Normaljahr"** festgelegt. Die Konfessionen behielten, was sich zu Beginn dieses Jahres in ihrem Besitz befand. Hugenotten wurden von den Regelungen ausgeschlossen, die pfälzischen Eroberungen und die Kurwürde verblieben bei Bayern, die Lausitz und Magdeburg fielen an Sachsen, der Kaiser erhielt den Oberbefehl über eine Reichsarmee. Somit stand Kaiser FERDINAND II. auf dem Höhepunkt seiner Macht.

Der Schwedisch-Französische Krieg (1635–1648)

Frankreich war gegen diesen Friedensschluss. Sein Ziel war es, ein übermächtiges Deutsches Reich zu verhindern, seine eigene Position zu stärken und seine Grenze zum Reich weiter nach Osten zu verschieben. Der die Regierungsgeschäfte leitende **Kardinal RICHELIEU** verbündete sich zum Erreichen seiner Ziele ohne große Bedenken mit den protestantischen Schweden wie auch mit protestantischen deutschen Fürsten.
1635 ging Frankreich zur offenen Kriegführung über (Kriegserklärungen an Spanien 19. Mai 1635 und das Reich 18. September 1635). Damit begann die verheerendste Phase des Dreißigjährigen Krieges. Bis 1638

konnten die Kaiserlichen zumindest im Westen noch Erfolge verzeichnen. 1638 kam dann die Wende. Der mit Frankreich verbündete BERNHARD VON WEIMAR besetzte die Gegend am Oberrhein.
Im Osten hatten die Schweden schon 1636 die Kaiserlichen bei **Wittstock** geschlagen. In den folgenden Jahren wurden dann große Teile von Sachsen, Böhmen und Schlesien durch die anhaltenden Kämpfe verwüstet. Als sich 1646 die schwedischen und die französischen Armeen zusammenschlossen, musste auch Bayern unter dem Krieg leiden.
Zu Beginn der 40er-Jahre breitete sich allmählich **Kriegsmüdigkeit** aus. 1641 schloss Brandenburg, 1645 Sachsen einen **Waffenstillstand** mit Schweden. 1647 tat der Kurfürst von Mainz den gleichen Schritt mit Frankreich.

Das große Leiden der Bevölkerung

Am meisten hatten **Südwestdeutschland** wie auch **Mittel- und Ostdeutschland** gelitten, am wenigsten der Nordwesten. Die Bevölkerung auf dem Land war dem Wüten der Landsknechte in weitaus größerem Maße ausgesetzt als die in den (befestigten) Städten. Man schätzt, dass ca. 40 % der gesamten Bevölkerung während der 30 Kriegsjahre ums Leben kamen. In den am schlimmsten betroffenen Gebieten waren dies sogar 60–70 %.

▶ JOHANN JAKOB CHRISTOFFEL VON GRIMMELSHAUSEN (1622–1676) hatte am Dreißigjährigen Krieg teilgenommen. 1669 schrieb er den Roman „Simplicius Simplicissimus", in dem er anschaulich die Gräuel der Soldaten und das Leid der Bevölkerung in diesem Krieg schildert.

Ebenso verheerend wirkte sich die Pest aus. Da man nicht wusste, dass die **Pest** durch Bakterien übertragen wird, suchte man nach Schuldigen: So kam es zu Hexenverbrennungen und Judenverfolgungen.

7.5.3 Der Westfälische Frieden von 1648

Im Dezember 1644 wurden Friedensverhandlungen aufgenommen. Die kaiserlichen Gesandten verhandelten in **Münster** mit Frankreich, Spanien, den Niederlanden und den meisten katholischen deutschen Reichsständen, in **Osnabrück** mit Schweden, Dänemark und der Mehrzahl der protestantischen Territorien. Keiner der führenden Staatsmänner, auch nicht der Kaiser oder die Könige der beteiligten Länder, waren anwesend.

▶ Man hatte bewusst diese beiden Städte für die Friedensverhandlungen gewählt: Die katholischen Länder und Territorien wollten im katholischen Münster tagen, während die evangelischen Mächte sich im von den Schweden besetzten Osnabrück trafen.

> **148** Staaten und Territorien ließen sich durch Gesandtschaften vertreten. Daher sprach man auch von einem **Gesandtenkongress**. Am 24. Oktober 1648 wurde der **Friedensvertrag** feierlich unterzeichnet.

Die Ergebnisse der Verhandlungen können in drei Bereiche unterteilt werden:

1. **Territoriale Bestimmungen**
   Schweden erhielt als erbliches Lehen Vorpommern, Rügen, die Odermündung mit Stettin, Wismar, das Erzbistum Bremen und das Bistum Verden.
   Frankreich bekam die elsässischen Besitzungen des Kaisers, die Stadt Breisach und dazu die lothringischen Bistümer Metz, Toul und Verdun. **Straßburg** verblieb zunächst beim Reich, wurde 1681 aber von französischen Truppen besetzt. Es kam 1697 endgültig zu Frankreich.
   Brandenburg wurden für den Verzicht auf Vorpommern ehemalige kirchliche Territorien in Norddeutschland zugesprochen. Die Oberpfalz verblieb bei **Bayern**. Die **Vereinigten Niederlande** und die **Schweiz** wurden als souveräne Staaten anerkannt.

2. **Politisch-rechtliche Bestimmungen**
   Die Reichsstände erhielten weitgehende Selbstständigkeit. Auf der anderen Seite musste der Kaiser bei Reichsgesetzen und Bündnisfragen die Zustimmung der Reichsstände einholen. Dadurch hatte er erheblich an Macht eingebüßt.

3. **Kirchliche Bestimmungen**
   Der **Augsburger Religionsfriede** von 1555 wurde bestätigt. Jedoch konnte ein Landesherr bei einem Übertritt zu einer anderen Religion nicht mehr das Gleiche von seinen Untertanen verlangen. Für die kirchlichen Besitzstände galt, wie im Prager Frieden von 1635 festgelegt, das „Normaljahr" von 1624.

Abschließende Beurteilung

> Der **Dreißigjährige Krieg** stellt sich als ein **dreifacher Konflikt** dar:
> – zwischen den **Konfessionen,**
> – zwischen dem **Kaiser** und den **Ständen** und schließlich
> – zwischen den **deutschen Territorien** und **außerdeutschen Mächten.**
> Mit dem Fortgang der Auseinandersetzung trat der religiöse Aspekt in den Hintergrund zugunsten eines Kampfes um **Gebietserweiterung,** Macht und Einfluss.

Die Bevölkerung hat das Ende der Kämpfe begrüßt. Zum ersten Mal ist auch ein großer Konflikt durch Verhandlungen gelöst worden. Die Gegenreformation war gestoppt worden, Denken und Handlungsweisen lösten sich immer mehr von kirchlichen Vorgaben. Auch das **Papsttum** hatte seine Rolle als **völkerrechtliche Entscheidungsinstanz** verloren.

Entscheidend für die weitere **deutsche Geschichte** war, dass sich die **einzelnen Territorien zunehmend verselbstständigten** und an Gewicht zunahmen – auf Kosten des Reiches. Dadurch wurde auch der große **deutsche Wirtschaftsraum** in eine beträchtliche Zahl und kleinere Territorien aufgeteilt.
Das „Heilige Römische Reich Deutscher Nation" verlor zunehmend an Macht und Einfluss.

▶ Schwedisch-Vorpommern ging den Schweden nach und nach verloren. 1679 kam das Gebiet östlich der Oder an Brandenburg, 1720 erhielt Preußen den südlichen Teil und auf dem Wiener Kongress (1815) die restlichen bis dahin schwedischen Gebiete.

▶ Ein Vertrag wie der von **Tordesillas** (↗ S. 220 f.), in welchem der Papst die Neue Welt zwischen Spanien und Portugal „aufgeteilt" hatte, war jetzt nicht mehr denkbar.

7.6 Der Absolutismus in Frankreich

7.6.1 Ludwig XIV. – ein König im Zeichen der Sonne

Frankreich unter LUDWIG XIV. (1661–1715) steht als Modell für die Herrschaftsform des **Absolutismus**.

▶ *„L' Etat c'est moi"* – *„Der Staat bin ich"* – stammt wahrscheinlich nicht von LUDWIG XIV., aber die Devise kennzeichnet treffend sein Selbstverständnis als Alleinherrscher.

> **Absolutismus** ist eine Form der **Königsherrschaft** (Monarchie), in der ein König alle Herrschaftsmittel in seiner Hand vereinigt. Er allein erlässt die **Gesetze,** denen er selbst nicht unterworfen ist. Gleichzeitig ist er **oberster Richter**. Sein Rechtsspruch hat letzte Gültigkeit.

Der Monarch leitet seine Herrschaftsrechte direkt von Gott ab („Gottesgnadentum"). Er ist an irdische Gesetze nicht gebunden („absolutus" = losgelöst), wohl aber an Religion, Naturrecht und staatliches Gemeinwohl. Die **Regierungsform** schaltet die Macht der **Stände** und ihre Mitwirkung an der **Staatslenkung** weitgehend aus.

▶ Der „**Sonnenkönig**" LUDWIG XIV. hatte für sich und seine Machtstellung das Symbol der Sonne gewählt: Seine Person als der glanzvolle Mittelpunkt der ganzen Gesellschaft, als Zentrum des Staates, so wie die Sonne im Zentrum des Planetensystems steht und alle anderen Gestirne überstrahlt.

Die Bemühungen, aus Frankreich einen starken und geschlossenen Staat zu machen, erweiterte der 23-jährige König LUDWIG dahingehend, Frankreich an die Spitze von Europa zu führen, künftig selbst zu regieren. Im Staatsrat übernahm Ludwig selbst den Vorsitz. Die Minister mussten sich mit der Rolle von Beratern zufriedengeben. Der König wollte seine Stellung als absoluter Herrscher mit der neuen Residenz in dem kleinen Ort **Versailles** zeigen. Dabei entfernte sich der junge König bewusst von Paris, um sich dem Druck des Volkes und der adligen Gerichtshöfe (Parlamente) zu entziehen.
Die Architekten LE VAU und HARDOUIN-MANSART bauten das **Schloss Versailles** in über 20 Jahren. Der Architekt LE NÔTRE schuf nach streng geometrischen Plänen Parkanlagen mit prächtigen Blumenbeeten, schnurgeraden Alleen, künstlichen Kanälen, Brunnen und Fontänen.
Die großen französischen Dichter (z. B. RACINE und CORNEILLE) schrieben Tragödien für das Hoftheater. Besonders erfolgreich wirkte MOLIÈRE, ein Komödiendichter.

Verwaltung

Um die absoluten Herrschaftsansprüche durchzusetzen, waren eine gut funktionierende, zentralistische **Verwaltung** und ein **stehendes Heer** erforderlich. LUDWIG beschnitt zunehmend die Macht der Adligen, die bis

7 Von der Reformation zum Absolutismus

▶ Berühmt wurde der große **Spiegelsaal**. Ein Heer von Architekten, Bildhauern und Malern gestaltete die 2000 Räume in **Versailles** und in anderen Schlossanlagen aus (Bild: Schloss von Versailles).
Am Hofe LUDWIGS lebten bis zu 20 000 Bedienstete, darunter 338 Köche, 48 Ärzte, 12 Mantelträger, 8 Rasierer und 62 Herolde (Boten).

dahin – wie überall in Europa – das Volk beherrschten. Hohe Beamte des Königs, die **Intendanten,** sollten den **Staat** verwalten.
Der König konnte die Intendanten jederzeit versetzen oder entlassen, wenn sie ihre Pflicht nicht erfüllten.

▶ Jeder **Amtsbezirk** besaß einen Kommissar. Dieser kontrollierte den Einzug der **Steuern** und überwachte mithilfe von Amtsdienern und Polizisten die öffentliche Ordnung.

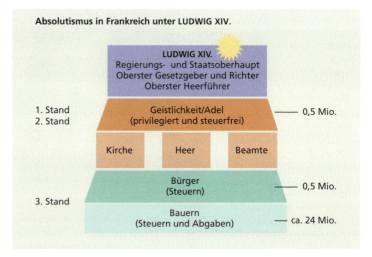

Absolutismus in Frankreich unter LUDWIG XIV.

7.6.2 Wirtschaft

Der Bau von Versailles, das Hofleben, vor allem aber die Kriege ließen die **Staatsausgaben** derart ansteigen, dass LUDWIG XIV. und sein Finanzminister **JEAN-BAPTISTE COLBERT** immer wieder neue Einnahmequellen erschließen mussten.

Eine neue **Einnahmequelle** zur Deckung der ständig steigenden Staatsausgaben bestand darin, Ämter zu verkaufen oder auf Zeit zu verpachten. Ein Versuch, den Adel im **Spanischen Erbfolgekrieg** (1701–1713/14) zu besteuern, scheiterte ebenfalls. So hatte wieder der dritte Stand allein (Bürger und Bauern) die ganze Steuerlast zu tragen.

JEAN-BAPTISTE COLBERT (1619–1683)

Ein neues Modell – der Merkantilismus

Abnehmen konnte der König nur demjenigen etwas, der auch (noch) etwas hatte. **COLBERT** beabsichtigte eine umfassende Unterstützung der Wirtschaft durch den Staat. Vor allem die Förderung von Handel und Gewerbe war das Ziel: Rohstoffe sollten im Lande selbst veredelt werden, um Frankreich von der Einfuhr teurer Fertigwaren unabhängig zu machen. Damit sollten Überschüsse in der Handelsbilanz des Staates erzielt und die Steuerleistung der Bürger erhöht werden.

▶ Um die **Eroberung der Pfalz** (1688–1697) zu finanzieren, schreckte LUDWIG nicht mehr davor zurück, von allen Untertanen eine Sondersteuer, die Kopfsteuer, einzufordern.

COLBERT verstärkte die Einrichtung von **Manufakturen**, vor allem Spinnereien, Webereien, Leder und Metall verarbeitende Betriebe. Inländische Unternehmer und Kaufleute, die ein Geschäft oder eine **Manufaktur** eröffnen wollten, erhielten großzügige staatliche Hilfen und **Privilegien** (Sonderrechte, Begünstigungen).

▶ Die Zölle machten die Waren zu teuer, um sie andernorts noch mit Gewinn verkaufen zu können. Die Höhe der direkten Steuern wurde nicht für einzelne Personen, sondern immer für einen ganzen Ort festgelegt.

> **Merkantilismus** (von lat. mercator = „Kaufmann") war eine Wirtschaftsform in enger Kopplung an den absolutistischen Staat. **Handel** und **Gewerbe** erfuhren als die Träger der Wirtschaft eine starke Förderung.

▶ **Manufaktur**, lat. manu facere = mit der Hand machen In Manufakturen stellten Handwerker und Lohnarbeiter Waren arbeitsteilig in größerer Anzahl her, als es ein Handwerksbetrieb konnte. Berühmt waren die Gobelin-, Porzellan- und Spiegelmanufakturen.

Religiöse Toleranz?

Gemäß dem Grundsatz „**ein Gott, ein Glaube, ein Gesetz, ein König**" versuchte LUDWIG XIV., zunehmend auch auf kirchliche Angelegenheiten Einfluss zu nehmen. Zwar scheiterte sein Plan einer vom Papst unabhängigen französischen **Nationalkirche**, es gelang ihm aber, über die Kirchengüter zu verfügen und ihm genehme Kandidaten für die Besetzung der hohen Kirchenämter zu bestimmen. Ab 1680 verstärkten sich wieder die Verfolgungen der anderthalb Millionen **Hugenotten**, die etwa ein Zehntel der Gesamtbevölkerung ausmachten.

▶ **Hugenotte,** wahrscheinlich von franz. = Eidgenosse Anhänger des **evangelischen Glaubens** in Frankreich (meist Calvinisten)

Die ungleichen Untertanen – Not und Elend in der Bevölkerung

NICOLAS DE LARGILLIÈRE:
Porträt des Ludwig XIV. und seine Erben (Ausschnitt)

Dank der wirtschaftlichen Modernisierungsbemühungen war es gelungen, die **Staatseinnahmen** innerhalb weniger Jahre zu verdoppeln. Die Erhöhung von Abgaben und Steuern verstärkten die Ungerechtigkeiten der Besteuerung. Die Hauptlast der Steuern lag auf der **Landbevölkerung;** sie machte etwa 90 % der Gesamtbevölkerung Frankreichs aus. Die Politik förderte einseitig Industrie, Manufakturen, Exporte und Handel. Die Bauern konnten für ihre Erzeugnisse keine ausreichenden Preise mehr erzielen. Das Getreide wurde knapp. Kriege, Missernten und Hungersnöte verschlechterten die Lage der ländlichen Bevölkerung zusätzlich. Die Folge waren **Hungerrevolten,** Flucht aus den Dörfern, Aufstände gegen königliche Beamte und Steuereintreiber.

▶ 1709 zählte man in Frankreich bei einer Gesamtbevölkerung von etwa 20 Mio. Menschen rund 2 Mio. Bettler.

▶ **Stehendes Heer** bedeutet, dass die Soldaten auch in Friedenszeiten untergebracht, eingekleidet, ernährt und entlohnt werden müssen.

▶ **Habsburger:** eines der beiden einflussreichsten deutschen Fürstengeschlechter (neben den Hohenzollern)
Dynastien: ein Königs- und Herrschaftshaus (auch Familie oder Geschlecht)

7.6.3 Großmachtpolitik und Vorherrschaftsstreben in Europa

Außenpolitisch war Frankreich nach dem **Westfälischen Frieden** (↗ S. 265 ff.) gestärkt. LUDWIG XIV. konnte über eine Armee verfügen, die an Zahl und Bewaffnung allen Nachbarstaaten überlegen war. Als „stehendes Heer" von Söldnern waren die Truppen jederzeit einsetzbar; etwa ein Viertel der Regimenter bestand aus Fremden, meist Deutschen oder Schweizern.

> **LUDWIG XIV.** folgte den **außenpolitischen Zielen** seiner Vorgänger RICHELIEU und MAZARIN: Er wollte die Umklammerung Frankreichs durch die **Habsburger** durchbrechen und sein Land im Norden und Osten abrunden. Für diese Außenpolitik setzte Frankreich seine Armee ein, verteilte freigebig Hilfsgelder an Verbündete, stützte sich aber auch auf rechtliche Argumente. Eine wichtige Rolle spielten dabei die Verwandtschaftsverhältnisse der regierenden **Dynastien.**

Frankreich dehnte seine Grenzen gewaltsam aus und errang die **Vorherrschaft** auf dem **europäischen Festland.**
Der **Staat** und die **Politik** LUDWIGS XIV. waren für die Monarchen und anderen Fürsten in Europa vorbildhaft. Sie ahmten die **absolutistische Staatsorganisation,** die **Verherrlichung** der Macht durch **Bauwerke** und **Künste** und teilweise auch seine skrupellose **Eroberungspolitik** nach.

7.7 Aufgeklärter Absolutismus

7.7.1 Die Aufklärung

Wer kritisch prüft, Beweise verlangt und den Dingen auf den Grund geht – statt in naiver Weise zu glauben, was andere glauben –, der verhält sich „aufgeklärt". Diese moderne Einstellung hat sich im 17. und 18. Jh., dem „Zeitalter der Aufklärung", in Europa durchgesetzt.

> **Aufklärung** (von hell bzw. klar machen) ist die geistige Grundhaltung gebildeter Menschen in Europa im 18. Jh., um die Welt, alle Gebiete des Wissens nur mit dem **Licht** der **Vernunft**, des **Verstandes**, zu erhellen, **Vorurteile** zu überwinden, **Erkenntnisse** auf **Erfahrung** zu gründen und sie kritisch zu überprüfen.

Denken, Forschen und künstlerisches Schaffen begannen sich schon zur Zeit des **Humanismus** und der **Renaissance** von der Kirche zu lösen (↗ S. 214 ff.). Aufgrund neuer Erkenntnisse bemühten sich die **Naturwissenschaftler**, alles was sie beobachteten und durch Erfahrung (empirisch) erfassen konnten, auf **allgemeine Gesetze** zurückzuführen. So wurde die Welt nach und nach entzaubert und „aufgeklärt". Es begann eine Bestandsaufnahme der ganzen Welt, die bis heute nicht abgeschlossen ist.

Kirchenkritik und neuer Vernunftglaube

Kirchliche Lehrsätze standen genauso infrage wie Glaubensüberlieferungen und Wunder. Viele Aufklärer sahen das Ziel des menschlichen Lebens nicht mehr im **Jenseits**, sondern darin, auf Erden glücklich zu werden. Der Glaube an den **Fortschritt** der **Wissenschaften** und der **Kultur** ersetzte bei vielen die christliche Hoffnung auf Gott. Die Ideen der Aufklärung entsprachen dem neuen naturwissenschaftlichen Denken, dem **Rationalismus**. Die christliche Lehre als Offenbarung Gottes zu verstehen wurde abgelehnt.
Besonders in England setzte sich, vertreten durch die Denker FRANCIS BACON, JOHN LOCKE und DAVID HUME, der **Empirismus** durch. Diese philosophische Grundauffassung ging davon aus, dass nur die Erfahrung Erkenntnisse begründet vermitteln kann. Damit stand der Empirismus im Gegensatz zum Rationalismus.

Eine neue Auffassung vom Staat

So kritisch, wie die Aufklärer an die **Religion** herangingen, betrachteten sie auch den **Staat**.

> Die neue Auffassung vom **Staat** enthielt politische **Forderungen**: Die Herrscher sollten so regieren, dass sie das Glück und die Wohlfahrt förderten, die **Würde** des Menschen achteten und die **Freiheit** des Denkens gestatteten.

▶ „Es ist nicht genug einen guten Kopf zu haben; die Hauptsache ist ihn richtig anzuwenden ..."
(DESCARTES, 1637)

▶ Man entdeckte den inneren Bau der Pflanzen und Tiere, den Aufbau der Zellen, die Wirkung des Luftdrucks, das Gesetz der Elastizität, die Berechnung von Unbekannten und die Regeln der Wahrscheinlichkeitsrechnung. Neue Instrumente wurden entwickelt.

VOLTAIRE (eigtl. FRANÇOIS MARIE AROUET, 1694–1778) setzte sich für eine tolerante Religionspolitik ein.

▶ **Rationalismus**, lat. ratio = Vernunft
Eine Denkweise, in der die wahren Erkenntnisse durch **logisches Denken** und mit **überprüfbaren Erfahrungen** erreicht werden sollen.

Die Gelehrten der Aufklärung fragten nach den **Ursprüngen des Staates** und suchten nach den vernünftigsten Regeln für das Verhalten der Menschen und ihr Zusammenleben in der Gesellschaft. Die Aufklärer begründeten so die **Wissenschaften** von der **menschlichen Seele,** von der **Gesellschaft** und vom **Staat** (Psychologie, Soziologie und Staatslehre).
Herrscher in Europa, wie FRIEDRICH II. von Preußen, JOSEPH II. von Österreich und Zarin KATHARINA von Russland, ließen sich (auch durch den regen Briefkontakt mit VOLTAIRE) von manchen der neuen Ideen beeindrucken und machten sie zu Grundsätzen ihres Handelns (aufgeklärter Absolutismus). Auf ihre uneingeschränkte Herrschaft verzichteten sie jedoch nicht. **Geldverkehr** und **Bankwesen** lösten mehr und mehr die Naturalwirtschaft ab, das Gewohnheitsrecht wurde zurückgedrängt. Statt auf Adlige stützten sich die Könige auf Beamte, um Forderungen durchzusetzen und Steuern einzuziehen.

JEAN-JACQUES ROUSSEAU (1712–1778)

> Ausgehend von Frankreich, fanden die Ideen der **Aufklärer** in den gebildeten Schichten des erstarkenden **Bürgertums** und in den **Adelshäusern Europas** begeisterten Zuspruch.

In **Klubs** von Paris, London, Wien und Berlin, in **Caféhäusern** oder in den Salons trafen sich Künstler, Gelehrte und Politiker zum **Austausch von Ideen und Meinungen.** Bücher und Flugschriften erlebten eine ungeahnte Verbreitung. Es entstanden neue Zeitungen und Zeitschriften. Umfassende Nachschlagewerke, Handbücher und Lexika fassten das gewonnene Wissen zusammen. Als bedeutendstes Werk galt die französische **„Encyclopédie".**

▶ **Enzyklopädie**
griech. = alles, was zur Bildung gehört
Die „Encyclopédie" von DIDEROT und D'ALEMBERT erschien von 1751 bis 1772/80 in 28/35 Bänden. Sie verbreitete Auffassungen und Ideen der Aufklärer in der Öffentlichkeit.

Das Ziel der „Erleuchtung" schloss **Kritikfähigkeit** und **Toleranz** ein und die wissenschaftliche Betrachtungsweise aller Bereiche des Lebens und der Natur. Damit wurden überlieferte religiöse, gesellschaftliche und politische Verhältnisse infrage gestellt. Ein starkes, aber **aufgeklärtes Königtum,** das nach dem Rat der Philosophen die erforderlichen Reformen durchführen sollte, wurde gefordert. Diese Forderungen waren mit dem Kampf gegen **Aberglauben, Unterdrückung** und **Justizwillkür** verbunden.
JEAN-JACQUES ROUSSEAU behauptete, dass ursprünglich alle politische Macht bei den einzelnen Menschen liege (volonté de tous). Erst durch die freiwillige Bindung an die Gemeinschaft und die Bildung des Gemeinwillens (volonté générale) entsteht der Gesellschaftsvertrag als Ausdruck der Volkssouveränität.

CHARLES DE SECONDAT, BARON DE LA BRÈDE ET DE MONTESQUIEU (1689–1755)

> **Gesellschaftsvertrag:** Politische Theorie über den **Ursprung** des **Staates** durch den freiwilligen Zusammenschluss vieler Menschen und durch einen **Vertrag** mit einem **Herrscher.**

Entscheidend für MONTESQUIEU war die **Freiheit** der Bürger im Staat. Durch die Teilung der Gewalten sollte ein Machtmissbrauch verhindert werden. Seine Lehre von der **Gewaltenteilung** wurde zum wichtigen Grundsatz der **Verfassung der Vereinigten Staaten von Amerika** und wegweisend für die französischen Revolutionäre. Sie ist bis heute wirksam.

7.7 Aufgeklärter Absolutismus

Die Naturwissenschaften wurden in **Akademien** gepflegt, in denen die Monarchen die bedeutendsten Gelehrten zusammenführten.

Gründungen von Akademien in Europa

1635	Frankreich: Académie française
1662	England: „Royal Society of London for the Improvement of Natural Knowledge"
1666	Paris: „Académie des Sciences"
1700	Berlin
1713	Madrid
1722	Brüssel
1725	St. Petersburg
1753	Stockholm
1755	Moskau

Wichtige Erfindungen und Entdeckungen

1590	Mikroskop
1610	Astronomisches Fernrohr mit Universalgelenk
1618	Blutkreislauf
1620	Rechenschieber
1623	Rechenmaschine
1643	Quecksilberbarometer
1640	Pendeluhr
1666	Porzellan (in Europa)
1693	Guss-Stahl
1752	Blitzableiter
1766	Wasserstoff
1771	Sauerstoff

▶ **Akademie:** Forschungsanstalt, der Forschung dienende Vereinigung von Gelehrten und Künstlern. Die Forschungen sollten auch für den **Alltag** und das **Wirtschaftsleben** nutzbar werden, etwa für die **Schifffahrt**, den Bau wirksamer Pumpen, die Verbesserung von Maschinen.

Fortschritt durch Erziehung und Schule

In der Mitte des 18. Jh. waren mehr als zwei Drittel der Bevölkerung noch **Analphabeten,** und im Dorf war der Pfarrer häufig der Einzige, der eine Schule besucht hatte. Die Aufklärer setzten sich deshalb für die **Bildung** des **Volkes** ein.

▶ *„Habe Mut, dich deines eigenen Verstandes zu bedienen!"* (I. KANT)

> Ende des 18. Jh. erfüllten viele Staaten in Europa die Forderung der Aufklärer. Der **Schulbesuch** wurde für **alle Kinder** zur **Pflicht.**

7.7.2 Der Absolutismus in Preußen

Der „Große Kurfürst"

Seit 1415 regierten die **Hohenzollern** als Kurfürsten die **Mark Brandenburg,** ein Land arm an Menschen, noch ärmer an Bodenschätzen.
Die Hohenzollern erwarben Gebiete an der Weser, am Niederrhein und die Herrschaft Mark (das heutige Ruhrgebiet). Nach der **Reformation** (↗ S. 240 ff.) kam im Osten das Herzogtum **Preußen** dazu; FRIEDRICH WILHELM gewann Hinterpommern und die Bistümer Minden, Halberstadt und Magdeburg dazu (↗ S. 275, Karte).
Die **Zersplitterung** des Landes schwächte den Staat. Darum erneuerte der **Große Kurfürst** die Verwaltung, reformierte das Heer und förderte die Wirtschaft. Wie LUDWIG XIV. schuf auch Kurfürst FRIEDRICH WILHELM ein **stehendes Heer.** Seine 4000 Soldaten mussten sich für eine längere Dienstzeit verpflichten und sich einer strengen militärischen Disziplin unterwerfen. Es gelang dem Landesherrn, sich mit dem Adel über die Finanzierung des neuen Heeres zu verständigen.

▶ Die Adligen bewilligten ihm Steuern und erlaubten außerdem, die Gelder durch eigens dafür vorgesehene kurfürstliche Beamte einzutreiben. Dies war der Anfang einer zentralen **Finanzverwaltung.** Dafür musste FRIEDRICH WILHELM den Adligen das Privileg der **Steuerfreiheit** und die volle **Rechts- und Polizeigewalt** auf ihren Gütern zugestehen.

Der Große Kurfürst, wie FRIEDRICH WILHELM nach einer siegreichen Schlacht über die Schweden 1675 genannt wurde, bot den **Hugenotten** aus **Holland** und **Frankreich** Asyl in Brandenburg und versprach ihnen, sie sechs Jahre lang von allen Steuern zu befreien, und sie beim Aufbau einer neuen Existenz finanziell zu unterstützen (Potsdamer Edikt, 1665). Etwa 20 000 Glaubensflüchtlinge kamen, einige Tausend von ihnen gründeten in Berlin eine französische Kolonie. Die Einwanderer waren handwerklich und wissenschaftlich sehr gut ausgebildet. Sie führten über 40 neue Berufszweige ein und gründeten die ersten **Manufakturen.** In Berlin waren im 17. Jh. von 11 000 Einwohnern 4000 Franzosen.

„Allianzen [Bündnisse] sind gut, eigene Kräfte sind besser", „Handel und Commercien sind die fürnehmsten Säulen eines Staates" (FRIEDRICH WILHELM).

Der Kurfürst erlaubte auch wohlhabenden **jüdischen Familien,** sich anzusiedeln und Handel zu treiben. Dafür mussten sie an den Kurfürsten jährliche **Schutzgelder** zahlen. Vollkommen unerwünscht waren die **Sinti** (Zigeuner) in Brandenburg. Wie Arme und Bettler galten sie als unnützes Gesindel.

▶ Man gewöhnte sich daran, den ganzen Staat der Hohenzollern als **Preußen** zu bezeichnen, also nicht nur die Besitzungen im Osten Deutschlands.

Berlin wurde zur wichtigen Hafenstadt für die Fluss-Schifffahrt von **Breslau** bis **Hamburg** ausgebaut. Der wachsende Reichtum ermöglichte den Ausbau der Hauptstadt. In dieser Zeit entstand die Straße „Unter den Linden", wurden erste Kunstsammlungen angelegt und kamen berühmte Gelehrte.

7.7 Aufgeklärter Absolutismus

> Der **Große Kurfürst** hatte durch seine **Politik** Brandenburgs Stellung in **Europa** gestärkt.

Ziel seines Sohnes, **FRIEDRICH III.**, war es, der neuen Machtstellung mit der Königswürde auch die äußere Anerkennung zu verschaffen. Innerhalb des Deutschen Reiches konnte es aber **nur einen König** geben. Das **Herzogtum Preußen** lag jedoch außerhalb der Grenzen des Deutschen Reiches. Der Kurfürst von Brandenburg war hier souverän und nicht dem König als oberstem Herrn untergeben. Er konnte das Herzogtum also zum Königtum aufwerten. FRIEDRICH wollte einen solchen Schritt nicht ohne das Einverständnis des Kaisers machen. Der gab sein Einverständnis erst, als FRIEDRICH ihm 8 000 Soldaten zur Unterstützung im Krieg gegen König LUDWIG XIV. zusagte. FRIEDRICH III. setzte sich 1701 in Königsberg selbst die Königskrone auf und nannte sich nun **FRIEDRICH I., König in Preußen.**

> **FRIEDRICH I.** gelang es, dem aufstrebenden Staat **Preußen** den würdigen Titel zu verschaffen. Die **Königskrone** bewirkte ein Zusammengehörigkeitsgefühl aller Untertanen der Hohenzollern.

Preußens Weg zur Großmacht

Kurfürst und König: Friedrich Wilhelm I., der „Soldatenkönig"

FRIEDRICH WILHELM I., zweiter Preußenkönig (1713–1740), lehnte im Gegensatz zu seinem Vater jeden Luxus am Hof ab und verfolgte zwei Ziele:
1. die verstreuten Gebiete seines Landes zu einem einheitlichen Staat zu verbinden und
2. diesem Staat eine führende Rolle unter den europäischen Großmächten zu verschaffen. Eine starke Armee sollte die Position Brandenburg-Preußens in Europa stärken.

FRIEDRICH WILHELM I. (1713–1740)

▶ **Generaldirektorium:** Die Verwaltung für Ausrüstung und Versorgung des Heeres, für Postwesen, Steuern und königliche Manufakturen. Hier entstanden auch Konzepte für ein einheitliches Verkehrswesen.

▶ Durch **preußische Sparsamkeit** lagerten, als der König starb, 8 Mio. Taler in Fässern verpackt als Notpfennig im Schlosskeller. Von den 7,5 Mio. Talern jährlicher Staatseinnahmen verbrauchte der König für seine Armee 5 Mio.

Hierfür war eine **zentrale Verwaltung** erforderlich. 1723 schuf FRIEDRICH WILHELM I. in Berlin mit dem **Generaldirektorium** die oberste Behörde für alle Verwaltungsangelegenheiten, um in allen Landesteilen den königlichen Willen durchzusetzen.
Der König wirkte als **sparsamer** und **strenger** Landesvater. Er ließ im ganzen Land Kornspeicher für Notzeiten anlegen. In den Staatsgütern **(Domänen)** steigerte er den Ertrag auf das Doppelte. Mit 3,5 Mio. Talern erwirtschafteten sie fast die Hälfte des Staatshaushaltes. Eine oberste Rechnungskammer prüfte alle Einnahmen und Ausgaben.

Seine **Regierungsweise** war militärisch: Er erhöhte die Zahl der preußischen Soldaten auf ein Heer von 85 000 Mann, darunter eine Leibgarde von **„langen Kerls"**, die alle größer als 2 Meter waren. FRIEDRICH WILHELM I. trug deshalb den Beinamen **„Soldatenkönig"**.

Unter dem Druck der harten **Disziplin** entstand eine **starke Armee**. Sie gewann in Europa den Ruf, im Krieg unbesiegbar zu sein. Die Armee wurde auch zu einem **Motor** der **preußischen Wirtschaft**.

▶ Der deutsche Schriftsteller der Aufklärung **G. E. LESSING** fand beim **Preußenkönig** keine besondere Gunst, weil LESSING sich gegen die Vorherrschaft des französischen Vorbildes in allen Fragen der Kunst und der Literatur wandte.

Zur Versorgung der Armee verordnete der König den Militärköchen **Kartoffeln**. Das billige Nahrungsmittel wurde jetzt überall angebaut und vor allem von den Armen gegessen. Billige **Kohle** verdrängte das Holz als Brennmaterial in den **„Kanonenöfen"**. Die Soldaten sollten zum Vorbild des preußischen Untertanen werden: **gehorsam, bedürfnislos, pünktlich** und **pflichtbewusst**.

Friedrich II., „der Große" – Reformen eines „aufgeklärten" Königs

Der **europäische Kulturraum** wurde im 18. Jh. maßgeblich von **Frankreich** geprägt. Als junger Mann war FRIEDRICH II. feinfühlig, empfindsam, liebte französische Bücher, spielte Flöte und kleidete sich modisch. Auf strenges Geheiß seines Vaters wandte er sich den politischen Aufgaben zu und lernte die Regierungsgeschäfte. Schon als **Kronprinz** zog FRIEDRICH französische Künstler und Gelehrte den deutschen vor. Er schrieb und sprach fließend Französisch und freundete sich mit VOLTAIRE an. Gebildete Männer lud er zum Meinungsaustausch an seine **Tafelrunde**.
Mit 28 Jahren war FRIEDRICH König geworden. Er schaffte die Folter ab (außer gegen Hochverräter und Bandenräuber), ließ die Berliner Akademie der Wissenschaften neu gestalten und zog Gelehrte und Künstler nach Berlin. Der Sohn des „Soldatenkönigs" erhöhte auch die **Armeestärke** nochmals auf das Zweifache. Von den 150 000 bis 190 000 Mann kamen zwei Drittel aus preußischen Dörfern. Die übrigen schleppten **Werber** aus dem Ausland an. Die **Offiziere** entstammten dem **preußischen Adel**.

FRIEDRICH II. (1712–1786)

7.7 Aufgeklärter Absolutismus

Eine **schlagkräftige Armee** war das wichtigste Mittel, mit dem der König Preußen in den Kreis der europäischen **Großmächte** führen wollte. Sein **Staat** fand Anerkennung als **jüngste Großmacht** in Europa. Allerdings begründete Preußens Aufstieg zur zweiten deutschen Macht neben Österreich einen **Dualismus** in Deutschland.

> **Dualismus:** Nebeneinander von zwei Großmächten **(Österreich und Preußen)** im Deutschen Reich, das dadurch geschwächt wurde. Beide Großmächte betrieben eine eigenständige **Außenpolitik** und wurden zu **Rivalen** im Anspruch auf die **Führung Deutschlands**.

Um die enormen Summen für das Militär aufzubringen, nahm FRIEDRICH zum einen sich den **französischen Merkantilismus** zum Vorbild und unterstützte Handel und **Gewerbe**. Zum anderen ließ er bisher **unkultivierte Regionen urbar** machen und besiedeln. Allein zwischen **1746** und **1752** entstanden dadurch **122 neue Dörfer**. Große **Sumpfgebiete** an der Oder (Bild), an der Warthe und Netze wurden **entwässert** und über **900 Dörfer** angelegt. **60 000 Siedler** bearbeiteten das neue Bauernland. Mit eindringlichen Belehrungen und mit Zwang sorgte er für den Anbau der **Kartoffel**.
Die Entwicklung Preußens hing besonders von Gewerbe und Handel ab. Der König ließ Straßen und Kanäle bauen; er förderte die Errichtung von Manufakturen für die Garn- und Tucherzeugung. In **Schlesien** nahm der **Eisenbergbau** einen kräftigen Aufschwung, als die Verkehrswege über die Oder und die neuen Kanäle nach Berlin ausgebaut waren. FRIEDRICH schuf die **erste preußische Staatsbank**, die Kredite an Unternehmen gab. Der König modernisierte auch das **Gerichtswesen**.

> „Hier habe ich eine Provinz im Frieden erobert" (FRIEDRICH angesichts der blühenden Landwirtschaft des neu besiedelten Landes).

> **Alle Untertanen waren vor dem Gesetz gleich.**
> Rechtsgelehrte begannen, das Recht in eine schriftliche Form zu bringen (kodifizieren).

Unter FRIEDRICHS Regierung wurde das **„Allgemeine Landrecht für die preußischen Staaten"** erarbeitet, das allerdings erst acht Jahre nach seinem Tode verkündet wurde.

> **Allgemeines Landrecht:** das einheitliche **Rechtsbuch** für Preußen von 1794; mit Bestimmungen zum Zivil-, Straf- und Staatsrecht.
> Im Allgemeinen Landrecht wird die königliche Gewalt beschränkt und die Rechte des Einzelnen sowie die Stellung der Richter gesichert. Das Buch blieb praktisch bis 1900 in Kraft.

Toleranzgedanke und Bildung

Der König wünschte, dass die **Konfessionen** im Frieden auskamen, und duldete sie selbst alle nebeneinander.
FRIEDRICH II. legte **1763** im „Königlich-Preußischen General-Landschul-Reglement" die **allgemeine Schulpflicht** für **Landschulen** erneut fest, regelte die **Dauer der Schulzeit**, die Unterrichtsfächer und den Lehrplan sowie die Anstellung und Bezahlung der Lehrer. In **Süddeutschland** wurden meistens **Geistliche** zu Lehrern ernannt. Die Eltern mussten **Schulgeld** bezahlen. Oft waren alle Kinder vom ersten bis zum letzten Schuljahr in **einer Klasse** zusammengefasst. Neben Religion, Lesen, Schreiben und Rechnen sollten die Knaben ein Handwerk erlernen, während man den Mädchen auch Kochen, Spinnen und Nähen beibrachte.

> Als Lehrer arbeiteten häufig Unteroffiziere, die keinen Militärdienst mehr leisten konnten. Sie waren kaum ausgebildet und erhielten einen sehr geringen Lohn.

> Die **Volksbildung** sollte die Untertanen zu **treuem Gehorsam** gegen die Obrigkeit erziehen und sie zu **tüchtigen Handwerkern, Soldaten** und **Beamten** oder zu sparsamen und **fleißigen Ehefrauen** heranbilden.

Die Untertanen im preußischen Herrschaftssystem

▶ FRIEDRICH II. – einerseits: *„Der König soll erster Diener des Staates sein"*.
andererseits: *„Alles für das Volk, nichts durch das Volk"*.

An erster Stelle im Staat stand der **Adel.** Er stellte die Beamten der Verwaltung und die Offiziere des Heeres und besaß dafür besondere Privilegien. Der König schützte die Güter der Adelsfamilien. Im preußischen „Junkerstaat" beherrschten die **Gutsherren** die ländliche Bevölkerung. Nur das **städtische Bürgertum** durfte im Gewerbe oder Handel wirtschaftlich tätig werden. **Bauern** und **Tagelöhner** blieben die „Lasttiere" der Gesellschaft. Der König verbesserte etwas die Lage der Bauern auf den **Staatsgütern,** indem er für sie die **Leibeigenschaft** aufhob. Mit den Bürgern und Bauern war der größte Teil der Bevölkerung von Regierung und Verwaltung ausgeschlossen. Nur der **König** bestimmte und leitete alles, wenngleich auch er sein Amt als Dienst betrachtete.
In **Preußen** und in **Österreich** machten sich die Herrscher Forderungen der **Aufklärung** zu eigen. Der Regierungsstil nach Grundsätzen der Vernunft wird **aufgeklärter Absolutismus** genannt.

▶ **Aufgeklärter Absolutismus:** Der Monarch gilt im „aufgeklärten Absolutismus", der sich im 18. Jh. u. a. in Preußen und Österreich durchsetzte, als **Diener** seines **Staates,** der an Einsichten der **Vernunft** gebunden, also „aufgeklärt" ist.

7.7.3 Der Absolutismus in Österreich-Ungarn

Das Habsburgerreich – die Kraft in Europas Südosten

Mehr als 350 Jahre lang, von **1438** bis **1806,** sind die **Habsburger Kaiser** des Heiligen Römischen Reiches deutscher Nation gewesen. **Wien** war **Kaiserstadt** und hatte um 1750 weit mehr Einwohner als Berlin. Die Habsburger besaßen mehr Land und regierten über mehr Menschen als irgendein anderer Fürst in Deutschland. In den verschiedenen Gebieten herrschten unterschiedliche Rechte; eine einheitliche Verwaltung wie in Frankreich gab es im 17. Jh. nicht. Im **Erbvertrag** von **1713** (der „Pragmatischen Sanktion") wurde erstmals festgelegt, dass immer nur **ein einziger Herrscher** die Krone aller habsburgischen Lande tragen dürfe.
Die Länder der „habsburgischen Krone" wurden durch eine gemeinsame **Dynastie** zusammengehalten.
Im Südosten Europas herrschten seit dem 14./15. Jh. die **Türken.** 1683 drangen die Türken – wie schon 1529 – erneut nach Mitteleuropa vor und belagerten Wien. Prinz EUGEN VON SAVOYEN (österreichischer Feldherr und Staatsmann) brachte den Türken 1697 in Serbien eine vernichtende Niederlage bei und konnte 1699 im Friedensschluss mit dem Sultan die Grenzen Österreichs so ausdehnen, dass Ungarn, Siebenbürgen, Kroatien und Slowenien fest zu Habsburg gehörten.
Ein neuer Friede mit den Türken brachte 1718 Teile Serbiens und der Walachei an Habsburg. Eine **Militärgrenze** sicherte das eroberte Land. Sie zog sich in ca. 50 km Breite fast 2000 km hin. Hier durften nur Bauern siedeln, die zugleich Soldaten waren.

▶ **Pragmatische Sanktion:** Regelung einer wichtigen **Staatsangelegenheit.** Meint hier das **Gesetz** von Kaiser KARL VI., das die Länder **Habsburgs** für **unteilbar** erklärte. Die Macht fällt bei Tod dem nächsten Verwandten des Verstorbenen zu: dem ältesten Sohn oder, falls keine Söhne leben, der ältesten Tochter.

7.7 Aufgeklärter Absolutismus

Um das Banat und den ganzen Süden Ungarns neu zu kultivieren, rief man Kolonisten aus Süddeutschland. Da sie mit Schiffen die Donau abwärts fuhren, nannte man sie **Donauschwaben**. Sie machten aus dem verwüsteten Land eine fruchtbare Getreidelandschaft.

Reformen unter Maria Theresia und Joseph II.

Die Tochter Kaiser KARLS VI., MARIA THERESIA, kam im Jahr 1740 zur Regierung. Der Preußenkönig FRIEDRICH II. hielt sie für politisch bedeutungslos und begann einen Krieg um das habsburgische Schlesien. MARIA THERESIA verteidigte ihr Reich in drei Kriegen, musste aber im **Frieden von Hubertusburg 1763** auf die Provinz **Schlesien** verzichten („Siebenjähriger Krieg"). Als **Regentin** ihres Reiches war MARIA THERESIA erfolgreich in der Modernisierung ihrer Länder durch **Reformen** in **Verwaltung, Wirtschaft** und **Kirche**. In Wien wurde eine oberste Finanz- und Verwaltungsbehörde für alle habsburgischen Länder eingerichtet. Ein oberster Gerichtshof wurde geschaffen, die Kontrolle über die Behörden übertrug MARIA THERESIA einem Staatsrat.

MARIA THERESIA (1717–1780) und ihre Familie (re. JOSEPH I., 1765–1790)

Sie ließ die **Aufhebung** der **Leibeigenschaft** und der **Frondienste** vorbereiten. Ihr Sohn und Nachfolger, JOSEPH II., verkündete das Gesetz im Jahr 1781 zuerst in Böhmen. Schließlich begann MARIA THERESIA damit, die **Kirche** der **Staatsaufsicht** zu unterstellen. Die Regierung besetzte die kirchlichen Stellen. 1781 erließ JOSEPH II. ein **Toleranzedikt**, das *allen* Untertanen die freie **Religionsausübung** zusicherte (vergleichbar mit dem Edikt von Potsdam 1685 für die Hugenotten durch den Großen Kurfürsten FRIEDRICH WILHELM).

Eine **Schulordnung** wurde **1774** für das gesamte Habsburgerreich Gesetz. Die Schulordnung bestimmte die Einrichtung von **Volksschulen**, an denen Lesen, Schreiben und Rechnen gelehrt wurde. Darüber waren **Hauptschulen** angeordnet, wo sogar Latein unterrichtet werden sollte. Gleichzeitig entstanden **Normalschulen** zur Ausbildung der Lehrer.

JOSEPH II. und seine Beamten gingen in ihrem Reformeifer zuweilen sehr weit. Viele Gesetze standen aber nur auf dem Papier, und manche Reform blieb unausgeführt.

▶ Im Zeitraum von neun Jahren wurden 6 000 Verordnungen erlassen.
Sie bestimmten z. B.:
– Prozessionen, Wallfahrten und aufwendige Begräbnisse sind verboten,
– die Zahl der Kerzen, die im Gottesdienst gebraucht werden dürfen, ist genau festgelegt,
– heranwachsende Mädchen dürfen kein Mieder tragen,
– zu einem genauen Termin müssen die Bäume von Raupen befreit werden …

> Die **Konkurrenz** zwischen **Österreich** und **Preußen** um die Vorherrschaft in Mitteleuropa begann wegen der geografischen Nähe, außenpolitischer Ambitionen und Bündniskonstellationen im 18. Jh. (Dualismus) und gelangte im 19. Jh. zur vollen Entfaltung.

7.7.4 Der Absolutismus in Russland

Despotismus und Aufklärung im Osten: das Zarenreich

Der **erste russische Staat** war durch Großfürsten aus dem Geschlecht der RURIKS von Kiew im 10. Jh. entstanden. Das orthodoxe Christentum übernahmen die Russen vom Patriarchen in Konstantinopel. Sie gehörten zur östlichen Kirche, deren Mittelpunkt in Konstantinopel war. Deshalb schlossen sie sich auch ganz an die **griechisch-byzantinische Kultur** an. Als 1453 Konstantinopel an die muslimischen Türken fiel, übernahm Moskau die Führung einer selbstständigen **Ostkirche**.

Im Jahre 1480 gelang es den Russen endlich, die über 200 Jahre andauernde mongolische Fremdherrschaft abzuschütteln. IWAN III. (1462 bis 1505), ein Nachkomme der RURIKS, versuchte, Russland unter seiner Macht zu vereinen. Indem er gegen seine fürstlichen Rivalen vorging und auch Litauen und Polen bekriegte, verdreifachte er das Herrschaftsgebiet während seiner dreiundvierzigjährigen Regierungszeit. Er rief griechische und italienische Baumeister ins Land, die Kirchen und Paläste bauen sollten. Obwohl er Großfürst von Moskau war, fing er an, sich Zar zu nennen.

IWAN III. (1462–1505)

> IWAN führte Russland zum **absoluten Zarentum**. Sein Sohn WASSILIJ III. setzte diese Herrschaftsform erfolgreich fort.

Das Riesenreich unter Peter dem Großen

Als PETER I. mit 17 Jahren an die Regierung kam, bewirkte er einschneidende Veränderungen. Als Junge verbrachte er seine Zeit am liebsten in der Ausländervorstadt von Moskau. In vielen **Werkstätten** erfuhr er, wie Geschütze und Eisenwaren hergestellt und Webstühle bedient werden. Sein besonderes Interesse gehörte dem **Seewesen**. Auslandsreisen brachten Anregungen für seine spätere Reformtätigkeit.

▶ **Zar:** eine Vereinfachung des Wortes Caesar – Kaiser. Slawische Bezeichnung für den Herrscher, zwischen 1547 und 1917 der Titel des russischen Staatsoberhauptes.

▶ 1697/98 unternahm der russische Zar („PETER DER GROSSE") – als Unteroffizier verkleidet – eine **geheime Bildungsfahrt** nach Mittel- und Westeuropa, um technische Kenntnisse, z. B. im **Schiffsbau** und bei der **Kanonenherstellung**, zu erwerben.

PETER wollte ganz Europa erkunden. Der Zar warb verstärkt europäische Berater und Offiziere an und setzte sie überall ein.

Er schickte russische Adlige zum Studium ins westliche Ausland. Das gewaltige Vorhaben, sein Reich zu europäisieren, verfolgte er konsequent. An der Ostsee entstand die **Hauptstadt St. Petersburg** über trockengelegten Sümpfen. Verwaltung, Armee, Wirtschaft und Erziehung wurden nach den Vorbildern im Westen, teilweise unter Anwendung von Gewalt, modernisiert.

St. Petersburg

▶ Die Metropole wurde von europäischen Architekten und Künstlern im **barocken Stil** geplant und ausgestaltet.

Modernisierung Russlands

> Die Erfahrungen, die PETER auf seiner **Europareise** machte, bestätigten ihm, dass Russland eine **moderne Armee,** eine **merkantilistische Wirtschaft** und ein zuverlässiges **Beamtentum** brauchte.

PETER ließ eine ständig **einsatzbereite Armee** nach westlichem Vorbild ausbilden. Jährlich wurden 30 000 bis 40 000 junge Männer vom Land in die Armee gezwungen, die bald mehr als 200 000 Mann zählte.
Mit ausländischer Hilfe wurde eine **Flotte** gebaut, die fast 850 Schiffe umfasste. Im Ural entstanden Eisenhütten, die auch Eisen nach England ausführen konnten. **Pulver- und Waffenfabriken** wurden vergrößert, **Schiffswerften** errichtet, in eigenen Manufakturen wurde Uniform- und Segeltuch hergestellt, und die Leder- und Papierherstellung wurde vom Ausland unabhängig. Um **1725** produzierten rund 200 **Manufakturen** in Russland, deren Technik dem westlichen Vorbild entsprach. Die eigene **Landwirtschaft** exportierte u. a. **Hanf, Juchten** (weiches Leder), **Flachs** und **Leinwand**. Aus Sibirien, das besiedelt und dem Handel erschlossen wurde, kamen **Kaviar, Lachs** und **Pelze** in den europäischen Westen. Im

▶ Die meisten **Soldaten** dienten **lebenslang** und sahen ihre Angehörigen nie wieder. In den Kasernen und auf langen Märschen wurden die Rekruten hart gedrillt, an der Front nicht geschont. Die **Verluste** waren verheerend. Stets mussten neue Rekruten die Lücken füllen.

▶ Wer nicht lernte, wurde bestraft: Er konnte nicht Offizier werden, oder er durfte nicht heiraten.

Süden, an den Ufern des Dnjepr, ließ PETER I. **Weinreben** anpflanzen und **Tabak** anbauen. Diese Entwicklung der Wirtschaft brachte dem Staat hohe Steuereinnahmen.

Gesellschaft und Aufklärung

Der **Adel** hatte den führenden Platz in der Gesellschaft inne. Adlige sollten sich bilden und dem Staat dienen. Dafür behielten sie ihre **Privilegien: Steuerfreiheit** und **Bauernarbeit.** Leute aus nicht adligem Stand konnten in den **Dienstadel** gelangen. Wie der Zar selbst gelernt hatte, sollte die führende Schicht des Landes lernen. Der **Schulbesuch** blieb den Söhnen der **Adligen** und **Geistlichen** vorbehalten. Damals erschien auch die erste russische Zeitung. Für die breite Masse der **Untertanen,** die **Bauern** und **unfreien Knechte,** verschlechterte sich allerdings die Lage – sie mussten **mehr Steuern** zahlen und wurden von den adligen Grundbesitzern wie Sklaven gehalten. Die Bauern waren **leibeigen** geworden.

▶ **Leibeigenschaft:** persönliche Abhängigkeit eines Bauern vom Grundherrn (Leibherrn; er ist ihm mit dem Leib, also körperlich untertan)

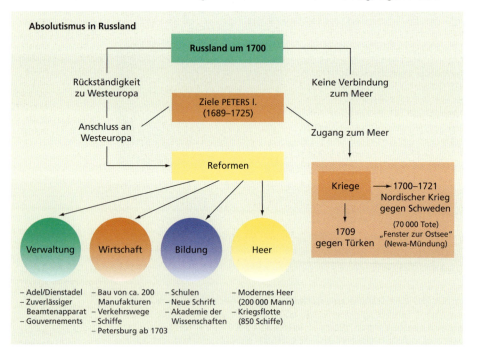

Auf dem Weg zur Großmacht: Russlands Außenpolitik

Im 17. Jh. hatten die Zaren ihr Reich nach Osten ausgedehnt. Kaufleute waren, vom Zaren unterstützt, in den Ural vorgedrungen. Sie hatten mit **Salzsiedereien** und durch den Handel mit Pelzen großen Reichtum erworben. **Kosaken** übernahmen den Schutz der Niederlassungen und setzten die **Erkundung** und **Eroberung** des **Ostens** fort. In weniger als 70 Jahren durchdrangen sie ganz **Sibirien.**

> PETER DER GROSSE führte Feldzüge gegen die **Türken** und gegen **Schweden**. Nach dem **Nordischen Krieg** übernahm Russland die **Vorherrschaft** im gesamten **Ostseeraum**. Damit konnte der territoriale Anschluss an Mitteleuropa gewonnen werden. Russland hatte sich zu einer europäischen Macht entwickelt und die östliche Grenze Europas bis zum Ural-Gebirge erweitert.

Katharina II. – Die Herrschaft der „großen Zarin"

Unter den Nachfolgern PETERS DES GROSSEN nahm der Einfluss der Ausländer weiter zu: Minister und oberste Ratgeber am Hof kamen aus dem Westen. Zarentöchter heirateten europäische Prinzen, und als PETER III., der Enkel PETERS I., ermordet wurde, kam seine Witwe **KATHARINA II.** (1762–1796) auf den russischen Kaiserthron. Sie empfand sich als eine Anhängerin der **Aufklärung**. KATHARINA ließ dem **Adel alle Vorrechte** im Staat. Die Grundherren beuteten erbarmungslos ihre Leibeigenen aus. Verzweifelte **Bauernaufstände** wurden blutig niedergeschlagen. Die versprochene **Verfassung** und die neuen **Gesetze** kamen nicht zustande. Die Macht der Zarin blieb unbeschränkt.

KATHARINA II. (1762–1796) – russische Zarin (Prinzessin SOPHIE FRIEDERIKE AUGUSTE von Anhalt-Zerbst)

▶ Der **westliche Einfluss** brachte, neben Wissenschaft und Technik, neue **politische Ideen** nach Russland. Danach sollte das Zarenreich eine **Verfassung** erhalten, alle Bürger sollten den gleichen Gesetzen unterworfen sein, die Reichen sollten arme Bürger nicht mehr unterdrücken, Beamte ihre Amtsstellungen nicht mehr zum eigenen Vorteil missbrauchen.

KATHARINA II. setzte die **Außenpolitik** PETERS I. fort. Im **Süden** führte sie **Krieg** gegen die **Türken,** die das nördliche Ufer des Schwarzen Meeres ganz verloren. Im **Osten** besetzten **Kosaken** weitere Teile **Sibiriens**. Zur **Urbarmachung** neuer Regionen und Gebiete lud sie freiwillige Siedler nach Russland ein. Der Offerte mit Landschenkungen und Vergünstigungen folgten auch Familien aus **Deutschland**.

▶ Diese Deutschen sind die Vorfahren der „**Russlanddeutschen**", die seit 1990 als Aussiedler verstärkt in die „historische Heimat" zurückkehren.

> Mit der Hinwendung zu Europa nahm die wirtschaftliche Entwicklung Russlands unter **PETER I.** und **KATHARINA II.** einen enormen Aufschwung. **Russland** war eine **europäische Großmacht** geworden.

7.7.5 Streit und Krieg und Tradition – europäische Konflikte im 18. Jahrhundert

Der Nordische Krieg

PETER DER GROSSE führte Feldzüge gegen die Türken und gegen Schweden, das seit dem Dreißigjährigen Krieg zwar die Ostsee beherrschte,

7 Von der Reformation bis zum Absolutismus

> Für PETER DEN GROSSEN war dieser Sieg die Grundlage des russischen Aufstiegs: „Jetzt erst ist Petersburg festgegründet mit Gottes Hilfe."

sich aber mit seinen Nachbarn verfeindet hatte. Mit dem **sächsischen Kurfürsten** AUGUST DEM STARKEN, der zugleich König von Polen war, schloss PETER ein Bündnis, um den jungen **Schwedenkönig** KARL XII. zu überfallen. PETER konnte zunächst die baltischen Länder erobern, musste aber eine Niederlage bei Narwa 1704 hinnehmen. KARL XII. entsandte Truppen nach Russland, bevor PETER seine Armee wieder bereitstellen konnte. KARL griff die Russen an und schlug den fünffach stärkeren Gegner. Vier Jahre später beschloss KARL, nach Moskau zu marschieren. Auf dem **Schwedenzug** nach Moskau schlug ein neu formiertes Zarenheer **1709** die schwedische Armee bei Poltawa. Schweden erholte sich nie wieder von diesem Schlag. Der **Nordische Krieg** mit den Schweden dauerte (mit Unterbrechungen) 20 Jahre lang und endete zwischen 1719 und 1721 durch mehrere **Friedensschlüsse.** Schweden verlor fast den gesamten Besitz in Deutschland: Bremen und **Verden** an **Hannover, Vorpommern** bis zur Peene an **Preußen.** Bedeutende Häfen sowie **Ingermanland, Estland, Livland** und fast ganz Karelien fielen an PETER I.

> **Livland** ist das Gebiet zwischen **Rigaer Meerbusen** und **Peipussee.**

> Schweden verlor die **Vormachtstellung** im Ostseeraum. Die **Vorherrschaft** im gesamten Ostseeraum übernahm **Russland.**

Der Spanische Erbfolgekrieg

> Die Engländer stimmten zu, dass KARL VI. spanischer König wurde, allerdings durften Spanien und Frankreich niemals in einer Hand vereinigt werden. An **Österreich** fielen zum Ausgleich die spanischen Niederlande, Mailand, Neapel und Sardinien. **England** bekam die französischen Besitzungen Neufundland, Neuschottland und die Länder um die Hudsonbai.

Als im Jahr 1700 der letzte habsburgische König in Spanien starb, rief LUDWIG XIV. seinen Enkel zum Nachfolger aus und schickte ihn mit französischen Truppen nach Madrid. Darauf brachte der englische König WILHELM VON ORANIEN ein großes Bündnis zwischen **England, Holland** und **Österreich** zusammen, dem sich viele Fürsten anschlossen. In ganz Europa wurde gekämpft (1701–1714). Militärverbände des deutschen Kaisers und Englands kämpften in den Niederlanden, in Süddeutschland und am Oberrhein. Auch in Oberitalien und in Spanien wurde gekämpft. Die Engländer wollten unter allen Umständen erreichen, dass Spanien unabhängig blieb. Die Engländer nahmen Gibraltar ein. Dann setzten sie die blutigen Auseinandersetzungen auf dem Ozean und in den Kolonien fort. Es war der erste große **See- und Kolonialkrieg.** Als die Habsburger den deutschen Kaiser KARL VI. auch zum spanischen König machen wollten, schloss die englische Regierung in **Utrecht Frieden** mit den Franzosen **(1713).**

> Das Ergebnis des Krieges war, dass es der **britischen Politik** gelungen war, den Grundsatz des **europäischen Gleichgewichts** durchzusetzen. Er beeinflusst bis zum heutigen Tag die europäische Politik.

> 1700 wurde PHILIPP VON ANJOU durch LUDWIG XIV. zum spanischen König ausgerufen. 1704 ernannten die Habsburger den österreichischen Erzherzog KARL III. zum Gegenkönig.

Der Siebenjährige Krieg 1756–1763

1740 kam MARIA THERESIA aufgrund der nicht von allen Fürsten anerkannten „Pragmatischen Sanktion" auf den österreichischen Thron. Im gleichen Jahr wurde FRIEDRICH II., der Große, König von Preußen und eroberte kurz entschlossen Schlesien (1. Schlesischer Krieg 1740-1742). Zwei Jahre später verteidigte er im 2. Schlesischen Krieg (1744-45) diesen territorialen Zugewinn. Im 3. Schlesischen Krieg, auch Siebenjähriger Krieg (1756 – 63) genannt, versuchte MARIA THERESIA Schlesien zurückzuerobern. England, das in Nordamerika und Indien schon einige Jahre schwelenden weltweiten **Kolonialkrieg** gegen Frankreich führte, verbündete sich jetzt mit Preußen. Österreich kämpfe zusammen mit Frankreich, Russland, Sachsen, Bayern und Schweden gegen FRIEDRICH II., um Schlesien zurück zu gewinnen. Der plötzliche Tod der russischen Zarin ELISABETH (1762) rettete Preußen vor der drohenden Niederlage. Der russische Thronfolger PETER III., ein Verehrer FRIEDRICHS II., schied sofort aus dem Krieg aus. Im **Frieden von Hubertusburg** (1763) verzichtete MARIA THERESIA schließlich auf Schlesien.

Die „Adelsrepublik" Polen und ihre Teilung

Die **polnische Monarchie** war seit dem 17. Jh. durch die bestimmende Rolle des Adels eingeschränkt. Das führte in Polen jedoch nicht wie in England zu einer parlamentarischen Ordnung. Die Masse des polnischen Volkes war politisch rechtlos: Zwei Drittel der Bevölkerung waren leibeigene Bauern; das Bürgertum war kaum entwickelt. Hinzu kam, dass Polen religiös gespalten war. 1772 marschierten die Großmächte **Preußen, Russland** und **Österreich** in das innerlich zerrissene Polen ein. Sie wollten auf Kosten des Schwächeren ihre Länder vergrößern. In diesem ersten Krieg verlor Polen 30 % seines Gebietes und 40 % der Bevölkerung. 1793 erfolgte die **zweite polnische Teilung,** nachdem Preußen und Russland gegen die **polnische Staatsreform** militärisch interveniert hatten. Das verbliebene heterogene Gebiet wurde am 24. Oktober 1795 endgültig zwischen den drei Mächten aufgeteilt (dritte polnische Teilung; ↗ S. 283, Karte).

7.7.6 Das Barock in Europa: Lebensweise, Baukunst und Musik

▶ Seit 1680 fanden sich derartige Bauwerke auch in den katholischen Gebieten des Deutschen Reiches.

Die Stilrichtung des **Barocks** entwickelte sich am Ende des 16. Jh. in Italien. Vor allem die **katholische Kirche** zeigte mit prunkvollen Bauten in der neuen Stilrichtung ihre nach den Glaubenskriegen wiedergewonnene Stärke. Die Fürsten wollten es in ihren Residenzen dem Vorbild LUDWIGS XIV. gleichtun.

Den **Repräsentationswillen** der Könige, Fürsten und Grafen unterstützte der neue Baustil. Garten- und Parkanlagen, Stadtpaläste und Schlösser, Kirchen und Klöster im barocken Stil dienten vorrangig der **Selbstdarstellung** der Herrscher. Durch die Stiltreue zu Frankreich und Italien sollte die Zugehörigkeit zu den Reichen Europas betont werden.

Deutlich erkennbar sind die Verbindungen aus erhabenem **Prunk** und eleganter **Verzierung**, aus lebhaften **Bewegungen** und großartiger **Symmetrie**. **Eleganz** stand für eine verfeinerte Empfindung.

7.7 Aufgeklärter Absolutismus

Dresdner Zwinger – Residenz AUGUSTS DES STARKEN

▶ Kritiker nannten den Stil abwertend „barock" (unregelmäßige Perle), weil er die ausgewogenen Regeln der römischen und griechischen Architektur missachtete.
Die Formen des **Barocks** sind keineswegs unregelmäßig, sondern ein streng aufeinander bezogenes geometrisches Formenspiel.

Der **Barock wurde etwa 1720** zum **Rokoko** weiterentwickelt. Der Begriff des Barocks wurde später auch auf die Dichtung (OPITZ), Theater und Malerei (RUBENS), Bildhauerkunst (BERNINI), Musik (BACH, VIVALDI) und Tanz jener Zeit übertragen.

Der hohe Adel und die reichen geistlichen Orden in Österreich übertrafen in ihrer Bautätigkeit sogar den Kaiser als Bauherrn. Seit der Wende zum 18. Jh. überwogen einheimische Fachleute, die das Kaiserschloss Schönbrunn und die Karlskirche in Wien (J. B. FISCHER V. ERLACH), das Schloss Belvedere (L. V. HILDEBRAND) sowie prachtvolle Klöster (J. PRANDAUER) errichteten.
Wien wurde neben Paris zum bedeutendsten Mittelpunkt der Künste in ganz Europa. Die musikalische Tradition von Wien wurde gegen Ende des 18. Jh. von den Komponisten der Klassik JOSEPH HAYDN, WOLFGANG AMADEUS MOZART und LUDWIG VAN BEETHOVEN zu ihrer höchsten Vollendung gebracht.

Vierzehnheiligen – barocke Kloster- und Wallfahrtskirche bei Staffelstein in Oberfranken am Main

Bayern und **Österreich** galten als **Zentren** des **Barockstils,** aber auch der **Zwinger** in **Dresden** ist ein imposantes Beispiel.

Europa zwischen dem 15. und dem 18. Jahrhundert

um 1440	Erfindung des Buchdrucks mit beweglichen Lettern durch JOHANNES GUTENBERG
1483–1546	MARTIN LUTHER
1517	MARTIN LUTHER verfasst die 95 Thesen zum Ablasshandel Beginn der Reformation
1521	Wormser Edikt: Über LUTHER wird die Reichsacht verhängt
1522	Übersetzung des Neuen Testaments durch MARTIN LUTHER ins Deutsche, hiermit leistete LUTHER einen wichtigen Beitrag zur Vereinheitlichung der deutschen Schriftsprache
1524–1525	Bauernkriege
1555	Augsburger Religionsfrieden, das Nebeneinander der katholischen und der evangelischen Religion wird bestätigt
1572	Bartholomäusnacht in Paris, etwa 3000 Hugenotten werden ermordet
1587	Gründung der Republik der Vereinigten Niederlande
1618–1648	Dreißigjähriger Krieg: Das Heilige Römische Reich deutscher Nation wird zu einem Schlachtfeld
1631	Zerstörung Magdeburgs durch kaiserliche Truppen unter dem Feldherrn TILLY
1648	Der Westfälische Frieden beendet die Religionskämpfe und den Dreißigjährigen Krieg
1661–1715	Regierungszeit LUDWIGS XIV.: Absolutismus in Frankreich
1700–1721	Nordischer Krieg: Russland erringt die Vorherrschaft im Ostseeraum
1740–1788	Regierungszeit FRIEDRICHS II. (des Großen)
1756–1763	Siebenjähriger Krieg
1763	Allgemeine Schulpflicht für Landschulen in Preußen
1781	Aufhebung der Leibeigenschaft und der Frondienste in Österreich
1794	Allgemeines Landrecht für die preußischen Staaten
1772/1793/ 1795	Polnische Teilungen: Die Großmächte Preußen, Russland und Österreich teilen die Gebiete der einstigen Adelsrepublik Polen unter sich auf.

Wissenstest 7   auf **http://wissenstests.schuelerlexikon.de** und auf der DVD

Das Zeitalter bürgerlicher Revolutionen | 8

8 Das Zeitalter bürgerlicher Revolutionen

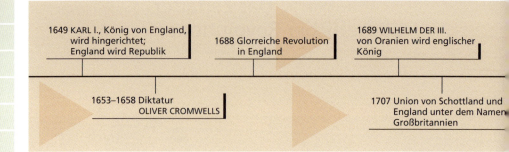

8.1 Die Revolution in England und die Entstehung der USA

8.1.1 Der Kampf zwischen Krone und Parlament

▶ **Opposition:**
allgemein: Gegnerschaft zur Regierung oder zum herrschenden System.
Im engeren Sinn: Abgeordnetengruppe im Parlament, die nicht die Regierung bilden kann. Sie kontrolliert die Regierung, arbeitet Gegenvorschläge zu Regierungsvorlagen aus, unterstützt aber auch die Regierung bei Übereinstimmung.

Ein Haus mit „Oben und Unten" – Traditionen des englischen Parlamentarismus

Seit dem späten Mittelalter lösten sich die meisten Herrscher in Europa vom Einfluss des hohen Adels und der Geistlichkeit.
Im Verlauf des 17. Jh. büßten z. B. die **Parlamente** in **Frankreich** ihren Einfluss ein.

In **England** blieb dagegen die Tradition der ständischen Mitbestimmung, die sich auf die **„Magna Charta" von 1215** zurückführen lässt, lebendig.

Im **englischen Parlament** waren der Hochadel im **„Oberhaus"** (House of Lords) und die Grafschaften, Städte, Gutsbesitzer und reichen Kaufleute im **„Unterhaus"** (House of Commons) vertreten. Nach dem Grundsatz: *„Was alle berührt, soll auch von allen gebilligt werden"*, hatte das Parlament sein **Mitspracherecht** auszudehnen vermocht. Beschlüsse wurden fast nur im Interesse der wohlhabenden Adligen und der Bürger getroffen: was ihnen nützte, sollte geschehen. Oft fielen die Entscheidungen erst nach langen Debatten, die zwischen den Anhängern der Regierung und der **Opposition** geführt wurden.

Krone und Parlament ringen um die Macht

Im 16. und 17. Jh. missachteten die englischen Könige weitgehend das Mitspracherecht des Parlaments. Nur selten riefen sie das Parlament zusammen: Königin ELISABETH I. (1558–1603) (Bild) in 45 Jahren nur zehnmal, König **KARL I.** (1625–1649) von 1629 bis 1640 überhaupt nicht. In diesen elf Jahren versuchte KARL I., ohne Mitwirkung des Parlaments **absolut** zu regieren. Da sich aber viele Bürger weigerten, Steuern zu zahlen, die das Parlament nicht bewilligt hatte, und er für den **Krieg**

KARL I. (1600–1649)

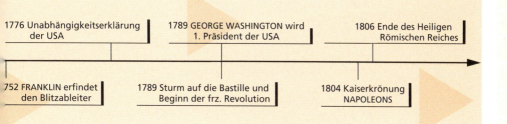

gegen Schottland dringend Geld brauchte, musste der König das Parlament 1640 wieder einberufen.
KARL I. brauchte die Unterstützung des Parlaments zur Finanzierung seiner ehrgeizigen **Außenpolitik**. Die Parlamentsvertreter nutzten diese Notlage, um ihre Forderungen durchzusetzen: **1628** erhielten sie in der „**Petition of Rights**" ihre alten **Vorrechte** bestätigt. Der Versuch des Königs, den Einfluss des Parlaments mit Gewalt zu beschneiden, führte zum Bürgerkrieg, weil die im Unterhaus vertretenen Gruppen der Bevölkerung zu stark geworden waren.

Erfolge des Parlaments

Das Parlament fügte sich den Wünschen des Königs nicht mehr. Einige Parlamentsmitglieder widersetzten sich sogar offen dem König. Im Januar 1642 erschien KARL I. während einer Parlamentssitzung an der Spitze von 400 Bewaffneten im Unterhaus, um die Wortführer des Parlaments zu verhaften, musste aber feststellen, dass die gesuchten Abgeordneten geflohen waren. Es war das erste Mal und blieb das einzige Mal in der englischen Geschichte, dass ein König das Unterhaus betrat.

▶ 1640/41 konnten folgende **Rechte** durchgesetzt werden:
– Das Parlament darf vom König nicht mehr aufgelöst werden.
– Alle Steuern müssen vom Parlament genehmigt werden.
– Alle königlichen Ämter werden aufgehoben.

Zwischen Umwälzung und Diktatur – Bürgerkrieg und Revolution

Der offene Kampf zwischen König und Parlament war unvermeidlich geworden. Die Anhänger des Königs nannten die Auflehnung des Parlaments gegen die Krone eine „**Rebellion**", eine Verschwörung einiger Weniger. Es handelte sich aber um eine **Revolution**, die die bisherige Machtverteilung im Staat grundsätzlich infrage stellte.
Der **Machtkampf** zwischen **König** und **Parlament** verschärfte sich und spaltete das Land in zwei Lager: die **Partei des Königs** und die **Partei des Parlaments**. Die meisten Adligen, die Bischofsstädte und die Katholiken

in der Bevölkerung hielten zum König, die Parlamentspartei wurde vor allem vom **puritanischen Bürgertum** in den Handelsstädten und in London unterstützt.

Als **Sprecher** des **Parlaments** taten sich die Vertreter des Landadels – der **Gentry** – und vermögende **Kaufleute** der Londoner City hervor. Nicht nur politische und wirtschaftliche Interessen, wie der Kampf um Freiheit und Eigentum, verbanden die Königsgegner, sondern auch religiöse Motive.

> Die Forderung an den König zielte auf eine **Machtbeschränkung** der **anglikanischen Kirche** und auf einen verminderten Einfluss der **Krone** ab.

In der ersten Schlacht entging das Heer des Parlaments mit knapper Not einer schweren Niederlage. In der Notlage des Parlamentsheeres trat **OLIVER CROMWELL**, ein adliger Abgeordneter aus der ostenglischen Grafschaft Norfolk, auf den Plan. CROMWELL war von tiefem puritanischem Sendungsbewusstsein erfüllt und zählte zur radikalen Gruppe der **Independent**. Aus diesen Kreisen rekrutierte er eine kampfentschlossene Elitetruppe (Ironsides = Eisenseiten) und führte sie im weiteren Verlauf des Krieges zum Sieg. KARL I. geriet in Gefangenschaft und wurde 1647 nach London verbracht. Die radikalen Abgeordneten verurteilten den König wegen Hochverrats zum Tode.

> **KARL I.** wurde 1649 öffentlich **hingerichtet. England** wurde zur **Republik** erklärt, welche Irland und Schottland nicht anerkannten.

▶ **Independent,** engl. = unabhängig, der Unabhängige
Sie traten für die Trennung von Kirche und Staat und freie Religionsausübung in unabhängigen Gemeinden ein.

▶ Es war ein für die damalige Zeit „unerhörtes Ereignis", dass ein gesalbter und gekrönter König hingerichtet wurde.

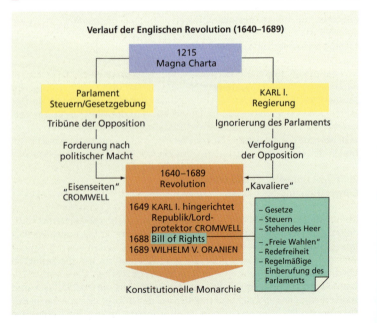

Verlauf der Englischen Revolution (1640–1689)

Das Misstrauen der unzufriedenen Armee gegenüber dem Parlament und der Londoner City war mit der Hinrichtung des Königs und der Abschaffung der Monarchie nicht beseitigt. Die empörten Mannschaften wählten in allen Regimentern **Soldatenräte**, die dem Befehl zur Auflösung nicht Folge leisteten. Außerdem brachten die verschiedenen religiösen Gruppen untereinander keine Toleranz auf.

Wegen ihrer Forderung nach **Gleichheit** aller Bürger vor dem Gesetz nannte man sie im Volk die **Levellers** – die **„Gleichmacher"**. Ihre Gegner behaupteten, die „Gleichmacher" verlangten für alle Menschen gleichen Besitz und gleiches Einkommen. Vergeblich wehrten sich die Levellers gegen diese Entstellungen. CROMWELL ließ sie verfolgen und ins Gefängnis werfen. Viele waren von den Ergebnissen der Revolution enttäuscht, weil der Bürgerkrieg den Brotbeutel der armen Bürger am härtesten traf. Aber das Ansehen und der Wunsch nach Ruhe und Ordnung ermöglichten CROMWELL, ab 1653 als **Lordprotektor**, eine religiös begründete **Militärdiktatur** zu errichten und England nach den Grundsätzen einer streng **puritanischen Sittenordnung** umzugestalten. Das Parlament verlor seine Rechte. Erfolgreiche Seekriege gegen Holland und Spanien festigten seine Stellung. Er unterwarf Schottland und brach mit grausamer Härte den Widerstand des Volkes von **Irland**, das am katholischen Glauben festhielt.

> Der **Konflikt** in **Nordirland** ist der heute noch andauernde Rest des Kampfes zwischen vorwiegend **protestantischen Engländern** und vorwiegend **katholischen Iren**.

▶ Gefährlicher noch als die Auseinandersetzung zwischen den religiösen Gruppen erschien CROMWELL und seinen Gesinnungsgenossen in der Armee, dass zahlreiche Soldaten und Handwerker politische Forderungen verbreiteten.

OLIVER CROMWELL (1599–1658)

Die **Diktatur CROMWELLS** blieb ein kurzes Zwischenspiel in der Geschichte Englands. Der Widerstand des Parlaments hatte erst nach dem Tod CROMWELLS 1658 Erfolg. Mit **KARL II.** als Thronerben wurde die **Monarchie** 1660 wieder hergestellt.

> Die Grundsätze eines freiheitlichen **Verfassungsstaates** wurden in der **„Glorious Revolution"** festgeschrieben, womit England zum **politischen Vorbild** der Kritiker des Absolutismus wurde.

Die „Glorreiche Revolution" von 1688

KARL II. konnte nicht so uneingeschränkt regieren wie sein Vater KARL I. Er musste allen Religionen Gewissens- und Straffreiheit garantieren, einem Parlamentsgesetz zustimmen, das Katholiken von öffentlichen Ämtern ausschloss und die radikalpuritanischen Sekten zwang, sich der anglikanischen Kirchenordnung zu unterwerfen. Er regierte daher von 1681 bis 1685 ganz ohne Parlament. Unter KARL II. flammte der Streit mit dem Parlament wieder auf. Sein Nachfolger, **JAKOB II.**, besetzte trotz der **Testakte** wichtige Ämter in Staat, Kirche und Armee mit Katholiken. Das Land stand erneut vor der Gefahr blutiger Unruhen. Doch das Parlament kam einem neuen Bürgerkrieg durch rasches Handeln zuvor. Drei Jahre nach der Thronbesteigung musste König JAKOB II. 1688 nach Frankreich fliehen. Die Krone wurde seinem Schwiegersohn, dem protestantischen

▶ Um den katholischen Einfluss auszuschließen, beschloss das Parlament 1673 ein Gesetz, die Testakte, nach dem Katholiken von zivilen und militärischen Ämtern ausgeschlossen wurden. Es blieb bis 1828 in Kraft. Auf der Erfolgsseite konnte das Parlament 1679 die „Habeas-Corpus-Akte" verbuchen – ein wichtiges Gesetz zur Verhinderung königlicher Willkür und ein Dokument für unsere heutige **Rechtsordnung**.

8 Das Zeitalter bürgerlicher Revolutionen

▶ Mit den Worten: *„Für ein freies, gesetzliches Parlament"* betrat Wilhelm englischen Boden, ohne auf Widerstand zu stoßen.

▶ Die auch **„Bill of Rights"** genannte Erklärung vom Dezember **1689** gilt als eine Art **Grundvertrag** zwischen Krone und Parlament. Darin werden die Rechte des Königs eingegrenzt und die des Parlaments festgesetzt.

▶ Auf die **Tories** geht die heutige Konservative Partei zurück. Aus den **Whigs** wurde im 19. Jh. die Liberale Partei.

▶ **Waren:** Gewürze, Arzneimittel, Parfüms und Juwelen der indisch-ostasiatischen Welt; Gold, Elfenbein, Sklaven und fremde Tiere Afrikas; Edelmetalle, Perlen und indianische Exotika Amerikas. Amerika wurde auch bald der Hauptlieferant der besonders in England aufblühenden Baumwollindustrie.

▶ Der Name Virginia bezog sich auf die unverheiratete englische Königin ELISABETH I. und bedeutete „Jungfrauenland".

Prinzen **WILHELM III. VON ORANIEN** (1650–1702), dem Generalstatthalter der Vereinigten Niederlande, übergeben. Vor der Königskrönung im November 1689 beschwor WILHELM in der **„Declaration of Rights"** die Rechte und Freiheiten des Parlaments.

Die Gewalten im Staat teilten sich: die **gesetzgebende Gewalt (Legislative)** übte das Parlament aus, das Gesetze beschloss und die königlichen Minister kontrollierte. Die **ausführende Gewalt (Exekutive)** waren der **König** und die **Regierung.**

Das Parlament vergab die Königswürde. Der **König** war das Staatsoberhaupt, unterstand aber wie jeder Bürger Recht und Gesetz.

1696 folgte der Glaubensfreiheit auch die Pressefreiheit.

Die soziale Zusammensetzung des Parlaments blieb jedoch fast unverändert. Etwa 91 % der erwachsenen Bevölkerung blieben ohne Wahlrecht. Schon vor der **Glorreichen Revolution** waren zwei politische Hauptrichtungen im Parlament entstanden. Die einen lehnten Widerstand gegen die oberste königliche Gewalt ab und traten für ein enges Bündnis zwischen Staat und anglikanischer Kirche ein. Diese Parlamentsvertreter nannten sich **Tories.** Die anderen, die **Whigs,** setzten sich stärker für den Vorrang des Parlaments ein und für Glaubensfreiheit der verschiedenen protestantischen Richtungen.

> Die unblutige Revolution brachte eine „gemäßigte" **(konstitutionelle)** Monarchie hervor, aber noch keine parlamentarische Regierung im modernen Sinn.

Wirtschaft und Kolonialpolitik Englands

Im Auftrag der englischen Krone machten englische Seeleute weite Entdeckungsfahrten. Englische Händler und Siedler schufen Niederlassungen an den Küsten Nordamerikas, Afrikas und Indiens (↗ S. 231).

Gegen Holland führte der englische Staat so lange Handelskriege, bis die Holländer nachgaben und **England** die **Vorherrschaft** zur **See** überließen. Hinsichtlich der Waren interessierten Kostbarkeiten.

8.1.2 Europäische Kolonien in Amerika

Auswanderung und Besiedlung: Motive und Bedingungen

Seit der Zeit der Entdeckungsfahrten waren Spanien, Portugal, Holland, England und Frankreich die fünf wichtigsten europäischen Seefahrerstaaten, die Kolonien und überseeische Reiche gründeten. Alle fünf betrieben auch in Amerika aktive **Kolonialpolitik.** Nordamerika wurde im 16. Jh. zunächst durch **Spanier** von Mexiko aus an der Westküste und durch **Franzosen** im Gebiet des heutigen Kanada besiedelt. Die **englischen Kolonisten** siedelten an der Ostküste. **Portugal** errichtete an der Ostküste Südamerikas Kolonien. **Holland** schickte ebenso wie Frankreich und England Schiffe zur Erkundung der Küsten Nordamerikas. 1584 landete der englische Seefahrer WALTER RALEIGH an der Ostküste Nordamerikas und nannte das neue Siedlungsland **„Virginia".**

Spätere Siedler gründeten dort 1606 die erste englische Kolonie auf nordamerikanischem Boden. Den **Entdeckern** und den **Kaufleuten** folgten die **Auswanderer** aus Europa.

Zwar gab es auch in Amerika Rangordnungen, doch weniger **soziale Ungleichheit** als in Europa. Harte und regelmäßige Arbeit konnte zu bescheidenem Wohlstand führen.

Kolonialwirtschaft und Sklaverei

Über neun Zehntel aller Siedler in den englischen Kolonien waren Landwirte.

> Die **Kolonien** sollten einen großen **Gewinn** bringen und hatten deshalb zwei Aufgaben zu erfüllen: **Rohstoffe** zu liefern, die dem Mutterland fehlten, und **Fertigwaren** zu kaufen, die in England hergestellt worden waren.

Entscheidende Faktoren für die Zunahme englischer Kolonisten sowie für ihren gewachsenen Wohlstand waren ihre Herkunft, ihr hohes Maß an Selbstverwaltung und ihre vorwiegend calvinistische Wertschätzung von Arbeit und wirtschaftlichem Erfolg.

Ein besonderes Geschäft war der **Sklavenhandel.**

> Erst im Ergebnis des **Bürgerkrieges** 1861–1865, in dem die **Nord-** gegen die **Südstaaten** kämpften, wurde die **Sklaverei abgeschafft.** Alle Schwarzen erhielten das Wahlrecht – das **Rassenproblem** war aber damit noch für lange Zeit nicht gelöst.

8.1.3 Vom Bündnis zum Bundesstaat – die Entstehung der Vereinigten Staaten von Amerika

Nordamerika auf dem Weg zur Unabhängigkeit

Die Nachrichten von Englands „Glorreicher Revolution" (↗ S. 293) fanden in den englischen Kolonien an der Küste Nordamerikas begeisterte Zustimmung. Sie sahen in der **Niederlage** des **Absolutismus** einen Sieg ihrer eigenen Ideen und Ziele. Der enge Zusammenhalt der Kolonien mit dem Mutterland erschien gefestigter.

Seit Ende des Siebenjährigen Krieges 1763 verschlechterten sich die Beziehungen. Die Kolonien sollten durch **Steuern** ihren Teil zum Ausgleich der Staatsfinanzen leisten.

Unruhen unter den Kolonisten zwangen die englische Regierung, die Zollsätze für einige Waren aufzuheben. Nur der Teezoll blieb bestehen. Vertreter aller Kolonien versuchten auf dem **Ersten Kontinentalkongress** 1774 in Philadelphia, eine Einigung mit dem Mutterland zu erreichen. Die starre Haltung der englischen Vertreter verhinderte einen Kompromiss.

▶ Vor allem die elenden Lebensbedingungen und die Armut des europäischen Alltags waren **Auswanderungsmotive.** In Amerika fehlten adlige Grundherren, feudale Lasten und bäuerliche Abhängigkeit. Selbst der geringste weiße Kolonist hatte noch die rechtlose Masse der aus Afrika stammenden schwarzen Sklaven unter sich.

▶ Unter schrecklichen Bedingungen wurden die Sklaven aus Afrika nach Nordamerika verschifft. Acht bis zehn von hundert starben während des Transportes. Seit 1790 lebten in manchen Kolonien mehr als 590 000 Negersklaven.

▶ Im Juni **1777** beschloss eine Resolution die Schaffung einer **Nationalflagge.** Die rot-weißen Streifen standen für die 13 Gründerstaaten. Die Anzahl der Sterne wuchs mit der Aufnahme neuer Bundesstaaten (zuletzt Hawaii als 50. Staat).
Rot symbolisiert Freiheit und Heldenmut, weiß steht für Hoffnung und Rechtschaffenheit, blau für Treue, Gottesfurcht und Wahrheit.
Der US-Feiertag „Flag-Day" ist jener 14. Juni.

Der **Zweite Kontinentalkongress** hatte die zur Trennung von England bereiten Kolonien aufgefordert, sich eine Verfassung zu geben. Virginia erarbeitete unter Berücksichtigung des englischen Vorbilds und der Ideen der Aufklärer eine Verfassung, die **„Virginia Bill of Rights",** die erstmals einen Katalog von Menschenrechten enthielt. Außerdem verfasste ein Komitee die Unabhängigkeitserklärung. Entworfen wurde sie von THOMAS JEFFERSON. Die Unterzeichnung fand am **4. Juli 1776** in Philadelphia statt. Das war die **Geburtsstunde** der **Vereinigten Staaten von Amerika.**
Im Herbst 1777 entstand ein **loser Bund** aus dreizehn Staaten, den Großbritannien im **Frieden von Versailles 1783** als „United States of America" (USA) anerkannte. Mithilfe Frankreichs hatten die USA ihre Unabhängigkeit gegen Großbritannien erkämpft. Der Staatenbund erhielt den gesamten englischen Kolonialbesitz in Nordamerika mit Ausnahme Kanadas und der Nordküste des Golfs von Mexiko.

Staatenbund oder Bundesstaat – die erste Verfassung der USA

Nach dem Krieg waren aus den Kolonien dreizehn Staaten geworden, die nur der Kongress zusammenhielt. Einigkeit bestand 1787 über den Entwurf einer **Bundesverfassung.**

> **1789** trat die Verfassung in Kraft. Grundrechte der **„Virginia Bill of Rights"** wurden Teil der Verfassung. **Erster Präsident** der **USA** wurde **GEORGE WASHINGTON,** der siegreiche Feldherr des Unabhängigkeitskrieges.

Die neue Regierungsform stand im Gegensatz zu allen Regierungsformen der damaligen Zeit.

Das Schicksal der Indianervölker

Seit mehr als 10 000 Jahren lebten in Nordamerika Menschen mit einer rötlichen Hautfarbe, die von den Europäern **Indianer** genannt wurden. Sie hatten sich, seit sie vor Urzeiten über die Beringstraße eingewandert waren, im Lauf der Zeit weit verstreut über den ganzen Kontinent ausgebreitet.
Die einzelnen Indianerstämme lebten z. T. unabhängig voneinander, vielfach aber auch in Rivalität und Feindschaft. Sie hatten unterschiedliche Sprachen und Lebensweisen. An der **Ostküste** wohnten sie als **sesshafte Bauern** in einfachen Hütten. Sie bauten Mais, Gemüse sowie Tabak an und gingen zur Jagd oder fischten. Im **Innern** des Landes war das Zelt ihre Behausung, denn sie lebten als **Nomaden** fast ausschließlich von der **Büffeljagd.**
Die Begegnung mit dem „weißen Mann" brachte den Indianern unbekannte **Krankheiten,** gegen die sie nicht immun waren und die deshalb viele Indianer das Leben kosteten. Dennoch standen sich weiße Siedler und rote Ureinwohner nicht von Anfang an kriegerisch gegenüber. Ohne den **Tauschhandel** mit den Indianern hätten viele Siedlungen kaum überlebt. Die **Siedler** lernten von den Indianern den Anbau von Mais sowie anderer Pflanzen und tauschten Schmuck, Waffen und Alkohol gegen

GEORGE WASHINGTON (1732–1799)

▶ Die neu erbaute Bundeshauptstadt am Potomac erhielt wenig später seinen Namen: Washington D. C. (District of Columbia). Seit 1800 ist sie Hauptstadt der USA.
Mit ihrer **Verfassung** wurden die USA der erste moderne demokratische Bundesstaat der Geschichte. Erstmals beruhte eine Verfassung auf den 1776 verkündeten uneinschränkbaren **Menschenrechten.**

Lebensmittel und Pelze. Erst als der Zustrom der Siedler kein Ende nahm und die Indianer ihre angestammten **Jagdgründe** bedroht sahen, setzten sie sich zur Wehr. Der Überlebenskampf zwischen den Ureinwohnern und den Neuankömmlingen begann.
Die ersten **Siedlerfamilien** ließen sich an frei gewählten, günstigen Plätzen nieder und lebten als „**Squatter**" von der Jagd und dem Feldbau oder als „**Rancher**" von der Viehzucht. Zahlenmäßig am stärksten war die dritte Siedlungswelle, die der **Farmer**.
Die „**Trapper**" lebten als Jäger und Fallensteller ohne festen Wohnsitz vom Pelzhandel. Sie arbeiteten mit den Indianern zusammen und dienten den ankommenden Siedlern oft als Führer ihrer „Trecks".
Mit ihnen kamen Handwerker, Kaufleute und Geldverleiher. Sie bauten Schulen, Kirchen, Saloons und wählten Sheriffs.
Beflügelt vom **Pioniergeist**, entwickelte sich das Sendungsbewusstsein der weißen Amerikaner. Schwierigkeiten zu bewältigen hieß für sie, im ständigen Kampf gegen die Indianer zu bestehen. Bestätigt fühlten sie sich auch durch das enorme Tempo, in dem das riesige Land durch die Dampfschifffahrt und vor allem den Eisenbahnbau erschlossen wurde.

▶ Im „**French and Indian War**" (Britisch-französischer Kolonialkrieg; 1754/55–1763) kämpften Indianer auf französischer Seite gegen die verhassten Kolonisten und die mit ihnen verbündeten englischen Truppen.
In mehr als 30 großen **Indianerkriegen** und zahllosen kleineren Kämpfen wurden die Ureinwohner Amerikas weitgehend ausgerottet. Am Ende der Pionierzeit lebten nur noch etwa 200 000 Indianer in Nordamerika.

> Für die amerikanische Regierung galten die Indianer bis **1849** als Ausländer. Schrittweise immer weiter zurückgedrängt, bekamen die Indianer schließlich **250** verschiedene **Reservate** zugewiesen. Seitdem leben sie dort als **Randgruppe** der Gesellschaft. Erst **1924** erhielten die Indianer das volle **Bürgerrecht**.

8.2 Die Französische Revolution 1789

8.2.1 Ursachen der Revolution

> Die Unabhängigkeitserklärung der USA vom 4. Juli 1776 und die Französische Revolution markierten ein neues Zeitalter der Menschheit.

Chronik	Französische Revolution
Ab 1787	Hungersnot, Teuerungswellen und drohender Staatsbankrott untergraben das Absolute Regime.
5.5.1789	LUDWIG XVI. eröffnet die Versammlung der Generalstände, die einberufen wird, um Reformen zu beraten.
9.7.1789	Bildung der verfassunggebenden Nationalversammlung unter Beteiligung des ersten und zweiten Standes.
14.7.1789	Das Volk von Paris erstürmte die Bastille, nachdem Truppen bei Paris zusammengezogen wurden.
4.–26.8. 1789	Abschaffung der Vorrechte des Adels; Erklärung der Menschen- und Bürgerrechte – Freiheit, Gleichheit, Brüderlichkeit: Liberté: Freiheit des Einzelnen Égalité: Gleichheit der Bürger vor dem Gesetz Fraternité: Brüderlichkeit aller Menschen
3.9.1791	Neue Verfassung verkündet: Frankreich entwickelt sich zu einer konstitutionellen Monarchie; die königliche Macht wird gebrochen.
20.4.1792	Mit der Kriegserklärung an Österreich und Preußen kam Frankreich den alten Mächten zuvor; Beginn der französischen Revolutionskriege bis 1807; unter NAPOLEON napoleonische Kriege bis 1815.
ab 10.8.1792	Verhaftung der königlichen Familie; Sturm auf die Tuilerien; Konstituierung des frei gewählten Nationalkonvents
21.9.1792	Abschaffung der Monarchie und Ausrufung der Republik am 22.9.1792 durch den Nationalkonvent
21.1.1793	Hinrichtung LUDWIGS XVI.
ab Mai 1793	Jakobinerherrschaft; Diktatur des Wohlfahrtsausschusses unter MAXIMILIAN DE ROBESPIERRE und GEORGES DANTON
Juli 1794	Ende der Jakobinerdiktatur; Hinrichtung ROBESPIERRES; Auflösung des Jakobinerklubs

8.2 Die Französische Revolution 1789

ab 1795	Herrschaft des Direktoriums; liberale Verfassung im Interesse des Großbürgertums; Zensuswahlrecht
9.11.1799	Staatsstreich NAPOLEON BONAPARTES; Auflösung des Direktoriums NAPOLEON wird als Erster Konsul eingesetzt.
2.12.1804	NAPOLEON krönt sich zum Kaiser der Franzosen.

NAPOLEON BONAPARTE (1769–1821), ab 1804 Kaiser NAPOLEON I.

Ein üppiges Leben des französischen Feudaladels unter LUDWIG XVI. (1774–1792) und andauernde Kriege hatten Frankreich an den Rand des Ruins getrieben.

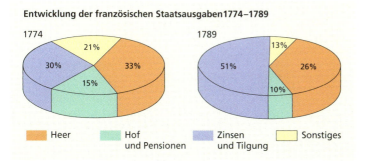

Nach Missernten 1787 und 1788 kam es in Frankreich zu Hungersnöten. Arbeitslosigkeit sowie steigende Brotpreise trieben das französische Volk zur Verzweiflung. Zu Beginn des Jahres 1789 zeigten sich erste Auflösungserscheinungen des Staates. Es kam zu Plünderungen von Lebensmitteln. Die wirtschaftliche Lage verschärfte sich durch einen Staatsbankrott.

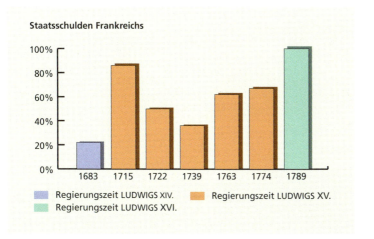

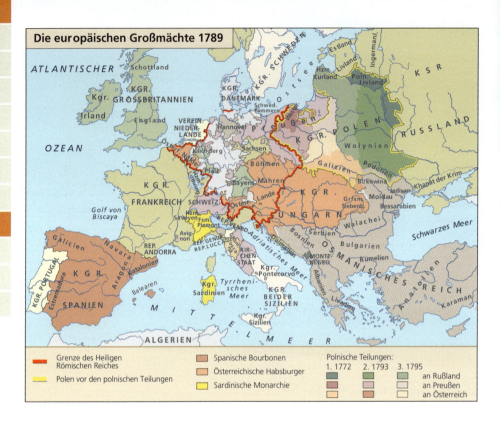

8.2.2 Vom absoluten Königtum zum Verfassungsstaat

▶ Die General-
stände trugen den
Charakter eines
Ständeparlamentes.
Sie setzten sich
zusammen aus der
Geistlichkeit, dem
Adel und den Bür-
gern als 3. Stand.

„Le Serment du
Jeu-de-Paume."
(Ballhausschwur), um
1840, von JACQUES-
LOUIS DAVID

Die Nationalversammlung – das neue Parlament

Der König sah sich gezwungen, nach mehr als 170 Jahren die Generalstände einzuberufen. Am 5. Mai 1789 traten die Generalstände zusammen. Der stimmenmäßig benachteiligte 3. Stand forderte, dass Abstimmungen „nach Köpfen" vorzunehmen seien. Er befürchtete nämlich, dass Steuererhöhungen allein zu seinen Lasten gehen würden. Als sich am 17. Juni die Abgeordneten des Dritten Standes mit großer Mehrheit zur Nationalversammlung erklärten, schloss der König kurzerhand den Sitzungssaal. Die Abgeordneten zogen in einen nahe gelegenen Saal, wo sie sich am 20. Juni 1789 verpflichteten, nicht eher auseinander zu gehen, bis eine Verfassung ausgearbeitet sei. Dieser Akt wird als der **Ballhausschwur** (↗ Bild li.) bezeichnet. Der König ließ Truppen nach Paris marschieren und berief eine neue, königstreue Regierung. In dieser Situation griffen Pariser Volksmassen am 14. Juli 1789 zu den Waffen und erstürmten die **Bastille** (↗ Bild re.), das königliche Gefängnis von Paris. Das Gebäude galt als ein Symbol des feudalen Staates.

Die Erstürmung der Bastille

Die Revolution erfasst ganz Europa

Mit der Erstürmung des königlichen Gefängnisses von Paris entwickelte sich ein Volksaufstand in der französischen Hauptstadt, der das ganze Land erfasste. Die Nationalversammlung beeilte sich, die jetzt offen ausgebrochene Revolution zu legitimieren und auf eine gesetzliche Basis zu stellen. Als Übergangsregeln für das Zusammenleben erarbeiteten die Volksvertreter vorläufige gesetzliche Bestimmungen:

▶ Der 14. Juli wurde Frankreichs Nationalfeiertag.

Augustbeschlüsse

- Die Nationalversammlung beschloss die Beseitigung aller Feudalrechte und Steuerprivilegien einschließlich des Kirchenzehnten.
- Es gab keine Rechtsungleichheit mehr.
- Die Bürger erhielten unveräußerliche Rechte zuerkannt, wie persönliche Freiheit, Gleichheit vor dem Gesetz, Freiheit der politischen Betätigung sowie freie Meinungsäußerung.
- Die Erklärung der Menschen- und Bürgerrechte (26. August 1789) billigte den Bürgern ein Widerstandsrecht gegen den Staat zu.

Die neue französische Verfassung vom September 1791 gestaltete Frankreich in eine konstitutionelle Monarchie um. Nach der Weigerung des Königs, die Augustbeschlüsse anzuerkennen, waren am 5. Oktober 1789 die Pariser Marktfrauen nach Versailles gezogen und in die Nationalversammlung eingedrungen. Sie wollten den König auf die schlechte Versorgungslage der Stadt aufmerksam machen. Nach blutigen Auseinandersetzungen mit der königlichen Nationalgarde zogen der Monarch und die Nationalversammlung nach Paris um und erkannten die Verfassungsartikel an. Trotz vieler Einwände radikaler Abgeordneter setzten sich die Befürworter des Verfassungsentwurfes schließlich durch und am 14. September 1791 leistete der König seinen Eid auf die Verfassung.

8 Das Zeitalter bürgerlicher Revolutionen

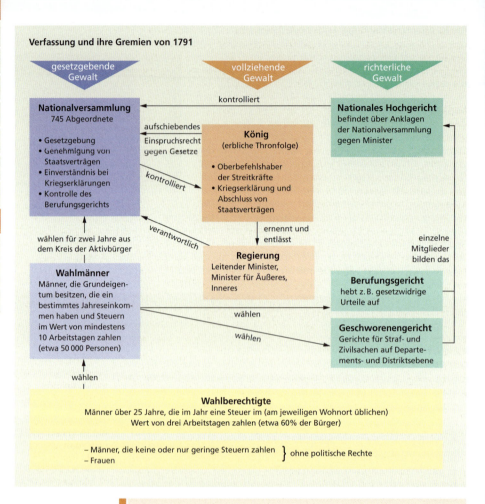

Mit der Annahme der Verfassung war der Absolutismus in Frankreich beseitigt. Das Land war nun eine konstitutionelle Monarchie.

▶ Die Grundwerte der Revolution wie Freiheit, Gleichheit und Brüderlichkeit waren nunmehr fester Bestandteil der Verfassung.

Die Rechte des Königs wurden eingeschränkt. Er konnte keine Gesetze mehr erlassen und keine Richter ernennen. Der Monarch behielt aber noch den Oberbefehl über das Heer. Er ernannte auch weiterhin die Beamten. Eine wesentliche Einschränkung des Grundsatzes der Gleichheit bestand aber darin, dass nur männliche Bürger mit einem ausreichenden Besitz das Wahlrecht erhielten. Frauen und Besitzlose blieben bei der politischen Mitbestimmung ausgeschlossen.

Die Nationalversammlung beseitigte auch die alte Provinzeinteilung Frankreichs. Es entstanden 83 Verwaltungsbezirke (Departements), die heute noch bestehen, inzwischen sind es jedoch 96.

Zünfte und Zölle im Inneren des Landes verschwanden. Frankreich erhielt einheitliche Maße und Gewichte auf der Grundlage des Dezimalsystems. Den Kirchenbesitz und das Eigentum des geflohenen Adels beschlagnahmte der Staat. Das französische Großbürgertum sah sich am Ziel seiner Wünsche und wollte die Revolution beenden.

Befürchtungen in Europa

LUDWIG XVI. unterzeichnete nur widerwillig die Verfassung. Schon im Juni 1791 versuchte er, aus Frankreich zu fliehen. Der Fluchtversuch scheiterte. LUDWIG wurde nach Paris zurückgebracht.
Der Fluchtversuch hatte zur Folge, dass unzufriedene Revolutionäre Frankreich in eine Republik umwandeln wollten.
Europas Fürsten befürchteten ein Übergreifen der Revolution auf ihre Länder. Der König von Preußen und der deutsche Kaiser bereiteten sich auf einen Angriff gegen Frankreich vor. LUDWIG XVI. sandte heimlich Briefe an seinen Schwager, den Kaiser in Wien, und andere europäische Fürstenhäuser. Er rief sie auf, militärisch gegen Frankreich vorzugehen. Die französische Nationalversammlung erkannte die Gefahr der Wiederherstellung der alten monarchischen Machtverhältnisse und zwang den König zur Kriegserklärung an Österreich im April 1792.

Die Gefangennahme der königlichen Flüchtlinge. Englische Karikatur; LUDWIG XVI. wird von Varennes nach Paris zurückgebracht (Quelle: Die Große Französische Revolution Illustrierte Geschichte Dietz Verlag Berlin 1989, S. 134).

Beginn der Koalitionskriege

In fünf Kriegen (1792–1809) mit wechselnden Verbindungen (Koalitionen) kämpften die europäischen Fürsten gegen die Verbreitung revolutionärer Ideen.
– 1. Koalitionskrieg, 1792–1797 (u. a. Österreich-Preußen, Großbritannien)
– 2. Koalitionskrieg, 1798–1801/02 (u. a. Russland, Österreich, Portugal)
– 3. Koalitionskrieg, 1805–1807 (u. a. Großbritannien, Schweden)
– 4. Koalitionskrieg, 1806–1807 (Preußen, Kursachsen, Russland)
– 5. Koalitionskrieg, 1809 (Österreich mit geringer Unterstützung Großbritanniens)

Die verbündeten Österreicher und Preußen errangen gegen die französischen Revolutionstruppen Anfangserfolge. Der Oberbefehlshaber der fürstlichen Alliierten drohte Paris zu zerstören, wenn LUDWIG XVI. etwas zustoßen sollte.
Das französische Volk sah in der Person des Königs einen Verbündeten der europäischen Fürsten. Die empörte Pariser Bevölkerung nahm die Königsfamilie am 10. August 1792 gefangen. Unter Führung der Jakobiner, die für die Abschaffung der konstitutionellen Monarchie eintraten, radikalisierte sich die Revolution.

▶ Jakobiner: politischer Klub, so benannt nach seinem Tagungsort, dem St.-Jakobs-Kloster

Am 20. September 1792 errangen die französischen Truppen bei Valmy in der Champagne ihren ersten Sieg über die Armeen der Fürstenkoalition.

Kanonade von Valmy (Ausschnitt)

▶ Der neue **Nationalkonvent** wurde nicht nach dem Zensuswahlrecht von 1791 gewählt, sondern es durften alle Männer über 21 Jahre wählen.

▶ Der Nationalkonvent klagte den König wegen „Verschwörung gegen die Freiheit der Nation" an. Die Abgeordneten stimmten mit knapper Mehrheit für die Todesstrafe. Der König wurde keinem Gericht vorgestellt.

JOHANN WOLFGANG VON GOETHE, anwesend beim Stab des Herzogs von Weimar, äußerte sich auf dem Schlachtfeld folgendermaßen: „Von hier und heute geht eine neue Epoche der Weltgeschichte aus und ihr könnt sagen, ihr seid dabei gewesen."

Der neue nach allgemeinem Wahlrecht gewählte **Nationalkonvent** stimmte am gleichen Tag für die Abschaffung der Monarchie. Frankreich wurde Republik. Die neue republikanische Verfassung sah wiederum eine Gewaltenteilung vor.

Die Exekutive und die richterliche Gewalt sollten der Souveränität des Volkes unterworfen sein. Der Grundsatz der Gleichheit bei den Wahlen wurde in der neuen Verfassung verwirklicht. Das Besitzwahlrecht wurde aufgehoben.
Der König („Bürger Capet") wurde wegen geheimer Kontakte zum Feind vor Gericht gestellt und zum Tode verurteilt. Am 21. Januar 1793 erfolgte seine öffentliche Enthauptung mit der Guillotine auf dem „Place de la Concorde".
Die Guillotine war eine Erfindung des französischen Arztes GUILLOTIN.

Die Hinrichtung LUDWIGS XVI. (Ausschnitt)

8.2.3 Terror und Ende der Revolution

Die Terrorherrschaft der Jakobiner

Die Frage, ob Frankreich eine bürgerliche oder soziale Republik werden sollte, führte zur **Terrorherrschaft der Jakobiner**. Begünstigt wurde diese Entwicklung der jungen Französischen Republik durch die Interventionskriege der europäischen Monarchien.
Die Jakobiner machten weitreichende Zugeständnisse an die Bevölkerung, die ihre sozialen Grundrechte sichern helfen sollten:
– Recht auf Arbeit,
– öffentliche Unterstützung der Armen und Kranken,
– Unterricht für alle.
Die in diesem Sinne beschlossene Verfassung trat wegen des Krieges jedoch nie in Kraft. Der jakobinische Terror richtete sich zunächst nur gegen Wucherer und Spekulanten, die an der Unterversorgung der Bevölkerung verdienten. Man führte eine Zensur ein und verbot alle politischen Parteien außer dem Jakobinerklub. Zum Schutz vor äußeren Feinden wurde eine allgemeine Wehrpflicht eingeführt.
Die Exekutive wurde dem neu gegründeten Wohlfahrtsausschuss übertragen. Ihm gehörten u. a. DANTON, LOUIS SAINT-JUST und LAZARE CARNOT an. Ihr Vorsitzender wurde MAXIMILIAN DE ROBESPIERRE.
Während der Jakobinerherrschaft wurden etwa 300 000–500 000 Menschen verhaftet und 35 000–40 000 von ihnen hingerichtet.
Mit den militärischen Erfolgen gegen Armeen der Koalition und nach dem Sturz ROBESPIERRES (am 28. Juli 1794) beschloss eine Mehrheit im Konvent die Terrorherrschaft zu beenden.
Der Konvent verabschiedete mit der **Direktorialverfassung** vom September 1795 eine Verfassung im Interesse des Besitzbürgertums. Das Prinzip der Gewaltenteilung blieb dabei erhalten.

Die Unfähigkeit der Regierung des fünfköpfigen Direktoriums sowie innere und äußere Krisen der Französischen Republik ermöglichten den Staatsstreich des Generals NAPOLEON BONAPARTE am 9. November 1799.

Auswirkungen der Revolution in Europa

Der Französischen Revolution folgten in Europa sowie in Lateinamerika revolutionäre Erhebungen. Die Erklärung der Menschen- und Bürgerrechte fand Widerhall in mehreren europäischen Feudalstaaten. Mutige

MAXIMILIAN DE ROBESPIERRE (1758–1794), Rechtsanwalt aus Arras, war Mitglied der verfassunggebenden Nationalversammlung und des Konvents.

▶ ROBESPIERRE:
„Ohne die Tugend ist der Terror verhängnisvoll, ohne den Terror ist die Tugend machtlos. Der Terror ist nichts anderes als die unmittelbare, strenge und unbeugsame Gerechtigkeit: Er ist also ein Ausdruck der Tugend, […] die Folge des allgemeinen Grundsatzes der Demokratie."

▶ Die Mitglieder des Direktoriums wurden vom Rat der Alten aus einer vom Rat der Fünfhundert aufgestellten Liste gewählt. Das Direktorium versuchte, die bürgerliche Republik gegen die Royalisten und Jakobiner zu sichern. Aufgrund innerer Misserfolge und militärischer Niederlagen gelang es NAPOLEON am 9.11.1799 durch einen Staatsstreich das Direktorium aufzulösen.

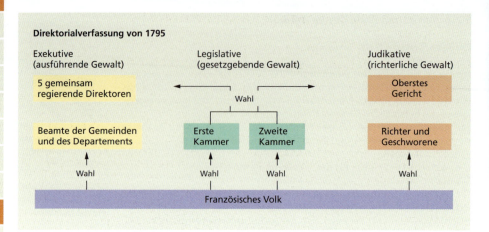

Bürger, Bauern und Handwerker erhoben sich in Belgien und in den österreichischen Niederlanden gegen die Herrschaft der Habsburger. Unter antifeudalen Losungen kam es zu Bauernaufständen in den Fürstentümern Savoyen, Piemont und im Gebiet um Bologna. Auch die Schweizer Kantone Schaffhausen und Wallis wurden von der Revolution erfasst. Bis nach Polen drangen revolutionäre Impulse aus Frankreich.

Erhebliches Echo fand die Französische Revolution unter der Bevölkerung der französischen, spanischen und portugiesischen Kolonien in Mittel- und Südamerika.

> 1794 hob der Konvent für alle französischen Kolonien die Sklaverei auf.

Hinrichtung des Jakobiners MAXIMILIAN DE ROBESPIERRE

Die Zustimmung zahlreicher liberaler Intellektueller zur Französischen Revolution flaute ab 1792/1793 ab. Die Gründe dafür waren der zunehmende revolutionäre Terror in Frankreich und das Verhalten der französischen Armeen, die in die Nachbarländer einrückten.

Die Einwohner der eroberten Länder mussten rasch feststellen, dass sie die verkündeten revolutionären Errungenschaften kaum zu spüren bekamen. Die Bevölkerung der besetzten Gebiete war enttäuscht. Statt zu einer Verbesserung der Lebensbedingungen kam es zur Ausbeutung und Plünderung durch die Besatzungsarmeen. Dennoch hinterließ die französische Herrschaft durch ihre demokratische Gesetzgebung tiefe Spuren in den Nachbarländern.

8.3 Gesellschaftliche und politische Veränderungen in Europa

8.3.1 Napoleon verändert die Landkarte Mitteleuropas

Gründung des Rheinbundes

NAPOLEON, der sich am 2. Dezember 1804 zum Kaiser gekrönt hatte, schuf sich am 12. Juli 1806 aus zunächst 16 süd- und westdeutschen Reichsständen den Rheinbund. Das Gebiet der Rheinbundfürsten machte etwa ein Drittel des alten Reichsgebietes aus. Damit war das Reich in drei Teile zerfallen: Österreich, Preußen und das „dritte Deutschland" wie die übrigen meist zum Rheinbund gehörenden Staaten genannt wurden. Der Rheinbund war im Wesentlichen ein Militärbündnis und Instrument napoleonischer Hegemonialpolitik. Trotzdem erfuhr die Bevölkerung unter dem Protektorat NAPOLEONS einen Modernisierungsschub. So trat das von NAPOLEON 1804 verkündete bürgerliche Gesetzbuch auch im Rheinbund in Kraft. Dieser **code civil**, nach seinem Verfasser auch **Code Napoleon** genannt, garantierte u. a. bürgerliche und wirtschaftliche Freiheit des Einzelnen sowie das Recht auf Privateigentum. Das Gesetzbuch wurde zum Vorbild für spätere moderne Rechtsordnungen.

Die Fremdherrschaft NAPOLEONS, insbesondere die erzwungene Teilnahme an seinen Kriegen, stieß bei der Rheinbundbevölkerung während der Bündnisdauer auf Widerspruch. 1813 löste sich der Rheinbund auf.

> ▶ Nach dem **Frieden von Luneville** erhielt Frankreich alle deutschen linksrheinischen Gebiete. Dafür wurden die einstigen Landesfürsten im **Reichsdeputationshauptschluss** von 1803 entschädigt. Kirchenländereien wurden säkularisiert sowie kleinere rechtsrheinische Territorien und Reichsstädte größeren Fürstentümern angegliedert (Meditisierung).

Das Ende des Heiligen Römischen Reiches Deutscher Nation

Im Ergebnis der Gründung des Rheinbundes und der von Frankreich bis 1806 geführten Kriege gegen die Mächte Alteuropas legte Kaiser FRANZ II. (1768–1835) am 6. August 1806 auf ein Ultimatum NAPOLEONS hin die römisch-deutsche Kaiserwürde nieder:

■ „Wir erklären demnach durch Gegenwärtiges, daß Wir das Band, welches Uns bis jetzt an den Staatskörper des deutschen Reichs gebunden hat, als gelöst ansehen, daß Wir das reichsoberhauptliche Amt und die Würde durch die Vereinigung der conföderirten rheinischen Stände als erloschen und Uns dadurch von allen übernommenen Pflichten gegen das deutsche Reich losgezählt betrachten und die von wegen desselben bis jetzt getragene Kaiserkrone und geführte kaiserliche Regierung, wie hiermit geschieht, niederlegen."
(FRANZ II.)

> Mit der erzwungenen Abdankung von FRANZ II. endete nach über 800 Jahren die wechselvolle Geschichte des Heiligen Römischen Reiches Deutscher Nation.

NAPOLEON beseitigte eine Vielzahl kleiner weltlicher und kirchlicher Herrschaften. Er schuf sich ihm genehme Vasallenstaaten.

8 Das Zeitalter bürgerlicher Revolutionen

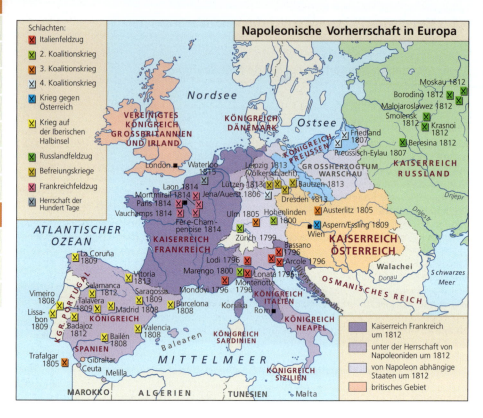

Der Frieden von Tilsit

Tilsiter Frieden, Vereinbarung zwischen Frankreich, Russland und Preußen

NAPOLEON gedachte seine Macht über ganz Deutschland auszudehnen. Im Herbst 1806 kam es deshalb zum Krieg zwischen Frankreich und Preußen. Am 14. Oktober 1806 endete die Auseinandersetzung mit einer vernichtenden Niederlage Preußens in der **Doppelschlacht bei Jena und Auerstedt.** NAPOLEON zog in Berlin ein.

Der preußische König FRIEDRICH WILHELM III. (1770–1840) flüchtete nach Ostpreußen. Im gleichen Jahr schlug NAPOLEON die russischen Truppen in Friedland (Ostpreißen) Russland. Im **Frieden von Tilsit** (Ostpreußen) 1807 verlor Preußen die Hälfte seiner Staatsfläche und Einwohner. Die Einwohnerzahl sank auf 4,94 Millionen. Sein Gebietsstand reduzierte sich auf die Provinzen Ost- und Westpreußen, Pommern, Neumark, Schlesien und die Kurmark. Es entging nur durch Bitte des Zaren ALEXANDER I. (1777–1825) der Vernichtung als Staat.

8.3.2 Die preußischen Reformen

Freiherr vom Stein und Karl August von Hardenberg

Demokratische preußische Staatsmänner erkannten, dass nur über Reformen das besiegte Land erneuert werden konnte. Herausragende Persönlichkeiten der Reformbewegung waren die Minister REICHSFREIHERR VOM UND ZUM STEIN sowie KARL AUGUST FÜRST VON HARDENBERG.
FREIHERR VOM UND ZUM STEIN studierte Jura, wurde Verwaltungsbeamter im preußischen Staatsdienst und stieg zu den höchsten Ämtern auf. 1804 wurde er Minister und begann 1807 mit seinen Reformen. Von NAPOLEON geächtet, ging er nach Österreich, später nach Russland und beteiligte sich im Winter 1812/1813 am Befreiungskrieg gegen NAPOLEON. Nach dem Wiener Kongress zog sich STEIN auf seine Güter zurück.

Die Stunde der Bewährung für KARL AUGUST VON HARDENBERG, den Mann aus hannoverschem Uradel, kam, als NAPOLEON vom preußischen König die Zahlung der Kriegsentschädigung oder die Abtretung Schlesiens forderte. In dieser Notlage erinnerte sich der König an HARDENBERG. Der Realpolitiker war bereits zweimal als Minister tätig, aber NAPOLEON hatte seine Entlassung gefordert. 1810 ernannte FRIEDRICH WILHELM III. HARDENBERG zum Staatskanzler. In den elf Jahren seiner Staatskanzlerschaft bewältigte er Preußens Wiederaufbau.

Reformen von oben

KARL AUGUST VON HARDENBERG äußerte über die Reformen:

■ „Wir müssen dasselbe von oben her machen, was die Franzosen von unten gemacht haben … Demokratische Grundsätze in einer monarchischen Regierung, – dieses scheint mir die angemessene Form für den gegenwärtigen Zeitgeist" (HARDENBERG).

1807	Oktoberedikt; leitet die Bauernbefreiung ein, rechtswirksam ab dem Martinstag (11. November) 1810.
1808/1810	Die Ministerien für Inneres, Finanzen, Auswärtiges, Krieg und Justiz mit einem Staatskanzler als Vorsitzendem ersetzen die bisherige absolute Kabinettsregierung.
1808	Einführung des Prinzips der Selbstverwaltung auf kommunaler Ebene; die Stadtverordnetenversammlung ist Träger der Rechtsfestsetzung und Verwaltung in der Gemeinde, der von ihr gewählte Magistrat steht an der Spitze der Stadtverwaltung; die Städte erlangen die volle Finanzgewalt; die Stadtbürger entwickeln sich zu gleichberechtigten Staatsbürgern.
1810/1811	Die Einführung der Gewerbefreiheit und die Abschaffung des Zunftzwanges ermöglichen die spätere Industrialisierung.

KARL FREIHERR VOM UND ZUM STEIN (1757–1831) stammte aus einer reichsfreiheitlichen Adelsfamilie.

KARL AUGUST VON HARDENBERG (1750–1822)

▶ Am Martinstag (Tag des Hl. Martin) endeten Arbeitsverhältnisse und Zinspflichten.

WILHELM VON HUMBOLDT (1767–1835) wurde in Potsdam geboren, studierte Jura und trat in den Staatsdienst. 1809 wurde er in das preußische Innenministerium berufen, als Reformer wirkte er intensiv mit beim Neuaufbau Preußens. Die Gründung der Berliner Universität, heute Humboldt-Universität, ist sein bleibendes Verdienst aus dieser Schaffensperiode.

YORK VON WARTENBURG bei der Eröffnung des Landtags in Königsberg

1810 bis 1812	Steuerreform
1812	Emanzipations-Edikt: Rechtliche Gleichstellung der Juden. Ausnahmen: Ämter in Verwaltung, Justiz, Offizierslaufbahn.
1807 bis 1814	Unter Leitung von GERHARD JOHANN DAVID VON SCHARNHORST findet eine umfassende Heeresreform statt. Das Adelsprivileg für die Offizierslaufbahn entfällt, es erfolgte die Einführung der allgemeinen Wehrpflicht und die Bildung einer Landwehr als Reservearmee, die militärische Ausbildung wird modernisiert.
1810	Eine allgemeine Bildungsreform unter Leitung WILHELM VON HUMBOLDTs erfolgt mit dem Ausbau der Lehrerbildung, der Volksschulen und Gymnasien. Er setzt die Eröffnung der Berliner Universität zu Berlin im Jahr 1810 durch.

Die Freisetzung gesellschaftlicher Kräfte im Ergebnis der Reformpolitik

Die preußischen Reformen ermöglichten die politische, ökonomische, militärische und geistige Erneuerung des Landes sowie die Beendigung der bäuerlichen Erbuntertänigkeitsverhältnisse. Sie legten den Grundstein für den Wandel vom absolutistisch regierten Land zum staatsbürgerlichen Rechts- und Industriestaat. Angesichts des Widerstandes des preußischen Landadels blieben die Reformen teilweise Stückwerk.

8.3.3 Die Befreiungskriege

Nach den Misserfolgen der deutschen Erhebungen von 1809/1810 schuf die Niederlage NAPOLEONS im Russlandfeldzug 1812 günstige Bedingungen für den Befreiungskampf von der französischen Fremdherrschaft.

Konvention von Tauroggen

Im Dezember 1812 schloss der General YORK VON WARTENBURG als Kommandeur der preußischen Hilfsarmee im französischen Russlandfeldzug eigenmächtig einen Waffenstillstand mit dem russischen General DIEBITSCH. Er rief zum Kampf gegen NAPOLEON auf.

Nach langem Zögern rief FRIEDRICH WILHELM III., der Stimmung der preußischen Einwohner folgend im März 1813, zur Erhebung gegen die französische Fremdherrschaft auf:

■ „An mein Volk! Brandenburger, Preußen, Schlesier, Pommern, Litauer! Ihr wißt, was Ihr seit fast sieben Jahren erduldet habt, Ihr wißt, was Eurer trauriges Loos [sein wird], wenn wir den beginnenden Kampf nicht ehrenvoll enden. Erinnert Euch an die Vorzeit, an den großen Kurfürsten, den großen Friedrich! Bleibt eingedenk der Güter, die unter ihnen unsere Vorfahren blutig erkämpften: Gewissensfreiheit, Ehre, Unabhängigkeit, Handel, Kunstfleiß und Wissenschaft. Gedenkt des großen Beispiels unserer mächtigen Verbündeten, der Russen, gedenkt der Spanier, der Portugiesen …
Große Opfer werden von allen Ständen gefordert werden: denn unser Beginnen ist groß, und nicht geringe die Zahl und die Mittel unserer Feinde. Aber, welche Opfer auch von Einzelnen gefordert werden mögen, sie wiegen die heiligen Güter nicht auf, für die wir sie hingeben, für die wir streiten und siegen müssen, wenn wir nicht aufhören wollen, Preußen und Deutsche zu sein."

HANS DAVID LUDWIG YORK VON WARTENBURG (1759–1830) war Sohn eines Hauptmanns einer Infanteriekompanie aus Potsdam.

Der preußische König führte mit dem Zaren Russlands Bündnisabsprachen. Am 27. März erklärten beide Länder Frankreich den Krieg. Österreich, England und Schweden traten dem Bündnis bei.
Nach wechselvollen Kämpfen errangen die Alliierten in der **Völkerschlacht bei Leipzig** einen entscheidenden Sieg über NAPOLEON. Der französische Kaiser musste sich aus Deutschland zurückziehen. Die Rheinbundstaaten traten zu den Alliierten über.

▶ Die **Völkerschlacht bei Leipzig** vom 16.–19. Oktober 1813 war die bis dahin größte Schlacht der Weltgeschichte. An ihr nahmen über 500 000 Soldaten teil. Etwa 90 000 von ihnen starben.

Im Frühjahr 1814 marschierte das Koalitionsheer in Frankreich ein. NAPOLEON musste als Kaiser abdanken und sich auf die Mittelmeerinsel Elba begeben.

▶ Ziel des **Wiener Kongresses** war eine gesamteuropäische Friedensordnung.

GEBHARD LEBERECHT FÜRST BLÜCHER VON WAHLSTATT (1742–1819), preußischer Generalfeldmarschall

Während in Wien („Wiener Kongress") die Siegermächte über die Neuordnung Europas berieten, kehrte NAPOLEON im Frühjahr 1815 überraschend nach Frankreich zurück. Der französische König LUDWIG XVIII. (1755–1824) floh ins Ausland. Es kam zur 100-Tage-Regierung NAPOLEONS, der – begünstigt durch die Misswirtschaft LUDWIGS XVIII. – begeistert von den Franzosen empfangen wurde.

Die Siegerstaaten erneuerten ihr Bündnis. Die letzte entscheidende Schlacht fand am 18. Juni 1815 beim belgischen Ort Waterloo (südl. v. Brüssel) statt, wo die Alliierten unter WELLINGTON und BLÜCHER die Truppen NAPOLEONS vernichtend schlugen.

„Ich wollte, es würde Nacht oder die Preußen kämen!" Diesen Satz soll der britische Feldmarschall HERZOG VON WELLINGTON gesagt haben, als in der Schlacht von Waterloo die Lage für seine Truppen durch massive Angriffe NAPOLEONS bedrohlich wurde. Er wurde erhört: Angeführt von Feldmarschall BLÜCHER traf die preußische Unterstützung ein und attackierte die Flanke der französischen Linien; NAPOLEON wurde geschlagen. Die Niederlage in der Schlacht bei Waterloo beendete die erneute Herrschaft NAPOLEONS in Frankreich. Er wurde auf die Insel St. Helena im Südatlantik verbannt. Dort verstarb er 1821.

8.3.4 Der Wiener Kongress und die Neuordnung Europas

▶ Metternich-System, benannt nach Fürst KLEMENS METTERNICH, der von 1814/15 bis 1848 als Außenminister des österreichischen Kaisers FRANZ II. das Geschehen in Europa bestimmte.

Der **Wiener Kongress** verkannte die Zeichen der Zeit. Er sah sein Ziel darin, die alte Fürstenmacht in Europa zu restaurieren. Die Kongressteilnehmer zeigten kein Verständnis für den Wunsch des Bürgertums auf politische Mitsprache im Staat. Alle nationalen Bestrebungen wurden zu Gunsten der Restaurierung der alten Fürstenmacht verhindert.

Nach dem Willen der Kongressteilnehmer trat an die Stelle des aufgelösten Heiligen Römischen Reiches der Deutsche Bund unter Österreichs Leitung.

Insgesamt stellte der Wiener Kongress die vorrevolutionären Verhältnisse in Europa wieder her. Die Hoffnungen der deutschen Bevölkerung auf einen einheitlichen Staat blieben unberücksichtigt.

Beschlüsse des Wiener Kongresses

- Der größte Teil des ehemaligen Herzogtums Polen fällt an Russland („Kongresspolen").
- Preußen erhält Nordsachsen, die Rheinlande, Westfalen.
- Österreich bekommt die Lombardei und Venetien sowie große Teile des Balkans, verzichtet dagegen auf die österreichischen Niederlande (das spätere Belgien).
- Genua und das Königreich Sardinien werden vereint.
- Die Schweiz wird neutral.

Die Herrscher Russlands, Preußens und Österreichs schlossen im September 1815 die **Heilige Allianz**. Damit wollten sie die auf dem Wiener Kongress beschlossene Ordnung absichern. Die Monarchen verpflichteten sich zum gemeinsamen Eingreifen an Orten, an denen sie die Monarchie für gefährdet ansahen.

Deutschland auf dem Weg zur wirtschaftlichen Einheit

Bereits seit 1818 gab es in einzelnen Staaten des Deutschen Bundes Bestrebungen, durch Aufhebung der Binnenzölle den Handelsverkehr zu erleichtern. Preußen schuf sich für seine weit auseinander liegenden Staatsteile ein einheitliches Zollgebiet und gründete 1828 mit Hessen-Darmstadt einen Zollverein, während zur gleichen Zeit im süddeutschen Raum Bayern und Württemberg eine Zollvereinbarung eingingen. Ebenfalls 1828 schlossen sich Hannover, Kurhessen, Sachsen und die thüringischen Staaten zum „Mitteldeutschen Handelsverein" zusammen. Mit dem **Deutschen Zollverein**, gebildet am 1. Januar 1834, legte Preußen einen Grundstein zur Herausbildung eines einheitlichen deutschen Marktes. 18 selbstständige Fürstentümer beschlossen einen Abbau ihrer Außenzölle. 1842 umfasste er 28 Staaten mit 25 Millionen Einwohnern. Österreich, dessen wirtschaftliche Interessen mehr nach Süden und Südosten ausgerichtet waren, gehörte dem Deutschen Zollverein nicht an.
Die bisherigen Binnenzölle der Mitgliedsländer entfielen. Die Maße und Gewichte wurden vereinheitlicht. Damit wurde der Weg in die industrielle Entwicklung im Gebiet des Zollvereins geebnet. Der massenhafte Einsatz der Dampfmaschine förderte den wirtschaftlichen Aufschwung. Erste Eisenbahnlinien entstanden.

Die Eisenbahn Nürnberg–Fürth (zeitgenössische Lithografie) Die 1. Fahrt fand am 7.12.1835 statt.

Idee und Verwendung des Begriffs „Nation"

Der Begriff Nation bezeichnet eine Gedankenwelt, in der der moderne Nationalstaat eine zentrale Stellung besitzt. Entstanden ist der Begriff während der Französischen Revolution, als die Abgeordneten des dritten Standes, die Bürger, sich zur Nationalversammlung des französischen

Volkes erklärten. Sie stützten sich dabei auf die Volkssouveränität und die Selbstbestimmung des Volkes als politische Grundsätze. Im Gegensatz dazu war in Deutschland zunächst die Vorstellung von einer Kulturnation präsent, als JOHANN GOTTFRIED HERDER und JOHANN GOTTLIEB FICHTE kulturelle Gemeinsamkeiten der Deutschen betonten.

Die französische Fremdherrschaft auf deutschem Boden war Anlass, ein tiefes Nationalgefühl zu entwickeln. Die Aufbruchsstimmung aller Volksschichten bei Ausbruch der Befreiungskämpfe mündete in dem Wunsch, ein geeintes deutsches Vaterland zu schaffen.

Ansätze der bürgerlichen Revolution in Deutschland

Ungeachtet ihrer unterschiedlichen gesellschaftlichen Herkunft und ihrer politischen Ansichten waren sich die Gegner des Metternich-Systems darüber einig, die Einheit aller Deutschen zu erringen. Vor allem forderten Studenten und Professoren einen deutschen Staat. Die Studenten organisierten sich in Burschenschaften. Ihr Wahlspruch lautete: „Ehre, Freiheit, Vaterland." Sie veranstalteten Treffen, um ihren Willen zur politischen Veränderung zu bekunden.

▸ Das Wartburgfest (s. zeitgenössische Illustration) war als Jubiläumsfeier der Reformation (300 Jahre) angemeldet.

Nachdem sich 1815 in Jena und bald darauf auch an anderen Universitäten national gesinnte Burschenschaften gegründet hatten, trafen sich diese Studenten am 18. Oktober 1817 zu einem Fest auf der Wartburg. Sie forderten Freiheit und eine nationale Einheit. Dabei wurden sogar einige Bücher verbrannt, darunter der Code Civil.

Als 1819 in Mannheim der Dramatiker AUGUST VON KOTZEBUE von einem Studenten erstochen wurde, ließ die Antwort der Obrigkeit nicht lange auf sich warten. In Karlsbad (heute Karlovy Vary, Tschechien) wurden einige Monate später die Burschenschaften verboten, die Überwachung der Universitäten und eine Pressezensur eingeführt (Karlsbader Beschlüsse).

▸ Das Hambacher Fest fand vom 27. bis 30. Mai 1832 statt. Es wurde von PHILIPP JAKOB SIEBENPFEIFFER und JOHANN GEORG WIRTH organisiert.

Ein Höhepunkt im Ringen um die Einheit Deutschlands war das **Hambacher Fest** vom Mai 1832. 30 000 Teilnehmer, in der Mehrzahl Handwerker, Handwerkergesellen, Bauern und Studenten, kamen zu dem Treffen. Fast jede größere Stadt Deutschlands war vertreten. Unter den Teilnehmern befanden sich auch polnische und französische Demokraten. Der Festumzug fand mit schwarzrotgoldenen Fahnen und Abzeichen statt. Das Hambacher Fest war ein Indiz dafür, dass es auch auf deutschem Boden Voraussetzungen für eine revolutionäre Bewegung der Volkskräfte gab.

Um Ordnung und Ruhe im Deutschen Bund zu erhalten, beschloss der Bundestag ein Verbot aller Volksversammlungen. Trotz aller Gegenmaßnahmen der Herrschenden erstarkte die revolutionäre Bewegung gegen die absolutistischen Machtansprüche.

8.4 Revolutionen von 1848/49

8.4.1 Februarrevolution in Frankreich – Märzrevolution in Österreich

Die Februarrevolution in Frankreich

Mit der schnellen Industrialisierung und ihren positiven wie negativen Folgen änderte sich auch das politische Bewusstsein der Menschen in Europa.
Seit der Verkündung der Menschenrechte zuerst in Nordamerika und später in Frankreich waren nationale und liberale Bewegungen entstanden. Der anwachsende Gegensatz zwischen reformbestrebten Bürgern und den autoritär ausgerichteten Staatsapparaten der **Heiligen Allianz** löste eine fast ganz Europa erfassende Revolutionswelle aus. Ausgangspunkt war wieder Frankreich. Aus Protest gegen die korrupte Herrschaftsschicht und ein ungerechtes Wahlsystem wurde König LOUIS PHILIPPE im Februar 1848 zur Abdankung gezwungen. Frankreich wurde zur Republik erklärt. Republikaner und Sozialisten bildeten eine provisorische Regierung. Sie schrieben Wahlen zur Nationalversammlung aus.

Revolution im Vielvölkerstaat Österreich

Die Ereignisse in Frankreich gaben das Signal für revolutionäre Aufstände in mehreren europäischen Ländern. Es kam zu den **Märzrevolutionen** in Europa. Als die Nachricht der Februarrevolution Wien erreichte, stellte die Bevölkerung dem Kaiser folgende Forderungen: Eine Verfassung zu verabschieden, die Volksbewaffnung zu garantieren und die Absetzung METTERNICHS als Minister durchzuführen.

Am 13. März 1848 trat METTERNICH zurück und floh nach London. Mitte Mai begab sich Kaiser FERDINAND I. in das ruhigere Innsbruck.
Im Norden Italiens kämpften Aufständische gegen die österreichische Fremdherrschaft. Nach einem fünftägigen Barrikadenkampf erzwangen sie in Mailand am 22. März 1848 den Abzug der österreichischen Truppen. In Venedig wurde die Republik ausgerufen und eine provisorische Regierung gebildet.

In Ungarn kämpfte die ungarische Nationalbewegung unter LAJOS KOSSUTH, um Autonomieforderungen gegen Österreich durchzusetzen.
In Böhmen kam es im Juni 1848 zum Prager Pfingstaufstand. Presse- und Versammlungsfreiheit wurden erkämpft, aber der Aufstand wurde von österreichischen Truppen niedergeschlagen.
Wie überall in Deutschland ging es auch in Österreich um nationale Einheit und demokratische Rechte. Doch im Vielvölkerstaat Österreich-Ungarn verbanden sich die Forderungen nach Liberalisierung und verfassungsmäßig garantierten Rechten mit Autonomieforderungen der Italiener, Ungarn, Tschechen und Slowaken. Die Deutsch-Österreicher verlangten die Vereinigung mit Deutschland. Es drohte der Zerfall des Habsburger Reiches. Viel hing vom weiteren Verlauf der revolutionären Entwicklung in Preußen ab.

▶ Im Oktober 1848 herrschten die Revolutionäre in Wien, das nach heftigen Kämpfen am 31. Oktober von kaiserlichen Truppen eingenommen wurde.
FERDINAND I. dankte am 2. Dezember ab. Sein Nachfolger und Neffe regierte als Kaiser FRANZ JOSEPH I. bis zum 21. November 1916.

8.4.2 Die Revolution in Deutschland

Im März 1848 erfasste die Revolution auch Deutschland. Die Fürsten im südwestlichen Raum Deutschlands und der König in Sachsen leisteten keinen Widerstand gegen die Revolutionäre. Sie beriefen liberale und national gesinnte Politiker in die Regierungen, sogenannte **Märzminister,** um die revolutionären Forderungen abzuschwächen und um einem völligen Zusammenbruch ihrer monarchischen Herrschaft vorzubeugen. Es gelang aber den Führern der revolutionären Bewegung, sich am 5. März 1848 in Heidelberg zu versammeln und ein **Vorparlament** nach Frankfurt a. M. einzuberufen, das ein **deutsches Parlament** vorbereiten sollte. Die Nachricht vom Sturz METTERNICHS führte am 18. März 1848 zu einer Massenkundgebung vor dem Berliner Schloss.

ADOLPH MENZEL: Aufbahrung der Märzgefallenen

Hier wurden ähnliche Forderungen wie in Wien erhoben. Als das Militär den Platz gewaltsam räumen wollte, kam es zu einem dreizehn Stunden dauernden **Straßenkampf** in Berlin. Der König FRIEDRICH WILHELM V. (1795–1861) wurde gezwungen, zeitweise die Truppen aus der Stadt abzuziehen. Der Druck der revolutionären Berliner zwang den König, sich vor den etwa 200 Opfern der Barrikadenkämpfe zu verneigen. Die Revolution hatte vorerst gesiegt. Der preußische König musste den Bürgern Presse- und Versammlungsfreiheit zugestehen. Ferner wurde eine Abgeordnetenversammlung einberufen, die mit dem Monarchen eine Verfassung erarbeiten sollte. Der Bankier LUDOLF CAMPHAUSEN erhielt die Berufung zum Ministerpräsidenten. An seiner Seite stand als Finanzminister der Fabrikant DAVID HANSEMANN.

Anfang Mai 1848 fanden in allen deutschen Staaten Wahlen zur deutschen Nationalversammlung statt. Am 18. Mai 1848 zogen die Abgeordneten in die als Tagungsstätte erwählte Paulskirche in Frankfurt a. M. ein. Die Abgeordneten der Paulskirchen-Versammlung waren vorwiegend Angehörige des besitzenden Bürgertums, des Bildungsbürgertums, Literaten, Kaufleute, Gutsbesitzer, wenige Handwerker und nur ein Kleinbauer. Stolz, Hoffnung und Zuversicht kennzeichneten die Versammlungsatmosphäre. Man wollte der Geschichte Deutschlands in der **Paulskirche** eine entscheidende Wendung geben. Nach westeuropäischem und amerikanischem Vorbild sollte Deutschland zu einem modernen Verfassungsstaat entwickelt und zugleich die Frage nach der nationalen Einheit gelöst werden. In der Nationalversammlung wurde über das **zukünftige Territorium Deutschlands** diskutiert. Die meisten Anhänger hatte zunächst eine **großdeutsche Lösung** unter Einschluss Österreichs,

Böhmens und Mährens sowie Trients und Triests. In Wien forderte man dagegen eine **großösterreichische Lösung** unter Einschluss des gesamten Vielvölkerstaates Österreich. Damit wäre allerdings die **Idee eines Nationalstaates** aufgegeben worden. Deshalb entschied die Mehrheit sich für eine **kleindeutsche Lösung** unter Ausschluss Österreichs.

Reichsverfassung:
- Bundesstaat mit zentraler Regierungsgewalt
- Reichsbürgerschaft
- Erbkaisertum – Kaiser ernennt Minister und steht an der Spitze der Exekutive
- Reichstag nach Vorbild des amerikanischen Kongresses

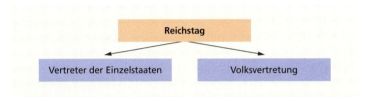

Am 28. März 1849 beschloss die **Nationalversammlung** die Reichsverfassung. Zum gleichen Zeitpunkt wählten die Parlamentarier den preußischen König mit Stimmenmehrheit zum Kaiser der Deutschen. Mit der Wahl und der Annahme der Verfassung sowie der Kaiserwürde durch FRIEDRICH WILHELM IV. sollte das Werk der Nationalversammlung seinen staatspolitischen Höhepunkt erfahren, doch der König lehnte ab.

8.4.3 Das gewaltsame Ende der Revolution

Diese Ablehnung durch den preußischen König stellte das Scheitern des ersten Versuchs dar, auf demokratischem Weg einen deutschen Staat zu errichten. Als die österreichischen wie auch andere Abgeordnete die Paulskirche verließen, verlegte das Rumpfparlament seinen Versammlungsort nach Stuttgart, jedoch jagten württembergische Truppen bald darauf die Versammlung auseinander.

Gleichzeitig kam es in Sachsen, der Pfalz und vor allem in Baden, wo sich eine republikanische Regierung gebildet hatte, der sich die einheimischen Truppen, aber auch Flüchtlinge aus Frankreich, Polen und der Schweiz angeschlossen hatten, zu bürgerkriegsähnlichen Kämpfen. Den eingesetzten preußischen Truppen dürfte es nicht schwer gefallen sein, den Aufstand niederzuschlagen.

Mit der Kapitulation der Aufständischen in der Festung Rastatt am 23. Juli 1849 fand die Revolution in Deutschland ihr Ende.

▶ An der Seite der Aufständischen kämpften auch der Hofkapellmeister RICHARD WAGNER und der Baumeister der Dresdner Oper GOTTFRIED SEMPER.

Gründe für das Scheitern der Revolution

1. Die Verbundenheit der Bevölkerung mit der Monarchie verhinderte die breite Unterstützung der Revolutionäre.

2. Die Revolution wurde vor allem vom intellektuellen Bürgertum getragen.
3. Das Besitzbürgertum distanzierte sich von den revolutionären Kräften, sympathisierte mit dem Adel und den politischen Führungsschichten.
4. Es gab kein einheitliches Handeln der Revolutionäre.
5. Militär und Beamtentum blieben königstreu.
6. Die Nationalversammlung verfügte über kein eigenes Heer und keine finanzielle Mittel.
7. Parlamentarische Erfahrungen und Traditionen fehlten, und die erhoffte (diplomatische) Anerkennung durch ausländische Regierungen blieb aus.
8. Die preußische und die österreichische Regierung stabilisierten sich.
9. Die Nationalversammlung benötigte zu viel Zeit für die Erarbeitung einer Reichsverfassung.

Die Niederwerfung der europäischen Revolutionen

ERNEST MEISSONIER:
Barrikade 1848
Juniaufstand
(Paris 1848)

Die Bestrebungen des französischen **Großbürgertums**, die Errungenschaften der Februarrevolution von 1848 zu beseitigen, führten zur Niederschlagung des bewaffneten Aufstandes der Pariser Arbeiter im Juni 1848.

Ab Mitte Juni 1848 unterdrückten österreichische Truppen unter Führung des Feldmarschalls ALFRED FÜRST ZU WINDISCHGRÄTZ die Erhebungen der tschechischen Revolutionäre. Preußen schritt gegen die nationale Unabhängigkeitsbewegung in Polen ein. In Norditalien gelang es der Habsburger Monarchie, die Befreiungsbewegung zurückzudrängen.

Mithilfe russischer Truppen unterdrückte Österreich im August 1849 die Revolution in Ungarn. Der zum Reichsverweser Ungarns bestellte LAJOS KOSSUTH musste im August abdanken und ins Ausland fliehen.

Am 9. November 1848 wurde ROBERT BLUM durch das österreichische Militär standrechtlich erschossen. BLUM war Abgeordneter der Frankfurter Nationalversammlung und Führer des „Deutschen Hofes". Er hatte an den Oktoberkämpfen in Wien teilgenommen. Bereits im Oktober 1848 schlugen kaiserliche Truppen den Aufstand der revolutionären Kräfte in Wien nieder. Nun setzten Verhaftungen und Erschießungen ein. Die monarchistisch-restaurativen Kräfte in Europa nahmen Rache. Tausende Revolutionäre wanderten aus, um der politischen Verfolgung zu entgehen.

8.4 Revolutionen von 1848/49

8.4.4 Weltweite Unabhängigkeitskämpfe

Aufstände in Spanien, Polen, Griechenland und Italien

Die Heilige Allianz versuchte in Europa alles, um die in Wien festgelegte monarchische Ordnung durchzusetzen. Jede revolutionäre Regung sollte sofort im Keim erstickt werden.

Aber die Ideen der Aufklärung und Demokratie waren nicht mehr aus dem Denken der Menschen zu beseitigen. Eine von liberalen Bürgern getragene Revolution in Spanien erfasste Portugal, Italien und Griechenland.

1820 brach in Spanien eine Revolution gegen die Regierung FERDINANDS VII. aus. Sie ergriff Portugal und diente italienischen Revolutionären als Vorbild im Ringen um die nationale Einheit. Die portugiesische liberale Revolution von 1820 hatte die Einführung einer Verfassung zur Folge, die den **Cortés** weitgehende Rechte gegenüber dem König einräumte.

> ▶ **Cortés,** span. = kortes, portug. = kortêʃ, die Volksvertretung in Spanien, früher auch in Portugal

1821 markierte der erste Aufstand der Griechen gegen die türkische Fremdherrschaft den Beginn eines langen Befreiungskampfes, der 1829 mit der Unabhängigkeit Griechenlands endete.

Die polnischen Aufstände 1830 und 1863 scheiterten durch das Eingreifen russischer und preußischer Armeen.

Die europäischen Aufstände führten zum **Zerfall der Großmächte** in einen liberalen westlichen Block mit Großbritannien und Frankreich sowie in einen östlichen konservativen Staatenblock. Dazu zählten Russland, Österreich und Preußen.

Die Ostmächte vertraten das Interventionsprinzip. Es beinhaltete, nötigenfalls mit Waffengewalt revolutionäre Regierungsveränderungen zu verhindern.

Der Friedensvertrag zu Adrianopel vom 14. September 1829 beendete den Russisch-Türkischen Krieg.

Der Friedensvertrag garantierte die Unabhängigkeit Griechenlands, schwächte das Osmanische Reich und bewies, dass die Heilige Allianz unter der Regie METTERNICHS Unabhängigkeitskämpfe nicht verhindern konnte.

Ringen Belgiens um Unabhängigkeit

Die europäischen Großmächte hatten auf dem Wiener Kongress das Königreich der Vereinigten Niederlande geschaffen. Willkürlich wurden die ehemaligen österreichischen Niederlande mit dem Königreich Holland und dem Fürstbistum Lüttich unter dem Oranierkönig WILHELM I. zusammengefügt. Aus Protest gegen die autokratische Herrschaft des Königs sowie seine Kirchen- und Sprachenpolitik (die katholische und französisch sprechende Bevölkerung wurde diskriminiert) schlossen sich in den südlichen Landesteilen liberale und katholische Kräfte gegen den niederländischen König zusammen. Ende August 1830 kam es zu Unruhen in Brüssel. Sie endeten mit der Loslösung der südlichen Provinzen aus dem niederländischen Staatsverband. Die Aufständischen verkündeten am 4. Oktober 1830 die Unabhängigkeit Belgiens. Auf der Londoner Fünfmächtekonferenz 1830/31 erfolgte die internationale Anerkennung des neuen Staates Belgien.

> ▶ Das Sprachenproblem führt heute noch gelegentlich zu politischen Reibereien, denn im nördlichen, flämischen Teil Belgiens spricht man Niederländisch; im südlichen, wallonischen Teil wird Französisch gesprochen.

TOUSSAINT L'OUVERTURE (1743–1803)

JAMES MONROE (1758–1831) war 5. Präsident der USA.

▶ Um 1900 wurde diese Doktrin auf den gesamten amerikanischen Doppelkontinent ausgedehnt, um damit die politische, militärische und auch wirtschaftliche Hegemonie (Vormachtstellung) der USA abzusichern.

Im Mittelpunkt der Verfassung Belgiens stand die Volkssouveränität. In zahlreichen Ländern Europas galt sie als demokratisches Musterbeispiel und beeinflusste bis zum Revolutionsjahr 1848 die Kämpfe um Verfassungen.

Die Unabhängigkeitskriege Lateinamerikas

Die Französische Revolution hatte Signalwirkung für die nationalen Befreiungskämpfe in Lateinamerika. Bereits 1791 erhoben sich die afrikanische Sklaven auf der Insel Haiti gegen die französischen und spanischen Plantagenbesitzer. Unter Führung von TOUSSAINT L'OUVERTURE wurde Haiti 1794 unabhängige Republik. Das Ringen um die nationale Unabhängigkeit erfasste auch die spanischen und portugiesischen Kolonien Mittel- und Südamerikas. 1822 waren bis auf das heutige Bolivien die lateinamerikanischen Länder unabhängige Staaten.

Gegen die Interventionsbestrebungen der europäischen Heiligen Allianz wandte sich 1823 der Präsident der USA. Er bezeichnete jede Absicht europäischer Staaten, ihren Kolonialbesitz in Amerika auszudehnen, als unfreundlichen Akt gegenüber den USA. Der Einspruch der USA „Amerika gehört den Amerikanern" ging nach seinem Verfasser JAMES MONROE als **Monroe-Doktrin** in die Geschichte ein.

Im Gegenzug verzichteten die USA darauf, sich in die europäischen Angelegenheiten einschließlich der bestehenden Kolonien in der Karibik und in Südamerika einzumischen.

Der Opiumkrieg – Frieden von Nanking

Der britisch-chinesische Konflikt (1840–1842) beruhte auf Großbritanniens Absicht, seine Vormachtstellung in Asien auszubauen. China wehrte sich gegen die von Großbritannien geförderte Einfuhr von Opium. Es beschlagnahmte die Ware und verbot das Opiumgeschäft. Diesen Vorfall nutzte Großbritannien, um 1840 mit seiner Fernostflotte militärisch zu intervenieren. Nach einem fast dreijährigen Krieg musste China den Vertrag von Nanking (Nanjing) unterzeichnen.

China wurde gezwungen, Hongkong an Großbritannien abzutreten und fünf Häfen des Landes dem internationalen Handel zu öffnen. Es musste eine Kriegsentschädigung zahlen und Großbritannien konsularische Rechte in den Handelshäfen gestatten.

Diesem ersten aufgezwungenen Vertrag folgten 1844 weitere mit den USA und Frankreich. China verwandelte sich in einen halbkolonialen Staat.

Opiumkrieg: Schlacht um Kanton, 1841

Die politische und ökonomische Entwicklung der USA

Die USA verabschiedeten am 17.09.1787 eine Verfassung, die **Philadelphia-Konvention**. Aus einem Staatenbund entstand ein Bundesstaat.

Die amerikanische Verfassung von 1787/88

Die Verfassung regelt die Trennung der Gewalten. Exekutive (vollziehende Gewalt), Legislative (gesetzgebende Gewalt) und Jurisdiktion (Rechtsprechung) sind unabhängige Organe, die sich gegenseitig kontrollieren. Die einzelnen „Bundesstaaten" der USA behielten das Recht, eigene Angelegenheiten selbstständig zu bestimmen.

Die Außenpolitik, der Außenhandel und die Währungshoheit fielen in die Kompetenz der Bundesregierung. Der Präsident war als Staatsoberhaupt zugleich der Oberbefehlshaber der Streitkräfte. Er ist berechtigt, Verträge abzuschließen, leitet die Exekutive und ernennt Bundesbeamte sowie auswärtige Vertreter. Ein Kabinett steht ihm zur Seite.

Die Einwanderung förderte das Bevölkerungswachstum. Der Auf- und Ausbau der Eisenbahnlinien erschloss das Land und diente dem Wachstum der Industrie. Seit 1820 gab es einen innenpolitischen Gegensatz zwischen dem Sklaven haltenden agrarischen Süden, der Baumwoll- und Tabakpflanzeraristokratie, und dem industriellen Norden der USA, der die Sklaverei ablehnte.

Der Gegensatz zwischen dem Norden und dem Süden der USA führte zum sogenannten **Sezessionskrieg** 1861–1865 (Trennung der Bundesstaaten).

▶ Nach der Unabhängigkeitserklärung vom 4. Juli 1776 und dem gewonnenen Unabhängigkeitskrieg gaben sich die Amerikaner eine Verfassung.

8 Das Zeitalter bürgerlicher Revolutionen

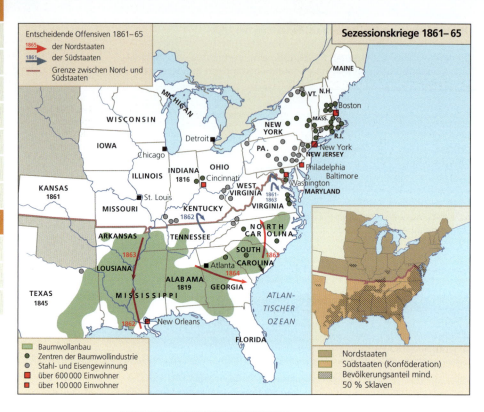

Sezessionskriege 1861–65

Der Einsatz modernster Waffen und eine rücksichtslose Besatzungspolitik der Bürgerkriegsarmeen machten den Kampf zwischen den Nord- und Südstaaten der USA zu einer Art Generalprobe für nachfolgende Kriege des 20. Jahrhunderts.

▶ Wenige Tage später wird Präsident ABRAHAM LINCOLN (Bild rechts) während eines Theaterbesuchs von einem Fanatiker aus den Südstaaten erschossen.

Die Wahl des Sklavereigegners ABRAHAM LINCOLN zum Präsidenten der USA löste den Austritt (Sezession) der Südstaaten aus der Union aus. Diese schlossen sich unter Präsident J. DAVIS zu den Konföderierten Staaten von Amerika zusammen und wählten Richmond zur Hauptstadt.

Die Nordstaaten beharrten auf der Unauflösbarkeit der Union. Der Konflikt wurde mit kriegerischen Mitteln gelöst. Er forderte rund 600 000 Opfer und endete am 9.4.1865 mit der Kapitulation der Südstaaten.

8.5 Die industrielle Revolution

8.5.1 Der Beginn der Industrialisierung

Großbritannien auf dem Weg zur Weltmacht

Die Außenpolitik Großbritanniens beruhte auf dem Prinzip eines Gleichgewichts der europäischen Mächte und dem Streben nach überseeischer Ausdehnung durch Erwerb von Kolonien.
Zu Beginn des 19. Jh. setzte für Großbritannien die Blütezeit als führende Handels-, Industrie- und Finanzmacht ein.

Bevölkerungswachstum in England

1701	5,0 Mio
1751	5,8 Mio
1801	8,7 Mio
1851	16,7 Mio

▶ Seit 1763 gelang es Großbritannien, sich als Welthandelsmacht zu entwickeln.

Gründe für die industrielle Revolution in England:

- einheitliches Währungs- und Steuersystem
- wachsende Zahl ausgebildeter Arbeiter
- gute Infrastruktur: Straßen, Wasserwege, Eisenbahn (ab 1825)
- Rohstoffe im eigenen Land aus dem riesigen Kolonialreich
- genügend Kapital für Investitionen
- Erfindungen: Spinnmaschine, Dampfmaschine, Kokshochöfen

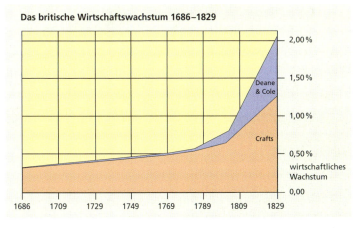

▶ Großbritannien entwickelte sich zur Werkstatt der Welt.

Ausgangspunkt für die Entwicklung neuer Produktionsformen in Großbritannien war die Textilindustrie mit der Erfindung und Einführung der Spinnmaschine und des Maschinenwebstuhls. Die von JAMES WATT entwickelte **Dampfmaschine** revolutionierte die gesamte industrielle Entwicklung. Die Fabriken wurden unabhängig von geografischen Gegebenheiten wie Wind und Wasser als Antriebskräften für die Maschinen. Neue Produktionsverfahren für die Umwandlung von Roheisen in Stahl

JAMES WATT
(1736–1819)

▶ Die „Rocket" erreichte eine Geschwindigkeit von 46,5 km/h.

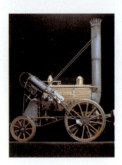

sowie neuartige Walzverfahren führten zum Aufbau einer leistungsstarken Schwerindustrie. Zur Modernisierung der Wirtschaft benötigte man auch leistungsfähigere Verkehrswege.
In Großbritannien begann man frühzeitig mit dem Ausbau der Wasserstraßen. Der Bau der ersten Dampflokomotive 1829 durch GEORGE STEPHENSON („Rocket") leitete das Eisenbahnzeitalter ein.
Zwischen 1830 und 1850 erweiterte sich das englische Eisenbahnnetz von 152 auf 10 653 km.

Auswirkungen auf Deutschland und andere europäische Staaten

Durch den britischen Fernhandel verbreiteten sich weltweit die neuen Maschinen und die damit verbundene moderne Produktionsweise. Belgien, die Niederlande, Frankreich und die Schweiz wurden im ersten Drittel des 19. Jahrhundert von der industriellen Revolution erfasst. In der Mitte des Jahrhunderts griff die Industrialisierung auch auf die übrigen europäischen Länder über.

Die Gründe für das Zurückbleiben Deutschlands lagen im Fehlen der wirtschaftlichen Voraussetzungen, wie sie Großbritannien bereits besaß, wobei sich in Deutschland insbesondere die noch vorhandene Kleinstaaterei nachteilig auf die wirtschaftliche Entwicklung auswirkte.
Die Industrialisierung veränderte die bisherige dörflich-agrarische Landschaft grundsätzlich. Standorte der Industrie entstanden dort, wo Rohstoffe lagerten. Arbeiterstädte schossen aus dem Boden.
Industriereviere entstanden in Mittelengland, in Belgien, Nordfrankreich, im Rhein-Ruhrgebiet und im sächsischen und schlesischen Raum.

Anfänge moderner Landwirtschaft

▶ Rund 80 % der deutschen Bevölkerung lebte um 1800 von der Landwirtschaft.

Die Landwirtschaft verlor ihre dominierende wirtschaftliche Rolle. Entgegen aller Vorhersagen gelang es der Landwirtschaft durch neue wissenschaftliche Erkenntnisse bei den Anbaumethoden, wie der Fruchtfolge, und durch den Einsatz künstlicher Düngemittel, die landwirtschaftlichen Erträge zu steigern. JUSTUS VON LIEBIG (1803–1873) schuf dafür die wissenschaftliche Grundlage. Sein Hauptwerk „Die organische Chemie in ihrer Anwendung auf Agrikultur und Physiologie" erschien 1840.
In der deutschen Landwirtschaft wurden seit 1843 Chilesalpeter und seit 1858 Kali aus Staßfurt zur künstlichen Düngung verwandt.

Neue landwirtschaftliche Maschinen wie die Mähmaschine, die Dampfdreschmaschine und der Dampfpflug verbesserten die Arbeitsbedingungen auf dem Lande. Von 1850 bis 1870 stiegen in Deutschland die Hektarerträge bei Weizen um 10 bis 25 Prozent, bei Roggen und Gerste um 10 Prozent. Der Anbau von Getreide, Kartoffeln und Zuckerrüben hatte Vorrang gegenüber der Viehhaltung. Die erhöhte Agrarproduktion wurde von der zahlenmäßig anwachsenden Bevölkerung sofort wieder verbraucht. Bei Missernten kam es zu Hungersnöten.

8.5 Die industrielle Revolution

8.5.2 Soziale Probleme der industriellen Entwicklung

Durch die Industrialisierung ergaben sich prinzipielle Veränderungen in der jahrhundertealten Lebensweise der Bevölkerung. Zum Adel, zu den Bauern und dem Bürgertum kamen jetzt die Lohnarbeiter hinzu. **Konträr** (gegensätzlich) standen sich Kapitalbesitzer und Lohnarbeiter gegenüber. Das neue Wirtschaftssystem wurde als **Kapitalismus** bezeichnet. Der **Frühkapitalismus** war gekennzeichnet durch überlange Arbeitszeiten, Frauen- und Kinderarbeit und katastrophale Wohnverhältnisse. Die Sterblichkeit der Fabrikarbeiter lag weit über dem Durchschnitt anderer Berufsgruppen.

▶ **Bevölkerungswachstum** in Deutschland:
1816 – 25 Mio. Einwohner
1910 – 65 Mio. Einwohner
Lebenserwartung:
um 1850 – 30 Jahre
um 1871 – 37 Jahre
1910 – 47 Jahre

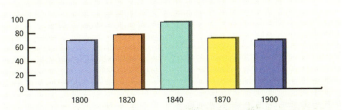

Durchschnittliche Wochenarbeitszeit von Arbeitern in Deutschland

In einer Reihe europäischer Länder wurde zu unterschiedlichen Zeitpunkten die Kinderarbeit gesetzlich eingeschränkt. Kinder unter 13 Jahren durften überhaupt nicht mehr in Fabriken arbeiten.
Die Realisierung eines achtstündigen Arbeitstages erfolgte erst im 20. Jh.

▶ Ein Nachteil der **Bauernbefreiung 1810**: Da viele Bauern zum Erwerb ihrer bisherigen landwirtschaftlich genutzten Fläche nicht die entsprechenden Ablösesummen aufbringen konnten, wuchs das „ländliche Proletariat", da die Industrialisierung erst in ihren Anfängen steckte.

▶ CARL W. HÜBNER: **Schlesischer Weberaufstand**
Hungerrevolte schlesischer Weber im Juni 1844 aufgrund jahrelanger Ausbeutung und Verelendung sowie des Einsatzes der neuentwickelten mechanischen Webstühle. Der Aufstand wurde vom preußischen Militär niedergeschlagen. Auf der Grundlage dieser Ereignisse schrieb der Dichter Gerhart Hauptmann 1892 das Drama „Die Weber".

Zwei verschiedene Auffassungen zum Begriff „soziale Frage"

Soziale Frage
Verarmung
- Arbeiter
- Handwerker
- Bauern
- Dienstboten

Konflikt
Arbeiter ↔ Unternehmer

Soziale Konzepte zur Lösung der sozialen Frage

Zivilgesellschaft
– Durchsetzung von Menschen- und Bürgerrechten

Kritik der Industriegesellschaft
– Klassenkonflikt
– Ausbeutung
↓
Umbau der Gesellschaft

Sozialreformen
– Bekämpfung der Arbeitslosigkeit und Armut
↓
Reform der Gesellschaft

8.5.3 Die Herausbildung einer Arbeiterpartei

Mit der Entwicklung der Industrie entstand auch der Wunsch der Arbeiter, sich zu organisieren, um sich gegen zunehmende Verarmung aufgrund von Niedriglöhnen zu wehren. Mit der **Gründung des Allgemeinen Deutschen Arbeitervereins 1863** in Leipzig durch FERDINAND LASSALLE nahm dieser Wunsch eine konkrete Gestalt an.

Der erste Präsident des ADAV entwickelte u. a. die Theorie, dass mit „Produktivassoziationen" die Arbeiterschaft selbst unternehmerisch tätig sein könne.

▶ FERDINAND LASSALLE (1825–1864) wurde in Breslau geboren. Er war aktiver Teilnehmer der Revolution von 1848. Sein Ziel war eine von aller Bevormundung befreite Arbeiterschaft.

■ **Statut des Allgemeinen Deutschen Arbeitervereins**
Paragraph 1: „Unter dem Namen ‚Allgemeiner Deutscher Arbeiterverein' begründen die Unterzeichneten für die deutschen Bundesstaaten einen Verein, welcher, von der Überzeugung ausgehend, daß nur durch das allgemeine, gleiche und direkte Wahlrecht eine genügende Vertretung der sozialen Interessen des deutschen Arbeiterstandes und eine wahrhafte Beseitigung der Klassengegensätze in der Gesellschaft herbeigeführt werden kann, den Zweck verfolgt, auf friedlichem und legalem Wege, insbesondere durch das Gewinnen der öffentlichen Überzeugung, für die Herstellung des allgemeinen, gleichen und direkten Wahlrechts zu wirken.
Paragraph 2: Jeder Arbeiter wird durch einfache Beitrittserklärung Mitglied des Vereins mit vollem, gleichem Stimmrecht und kann jederzeit austreten. Über die Frage, ob jemand ein Arbeiter im Sinne des Vereins sei, entscheidet der Vorstand. Ebenso ist der Vorstand berechtigt, auch Nichtarbeiter, welche dem Verein beitreten wollen und mit den Grundsätzen und Zwecken desselben einverstanden sind, als Mitglieder aufzunehmen."

Politische Differenzen über die inhaltliche Arbeit des Allgemeinen Deutschen Arbeitervereins, die Lebenslage der Arbeiter zu verbessern, führten zur Spaltung der Bewegung.
BISMARCK, mit dem sich LASSALE seit 1862 traf, sagte über ihn: „Er war einer der geistreichsten und liebenswürdigsten Menschen, mit denen ich je verkehrt habe, ein Mann, der ehrgeizig im großen Stil war, durchaus nicht Republikaner; er hatte eine sehr ausgeprägte nationale und monarchistische Gesinnung …"
Unter Führung von AUGUST BEBEL und WILHELM LIEBKNECHT erfolgte am 07.–08. 09. 1869 in Eisenach die Gründung der **Sozialdemokratischen Arbeiterpartei** (SDAP). Erst auf dem Gothaer Kongress (1875) vereinigten

sich die SDAP und der ADAV zur „Sozialistischen Arbeiterpartei Deutschlands". Mit der Gründung der SDAP war erstmalig auf deutschem Boden eine Arbeiterpartei entstanden. Das Programm und Statut der SDAP waren von marxistischem Geist geprägt.

▪ „III. Als die nächsten Forderungen in der Agitation der sozialdemokratischen Arbeiterpartei sind geltend zu machen:
1. Erteilung des allgemeinen, gleichen, direkten und geheimen Wahlrechts an alle Männer vom 20. Lebensjahr an zur Wahl für das Parlament, die Landtage der Einzelstaaten, die Provinzial- und Gemeindevertretungen wie alle übrigen Vertretungskörper. Den gewählten Vertretern sind genügend Diäten zu gewähren.
2. Einführung der direkten Gesetzgebung (das heißt Vorschlags- und Verwerfungsrecht) durch das Volk.
3. Aufhebung aller Vorrechte des Standes, des Besitzes, der Geburt und Konfession.
4. Errichtung der Volkswehr an Stelle des stehenden Heeres.
5. Trennung der Kirche vom Staat und Trennung der Schule von der Kirche.
6. Obligatorischer Unterricht in Volksschulen und unentgeltlicher Unterricht in allen öffentlichen Bildungsanstalten.
7. Unabhängigkeit der Gerichte, Einführung der Geschworenen- und Fachgewerbegerichte, Einführung des öffentlichen und mündlichen Gerichtsverfahrens und unentgeltliche Rechtspflege.
8. Abschaffung aller Preß-, Vereins- und Koalitionsgesetze; Einführung des Normalarbeitstages; Einschränkung der Frauen- und Verbot der Kinderarbeit.
9. Abschaffung aller indirekten Steuern und Einführung einer einzigen Einkommensteuer und Erbschaftssteuer.
10. Staatliche Förderung des Genossenschaftswesens und Staatskredit für freie Produktivgenossenschaften unter demokratischen Garantien."

▶ Eisenacher Programm, 1869
Beschlossen auf dem Gründungsparteitag der Sozialdemokratischen Arbeiterpartei in Eisenach

Veröffentlicht in: Demokratisches Wochenblatt, Nr. 33, 14. August 1869

LIEBKNECHT forderte die Abschaffung der Monarchie: „Der demokratische Staat ist die einzig mögliche Form der sozialistisch organisierten Gesellschaft", erklärte der Marxist LIEBKNECHT 1869. AUGUST BEBEL (von 1867–1881 sowie 1883–1913 Mitglied des Reichstages, schärfster Kritiker BISMARCKS) kämpfte für die Gleichberechtigung und Gleichstellung der Frau (Hauptwerk: „Die Frau und der Sozialismus", 1879). Er sagte 1903: *„Ich will der Todfeind dieser bürgerlichen Gesellschaft und Staatsordnung bleiben, um sie in ihren Existenzbedingungen zu untergraben, und sie, wenn ich kann, beseitigen."*

▶ AUGUST BEBEL (1840–1913) war Führer der deutschen und internationalen Arbeiterbewegung. Das Hauptziel seines Kampfes war die Befreiung der Arbeiter von Ausbeutung und Unterdrückung.

Das Zeitalter der Revolutionen

1215	Magna Charta
1628	Petition of Rights: Beschwerde des englischen Parlaments wegen Amtsmissbrauchs des Königs KARL I. (1625–1649 König von England)
1649	Öffentliche Hinrichtung KARLS I., England wird zur Republik erklärt, welche Irland und Schottland nicht anerkennen.
1653	OLIVER CROMWELL wird Lordprotektor
1660	Wiedererrichtung der Monarchie in England: Krönung KARLS II.
1688	Glorreiche Revolution
1689	Declaration of Rights, MARIA II. und ihr Ehemann WILHELM III. von Oranien besteigen den englischen Thron
1776	Unterzeichnung der Virginia Bill of Rights (4. Juli): Geburtsstunde der Vereinigten Staaten von Amerika
1789	Erster Präsident der USA wird GEORGE WASHINGTON Sturm auf die Bastille (14. Juli) Erklärung der Menschen- und Bürgerrechte – Freiheit, Gleichheit, Brüderlichkeit (26. August)
1792	Beginn der französischen Revolutionskriege (bis 1807)
1793	Terrorherrschaft der Jakobiner
1795	Herrschaft des Direktoriums
1806	Gründung des Rheinbundes Ende des Heiligen Römischen Reiches Deutscher Nation Doppelschlacht bei Jena und Auerstedt
1807	Frieden von Tilsit
1813	Völkerschlacht bei Leipzig
1815	Wiener Kongress: Europa wird neu geordnet
1834	Gründung des Deutschen Zollvereins: Grundstein zur Herausbildung eines einheitlichen deutschen Marktes
1848/49	Revolutionen in Europa
1861–1865	Nordamerikanischer Bürgerkrieg (Sezessionskrieg): Abschaffung der Sklaverei
1863	Gründung des Allgemeinen Deutschen Arbeitervereins
1878	Reichskanzler BISMARCK setzt das „Gesetz gegen die gemeingefährlichen Bestrebungen der Sozialdemokratie" (Sozialistengesetz) durch

Wissenstest 8   auf **http://wissenstests.schuelerlexikon.de** und auf der DVD

Aufstieg und Untergang des preußisch-deutschen Kaiserreichs

9

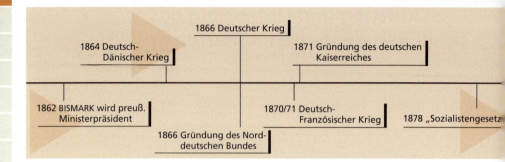

9.1 Preußens Ringen um die Vorherrschaft

9.1.1 Die preußische Politik nach 1848

Jahre der Gegenrevolution

Der Sieg der Gegenrevolution in Preußen Ende 1848 zeigte sich in folgenden Maßnahmen: Einsetzung einer konservativen Regierung (GRAF VON BRANDENBURG), Verhängung des Ausnahmezustandes in Berlin und Auflösung der preußischen Nationalversammlung.

▶ Oktroyierte Verfassung = ohne Zustimmung eines Parlaments aufgezwungene Verfassung

König FRIEDRICH WILHELM IV. erließ eigenmächtig eine **oktroyierte Verfassung**. Immerhin wurden darin einige Grundrechte gewährt: persönliche Freiheit eines jeden Staatsbürgers, Unabhängigkeit der Justiz, Aufhebung der gutsherrlichen Gerichtsbarkeit. Das gleiche Wahlrecht wurde im Jahr darauf durch das **Dreiklassenwahlrecht** ersetzt. Es war eine indirekte Wahl, wobei die Höhe der zu zahlenden Steuer die Anzahl der Wahlstimmen eines Bürgers bestimmte – ein Geschenk an das Besitzbürgertum.

▶ Bei heftigen Barrikadenkämpfen in Wien (Oktober 1848) siegte das kaisertreue Heer. KAISER FRANZ JOSEPH I. oktroyierte im März 1849 ebenfalls eine Verfassung.

Eine vom König geplante und von den Fürsten unterstützte kleindeutsche Lösung (Erfurter Union) scheiterte am Widerstand des dabei ausgeschlossenen Österreichs. Preußen verständigte sich 1850 mit Österreich im Vertrag von Olmütz (heute Olomouc, Tschechische Republik) darauf, den **Deutschen Bund** wieder zum Leben zu erwecken. In den Staaten des Deutschen Bundes blieben zwar etliche Erfolge der 1848er-Revolution erhalten (z. B. die Aufhebung der Zensur, das Ende der adeligen Patrimonialgerichtsbarkeit oder der Erhalt der Bauernbefreiung). Trotzdem war das nun folgende Jahrzehnt eine Zeit der Unterdrückung, gekennzeichnet durch die Aufhebung der in der Verfassung der Paulskirche aufgenommenen Grundrechte und das Verbot der meisten politischen Vereine.

Heeres- und Verfassungskonflikt in Preußen

Mit der Thronbesteigung WILHELMS I. begann 1861 in Preußen eine „neue Ära". Der König und die beiden Häuser des Parlaments (das adelige Herrenhaus und das Abgeordnetenhaus) hatten das gemeinsame Ziel, die preußische Armee zu modernisieren, um mit Österreich und

9.1 Preußens Ringen um die Vorherrschaft

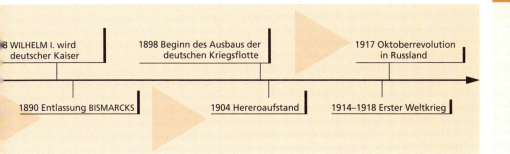

Frankreich gleichziehen zu können. Unstimmigkeiten gab es dabei über die Befugnisse des Abgeordnetenhauses. Die Mehrzahl der Abgeordneten glaubte, es sei ihr Recht, bei militärischen Dingen mitzuentscheiden, während der König und die Regierung meinten, dies läge allein in ihrer Befugnis.

Bismarcks Lückentheorie

BISMARCK entstammte einer pommerschen Gutsbesitzerfamilie, hatte Rechtswissenschaften studiert, ging aber bald darauf ‚in die Politik', auch in den diplomatischen Dienst. Aufgrund seiner konservativ-monarchistischen Grundhaltung sah der preußische König in ihm den geeigneten Mann, den innerpreußischen Konflikt zu lösen. Am 24. September 1862 wird OTTO VON BISMARCK preußischer Ministerpräsident. Die preußische Verfassung sah vor, dass Gesetzesvorlagen der Zustimmung der beiden Kammern (Parlamente) und des Königs bedürfen, um Gesetzeskraft zu erlangen. Für den Fall fehlender Übereinstimmung sah die Verfassung keine Regelung vor. BISMARCK folgerte daraus, dass hier eine Lücke in der Verfassung bestünde und dass in solch einem Fall dem König als dem Souverän die Entscheidung zustünde. Der Konflikt zwischen König und Parlament zog sich hin.

OTTO VON BISMARCK (1815–1898)

▶ Bismarck war preußischer Gesandter im Frankfurter Bundestag, dem „Parlament" des Deutschen Bundes (1851–1859), Gesandter in St. Petersburg (1859-1862) und Botschafter in Paris (1862).

9.1.2 Krieg – „Politik mit anderen Mitteln"

Der deutsch-dänische Krieg

Auf einer Konferenz europäischer Mächte in London war festgelegt worden, dass die beiden Herzogtümer Schleswig und Holstein unter dänischer Herrschaft stehen, aber nicht Teil Dänemarks werden dürften (Londoner Protokoll von 1852). Als Dänemark sich 1863 Schleswig einverleibte, kam es zum Krieg zwischen diesem Land und den beiden größten Staaten des Deutschen Bundes, Österreich und Preußen, den diese gewannen. Preußen besetzte das (nördliche) Schleswig und Österreich das (südliche) Holstein. In der Folge entstanden zwischen Preußen und Österreich Meinungsverschiedenheiten über die Vorgehensweise in den beiden Herzogtümern.

▶ In dem kurzen Krieg kapitulierte Dänemark nach der Erstürmung der Düppeler Schanzen (bei Sonderburg, Süddänemark).

Krieg zwischen Preußen und Österreich

BISMARCK steuerte bewusst auf einen Krieg mit Österreich zu, um die Habsburger aus dem Deutschen Bund zu verdrängen. Als Preußen 1866 Holstein besetzte, kam es zu diesem Krieg, bei dem Bayern, Württemberg, Baden, Sachsen, hessische Fürstentümer einschließlich der Stadt Frankfurt sowie Hannover auf der österreichischen Seite standen.

In dem sechswöchigen Krieg besiegte Preußen schließlich das österreichische Heer bei Königgrätz (03.07.1866; heute Hradec Králové, Tschechische Republik). Nach diesem Sieg wurde auch die Auseinandersetzung zwischen BISMARCK und dem preußischen Abgeordnetenhaus beigelegt.

▶ **Hannover:** 1692 neuntes (!) Kurfürstentum, war von 1714–1837 in Personalunion mit England verbunden (der Kurfürst von Hannover wurde gleichzeitig König von England, musste als solcher aber in London residieren), wurde 1814 (auch deutsches) Königreich, 1866 folgte der Abstieg zu einer preußischen Provinz.

Der Norddeutsche Bund

Im Frieden von Prag wurde der Deutsche Bund aufgelöst. Preußen annektierte die nördlich des Mains gelegenen Kriegsgegner: das Königreich Hannover, Kurhessen (= Hessen-Kassel), das Herzogtum Nassau (mit Wiesbaden als Hauptstadt) und Frankfurt. Dem Norddeutschen Bund traten dann die übrigen bisher selbstständigen Territorien nördlich des Mains bei, auch das Großherzogtum Hessen (= Hessen-Darmstadt) und das Königreich Sachsen. Der 1867 gegründete Norddeutsche Bund war ein Bundesstaat. Er hatte einen eigenen Reichstag, der eine Verfassung erarbeitete. Bundespräsident war der König von Preußen, Kanzler wurde BISMARCK, der dieses Konstrukt als Vorstufe zu einem deutschen Kaiserreich betrachtete. Zu Beginn des Krieges gegen Frankreich (1870/71) traten auch die verbündeten Süddeutschen Territorien diesem Bund bei, der sich am 12. Dezember 1870 den Namen ‚Deutsches Reich' gab.

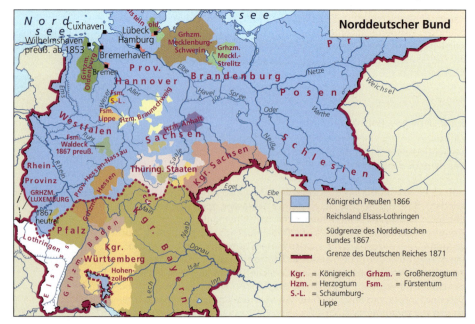

9.2 Die Gründung des Deutschen Reiches

9.2.1 Der Deutsch-Französische Krieg

Die Ursachen des Krieges

Seit Sommer 1866 bemühte sich Frankreich, Preußens weitere Ausdehnung und einen deutschen Nationalstaat zu verhindern. Der außenpolitische Gegensatz zwischen Preußen und Frankreich verschärfte sich 1870 durch Verhandlungen zwischen Paris und Wien mit dem Ziel eines französisch-österreichischen Bündnisses. Das politische Misstrauen Frankreichs gegenüber Preußen wuchs außerdem durch die Anfrage Spaniens an den preußischen König, ob er seine Zustimmung zur Kandidatur des Erbprinzen von Hohenzollern-Sigmaringen für den spanischen Thron gebe.

Der Prinz zog unter dem Eindruck des französischen Vorbehaltes seine Zusage zum spanischen Angebot zurück. Nach diesem diplomatischen Erfolg forderte Frankreich von König WILHELM I. den Verzicht des Herrscherhauses Hohenzollern auf ausländische Thronangebote. Der preußische König, der in Bad Ems zur Kur weilte, lehnte die französische Forderung ab. BISMARCK verkürzte den Inhalt des an ihn gerichteten Telegramms über die Forderung Frankreichs und ließ es veröffentlichen. Mit der **Emser Depesche** reizte er Frankreich zur Kriegserklärung an Preußen (19. Juli 1870).

▶ Der veränderte Charakter des Krieges gegen Frankreich äußerte sich deutlich in der Absicht Deutschlands, Elsass-Lothringen dem neu entstehenden Reich anzugliedern. Im Frieden zu Frankfurt a. M. am 10. Mai 1871 verpflichtete sich Frankreich, das Elsass und Teile von Lothringen an Deutschland abzutreten sowie eine Kriegsentschädigung von 5 Milliarden Francs zu zahlen. Die harten Friedensbedingungen wurden für Deutschland in den folgenden Jahrzehnten ein außenpolitisches Problem, da Frankreich stets an Revanche dachte und seinen Anspruch auf die verlorenen Gebiete nie aufgab.

Schneller Sieg, aber Widerstand durch die Pariser Kommune

Nach dem schnellen Sieg der preußischen und süddeutschen Truppen bei Sedan bemühte sich BISMARCK um eine Reichseinigung „von oben". Durch die Gewährung einiger Sonderrechte (eigene Post und Eisenbahn) gelang es ihm, die süddeutschen Fürsten dazu zu bringen, die Verfassung des Norddeutschen Bundes zu übernehmen.

Am 4. September 1870 wurde unterdessen in Paris die Dritte Republik ausgerufen. Eine eilig gebildete provisorische Regierung führte angesichts der harschen deutschen Friedensbedingungen den Krieg fort. Nachdem Paris zwei Wochen später eingekesselt war, führte sie mit neu aufgestellten Truppen einen erbitterten Widerstand gegen die deutschen Armeen. Erst die monatelange Belagerung und Beschießung von Paris führte am 28. Januar 1871 zum Waffenstillstand und zu Friedensverhandlungen.

Während der Belagerung von Paris kam es zu heftigen Auseinandersetzungen zwischen der provisorischen Regierung der nationalen Verteidi-

▶ Die Schlacht bei Sedan fand am 1. und 2. September 1870 statt. NAPOLEON III. wurde gefangen genommen.

▶ Provisorische Regierung – eine vorläufige Regierung, die nicht aus Wahlen hervorgegangen ist

gung und republikanischen Vertretern der Pariser Stadtbezirke, die der Regierung Untätigkeit gegenüber dem Feind vorwarfen. Die Unterzeichnung des Waffenstillstandes verschärfte den Gegensatz zwischen der Regierung und der Pariser Protestbewegung. Die Regierung flüchtete nach Versailles. Am 28. März 1871 erfolgte die **Ausrufung der Pariser Kommune**. Der Rat der Kommune übernahm die Regierungsgewalt in Paris. Zum Rat der Kommune gehörten Arbeiter, Vertreter des Bildungsbürgertums, Handwerker, Schriftsteller und Publizisten. Im Gegensatz zu den bürgerlichen Parlamenten waren die Mitglieder der Kommune ihren Wählern rechenschaftspflichtig. Die neu gewählte Regierung erließ u. a. das Arbeiterschutzgesetz, verfügte die Gleichberechtigung der Frau und schuf demokratische Selbstverwaltungen. Sie forderte alle Franzosen auf, sich ihrem Programm anzuschließen und eine föderalistische Republik zu gründen.

Im Mai 1871 erteilte die nach Versailles geflüchtete Regierung ihren Truppen, die durch Unterstützung BISMARCKS reorganisiert waren, den Befehl, Paris zu stürmen. In erbitterten Straßenschlachten eroberten die Regierungstruppen Paris zurück. Sie gingen mit Massenerschießungen auch von Frauen und Kindern gegen die Pariser Kommunarden vor. Tausende wurden verbannt und erst 1880 erfolgte eine Amnestie der Überlebenden.

Im Bündnis zwischen industriellem Großbürgertum und dem Mittelstand sowie im Fortführen revolutionärer Traditionen entwickelte sich die Dritte Republik zu einer dauerhaften Regierungsform in Frankreich.

9.2.2 Reichsgründung und Reichsverfassung

Die Reichsgründung als „Revolution von oben"

Eine Reichsgründung als Ergebnis einer revolutionären Volkserhebung war mit dem Scheitern der bürgerlich-demokratischen Revolution von 1848/49 von der politischen Tagesordnung verschwunden. Mit seiner

9.2 Die Gründung des Deutschen Reiches

„Revolution von oben" entwickelte OTTO FÜRST VON BISMARCK seine Taktik von „Zuckerbrot und Peitsche". So konnte er erfolgreich gegenüber Liberalen und Sozialdemokraten agieren.

Noch während des Krieges fand im Spiegelsaal des Schlosses zu Versailles die Ausrufung des Königs von Preußen zum deutschen Kaiser statt. Als WILHELM I. bestieg er am 18. Januar 1871 den deutschen Thron.
Das neu entstandene deutsche Kaiserreich mit 40,8 Mio. Einwohnern war ein Fürstenbund, der von Preußen beherrscht wurde.

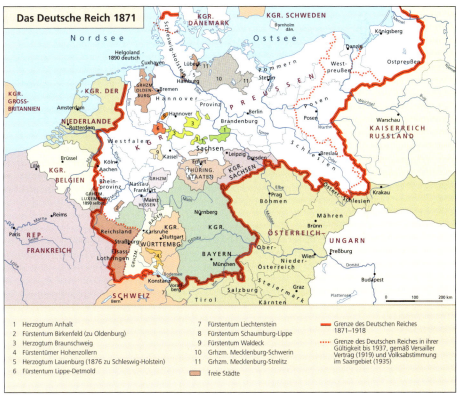

Das Deutsche Reich 1871

1 Herzogtum Anhalt
2 Fürstentum Birkenfeld (zu Oldenburg)
3 Herzogtum Braunschweig
4 Fürstentümer Hohenzollern
5 Herzogtum Lauenburg (1876 zu Schleswig-Holstein)
6 Fürstentum Lippe-Detmold
7 Fürstentum Liechtenstein
8 Fürstentum Schaumburg-Lippe
9 Fürstentum Waldeck
10 Grhzm. Mecklenburg-Schwerin
11 Grhzm. Mecklenburg-Strelitz

freie Städte

— Grenze des Deutschen Reiches 1871–1918
···· Grenze des Deutschen Reiches in ihrer Gültigkeit bis 1937, gemäß Versailler Vertrag (1919) und Volksabstimmung im Saargebiet (1935)

Die Verfassung des Deutschen Reiches entsprach der des Norddeutschen Bundes. Nicht der Kaiser, auch nicht das im Reichstag repräsentierte Volk besaßen die Souveränität, sondern die 22 Könige und Fürsten der deutschen Territorien und die Senate der Freien Städte. Die süddeutschen Staaten erhielten Sonderrechte. Der Kaiser blieb zugleich König von Preußen. OTTO VON BISMARCK war Reichskanzler, preußischer Ministerpräsident und Leiter der auswärtigen Politik.

Die Verfassung des Deutschen Reiches

Das Schema der Reichsverfassung 1871

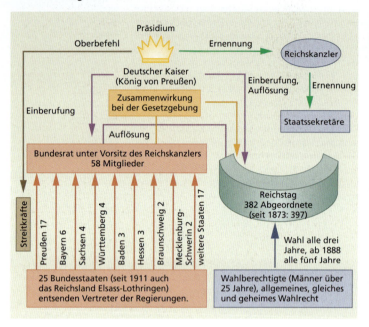

Die Mehrheit des deutschen Volkes empfand die Reichsverfassung im Vergleich zum politischen Zustand im Deutschen Bund als Fortschritt für die Wahrnehmung demokratischer Rechte.

9.2.3 Innenpolitik – Kulturkampf und Sozialistengesetze

▶ Konservative Politik beinhaltet das Beharren an alten Herrschaftsformen und Strukturen.

Reichskanzler OTTO VON BISMARCK war als einziger Minister nur dem Monarchen, nicht aber dem Reichstag verantwortlich. Die Innenpolitik trug unter seiner Regie stark konservative Züge, das äußerte sich in seinem ständigen Misstrauen gegen liberale Parteien, die katholische Zentrumspartei und die anwachsende Arbeiterbewegung. BISMARCK erreichte so eine strukturelle Schwächung von Parlament und Parteien.

Der Kampf gegen die katholische Kirche

Die innenpolitischen Gegensätze verschärften sich, als BISMARCK zwischen 1871 und 1878 im Reichstag Gesetze durchsetzte, die sich gegen die katholische Kirche in Deutschland richteten.

■ Aus Bismarcks „Herrenhausrede", 10. März 1873
„Die Frage, in der wir uns befinden, wird meines Erachtens gefälscht ..., wenn man sie als eine konfessionelle, kirchliche betrachtet. Es ist wesentlich eine politische; es handelt sich nicht um den Kampf, wie unseren katholischen Mitbürgern eingeredet wird, einer

9.2 Die Gründung des Deutschen Reiches

evangelischen Dynastie gegen die katholische Kirche …, nicht um den Kampf zwischen Glauben und Unglauben …, [sondern] um den uralten Machtstreit … zwischen Königtum und Priestertum."

Bismarcks Maßnahmen zur Eindämmung des Einflusses der katholischen Kirche:

– Den Geistlichen wurde untersagt, über Staatsangelegenheiten zu predigen.
– Alle Schulen wurden unter staatliche Aufsicht gestellt.
– Der Jesuitenorden wurde verboten.
– Der Staat kontrollierte die Berufsaufnahme der Geistlichen. Sie mussten das Abitur und ein Staatsexamen vorweisen.
– Alle katholischen Ordensniederlassungen waren aufzulösen.
– Die Zivilehe, dokumentiert durch Standesämter, wurde eingeführt.

Diese Auseinandersetzung erhielt die Bezeichnung **Kulturkampf.** 1878 beendete BISMARCK diese Auseinandersetzung mit einem Kompromiss, die Kirchengesetze wurden gemildert.

Bismarck und die deutsche Arbeiterbewegung

Mit äußerster Härte ging der Reichskanzler gegen die **deutsche Arbeiterbewegung** vor.
1875 vereinigte sich die Sozialdemokratische Arbeiterpartei mit dem Allgemeinen Deutschen Arbeiterverein in Gotha zur Sozialistischen Arbeiterpartei (SAP). Im Programm der Partei befanden sich Gedanken von KARL MARX und von FERDINAND LASSALLE.

„Die Sozialistische Arbeiterpartei Deutschlands fordert als Grundlagen des Staates:
1. Allgemeines, gleiches, direktes Wahl- und Stimmrecht mit geheimer und obligatorischer Stimmabgabe aller Staatsangehöriger vom zwanzigsten Lebensjahr an für alle Wahlen und Abstimmungen in Staat und Gemeinde. Der Wahl- oder Abstimmungstag muß ein Sonntag oder Feiertag sein.
2. Direkte Gesetzgebung durch das Volk. Entscheidung über Krieg und Frieden durch das Volk.
3. Allgemeine Wehrhaftigkeit. Volkswehr an Stelle der stehenden Heere.
4. Abschaffung aller Ausnahmegesetze, namentlich der Preß-, Vereins- und Versammlungsgesetze; überhaupt aller Gesetze, welche die freie Meinungsäußerung, das freie Forschen und Denken beschränken.
5. Rechtsprechung durch das Volk. Unentgeltliche Rechtspflege.
6. Allgemeine und gleiche Volkserziehung durch den Staat. Allgemeine Schulpflicht. Unentgeltlicher Unterricht in allen Bildungsanstalten. Erklärung der Religion zur Privatsache.

Die Sozialistische Arbeiterpartei Deutschlands fordert innerhalb der heutigen Gesellschaft:

> Die meisten Punkte sind hochaktuell und wurden zumeist erst im 20. Jh. gesetzlich eingeführt. Einige Punkte sind zu idealistisch oder in der Praxis nicht durchführbar. (Vgl. Punkte 2 und 5)

1. Mögliche Ausdehnung der politischen Rechte und Freiheiten im Sinne der obigen Forderungen.
2. Eine einzige progressive Einkommensteuer für Staat und Gemeinde, anstatt aller bestehenden, insbesondere der das Volk belastenden indirekten Steuern.
3. Unbeschränktes Koalitionsrecht.
4. Einen den Gesellschaftsbedürfnissen entsprechenden Normalarbeitstag. Verbot der Sonntagsarbeit.
5. Verbot der Kinderarbeit und aller die Gesundheit und Sittlichkeit schädigenden Frauenarbeit.
6. Schutzgesetz für Leben und Gesundheit der Arbeiter. Sanitäre Kontrolle der Arbeiterwohnungen. Überwachung der Bergwerke, der Fabrik-, Werkstatt- und Hausarbeit durch von den Arbeitern gewählte Beamte. Ein wirksames Haftpflichtgesetz.
7. Regelung der Gefängnisarbeit.
8. Volle Selbstverwaltung für alle Arbeiter-, Hilfs- und Unterstützungskassen."

Die sich schnell entwickelnde SAP – 1890 in „Sozialdemokratische Partei Deutschland" (SPD) umbenannt – wurde von BISMARCK und den Unternehmern als **innenpolitische Gefahr** betrachtet.
Zwei Attentate auf den Kaiser nutzte der Reichskanzler, um gegen die Sozialisten vorzugehen.
Er setzte im Reichstag am 21. Oktober 1878 das **Sozialistengesetz** durch.

> Das gegen die Rechtsgleichheit verstoßende **Sozialistengesetz** verbot alle sozialdemokratischen Vereine und Arbeiterhilfsorganisationen, nicht jedoch die Teilnahme sozialistischer Kandidaten an Wahlen. Es untersagte den Druck sozialistischer Zeitungen und Bücher und verbot öffentliche Kundgebungen. Das Verbot richtete sich auch gegen die Gewerkschaftsorganisationen.

Mit dem Gesetz sollte der politische Einfluss der SPD auf die Arbeiter zurückgedrängt werden. Zuwiderhandlungen gegen das Gesetz wurden mit Gefängnishaft und mit Ausweisung aus Preußen bestraft. BISMARCK versuchte neben der Peitsche, dem Sozialistengesetz, auch mit dem Zuckerbrot, den Sozialgesetzen wie Kranken-, Alters- und Invalidenversicherung, die Arbeiter für sich zu gewinnen und von den Sozialdemokraten zu trennen.
1883 wurde das **Gesetz zur Krankenversicherung** beschlossen. 1884 und 1889 folgten **Gesetze zur Alters- und Invalidenversicherung.** Die Sozialgesetzgebung in Deutschland diente anderen Staaten als Vorbild.
1890 lehnte der Reichstag die Verlängerung des Sozialistengesetzes ab. Das Gesetz musste aufgehoben werden. Die Sozialisten gingen trotz jahrelanger Verfolgung gestärkt aus der Auseinandersetzung mit BISMARCK hervor. Das zeigte sich auch auf dem **Erfurter Parteitag** 1891, der ein marxistisch geprägtes Parteiprogramm annahm.
Forderungen der SPD in ihrem Programm lauteten:
– allgemeines, gleiches, direktes Wahl- und Stimmrecht,
– direkte Gesetzgebung durch das Volk,

- Erziehung zur allgemeinen Wehrhaftigkeit,
- Emanzipation der Frau,
- Erklärung der Religion zur Privatsache, Weltlichkeit der Schulen,
- Normalarbeitstag von acht Stunden,
- Verbot der Kinderarbeit,
- Beseitigung der Gesindeordnungen,
- Arbeiterversicherung durch das Reich.

9.2.4 Außenpolitik – Bismarcks Bündnissystem

Die Gründung des Deutschen Reiches hatte das Kräfteverhältnis der europäischen Staaten verändert. BISMARCK musste die Großmächte auf dem Kontinent davon überzeugen, dass Deutschland keine Vormachtstellung in Europa erringen wollte.
Er betrieb eine maßvolle Außenpolitik, indem er auf eine weitere Gebietsausdehnung Deutschlands und auf den Erwerb von Kolonien verzichtete. Sein außenpolitisches Ziel war es, mit einem Verteidigungsbündnis Frankreich zu isolieren und Kriege möglichst zu vermeiden.
1873 wurde deshalb zwischen dem Deutschen Reich, Russland und Österreich-Ungarn das Dreikaiserabkommen geschlossen.

1879 verpflichteten sich Deutschland und Österreich-Ungarn im **Zweibund** zu wechselseitigem Beistand im Kriegsfall. Im **Dreibund** von 1882 trat Italien diesem Vertrag bei.
Der **Rückversicherungsvertrag** mit Russland (1887) legte gegenseitige Neutralität in einem Konflikt Deutschland–Frankreich bzw. Russland–Österreich fest, wenn der Vertragschließende der Angegriffene ist.

1890 zerfiel das von BISMARCK geschaffene Bündnisgeflecht durch imperiale außenpolitische Machtansprüche Deutschlands.

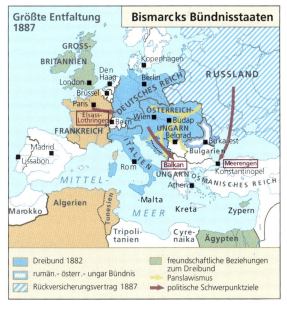

9.3 Die Epoche des Imperialismus

9.3.1 Expansionsbestrebungen der großen Mächte

Das viktorianische England

Bis zum Ende des 19. Jh. war **Großbritannien** die stärkste Industriemacht der Erde. Insbesondere unter dem konservativen Premierminister BENJAMIN DISRAELI (1874–1880), der als der „Vater des britischen Imperialismus" gilt, wurde das **britische Weltreich** („British Empire") weiter vergrößert. Es umfasste schließlich ein Fünftel der Erde und ein Viertel der Weltbevölkerung.

▶ Diejenigen **britischen Kolonien**, in denen überwiegend Weiße lebten (Kanada, Australien, Neuseeland), sowie die Kapkolonie in Südafrika erhielten schrittweise **Selbstverwaltungsrechte**.

CECIL RHODES, seit 1890 Premierminister der Kapkolonie, begründete den **britischen Imperialismus** damit, dass die Briten die „erste Rasse der Welt" seien und Gott „sich die englisch sprechende Rasse offensichtlich zu seinem auserwählten Werkzeug geformt" habe.

▶ Zum **Imperialismus** wurden verschiedene Theorien entwickelt, so die von J. A. HOBSON, darauf aufbauend von R. HILFERDING und sozialistische Imperialismustheorien besonders von W. I. LENIN.

> **Imperialismus** bezeichnet ein Herrschaftsverhältnis, dem das Ziel zugrunde liegt, die Bevölkerung eines fremden Landes mit politischen, ökonomischen, kulturellen und ideologischen Mitteln zu beeinflussen, auszubeuten und weitestgehend zu beherrschen.

Gegen Ende der Regierungszeit der Königin VIKTORIA (1837–1901) durchbrachen die USA und Deutschland die **industrielle Vormachtstellung Großbritanniens**.
Dessen Anteil an der Weltindustrieproduktion sank zwischen 1880 und 1913 von 28 % auf 14 %. Großbritannien blieb aber noch die größte Kolonial- und Seemacht und behielt seine beherrschende Position im Welthandel und im Bank- und Versicherungswesen.

Die Tonnage der britischen Handelsflotte (Dampfschiffe)			
Jahr	1880	1890	1900	1914
Mio. t	2,7	8,1	12,1	21,5

Russland nach der Aufhebung der Leibeigenschaft

Durch einen Erlass des Zaren ALEXANDER II. wurde im Jahre 1861 in **Russland** die **Leibeigenschaft** aufgehoben. Die Bauern wurden persönlich frei und sie erhielten Ackerland. Allerdings mussten sie den bisherigen Grundbesitzern eine Loskaufsumme zahlen. Ein großer Teil der Bauern verschuldete sich und blieb so in Abhängigkeit von den Gutsbesitzern. 1881 ermordeten Mitglieder der terroristischen Geheimorganisation Narodnaja Wolja (Volkswille) ALEXANDER II. Der Nachfolger des Reformzaren, ALEXANDER III., war ein Reaktionär und großrussischer Nationalist.
Russland betrieb in Mittelasien und im Fernen Osten **Expansionspolitik** und es unterstützte die slawischen Balkanvölker in ihrem Kampf gegen die **Fremdherrschaft** der **Türkei** und **Österreich-Ungarns**.

ALEXANDER II.
(1818–1881)

Seit den 90er-Jahren des 19. Jh. erlebte Russland eine stürmische **Industrialisierung**. Die Finanzierung erfolgte größtenteils entweder über Anleihen im Ausland oder durch ausländische Investitionen. Es entstanden große und moderne Industriebetriebe, verbunden mit dem Ausbau der Infrastruktur.

Eisenbahnbau 1874

▶ Die Arbeitszeit in den Fabriken betrug laut Gesetz 11,5 Stunden, doch das stand nur auf dem Papier. Tatsächlich mussten die russischen Arbeiter gegen kärglichen Lohn 12 bis 13, teilweise gar 16 Stunden arbeiten.

Roheisenerzeugung in Russland

Jahr	1880	1900	1914
Mio. t	1,0	6,1	9,2

Mit der **Industrialisierung** entstand eine Arbeiterschaft, die bis 1913 auf 3,1 Millionen anwuchs. Politisch waren die Arbeiter rechtlos. Sie durften keine **Gewerkschaften** bilden und nicht streiken. Seit der Jahrhundertwende entwickelte sich eine revolutionäre sozialistische Partei, an deren Spitze WLADIMIR ILJITSCH LENIN (ULJANOW) trat.
Die Not der Bauern und Arbeiter sowie die Niederlage Russlands im Krieg gegen Japan 1904/05 mündeten **1905** in eine **Revolution** ein. Das Regime des Zaren NIKOLAUS II. (1894–1917) konnte sich zwar behaupten, doch musste der Zar der Errichtung eines **Parlaments** (der **Duma**) mit gesetzgebender Vollmacht zustimmen.
In den Jahren nach 1906 wurde eine **Agrarreform** durchgeführt. Es entstand eine Schicht wohlhabender **Mittel-** und **Großbauern**, während sich für die Mehrheit der Dorfbevölkerung die Lebensbedingungen weiter verschlechterten.

NIKOLAUS II. (1868–1918)

Industrialisierung und Expansionspolitik der USA

Seit den 80er-Jahren des 19. Jh. erlebten die USA eine stürmische **Industrialisierung**. Nach der Jahrhundertwende stiegen sie zur führenden Wirtschaftsmacht der Welt auf. Technische Neuerungen, eine Rationalisierung der Arbeitsorganisation (Übergang zum Fließbandsystem) und die massenhafte Einwanderung von Arbeitskräften ermöglichten diesen Wirtschaftsaufschwung. Eine maßgebliche Rolle spielte der **Eisenbahnbau**.
In der Industrie vollzog sich ein **Konzentrationsprozess**, insbesondere durch die Entstehung von **Trusts**. Während die Industrie boomte, litt die Landwirtschaft jahrzehntelang unter Verschuldung und Absatzschwierigkeiten.

▶ Zwischen 1880 und 1914 wurde das Schienennetz von 104 000 Kilometer auf 406 000 Kilometer erweitert.

▶ **Trust:** Zusammenschluss mehrerer Unternehmen zum Zwecke der Gewinnsteigerung und der Marktbeherrschung

Stahlproduktion in Mio. t

Jahr	Großbritannien	USA
1880	1,3	1,2
1913	7,7	31,3

▶ Die Ford-Werke waren mit bahnbrechend in der Arbeitsorganisation, indem sie das **Fließbandsystem** einführten.

Automontage bei Ford in den USA am Fließband

Nach außen betrieben die USA eine starke **Wirtschaftsexpansion**. Es gelang ihnen, auf dem gesamten südamerikanischen Markt eine beherrschende Stellung einzunehmen.
In **Südamerika** und **Asien** strebten die USA im Unterschied zu den europäischen Kolonialmächten keine direkte Herrschaft über große Territorien an, sondern begnügten sich mit **wirtschaftlicher Vorherrschaft**. Man nennt dies auch „informellen Imperialismus". Die USA bauten eine starke **Kriegsflotte** auf.

▶ Über die Aufgabe der **Kriegsflotte** sagte Präsident THEODORE ROOSEVELT (1858–1919): Die USA müssten nach außen hin „mit sanfter Stimme sprechen, aber einen dicken Knüppel in der Hand halten".

Im Krieg von 1898 besiegten die USA die alte **Kolonialmacht Spanien**. Nach dem Krieg entstand ein **amerikanisches Weltreich,** zu dem die Philippinen, Puerto Rico, Hawaii und Guam gehörten. Kuba und Panama waren völlig von den USA abhängig.

Europäische Kolonialpolitik in Afrika und Asien

Um die Jahrhundertwende waren fast alle Gebiete Afrikas und die meisten der Gebiete Asiens Kolonien europäischer Mächte. Die **Kolonien** mussten ihren „Mutterländern" billige Rohstoffe und Arbeitskräfte liefern und dienten diesen als Absatzgebiete ihrer Waren. Sämtliche Führungspositionen in ihrer Verwaltung waren von Europäern besetzt.

Die territoriale Aufteilung der Welt unter den **Kolonialmächten** war um **1900** bereits nahezu abgeschlossen. Es setzte deshalb ein heftiges Ringen dieser Staaten um die letzten **überseeischen Gebiete** ein, die noch nicht zu einem der Kolonialreiche gehörten. Das waren vor allem **China**, das Osmanische Reich (Gebiet der heutigen Staaten: Türkei, Libyen, Syrien, Irak, Libanon, **Jordanien**, Israel, Kuwait und teilweise Saudi-Arabien), **Marokko** und **Persien**.

9.3.2 Widerstand gegen die Kolonialherren

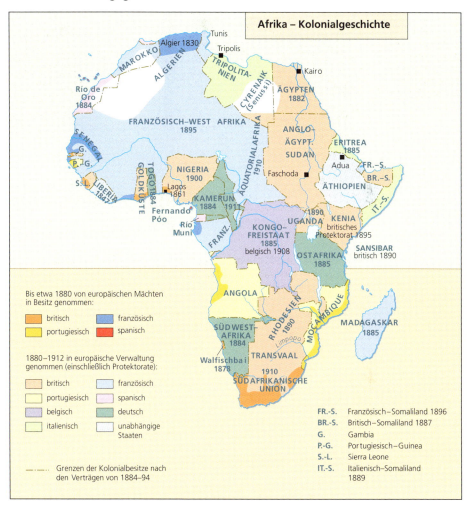

Kolonialbesitz der europäischen Großmächte (in Millionen km² und Einwohner)					
	1876		1914	
	km²	Einwohner	km²	Einwohner
Großbritannien	22,5	251,9	23,5	393,5
Frankreich	0,9	6,0	10,6	55,5
Deutschland	–	–	2,9	12,3

Der Burenkrieg

▶ Der britische Oberbefehlshaber, **HERBERT KITCHENER** (Bild), ließ 30 000 Farmen niederbrennen und 200 000 Buren – meist Frauen und Kinder – in **Konzentrationslager** pferchen. 25 000 Menschen sind in solchen Lagern umgekommen. Als diese Gräuel in Europa bekannt wurden, erhob sich ein Sturm der Entrüstung.

Im **südlichen Afrika** bestanden zwei Republiken (Transvaal und der Oranje-Freistaat), in denen Nachkommen holländischer Einwanderer, die **Buren,** lebten. Nachdem man in beiden Ländern riesige Vorkommen von Gold und Diamanten entdeckt hatte, kam es 1899 zwischen den **Burenrepubliken** und **Großbritannien** zum Krieg. Zunächst erlitt die britische Armee im Kampf gegen die geländekundigen und hoch motivierten burischen Milizsoldaten etliche Niederlagen.
Im Jahre 1902 mussten die Buren ihren Widerstand einstellen.

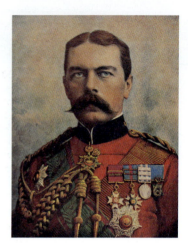

Der Herero- und Hottentottenaufstand

▶ Während der beiden Aufstände fanden 1 500 deutsche Soldaten den Tod. Von den 100 000 **Herero** und **Nama** überlebten nur etwa 25 000 den blutigen **Kolonialkrieg.**

Westlich der beiden Burenrepubliken bestand die Kolonie **Deutsch-Südwestafrika,** das heutige Namibia. **1904** erhob sich das Volk der Herero gegen die deutsche Kolonialherrschaft. Der deutsche Oberbefehlshaber, General VON TROTHA, besiegte die Herero im August 1904 am Waterberg und drängte sie dann samt ihren Familien in die Wüste Omaheke ab, wo die meisten von ihnen verdursteten. Nach der Niederlage der Herero griff Anfang Oktober 1904 auch das Volk der **Nama** oder Hottentotten zu den Waffen. Erst 1907 stellte es den Kampf ein.

Der Boxeraufstand

▶ **Die Boxer** waren eine im 19. Jh. gegründete Geheimgesellschaft. Ab Herbst 1899 richtete sich ihr Kampf gegen die imperialistische Bedrohung Chinas. Nach der Niederwerfung des Boxeraufstandes wurden im Boxerprotokoll von 1901 Sühnebedingungen festgeschrieben.
Das Symbol der Aufständischen war eine erhobene Faust, weshalb man sie in Europa „Boxer" nannte.

Der Machtverfall des **chinesischen Kaisertums** und die wirtschaftliche Rückständigkeit Chinas ermöglichten es den europäischen Großmächten sowie Japan, große Teile des Landes als „Einflusszonen" unter sich aufzuteilen.

> Im Jahre **1900** kam es zu einer **Erhebung** der **Chinesen** gegen die **Fremdherrschaft,** zum sogenannten **Boxeraufstand.**

Der Aufstand wurde von **deutschen, britischen, russischen** und **japanischen Truppen** sowie den Truppen Österreich-Ungarns, Italiens und der USA niedergeworfen. Bei der Verabschiedung der deutschen Truppen hatte Kaiser WILHELM II. die deutschen Soldaten aufgefordert, den Kriegern des Hunnenkönigs ETZEL (ATTILA) nachzueifern. Noch nach dem Sieg über die **„Boxer"** verübten die Truppen der europäischen Großmächte unter dem Oberbefehlshaber der europäischen Militärverbände, ALFRED GRAF VON WALDERSEE, zahlreiche **Massaker** an der chinesischen Zivilbevölkerung.

9.4 Das deutsche Kaiserreich unter Wilhelm II.

9.4.1 Das „persönliche Regiment" Wilhelms II.

Der Regierungsstil Kaiser Wilhelms II.

Nachdem WILHELM II. im Jahre 1890 BISMARCK entlassen hatte, strebte er ein „persönliches Regiment" an. Im Unterschied zu dem zurückhaltenden Kaiser WILHELM I. drängte es WILHELM II. zu öffentlichen Auftritten. Der drohende Unterton in vielen seiner Reden weckte im Ausland Ängste vor dem deutschen Kaiserreich. Unbesonnene Äußerungen des Kaisers wie in seiner „Hunnenrede" (↗ S. 344 f.) haben dem Ansehen Deutschlands in der Welt schwer geschadet.

WILHELM II. (1859–1941)

Neuer innenpolitischer Kurs

> Reichskanzler **OTTO VON BISMARCK** hatte gehofft, die **Arbeiterbewegung** durch eine Kombination von Unterdrückungspolitik („Peitsche") und Sozialgesetzen („Zuckerbrot") erheblich schwächen zu können. Diese Politik scheiterte (↗ S. 337 ff.).

▶ Hatte die **Sozialdemokratische Partei** im Jahre 1878 bei den **Reichstagswahlen** 437 000 Stimmen erhalten, so erlangte sie 1890 trotz des **Sozialistengesetzes** 1,4 Millionen.

Am 25. Januar 1890 lehnte der **Reichstag** es ab, das **Sozialistengesetz** zu verlängern. Zwei Monate später wurde BISMARCK von Kaiser WILHELM II. entlassen.
Zum Nachfolger BISMARCKS ernannte WILHELM II. den General GEORG LEO VON CAPRIVI. Die Politik des neuen Reichskanzlers wurde bald allgemein als „neuer Kurs" bezeichnet. CAPRIVI war bestrebt, die Arbeiter mit dem bestehenden Staat zu versöhnen. Er legte ein **Gesetz zum Arbeiterschutz** vor, das der Reichstag 1891 annahm. Das Gesetz verbot die Sonntagsarbeit sowie für Frauen und Kinder unter dreizehn Jahren die Nachtarbeit. WILHELM II. billigte CAPRIVIS **Sozialpolitik**. Seine Handelspolitik förderte den Übergang Deutschlands vom Agrar- zum Industriestaat.
Als die erhofften Erfolge ausblieben und die Sozialdemokratie weiter erstarkte, entließ WILHELM II. 1894 CAPRIVI. Erst unter Reichskanzler BERNHARD VON BÜLOW (1900–1909) nahm die Reichsregierung die Sozialpolitik wieder auf.

LEO GRAF VON CAPRIVI (1831–1899)

Das Inkrafttreten des Bürgerlichen Gesetzbuchs

Im Jahre 1896 billigte der Reichstag den Entwurf des **Bürgerlichen Gesetzbuchs** (BGB), am 1. Januar 1900 trat es in Kraft. Zuvor hatte es in Deutschland im Privatrecht noch mehrere Rechtsgebiete gegeben. So galt in Preußen das Allgemeine Landrecht von 1794, in den Gebieten links des Rheins der französische **Code Napoléon** von 1804. Das **BGB** (das

▶ Das **BGB** enthält fünf Bücher:
- Allgemeiner Teil,
- Schuldrecht,
- Sachenrecht,
- Familienrecht,
- Erbrecht.

mit Abänderungen immer noch gültig ist) regelt insbesondere das Familienrecht und das Vermögensrecht.

> Im Sinne eines **Rechtsstaates** schützt das **BGB** die gesetzlich erworbenen Rechte des einzelnen Bürgers und räumt ihm einen weiten Spielraum zur **autonomen Gestaltung** seiner **Rechtsverhältnisse** ein.

Das zunehmende politische Gewicht der SPD

Der Sieg über das **bismarcksche Sozialistengesetz** erhöhte das Ansehen der Sozialdemokratischen Partei außerordentlich. Die Partei errang in den folgenden Jahren immer wieder Erfolge bei den Wahlen, und die Zahl ihrer Mitglieder stieg stetig.

KARL KAUTSKY
(1854–1938)

Das **Erfurter Programm** löste das Gothaer Programm (1875) ab. Den grundsätzlichen Teil entwarf **KARL KAUTSKY**.

Stimmenanteil der SPD bei den Reichstagswahlen in %						
1890	1893	1898	1903	1907	1912
19,7	23,2	27,2	31,7	28,9	34,8

Mitglieder der SPD		
1893	1906	1914
100 000	384 000	1 086 000

1891 gab sich die SPD auf ihrem **Parteitag in Erfurt** ein **revolutionäres Programm**, das den Sieg des Sozialismus voraussagte. In den folgenden Jahren hielt sie an ihrem Programm fest. Ihre praktische Politik war aber seit der Jahrhundertwende darauf gerichtet, im Rahmen der bestehenden Ordnung soziale und politische **Reformen** durchzusetzen.

> **Organisation** und **Programm** der SPD galten den sozialistischen Parteien Europas, die sich 1889 zur **Zweiten Internationale** zusammengeschlossen hatten, als Vorbild.

▶ Vom deutschen Flottenbau profitierte natürlich die Schwerindustrie, aber auch das Selbstbewusstsein vieler Deutscher. Endlich war man auf dem Weg zu einer richtigen Weltmacht. Ein damals gegründeter ‚Flottenverein' fand großen Zulauf und hatte bald mehr als eine Million Mitglieder.

9.4.2 Wettrüsten und neue Krisen

Der Flottenbau

Als das Deutsche Reich 1898 mit dem massiven Aufbau einer Kriegsflotte begann, fürchtete Großbritannien um seine Vormachtstellung auf See und damit um den maritimen Schutz seiner Kolonien. Schon 1889 hatte es den „Two-Power-Standard" beschlossen,

Schlachtschiff „Prinzregent Luitpold"

wonach seine Kriegsflotte stärker sein müsste als die der beiden nächstfolgenden Kriegsflotten zusammen. Außenpolitisch gab Großbritannien endgültig den Grundsatz auf, sich nicht an europäischen Bündnissen zu beteiligen („splendid isolation").

Das Anwachsen der deutschen Kriegsflotte

	1897	1905	1913
Schlachtschiffe	7	27	33
(davon Großkampfschiffe)	–	–	13
Personalstärke (Mann)	17 000	38 000	64 500

Gegnerische Bündnisse führen zur Einkreisung des Deutschen Reiches

Die Regierungen **Frankreichs** und **Russlands** fühlten sich durch den mächtigen Dreibund bedroht. Sie schlossen deshalb **1893** ein **Militärbündnis**. Nach der Jahrhundertwende führte die Expansionspolitik Deutschlands dazu, dass Frankreich, Großbritannien und Russland ihre bisherigen Streitigkeiten zurückstellten. **1904** schlossen Großbritannien und Frankreich die **Entente cordiale** (franz.: „herzliches Einvernehmen"). Mit dem Beitritt Russlands 1907 bildeten Großbritannien, Frankreich und Russland die **Tripel-Entente.**
1911/12 wurden die Vereinbarungen durch wechselseitige militärische Abmachungen ergänzt und gefestigt. Damit standen sich in Europa im Vorfeld des Ersten Weltkrieges zwei hochgerüstete Machtblöcke gegenüber.

▶ 1898/99 wäre es noch fast zu einem Krieg zwischen Großbritannien und Frankreich im und um den heutigen Sudan gekommen, die sogenannte Faschodakrise.

Deutschland und die Marokko-Krisen 1905/06 und 1911

Im **Februar 1905** forderte die französische Regierung den marokkanischen Sultan auf, er solle Frankreich die Aufsicht über seine Armee und seine Zollverwaltung übergeben.
Die deutsche Reichsregierung wollte die französische Expansion in Marokko stoppen. **Im März 1905** forderte die deutsche Reichsregierung, eine **internationale Konferenz** von 13 Staaten einzuberufen, die über die Ansprüche Frankreichs und anderer Länder auf Marokko befinden sollte.

▶ Bereits seit den 1890er-Jahren kämpften in Marokko, das damals noch kein selbstständiger Staat war, deutsche und französische Rüstungsfirmen um die reichen **Erzvorkommen** dieses Landes und um den profitablen **Waffenhandel.**

> Die **internationale Marokko-Konferenz,** die von Januar bis April 1906 in der spanischen Stadt Algeciras tagte, bedeutete einen Triumph Frankreichs und eine **diplomatische Niederlage Deutschlands.**

Die Konferenzmehrheit übertrug **Frankreich** die **Kontrolle** über die Polizei sowie das Finanz- und Zollwesen Marokkos. Damit war der Weg für die künftige Verwandlung Marokkos in eine **französische Kolonie** geebnet. Die **Entente** hatte sich gefestigt und die Gegensätze zwischen ihr und dem deutsch-österreichischen Block hatten sich weiter zugespitzt.

9 Aufstieg und Untergang des preußisch-deutschen Kaiserreichs

▶ Seit 1912 ist Rabat die Hauptstadt Marokkos.

Im **Mai 1911** besetzte **Frankreich** die marokkanische Hauptstadt **Fez** und versuchte, Marokko endgültig seinem Kolonialreich einzuverleiben. Die deutsche Reichsregierung entsandte daraufhin Anfang Juli das **Kanonenboot „Panther"** und den **Kreuzer „Berlin"** vor die marokkanische Hafenstadt **Agadir**. Sie beschwor bewusst die Gefahr eines **allgemeinen Krieges** herauf, um die französische Regierung zu zwingen, große Teile ihres mittelafrikanischen Kolonialbesitzes abzutreten. Die **englische Regierung** stellte sich sofort auf die Seite Frankreichs. Das zwang die Reichsregierung zum Einlenken.

Kanonenboot „Panther"

Im **November 1911** erkannte die deutsche Reichsregierung die **französische Vorherrschaft** über Marokko an. Frankreich trat dafür einen Teil seiner **Kongo-Kolonie** ab (275 000 km^2).

Die Balkankrise

Die Österreicherin **BERTHA VON SUTTNER** veröffentlichte 1889 den Roman „Die Waffen nieder!", in dem sie das Grauen des Krieges anschaulich darstellte. Unter ihrem Einfluss entstand 1892 die „Deutsche Friedensgesellschaft".

Im gleichen Jahr begannen wieder einmal militärische Auseinandersetzungen in Südosteuropa, die Balkankriege der Jahre 1911–1913. Zunächst begann Italien mit der Besetzung von Tripolis, ungefähr das heutige Libyen, und ägäischer Inseln. 1912 eroberten die Mitglieder des auf russisches Bestreben hin entstandenen Balkanbundes (Bulgarien, Serbien, Montenegro und Griechenland) beinahe das gesamte Gebiet des europäischen Teils der Türkei. Man wollte „den kranken Mann am Bosporus" endlich beerben. 1913 wurde dann Bulgarien von einigen seiner bisherigen Verbündeten, zusammen mit der Türkei, angegriffen.

Bestrebungen zum Erhalt des Friedens

Um die Jahrhundertwende vollzog sich eine **Revolution** der **Waffentechnik**. Die **Friedensbewegung** in Deutschland und weiteren Ländern setzte sich beharrlich für eine Friedenssicherung durch **internationale Schiedsgerichte** und für die Abrüstung ein. Sie blieb aber ohne nennenswerten Einfluss auf die Politik der Regierungen. Auch die **sozialistischen Parteien Europas** versuchten, den Kriegsgefahren entgegenzuwirken. Auf den **Internationalen Sozialistenkongressen in Stuttgart (1907) und Basel (1912)** gelobten sie, mit aller Kraft gegen den drohenden Krieg zu kämpfen.

9.5 Der Erste Weltkrieg

9.5.1 Schlachtfeld Europa

Ursachen des Weltkonflikts

> Im **Sommer 1914** mündeten die Rivalität und das Wettrüsten der europäischen Großmächte in den **Ersten Weltkrieg.**

Russland und Österreich-Ungarn hofften, die großen innenpolitischen Probleme ihrer Länder durch einen erfolgreichen Krieg überspielen zu können. In der Regierung und Militärführung des Deutschen Reiches fühlte man sich durch die Entente „eingekreist". 1914 wollte **Österreich-Ungarn** wegen der Ermordung des Thronfolgers, Erzherzog FRANZ FERDINAND, mit Serbien „abrechnen". Es war klar, dass Serbien von seiner Schutzmacht Russland unterstützt werden würde. Österreich-Ungarn konnte deshalb einen Angriff auf Serbien nur dann wagen, wenn ihm die militärische Hilfe Deutschlands sicher war.

▶ **FRANZ FERDINAND**, Erzherzog von Österreich (Bild), wurde gemeinsam mit seiner Frau SOPHIE, Herzogin von Hohenberg, im bosnischen Sarajevo von dem serbischen Nationalisten GAVRILO PRINCIP erschossen.

▶ Deutschland rechnete so: Wich **Russland** zurück, dann würde sein internationales Ansehen einen mächtigen Schlag erleiden. Kam Russland den Serben zu Hilfe, dann käme der große Krieg (mit dem man ohnehin rechnete) zu einem für Deutschland günstigen Zeitpunkt.

> Im **Juli 1914** erteilte die **deutsche Regierung** der österreichischen eine „Blankovollmacht" für einen **Krieg gegen Serbien.**

Ein Krieg Deutschlands gegen Russland musste zwangsläufig zum Eingreifen der **Ententepartner** Großbritannien und Frankreich führen. Anfang August kam es dann zum Krieg. Eine besonders große Verantwortung für seinen Ausbruch trug Deutschland, weil es durch seine „Blankovollmacht" für Österreich-Ungarn die voraussehbare Kettenreaktion in Gang gesetzt hatte.

Kriegsziele der Kontrahenten

Angesichts der allgemeinen Kriegsbegeisterung im August 1914 sowie der Anfangserfolge der deutschen Truppen strebte die **deutsche Reichsregierung** eine Art Hegemoniestellung in Europa an, abgesichert durch einen Status der Abhängigkeit Belgiens und Polens, zudem beabsichtigte die Regierung eine Vergrößerung des deutschen Kolonialbesitzes. **Österreich-Ungarn** schwebte eine Annexion Serbiens, Montenegros und auch Rumäniens vor. **Frankreichs** Ziel war es, Elsass-Lothringen zurückzugewinnen und das Saarland zu annektieren.
England wollte seine Position als mit Abstand größte Seemacht zurückgewinnen bzw. sichern und die deutschen Kolonien übernehmen, während **Russland** die Kontrolle über die türkischen Meerengen (Bosporus und Dardanellen) anstrebte. Die hier genannten Gegner Deutschlands, die **Tripelentente,** warteten auf ein militärisches und politisches **Ende des**

▶ Als Mittelmächte bezeichnet man das Deutsche Reich und Österreich-Ungarn. Später kamen noch das Osmanische Reich und Bulgarien dazu.

Osmanischen Reiches, um dessen Gebiete untereinander aufzuteilen. Nach dem Ausscheiden Russlands aus dem Krieg und der Niederlage des Deutschen Reiches und Österreich-Ungarns ging es später im Versailler Vertrag hauptsächlich nur noch um die Durchsetzung der englischen und der französischen Forderungen.

> Im **September 1914** formulierte die **deutsche Regierung** intern folgende **Ziele: Annexion** des **französischen Bergbaugebiets** Briey-Longwy und von **Teilen Russisch-Polens,** Verwandlung **Belgiens** in einen **Vasallenstaat Deutschlands.**

Der Krieg im Westen

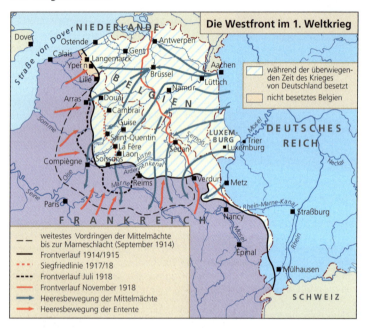

▶ Von 1891 bis 1905 war ALFRED GRAF VON SCHLIEFFEN Chef des Generalstabs der Armee. Von ihm ist die Ermahnung überliefert: „Macht mir den rechten Flügel stark."

Der schon 1905 entwickelte **Schlieffenplan** sah für den Fall eines Zweifrontenkrieges eine schnelle Niederwerfung des französischen Heeres vor. Da ALFRED GRAF VON SCHLIEFFEN einen Frontalangriff auf die französischen Festungen zwischen Verdun und Belfort als sinnlos ansah, sollten die im Westen des Reiches eingeplanten Truppen an ihrem Nordflügel verstärkt werden. Sie sollten westlich um Paris herumschwenken und dann in einer großen Kesselschlacht das französische Heer besiegen. Auf die Neutralität der Niederlande, Belgiens oder Luxemburgs wurde dabei keine Rücksicht genommen. Danach sollte man mit verstärkten Kräften den Gegner im Osten, die zaristischen Truppen, niederwerfen.

Der Plan wurde dann mit einigen Veränderungen durch SCHLIEFFENS Nachfolger, Generaloberst HELMUTH VON MOLTKE, 1914 Grundlage der Kriegführung im Westen. Die deutschen Truppen kamen jedoch nur bis zur Marne, wo sie sich mit den französischen Streitkräften heftige Kämpfe lieferten. Der Schlieffenplan war damit gescheitert.

Der Krieg im Westen mündete bald in einen erbarmungslosen **Stellungskrieg,** der seinen Höhepunkt 1916 bei dem von beiden Seiten mehrfach unternommenen Versuch fand, einzelne Festungswerke bei Verdun zu erstürmen. In der Absicht, den Gegner „auszubluten", starben 240 000 deutsche und 275 000 französische und englische Soldaten. Der wieder aufgenommene uneingeschränkte U-Boot-Krieg Deutschlands hatte am 6. April 1917 die Kriegserklärung der USA zur Folge. Dies war letztlich kriegsentscheidend. Die Sommeroffensiven des Jahres 1918 brachten keine Wende.

▶ Ursprüngliches Ziel des Deutschen Reiches war es, die Franzosen „auszubluten".

▶ **Deutschland** diktierte Russland die **Friedensbedingungen:** Russland musste Polen, Litauen, Lettland und Estland abtreten. Finnland und die Ukraine sollten unter deutsche Oberhoheit gestellt werden.

Kriegsschauplätze des Ersten Weltkrieges

1914	
August	Beginn der Kampfhandlungen, Besetzung Luxemburgs, Offensive Österreichs gegen Serbien, Schlacht bei Tannenberg
September	Besetzung Belgiens, Marne-Schlacht im Westen
Dezember	Räumung Serbiens durch die Österreicher
1915	
Februar	Uneingeschränkter U-Boot-Krieg, Winterschlacht in der Champagne, und in den Masuren, Beginn der Kämpfe an den Dardanellen (Türkisches Reich)
April	Erster Gasangriff der Geschichte bei Ypern (Belgien) Deutsche Gaswerfer an der Westfront
Mai	Kriegseintritt Italiens aufseiten der Entente
Oktober	Eroberung Serbiens durch die Mittelmächte

9 Aufstieg und Untergang des preußisch-deutschen Kaiserreichs

▶ Togo und Deutsch-Südwestafrika waren schon 1914 und 1915 von den Engländern erobert worden.

1916	
Februar	Beginn des Angriffs auf Verdun, Kamerun wird von französischen und britischen Truppen besetzt
Mai	Seeschlacht am Skagerak (Folge: Minen- und U-Boot-Krieg)
Juni bis November	Schlacht an der Somme, russische Offensiven (Brussilow-Offensiven); Beginn der Demoralisierung des russischen Heeres
Dezember	Eroberung Rumäniens durch die Mittelmächte
1917	
März	Nach der Februarrevolution Abdankung des Zaren NIKOLAUS II.
April	USA erklären Deutschland den Krieg.
Juni/Juli	Deutsche Flugzeuge greifen London an.
Oktober	Zusammenbruch der italienischen Front
Dezember	Waffenstillstandsvertrag zwischen Deutschland und Russland in Brest-Litowsk nach erfolgreicher Revolution in Russland (Oktoberrevolution)
1918	
März	Friedensvertrag zwischen Deutschland und Russland in Brest-Litowsk

Bundesarchiv; Bild 183-S10304
Foto: o./eg. | 1918

Verbindung deutscher und russischer Soldaten

März bis Juli	Letzte Offensiven des deutschen Heeres
August	Alliierter Vorstoß an der Somme
November	Matrosenaufstand in Kiel, Waffenstillstand an allen Fronten

9.5 Der Erste Weltkrieg

Die Kämpfe im Osten

Nach der deutschen Kriegserklärung an Russland besetzten dessen Truppen schnell große Teile Ostpreußens. PAUL VON HINDENBURG wurde aus seinem „Ruhestand" (seit 1911) geholt und als Befehlshaber der 8. deutschen Armee eingesetzt. Ende August 1914 wurden die russischen Truppen bei **Tannenberg** eingekesselt und vernichtend geschlagen. Der zweite Teil der entscheidenden Schlacht fand bei den Masurischen Seen statt.

In den folgenden Jahren wurden die russischen Armeen langsam weiter zurückgedrängt. Angesichts der miserablen Versorgungslage und einer verbreiteten Kriegsmüdigkeit schlossen die Bolschewiki, die durch die Oktoberrevolution 1917 an die Macht gekommen waren, am 3. März 1918 mit den Mittelmächten den **Frieden von Brest-Litowsk**. Russland war damit aus dem Ersten Weltkrieg ausgeschieden.

▶ Mitte der 1920er-Jahre wurde ein großes Tannenberg-Nationaldenkmal errichtet, auch zur Erinnerung der schweren Niederlage des Deutschen Ordens 1410. Unter den Nazis erhielt der Ort eine mythische Bedeutung.

Weitere Kriegsschauplätze

Österreich-Ungarn kämpfte zunächst mit wechselndem Erfolg im Südosten gegen Serbien, Rumänien und an der Salonikifront; außerdem – mit deutscher Unterstützung – im südlichen Polen.
Italien, das schon 1882 dem **Zweibund** (Deutschland und Österreich-Ungarn) beigetreten war, blieb bei Kriegsausbruch neutral. Es schwenkte 1915 auf die Seite der Tripelentente und erklärte Österreich-Ungarn den Krieg. Bis 1917 zählte man elf Isonzoschlachten, wobei die Italiener hohe Verluste erlitten, aber nur geringe Geländegewinne erzielen konnten.
Das Osmanische Reich hatte Anfang August 1914 ein geheimes Bündnis mit dem Deutschen Reich geschlossen. Ende des Jahres versuchte die Türkei erfolglos, im Südkaukasus Fuß zu fassen, und auch ein militärischer Vorstoß Richtung Suezkanal misslang.

▶ Der Isonzo ist ein nur 138 km langer Fluss, der in Slowenien entspringt und 20 km nordwestlich von Triest in die Adria mündet.

Engländer und Franzosen unternahmen 1915 einen erfolglosen Versuch, den Serben mit Truppen zu Hilfe zu kommen. Erfolgreich waren die Engländer 1917, als sie, unter Mithilfe des „Do-it-yourself-Strategen" THOMAS EDWARD LAWRENCE, bis Bagdad vordrangen und schließlich auch Jerusalem eroberten.

▶ Ein englischer Archäologe und Diplomat, THOMAS EDWARD LAWRENCE, genannt (engl.) LAWRENCE OF ARABIA, unterstützte den arabischen Kampf um Unabhängigkeit vom Osmanischen Reich. Zu einem Mythos wurde er letztlich durch den Film „Lawrence von Arabien" (1962).

9.5.2 Die innenpolitische Situation im Deutschen Reich während des Krieges

Die Innenpolitik in den ersten Kriegsmonaten

Für die Dauer des Krieges wurde von den politischen Parteien feierlich ein **„Burgfrieden"** proklamiert. Die **Reichsregierung** honorierte das mit **Zugeständnissen**. Die Staatsbetriebe wurden z.B. angewiesen, künftig bei ihren Beschäftigten die Mitgliedschaft in SPD und freien Gewerkschaften zu dulden. Aber erst für die Zeit **nach dem Kriege** versprach die Regierung **innenpolitische Reformen**.

▶ Kaiser WILHELM II. prägte bei **Kriegsbeginn** den Satz „Wenn es zum Kriege kommen soll, hört jede Partei auf, wir sind nur noch deutsche Brüder", der in der Lesart **„Ich kenne keine Parteien mehr, kenne nur noch Deutsche"** zum geflügelten Wort werden sollte.

Erste Auswirkungen des Krieges auf die Lebenslage der Bevölkerung

Die **Ententemächte** verhängten gegen Deutschland eine **Wirtschaftsblockade** und verhinderten so die Einfuhr von Rohstoffen und Lebensmitteln. Im Januar 1915 musste für Brot und Mehl, im Laufe des Jahres 1916 dann für alle wichtigen Lebensmittel eine **Rationierung** auf **Karten** eingeführt werden.

▶ Diese **Lebensmittelrationen** betrugen im Zeitraum von Juli 1916 bis Juni 1917 bei Fleisch 31 %, bei Eiern 18 %, bei Butter 22 % und bei Zucker 49 % des Vorkriegsverbrauchs.

Beginnender Umschwung in der Kriegsbegeisterung

Im August 1914 wurde in erster Linie das Bürgertum und Intellektuelle von **nationalistischer Kriegsbegeisterung** ergriffen. Die Arbeiterschaft wurde nur teilweise davon erfasst, während auf dem Lande, wo die Erntearbeiten gerade im Gange waren, Besorgnis überwog. Alle Schichten der **Bevölkerung** waren sich aber in der **Überzeugung** einig, dass man zusammenstehen und das **Vaterland verteidigen** müsse. Als sich die Ankündigung Kaiser WILHELMS II., zu Weihnachten würden die Soldaten wieder zu Hause sein, nicht erfüllte, begann die Kriegsbegeisterung zu verfliegen.

Begeistert fahren deutsche Soldaten an die Front.

Erste Antikriegsaktionen

Der Reichstagsabgeordnete **KARL LIEBKNECHT** und weitere Vertreter des linken Flügels der SPD hatten sich im August 1914 widerstrebend der Fraktionsdisziplin gebeugt und den **Kriegskrediten** der Regierung zugestimmt. Am 2. Dezember 1914 aber stimmte LIEBKNECHT als einziger Abgeordneter **gegen** weitere **Kriegskredite**. Sein „Nein" erregte großes Aufsehen. Im Mai 1915 schrieb LIEBKNECHT das Flugblatt „Der Hauptfeind steht im eigenen Land!". Am 1. Mai 1916 rief er auf einer **Antikriegskundgebung** in Berlin aus: „Nieder mit dem Krieg! Nieder mit der Regierung!" Er wurde daraufhin verhaftet und zu einer Zuchthausstrafe verurteilt.

KARL LIEBKNECHT
(1871–1919)

Gemeinsam mit ROSA LUXEMBURG wurde er am 15. Januar 1919 von Freikorpsoffizieren ermordet.

Die zunehmende Verschlechterung der Lebenssituation

Um die Einfuhr von Rohstoffen und Lebensmitteln nach Deutschland zu unterbinden, hatte England eine Seeblockade (Abriegelung der Nordsee zwischen Schottland und Südnorwegen sowie des Ärmelkanals) eingerichtet. Ab 1915 wurden im Deutschen Reich alle wichtigen Lebensmittel rationiert. Ein Hauptnahrungsmittel in dem strengen Winter 1916/1917 war die Steckrübe, daher nannte man ihn den „Steckrübenwinter".
Anfang Dezember 1916 verabschiedete der Reichstag das „Hilfsdienstgesetz", wonach jeder 17- bis 60-jährige Mann, sofern er nicht in den Streitkräften diente, zur Arbeit in der Rüstungsindustrie verpflichtet wurde. Auch viele Frauen arbeiteten unter gesundheitsgefährdenden Bedingungen in der Industrie. Man schätzt, dass in den viereinhalb Kriegsjah-

9.5 Der Erste Weltkrieg

Kohlrüben-Karte
— Stadt Erfurt —

2 Pfund	2 Pfund
Kohlrüben	**Kohlrüben**
31. Woche	32. Woche
18.–24. März 1917	25.–31. März 1917

ren mehrere hunderttausend Menschen, zumeist Kinder und ältere Menschen, an Unterernährung starben. Die Versorgung der Streitkräfte mit den für die Kriegsführung notwendigen Mitteln hatte Vorrang. Da die Reichsmark während des Krieges etwa die Hälfte ihres Wertes verlor, wurden die notwendigen Dinge zum Leben immer teurer.

▶ Lag der **Reallohn** der deutschen Rüstungsarbeiter 1918 bei 77,8 % des Standes von 1914, so betrug er bei den Arbeitern der sogenannten Friedensindustrien lediglich 52,2 %.

Veränderungen der innenpolitischen Landschaft

1915 lösten sich linksradikale Politiker der SPD, unter ihnen KARL LIEBKNECHT, ROSA LUXEMBURG und FRANZ MEHRING, von ihrer Partei. Die Gruppe wurde 1916 **Spartakusbund** genannt. Sie setzte sich für eine Beendigung des Krieges ein und vertrat bald das Modell einer Räterepublik. Anfang April 1917 spaltete sich eine größere Anzahl von Abgeordneten von der SPD ab und gründete die Unabhängige Sozialdemokratische Partei Deutschlands (USPD). Der Spartakusbund schloss sich dieser neuen Partei an. Die USPD war neben einer sofortigen Beendigung des Krieges auch für die Vergesellschaftung von Großbetrieben, der Banken und des Großgrundbesitzes.

Nicht nur im Parlament, teilweise auch in der Regierung war man sich uneinig über die Fortführung des Krieges. So wurde auch die Oberste Heeresleitung (OHL) Ende August 1916 zum zweiten Mal seit 1914 verändert. Ihr gehörten neben dem Kaiser als oberstem Kriegsherrn jetzt auch PAUL VON HINDENBURG und sein Stellvertreter ERICH LUDENDORFF an. Die beiden Generäle waren hinsichtlich der Kriegspolitik fortan tonangebend, was im Juli 1917 zur Entlassung des verständigungsbereiten Reichskanzlers THEOBALD VON BETHMANN HOLLWEG führte.
Der Kriegseintritt der USA und die revolutionären Ereignisse in Russland machten das Jahr 1917 zu einem epochalen Wendejahr. Schon im April 1917, stärker dann im Januar 1918, kam es in Berlin, Hamburg und anderen großen Städten zu mehrtägigen, letztlich aber erfolglosen Streiks. Die Streikenden forderten ein sofortiges Ende des Krieges, freie Wahlen und einen **Frieden ohne Annexionen** (Einverleibung fremder Territorien) sowie Kontributionen (Reparationszahlungen für entstandene Kriegsschäden).

PAUL VON HINDENBURG (l.) und ERICH LUDENDORFF

▶ BETHMANN HOLLWEG, neun Jahre lang Reichskanzler, war gegen den uneingeschränkten U-Boot-Krieg und für einen Verständigungsfrieden. In den knapp zweieinhalb Jahren bis zur Kapitulation hatte er drei Nachfolger.

Schritte zum Waffenstillstand

> Am 29. September 1918 verlangte LUDENDORFF von der Reichsregierung, sie solle sofort mit der Entente Verhandlungen über einen Waffenstillstand aufnehmen. Die Lage sei so ernst, dass die deutsche Front täglich zusammenbrechen könne.

Die **deutsche Oberste Heeresleitung** hoffte auch 1918 noch, einen „Siegfrieden" zu erringen. Das war angesichts der zahlenmäßigen und technischen Überlegenheit der französischen, britischen und amerikanischen Truppen ausgeschlossen.

Am 3. Oktober ernannte Kaiser WILHELM II. den Prinzen **MAX VON BADEN** zum Reichskanzler. Der Prinz galt als liberaler Reformpolitiker. Noch am selben Tag richtete Prinz MAX an den **Präsidenten der USA**, THOMAS WOODROW WILSON, eine Note, in der er um einen **Waffenstillstand** bat.

> Am **11. November 1918** musste die Reichsregierung die Niederlage Deutschlands eingestehen und den harten Bedingungen der Ententemächte für einen **Waffenstillstand** zustimmen.

9.5.3 Das Jahr 1917 – Revolution in Russland

Russland vor dem Ersten Weltkrieg

> 1881 wird sogar der russische Zar, ALEXANDER II., durch ein Sprengstoffattentat ermordet. Sein Nachfolger, ALEXANDER III., stoppt die begonnenen Reformen und regiert das Land wieder autokratisch.

Die Außenpolitik Russlands ist im 19. Jahrhundert durch das Bemühen gekennzeichnet, das russische Territorium durch diplomatische und militärische Aktionen zu erweitern. Im Innern war das Zarenreich ein zerrissenes Land, das immer wieder von politischen Attentaten erschüttert wurde. Im Vergleich zu den aufstrebenden Industrienationen in Europa und Nordamerika war Russland jedoch ein überwiegend agrarisches Land, dessen Industrie sich nur langsam entwickelte.

Anfang Januar 1905 erlebte Petersburg einen Streik der Industriearbeiter. Als diese am 22. Januar, dem sogenannten **„Blutigen Sonntag"**, in einer friedlichen Demonstration vor den Regierungssitz, das Winterpalais, zogen, eröffneten Elitetruppen das Feuer, wobei Hunderte Arbeiter ums Leben kamen.

Von der Februar- zur Oktoberrevolution

> Die russisch-orthodoxe Kirche hatte 1582 die Kalenderreform Papst GREGORS XIII. nicht mitgemacht. Die Differenz zwischen dem julianischen Kalender und dem Sonnenjahr betrug 1917 bereits 13 Tage. Der 27. Februar war nach unserer Zeitrechnung der 12. März. Am 14. Februar 1918 wurde in Russland die im Westen übliche Zählung eingeführt.

Im Ersten Weltkrieg erlitt Russland erhebliche territoriale Einbußen, die russische Armee verzeichnete hohe Verluste und die allgemeine Ernährungslage war miserabel, sodass die Kriegsmüdigkeit zunahm.

Der 27. Februar 1917 russischer Zeitrechnung wird als Beginn der Februarrevolution angesehen, da sich an diesem Tag die Soldaten in Petrograd (1914 hatte man das vormalige St. Petersburg umbenannt) mit den Arbeitern zusammenschlossen.

Drei Tage später trat NIKOLAUS II. zurück und es bildete sich eine bürgerliche provisorische Regierung. Parallel dazu errang der Petrograder Sowjet (Arbeiter- und Soldatenrat) zunehmenden Einfluss.

Während die provisorische Regierung den Krieg unbedingt weiterführen wollte, war der **Sowjet** unter der Führung von WLADIMIR ILJITSCH LENIN für einen sofortigen Waffenstillstand, um danach die eigenen politischen Ziele verwirklichen zu können. Am 26. Oktober russischer Zeitrechnung erstürmten die bolschewistischen Truppen das Winterpalais und andere strategisch wichtige Stellen der Stadt, z. B. Brücken und Bahnhöfe. Am 15. Dezember wurde ein Waffenstillstand mit dem Deutschen Reich abgeschlossen.

Februarrvolution 1917 in Russland

Beginn der „Diktatur des Proletariats"

Dass die „Diktatur des Proletariats" gleichzusetzen war mit der Diktatur der bolschewistischen Partei, konnte man schon kurz darauf sehen. Bei den Wahlen zur verfassunggebenden Versammlung am 8. Dezember 1917 erhielten die Bolschewisten 25 % der Stimmen, die anderen sozialistischen Parteien 62 % und die bürgerlichen Parteien 13 %. Als die Versammlung am 18. Januar 1918 im Taurischen Palais zusammentrat und nicht der „vorbehaltlosen Anerkennung der Sowjetmacht" zustimmte, standen am darauffolgenden Morgen schwer bewaffnete Soldaten vor dem verschlossenen Palais und ließen die Abgeordneten nicht hinein. Somit wurde eine demokratische Entwicklung schon im Keim erstickt.

WLADIMIR ILJITSCH LENIN (ULJANOW) (1870–1924)

LENIN wurde als Vorsitzender des Rates der Volkskommissare Führer des Staates.

Vier Wochen nach der erfolgreichen Revolution wurde eine von FELIX DSCHERSCHINSKIJ befehligte Geheimpolizei, die Tscheka, gegründet. 1918 entstanden dann die ersten Zwangsarbeitslager. Die Hoffnung auf eine „Weltrevolution" nach sowjetischem Vorbild erfüllte sich nicht. Zunächst kam es zu einem fast dreijährigen Bürgerkrieg, in dem die Bolschewisten (die „Roten") gegen Zarenanhänger, Sozialrevolutionäre und Menschewiki (die „Weißen") kämpften. Letztere wurden von Großbritannien, Frankreich, Japan und auch den USA militärisch unterstützt. Wegen der Uneinigkeit der oppositionellen Gruppierungen, deren nachlassender Kampfkraft, nicht zuletzt aber auch aufgrund der überlegenen strategischen Fähigkeiten des Gründers der Roten Armee, LEO TROTZKI, konnten sich die Bolschewisten behaupten.

LEW DAWIDOWITSCH BRONSTEIN, genannt TROTZKI (1879–1940)

Aufstieg und Untergang des preußisch-deutschen Kaiserreichs

1862	BISMARCK wird preußischer Ministerpräsident (ab 1871 Reichskanzler)
1864	Deutsch-Dänischer Krieg
1866	Preußisch-Österreichischer Krieg (Deutscher Krieg) Preußen gewinnt entscheidende Schlacht bei Königgrätz (3. Juli) Frieden von Prag (23. August) – Auflösung des Deutschen Bundes
1867	Gründung des Norddeutschen Bundes
1870	Beginn des Deutsch-Französischen Krieges Beitritt der Süddeutschen Territorien zum späteren Deutschen Reich
1871	Krönung WILHELMS I. zum Deutschen Kaiser (18. Januar) Waffenstillstand / Friedensverhandlungen mit Frankreich (28. Januar) Ausrufung der Pariser Kommune (28. März)
1871–1878	BISMARCKS Gesetze gegen die katholische Kirche (Kulturkampf)
1875	Gründung der Sozialistischen Arbeiterpartei (SAP) in Gotha
1879	Zweibund zwischen Österreich und Preußen (1882: Dreibund mit Italien)
1883–1889	Sozialgesetzgebung BISMARCKS
1888	Tod Kaiser WILHELMS I. Nachfolger FRIEDRICH III. stirbt im selben Jahr – WILHELM II. wird deutscher
1890	Ende der „Sozialistengesetze" – Entlassung BISMARCKS als Kanzler
1884/85	Deutsches Reich nimmt Kolonien in Afrika in Besitz (Togo, Kamerun, Deutsch-Ostafrika, Deutsch-Südwestafrika)
1898	Beginn des Ausbaus der deutschen Kriegsflotte
1900	Deutsche Beteiligung an der Niederschlagung des Boxeraufstands Inkrafttreten des Bürgerlichen Gesetzbuches (BGB) im Deutschen Reich
1904	Hereroaufstand gegen deutsche Kolonialherren in Afrika Bündnis der Entente zwischen Großbritannien und Frankreich
1914	Attentat auf österreichischen Thronfolger FRANZ FERDINAND (28. Juni)
1914–1918	**Erster Weltkrieg**
1917	Kommunistische Revolution in Russland
1918	deutsch-russischer Friedensvertrag von Brest-Litowsk (3. März) Matrosenaufstand in Wilhelmshaven Abdankung Kaiser WILHELMS II. Ausrufung der Republik durch SCHEIDEMANN und LIEBKNECHT

Wissenstest 9 auf **http://wissenstests.schuelerlexikon.de** und auf der DVD

Demokratie und Diktatur in Deutschland

10

10.1 Die Weimarer Republik

10.1.1 Von der Monarchie zur Republik

Ein Monarchist verabschiedet sich

▶ In LUDENDORFFS Worten war dies der „schwarze Tag" des deutschen Heeres.

Ab Juli 1918 musste die deutsche Westfront immer weiter zurückverlegt werden. Ein markantes Datum war der 8. August 1918, als englische Truppen mit mehreren hundert Panzern die deutsche Front durchbrachen. Fortan drängte ERICH LUDENDORFF wiederholt die Reichsregierung zu einer sofortigen Beendigung der Kämpfe. Im Oktober 1918 entzog er sich seiner Verantwortung und schied aus der OHL aus.
Angesichts der Stimmung in der Bevölkerung half eine Stärkung der Rechte des Parlaments genauso wenig wie die Ernennung des Prinzen MAX VON BADEN zum Reichskanzler, der für einen Versöhnungsfrieden eintrat.

Die Novemberrevolution

Demonstrierende Matrosen in Wilhelmshaven.

Als die deutsche Flotte in einem heroisch anmutenden Akt gegen England auslaufen sollte, begann Ende Oktober in Wilhelmshaven eine **Meuterei der Matrosen**, die schnell auf andere Häfen übergriff. Auch im Landesinneren brodelte es, die meisten **Fürsten traten ab**. Jetzt überschlugen sich die Ereignisse.
Am 7. November rief KURT EISNER (USPD) in München den Freistaat Bayern aus. König LUDWIG III. floh nach Salzburg.
Am 9. November verkündete der Reichskanzler MAX VON BADEN eigenmächtig die **Abdankung des Kaisers;** dieser floh am Tag darauf in die Niederlande. Am Mittag übertrug MAX VON BADEN sein Amt auf den SPD-Vorsitzenden FRIEDRICH EBERT. Um 14 Uhr rief der SPD-Politiker PHILIPP SCHEIDEMANN vor dem Reichstagsgebäude die Republik aus. Kurz darauf proklamierte der Spartakist KARL LIEBKNECHT vor dem Berliner Schloss „die freie sozialistische Republik Deutschlands".

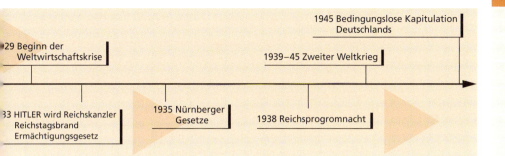

Am 10. November bildete sich eine vorläufige Regierung, der **Rat der Volksbeauftragten**. Dieser bestand aus je drei Mitgliedern von SPD und USPD.
Am 11. November unterzeichnete der Zentrums-Politiker MATTHIAS ERZBERGER als Leiter der deutschen Delegation in einem Eisenbahnsalonwagen im Wald bei Compiègne den Waffenstillstand.

> Somit galten in der Propaganda der deutschnationalen und anderen rechtsextremen Gruppierungen die Politiker und nicht die Generäle als diejenigen, die für den verlorenen Krieg verantwortlich waren.

Die neue Dimension dieses Krieges

Über neun Millionen Menschen starben während des Ersten Weltkrieges. Neu entwickelte Waffen wirkten sich verheerend auf Mensch und Umwelt aus: Kanonen mit ungeheurer Feuerkraft, Flammenwerfer, Panzer, Flugzeuge, U-Boote und Giftgas. Viele Menschen in den Kolonien sahen angesichts des jahrelangen Gemetzels in Europa den hochnäsigen „weißen Mann" mit anderen Augen.

▶ Der von der Firma Krupp entwickelte Mörser „Dicke Berta" verschoss Granaten von 42 cm Durchmesser und einem Gewicht von bis zu 1160 kg.

> Die Beseitigung der Monarchie in Russland, im Deutschen Reich und in Österreich-Ungarn sowie das letztlich steigende Gewicht der USA in der Weltpolitik führten zu einer allmählichen Verbreitung des demokratisch-parlamentarischen Regierungssystems.

Bemühungen um Stabilität

Der Rat der Volksbeauftragten verfügte zunächst über keinerlei Mittel zur Aufrechterhaltung von Sicherheit und Ordnung. Zudem beanspruchte der Berliner Arbeiter- und Soldatenrat ein Mitsprache- oder gar Kontrollrecht bei politischen Entscheidungen. Daher kam es EBERT durchaus gelegen, dass ihm schon am 11. November 1918 General GROENER namens der Armee ein Loyalitätsversprechen anbot, das sogenannte **Ebert-Groener-Abkommen**.
Vier Tage später kamen HUGO STINNES als Vertreter der Arbeitgeberverbände und der Gewerkschaftsführer CARL LEGIEN zu einer weitreichen-

▶ Die Regierung billigte auch den Aufbau der von Offizieren gegründeten privaten Selbstschutzeinheiten, den **Freikorps**, die sich aus ehemaligen Berufssoldaten, Studenten oder auch Arbeitslosen zusammensetzten.

den Übereinkunft. Die Arbeitgeberseite stimmte dem Achtstundentag und der Anerkennung der Gewerkschaften als Vertretung der Arbeitnehmer zu. Die Gewerkschaften erkannten die Eigentumsverhältnisse an und verzichteten somit auf Forderungen, wie z. B. einer Verstaatlichung von Großbetrieben.

Der Spartakusaufstand

▶ Die Mitglieder des Reichskongresses, die zu zwei Dritteln der SPD angehörten, hatten zuvor einen Antrag abgelehnt, das Rätesystem als staatliche Grundlage in die Verfassung aufzunehmen.

Vom 16. bis 20. Dezember 1918 wurde von dem in Berlin tagenden Reichskongress der Arbeiter- und Soldatenräte der 19. Januar 1919 als Wahltag für die Nationalversammlung festgelegt. Am 1. Januar 1919 gründeten der Spartakusbund und Mitglieder aus den Reihen der USPD eine neue Partei, die „Kommunistische Partei Deutschlands", KPD.
Die KPD sah, dass sie in der zu wählenden Nationalversammlung keine gestalterische Mehrheit hatte. Am 5. Januar begann ein **mehrtägiger gewaltsamer Umsturzversuch** (Spartakusaufstand), der auch auf andere Städte übergriff. In heftigen Straßenkämpfen wurde er von Truppen der Reichswehr und Soldaten der Freikorps niedergeschlagen.
Die Führer des Spartakusbundes, ROSA LUXEMBURG und KARL LIEBKNECHT, wurden am 15. Januar von Freikorpsoffizieren ermordet.

10.1.2 Regierungsbildung und Verfassung

Die Weimarer Nationalversammlung

Wegen der gewalttätigen Unruhen in Berlin trat die Nationalversammlung am 6. Februar im Nationaltheater in Weimar, der früheren Wirkungsstätte von GOETHE und SCHILLER, zusammen. Die Nationalversammlung war zugleich Parlament und verfassunggebende Versammlung.

FRIEDRICH EBERT
(1871–1925)

▶ Es galt das Verhältniswahlrecht. Für einen Abgeordnetensitz benötigte eine Partei 60 000 Stimmen. Da es keine 5 %-Klausel gab, war die Hürde für Splitterparteien sehr niedrig.

Aus der Wahl am 19. Januar 1919 war die SPD mit 37,9 % der Stimmen als stärkste Partei hervorgegangen und bildete zusammen mit der Zentrumspartei und der DDP (Deutsche Demokratische Partei) die **Weimarer Koalition**. FRIEDRICH EBERT wurde zum Reichspräsidenten gewählt und beauftragte PHILIPP SCHEIDEMANN mit der Regierungsbildung, der damit der erste Reichskanzler wurde. Ab dem 30. September 1919 tagte die Nationalversammlung in Berlin. Nach der ersten Reichstagswahl im Juli 1920 endete ihr Mandat.

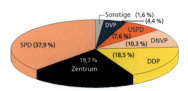

Die Weimarer Verfassung

Die Verfassung trat am 14. August 1919 in Kraft und definierte das Deutsche Reich als eine Republik, in der die Staatsgewalt vom Volk ausging. Alle über 20 Jahre alten Männer und Frauen hatten jetzt das Wahlrecht. Neben der üblichen Arbeit eines Parlamentes, Gesetze zu beschließen, konnte der Reichstag durch ein Misstrauensvotum den Reichskanzler

PHILIPP SCHEIDEMANN
(1865–1939)

und auch die Reichsminister zum Rücktritt zwingen. Der Reichsrat, die Vertretung der Länder, hatte aber nur ein aufschiebendes Veto. Von heute aus gesehen war die Machtfülle des Reichspräsidenten, der vom Volk direkt gewählt wurde, problematisch.

Die Verfassungsorgane

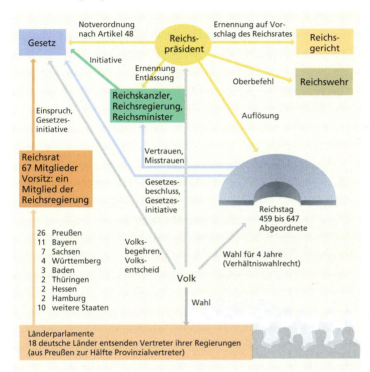

Artikel 22 der Weimarer Verfassung legte fest, dass die Abgeordneten zu allen Vertretungskörperschaften in **allgemeiner, gleicher, unmittelbarer** und **geheimer Wahl** von den über zwanzig Jahre alten Männern und Frauen nach der Verhältniswahl gewählt werden. **Damit erhielten Frauen in Deutschland zum ersten Mal das Wahlrecht.**

Die wichtigsten Parteien der Weimarer Republik

SPD	klassische Arbeiterpartei, für eine parlamentarische Demokratie
USPD	revolutionäre Linkspartei, für ein Rätemodell und die Verstaatlichung von Großindustrie, Banken und die Enteignung des Großgrundbesitzes
DDP	linksliberal, vertrat die Interessen des Bürgertums

▶ Bis zum Inkrafttreten der Verfassung (14. August 1919) waren die vom Reichstag beschlossenen Gesetze zwar rechtskräftig, aber nur vorläufig.

▶ **Artikel 48** der Verfassung gestattete dem Reichspräsidenten, in Verbindung mit dem Artikel 25 den Reichstag aufzulösen und mit Notverordnungen zu regieren.

Art. 25: „Der Reichspräsident kann den Reichstag auflösen, jedoch nur einmal aus dem gleichen Anlass. …"

Aus Art. 48, Abs. 2: „Der **Reichspräsident** kann, wenn im Deutschen Reiche die öffentliche Sicherheit und Ordnung erheblich gestört oder gefährdet wird, die zur Wiederherstellung der öffentlichen Sicherheit und Ordnung nötigen Maßnahmen treffen, erforderlichenfalls mit Hilfe der bewaffneten Macht einschreiten."

KPD	zunächst für eine Räterepublik, ab etwa 1925 Orientierung am Stalinismus
DNVP	konservativ-monarchistisch, republikfeindlich, vertrat die Interessen von Großgrundbesitzern und der Schwerindustrie
Zentrum	katholische Volkspartei, unterstützte die Weimarer Republik
NSDAP	republikfeindlich, diktatorisch ausgerichtet

10.1.3 Der Versailler Vertrag

Die Sieger versammeln sich

▶ Maßgeblich war der „Rat der Vier". Dies waren die Regierungschefs der Hauptsiegermächte: GEORGES CLEMEN-CEAU (Frankreich), DAVID LLOYD GEORGE (Großbritannien), Präsident WOODROW WILSON (USA) und VITTORIO EMANUELE ORLANDO (Italien).

Anfang Januar 1918 trafen sich die Verhandlungsdelegationen der Siegermächte im Schloss von Versailles und setzten – ohne deutsche Beteiligung – die Vertragsbedingungen auf. Am 28. Juni musste eine deutsche Delegation das Vertragswerk akzeptieren. Es unterschrieben der deutsche Außenminister HERMANN MÜLLER (SPD) und der Verkehrsminister JOHANNES BELL (Zentrum). Für den Fall einer Weigerung hatten die Alliierten mit einer sofortigen Wiederaufnahme der Kampfhandlungen gedroht.

Der Versailler Vertrag

Die wichtigsten Eckpunkte des Vertrages waren:
Militärische Bestimmungen:
Abschaffung der allgemeinen Wehrpflicht und Begrenzung des Heeres auf 100 000 Soldaten (Wehrdienstzeit 12 Jahre).
Verbot schwerer Waffen (Panzer, U-Boote, Großkampfschiffe und Kampfflugzeuge).
Entmilitarisierung, d. h. keine deutschen Soldaten links des Rheins und in einem 50 km breiten Streifen rechts des Flusses.
Territoriale Bestimmungen:
Abtretung aller Kolonien, der Kreise Eupen und Malmedy (an Belgien) sowie von Elsass-Lothringen (an Frankreich), Posen und Westpreußen (an Polen).
In Oberschlesien, Nordschleswig und im südlichen Ostpreußen entscheiden Volksabstimmungen über Gebietsabtretungen.
Das Saarland kam für 15 Jahre unter französische Verwaltung, danach sollte eine Volksabstimmung über den weiteren Verbleib entscheiden.
Reparationen:
Abgabe von fast der gesamten Handelsflotte, Kohle, Eisenbahnmaterial und jährlicher Barzahlungen. Eine Kommission sollte die Höhe der Zahlungen festlegen.

Die rechtliche Grundlage der Forderungen der Alliierten war Artikel 231, wonach die deutschen Unterzeichner des Vertrages anerkennen mussten „dass Deutschland und seine Verbündeten als Urheber aller Verluste

und aller Schäden verantwortlich sind".
Dieser Kriegsschuldartikel empörte die deutsche Öffentlichkeit am meisten. Der Versailler Vertrag wurde parteiübergreifend und fast in der gesamten Bevölkerung als große Demütigung empfunden.
Durch die Gebietsabtretungen verlor Deutschland über 70 000 km² Land (etwa 13,5 % des Territoriums), mit mehr als 7 Millionen Einwohnern (knapp 10 % seiner Bevölkerung). Auf die abgetretenen Gebiete entfielen etwa 75 % der deutschen Eisenerz- und Zinkförderung, 20 % der Steinkohlenförderung und etwa 26 % der Roheisenerzeugung.

Die Reparationen – Reduzierung scheibchenweise

Im Januar 1921 einigten sich die Alliierten in Paris auf eine Zahlung von 226 Milliarden Goldmark, die nach deutschen Protesten auf 132 Milliarden gesenkt wurde. 1924 wurde im **Dawes-Plan** eine Jahressumme von 2,5 Milliarden festgelegt, zahlbar in voller Höhe erst ab 1928, aber ohne Nennung einer Gesamtsumme oder einer zeitlichen Begrenzung. Anfang 1929 wurde im **Young-Plan** eine Gesamtsumme von 114 Milliarden Goldmark bestimmt (fast 2 Milliarden pro Jahr), allerdings 59 Jahre lang, d. h. bis 1988. Dabei wären selbst Kinder und Enkel der Kriegsgeneration mit der Abzahlung belastet worden.
Angesichts der Weltwirtschaftskrise einigte man sich 1932 auf der Konferenz von Lausanne auf eine Einmalzahlung von 3 Milliarden Reichsmark, die dann noch nicht einmal gezahlt wurden.

▶ 1961 erlebte die Bundesrepublik eine kontroverse Debatte über Deutschlands Verantwortung für den Ausbruch des Ersten Weltkrieges, die sog. Fischer-Kontroverse, ausgelöst durch das Buch des Historikers FRITZ FISCHER, „Griff nach der Weltmacht".

Die Entstehung neuer Staaten

> Durch den **Zusammenbruch** des **russischen Zarenreiches** und **Österreich-Ungarns** veränderte sich die **Staatenlandschaft** in **Europa**.

Finnland sowie die **baltischen Länder** Litauen, Lettland und Estland trennten sich von Russland. Als **Nachfolgestaaten Österreich-Ungarns** entstanden die **Tschechoslowakische Republik** und die Republiken **Österreich** und **Ungarn**.
Polen, das seit dem Ende des 18. Jh. zwischen Russland, Österreich und Preußen aufgeteilt gewesen war, erhielt seine **Unabhängigkeit**. Auf dem Balkan schlossen sich **Serbien** und **Montenegro** mit den südslawischen Gebieten Österreich-Ungarns (Kroatien, Slowenien und Bosnien) zum „Königreich der Serben, Kroaten und Slowenen" zusammen. 1929 wurde das Land in **„Jugoslawien"** umbenannt.

▶ 1931 hatte der amerikanische Präsident HERBERT C. HOOVER eine Aussetzung der Zahlungen für ein Jahr erreicht (Hoover-Moratorium). Ein Moratorium ist ein vereinbarter Aufschub.

10.1.4 Krisenjahre der neuen Republik

Die Jahre 1919 bis 1923 waren von Unruhen, Streiks, bewaffneten Aufständen und politischen Morden gekennzeichnet. Mehr als ein Jahr nach dem Spartakusaufstand kam es zum ersten Putschversuch durch die Rechten.

Putsch von rechts: Der Kapp-Lüttwitz-Putsch

▶ Die Regierung hatte beabsichtigt, Freikorpssoldaten in die reguläre Armee zu übernehmen, konnte dies aber wegen der Bestimmungen des Versailler Vertrages (100 000-Mann-Heer) nicht realisieren.

Als die aus Mitgliedern von Freikorps bestehende und von General WALTHER FREIHERR VON LÜTTWITZ befehligte „Marinebrigade Ehrhardt" (etwa 5 000 Mann) aufgelöst werden sollte, marschierte sie nach Berlin und besetzte die Regierungsgebäude (13. März 1920). Der Politiker WOLFGANG KAPP ernannte sich zum Reichskanzler. Als Reichswehrminister NOSKE die Unterstützung der Reichswehr suchte, antwortete ihm General HANS VON SEECKT: „Truppe schießt nicht auf Truppe". Trotzdem scheiterte der Putsch am 17. März, weil die Ministerialbürokratie eine Zusammenarbeit mit den Putschisten verweigerte und die Gewerkschaften einen Generalstreik ausgerufen hatten.

Unruhen und Aufstände von links

Im April 1919 wurde in München ein zweiter Anlauf zu einer bayerischen Räterepublik unternommen. Noch während des Kapp-Lüttwitz-Putsches stellten KPD und USPD im Ruhrgebiet eine schließlich 50 000 Mann umfassende „Rote Ruhrarmee" auf. In wochenlangen schweren Kämpfen konnte die Reichswehr diesen Putsch erst am 10. Mai 1920 niederschlagen. Auch in Sachsen und Thüringen bekämpften sich bewaffnete Selbstschutzeinheiten und Freikorps. Im Rheinland und in der Pfalz besetzten im Herbst 1923 separatistische Gruppen die Rathäuser und riefen eine „Rheinische Republik" aus, obwohl die Mehrheit der Bevölkerung davon wenig hielt.

Politische Morde

Rechtsradikale, darunter vor allem die berüchtigte Gruppierung „Organisation Consul" (O. C.), verübten eine Reihe politischer Morde an linken

Politikern wie auch an Regierungsvertretern, die sie als „Erfüllungspolitiker" (‚Erfüllung' des Versailler Vertrages) beschimpften.
Nach den Morden an KARL LIEBKNECHT und ROSA LUXEMBURG (15. Januar 1919) wurde der bayerische Ministerpräsident KURT EISNER am 21. Februar 1919 von einem Adeligen, ANTON GRAF VON ARCO AUF VALLEY (1897–1945), auf dem Weg zur Eröffnung des Landtages erschossen. Am 8. Oktober 1919 wurde der USPD-Vorsitzende und Pazifist HUGO HAASE (1863–1919) durch ein Attentat so schwer verletzt, dass er einige Wochen später starb. Am 26. August 1921 wurde MATTHIAS ERZBERGER (1875–1921), der 1918 den Waffenstillstand unterzeichnet hatte, von Mitgliedern der O. C. ermordet, ebenso wie dann am 24. Juni 1922 der amtierende Außenminister WALTHER RATHENAU.

KARL LIEBKNECHT
(1871–1919)

Eine „Republik ohne Republikaner"?

Die Bestimmungen des Versailler Vertrages, seien es die militärischen und territorialen Bestimmungen oder gar der „Kriegsschuldparagraph", wurden von der Bevölkerung in Deutschland empört abgelehnt. Viele glaubten, dass das Deutsche Reich 1914 militärisch und politisch eingekreist worden war und sich lediglich dementsprechend gewehrt habe. Ausschlaggebend war auch die Tatsache, dass seit vielen Jahrhunderten Kaiser und Könige mit dem damals üblichen Pomp in Deutschland regierten. Aus Mangel an geschultem Personal mussten die Verwaltung, die Justiz und das Militär übernommen werden, gerade diejenigen Gruppen, die durch ihre Position in der Kaiserzeit Privilegien und Ansehen genossen hatten. Aufgrund der ihr eigenen Strukturen und ihrer generellen Abneigung gegenüber dem neuen demokratischen Staat schien die Armee sich zu einem „Staat im Staate" zu entwickeln.
Der 18. November 1919 war die Geburtsstunde der **Dolchstoßlegende**. HINDENBURG äußerte vor einem parlamentarischen Untersuchungsausschuss: „Ein englischer General sagte mit Recht ‚Die deutsche Armee ist von hinten erdolcht worden'." Die Parteien und die „revolutionäre Zermürbung" trügen die Schuld an der Niederlage.

WALTER RATHENAU
(1867–1922)

▶ Die Richter verurteilten Angehörige linker Gruppierungen in der Regel wesentlich schärfer als Mitglieder rechter Gruppen. Fast 90 % der von Rechten begangenen politisch motivierten Straftaten blieben ungesühnt.

1923 – Ruhrkampf und Inflation

Ende 1922 kam die Reichsregierung mit ihren **Reparationslieferungen** ins Stocken. Die französische Regierung nahm dies zum Vorwand, am 11. Januar 1923 mit 60 000 französischen (und belgischen) Soldaten das Ruhrgebiet zu besetzen. Die Reichsregierung stellte die Lieferungen ganz ein und rief die Bevölkerung zum passiven Widerstand auf. Die Weiterzahlung von Löhnen und Gehältern durch die deutsche Regierung wurde bald so kostspielig, dass der Widerstand am 26. September aufgegeben werden musste. Die sich zu einer **Hyperinflation** entwickelnde Geldentwertung begann schon während des Ersten Weltkrieges. Um den Krieg finanzieren zu können, ließ die Regierung immer mehr Geld drucken. In den folgenden Jahren beglich man dann die Zahlungen an die Alliierten einfach mittels der Notenpresse.
Am 15. November 1923 kostete ein Dollar mehr als vier Billionen Mark. Am Tag darauf führte die Regierung die **Rentenmark** ein, die sich zu einer stabilen Währung entwickelte. Die Leidtragenden waren alle Sparer,

▶ Die Bevölkerung sollte keine Befehle der Franzosen befolgen. Zur finanziellen Unterstützung der Bevölkerung wurde einfach mehr Geld gedruckt, wodurch die Inflation bald rapide anstieg.

▶ In ihrer Not druckten mittlere und große Städte, aber auch große Betriebe ihr eigenes, oftmals mit schönen Bildmotiven versehenes Notgeld.

▶ Vorbild war ein Marsch von Anhängern BENITO MUSSOLINIS Ende Oktober 1922 nach Rom, woraufhin König VIKTOR EMANUEL III. MUSSOLINI mit der Bildung einer neuen Regierung beauftragte.

die sprichwörtlich über Nacht sämtliche Sparguthaben verloren. Kaum Verluste erlitten die Besitzer von Sachwerten oder auch von Schulden. Diese konnten leicht mit dem fast wertlosen **Notgeld** beglichen werden.

Der Hitler-Putsch 1923

Anfang der 1920er-Jahre wurde Bayern, das sich in einer anhaltenden Auseinandersetzung mit der Regierung in Berlin befand, zu einem Sammelbecken der nationalistischen, antirepublikanischen Rechten. Es war die erste „Wirkungsstätte" ADOLF HITLERs, der hier seit 1921 Vorsitzender der NSDAP war. Dieser war dabei, einen „Marsch nach Berlin" zur Übernahme der Macht vorzubereiten.

Als sich rechtsradikale Gesinnungsgenossen am 8. November 1923 im Münchener **Bürgerbräukeller** versammelt hatten, erklärte HITLER die Reichsregierung für abgesetzt und ernannte sich selbst zum Reichskanzler. Am darauffolgenden Tag, dem 9. November, marschierten die Putschisten zur **Feldherrnhalle,** wo das Unterfangen im Kugelhagel der Polizei endete. HITLER und LUDENDORFF wurden verhaftet. Während LUDENDORFF freigesprochen wurde, bekam HITLER fünf Jahre Festungshaft, von denen er nur neun Monate verbüßen musste.

10.1.5 Außenpolitische Erfolge

Der Vertrag von Rapallo

GUSTAV STRESEMANN
(1878–1929)

Im April 1922 begann in Genua eine Art Weltwirtschaftskonferenz aller Kriegsteilnehmer. Eine Woche nach Beginn der Konferenz schlossen die deutsche und die russische Delegation im 30 km entfernten **Rapallo** einen Vertrag ab, zur Überraschung und auch Verärgerung der anderen Konferenzteilnehmer. Neben dem gegenseitigen Verzicht auf Reparationen beschlossen die beiden Verlierer des Krieges eine Ausweitung der Wirtschaftsbeziehungen und die Aufnahme **diplomatischer Beziehungen.**

Die Konferenz von Locarno

ARISTIDE BRIAND
(1862–1932)

Vom 5. bis 16. Oktober fand zwischen Deutschland und seinen benachbarten ehemaligen Kriegsgegnern die **Konferenz von Locarno** (Kurort in der Schweiz) statt. Deutschland, Frankreich und Belgien verzichteten auf kriegerische Maßnahmen und anerkannten die Staatsgrenzen zwischen ihren Ländern. Außerdem beschloss man die Aufnahme Deutschlands in den Völkerbund. Für Deutschland bedeutete dies ein Durchbrechen der außenpolitischen Isolierung.

Der Briand-Kellogg-Pakt

FRANK B. KELLOGG
(1856–1937)

In diesem auch „Kriegsächtungspakt" genannten Vertrag vom 27. August 1928 verpflichteten sich die Signatarstaaten, auf Krieg als Mittel der Durchsetzung von Interessen zu verzichten. Deutschland gehörte zu den neun Erstunterzeichnern. Bis 1939 waren dem Pakt insgesamt 63 Staaten beigetreten.

> Der Gewaltverzicht als Kernanliegen des Paktes wurde 1945 in die UN-Charta aufgenommen, ebenso in die Anklagepunkte beim Nürnberger Kriegsverbrecherprozess.

Der wirtschaftliche Aufschwung

Mit der Stabilisierung der Währung und den US-Anleihen floss Geld in die Wirtschaft und in die Gemeinde- und Länderkassen. Es konnte ein **wirtschaftlicher Aufschwung** finanziert werden.

> In den Jahren zwischen 1924 und 1928 erlebte Deutschland eine relative **Stabilisierung der Wirtschaft,** die von Modernisierung und Rationalisierung begleitet war.

Aus den USA wurden Fließband- und Akkordarbeit übernommen. Die wachstumsorientierten Industriebranchen Elektrotechnik, Maschinenbau und Chemie nahmen einen besonderen Aufschwung. Es wurden verstärkt langlebige **Konsumgüter** produziert. Durch die Gründung der IG Farbenindustrie AG 1925 und der Vereinigten Stahlwerke AG 1926 kam es zu Konzentrationsprozessen.

Das Wirtschaftswachstum ließ die **Arbeitslosigkeit** zurückgehen und die realen Arbeitseinkommen allmählich ansteigen. Obgleich der Lebensstandard der Bevölkerung nur etwa das Vorkriegsniveau erreichte, wurden diese Jahre vielfach als die **„Goldenen Zwanziger"** bezeichnet. Es entstanden Arbeiterwohnsiedlungen, Schulneubauten und moderne Krankenhäuser. Volksbüchereien, Schwimmbäder und andere Sportanlagen waren auch für Geringverdienende zugänglich.

Obwohl wichtige **Sozialgesetze und -maßnahmen** verabschiedet wurden, versuchten Unternehmer, diese auszuhöhlen oder aufzuheben. Dagegen wehrten sich die Arbeiter und kämpften um die Erhaltung des Achtstundentages und um Löhne. Streiks und Aussperrungen nahmen zu.

10.1.6 Die „Goldenen Zwanziger"

Moderne Schulpolitik

In der Weimarer Republik wurden demokratische Entwicklungen im Schulwesen eingeleitet.

> Am 28. April 1920 nahm die Deutsche Nationalversammlung ein **Reichsgrundschulgesetz** an, mit dem die obligatorische vierjährige Grundschule für die Kinder aller sozialen Schichten eingeführt wurde.

▶ Wichtige **soziale Maßnahmen:**
– 1920 Betriebsrätegesetz
– 1923 Reichsmieterschutzgesetz
– 1924 Einrichtung staatlicher Fürsorge
– 1926 Schaffung von Arbeitsgerichten
– 1927 Arbeits- und Kündigungsschutzgesetz für werdende und stillende Mütter
– 1927 Einrichtung von Arbeitsämtern
– 1927 Einführung der Arbeitslosenversicherung

Schule in Berlin-Köpenick (1928/29) „Neue Sachlichkeit"

▶ Vom 11. bis 19. Juni 1920 fand in Berlin die **Reichsschulkonferenz** statt. Auf der Konferenz waren alle Länder vertreten. Es wurde die Bildung eines **Reichsschulamtes** beschlossen, durch das die Länder betreut werden sollten. Im Mittelpunkt des Unterrichts sollte das Arbeitsprinzip stehen.

Eine herausragende Rolle in der **Bildungspolitik** nahm Berlin ein. Das Schulwesen der Hauptstadt war eines der größten in der Welt mit über 1 000 Schulen, darunter 652 Volksschulen. 16 000 Lehrer unterrichteten 500 000 Schüler. Aber erst 1929 wurde in Berlin die **Prügelstrafe** abgeschafft. Wesentlicher Grundsatz der neuen Schulpolitik war, dass jeder Bürger Gelegenheit erhalten müsse, „das zu werden, wozu er taugt".

Blütezeit der Kultur

Weder politische Stabilität noch wirtschaftlicher Aufschwung hatten die 1920er-Jahre zu den „Goldenen" gemacht, sondern ein enormer **kultureller Aufschwung**. Dieser wurde u. a. begleitet von technischen Entwicklungen wie dem Hörfunk oder dem Grammofon.

In dieser Zeit entstanden bedeutende literarische Werke von THOMAS und HEINRICH MANN, ARNOLD ZWEIG, LION FEUCHTWANGER, RICARDA HUCH, ERICH KÄSTNER, ALFRED DÖBLIN und ANNA SEGHERS.

Von links nach rechts:
THOMAS MANN
(1875–1955),
ALFRED DÖBLIN
(1878–1957),
RICARDA HUCH
(1864–1947)

Malerei, **Grafik** und **Bildhauerei** waren gekennzeichnet durch die verschiedensten Kunstströmungen, in besonderem Maße aber durch den **Expressionismus**.
Die Gruppe „Blauer Reiter" um WASSILY KANDINSKY und PAUL KLEE entwickelte die abstrakte Kunst weiter. Die Auseinandersetzung mit dem Krieg und der Politik der **Weimarer Republik** war besonders prägend für Künstler wie ERNST BARLACH, MAX BECKMANN, OTTO DIX, GEORGE GROSZ, KÄTHE KOLLWITZ, RUDOLF SCHLICHTER und HEINRICH ZILLE, die auch das Alltagsleben der Menschen einprägsam darstellten.
Künstler um MAX ERNST und HANS ARP entwickelten surrealistische Techniken, um die gesellschaftlichen Widersprüche bildnerisch darstellen zu können. Dabei kam es auch zur Symbiose von Grafik, Malerei und Literatur. Es gab in dieser Zeit in Deutschland eine reiche, lebendige und zeitnahe **Theater- und Musikszene**. Die Entwicklung prägten Theaterleiter

und -regisseure wie MAX REINHARDT, LEOPOLD JESSNER und ERWIN PISCATOR. An einer der bekanntesten Berliner Bühnen, dem „Theater am Schiffbauerdamm", wurde 1928 die „Dreigroschenoper" von BERTOLT BRECHT und KURT WEILL uraufgeführt. Es war der größte Theatererfolg der 1920er-Jahre in Deutschland. Die **Berliner Musikbühnen** waren mit Dirigenten wie LEO BLECH, ERICH KLEIBER und OTTO KLEMPERER führend im internationalen Musikleben. Mit der Entwicklung des **Rundfunks** wurde das **Hörspiel** zu einer neuen Kunstform.

Szene aus „Metropolis" von FRITZ LANG mit GUSTAV FRÖHLICH und BRIGITTE HELM

▶ 1929 gab es in Berlin 363 Kinos. 80 Filmgesellschaften produzierten in diesem Jahr 173 Filme. Revue-, Kostüm- und Lustspielfilme waren in der Überzahl, aber auch anspruchsvolle Filme wie „Cyankali", „Der blaue Engel", „Berlin – Alexanderplatz" wurden gedreht.

Zum **Massenvergnügen** war das **Kino** geworden. Einige deutsche Filme der 1920er-Jahre und der beginnenden 1930er-Jahre gehören zur **Weltfilmkunst**. Berlin war das Zentrum der deutschen Filmwirtschaft, die vom größten deutschen Filmkonzern, der 1917 gegründeten Universum Film AG (UFA), beherrscht wurde.

Die **Architektur** nahm ebenfalls einen enormen Aufschwung. 1919 wurde das **Bauhaus**, eine Kunstschule, von dem Architekten WALTER GROPIUS in Weimar gegründet. 1925 kam es nach Dessau, wo seine Gebäude noch heute stehen (Bild). Im Bauhaus wurden neue Gestaltungsformen und Lehrmethoden vertreten mit dem Ziel, die Verbindung von Kunst und Handwerk sowie von Architektur und bildender Kunst zu erreichen.

▶ Direktoren des Bauhauses waren neben WALTER GROPIUS auch HANS MEYER und MIES VAN DER ROHE; es lehrten u. a. WASSILY KANDINSKY und PAUL KLEE.

Leistungen in Wissenschaft und Technik

In dieser Zeit wurden in Deutschland große Fortschritte in der **Medizin**, in der **Chemie**, in der **Auto-** und **Flugzeugindustrie** und auf dem Gebiet der **Physik** gemacht.

Herausragende Leistungen in Wissenschaft und Technik	
1919	Erstes **Ganzmetall-Verkehrsflugzeug** durch HUGO JUNKERS
1924	Deutsche, britische und französische Forscher entwickelten die **Quantenmechanik** und bahnten damit der Kernphysik den Weg.

▶ Kennzeichnend waren weiterhin der Zuwachs und die Entwicklung moderner **Massenmedien.** 1923 startete Deutschlands erster **Hörfunksender** sein Programm. 1924 hatte die Funkausstellung auf dem Berliner Messegelände Premiere. 1933 hatte jeder vierte Haushalt ein **Radio.** 1929 wurden in Deutschland fast 430 000 Plattenspieler (Grammofone) und 30 Millionen Schallplatten verkauft.

1925	**Synthese** von **Kohlenwasserstoffen** für die Herstellung von Benzin, Dieselölen und Paraffinen durch FRANZ FISCHER und HANS TROPSCH
1928	Erster **Ost-West-Atlantikflug** durch HERMANN HÖHL, ERNST GÜNTER VON HÜHNEFELD und den Iren GEORGE FITZMAURICE
1929/30	Die Großproduktion **synthetischer Fasern** (Kunstseide) und der erfolgreiche Versuch zur Herstellung **künstlichen Gummis**
1931	Der **Arktisflug** mit dem Luftschiff „Graf Zeppelin" durch HUGO ECKENER

Über eine halbe Million Autos und etwa 800 000 Motorräder fuhren 1930 auf Deutschlands Straßen.

10.1.7 Das Ende der ersten deutschen Republik

Der „Schwarze Freitag"

FRANKLIN DELANO ROOSEVELT (1882–1945)

▶ Im Frühjahr 1933 gab es in den USA etwa 15 Millionen Arbeitslose.

Die **USA** erlebten nach dem Ersten Weltkrieg einen beispiellosen **Wirtschaftsaufschwung.** Der Großteil der Bevölkerung entwickelte sich zu dem, was heute auch für europäische Länder zutrifft, zu einer Konsumgesellschaft. Wertpapierspekulationen führten am 25. Oktober 1929 zu einem **Zusammenbruch der Börsen.** Dies hatte wiederum Vermögensverluste, Konkurse und einen Anstieg der Arbeitslosigkeit in den USA zur Folge. Präsident ROOSEVELT (Bild) legte ein gigantisches Wirtschaftsprogramm auf, den **„New Deal".**

Die Auswirkungen auf Deutschland

Ende 1928 begann in Deutschland ein **Konjunkturrückgang.** Die 1929 ausbrechende **Weltwirtschaftskrise** verschlechterte die wirtschaftliche Lage, zumal Deutschland immer noch wegen des verlorenen Krieges wie auch der Reparationen auf ausländische Kredite angewiesen war.

10.1 Die Weimarer Republik

Als amerikanische Banken begannen, kurzfristige Kredite aus Deutschland abzuziehen, steuerte die Wirtschaftskrise in Deutschland auf ihren Höhepunkt zu (Bankenkrach im Juli 1931).
Die **Industrieproduktion** hatte sich im Vergleich zum Jahr 1928 halbiert. Als Folge davon wuchs die **Arbeitslosigkeit** auf über sechs Millionen. Das bedeutete eine verringerte Kaufkraft und damit auch geringere **Steuereinnahmen** des Staates. Hunger und Elend machten sich in Deutschland breit, ein Nährboden für die Gegner der Weimarer Demokratie.

Die Ablehnung der Republik

Die Hauptgegner der Republik gehörten zur äußersten Rechten (**DNVP, NSDAP**) oder zur äußersten Linken (**USPD, KPD**). Verschiedene Ereignisse hatten eine allgemeine Unzufriedenheit mit der neuen Staatsform zur Folge. In diesem Zusammenhang sind zunächst der verlorene Krieg und das Verschwinden des Kaisers zu nennen. Etliche Bestimmungen des Versailler Vertrages – „Versailler Diktat", auch „Schandvertrag" genannt, – erzürnten die große Mehrzahl der Bevölkerung. Hinzu kam die **Inflation** mit ihren Folgen, Ende der 1920er-Jahre dann die Weltwirtschaftskrise. Ein Mangel an Kompromissbereitschaft innerhalb der Koalitionsregierungen hatte einen Mangel an Kontinuität des Regierens zur Folge. Vom Februar 1919 bis zum Dezember 1932 gab es 20 Regierungen. 15 davon blieben weniger als ein Jahr an der Macht, keine von ihnen mehr als zwei Jahre. Von 1931 an wurde der Kampf der Rechten gegen die Linken immer radikaler. Ein beliebtes Mittel waren neben Verunglimpfungen des politischen Gegners **Straßen- und Saalschlachten.** Die KPD bekämpfte vorrangig nicht die Republik. Auf Weisung der Komintern von 1928 waren die Sozialdemokraten, von den Kommunisten als „Sozialfaschisten" beschimpft, jetzt der Hauptgegner der KPD.

▶ Kritik z.B. am Kriegsschuldparagraf, an Gebietsabtretungen und Reparationen nicht weniger als an militärischen Bestimmungen des Vertrages

▶ Die **Komintern** (Kommunistische Internationale) entstand 1919 in Moskau als Zusammenschluss aller kommunistischen Parteien. Von Stalin wurde sie als Mittel seiner Politik eingesetzt.

Präsidialkabinette

Nach dem Tode FRIEDRICH EBERTS war HINDENBURG 1925 und dann erneut 1932 zum Reichspräsidenten gewählt worden. Von der Regierungsbildung durch HEINRICH BRÜNING (30. März 1930) bis zur sogenannten Machtergreifung durch die NSDAP (30. Januar 1933) regierten die Reichskanzler, da sie keine parlamentarische Mehrheit hatten, mithilfe von Notverordnungen (Art. 48 der Verfassung) und waren somit vom Wohlwollen des Reichspräsidenten abhängig.
1930 beschloss der Reichstag 98 Gesetze, es gab nur fünf Notverordnungen. 1932 wurden nur fünf Gesetze verabschiedet, doch es gab 66 Notverordnungen.

▶ Im Oktober 1931 hatten sich NSDAP, DNVP und rechte Gruppierungen zur **Harzburger Front** zusammengeschlossen, SPD, Gewerkschaften und andere Befürworter der Republik zur **Eisernen Front**.

10 Demokratie und Diktatur in Deutschland

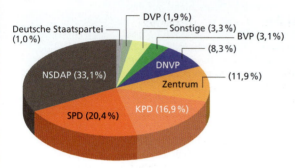

Die Endphase der Republik

Wahlergebnisse November 1932

Parallel zum Anstieg der Arbeitslosigkeit war die Zahl der Reichstagssitze der NSDAP gestiegen. Allerdings erhielt die Partei HITLERS bei der zweiten Wahl 1932 etwas weniger. Das lag an der minimalen Verbesserung der Lebensverhältnisse wie auch an dem von JOSEPH GOEBBELS (1897–1945) in seinem Tagebuch wiederholt beklagten Geldmangel der Partei.

In den Straßen Berlins tobte während des gesamten Jahres ein gnadenloser Kampf zwischen rechten und linken Schlägertrupps, mit mehreren Hundert Toten.

Der parlamentarische Aufstieg der NSDAP			
Reichstagswahl	Sitze der NSDAP	In % der Stimmen	Parlamentssitze
20.05.1928	12	2,6 %	491
14.09.1930	107	18,3 %	577
31.07.1932	230	37,4 %	608
06.11.1932	196	33,1 %	584

Arbeitslosenzahlen jeweils im Monat Januar in Millionen	1928	1929	1930	1931	1932
(Tausender auf- bzw. abgerundet)	1682	2850	3218	4887	6042

KURT VON SCHLEICHER (1882–1934) war in den letzten Monaten der Weimarer Republik einer der Ratgeber HINDENBURGS. Schon Anfang Juni bildete FRANZ VON PAPEN (1879–1969) auf Betreiben VON SCHLEICHER eine Regierung ohne parlamentarische Mehrheit und blieb auch nach den beiden Reichstagswahlen des Jahres 1932 (31. Juli und 6. November) Reichskanzler. Am 3. Dezember übernahm VON SCHLEICHER selbst die Regierung, trat aber am 28. Januar 1933 zurück.

Die **Drahtzieher hinter den Kulissen,** d. h. in der Umgebung des sechsundachtzig Jahre alten HINDENBURG, waren sein „in der Verfassung nicht vorgesehener" Sohn OSKAR, VON SCHLEICHER selbst sowie HINDENBURGS Staatssekretär MEISSNER. HINDENBURG hielt nicht viel von HITLER, nannte ihn herablassend den „böhmischen Gefreiten". Am **30. Januar 1933** wurde ADOLF HITLER von ihm schließlich doch zum Reichskanzler ernannt. Ein unheilvoller Zeitabschnitt der deutschen Geschichte begann.

10.2 Die nationalsozialistische Diktatur

10.2.1 Ideologie und Machtstruktur des Nationalsozialismus

Das nationalsozialistische Weltbild

Unter einer **Ideologie** versteht man ein Gedankengebäude, das in sich geschlossen ist, aber auf (zumindest) teilweise irrigen Annahmen beruht und bestimmten Interessen dient. Die Komponenten der NS-Ideologie sind folgende:

Rassenlehre	Die germanische Rasse galt als die höchste der arischen Rassen. Daneben gäbe es minderwertige Rassen („Untermenschen"), z.B. die Slawen. Die Reinerhaltung der Rasse („Rassenhygiene") und ihre Vermehrung galten als grundlegende Ziele. Jeder Deutsche musste einen Ariernachweis erbringen.
Sozialdarwinismus	DARWINS Beobachtungen der Tierwelt („Kampf ums Dasein" und „Recht des Stärkeren") wurden auf die menschlichen Rassen übertragen.
Antisemitismus	Unter den Nationalsozialisten wurden die Juden als Rasse deklariert, als kulturzerstörende Schmarotzer verunglimpft und sie müssten daher ausgerottet werden. Dieser Hauptpunkt der NS-Ideologie führte zum größten Verbrechen der Menschheitsgeschichte, der Vernichtung von etwa sechs Millionen Juden.
Lebensraumideologie	Das deutsche Volk, im Vergleich zum englischen oder amerikanischen ein „Volk ohne Raum", wähnte sich berechtigt, „Lebensraum im Osten" zu annektieren, zumal dort minderwertige Rassen lebten.
Führerprinzip	Dem Führer waren ohne Beschränkung alle Bereiche der Politik und des öffentlichen Lebens unterworfen. Dabei wurde er von niemandem kontrolliert. Er befriedigte dadurch sein Bedürfnis nach unumschränkter Macht, die Massen allerdings erfüllten ihr Bedürfnis nach Führung. Sie waren dem Führer zu Treue und Gehorsam verpflichtet.
Führerkult	Bilder des „Führers" hingen in allen Amtsstuben und auch in Schulräumen. Der offizielle Gruß, z.B. beim Betreten einer Amtsstube, lautete „Heil Hitler". Er stand auch unter allen offiziellen Schreiben der Behörden.
Volksgemeinschaft	Politische und wirtschaftliche Konflikte sollten entfallen („Sozialismus der Tat"). Hitler und seine ihm Ergebenen erwarteten absoluten Gehorsam und vollen Einsatz der „Volksgenossen". In den geplanten Kriegen sollte diese Haltung den Kampfeswillen steigern.

Die aufgeführten Ideologiekomponenten dienten HITLER – und damit den Nationalsozialisten – als Begründung für eine diktatorische und menschenverachtende Politik. Natürlich wurde die Ideologie des Marxismus bzw. Kommunismus rigoros bekämpft, ebenso aber auch das System der parlamentarischen Demokratie.

Darüber hinaus gab sich die nationalsozialistische Ideologie antikapitalistisch und lehnte westlich-freiheitliche Lebensformen ab.

Der Unterdrückungsapparat

Die **SA (Sturmabteilung)** stand HITLER aus den Jahren vor der Regierungsübernahme zur Verfügung. Sie bestand ursprünglich aus Mitgliedern von Freikorps und Bürgerwehren, wurde von rechtsradikalen ehemaligen Offizieren geführt und hatte 1930 ca. 90 000 Mitglieder, 1933 schon 700 000.

▶ Nach diesem sog. Röhm-Putsch (ein Propagandabegriff zur Beschwichtigung der Öffentlichkeit) verlor die SA zugunsten der SS an Bedeutung.

ERNST RÖHM, seit 1931 Stabschef der SA, wollte die SA als Gegenpol zur Reichswehr umformen, was HITLER missfiel. In einer Säuberungsaktion wurden ab dem 30. Juni 1934 RÖHM und auch andere missliebige Konservative, darunter VON SCHLEICHER, VON KAHR und – bis 1932 NS-Gefolgsmann HITLERS – GREGOR STRASSER ermordet.

▶ Unter den ersten Konzentrationslagern waren die im März 1933 eingerichteten KZ in Oranienburg (nördl. von Berlin) und Dachau (nordwestlich von München).

Die **SS (Schutzstaffel)** war zunächst zahlenmäßig viel kleiner als die SA. 1929 hatte sie 280 Mitglieder, 1933 ca. 209 000. Sie war elitär und im Dritten Reich als äußerst brutal und grausam bekannt. Unter der Leitung von HEINRICH HIMMLER waren die SS-Totenkopfverbände für die Bewachung der Konzentrationslager zuständig. Nach dem 22. Juni 1941 (Angriff auf die Sowjetunion) organisierte die SS in Osteuropa den Massenmord an Juden und der Bevölkerung in den (zeitweise) eroberten Gebieten.

▶ Während des Zweiten Weltkrieges war die Gestapo für die Bewachung von Zwangsarbeitern zuständig und an Deportationen in KZ und Vernichtungslager beteiligt.

Die **Gestapo (Geheime Staatspolizei)** war die zweite tragende Säule im Kampf gegen Staatsfeinde und „Volksschädlinge". Ihre Aufgaben waren die Überwachung der Bevölkerung sowie Verhaftungen und Einweisungen in Gefängnisse und KZ.

Geheimes Staatspolizeihauptamt in Berlin

Bald wurden alle Bereiche des Lebens von der Justiz bis zu den gleichgeschalteten Massenmedien von der NSDAP effektiv überwacht und beherrscht. Die berüchtigste Behörde des NS-Terrors war das nach Kriegsbeginn 1939 eingerichtete **Reichssicherheitshauptamt (RSHA)**, in dem alle Polizei- und Überwachungsdienste zusammengefasst waren und von wo aus die „Endlösung der Judenfrage" organisiert wurde. Im Mai 2010 ist an dieser Stelle, unweit des Potsdamer Platzes, das neue Dokumentationszentrum **Topographie des Terrors** eingeweiht worden.

10.2 Die nationalsozialistische Diktatur

Der Aufbau des NS-Staates

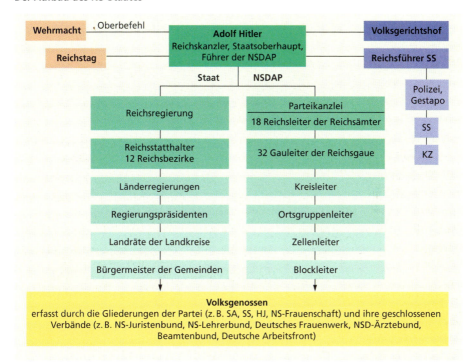

10.2.2 Ermächtigungsgesetz und Gleichschaltung

Die Machtübergabe an Hitler – der 30. Januar 1933

Am Abend des 30. Januar erlebte Berlin einen grandiosen **Fackelzug,** den der neue Reichskanzler von einem Fenster der Reichskanzlei aus betrachtete. In HITLERS Kabinett gab es (neben ihm) zunächst nur zwei Nationalsozialisten, WILHELM FRICK als Innenminister und HERMANN GÖRING als Minister ohne Geschäftsbereich, aber neun andere, konservative Minister. Diese waren anfangs der irrigen Meinung sie könnten HITLER und seine beiden Minister „einrahmen" und nach ihren Vorstellungen lenken.

Der Reichstagsbrand – ein politischer Schachzug

Schon am 1. Februar löste Hindenburg den Reichstag auf, Neuwahlen sollten am 5. März stattfinden. Am Abend des 27. Februar brannte das Reichstagsgebäude.
Am Tag danach erließ HINDENBURG eine **Verordnung „zum Schutz von Volk und Staat",** nach der wesentliche Grundrechte außer Kraft gesetzt wurden (Beschränkung der freien Meinungsäußerung, der Versammlungsfreiheit, des Briefgeheimnisses u.a.). Aufgrund eines angeblichen

▶ GÖRING, ab 30.08.1932 Reichstagspräsident, war ab 11.04.1933 auch noch preußischer Innenminister und hatte dadurch Zugriff auf die preußische Polizei.

▶ Die Nationalsozialisten selbst bezeichneten den Tag der Machtübertragung als „Machtübernahme". Sie vermieden dabei konsequent den Begriff der „Machtergreifung", um den Anschein eines gewaltsamen Aktes nicht erst aufkommen zu lassen.

10 Demokratie und Diktatur in Deutschland

▶ Ein Niederländer, MARINUS VAN DER LUBBE, wurde am Tatort verhaftet und als vermeintlicher Kommunist und Brandstifter wegen Hochverrats zum Tode verurteilt und im Januar 1934 hingerichtet.

kommunistischen Umsturzversuchs wurden sofort viele Tausend Kommunisten und auch Sozialdemokraten verhaftet.

Bei der **Wahl am 5. März** erreichte die NSDAP nur 44 % der Stimmen und zusammen mit verbündeten Parteien die knappe absolute, aber keine Zweidrittelmehrheit. Da die kommunistischen Abgeordneten entweder im Konzentrationslager waren oder sich auf der Flucht befanden, wurden ihre Parlamentssitze als erloschen bezeichnet. Somit konnte die notwendige Mehrheit erreicht werden und das **Ermächtigungsgesetz** passierte am 23. März den Reichstag. Nur die Sozialdemokraten unter ihrem Vorsitzenden OTTO WELS, der auf dieser Reichstagssitzung eine mutige Rede hielt, stimmten dagegen. Dieses Gesetz ermächtigte die Regierung, d. h. HITLER, ohne parlamentarische Zustimmung Gesetze zu erlassen.

Die Gleichschaltung

▶ Der Justizterror erlebte ab 1942 unter dem Präsidenten des Volksgerichtshofes, ROLAND FREISLER, seinen Höhepunkt.

Am 30. März wurden die **Länderparlamente** entsprechend den Ergebnissen der Reichstagswahl umgebildet. Am 1. Jahrestag der „Machtergreifung" wurden sie dann aufgelöst, danach auch der nun überflüssige Reichsrat. Die Regierung HITLER hatte den 1. Mai zum „Feiertag der nationalen Arbeit" erklärt. 1933 feierten auch die **Gewerkschaften** diesen Tag, aber am Tag darauf wurden die Gewerkschaftshäuser besetzt, das gewerkschaftliche Vermögen eingezogen und die Gewerkschaften verboten. Somit gab es keine betrieblichen Mitspracherechte der Arbeiter mehr.

▶ Während der Bücherverbrennung wurden u. a. die Schriften von BRECHT, DÖBLIN, FREUD, HEINRICH MANN, MARX, OSSIETZKY und REMARQUE vernichtet.

Im Juni und Juli 1933 fand nach dem Verbot der SPD die **Auflösung aller Parteien** statt. Sämtliche organisierten gesellschaftlichen Verbände wurden in die NSDAP integriert. Auf der Grundlage des Ermächtigungsgesetzes erließ HITLER am 14. Juli 1933 das „Gesetz gegen die Neubildung von Parteien". Damit war die NSDAP die einzig zugelassene Partei im Deutschen Reich und der Reichstag ein Organ automatischer Zustimmung.

Bundesarchiv, Bild 102-14597
Foto: o. Ang. | 11. Mai 1933

Ein groß inszeniertes Spektakel war die **Bücherverbrennung** (Bild). In den großen Städten wurden die Bücher unliebsamer Autoren öffentlich verbrannt. Die Werke der modernen Malerei wurden als „entartete Kunst" deklariert, ins Ausland verkauft – sofern sich damit genug Devisen erwirtschaften ließen – oder verboten.

Die Vollendung der Diktatur

Der rhetorisch und demagogisch begabte GOEBBELS, „Minister für Volksaufklärung und Propaganda", kontrollierte mittels der **Reichskulturkammer** Presse, Literatur, bildende Kunst, Theater und Musik.

Im Rahmen der **Rassenhygiene** wurde Mitte 1933 durch das „Gesetz zur Verhütung erbkranken Nachwuchses" die **Zwangssterilisierung** erlaubt. Gesetzlich ‚legitimiert' wurde auch die politische Stellung der **NSDAP**. Sie erklärte sich zur „Trägerin des deutschen Staatsgedankens". Für die Aburteilung von Staatsfeinden und Mitgliedern des Widerstandes gegen die NS-Diktatur war seit April 1934 der **Volksgerichtshof** zuständig.

> Nach dem Tod HINDENBURGS (2. August 1934) wurden in der Person HITLERS die Ämter des Reichspräsidenten und des Reichskanzlers vereinigt. Die **Soldaten** wurden fortan auf HITLER vereidigt. Mit der Annahme des Titels **„Führer und Reichskanzler"** war die Errichtung der NS-Diktatur in ihren Grundzügen abgeschlossen.

10.2.3 Hitlers Außenpolitik (1934–1938)

Erste Schritte

Obwohl HITLER hin und wieder seine Friedensliebe betonte, bestimmten **Taktik, Täuschung und Bedrohung** die außenpolitische Vorgehensweise. In den kommenden Jahren ging es zunächst um eine Revision des verhassten Versailler Vertrages.

> Auf der Grundlage der NS-Ideologie war das **mittelfristige Ziel** der deutschen Außenpolitik die Gewinnung oder Eroberung von Lebensraum, vornehmlich im von „minderwertigen Rassen" bewohnten Osten Europas. **Längerfristig** gesehen wurde eine Weltmachtstellung angestrebt.

Nach einer internationalen Abrüstungskonferenz in Genf, auf der die Westmächte nicht auf die deutschen Vorstellungen eingingen, vollzog Deutschland am 14. Oktober 1933 den **Austritt aus dem Völkerbund**. Trotz der Differenzen mit Polen wegen unterschiedlicher Ansichten zur Verwaltung der „Freien Stadt" Danzig schloss das Dritte Reich im Januar 1934 einen **Nichtangriffspakt mit Polen**. Das erschien als ein neuer Kurs in der Ostpolitik.

▶ Aufgrund des Versailler Vertrages unterstand Danzig dem Völkerbund, hatte eine eigene Verwaltung, war überwiegend deutsch besiedelt, aber wirtschaftlich mit Polen verflochten.

Mitte Juni 1934 versuchte HITLER das Verhältnis zu dem italienischen Diktator BENITO MUSSOLINI zu verbessern, man traf sich in Venedig. Gut ein Jahr später unterstützte die Reichsregierung Italien bei der Eroberung Abessiniens (das heutige Äthiopien) mit Rohstofflieferungen. Beide Länder standen im **Spanischen Bürgerkrieg** (1936–1939) aufseiten des Putschistengenerals FRANCISCO FRANCO. Deutschland unterstützte FRANCO mit schweren Waffen und Flugzeugen.

▶ Knapp ein Jahr später trat STALINS UdSSR in den Völkerbund ein, als vermeintliches Zeichen einer Annäherung an den Westen.

Diese Gemeinsamkeit führte am 25. Oktober 1936 nach Absprachen zur sogenannten **Achse Berlin–Rom**. Am 26. 4. 1937 bombardierten Kampfflugzeuge der Legion Condor die Kleinstadt **Guernica** (Baskenland). Es war das erste Flächenbombardement dieser Art.

Vier Wochen später (6. November 1937) unterzeichneten Deutschland und Japan den **Antikominternpakt,** dem Italien kurz danach beitrat. Er richtete sich offiziell gegen die von Moskau gesteuerte Komintern (Kommunistische Internationale). Einen Tag zuvor hatte HITLER in einer geheimen Konferenz den Oberbefehlshabern der Streitkräfte seine grundlegenden außenpolitischen Ziele erläutert. Oberst HOSSBACH notierte dies danach in einem Gedächtnisprotokoll, dem **Hoßbach-Protokoll.**

▶ HOSSBACH notierte sinngemäß: Gewaltsame Gewinnung von landwirtschaftlich nutzbarem Raum und Rohstoffgebieten in Europa, in unmittelbarem Anschluss an das Reich, bis spätestens 1943/45.

Innen- und außenpolitische Erfolge

Die im Versailler Vertrag vorgesehene Abstimmung der Bevölkerung im **Saargebiet** brachte am 13. Januar 1935 ein 91%iges Votum für die Rückgliederung in das Deutsche Reich. Im Hochgefühl der allgemeinen Stimmung verkündete HITLER am 16. März 1935 die Einführung der **allgemeinen Wehrpflicht.** Der Völkerbund protestierte, die ehemaligen Kriegsgegner Deutschlands konnten sich aber nicht zu weitergehenden Maßnahmen durchringen.

▶ Frankreich hatte große innenpolitische Auseinandersetzungen und in England empfanden viele schon länger die Bestimmungen des Versailler Vertrages als zu hart für Deutschland.

Einen weiteren Schritt gegen die Versailler Vertragsbestimmungen stellte das **Flottenabkommen mit Großbritannien** (18. Juni 1935) dar. Die Stärke der deutschen Kriegsmarine wurde auf 36 % der englischen festgelegt. Das war ein erster außenpolitischer Erfolg für HITLER. Der nächste Erfolg sollte am 7. März 1936 folgen, die **Besetzung des entmilitarisierten Rheinlandes.** Die Westmächte beließen es wiederum bei verbalen Protesten.

Am 1. August 1936 eröffnete HITLER im alten Olympiastadion in Berlin die **Olympischen Sommerspiele.** Deutschland hatte sich herausgeputzt. Die Bevölkerung zeigte sich bewusst weltoffen und Partei und Staatgaben sich scheinbar tolerant. Bei vielen ausländischen Besuchern hinterließ das Ereignis einen positiven Eindruck. Noch am Ende dieses Monats verkündete HITLER die **zweijährige Wehrpflicht** anstatt der bisher einjährigen.

Nach verstärktem Druck auf die österreichische Regierung marschierten am 12. März 1938 deutsche Truppen in **Österreich** ein. Drei Tage später verkündete HITLER auf dem Heldenplatz in Wien vor einer großen Menge jubelnder Österreicher „den Eintritt [seiner] Heimat in das Deutsche Reich".

Nach massiven Drohungen HITLERS kam es am 29. September 1938 zur **Münchener Konferenz.** HITLER, MUSSOLINI (Italien), CHAMBERLAIN (Großbritannien) und DALADIER (Frankreich) beschlossen die **Abtretung des Sudentenlandes** an das Deutsche Reich. Zwei Tage später begann der Einmarsch der deutschen Truppen.

10.2.4 Das Leben unter der NS-Herrschaft

Wesentlicher Bestandteil der NS-Ideologie war das **Führerprinzip,** das das gesamte politische Leben durchdrang (↗ Grafik S. 381).
Die Betriebe wurden ebenfalls nach dem Führerprinzip geleitet. An die Stelle der verbotenen Gewerkschaften trat die **Deutsche Arbeitsfront.** Eine ihrer Unterorganisationen bekam den Namen **„Kraft durch Freude".**

10.2 Die nationalsozialistische Diktatur

Sie hatte die Aufgabe, durch ein großes Freizeitangebot – darunter preiswerte Konzerte, Filme, Sportveranstaltungen, Kurzurlaube und Kreuzfahrten – die Arbeiterinnen und Arbeiter zu belohnen, zu besserer Arbeit zu motivieren und an das Regime zu binden.
Als gut zu propagierende Arbeitsbeschaffungsmaßnahme wurde der schon in Weimarer Zeit geplante und auch begonnene Bau der **Reichsautobahnen** vorangetrieben. Bereits in den Jahren 1936/37 gab es durch die **geheime Aufrüstung** einen Mangel an Facharbeitern.

▶ Ihre Streckenführung erfolgte überwiegend nach strategischen Gesichtspunkten. Im Kriegsfall sollten Truppen, Material und Nachschub schnell an ihren Bestimmungsort transportiert werden können.

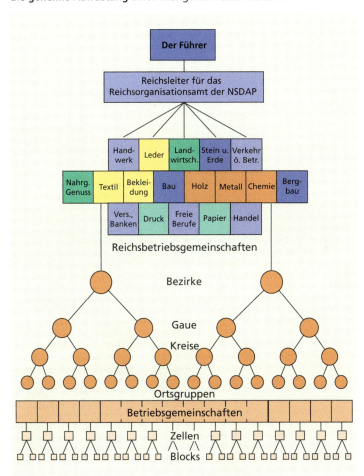

Das **Winterhilfswerk** unterstützte u. a. Arbeitslose und sollte als Beweis für das Funktionieren der „Volksgemeinschaft" dienen. Entschieden abgelehnt wurde von den Nationalsozialisten die Frauenemanzipation (Gleichberechtigung). Frauen waren in der „NS-Frauenschaft" und im „Deutschen Frauenwerk" organisiert. Die wichtigste Aufgabe einer Frau war das Gebären von Kindern. Mütter bekamen ab dem vierten Kind

▶ Nach 1935 wurden die gesammelten Gelder ohne Wissen der Bevölkerung auch für **Rüstungszwecke** verwendet.

10 Demokratie und Diktatur in Deutschland

▶ Die in Erinnerung an den Deutschen Orden des Mittelalters errichteten Ordensburgen waren Krössinsee (Pommern), Vogelsang (Eifel) und Sonthofen (Allgäu).

das 1938 gestiftete „Ehrenkreuz der deutschen Mutter", **Mutterkreuz** genannt.
In der schon 1926 gegründeten **Hitlerjugend (HJ)** waren die 10- bis 18-jährigen Jungen und Mädchen organisiert.
Ab 1939 war die Mitgliedschaft für alle Jugendlichen Pflicht. 1936 wurden auch drei **Ordensburgen** gegründet. Hier sollten junge Männer als künftige NS-Elite ausgebildet werden.
HITLER über **Erziehungsziele:** „Meine Pädagogik ist hart. Das Schwache muss weg gehämmert werden. In meinen Ordensburgen wird eine Jugend heranwachsen, vor der sich die Welt erschrecken wird …"

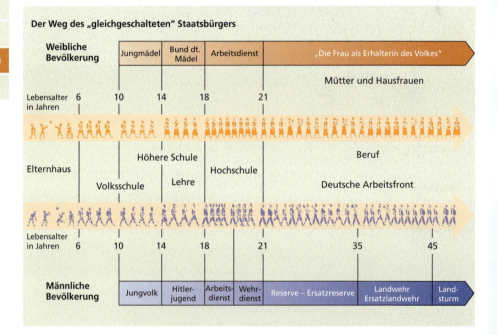

> Im **Alltagsleben** realisierte der NS-Staat ein **totalitäres System,** das **alle Lebensbereiche** erfasste, kontrollierte und damit dem Nationalsozialismus dienstbar machte.

Erschreckende Dimensionen der Judenverfolgung

Religiös, wirtschaftlich und sozialpolitisch motivierte Judenverfolgungen gab es seit dem Mittelalter in allen großen mittel- und westeuropäischen Ländern.

10.2 Die nationalsozialistische Diktatur

> Durch HITLER und die Nationalsozialisten wurde das Judentum nicht mehr als Religionsgemeinschaft, sondern als Rasse definiert, die auf dem Hintergrund des Sozialdarwinismus vernichtet werden musste.

Aus **taktischen Gründen** wollten die Nationalsozialisten ihre Pläne der großen Masse der Bevölkerung aber nicht zu Beginn des Dritten Reiches in seiner letzten Konsequenz vor Augen führen. Daher gingen sie schrittweise vor.

In seiner Reichstagsrede am 30. Januar **1939 wurde HITLER deutlicher,** ließ aber immer noch etwas Vorsicht walten. Er sagte: „Wenn es dem internationalen Finanzjudentum inner- und außerhalb Europas gelingen sollte, die Völker noch einmal in einen Weltkrieg zu stürzen, dann wird das Ergebnis nicht die Bolschewisierung der Erde und damit der Sieg des Judentums sein, sondern die Vernichtung der jüdischen Rasse in Europa."

Um die eigenen **Absichten zu verschleiern,** beginnt der Satz mit einer Hypothese. Hitler behauptet fälschlicherweise, dass das „internationale Finanzjudentum" den Ersten Weltkrieg verursacht hätte und bedient sich – unter indirekter Gleichsetzung des Bolschewismus mit dem Judentum – des unsinnigen Schreckgespenstes einer „Bolschewisierung der Erde".

Die Judenverfolgung begann zwei Monate nach der „Machtergreifung". 1933 lebten etwa 500 000 Personen jüdischen Glaubens in Deutschland.

Chronologie der Verbrechen an den Juden in Deutschland bis zum Beginn des Krieges	
1. April 1933	Eintägiger **Boykott** jüdischer Geschäfte, Waren, Ärzte und Rechtsanwälte in Deutschland
7. April 1933	**Zulassungsbeschränkung** für jüdische Studenten an den Hochschulen; Gesetz zur Wiederherstellung des Berufsbeamtentums schafft die Grundlage zur Entlassung „politischer Gegner" und „Nichtarier" aus dem Staatsdienst, d. h. hier auch für Personen mit einem jüdischen Großelternteil.
22. September 1933	Ausschluss der Juden aus dem gesamten Kulturleben (Literatur, Musik, bildende Künste, Funk, Theater, Film, Presse)

Mai–Juli 1935	**Wehrgesetz (21. Mai):** „arische Abstammung" Voraussetzung zum Wehrdienst Im Juni/Juli fanden vor allem in Berlin antisemitische Kundgebungen statt. Juden wurde u. a. der Zutritt zum „Strandbad Wannsee" verboten. Andernorts hingen Schilder „Juden unerwünscht".
15. September 1935	 Verkündung der **„Nürnberger Gesetze"** auf dem Nürnberger Parteitag der NSDAP: Juden wurden zu „Staatsangehörigen zweiter Klasse". Weiterhin wurde verkündet: das Reichsflaggengesetz, das Gesetz zum Schutze des deutschen Blutes und der deutschen Ehre und das Reichsbürgergesetz. Die beiden Letzteren wurden im November konkretisiert.
14. November 1935	Verordnung zum **„Reichsbürgergesetz":** Aberkennung des Wahlrechts und der öffentlichen Ämter für Juden; „Verordnung zum Gesetz zum Schutze des deutschen Blutes und der deutschen Ehre": Ehen zwischen Juden und Nichtjuden waren künftig verboten, außerehelicher Geschlechtsverkehr sollte als „Rassenschande" bestraft werden; als Juden galten Personen mit mindestens drei jüdischen Großelternteilen oder solche, die der jüdischen Religion angehörten. Juden konnten nur Staatsangehörige sein, nicht aber Reichsbürger.
26. April 1938	Verordnung über die **Anmeldepflicht** aller jüdischen Vermögen über 5 000 RM. Rechtsgeschäfte von Juden mit „Ariern" unterliegen einer besonderen Genehmigungspflicht.
25. Juni 1938	Jüdische Ärzte in Deutschland durften nur noch jüdische Patienten behandeln.
23. Juli 1938	Einführung einer **Kennkarte** für Juden ab 23. Juli 1938. Die Karte trug ein großes „J" als besonderes Kennzeichen ab dem 15. Lebensjahr.
17. August 1938	In Deutschland mussten jüdische Männer den zusätzlichen Vornamen **„Israel"**, jüdische Frauen den Vornamen **„Sara"** tragen.

9.–10. November 1938	Nach der Ermordung des deutschen Gesandtschaftsrats in Paris durch den 17-jährigen HERSCHEL GRYNSZPAN fand in Deutschland und Österreich ein **Judenpogrom** statt; etwa 30 000 jüdische Männer wurden in die Konzentrationslager Dachau, Buchenwald und Sachsenhausen verschleppt. Zur Wiederherstellung des Straßenbildes und der zerstörten jüdischen Geschäfte und Gebäude mussten die Juden deutscher Staatsangehörigkeit eine „Sühneleistung" von 1 Milliarde RM erbringen.
3. Dezember 1938	Juden mussten ihre Papiere für Kraftfahrzeuge abgeben. Schaffung eines **„Judenbanns"** in Berlin. Juden durften die Innenstadt und das Regierungsviertel nicht mehr betreten.

10.2.5 Der Weg in den Krieg

Die Einverleibung der „Resttschechei"

Auf deutschen Druck hin hatte sich die Slowakei am 14. März 1939 als selbstständig erklärt. Am selben Tag reiste der tschechische Staatspräsident HACHA nach Berlin. Unter massiven Drohungen (Bombardierung von Prag) gab HACHA am frühen Morgen des 15. März nach und sogleich begannen deutsche Truppen mit der Besetzung des Landes. HITLER gab die Errichtung eines **Protektorats Böhmen** und **Mähren** bekannt.

Die Ereignisse überstürzen sich

Am 22. März erfolgte eine weitere ‚Korrektur' des Versailler Vertrages: Deutsche Truppen besetzten das **Memelland**. Nach der Besetzung der Tschechoslowakei führte endlich ein Umdenken in der englischen Regierung zum **Ende der Appeasement-Politik**. CHAMBERLAIN gab am 31. März eine **englische Garantieerklärung** für den Bestand des polnischen Staates ab. Eine Woche darauf besetzten italienische Truppen **Albanien**. Am 28. April erfolgte durch HITLER die **Kündigung** des deutsch-britischen Flottenabkommens, des deutsch-polnischen Nichtangriffspakts und die Zurückweisung einer Aufforderung des amerikanischen Präsidenten ROOSEVELT, Konflikte zukünftig auf friedlichem Weg zu lösen. Im Mai schlossen Deutschland und Italien den **Stahlpakt,** ein förmliches Bündnis zur Konkretisierung der „Achse Berlin–Rom".

Der Hitler-Stalin-Pakt

Am 23. August 1939 kam es in Moskau überraschend zur Unterzeichnung eines **deutsch-sowjetischen Nichtangriffspakts** durch die beiden Außenminister, RIBBENTROP und MOLOTOW. Angefügt wurde ein geheimes Zusatzprotokoll. Hiernach sollten „für den Fall einer territorial-politischen Umgestaltung" Finnland, Estland, Lettland und Bessarabien (eine Landschaft zwischen den Flüssen Pruth und Dnjestr sowie dem Schwarzen Meer) zur russischen, Litauen zur deutschen „Interessensphäre" gehören. Polen wurde entlang der Flüsse Narew, Weichsel und San geteilt.

▶ Policy of appeasement (engl.) = Beschwichtigungspolitik. Hauptmotiv: England hatte angesichts zunehmender Probleme in seinen zahlreichen Kolonien nur unzureichende militärische Mittel für ein schnelles und wirkungsvolles Eingreifen in Europa.

▶ Englisch-französische Verhandlungen mit der sowjetischen Regierung im Sommer 1939 führten zu keinem Ergebnis, u. a. weil die westlichen Delegationen ein russisches Durchmarschrecht durch Polen ablehnten.

▶ Bis 1989 leugnete die Sowjetunion die Existenz dieses als „streng geheim" zu behandelnden Zusatzprotokolls.

10.3 Der Zweite Weltkrieg

10.3.1 Anfängliche militärische Erfolge

Der Blitzkrieg gegen Polen

Am **1. September 1939** begann der Krieg ohne eine bis 1914 übliche Kriegserklärung. Wegen der zahlenmäßigen und technischen Überlegenheit (Panzer und Luftwaffe) und schwerer Luftangriffe auf Warschau kapitulierte die polnische Hauptstadt am 27. September. Neun Tage später war der Krieg beendet. Die **englisch-französische Kriegserklärung** an das Deutsche Reich erfolgte auf Drängen Englands am 3. September 1939. Allerdings gab es bis zum Mai 1940 an der Westfront keine nennenswerten Kriegshandlungen. Bald nannte man das einen „Sitzkrieg".

▶ „Sitzkrieg", (engl.) Phoney War (Scheinkrieg), (franz.) drôle de guerre (drolliger Krieg)

Sowjetische Truppen marschierten erst am 17. September mit der fadenscheinigen Begründung in Ostpolen ein, die dort lebende russische Bevölkerung schützen zu müssen. Etwa 25 000 Soldaten, Offiziere und Zivilisten wurden gefangen genommen und im April oder Mai 1940 ermordet. Deutsche Soldaten entdeckten 1943 in einem Wald bei **Katyn** (20 km westlich von Smolensk) Massengräber mit mehreren Tausend polnischen Offizieren. Dies belastete die englisch-russischen Beziehungen, da schon 1939 einer polnischen Exilregierung in London die Aufnahme gewährt wurde.

▶ Erst 1990 übernahm die sowjetische Regierung die Verantwortung für die Ermordung der polnischen Soldaten und Offiziere. Bis 2010 war das russisch-polnische Verhältnis durch diese Mordaktion belastet.

Eroberungen aus strategischen Gründen

Trotz eines 1939 abgeschlossenen Nichtangriffspakts besetzten deutsche Truppen am 9. April 1940 **Dänemark.** Weil das Deutsche Reich auf die Lieferung des hochwertigen Eisenerzes aus Kiruna (Nordschweden) angewiesen war, sollte **Norwegen** besetzt werden. Hier kam es jedoch zu zwei Monate dauernden Kämpfen mit der norwegischen Armee und englischen Truppen, die zur Unterstützung des Landes an der norwegischen Küste gelandet waren.

▶ Das schwedische Eisenerz wurde mit der „Erzbahn" von Kiruna zum eisfreien norwegischen Hafen Narvik gebracht, dort auf Schiffe verladen, die entlang der norwegischen und dänischen Küste nach Deutschland fuhren. Zur Sicherung dieser Route erfolgte die Besetzung Dänemarks und Norwegens.

Unterdessen wollte die **Sowjetunion** ihre Interessensphäre durch eine Eroberung Finnlands militärisch absichern. Am 30. November 1939 begann der **sowjetisch-finnische Winterkrieg.** Nach zunächst unerwarteter finnischer Gegenwehr, sah sich Marschall MANNERHEIM schließlich gezwungen, am 13. März 1940 einen Friedensvertrag mit der UdSSR abzuschließen. Das Land musste an seiner östlichen Grenze erhebliche Gebiete an Russland abtreten. Im August 1940 annektierte die Sowjetunion einen weiteren Teil der im Hitler-Stalin-Pakt festgeschriebenen Beute, die baltischen Staaten **Estland, Lettland und Litauen.**

Der Sieg gegen den „Erzfeind" Frankreich

Unter Missachtung der Neutralität Belgiens, der Niederlande und Luxemburgs begann am 10. Mai 1940 der **Feldzug gegen Frankreich.**
Nach der Kapitulation der Niederlande und Belgiens wurde zunächst das englische Expeditionskorps (etwa 225 000 englische und über 100 000

französische Soldaten) Ende Mai bei **Dünkirchen** eingeschlossen, konnte aber über den Ärmelkanal nach England entkommen.
Am 22. Juni wurde der **deutsch-französische Waffenstillstand** unterzeichnet. Die deutschen Truppen besetzten Frankreich nördlich einer Linie Genf – Tour sowie die Atlantikküste bis zur spanischen Grenze. In der südlichen Hälfte des Landes bildete sich in Vichy eine deutschfreundliche Regierung unter Marschall PHILIPPE PÉTAIN, das **Vichy-Regime**.

▶ Von London aus versuchte der französische General CHARLES DE GAULLE, als „Führer der Freifranzosen" den Widerstand gegen die deutsche Besetzung zu organisieren.

> Die bisher erfolgreiche Strategie der Blitzkriege hatte HITLER auf den Höhepunkt seiner Macht in Mitteleuropa und seiner Popularität in Deutschland geführt.

MUSSOLINI wollte es Deutschland gleichtun und weitere Eroberungen machen. Von Albanien aus versuchte er im Oktober 1940, Griechenland zu besetzen, was gründlich misslang. HITLERS Wehrmacht kam zu Hilfe. Deutsche Truppen besiegten im April 1941 **Jugoslawien und Griechenland**. Durch den Balkanfeldzug verzögerte sich der Beginn des Russlandfeldzuges um sechs Wochen.

▶ Schon seit Februar 1941 wurde von General ERWIN EUGEN ROMMEL (1891–1944) das ‚Afrikakorps' aufgestellt.

Die Luftschlacht um England

Mit Großbritannien wäre HITLER gern zu einem Ausgleich gekommen. Er bewunderte an diesem Land, dass es im 19. Jahrhundert eine Weltmachtstellung errungen hatte. Doch für die englische Regierung unter Premierminister WINSTON CHURCHILL war dies undenkbar. Trotz einer unterlegenen deutschen Kriegsmarine war eine (riskante) Landung in England geplant. Der Vorbereitung diente der Einsatz der deutschen Luftwaffe.

Am 15. November 1940 wurde die Stadt Coventry von ca. 500 t Bomben zerstört.

Am 13. August 1940 wurden die Angriffe auf **strategische Ziele** (Flugplätze, Fabriken) und auf die britische Hauptstadt London intensiviert. Die Verluste unter der Bevölkerung waren sehr groß, doch konnte die Lufthoheit nicht erreicht werden. Daher wurde nun der **U-Boot-Krieg** gegen Handelsschiffe verstärkt.

▶ Die U-Boote sollten den Nachschub nach England reduzieren. Die Torpedos wurden ohne Vorwarnung abgeschossen.

10.3.2 Vom Russlandfeldzug bis zur totalen Niederlage

Das „Unternehmen Barbarossa"

> Nach monatelangen Vorbereitungen begann am 22. Juni 1941 der **Vernichtungskrieg** gegen die Sowjetunion, zur „Eroberung neuen Lebensraums" für die „deutsche, arische Rasse".

▶ Bei der Planung bekamen die Kriegszüge Decknamen: „Weserübung" – Besetzung Dänemarks und Norwegens, „Seelöwe" – Krieg gegen England, „Barbarossa" – Krieg gegen die UdSSR.

10 Demokratie und Diktatur in Deutschland

▶ Ein Beispiel von vielen für Verstöße gegen geltendes Kriegsrecht war der **Kommissarbefehl**. Danach sollten den sowjetischen Truppenteilen zugeordnete politische Kommissare sofort nach ihrer Gefangennahme erschossen werden.

▶ Selbst hohe alliierte Militärs hatten im Sommer 1941 damit gerechnet, dass Russland noch vor Ende des Jahres kapitulieren würde.

Generalfeldmarschall FRIEDRICH PAULUS (1890–1957) geht in Kriegsgefangenschaft

Nach schnellen anfänglichen Erfolgen (große Kesselschlachten) kam der Vormarsch Ende November 30 km vor Moskau zum Stehen. Auf den hereinbrechenden Winter war das deutsche Heer nicht vorbereitet und wurde mehrere Hundert Kilometer nach Westen zurückgedrängt. In dem darauffolgenden Sommer 1942 stießen die deutschen Truppen in den **Kaukasus** und bis nach **Stalingrad** vor. Dort wurden sie Ende November 1942 eingekesselt und erlitten eine vernichtende Niederlage. Am 22. November 1942 wurden etwa 250 000 Mann eingekesselt, am 31. Januar 1943 kapitu-

10.3   Der Zweite Weltkrieg   **389**

lierte General Feldmarschall FRIEDRICH PAULUS. Von 110 000 Gefangenen
kehrten nach dem Krieg etwa 6 000 in ihre Heimat zurück. GOEBBELS verkündete unterdessen im Berliner Sportpalast den **„totalen Krieg".**

Die Kriegswende

Viele Menschen in Deutschland empfanden „Stalingrad" als die **Kriegswende.** Manche hatten schon Zweifel am Endsieg, als es der deutschen
Wehrmacht im Oktober 1941 nicht gelang, Moskau einzunehmen. Vor-
hersehbar war die Kriegswende schließlich mit dem **Eintritt der USA in
das Kriegsgeschehen.** Markante Zeichen waren die von den USA gewonnene Seeschlacht bei den Midway-Inseln (Juni 1942) gegen die japanische Flotte und schließlich der Rückzug von ROMMELS Panzerarmee bei
El Alamein Anfang November 1942. In den Jahren 1943 und 1944 rückte
die **Rote Armee,** von kleineren Rückschlägen abgesehen, kontinuierlich
nach Westen vor und stand Ende 1944 kurz vor Warschau. Die **Eroberung
Berlins** im April 1945 führte kurz danach, am 8. Mai 1945, zur **Kapitulation des Deutschen Reiches.**

▶ Japanische Trä-
gerflugzeuge hatten
am 7. Dezember
1941 den Großteil
der amerikanischen
Kriegsflotte in Pearl
Harbor (Hawaii)
versenkt.

Die „Endlösung der Judenfrage"

Verbrechen an den Juden in Deutschland und Europa seit Kriegsbeginn	
1. September 1939	Über die Juden in Deutschland wurde eine **Ausgangssperre** verhängt; ab 20.00 Uhr durften sie ihre Wohnungen nicht mehr verlassen.
12. April 1940	**Erklärung** von HANS FRANK, verantwort-lich für die Besatzungspolitik in Polen, dass Krakau bis November „judenfrei" sein müsste. Ab 1940 Errichtung des jüdi-schen **Gettos** in **Warschau,** 1941 wurde es durch eine Mauer abgeriegelt. Alle Juden wurden später in Vernich-tungslager deportiert, verhungerten im Getto oder starben beim Aufstand 1943 gegen die Besatzer.
10. Januar 1941	Die deutsche Besatzungsmacht ließ alle Juden in den **Niederlanden** registrieren.
23. Juni 1941	In den besetzten Gebieten der **Sowjetunion** begannen die **Mordaktionen** der SS-Einsatzgruppen mit täglicher Berichterstattung.
1. bis 31. August 1941	Die Einsatzgruppe D, Wehrmachtseinheiten und rumänische Sondertruppen ermordeten in **Bessarabien** (Rumänien) 150 000 bis 160 000 Juden.
19. September 1941	Die in Deutschland lebenden Juden mussten vom 6. Lebensjahr an in der Öffentlichkeit den **Judenstern** tragen. Die Anordnung wurde in den folgenden Jahren auf die besetzten Gebiete ausgedehnt. Mit diesem Judenstern knüpften die NS-Behörden an die mittelalterliche Kennzeichnungspflicht für Juden an, wobei als Zeichen absichtlich das nationale und religiöse Symbol des Judentums, das Hexagramm des Davidsterns, gewählt wurde.

14. Oktober 1941	Beginn der systematischen **Deportationen** aus dem „Altreich"; zunächst sollten 50 000 Personen aus den größeren Städten „nach dem Osten" deportiert werden. Ende November gelangten die ersten Juden in das „Altersgetto" oder „Vorzugslager" Theresienstadt, ein Vorzeigegetto.
20. Januar 1942	Konferenz unter Vorsitz HEYDRICHS, Chef der Sicherheitspolizei und des SD, zur Koordinierung der **„Endlösung" der Judenfrage** in Europa **(Wannsee-Konferenz).** Es ging in der Konferenz um die Ermordung der europäischen Juden und um das künftige Schicksal der deutschen „Mischehen" und „Halbjuden". Die Entscheidung über die „Mischehen" und „Halbjuden", die sterilisiert oder in Gettos abgeschoben werden sollten, wurde auf die Zeit nach dem Kriege verschoben.

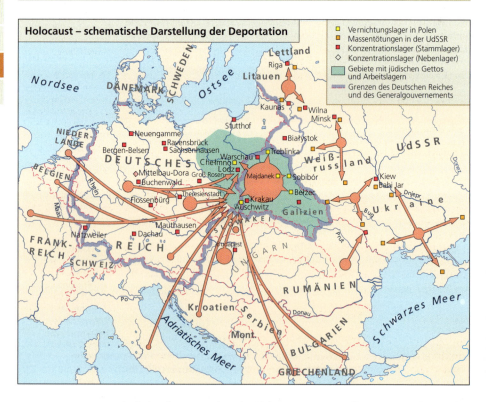

In Polen begann schon im Winter 1939/1940 die systematische Verfolgung und **Ermordung der polnischen Intelligenz.**
In der Sowjetunion liquidierten die deutschen „Einsatzgruppen" die jüdische Bevölkerung durch **Massenerschießungen** und Vergasen in mobilen Gaswagen mittels der Auspuffgase der Motoren. Durch das eingeatmete Kohlenmonoxid starben die Menschen einen besonders qualvollen Tod.

Ab Ende des Jahres 1941 wurden auf polnischem Gebiet mehrere große **Vernichtungslager** errichtet. Die Juden aus den von Deutschland besetzten Ländern, größtenteils auch aus den verbündeten Staaten, wurden planmäßig registriert und in Güterwagons in die Vernichtungslager transportiert.

Grenzzaun in Auschwitz

Uhren, Brillen und Kleidung, aber auch Zahngold und Haare sammelte man, um sie zu verwerten. Der Organisator für die Transporte aus den verschiedenen europäischen Ländern hieß ADOLF EICHMANN. Bis zu ihrer Befreiung durch alliierte Truppen 1945 wurden sechs Millionen **Juden** ermordet, davon drei Millionen durch Giftgas. Bis zu 220 000 **Sinti und Roma**, außerdem **russische Kriegsgefangene** und eine schwer zu ermittelnde Zahl von **politischen Gegnern des Nationalsozialismus** wurden ebenfalls in Arbeits- oder Konzentrationslagern umgebracht. Viele starben durch Hunger, Krankheiten, Seuchen oder Entkräftung (NS-Jargon „Vernichtung durch Arbeit").

▶ EICHMANN wurde 1960 vom israelischen Geheimdienst in Argentinien aufgespürt, nach Israel entführt und dort im Dezember 1961 zum Tode verurteilt und hingerichtet.

▶ Am 27. 09. 1940 hatten Deutschland, Italien und Japan den Dreimächtepakt geschlossen (Bild). Es war ein Beistandspakt für den Fall eines Angriffs durch die USA. Am 11. 12. 1941 erklärten Deutschland und Italien den USA den Krieg.

Der Krieg im Pazifik

Nach dem Sieg über die russische Flotte 1905 bei Tsushima wandte sich **Japan** in den 1930er-Jahren der Eroberung chinesischen Territoriums zu. Im pazifischen Raum entstand eine wirtschaftliche Konkurrenz zu den USA.
Am 7. Dezember 1941 griffen japanische Trägerflugzeuge unerwartet die amerikanische Kriegsflotte in **Pearl Harbor** (Hawaii) an. Binnen weniger Monate eroberten japanische Truppen fast die gesamte Inselwelt zwischen Japan und Australien. Wegen ihrer **überlegenen Wirtschaftskraft** (Bau von Flugzeugträgern, Kriegsschiffen und Flugzeugen) gelang es den USA, den japanischen Aggressor in langen erbitterten Kämpfen zurückzudrängen. Der Abwurf von Atombomben auf **Hiroshima und Nagasaki** (6. und 9. August 1945) beschleunigte das Kriegsende im Pazifik. Am 2. September kapitulierte Japan.

▶ Deutsche Hoffnungen auf Aufstände in den von England beherrschten Ländern (Ägypten, Palästina, Transjordanien, die Emirate am Persischen Golf) erfüllten sich nicht.

Die Kriegsschauplätze Nordafrika und Italien

Eine Kapitulation Großbritanniens durch den Luftkrieg konnte nicht erreicht werden. So hatten Militärstrategen in Berlin die Vorstellung, England durch einen angestrebten Verlust seiner Besitzungen im Nahen Osten zum Einlenken zu bringen.
Unter ROMMEL stieß das Deutsche Afrikakorps im Sommer 1942 bis nach El Alamein vor (130 km westl. von Alexandria, Ägypten), wurde aber von den Engländern ab Ende 1942 nach Tunesien zurückgedrängt. Das war die **Kriegswende in Nordafrika**. Am 13. Mai 1943 kapitulierten in Nordtunesien 250 000 deutsche und italienische Soldaten.
Im Juli 1943 landeten die **alliierten Truppen in Sizilien** und im September in Unteritalien. Nach dem Rücktritt MUSSOLINIS und seiner Verhaftung durch italienische Kräfte, besetzten deutsche Soldaten Italien, konnten

▶ Im November 1942 war eine große englisch-amerikanische Streitmacht in Algerien und Marokko gelandet, woraufhin deutsche Truppen Südfrankreich (Vichy-Regime) besetzten.

10 Demokratie und Diktatur in Deutschland

den Vormarsch der Alliierten aber nur vorübergehend aufhalten. Ende April 1945 kapitulierten die deutschen Truppen in Italien.

Krieg und Leid

Die amerikanischen und vor allem die englischen Bomberflotten hatten mit ihren **Flächenbombardements** in den großen Städten verheerende Schäden angerichtet. 1942 und 1943 gab es drei 1 000-Bomber-Angriffe auf die Städte Köln, Hamburg und Berlin. Bei den beiden letztgenannten kamen jeweils etwa 30 000 Menschen ums Leben. Das Ziel, die Bevölkerung zu demoralisieren, wurde damit nicht erreicht. Militärisch erfolgreicher war 1944 die Verlagerung der Schwerpunkte alliierter Bomberangriffe auf **strategische Ziele:** Rüstungsindustrie, Schienen und Straßen.

Angesichts der absoluten Lufthoheit (seit 1943) der alliierten Jagdflugzeuge und Bomber sowie der steigenden Intensität der Bombardierungen war für einen Großteil der Bevölkerung die **Belastung enorm** hoch: Todesangst, Ungewissheit über das Schicksal der Männer, eine kaum funktionierende Infrastruktur, unzulängliche Ernährung, fehlende Medikamente, oft genug Probleme mit der Bestattung der Toten.

> ▶ Jetzt rächte sich HITLERS Ankündigung aus dem Jahr 1940, englische Städte „ausradieren" zu wollen. Da konnten auch die „Vergeltungswaffen" V1 (ein nicht steuerbares Fluggerät) und V2 (die erste große Flüssigkeitsrakete) den Kriegsausgang nicht beeinflussen.

Vom „D-Day" bis zur Kapitulation

Landung alliierter Truppen in Nordfrankreich

Am 6. Juni 1944, dem **„D-Day"** (vergleichbar dem deutschen „Tag X"), landeten über 150 000 alliierte Soldaten auf der Halbinsel Cotentin in der Normandie. Nach wochenlangen schweren Kämpfen marschierten die Alliierten am 25. August in Paris ein, Mitte Oktober wird mit Aachen die erste deutsche Großstadt eingenommen.

Die Eroberung und Besetzung Deutschlands war für die alliierten Panzerverbände in den meisten Fällen keine schwere Aufgabe. Der Widerstand gegen die vorrückenden russischen Armeen, vor allem bei der Verteidigung Berlins, war dagegen weitaus heftiger. Bei **Torgau** an der Elbe begegneten sich am 25. April 1945 amerikanische und russische Soldaten.

> ▶ Im Dezember 1944 unternahmen die letzten deutschen Reserven einen Vorstoß gegen die Alliierten (Ardennenoffensive), der kläglich scheiterte.

Am 30. April entzog sich der „Führer" seiner Verantwortung. HITLER und seine langjährige Geliebte, EVA BRAUN, nahmen sich im Führerbunker das Leben, nachdem sie am selben Tag geheiratet hatten. Einige Stunden später töteten JOSEPH GOEBBELS und seine Frau MAGDA ihre sechs Kinder und danach sich selbst.

Generaloberst ALFRED JODEL unterzeichnet die bedingungslose Kapitulation.

10.3.3 Widerstand in Deutschland und den besetzten Ländern

Zur Problematik des Widerstandes

Vor Beginn des Zweiten Weltkrieges war es nicht einfach, Widerstand zu leisten. Die Mehrzahl der Bevölkerung empfand die Bestimmungen des Versailler Vertrages als empörend. HITLER gelang es, die Einschränkungen rückgängig zu machen und immer wieder seine Friedensliebe zu betonen. HITLER und GOEBBELS hatten beträchtliche rednerische und vor allem **demagogische Fähigkeiten.** Nach den Erfahrungen mit den zerstrittenen Parteien wurde die Sehnsucht nach Ruhe und Ordnung in einer „Volksgemeinschaft" gestillt. „Kraft durch Freude", die Unternehmungen der Hitlerjugend, auch die Olympiade 1936 verschafften ein Gefühl der Zufriedenheit. „Man war wieder wer."

Negative Erfahrungen und Beobachtungen, z. B. bezüglich der Judenverfolgung, wurden häufig verdrängt, man wollte nichts Konkretes erfahren, sonst hätte man vielleicht etwas unternehmen müssen. Teile der Bevölkerung waren unpolitisch, wollten einfach in Ruhe gelassen werden. Andere gingen in die **Innere Emigration.** Beamte und Soldaten hatten ein zusätzliches Problem, sie hatten einen **Treueeid auf ADOLF HITLER** geschworen. Als **Instrumente der Überwachung** und des Terrors dienten dem Regime der Sicherheitsdienst (SD), die Gestapo und die Konzentrationslager.
Während des Zweiten Weltkrieges hätte der schwerwiegendste Vorwurf dagegen lauten können, den Feind zu unterstützen oder diesem die Frontsoldaten auszuliefern.

▶ ‚Erfolge' HITLERS: Rückgliederung des Saargebiets, Einführung der allgemeinen Wehrpflicht, Flottenabkommen mit Großbritannien, Besetzung des (entmilitarisierten) Rheinlandes, Anschluss seines Heimatlandes Österreich, Ergebnisse der Münchener Konferenz

Handlungen und Attentate des Widerstandes in Deutschland

- Politischer und ideologischer Hauptfeind der Nationalsozialisten waren die **Kommunisten.** Deren Mitglieder und auch Mitglieder aus den Reihen der **Sozialdemokraten** beteiligten sich an Flugblatt-, aber auch an Sabotageaktionen.
- Die **„Rote Kapelle"** war eine aus Personen aller sozialen Schichten stammende lockere Vereinigung, die Verfolgten half sowie Flugblätter und illegale Broschüren verteilte. Einige Mitglieder spionierten für den sowjetischen Geheimdienst, andere verübten Sabotageakte.

DIETRICH BONHOEFFER
(1906–1945)

CLAUS GRAF SCHENK
VON STAUFFENBERG
(1907–1944)

- Die bekanntesten Personen des **kirchlichen Widerstands** sind auf evangelischer Seite MARTIN NIEMÖLLER und DIETRICH BONHOEFFER, die sich in der „bekennenden Kirche" engagierten und die Auswüchse der Nationalsozialisten anprangerten. Auf der katholischen Seite ragten Kardinal FAULHABER (München) und der Bischof von Münster, GRAF VON GALEN, hervor. Letzterer wandte sich in seinen Predigten scharf gegen die Euthanasie.
- Die studentische Widerstandsgruppe **„Weiße Rose"** (Universität München) protestierte mit Wandparolen und auf Flugblättern gegen die Gewaltexzesse der Nationalsozialisten. Bei einer Flugblattaktion wurden die Studenten verhaftet und 1943 hingerichtet, darunter die Geschwister SOPHIE und HANS SCHOLL.
- Der bekannteste **Einzeltäter** ist der schwäbische Schreiner GEORG ELSER. Er plante am 8. November 1939 anlässlich einer Rede des Führers im Münchener Bürgerbräukeller ein Bombenattentat auf HITLER, das misslang. ELSER wurde vier Wochen vor Kriegsende im KZ Dachau erschossen.
- Der **Kreisauer Kreis,** benannt nach dem Gut des GRAFEN VON MOLTKE in Niederschlesien (heute Polen), bestand aus etwa 40 Oppositionellen. Diese stellten Überlegungen an über die politische Struktur Deutschlands nach der erwarteten Niederlage. 1945 wurden viele seiner Mitglieder hingerichtet.
- Von der militärischen Seite hätte noch am ehesten eine Beseitigung HITLERS oder des NS-Regimes erfolgen können.
- Im September 1938 plante Generalstabschef HALDER mit anderen hohen Militärs einen Sturz HITLERS, falls dessen Politik weiter auf einen Krieg hinauslaufen sollte. Doch HITLERS Erfolg auf der Münchener Konferenz steigerte seine Popularität und machte diese Überlegungen zunichte.

HITLER und MUSSOLINI besichtigen den Ort des versuchten Attentats am 20. Juli 1944

Ein von STAUFFENBERG am 20. Juli 1944 im Führerhauptquartier („Wolfschanze", in Ostpreußen) durchgeführtes **Bombenattentat** tötete mehrere Teilnehmer einer Lagebesprechung. HITLER wurde aber nur leicht verletzt, STAUFFENBERG und andere noch am selben Tag erschossen.

Mehrere geplante **Attentate einzelner Offiziere** kamen aus unterschiedlichen Gründen nicht zur Ausführung. Für westliche Politiker hätte das Attentat vom 20. Juli viel früher verübt werden müssen, nicht erst angesichts der herannahenden Niederlage. Aber auch in den Jahren davor gab es, trotz geheimer Kontakte, keine spürbare Unterstützung des deutschen Widerstandes durch das Ausland.

Auch unspektakuläre Handlungen vieler Bürgerinnen und Bürger, wie Verweigerung des Hitlergrußes, Fernbleiben von öffentlichen NS-Kundgebungen, Hilfeleistungen für verfolgte Juden oder Befehlsverweigerungen, muss man ebenfalls zum Widerstand zählen. Es gab während des Dritten Reiches etwa 10 000 Hinrichtungen wegen politischer Vergehen.

Widerstand in den besetzten Ländern

Wurden die deutschen Soldaten in **Russland** anfangs gelegentlich als Befreier von STALINS Diktatur gesehen, änderte sich dies mit zunehmenden Gräueltaten sehr schnell. **Partisanen** sprengten an unzähligen Stellen die Eisenbahnlinien.
In **Polen** gab es zwei Widerstandsgruppen, die der polnischen Exilregierung in London nahestehende „Heimatarmee" und die geheime „Volksarmee", eine kommunistische Kampftruppe. Im April/Mai 1943 wurde der **Warschauer Gettoaufstand** der Juden nach erbitterten Kämpfen niedergeschlagen, ebenso ein Aufstand der „Heimatarmee" im Herbst 1944. Die östlich der Weichsel stehenden russischen Truppen versagten dieser STALIN nicht genehmen Bewegung die erhoffte Hilfe.

Ende Mai 1942 wurde in **Prag** auf REINHARD HEYDRICH ein Attentat verübt, an dessen Folgen er am 4. Juni starb. Zur Vergeltung wurden am 10. Juli in dem Dorf **Lidice** alle 173 Männer erschossen, Frauen und Kinder kamen in ein KZ und die Häuser des Dorfes wurden zerstört.
Bei einer ähnlichen Vergeltungsaktion im französischen **Oradour-sur-Glane** wurden fast 200 Männer erschossen, über 450 Frauen und Kinder in die Kirche des Ortes eingeschlossen und verbrannt. Der zunächst aus einzelnen Gruppen bestehende **französische Widerstand (Résistance)** schloss sich 1943 zusammen und ging nach der alliierten Landung in der Normandie in vielen Teilen des Landes zum Aufstand über.
In **Jugoslawien** kämpften zunächst die Widerstandsgruppen, z. B. die der **Serben** und der **Kroaten,** gegeneinander, wobei die kommunistischen Partisanen von Marschall JOSSIP BROZ TITO 1943 die Oberhand gewannen. TITO brach 1948 mit JOSEF STALIN und regierte das Land, unter Anlehnung an den Westen, bis zu seinem Tod 1980.
Die in den anderen von Deutschland besetzten Ländern operierenden Widerstandsgruppen nahmen nur wenig Einfluss auf den Kriegsausgang.

10.3.4 Kriegskonferenzen und Kriegsziele der Alliierten

Misstrauen zwischen den Alliierten

Das Verhältnis der Hauptkriegsgegner des Dritten Reiches, auf der einen Seite die USA und Großbritannien, auf der anderen die UdSSR, war seit der bolschewistischen **Oktoberrevolution** belastet. England, Frankreich, die USA und Japan unterstützten im **russischen Bürgerkrieg** (1918–1920) die Gegner der Bolschewisten, die „Weißen", nicht nur mit der üblichen militärischen Unterstützung (Kriegsgerät, Waffen, Munition). Sie entsandten auch kleinere Truppenkontingente, doch die „Roten" gewannen diesen innerrussischen Krieg.
Während der Konferenz von Rapallo (April 1922) kam es zu einer vertraglichen Übereinkunft zwischen dem Deutschen Reich und der Sowjetunion.

▶ Die Regierung der USA hatte erst 1933 diplomatische Beziehungen zur Sowjetunion aufgenommen.

Das Münchener Abkommen (1938) steigerte auf der russischen, der Hitler-Stalin-Pakt (1939) auf westlicher Seite das gegenseitige Misstrauen. Die jeweiligen Ideologien, hier vor allem die Vorstellungen von Demokratie, Gewaltenteilung, Wirtschafts- und Gesellschaftspolitik, konnten kaum widersprüchlicher sein.

Die Kriegskonferenzen

▶ Auf der Moskauer Außenministerkonferenz (19.–30.10.1943) wurden schon die grundsätzlichen Ziele für die Behandlung Deutschlands nach dem Ende des Krieges erarbeitet.

In der **Atlantik-Charta,** beschlossen im August 1941 auf einem Kriegsschiff im Atlantik (vor Neufundland), konnten sich der englische Premierminister CHURCHILL und der amerikanische Präsident ROOSEVELT problemlos einigen: Selbstbestimmungsrecht der Völker, wirtschaftliche Zusammenarbeit, ein System der kollektiven Sicherheit.

Auf der **Konferenz von Casablanca** (14.–26. Januar 1943) wurden die beiden Regierungschefs konkreter. Es ging um eine Koordinierung der Kriegsführung, vor allem auch um die bedingungslose Kapitulation **(unconditional surrender)** der Achsenmächte (Deutschland, Italien) und Japans.

▶ Nach dem **Morgenthau-Plan** des US-Finanzministers MORGENTHAU (September 1944) sollte Deutschland nach einer Entmilitarisierung und Aufteilung ein überwiegend agrarisches Land werden. Nach heftiger Kritik, auch in der amerikanischen und englischen Presse, wurde der Plan fallen gelassen.

1944 legte in London die aus ranghohen Diplomaten der drei Siegermächte bestehende **„European Advisory Commission/ EAC** (Europäische Beratende Kommission) die genaue Einteilung Deutschlands in drei Zonen und Berlins in drei Sektoren fest. Grundlage: jeweils 1/3 der Bevölkerung. Zudem wurde die Errichtung eines alliierten Kontrollrates beschlossen.

Vom 28.11.–1.12.1943 trafen sich die „Großen Drei" (Big Three), WINSTON CHURCHILL, FRANKLIN D. ROOSEVELT und JOSEF STALIN, in **Teheran.** Sie beschlossen die – von STALIN zur Entlastung Russlands schon seit 1941 immer wieder geforderte – Errichtung einer „zweiten Front" in Westeuropa, eine Aufteilung Deutschlands und die „Westverschiebung" Polens zugunsten der UdSSR (Curzon-Linie als polnisch-sowjetische Grenze).

Die **Konferenz von Jalta** (4. bis 11. Februar 1945, Krim-Konferenz) war insofern die bedeutendste der Kriegskonferenzen, als hier ein großer Teil der Bestimmungen beschlossen wurde, die ein halbes Jahr später in Potsdam verbindlich wurden: Demobilisierung, Denazifizierung, Demontage und Aufteilung Deutschlands sowie Bestrafung der Kriegsverbrecher. Frankreich sollte eine eigene Besatzungszone erhalten. Allerdings beharrte STALIN darauf, dass nicht eine neu zu gestaltende Viertelung Deutschlands vorgenommen werden sollte. Amerikaner und Engländer traten daher einen Teil ihrer Zonen an Frankreich ab.

Die Kriegsziele der Alliierten

USA Den Vereinigten Staaten ging es, wie den anderen Alliierten, darum, das Deutsche Reich zu besiegen und den Nationalsozialismus auszulöschen. Diese Ziele wollten die USA durch Verbote, Bestrafung und Umerziehung erreichen. Die **Sicherung des Friedens** sollte durch das Selbstbestimmungsrecht der Völker, verbunden mit der Souveränität und der wirtschaftlichen Gleichberechtigung der Staaten gewährleistet sein. Um weiteren kriegerischen Katastrophen vorzubeugen, strebte ROOSEVELT eine neue Friedensordnung an, eine Organisation der **"Vereinten Nationen"** (UNO).

UdSSR Der Sowjetunion schwebte die Umgestaltung zumindest ihrer Besatzungszone nach ihren **kommunistischen Vorstellungen** vor, außerdem die Schaffung eines Schutzgürtels kommunistisch regierter Staaten entlang ihrer Westgrenze. Wegen der enormen Kriegsschäden verlangte sie erhebliche Reparationen.

Großbritannien Die Vorstellungen des durch den Krieg geschwächten Großbritannien liefen darauf hinaus, Deutschland längerfristig als **wirtschaftlichen Konkurrenten auszuschalten.** Wie die amerikanische war auch die britische Regierung nicht für eine Aufteilung Deutschlands in mehrere Einzelstaaten.

Frankreich Das 1944 wiedererstandene Frankreich strebte zunächst einen **Platz unter den** und damit den Besatzungsmächten in einem besiegten Deutschland an. Zudem versuchte es, seine **verlorenen Kolonien** zurückzuerhalten. Deutschland sollte **dauerhaft geschwächt** werden.
CHARLES DE GAULLE sprach sich noch am 5. Oktober 1945 vor französischen Besatzungsoffizieren in Baden-Baden für eine „wirtschaftliche und psychologische Vereinigung, eine französische Präsenz, eine unbegrenzte Kontrolle" über die linksrheinischen Gebiete aus.

▶ England sah sich weiterhin als Großmacht – war es aber nicht mehr – und versuchte, seine vielen Kolonien zu behalten.

Bilanz

Der Zweite Weltkrieg war die **größte und verheerendste kriegerische Auseinandersetzung** der Weltgeschichte. Man schätzt die Zahl der Toten (Soldaten, Gefangene und Zivilisten) auf 55 bis 60 Millionen, knapp die Hälfte davon waren **Soldaten und Bürger aus der Sowjetunion.**
Auf das **Deutsche Reich** entfielen über 5 Millionen Tote. Etwa 6 Millionen **Juden** wurden auf der Grundlage einer wahnhaften Ideologie ermordet.
Außerdem gab es ungefähr 20 Millionen Flüchtlinge, Vertriebene, Zwangsumgesiedelte sowie **Zwangsarbeiter.** Letztere waren in das Deutsche Reich verschleppt worden, um für die deutsche „Herrenrasse" zu arbeiten, viele unter härtesten Bedingungen.
Die **materiellen Verluste** sind nicht zu beziffern, ebenso wenig wie die Zahl der Entwurzelten und der traumatisierten Menschen.
Der Zweite Weltkrieg war auch Ursache für weltumfassende Entwicklungen bis zum Ende des 20. Jahrhunderts. Großbritannien und Frankreich wurden auf das Niveau gehobener Mittelstaaten reduziert. Stattdessen gab es zwei **neue Weltmächte,** die USA und die UdSSR, sowie, im Verlauf des Kalten Krieges, zwei große Blöcke, die westlich orientierten Länder und den Ostblock.

Weimarer Republik und Nationalsozialismus

1918–1933	**Weimarer Republik**
09.11.1918	Novemberrevolution: Abdankung des Kaisers, Ausrufung der Republik
11.11.1918	Unterzeichnung des Waffenstillstandes in Compiègne: Ende des Ersten Weltkriegs
19.1.1919	Wahlen zur Weimarer Nationalversammlung
14.08.1919	Inkrafttreten der Weimarer Verfassung
28.06.1919	Unterzeichnung des Versailler Vertrags
13.03.1920	Beginn des Kapp-Lüttwitz-Putsches
16.04.1922	Vertrag von Rapallo: deutsch-sowjetisches Wirtschaftsbündnis
24.06.1922	Ermordung des deutschen Außenministers WALTHER RATHENAU
9.11.1923	Hitler-Putsch: Verurteilung HITLERS zu fünf Jahren Festungshaft
16.10.1925	Abschluss der Konferenz von Locarno: Grenzgarantien zwischen Deutschland, Frankreich und Belgien
10.09.1926	Aufnahme Deutschlands in den Völkerbund
25.10.1929	Zusammenbruch der New Yorker Börse: Beginn der Weltwirtschaftskrise
1930–33	Präsidialkabinette: BRÜNING, VON PAPEN, VON SCHLEICHER, HITLER
30.01.1933	Machtübergabe an HITLER durch Reichspräsident VON HINDENBURG
1933–1945	**Nationalsozialistische Diktatur (Drittes Reich)**
27.02.1933	Reichstagsbrand
23.03.1933	Ermächtigungsgesetz: Entmachtung des Parlaments
14.10.1933	Austritt des Deutschen Reiches aus dem Völkerbund
16.09.1935	Verkündung der Nürnberger Rassengesetze
07.03.1936	Besetzung des entmilitarisierten Rheinlandes durch die Wehrmacht
12.03.1938	Einmarsch deutscher Truppen nach Österreich
30.09.1938	Münchener Abkommen: Abtretung des Sudetenlandes an das Deutsche Reich
16.03.1939	Deutscher Einmarsch in die Tschechoslowakei: Errichtung des Protektorats Böhmen und Mähren
23.08.1939	Hitler-Stalin-Pakt: deutsch-sowjetischer Nichtangriffspakt, geheime Aufteilung Polens
01.09.1339	deutscher Überfall auf Polen: Beginn des Zweiten Weltkriegs
1939–1945	**Zweiter Weltkrieg**

Wissenstest 10 auf **http://wissenstests.schuelerlexikon.de** und auf der DVD

Von der Teilung zur Wiedervereinigung Deutschlands

11

11 Von der Teilung zur Wiedervereinigung Deitschlands

11.1 Der schwierige Neuanfang in Deutschland

11.1.1 Die Situation nach dem Zusammenbruch

▶ Die Verluste in der Zivilbevölkerung werden auf 3 bis 3,8 Millionen geschätzt.

▶ Eine einzige Rheinbrücke (bei Remagen, 20 km südlich von Bonn) war aufgrund einer missglückten Sprengung durch deutsche Soldaten in amerikanische Hände gefallen.

Lebensmittelkarte von 1945

Niederlage oder Befreiung?

Es ist zu einfach, das **Ende des Krieges** entweder als Niederlage oder als Befreiung zu sehen. Eine totale Niederlage hatten die nationalsozialistische Führung und die Wehrmacht erlebt. Für die in Gefängnissen und Konzentrationslagern Inhaftierten war es sicherlich eine Befreiung, auch für einen Teil der Oppositionellen in Deutschland. Deutsche Soldaten konnten froh sein, aufgrund ihres Eides auf ADOLF HITLER von der „Pflicht" zum Töten befreit zu sein. Ein Großteil der Bevölkerung war einfach froh, dass das Töten an den Fronten wie auch die personellen und materiellen Verluste durch den **Bombenkrieg** vorüber waren.
Es war nicht das Ziel der Sowjetunion, Deutschland von irgendjemandem zu befreien, sondern das Deutsche Reich zu besiegen, weil es in einem vier Jahre dauernden erbittert geführten Krieg versucht hatte, die Sowjetunion zu vernichten, um deren Gebiet (zumindest bis zum Ural) dem Großdeutschen Reich einzuverleiben.

Die Not der Bevölkerung

Nicht nur geschätzte 25 % des Wohnraums waren zerstört – im Osten Deutschlands waren es etwas weniger, in den großen Städten wesentlich mehr – auch Gleisanlagen, Brücken und Produktionsanlagen waren Ziele der alliierten Bomber gewesen. Die Versorgung mit Nahrungsmitteln oder Material zum Heizen war zusammengebrochen. Der strenge Winter 1946/1947 wurde später als **„Hungerwinter"** bezeichnet. Ernährungsmäßig ging es der Be-

11.1 Der schwierige Neuanfang in Deutschland

völkerung auf den Dörfern besser. Daher fuhren viele Stadtbewohner zum **„Hamstern"** auf das Land.
Die **Siegermächte** versuchten, durch Lebensmittellieferungen einer weiteren Verschlechterung der Ernährungslage zu begegnen. Auch private Hilfe, vor allem aus den USA (CARE-Pakete), trug dazu bei.
Da die Deutsche Reichsmark aufgrund der enormen Rüstungsausgaben des Dritten Reiches fast wertlos geworden war, benutzte man Zigaretten als Tauschmittel für sinnvollere lebensnotwendige Dinge (**„Zigarettenwährung"**). In solch einer Notzeit blühte natürlich der Schwarzmarkt. Unter großer psychischer Belastung litten hunderttausende Familien, deren Männer oder Söhne im Krieg gefallen oder Jahre in Gefangenschaft verbringen mussten. Die Frauen organisierten die Versorgung der Familienmitglieder, viele halfen bei der Beseitigung von Trümmern mit, die Trümmerfrauen. Als schließlich von den Besatzungsmächten Lebensmittelkarten ausgegeben wurden, verbesserte sich die Ernährungssituation etwas.

Kriegsgefangene, Flüchtlinge, „Displaced Persons"

Nach dem Ende des Krieges waren 11 Millionen deutsche Soldaten in Kriegsgefangenschaft, mehr als zwei Drittel davon in Lagern der Westmächte; aus diesen Lagern konnten bis 1949 fast alle nach Hause zurückkehren. Von den über drei Millionen deutschen Kriegsgefangenen in der Sowjetunion, die unter schwersten Bedingungen beim Wiederaufbau des in weiten Teilen verwüsteten Landes eingesetzt wurden, starb über eine Million. Ein Großteil aller Kriegsgefangenen war durch das Erlebte während der Kämpfe und die ständige Furcht, selbst getötet zu werden, hochgradig traumatisiert. Gegen Kriegsende und in den ersten Jahren danach gab es etwa zwölf Millionen Flüchtlinge und Vertriebene,

▶ Von den etwa fünf Millionen sowjetischen Kriegsgefangener in deutschen Lagern starben über drei Millionen.

Deutsche Kriegsgefangene in den Niederlanden

▶ Die Vertriebenen waren vielerorts nicht so recht willkommen, leisteten in den späteren Jahren aber einen spürbaren Beitrag zum Wiederaufbau.

▶ Der größte Teil dieser „Displaced Persons" war ins Deutsche Reich verschleppte Menschen aus dem südosteuropäischen Raum, die für die „Herrenrasse" zumeist hart arbeiten mussten.

Die „geschäftsführende Reichsregierung" unter Großadmiral KARL DÖNITZ war am 23.05.1945 bei Schleswig verhaftet worden.

von denen zwei Millionen die Strapazen der Flucht nicht überlebten. Sie waren vor der herannahenden Ostfront geflohen oder von polnischen und tschechoslowakischen Behörden vertrieben worden und verteilten sich fast gleichmäßig auf die vier Besatzungszonen.

1945 gab es in Deutschland neun bis zehn Millionen Zwangsarbeiter, sogenannte **„Displaced Persons"** (engl.: Verschleppte), einschließlich der Kriegsgefangenen, die in ihre Heimatländer zurückwollten. Bei den aus westlichen Ländern stammenden Personen war die Rückführung (Repatriierung) relativ einfach. Nicht so problemlos war die Rückkehr in osteuropäische Länder, wo die Verschleppten möglicherweise Repressalien ausgesetzt waren (Verdacht der Kollaboration oder vergleichbare Vorbehalte).

11.1.2 Die Umsetzung der alliierten Kriegsziele

Die Potsdamer Konferenz

Vom 17. Juli bis zum 2. August 1945 wurden von den „großen Drei", WINSTON CHURCHILL bzw. CLEMENT ATTLEE, HARRY S. TRUMAN und JOSEF STALIN im Cecilienhof in Potsdam die Details für die Zukunft Deutschlands diskutiert und formuliert. Am 2. August 1945 wurde das **Potsdamer Abkommen**, offiziell war es ein Kommuniqué, von den Staatschefs unterzeichnet. Grundlage dieser Übereinkunft waren die vier „D's": Demobilisierung, Denazifizierung, Demokratisierung und Dezentralisierung; konkret: totale Abrüstung, Verbot aller NS-Organisationen, Aufbau von Parlamenten und Regierungen auf demokratischer Grundlage, keine deutsche Zentralregierung oder zentrale Verwaltungen.

▶ CHURCHILL musste während der Konferenz dem neuen Premierminister ATTLEE, dem Sieger der Parlamentswahlen, den Platz räumen. TRUMAN war Nachfolger des am 12.4.1945 verstorbenen amerikanischen Präsidenten ROOSEVELT.

Weitere **wichtige Bestimmungen** waren:
– Auflösung der Firmen, die Kriegsprodukte herstellten
– Verbot von Kartellen und anderen Monopolvereinigungen
– Umerziehung des deutschen Volkes
– Bestrafung der Kriegsverbrecher
– Erhaltung Deutschlands als wirtschaftliche Einheit
– Entnahme von Reparationen aus der jeweiligen Besatzungszone
– Überführung der in Polen, der Tschechoslowakei und Ungarn zurückgebliebenen deutschen Bevölkerung nach Deutschland, was „in ordnungsgemäßer und humanitärer Weise erfolgen" sollte

Übereinstimmung bestand darin, „dass die endgültige Festlegung der Westgrenze Polens einer Regelung in den Friedensverträgen vorbehalten bleiben soll".

Noch während der Potsdamer Konferenz konstituierte sich in Berlin der **alliierte Kontrollrat,** bestehend aus den Oberkommandierenden der vier Siegermächte.

Die Bestimmung, dass seine Beschlüsse einstimmig gefasst werden mussten, erschwerte mit den zunehmenden Kontroversen zwischen der UdSSR und den Westmächten die Arbeit des Gremiums.

Gemäß einer alliierten Vereinbarung zogen die Westmächte im Sommer 1945 ihre Truppen aus Thüringen, Sachsen und Mecklenburg zurück und übernahmen ihre Sektoren in Berlin. Im Juli 1945 nahm dann die dem Alliierten Kontrollrat unterstellte **Alliierte Kommandantur** in Berlin ihre Arbeit auf. Diese aus den alliierten Stadtkommandanten bestehende oberste Behörde für Berlin litt bald unter dem gleichen Problem wie der Kontrollrat, da auch hier Beschlüsse nur einstimmig gefasst werden konnten.

Vorn (von links):
ATTLEE, TRUMAN, STALIN
hinten (von links):
LEAHY, BEVIN, BYRNES, MOLOTOW

Schloss Cecilienhof

> Aus dem „Potsdamer Abkommen" (2. August 1945): „Die drei Regierungen erkennen an, dass die Überführung der deutschen Bevölkerung oder Bestandteile derselben, die in Polen, der Tschechoslowakei und Ungarn zurückgeblieben sind, nach Deutschland durchgeführt werden muss. Sie stimmen darüber überein, dass jede derartige Überführung, die stattfinden wird, in ordnungsgemäßer und humaner Weise erfolgen soll."

Der Sonderfall Reparationen

Aufgrund ihrer besonders hohen Verluste wollte die Sowjetunion auf die Industrie in den Westzonen Zugriff erhalten, was die Westmächte ablehnten. Letztlich einigte man sich darauf, dass jede Siegermacht die Reparationen aus ihrer Zone entnehmen sollte. Immerhin hatte die Sowjetunion bis zum Beginn der Konferenz schon einen beträchtlichen Teil der Reparationen aus ihrer Zone herausgeholt. Bis zum Frühjahr 1947 wurden 3 000 Betriebe demontiert und in etwa 500 000 Güterwagen Richtung Osten abtransportiert. 200 Firmen wurden enteignet und zu sowjetischen Aktiengesellschaften umgewandelt. Die Demontage von zweiten Gleisen auf den Fernstrecken der Bahn führte zu empfindlichen Engpässen beim Transport auf der Schiene. Der größte Anteil bei den Reparationen bestand aus den Entnahmen aus der laufenden Produktion.

> SBZ: Sowjetische Besatzungszone

> Somit hatte die SBZ bzw. die DDR in ihren Anfangsjahren die mit Abstand höchste Quote an Reparationen zu leisten.

Der Nürnberger Prozess

Acht der Angeklagten in Nürnberg:

vorn (von links): GÖRING, HESS, VON RIBBENTROB, KEITEL

dahinter (von links): DÖNITZ, RAEDER, VON SCHIRACH, SAUCKEL

Am 20.11.1945 begann in der „Stadt der Reichsparteitage" der Nürnberger Prozess. Vor dem Internationalen Militärgerichtshof wurden hohe NS-Führer und Militärs wegen folgender Verbrechen angeklagt:
– Vorbereitung und Führung eines Angriffskrieges,
– Kriegsverbrechen (Tötung von Kriegsgefangenen, Ermordung von Geiseln, Verschleppung von Zwangsarbeitern),
– Verbrechen gegen die Menschlichkeit (Völkermord).

Von den 22 Angeklagten wurden zwölf zum Tod durch den Strang, andere zu Freiheitsstrafen verurteilt, drei wurden freigesprochen.
Zwischen Oktober 1946 und April 1949 fanden die **Nürnberger Folgeprozesse** statt. Von 177 angeklagten Personen aus Politik, Wirtschaft und dem Militärbereich, aber auch Ärzte und Juristen, wurden 24 zum Tode verurteilt, 118 zu Haftstrafen.

Entnazifizierung in den Westzonen

Um der Flut der zu Überprüfenden Herr zu werden, wurden 1946 mit Laien besetzte **Spruchkammern** eingerichtet. Alle über 18 Jahre alten Bürger mussten einen Fragebogen mit 131 Fragen ausfüllen. Zu ihrer Entlastung wurden von den Überprüften schriftliche Aussagen von Unbelasteten (bald „Persilscheine" genannt) vorgelegt, wonach der zu

11.1 Der schwierige Neuanfang in Deutschland

Überprüfende z. B. innerlich das NS-Regime stets abgelehnt habe usw. Im Ergebnis wurden die Überprüften in fünf Kategorien eingestuft: Hauptschuldige, Belastete, Minderbelastete, Mitläufer, Entlastete. Die Amerikaner gingen hierbei konsequenter vor als Engländer und Franzosen in ihren jeweiligen Besatzungszonen.

Letztlich war der Entnazifizierung nur ein Teilerfolg beschieden. Die Zahl der zu Überprüfenden war zu groß, in vielen Fällen wurden Verbrechen erst nach dem Ende der Verfahren vor den Spruchkammern bekannt, anfangs wurde härter bestraft als in dem sich bald zuspitzenden Kalten Krieg. Manch Belasteter in den westlichen Zonen, aber auch in der SBZ, fand sich später in gehobenen Positionen wieder, da er beim Wiederaufbau benötigt wurde.

Entnazifizierung in der sowjetischen Besatzungszone (SBZ)

Die Sowjets gingen ähnlich streng, aber auch zügiger vor als die Amerikaner und konzentrierten sich dabei auf Bürger, die im öffentlichen Dienst tätig waren. Beide Führungsmächte ließen aber bei Fachleuten, die für den Wiederaufbau benötigt wurden, Milde walten. Im Sinne der kommunistischen Ideologie wurden auch Enteignungen und die Verstaatlichung großer Industriebetriebe durchgeführt. Über 100 Hektar großer Landbesitz wurde entschädigungslos enteignet.

Vor allem in der sowjetischen Besatzungszone dienten nach 1945 einige ehemalige Konzentrationslager als **Internierungslager.** Anders als die Amerikaner inhaftierten die Sowjets in ihren Lagern auch eine große Zahl politischer Gegner. Das ehemalige KZ Sachsenhausen (nördlich von Berlin) war als Speziallager Nr. 7 bis zu seiner Auflösung 1950 das größte Internierungslager in der SBZ. Von den insgesamt seit 1945 hier inhaftierten mehr als 50 000 Menschen starben etwa 12 000 an Krankheiten oder Entkräftung.

Aus dem Gesetz zur Befreiung vom Nationalsozialismus und Militarismus vom 5. März 1946:

Artikel 1. (1) Zur Befreiung unseres Volkes von Nationalsozialismus und Militarismus und zur Sicherung dauernder Grundlagen eines deutschen demokratischen Staatslebens im Frieden mit der Welt werden alle, die die nationalsozialistische Gewaltherrschaft aktiv unterstützt oder sich durch Verstöße gegen die Grundsätze der Gerechtigkeit und Menschlichkeit oder durch eigensüchtige Ausnutzung der dadurch geschaffenen Zustände verantwortlich gemacht haben, von der Einflußnahme auf das öffentliche, wirtschaftliche und kulturelle Leben ausgeschlossen und zur Wiedergutmachung verpflichtet.

(2) Wer verantwortlich ist, wird zur Rechenschaft gezogen. Zugleich wird jedem Gelegenheit zur Rechtfertigung gegeben.

Artikel 2. (1) Die Beurteilung des Einzelnen erfolgt in gerechter Abwägung der individuellen Verantwortlichkeit und der tatsächlichen Gesamthaltung; danach wird in wohlerwogener Abstufung das Maß der Sühneleistung und der Ausschaltung aus der Teilnahme am öf-

> Das schon 1946 erschienene Buch von EUGEN KOGON, „Der SS-Staat", trug als Genehmigungsvermerk „Published under Military Government Information Control, License Nr. US-W-2010".

In diesem Haus in der Göhrener Straße 11 in Berlin Prenzlauer Berg befand sich die Redaktion der „Täglichen Rundschau", der ersten nach dem Krieg zugelassenen Tageszeitung.

fentlichen, wirtschaftlichen und kulturellen Leben des Volkes bestimmt mit dem Ziel, den Einfluß nationalsozialistischer und militaristischer Haltung und Ideen auf die Dauer zu beseitigen.
2) Äußere Merkmale wie die Zugehörigkeit zur NSDAP, einer ihrer Gliederungen oder einer sonstigen Organisation sind nach diesem Gesetz für sich allein nicht entscheidend für den Grad der Verantwortlichkeit. [...]

Meldeverfahren
Artikel 3. [...] (2) jeder Deutsche über 18 Jahren hat einen Meldebogen auszufüllen und einzureichen ...

Umerziehung: Schulen und Medien

Nach der Schließung der Schulen am Kriegsende wurde im Herbst 1945 in allen Besatzungszonen der Unterricht wieder aufgenommen.
Die sowjetischen Behörden führten bald die achtjährige Einheitsschule mit einer sich anschließenden vierjährigen Oberstufe ein. Den Amerikanern schwebte eine sechsjährige Einheitsschule und einheitliche höhere Schulen vor. Die Engländer überließen den Deutschen die Wiedererrichtung des Schulsystems, anders als die Franzosen, die unbedingt das französische System zu installieren versuchten. Nach einem anfänglichen Verbot aller Druckerzeugnisse wurden ab Herbst 1945 in den Westzonen Lizenzen für neu zu gründende Zeitungen erteilt, die einer Kontrolle unterlagen. Die **sowjetische Militäradministration in Deutschland** (SMAD) gab derartige Lizenzen an Parteien und sogenannte Massenorganisationen, wobei die KPD bevorzugt wurde. Selbstverständlich benötigten Bücher vor ihrer Veröffentlichung eine Genehmigung der zuständigen Militärbehörden.
Das in seiner Bedeutung wachsende Medium Rundfunk wurde sofort nach dem Kriegsende von den Siegermächten genutzt, später effektiv überwacht. In der SBZ erhielt schon 1945 der in Leipzig beheimatete Mitteldeutsche Rundfunk eine Genehmigung. In Hamburg und Köln begann im Januar 1948 der Nordwestdeutsche Rundfunk (NWDR) mit seinen Sendungen.

11.1.3 Der politische Wiederaufbau vor dem Hintergrund des beginnenden Ost-West-Konflikts

Der Aufbau von Verwaltungen

Am 5. Juni 1945 erklärten sich die vier Siegermächte zur obersten Regierungsgewalt, ausgeübt durch die vier Oberbefehlshaber der vier Besatzungszonen. Deutschland sollte gemeinsam verwaltet werden. Hauptaufgabe war es nun, eine funktionierende Verwaltung zu errichten.
Schon eine Woche vor dem Ende des Krieges waren drei kommunistische Emigrantengruppen nach Berlin eingeflogen worden – die bekannteste war die „Gruppe Ulbricht" –, um beim Verwaltungsaufbau in der ehemaligen Hauptstadt von Anfang an den kommunistischen bzw. sowjetischen Einfluss zur Geltung zu bringen.
Die SMAD war die höchste militärische Behörde in der sowjetischen Besatzungszone. Sie richtete im Juli 1945 fünf Bundesländer ein, außerdem elf Zentralverwaltungen.

▶ Die 1945 gegründeten Länder Mecklenburg-Vorpommern, Brandenburg, Sachsen-Anhalt, Thüringen und Sachsen wurden 1952 aufgelöst. An ihre Stelle traten 14 Bezirke.

11 Von der Teilung zur Wiedervereinigung Deitschlands

Die Amerikaner ernannten zunächst vertrauenswürdig erscheinende Personen zu Bürgermeistern oder Leitern von Verwaltungsbehörden. In Bayern wurde schon im Mai 1945 FRITZ SCHÄFFER (1888–1949) als Ministerpräsident eingesetzt, im Januar 1946 folgten die ersten freien Gemeindewahlen und im Juni die Wahlen zur verfassunggebenden Landesversammlung. Engländer und Franzosen gingen etwas langsamer vor.

Die Gründung von Parteien

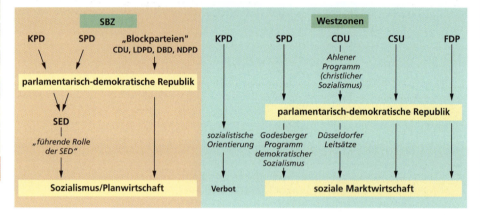

Schon am 10. Juni 1945 wurde **in der sowjetischen Zone** von der SMAD die Gründung „antifaschistisch-demokratischer Parteien" erlaubt. Am Tag darauf war die KPD zugelassen und wandte sich mit einem Gründungsaufruf an die Bevölkerung. In den darauffolgenden Wochen gründeten sich SPD, CDU und LDPD („Liberal-Demokratische Partei Deutschlands"). Die im Juli gebildete „Einheitsfront der antifaschistischdemokratischen Parteien", der Antifa-Block, stärkte die Position der KPD. Kommunalwahlen und Landtagswahlen fanden dann im Herbst 1946 statt.

In diesen Nachkriegsjahren wurden auch die „Massenorganisationen" gegründet: Der „Freie Deutsche Gewerkschaftsbund" (FDGB), die „Freie Deutsche Jugend" (FDJ), der „Demokratische Frauenbund Deutschlands" (DFD), die „Gesellschaft für Deutsch-Sowjetische Freundschaft" (DSF). Die Absicht der SED war es, diese Gruppierungen besser kontrollieren und lenken zu können.

▶ Hauptaufgabe des FDGB war nach einigen Jahren nicht mehr die Vertretung der Interessen der Arbeiter. Die Gewerkschaften dienten als Transmissionsriemen für die Vorgaben der politischen Führung des Landes.

Die westlichen Alliierten gestatteten erst nach der Potsdamer Konferenz die Gründung von Parteien, anfangs nur auf Orts- und Kreisebene. **Engländer und Amerikaner** gründeten zwischen Herbst 1945 und dem Sommer (bzw. Herbst) 1946 die heute noch existierenden westdeutschen Bundesländer. In diesem Zeitraum lizenzierten sie auch Parteien, die vom Namen her denen in der sowjetischen Zone glichen. Ausnahmen waren die Liberalen, in der sowjetischen Zone die LDPD, in den Westzonen die erst Ende 1948 gegründete FDP – und in Bayern die Anfang 1946 gegründete CSU. Die **Franzosen** erlaubten in ihrer südwestdeutschen Besatzungszone 1946 zwar die Gründung von Ländern, der Aufbau parlamentarischer Gremien zögerte sich bis Mitte 1947 hinaus.

11.1 Der schwierige Neuanfang in Deutschland

Die Zwangsvereinigung von SPD und KPD zur SED

Die KPD war in der sowjetischen Zone wegen ihrer Bevorzugung durch die SMAD nicht sonderlich beliebt. Bei den ersten und gleichzeitig letzten halbwegs freien Landtagswahlen und der SBZ erhielt die KPD insgesamt 47 % der Stimmen, in Großberlin nur knapp 20 %.

Jetzt drängte die KPD auf einen Zusammenschluss mit der SPD. Die Sozialdemokraten waren in dieser Frage gespalten. Der Vorsitzende der westdeutschen SPD, KURT SCHUMACHER, lehnte eine Vereinigung der beiden Parteien strikt ab. In Westberlin sprachen sich bei einer Urabstimmung 82 % der SPD-Mitglieder gegen einen Zusammenschluss mit der KPD aus. In Ostberlin wurde eine derartige Abstimmung verboten. Der massive Druck der SMAD führte schließlich zum gewünschten Erfolg. Am 21./22. April 1946 stimmten die Delegierten von SPD und KPD auf dem **„Vereinigungsparteitag"** einstimmig für den Zusammenschluss von SPD und KPD zur SED. Die paritätische Besetzung von Führungsposten wurde im Januar 1949 auf Veranlassung der KPdSU aufgegeben.

> ▶ Enttäuschende Ergebnisse für kommunistische „Bruderparteien" gab es auch bei den Wahlen in Österreich (5,4 %) und Ungarn (17 %).

Nach wie vor prägte die SMAD die politische Entwicklung in ihrer Zone. Beispiele:
– Beschlagnahme aller Kreditinstitute (23. Juli 1945), die sogenannte „demokratische Bodenreform" (Anfang September 1945),
– Bewaffnung der „Volkspolizei" (31. Oktober 1945),
– Gründung sowjetischer Aktiengesellschaften (5. Juni 1946),
– Aufbau der Grenzpolizei (18. November 1946),
– Absetzung der Führung der (Ost-)CDU (1945 und 1947).

1946 – die Anfänge des Ost-West-Konflikts

Der amerikanische Diplomat und Russlandexperte GEORGE F. KENNAN (1904–2005) war der Initiator der amerikanischen Politik der Eindämmung **(Containment)**. Er warnte am 22. Februar 1946 in dem sogenannten „langen Telegramm" die Regierung in Washington vor den kommunistischen Expansionsbestrebungen, vornehmlich in Ostmitteleuropa. Sein Vorschlag lautete, die bedrohten Staaten durch Bündnisse oder mittels Wirtschafthilfe zu unterstützen.

> ▶ KENNAN war zu dieser Zeit (1944 bis 1946) Berater des amerikanischen Botschafters in Moskau.

Kurz danach, am 5. März 1946, prägte CHURCHILL in einer Rede am Westminster College in Fulton (Missouri/USA) den später häufig benutzten Begriff **„Eiserner Vorhang"**. Er sagte: „Von Stettin an der Ostsee bis Triest an der Adria ist ein eiserner Vorhang quer durch den Kontinent niedergegangen." Die dahinterliegenden Staaten seien zunehmend der Kontrolle Moskaus ausgeliefert.

Auf der Pariser Außenministerkonferenz (25. April–12. Juli 1946) legten die Vereinigten Staaten einen Plan vor, der einen Zusammenschluss der vier Zonen und einen föderativen Aufbau Deutschlands zum Ziel hatte. Die UdSSR, aber auch Frankreich, lehnten diesen Plan ab.

Die amerikanischen Vorstellungen legte Außenminister JAMES F. BYRNES (1879–1972) am 6. September 1946 in einer viel beachteten programmatischen Rede in **Stuttgart** dar. Er forderte den „freien Austausch von Waren, Personen und Ideen innerhalb Deutschlands" und betonte die

Bereitschaft der USA zu einem wirtschaftlichen Zusammenschluss ihrer Zone mit einer anderen oder auch allen anderen Zonen. BYRNES kritisierte sowohl die sowjetische als auch die französische Politik in ihren jeweiligen Besatzungszonen. Dies bedeutete einen Wendepunkt in der amerikanischen Deutschlandpolitik.

1947 – der Beginn des Kalten Krieges

▶ Noch unter der deutschen Besetzung Griechenlands (1943) hatten sich eine kommunistisch gelenkte und eine kleinere bürgerliche Partisanengruppe gebildet, die sich auch untereinander bekämpften. Ende 1946 kam es dann zu einem Bürgerkrieg, bei dem die kommunistischen Gruppen auch von osteuropäischen Staaten unterstützt wurden.

Als Konsequenz aus der Byrnes-Rede folgte am 1. Januar 1947 die wirtschaftliche Vereinigung der amerikanischen und der britischen Zone zur **Bizone.** Dies bedeutete – zunächst für den wirtschaftlichen Bereich – den Beginn einer Teilung Deutschlands. Angesichts unveränderter Positionen der Teilnehmer war die **Moskauer Außenministerkonferenz** (10. März bis 24. April 1947) von Anbeginn zum Scheitern verurteilt.

Truman-Doktrin und Marshall-Plan (ERP)

Auf dem Hintergrund des sowjetischen Vorgehens in Polen, Rumänien und Bulgarien sowie des Bürgerkrieges in Griechenland entstand die Truman-Doktrin. Der amerikanische Präsident erklärte am 12. März 1947 vor dem Kongress in Washington, dass die amerikanische Regierung allen Völkern beistehen werde, die von bewaffneten Minderheiten oder durch äußeren Druck bedroht würden. Diese Ankündigung basierte auch auf innenpolitischen Überlegungen. Der Kongress, aber auch die amerikanische Öffentlichkeit, sollten sich auf das hierzu notwendige finanzielle Engagement ihrer Regierung einstellen.

▶ Dementsprechend übte die Führung in Moskau erheblichen Druck auf mögliche annahmewillige Länder aus, wie die Tschechoslowakei und Polen.

Drei Monate später wurde das „Europäische Wiederaufbauprogramm" (European Recovery Program, ERP) verkündet, auch bekannt als Marshall-Plan. Nach den Vorstellungen des amerikanischen Außenministers GEORGE MARSHALL (1880–1959) konnten alle europäischen Länder, sofern sie wollten, diese aus Rohstofflieferungen und Krediten bestehende Hilfe annehmen. Dieses Hilfsangebot hatte zwei Aspekte: Einerseits sollten demokratische Strukturen gestärkt werden, damit die Menschen nicht ihre Hoffnung auf die Sowjetunion setzten, andererseits bedeutete das eine gewisse Abhängigkeit von der künftigen westlichen Führungsmacht.

▶ Die Vorläuferorganisation der Kominform, die 1919 gegründete Komintern (Kommunistische Internationale), hatte noch eine Weltrevolution zum Ziel. Im Interesse des Kriegsbündnisses mit den Westmächten ließ STALIN die Komintern 1943 auflösen.

WINSTON CHURCHILL forderte in seiner Rede vom 19. September 1946 in Zürich, Schweiz:
„Es ist ein Heilmittel notwendig, das wie durch ein Wunder die Situation völlig ändern würde und innerhalb von wenigen Jahren Europa so frei und glücklich machen könnte, wie es heute die Schweiz ist ... Wir müssen eine Art von Vereinigten Staaten Europas schaffen."

Stalins Reaktion

Am 30. September 1947 wurde von den kommunistischen Parteien Europas das Kommunistische Informationsbüro **(Kominform)** gegründet. Offiziell diente es dem Erfahrungsaustausch und der „freiwilligen Gleichschaltung" von Aktionen der kommunistischen Parteien.

11.1 Der schwierige Neuanfang in Deutschland

Tatsächlich war es eine Hilfsorganisation zur Steuerung von STALINS Außenpolitik. Nach dessen Tod (1953) wurde sie im Rahmen der Entstalinisierung 1956 aufgelöst.

Auf der Gründungskonferenz der Kominform stellte der sowjetische Chefideologe und Stalin-Vertraute ANDREI ALEXANDROWITSCH SHDANOW (1896–1948) die **Zwei-Lager-Theorie** auf. Danach standen sich jetzt „das imperialistische, antidemokratische Lager" (die westlichen Staaten) und das „antiimperialistische, demokratische Lager" (die kommunistisch regierten Staaten) gegenüber. Aufgabe der kommunistischen Parteien war es, den Widerstand gegen die Politik der westlichen Länder zu leiten.

Die Münchener Ministerpräsidentenkonferenz (5.–7. Juni 1947)

Der bayerische Ministerpräsident HANS ERHARD (1887–1980) hatte alle Ministerpräsidenten zu einer Konferenz nach München eingeladen, um über eine Verbesserung der Lage in Deutschland zu beraten. Den Länderchefs war allerdings von ihren jeweiligen Besatzungsmächten eine bestimmte Linie vorgegeben. Die westlichen Teilnehmer sollten über eine wirtschaftliche Verbesserung diskutieren, während die Teilnehmer aus der sowjetischen Besatzungszone zunächst über die Errichtung einer deutschen Zentralverwaltung sprechen sollten. Als Letztere keine entsprechende Änderung der Tagesordnung erreichen konnten, reisten sie sofort ab.

Auf der **Londoner Außenministerkonferenz** vom 25. November bis zum 15. Dezember 1947 kam es zu massiven gegenseitigen Vorwürfen über die erfolgten Maßnahmen im besetzten Deutschland. Die Konferenz wurde schließlich abgebrochen, eine gemeinsame Politik in Deutschland war nicht mehr möglich.

1948 – der kurze Weg zu einem westdeutschen Staat

Die amerikanische und die englische Regierung drängte jetzt auf die Errichtung eines westdeutschen Staates auf freiheitlich-demokratischer und föderaler Basis. Ein Mehrparteiensystem, freie Marktwirtschaft und verfassungsmäßig festgeschriebene Menschen- und Bürgerrechte sollten weitere Bestandteile sein.

Die Londoner Sechsmächtekonferenz

Vom 23. Februar bis zum 2. Juni 1948 (mit einer sechswöchigen Unterbrechung) tagten in London Vertreter der drei Westalliierten und der Beneluxstaaten.

Man einigte sich darauf, enge wirtschaftliche Beziehungen zwischen den westeuropäischen Ländern und dem zu gründenden (west)deutschen Staat herzustellen. Frankreich verlangte nach wie vor eine größtmögliche Sicherheit vor seinem Nachbarn jenseits des Rheins. Die französische Regierung stimmte den amerikanisch-englischen Plänen erst zu, als man sich auf eine Einbeziehung des Saargebietes in den französischen Wirtschaftsraum und auf das **Ruhrstatut** einigte. Das Ruhrstatut trat am 28. April 1949 in Kraft. Eine internationale Ruhrbehörde kontrollierte die

▶ Frankreich trat der Bi-Zone bei, allerdings erst am 8. April 1949 (Tri-Zone).

> Sprichwörtlich über Nacht waren die Schaufenster gefüllt, lang ersehnte Konsumwünsche konnten erfüllt werden. Die vorübergehende Ernüchterung kam bald: Innerhalb eines halben Jahres verdoppelte sich die Zahl der Arbeitslosen und die Lebenshaltungskosten stiegen um 13 %.

> Der einzige Zugang zu Westberlin waren die Luftkorridore, die 1945 von den Alliierten vertraglich festgelegt worden waren.

> Der bis dahin einzige Berliner Flughafen war Tempelhof (1923–2008).

Produktion von Kohle, Koks und Stahl sowie die Verteilung dieser Güter auf den heimischen Bereich und die internationalen Märkte. Mit der Errichtung der Montanunion verlor das Ruhrstatut 1951 seine Gültigkeit. Die alliierten Militärgouverneure sollten eine gemeinsame Sitzung mit den Ministerpräsidenten abhalten und diesen die Vollmacht geben, zur Erstellung einer Verfassung eine verfassunggebende Versammlung einzuberufen. Der Zug zur Staatsgründung war damit abgefahren. Aus Protest gegen die Maßnahmen der Westalliierten verließ der sowjetische Vertreter am 20. März 1948 den Alliierten Kontrollrat, was praktisch dessen Ende bedeutete.

Währungsreform und Berlinblockade

Weil das künftige Westdeutschland in die europäische Wirtschaft integriert werden sollte, benötigte es eine stabile Währung. Am 20. Juni 1948 wurde von den Westalliierten in ihren Besatzungszonen und Berliner Sektoren eine **Währungsreform** durchgeführt. Jeder Deutsche erhielt 40 Deutsche Mark, im Juli noch einmal 20 DM (ein sogenanntes „Kopfgeld").
Löhne, Renten und Mieten wurden im Verhältnis 1:1 umgestellt, Schulden im Verhältnis (D-M – RM/Reichsmark) 1:10. Ähnlich wie beim Währungsschnitt im November 1923 waren die Besitzer von Sparguthaben die Verlierer. Ihr Gespartes wurde zur einen Hälfte im Verhältnis 1:10, zur anderen Hälfte im Verhältnis 6,5:10 umgewertet. Die Gewinner waren die Besitzer von Sachwerten und die Schuldner. Die Antwort der Sowjetunion ließ nicht lange auf sich warten. Wenige Tage nach der Währungsreform gab die SMAD eine Währungsreform in der SBZ bekannt. Am 24. Juni 1948 begann die Berlinblockade. Westberlin wurde fast völlig von der Außenwelt abgeschnitten. Straßen, Zugverbindungen und Wasserwege wurden blockiert. Berlin war der Fokus des Kalten Krieges.

Die Westalliierten versorgten bis zum 12. Mai 1949 über die **Luftbrücke** 2,2 Mio. Westberliner mit allem Notwendigen. Viele Schaulustige bestaunten die im zwei- dreiminütigen Abstand landenden „Rosinenbomber". Die Berliner wurden auch kreativ: Sie bauten Gemüse an – in ihren Balkonkästen, aber auch auf dem Gelände vor dem Reichstagsgebäude. In drei Monaten (Anfang August bis Anfang November) stampften sie einen zweiten Flughafen aus dem Boden, Berlin-Tegel.

Die Entstehung des Grundgesetzes

Entsprechend einem Beschuss der Londoner Sechsmächtekonferenz überreichten die westlichen Militärgouverneure am 1. Juli 1948 den Ministerpräsidenten der westlichen Besatzungszonen die **Frankfurter Dokumente**. Der Hauptpunkt betraf die Ausarbeitung einer Verfassung.
Eine Gruppe von Verfassungsrechtlern, Juristen und Politikern erstellte binnen zwei Wochen einen Verfassungsentwurf. Nach ihrer Tagungsstätte, dem Alten Schloss auf der Insel Herrenchiemsee (Bayern), nannte man diese Zusammenkunft den **Herrenchiemseer Konvent**.
Aufgrund von massiven Warnungen in der politischen Diskussion in den Westzonen, dass eine Verfassung die Entstehung von zwei deutschen Staaten begünstigen könnte, nannte man die ab dem 1. September 1948 in Bonn tagende Verfassunggebende Versammlung „**Parlamentarischen Rat**" und die erarbeitete Verfassung „**Grundgesetz**", wodurch der provisorische Charakter dokumentiert werden sollte. Das kam auch in der Präambel zum Ausdruck, in der von einer „Übergangszeit" gesprochen wurde, in der aber auch der Satz steht, „es [das deutsche Volk] hat auch für jene Deutschen gehandelt, denen mitzuwirken versagt war".

▶ Im Parlamentarischen Rat kamen je 27 Parlamentarier von CDU/CSU und SPD, fünf von der FDP und je zwei aus den Parteien Zentrum, Deutsche Partei und KPD.

Der Parlamentarische Rat bestand aus 65 Abgeordneten, die von den Landtagen der Westzonen gewählt wurden. Diese wählten KONRAD ADENAUER (1876–1967) zum Präsidenten des Rates. Den Wettbewerb um den Sitz der vorläufigen Hauptstadt gewann Bonn mit einer Stimme Mehrheit vor dem Konkurrenten Frankfurt am Main.
Am 8. Mai wurde das Grundgesetz mit 53 Stimmen angenommen. Dagegen votierten sechs der acht Mitglieder der CSU sowie die jeweils zwei der drei kleinen Parteien. Nach der Zustimmung der Militärgouverneure und der Ratifikation durch die Landtage – außer Bayern – wurde das Grundgesetz am 23. Mai 1949 von den Ministerpräsidenten der westdeutschen Länder unterzeichnet. Es trat somit am darauffolgenden Tag in Kraft, auch in Bayern. Dies war der **Gründungstag der Bundesrepublik Deutschland**.

KONRAD ADENAUER (1876–1967)

▶ Gleichzeitig hatte der Landtag in München die Rechtsverbindlichkeit des GG auch in Bayern beschlossen.

> Aus dem **Grundgesetz der Bundesrepublik Deutschland:**
> **Art. 1**
> (1) Die Würde des Menschen ist unantastbar. Sie zu achten und zu schützen ist Verpflichtung aller staatlichen Gewalt.
> (2) Das Deutsche Volk bekennt sich darum zu unverletzlichen und unveräußerlichen Menschenrechten als Grundlage jeder menschlichen Gemeinschaft, des Friedens und der Gerechtigkeit in der Welt.

Wichtige Bestandteile des damals beschlossenen Grundgesetzes:
– Unantastbarkeit der Grundrechte
– Verbot eines Angriffskrieges
– Stärkung der Aufgaben der Parteien
– Wahl des Bundespräsidenten durch die Bundesversammlung
– Richtlinienkompetenz des Bundeskanzlers
– konstruktives Misstrauensvotum
– richterliche Unabhängigkeit
– Gültigkeit des Grundgesetzes bis zum Inkrafttreten einer Verfassung

Die Entwicklung in der sowjetisch besetzten Zone

1946 hatte ANTON ACKERMANN (1905–1973), Mitglied des Parteivorstandes der SED, die These vom „besonderen deutschen Weg zum Sozialismus" vertreten, wobei das sowjetische Modell nicht kopiert werden sollte. Am 24. September 1948 widerrief er im Zentralorgan der SED „Neues Deutschland" diese These. Die SED wurde zu einer „Partei neuen Typs". Sie verstand sich jetzt als die „organisierte Vorhut der Arbeiterklasse". Einer Diktatur nach marxistisch-leninistischem Vorbild stand nichts mehr im Wege. Anfang Dezember 1947 hatte die SED zu einem ersten „Deutschen Volkskongress für Einheit und gerechten Frieden" eingeladen. Am 17./18. März 1948 tagte ein zweiter Volkskongress, der sich als einzig legitime Vertretung des deutschen Volkes verstand. Er wählte den aus 400 Mitgliedern, darunter 100 aus den Westzonen, bestehenden „Deutschen Volksrat". Dieser erarbeitete und verabschiedete dann am 19. März 1949 die Verfassung der DDR.

> Die „Partei neuen Typs" ist eine straff geführte Kaderpartei. (Kader = besonders geschulte Mitglieder in den Führungspositionen einer kommunistischen Partei)

> Aus der 1949 gültigen **Verfassung der DDR:**
>
> **Art. 1:** Deutschland ist eine unteilbare demokratische Republik; sie baut sich auf den deutschen Ländern auf.
> Die Republik entscheidet alle Angelegenheiten, die für den Bestand und die Entwicklung des deutschen Volkes in seiner Gesamtheit wesentlich sind; alle übrigen Angelegenheiten werden von den Ländern selbständig entschieden. Die Entscheidungen der Republik werden grundsätzlich von den Ländern ausgeführt. Es gibt nur eine deutsche Staatsangehörigkeit.
> **Art. 2:** Die Farben der Deutschen Demokratischen Republik sind Schwarz-Rot-Gold. Die Hauptstadt der Republik ist Berlin.

> In einer späteren Verfassungsänderung wurde auch das Wort „freie" (Wahl) hinzugefügt.

Wichtige Bestandteile der Verfassung der DDR:
– Grundrechte: freie Meinungsäußerung, Versammlungsfreiheit usw. (ähnlich dem Grundgesetz),
– strafrechtliche Ahndung von Boykotthetze gegen demokratische Einrichtungen (Art. 6),
– Streikrecht der Gewerkschaften,
– freie Lehre der Kunst und Wissenschaft,
– Unabhängigkeit der Richter,
– Wahl der Abgeordneten „in allgemeiner, gleicher, unmittelbarer und geheimer Wahl".

11.1 Der schwierige Neuanfang in Deutschland

Allerdings war eine parlamentarische Opposition ebenso wenig vorgesehen wie die Gewaltenteilung. Es gab auch kein Verfassungsgericht. Gerade der äußerst dehnbare Artikel 6 der DDR-Verfassung wurde in den darauffolgenden Jahren in vielen Gerichtsverfahren gegen Oppositionelle als Straftatbestand zugrunde gelegt.

Die **Planwirtschaft** wurde eingeführt, Produktions- und Verarbeitungsbetriebe firmierten als „Volkseigene Betriebe" (VEB). Mittel- und Kleinbetriebe wurden zwar noch privat geführt, aber in das System der Planwirtschaft eingebunden. Handwerksbetriebe organisierten sich später in Produktionsgenossenschaften des Handwerks (PGH). Lebensmittelgeschäfte waren seit 1948 in einer staatlichen Handelsorganisation (HO) zusammengefasst. Daneben gab es die Geschäfte der Konsumgenossenschaft (KONSUM) sowie privat geführte Läden.

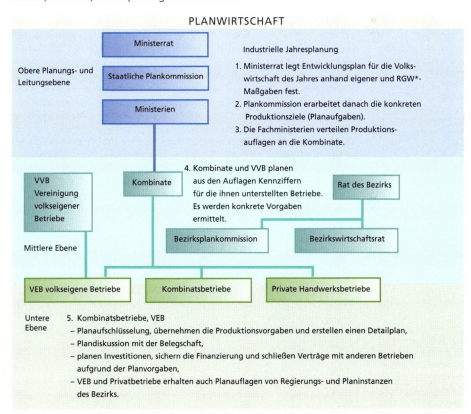

6. Plan läuft zurück und wird auf den verschiedenen Etappen koordiniert.
7. Von der Volkskammer als Gesetz beschlossen.
8. Aufschlüsselung und Konkretisierung der Planaufgaben.
9. Ausführung der Produktionsziele.

* RGW (Rat für gegenseitige Wirtschaftshilfe, 1949–1991 bestehende internationale Wirtschaftsorganisation kommunistischer Staaten)

Die Bodenreform des Jahres 1945 hatte sich in einer Hinsicht als ineffektiv erwiesen. Der durchschnittliche Landbesitz der meisten Neubauern war mit fünf Hektar so klein, dass viele Bauernfamilien, auch bedingt durch das Ablieferungssoll, nicht davon leben konnten. Zur Produktionssteigerung wurden 1952 die „Landwirtschaftlichen Produktionsgenossenschaften" (LPG) eingerichtet. Am ehesten waren Kleinbauern bereit, diesen beizutreten. Auf diejenigen, die sich dagegen wehrten, wurde zunehmend Druck ausgeübt, sodass diese Aktion erst 1960 abgeschlossen werden konnte.

Regierungsbildung in Bonn und Ostberlin

Ihre unterschiedlichen Ansichten zu einigen Bestimmungen des Grundgesetzes (z.B. die geringe Teilhabe der Länder an politischen Entscheidungsprozessen) konnten die Westmächte erst auf einer Außenministerkonferenz in Washington (5.–8. April 1949) überwinden. Hier legten sie auch im **Besatzungsstatut** ihre künftigen Befugnisse fest. Sie hatten ein Einspruchsrecht bei Gesetzen des Parlaments, waren für die deutsche Außenpolitik zuständig sowie für die Entmilitarisierung, die Kontrolle des Ruhrgebiets oder bei Änderungen des Grundgesetzes. Die Bundesregierung hatte also bis 1955 keinen Außenminister. Für die Politik mit anderen Ländern war der Bundeskanzler (ADENAUER) im Rahmen seiner Möglichkeiten und seines Geschicks zuständig.

Aus der **ersten Bundestagswahl** am 14. August 1949 ging die CDU/CSU als knapper Sieger vor der SPD hervor. Bundeskanzler KONRAD ADENAUER bildete ein Kabinett aus CDU/CSU, FDP und DP (Deutsche Partei). Der erste Bundespräsident war THEODOR HEUSS (FDP).

In der sowjetischen Besatzungszone erfolgte die **Regierungsbildung „von oben"**. Ein dritter „Deutscher Volkskongress" wählte Mitte Mai 1949 nach vorher festgelegtem Proporz den zweiten „Deutschen Volksrat". Dieser erklärte sich am 7. Oktober 1049 zur **Provisorischen Volkskammer** und war damit das erste vorläufige Parlament der DDR. Die Volkskammer und eine provisorische Länderkammer wählten am 11./12. Oktober 1949 WILHELM PIECK (1876–1960), SED (bis 1946 KPD), zum Präsidenten der DDR und OTTO GROTHEWOHL (1894–1964), SED (bis 1946 SPD), zum Ministerpräsidenten. Die SMAD trat ihre bisherigen Aufgaben an die neue Regierung ab, an ihre Stelle trat die „Sowjetische Kontrollkommission". Dies änderte kaum etwas an den bisherigen Machtverhältnissen und Befugnissen.

Die Zeit bis zur **ersten Volkskammerwahl** (Oktober 1950) nutzte die SED, um ihre Machtposition vor allem in den staatlichen Organen zu sichern. Sie errichtete das Ministerium für Staatssicherheit (MfS), auch Stasi genannt (8. Februar 1950). Es entwickelte sich zum wichtigsten Herrschaftsinstrument der SED-Diktatur. Aus dem Parteivorstand der SED wurde das Zentralkomitee (ZK). WALTER ULBRICHT (1893–1973) wurde im Juli 1950 Generalsekretär des ZK der SED.

Am 15. Oktober 1950 fand die erste Volkskammerwahl statt, bei der es eigentlich nichts zu wählen gab. Die Sitzverteilung stand von vornherein fest. Auf Einheitslisten waren die „Kandidaten der Nationalen Front" fortlaufend verzeichnet. Die Wahlbeteiligung lag bis Anfang der 1980er-Jahre stets über 98 %, die Zahl der Ja-Stimmen stets über 99 %.

▶ Nach der Auflösung der letzten sowjetischen Speziallager wurden über 3 300 Personen der DDR-Justiz übergeben, in den **Waldheimer Prozessen** (April bis Juni 1950) wurden 32 Todesurteile verhängt, von denen 24 vollstreckt wurden. Nach weltweiten Protesten wurde 1952 ein Teil der Zeitstrafen verkürzt und zu relativ geringen Zeitstrafen Verurteilte wurden freigelassen.

▶ Die **alliierte Hohe Kommission,** bestehend aus je einem Hohen Kommissar der drei Westmächte, war das gemeinsame Kontrollorgan mit Sitz im Hotel Petersberg (bei Königswinter).

▶ In der **Volkskammer** saßen, anders als in westlichen Parlamenten, neben den Vertretern der Parteien auch die der sogenannten Massenorganisationen: FDGB, DBD, FDJ, DFD, KB und VdgB).

11.2 Konsolidierung der beiden deutschen Staaten

11.2.1 Einbindung in die Bündnissysteme – Bildung der Blöcke

Die Entwicklung in der Bundesrepublik 1949–1955

KONRAD ADENAUERS deutschlandpolitische Ziele waren:
– Erlangung der Souveränität der Bundesrepublik
– Priorität der Westbindung vor einer Wiedervereinigung
– Wiedervereinigung mittels einer „Politik der Stärke"
– Einbindung in das westeuropäische Wirtschaftssystem
– ein eigener militärischer Beitrag im Rahmen westlicher Bündnisse
– deutsch-französische Annäherung und Aussöhnung

Die Aufnahme der Bundesrepublik in westliche Organisationen
Als Erstes gelang ADENAUER Anfang Oktober 1949 der Beitritt zur OEEC (Organisation for European Economic Cooperation), deren Aufgabe die Umsetzung des Marshall-Plans war. Sieben Wochen später erfolgte mit dem Petersberger Abkommen (22. November 1949) der Beitritt zur Internationalen Ruhrbehörde (s. o.: Londoner Sechsmächtekonferenz).
Ein bedeutender Schritt hin zu einer wirtschaftlichen Zusammenarbeit Westeuropas war die Gründung der Europäischen Gemeinschaft für Kohle und Stahl (18. April 1951), auch EGKS bzw. **Montanunion**. Mitglieder waren die Bundesrepublik, Frankreich, Italien sowie die Beneluxländer. Ziel war die Errichtung eines gemeinsamen Marktes für Kohle und Stahl. Die beratende Versammlung der Parlamentarier der drei Gemeinschaften EGKS, EWG und EURATOM gab sich 1958 den Namen „Europäisches Parlament".

▶ Die Idee zur EGKS stammte von den französischen Politikern JEAN MONNET und ROBERT SCHUMAN (Schuman-Plan).

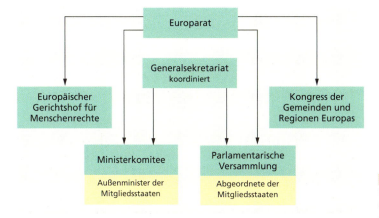

▶ Mitglieder des Europarates sind alle europäischen Länder außer Serbien-Montenegro, das einen Sondergaststatus bei der Parlamentarischen Versammlung (seit 22. Januar 2001) besitzt.

Ein Zusammenschluss auf Freihandelsebene ist die **Europäische Freihandelsvereinigung (EFTA,** European Free Trade Association). Sie wurde 1960 gegründet. Seit dem EU-Beitritt ihrer langjährigen Mitglieder Schweden, Finnland und Österreich (1995) setzt sie sich nur noch aus vier Ländern zusammen: Island, Liechtenstein, Schweiz und Norwegen.

11 Von der Teilung zur Wiedervereinigung Deitschlands

▶ **Europarat,** engl.
= **Council of Europe,**
franz. = **Conseil de
l'Europe**
Sitz des Europarates
ist Straßburg (Frank-
reich).

Der **Europarat** wurde als internationale Organisation europäischer Staaten zur Wahrung des gemeinsamen europäischen Erbes und zur Förderung des wirtschaftlichen und sozialen Fortschritts 1949 in London gegründet.

Der Europarat erlässt keine unmittelbar geltenden Rechtsakte. Seine Organe empfehlen den Mitgliedern den Abschluss von Abkommen auf wirtschaftlichem, sozialem, kulturellem und wissenschaftlichem Gebiet, die oft der Rechtsvereinheitlichung dienen.

Der Weg zur Europäischen Union

1951 Montanunion	Frankreich, BRD, Italien, Belgien, Luxemburg, Niederlande, „Europäische Gemeinschaft für Kohle und Stahl" (EGKS)
1957 Römische Verträge	Europäische Wirtschaftsgemeinschaft (EWG) und Europäische Atomgemeinschaft (EURATOM) Schritte: Abschaffung der Binnenzölle, landwirtschaftliche Subventionen
1967 Europäische Gemeinschaft (EG)	Seitdem Projekt zur Wirtschafts- und Währungsunion
1968 Zollunion	Zölle innerhalb der EWG werden abgeschafft.
1973–86 Beitritte	1973 Großbritannien, Irland, Dänemark; 1981 Griechenland; 1986 Portugal, Spanien
1992 Vertrag von Maastricht	Schaffung der Europäischen Union
1995 Beitritte	Beitritt von Österreich, Schweden, Finnland. Assoziierungsabkommen mit Türkei, Malta, Zypern. Beitrittskandidaten: Polen, Tschechien, Slowenien, Slowakei, Ungarn, Bulgarien, Rumänien, Litauen, Lettland, Estland
01. 01. 2002	Der Euro wird alleiniges Zahlungsmittel in zwölf teilnehmenden EU-Ländern.
2004	Beitritt von Estland, Lettland, Litauen, Malta, Polen, Slowakei, Slowenien, der Tschechischen Republik, Ungarn und Zypern

Schwieriger als beim Beitritt zu wirtschaftlichen Zusammenschlüssen gestaltete sich die Zusammenarbeit mit militärische Bündnissen oder gar der Beitritt zu einem solchen Bündnis.

Im März 1948 hatten Frankreich, Großbritannien und die Beneluxländer gegen ein wiedererstarkendes Deutschland den **Brüsseler Pakt** unterzeichnet, der aber auch als Schutz vor der Sowjetunion gesehen werden konnte. Der Ausbruch des Koreakrieges – Überfall der Truppen des kommunistischen Nordkorea auf das westlich orientierte Südkorea am 25. Juni 1950 – beeinflusste die Bereitschaft der Westmächte zu einer deutschen Wiederbewaffnung.

11.2 Konsolidierung der beiden deutschen Staaten

Zunächst genehmigten die Westalliierten den Aufbau eines Bundes-grenzschutzes (BGS), dessen Stärke im März 1951 auf 10 000 Mann fest-gelegt wurde und der mit leichten und mittleren Infanteriewaffen aus-gestattet war. Seine Aufgabe war zunächst die polizeiliche Überwachung der westdeutschen Grenzen. In späteren Jahren übernahm der BGS als eine Sonderpolizei des Bundes zunehmend schutzpolizeiliche Aufgaben; 2005 wurde er in Bundespolizei umbenannt.

Am 26. Mai 1952 unterzeichneten die Außenminister der drei West-mächte in Bonn den **Deutschlandvertrag.** Dadurch sollte die Bundesre-publik souverän werden, auch die Stationierung alliierter Truppen sollte durch diersen Vertrag geregelt werden (z. B. Eingreifen bei einem Not-stand).

Dieser Vertrag konnte nur zusammen mit dem darauffolgenden **EVG-Vertrag** (Vertrag über die Europäische Verteidigungsgemeinschaft) in Kraft treten, der die Schaffung einer europäischen Armee unter deut-scher Beteiligung vorsah. In der westdeutschen Öffentlichkeit gab es, sieben Jahre nach dem Ende des Zweiten Weltkrieges, heftige Kritik an dem **EVG-Vertrag,** auch weil dadurch eine Wiedervereinigung in weite Ferne rücken würde. Das Inkrafttreten des Vertrages scheiterte im Som-mer 1954 am Nein der französischen Nationalversammlung.

Die Stalin-Noten von 1952

Die relativ schnelle militärische Integration der Bundesrepublik in die westliche Gemeinschaft alarmierte die Sowjetunion. STALIN versuchte dies durch ein Angebot in Form mehrerer diplomatischer Noten an die Westmächte zu verhindern.

STALIN unterbreitete am 10. März 1952 folgende **Vorschläge für einen Friedensvertrag mit Deutschland:**

– Wiederherstellung eines einheitlichen deutschen Staates
– Abzug aller Streitkräfte der Besatzungsmächte aus Deutschland „spätestens ein Jahr nach Inkrafttreten des Friedensvertrages"
– Gewährung der Menschenrechte und der Grundfreiheiten (als Bei-spiele werden einige Grundrechte aufgezählt)
– freie Betätigung für demokratische Parteien und Organisationen; da-bei Verbot von Organisationen, die der Demokratie und der Erhaltung des Friedens „feindlich" gesonnen sind
– Verpflichtung Deutschlands, „keinerlei Koalition oder Militärbünd-nisse einzugehen", die gegen ehemalige militärisch aktive Kriegsgeg-ner Deutschlands gerichtet sind
– Territorium: Deutschlands Grenzen, wie sie auf der Potsdamer Konfe-renz festgelegt wurden
– Wirtschaft: keinerlei Beschränkungen für die Entwicklung einer Frie-denswirtschaft; keine Handelsbeschränkungen
– Militär: eigene (Land-, Luft- und See-)Streitkräfte, „die für die Vertei-digung des Landes notwendig sind"; Gleiches bei der Produktion von Rüstungsmaterial
– Unterstützung einer Aufnahme Deutschlands in die UNO.

Bis September 1952 wurden noch mehrere Noten zwischen den West-mächten und der UdSSR ausgetauscht. Angesichts ihrer Erfahrung mit STALINS Politik in der SBZ und der DDR waren die Westmächte skeptisch.

▶ Koreakrieg (1950 bis 1953) Nordkoreanische Truppen eroberten binnen weniger Monate fast ganz Südkorea. Die UNO stellte eine Streit-macht auf. Deren Vordringen bis zur chinesischen Grenze wurde von chinesi-schen „Freiwillenver-bänden" gestoppt. Nach langwierigen Verhandlungen bil-dete der 38. Breiten-grad (wie zuvor und bis heute) die Grenze zwischen Nord- und Südkorea.

JOSEF STALIN
(1878–1953)

> In der westdeutschen Öffentlichkeit wurde kontrovers diskutiert, ob die Stalin-Noten nicht eine „verpasste Chance" zur Wiedervereinigung waren.

Als sie auf einer internationalen Kontrolle der Wahlen in Deutschland bestanden, z. B. durch UNO-Beobachter, lehnte STALIN ab.

Die Bundesregierung war nicht Adressat der Noten STALINS. Angesichts des Besatzungsstatuts wäre sie auch gar nicht befugt gewesen, zu diesem Zeitpunkt mit der Sowjetunion über die Zukunft der beiden damaligen deutschen Staaten zu verhandeln. Auf dem Hintergrund seiner deutschlandpolitischen Vorstellungen, z. B. der Westbindung der Bundesrepublik, stand ADENAUER den Vorschlägen STALINS selbstverständlich ablehnend gegenüber.

Eine vorläufig **letzte Außenministerkonferenz der vier Siegermächte** des Zweiten Weltkrieges fand vom 25. Januar bis 18. Februar 1954 in Berlin statt. Der englische Außenminister ANTHONY EDEN und der sowjetische Außenminister WJATSCHESLAW MICHAILOWITSCH MOLOTOW legten unterschiedliche Pläne zu einer Wiedervereinigung Deutschlands vor. Von vornherein beharrten die Westmächte auf der Einbeziehung Deutschlands in das westeuropäische bzw. westliche Staaten- und Bündnissystem, was die Sowjetunion möglichst vermeiden wollte. Da beide Seiten auf ihren Vorstellungen beharrten, kam es erwartungsgemäß zu keiner Einigung.

> Die WEU war ein Verteidigungsbündnis mit absoluter Beistandspflicht. Sie verstand sich als europäischer Pfeiler der NATO und wurde 2002/2003 in die Europäische Union integriert.

Die Pariser Verträge

Angesichts des sich verstärkenden „Kalten Krieges" waren die Westmächte auf der Pariser Außenministerkonferenz (19.–23.10.1954) bereit, ihre Beziehungen zur Bundesrepublik umfassend zu regeln. Im Ergebnis bestanden die Verträge (auch Protokolle genannt) aus vier verschiedenen Regelungen.

(A) Deutschland wurde in das militärische System des Westens aufgenommen, und zwar (zusammen mit Italien) in den Brüsseler Pakt, der in Westeuropäische Union (WEU) umbenannt wurde. Die Bundesrepublik verzichtete auf Herstellung oder Besitz von atomaren, biologischen oder chemischen Waffen (ABC-Waffen).

(B) Deutschland wird in die NATO aufgenommen.

(C) Wie schon im Deutschlandvertrag vorgesehen, wird die Bundesrepublik (fast) souverän. Als Ausnahme hierzu waren die vier Siegermächte weiterhin für Berlin und Deutschland als Ganzes (d. h. für den Fall einer Wiedervereinigung) verantwortlich. (Vgl. hierzu den 2+4-Vertrag vom September 1990, S. 447)

(D) Die Bundesrepublik und Frankreich einigten sich bezüglich des Saarlandes im Saarstatut auf eine Europäisierung des Saarlandes.

> **NATO-Mitglieder:**
> **1949:** USA, Belgien, Kanada, Dänemark, Frankreich, Großbritannien, Island, Italien, Luxemburg, Niederlande, Norwegen, Portugal
> **1952:** Griechenland, Türkei
> **1955:** Bundesrepublik Deutschland
> **1987:** Spanien
> **1999:** Polen, Ungarn, Tschechische Republik
> **2004:** Estland, Lettland, Litauen, Bulgarien, Slowenien, Slowakei, Rumänien

Im Oktober 1955 lehnten über zwei Drittel der saarländischen Bevölkerung dieses Statut ab. Daraufhin wurde das Saarland am 1. Januar 1957 in die Bundesrepublik eingegliedert.

Die Pariser Verträge traten am 5. Mai 1955 in Kraft.

Die NATO (North Atlantic Treaty Organization)

Unter dem Eindruck des eskalierenden Kalten Krieges (gewaltsamer Machtwechsel in der Tschechoslowakei im Februar 1948 sowie Berlinblockade ab Juni 1948) wurde am 4. April 1949 in Washington die NATO gegründet. Da den 200 sowjetischen Divisionen im Kontinentaleuropa nur 14 westliche gegenüberstanden, waren die Westeuropäer von den

11.2 Konsolidierung der beiden deutschen Staaten

USA abhängig, die die Führungsrolle innerhalb der NATO einnahmen. Der Beitritt der Bundesrepublik Deutschland zur NATO erfolgte am 6. Mai 1955.

Hauptziel war die kollektive Verteidigung der westeuropäischen Staaten. Der Pakt unterstützte die politische und wirtschaftliche Zusammenarbeit. Zugleich wurden die Präsenz und das militärische Engagement der USA in Europa gesichert.

Die NATO bezieht sich auf die Satzung der Vereinten Nationen und soll dazu beitragen, die gegenseitigen Beziehungen der Mitglieder zu gestalten, mögliche Konflikte (zwischen ihnen) mit friedlichen Mitteln zu überwinden. Vor allem soll sie einen bewaffneten Angriff auf ein Land oder das gesamte Bündnis unmöglich machen, einen solchen gegebenenfalls auch mit militärischen Maßnahmen zurückweisen.

▶ In den folgenden Jahrzehnten entwickelte sich, von den USA politisch geführt, die stärkste Militärmacht der Erde.

Artikel 5 des NATO-Vertrages:
„Die Vertragschließenden Parteien sind sich darüber einig, dass ein bewaffneter Angriff auf eine oder mehrere von ihnen in Europa oder Nordamerika als ein Angriff gegen sie alle betrachtet werden soll ..."

Organe der NATO sind:
– NATO-Rat unter dem Vorsitz des Generalsekretärs,
– Ausschuss für Verteidigungsplanung,
– Militärausschuss.

Durch die Pariser Verträge von 1954 entstand die Westeuropäische Union (WEU) als europäischer Pfeiler der NATO.

Nach der Auflösung des Warschauer Paktes erfolgte eine Neuorientierung der NATO. Mit der Aufnahme von Polen, Tschechien und Ungarn am 12. März 1999 begann ihre Osterweiterung. Im Mai 2002 wurde Russland bedingt in die politischen NATO-Strukturen eingegliedert.

▶ Die offizielle Auflösung des **Warschauer Paktes** erfolgte 1991 (↗ S. 416).

Die Entwicklung in der DDR 1949–1955

Politische und militärische Maßnahmen
Die ersten Jahre nach der Gründung der DDR benutzte die SED zu einer konsequenten Sicherung ihrer Macht. Schon Anfang 1949 war die paritätische Besetzung maßgeblicher Stellen mit Mitgliedern der (früheren) SPD und der (früheren) KPD aufgehoben worden. An der offiziellen Staatsspitze sah es noch anders aus.

Zwischen Mitte Oktober und Anfang Dezember des Jahres nahm die DDR diplomatische Beziehungen zur Sowjetunion auf und anschließend zu den (späteren) Ostblockstaaten sowie China, Nordkorea und Albanien. Im Juli 1950 anerkannte die DDR-Führung im **Görlitzer Abkommen** die Oder-Neiße-Grenze als deutsch-polnische Grenze.

Am 29. September 1950 trat die DDR dem schon Ende Januar 1949 gegründeten „Rat für gegenseitige Wirtschaftshilfe" **(RGW)** bei (im Westen COMECON genannt). Ziel dieser Organisation war eine wirtschaftliche Zusammenarbeit der (kommunistischen) Teilnehmerländer in Form einer Arbeitsteilung ihrer Volkswirtschaften. Als größte Wirtschaftsmacht hatte die UdSSR die Führungsrolle in dieser Gemeinschaft inne.

11 Von der Teilung zur Wiedervereinigung Deutschlands

Das Jahr 1952 steht für einige grundlegende Entscheidungen und Veränderungen in der DDR. Am 1. Juli dieses Jahres begann mit der Kasernierten Volkspolizei der allmähliche Aufbau von Streitkräften, die bald über mehrere Hundert sowjetische T-34-Panzer, Flak- und Pioniereinheiten sowie über etwa 140 Küstenwachboote und Minensuchschiffe verfügten. Im Januar 1956 wurden diese Verbände und Einheiten in „Nationale Volksarmee" (NVA) umbenannt.

▶ ULBRICHT wechselte 1919 von der SPD zur KPD, wo ihm der Aufstieg bis in der Reichstag (1928 bis 1933) gelang. 1933 emigrierte er nach Paris und Prag, 1938 nach Moskau. Ab Mai 1945 fungierte er als Vertrauensmann STALINS in verschiedenen Funktionen in der KPD und in Spitzenfunktionen der SED.

Die von der SMAD schon 1945 eingerichteten fünf Länder wurden im Juli 1952 wieder aufgelöst und im Rahmen des „demokratischen Zentralismus" durch 14 Bezirke ersetzt. Auch die Spitze der SED wurde umorganisiert. An die Stelle des Parteivorstandes trat das ZK der SED (Zentralkomitee der SED). An seiner Spitze stand der künftige „starke Mann" der Partei, WALTER ULBRICHT, mit der Bezeichnung „Generalsekretär des ZK der SED". Führende politische Gegner in der SED (HERRNSTADT, ZAISER) oder dem ZK (ACKERMANN, JENDRETZKY) schaltete er aus. Der Generalsekretär der Ost-CDU und damalige Außenminister der DDR, GEORG DERTINGER (1902–1968), wurde wegen „Verschwörung zur Beseitigung der DDR" zu 15 Jahren Zuchthaus verurteilt, nach zehn Jahren Haft allerdings begnadigt.

Der Volksaufstand vom 17. Juni 1953

▶ Die unentschiedene Machtfrage nach STALINS Tod am 5. März 1953 führte zu Unsicherheit bei den Ostberliner Machthabern wie auch zu Gerüchten und Hoffnungen in der Bevölkerung.

Nach sowjetischem Vorbild wurde 1952 beim wirtschaftlichen Aufbau der Vorrang der Schwerindustrie vor den anderen Wirtschaftszweigen, darunter auch die Konsumgüterindustrie, propagiert. Der Beschluss des ZK der SED vom 17. Mai 1953, die Arbeitsnormen um 10 % zu erhöhen, wurde in der Bevölkerung mit Unmut aufgenommen. Als die Bauarbeiter in der Stalinallee (heute Karl-Marx-Allee) am 16. Juni streikten, erwog die SED-Führung eine Milderung des bisherigen wirtschaftlichen Kurses. Die **Streiks und Demonstrationen** breiteten sich über das Land aus und betrafen vor allem die Industriezentren. Neben wirtschaftlichen Forderungen ging es vielen Demonstranten auch um politische Veränderungen, wie z. B. freie Wahlen, Rücktritt der Regierung oder Freilassung politischer Gefangener. Am 17. Juni bereiteten sowjetische Panzer dem Aufstand ein Ende. Über 70 Menschen wurden bei den Unruhen getötet, etwa 6000 verhaftet, die Mehrzahl davon waren Arbeiter. (In der Bundesrepublik war der 17. Juni, als „Tag der deutschen Einheit", von 1954 bis 1990 Nationalfeiertag.)

▶ Der Freie Deutsche Gewerkschaftsbund (FDGB) war ein Zusammenschluss von Pseudogewerkschaften, deren Aufgabe es war, die Politik der SED mit durchzusetzen.

Sowjetischer Panzer in der Berliner Schützenstraße am 17. Juni 1953

Die Westmächte hielten sich, wie dann auch 1956 beim großen Ungarnaufstand oder dem Mauerbau 1961, unter Beachtung der sowjetischen Interessensphäre zurück. Die **Reaktion der SED-Führung** auf die Ereignisse bestand einerseits in der Rücknahme der Normenerhöhung und in dem Beschluss zur Steigerung der Nahrungsmittelproduktion auf Kosten der Schwerindustrie. Daraufhin verbesserte sich die Versorgungslage der Bevölkerung geringfügig. Andererseits erfolgte

11.2 Konsolidierung der beiden deutschen Staaten

eine Säuberungswelle, um „feindliche Elemente" auszuschalten. Ein prominentes Opfer war Justizminister MAX FECHNER. Aufgrund seiner Forderung nach einem bedingten Streikrecht wurde er wegen „staatsfeindlicher Tätigkeit" seiner Ämter enthoben und zu einer dreijährigen Haftstrafe verurteilt.

▶ Gründungsmitglieder des WP waren Albanien (bis 1968), Bulgarien, DDR, Polen, Rumänien, Sowjetunion, Tschechoslowakei und Ungarn.

Der Warschauer Vertrag

Nach dem Beitritt der Bundesrepublik Deutschland zur NATO wurde am 14. Mai 1955 der Warschauer Pakt gegründet. Sein politisches Führungsorgan war der „Politisch Beratende Ausschuss", in dem alle Mitgliedsländer vertreten waren und dessen Entscheidungen einstimmig fallen mussten.
Die militärische Führung lag bei dem „Vereinten Kommando der Streitkräfte" in Moskau. Oberbefehlshaber war immer ein sowjetischer General. Auch die anderen Organe des Bündnisses hatten ihren Sitz in der sowjetischen Hauptstadt, womit die Vorherrschaft der östlichen Großmacht auch äußerlich dokumentiert wurde. Die Ziele des Vertrages waren dem Wortlaut nach ähnlich denen der NATO.

> Artikel 3 des Warschauer Vertrages erlegt den Staaten auf, „sich im Interesse der Gewährleistung der gemeinsamen Verteidigung und der Erhaltung des Friedens und der Sicherheit untereinander unverzüglich jedesmal (zu) beraten, wenn … die Gefahr eines bewaffneten Überfalls auf einen oder mehrere Teilnehmerstaaten des Vertrages entsteht."

Beide Militärbündnisse verstießen auch gegen ihre jeweiligen Vertragstexte. Sowjetische Panzereinheiten schlugen 1956 in heftigen Kämpfen den ungarischen Volksaufstand nieder. 1968 stoppte der Einmarsch von Truppen des Warschauer Pakts die tschechoslowakische Liberalisierungspolitik, den sogenannten „Prager Frühling" (Aufhebung der Zensur, Reisefreiheit) unter Führung der KPC (DUBCEK). Zur nachträglichen Rechtfertigung verkündete der Generalsekretär der KPdSU, LEONID BRESHNEW, die nach ihm benannte Doktrin von der beschränkten Souveränität der Staaten des „sozialistischen Lagers".
Im März 1999 wurde die NATO außerhalb ihres Mitgliederbereichs tätig, ohne dass eines ihrer Mitglieder angegriffen worden war. Nach ergebnislosen diplomatischen Bemühungen im Kosovo-Konflikt sowie der Flucht und Vertreibung von über einer Million Kosovaren durch serbische Truppen erfolgten 1999 – ohne UN-Mandat – zehnwöchige Luftangriffe der NATO auf serbische Stellungen im Kosovo.

▶ **Breschnew-Doktrin,**
(1) Führungsrolle der KP, (2) Zugehörigkeit zum WP und zum RGW, (3) Vergesellschaftung (= Verstaatlichung) der Produktionsmittel.

11.2.2 Politik in der Zeit des atomaren Gleichgewichts

Nach der Entwicklung der Atom- und der Wasserstoffbombe (später auch der Langstreckenraketen) erreichte die Sowjetunion Mitte der 1950er-Jahre ein Patt zu den USA. Man bezeichnete diese Konstellation, in der keine der beiden hochgerüsteten Weltmächte einen Atomkrieg überlebt hätte, auch als **Gleichgewicht des Schreckens.**

11 Von der Teilung zur Wiedervereinigung Deitschlands

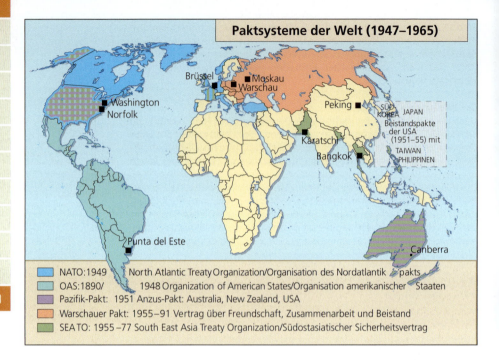

Paktsysteme der Welt (1947–1965)

- NATO: 1949 — North Atlantic Treaty Organization/Organisation des Nordatlantikpakts
- OAS: 1890/1948 — Organization of American States/Organisation amerikanischer Staaten
- Pazifik-Pakt: 1951 Anzus-Pakt: Australia, New Zealand, USA
- Warschauer Pakt: 1955–91 Vertrag über Freundschaft, Zusammenarbeit und Beistand
- SEATO: 1955–77 South East Asia Treaty Organization/Südostasiatischer Sicherheitsvertrag

▶ In westdeutschen Presseorganen wurde die DDR noch lange als „sogenannte DDR", „DDR" (in Anführungszeichen) „Ostzone" oder nur „Zone" bezeichnet. ADENAUER sprach von der DDR-Regierung gern als „die Machthaber in Pankow" (in seiner Aussprache: ‚Pankoff').

▶ WALTER HALLSTEIN, Jurist, vor seinem Wechsel in die Politik Professor in Rostock und Frankfurt am Main, war zu der Zeit Staatssekretär im Auswärtigen Amt.

Entwicklung und Selbstverständnis der Bundesrepublik Deutschland

Unter der Prämisse, dass 1945 das NS-Regime, nicht aber das Deutsche Reich vernichtet worden sei, verstand sich die Bundesrepublik als Nachfolgestaat des Deutschen Reiches. Das **Bundesverfassungsgericht** hat das später, am 31. Juli 1973, in seinem Urteil zum Grundlagenvertrag mit der DDR, so formuliert: Mit der Gründung der Bundesrepublik Deutschland sei ein Teil Deutschlands (in Form der Bundesrepublik) neu organisiert worden, dieser Staat sei aber territorial und bevölkerungsmäßig nur teilidentisch mit dem Deutschen Reich.

Schwierige Verhandlungen gab es bei **ADENAUERS Staatsbesuch in Moskau** (9.–13. September 1955). Der sowjetischen Führung ging es hauptsächlich um eine Normalisierung ihrer Beziehungen zur Bundesrepublik, d. h. um die Aufnahme diplomatischer Beziehungen, während ADENAUER unbedingt den letzten knapp 10 000 Kriegsgefangenen die Heimkehr nach Deutschland ermöglichen wollte. Schließlich einigte man sich auf die Realisierung der beiden Primärforderungen.

Da der DDR die Legitimation durch freie Wahlen fehlte, vertrat die Regierung ADENAUER den **Alleinvertretungsanspruch**. Um diesem auch internationale Geltung zu verschaffen, wurde kurz nach der Rückkehr aus Moskau die **Hallstein-Doktrin** aufgestellt (29. September 1955). Zu den Staaten, die die DDR völkerrechtlich anerkennen wollten (Aufnahme diplomatischer Beziehungen), würde die Bundesrepublik die politischen und wirtschaftlichen Beziehungen abbrechen. Das hielt etliche Jahre wirtschaftlich schwache Länder, die die Bundesrepublik als akzeptablen

Handelspartner betrachteten, davon ab, diplomatische Beziehungen zur DDR aufzunehmen. Die Bundesregierung hielt an der Einheit der Nation fest und damit an der Wiedervereinigung, allerdings in den Grenzen von 1937, was mit fortschreitenden Jahren immer problematischer und unrealistischer wurde.

Das Selbstverständnis der DDR

Die DDR-Führung vertrat die Position, dass nach dem Untergang des Dritten Reiches unabhängig voneinander zwei deutsche Staaten entstanden seien. Dementsprechend sprach sie von einer „Alleinvertretungsanmaßung" der Bonner Politiker. Ihre Bemühungen um diplomatische Anerkennung hatten zunächst nur vereinzelt Erfolg (1957 Jugoslawien, 1963 Kuba). Doch in Staaten des Nahen Ostens gelang die Errichtung von Handelsvertretungen oder Generalkonsulaten. Ein Durchbruch für die Bemühungen der DDR um völkerrechtliche Anerkennung zeichnete sich 1969 ab.

▶ 1969 wurde die Hallstein- Doktrin modifiziert. Die Aufnahme diplomatischer Beziehungen zur DDR galt nur noch als „unfreundlicher Akt".

Einen einheitlichen deutschen Staat sah die DDR-Führung, ähnlich wie die in Moskau, als Möglichkeit in der Zukunft, allerdings nur in Form eines sozialistischen Staates. NIKITA SERGEJEWITSCH CHRUSCHTSCHOWS (1894–1971) Geheimrede auf dem 20. Parteitag der KPdSU im Februar 1956, in der er den Personenkult und die Verbrechen STALINS anprangerte, verunsicherte die KP-Führungen in den Ostblockländern. Dies war der Beginn der **Entstalinisierung.** Ende 1957 konnte ULBRICHT seine Position wieder festigen.

▶ CHRUSCHTSCHOW nannte auch Zahlen: Im Rahmen der großen Säuberungen 1937 und 1938 seien 70 % der 139 Mitglieder und Kandidaten des ZK der KPDSU verhaftet und liquidiert worden.

Die Berlin-Krise von 1958/59

Die als „**Tauwetter**" bezeichnete Periode nach STALINS Tod (1953) beschränkte sich auf eine Lockerung innersowjetischer Reglementierungen. Auf die Deutschlandpolitik der sowjetischen Führung hatte das keine Auswirkungen. Ansatzpunkt einer politischen Offensive war wieder einmal Berlin, der „Stachel im Fleisch der DDR".
In einer ersten Note vom 27. November 1958 ging es CHRUSCHTSCHOW um eine **Veränderung des Status von Westberlin,** das unter folgenden Bedingungen zu einer „freien Stadt" werden sollte:
– eigene Regierung, die ihre inneren Angelegenheiten (Wirtschaft, Verwaltung, etc.) selbst bestimmt
– Entmilitarisierung dieser Freistadt, (d. h. Abzug der westalliierten Streitkräfte)
– Garantien der DDR für einen ungehinderten Zugang von und nach Berlin.
– Verpflichtung Westberlins, keine feindseligen, subversiven Tätigkeiten gegen die DDR (oder andere Staaten) zu dulden
– eine Annahmefrist von sechs Monaten, anderenfalls werde die Sowjetunion das Berlin-Problem in Zusammenarbeit mit der DDR lösen

JOHN FITZGERALD KENNEDY (1917–1963, ermordet)

Politiker der Demokratischen Partei; 35. Präsident der USA 1961–1963

Vietnamkrieg (ab 1964/65)

- überwiegend von der FNL kontrolliert
- überwiegend unter südvietnamesisch-amerikanischer Kontrolle
- Kampfgebiete
- außer Nord- und Südvietnam durch Kriegshandlungen betroffenes Land
- Hauptrouten des Ho-Chi-Minh-Pfads
- Demarkationslinie von 1954

Die Westmächte lehnten diese Vorstellungen ab, vor allem wegen des zweiten und vierten Punktes. Am 11. Januar 1959 folgte eine weitere sowjetische Note mit Vorschlägen für einen Friedensvertrag: Neutralisierung und Bündnislosigkeit von BRD und DDR, wirtschaftliche Neutralität, Anerkennung der Oder-Neiße-Linie, Verbot „revanchistischer Parteien".

Eine Außenministerkonferenz der vier Siegermächte des Zweiten Weltkrieges in Genf (Mai–August 1959, mit Unterbrechungen) führte ebenso wenig zu einem Ergebnis wie das Gipfeltreffen CHRUSCHTSCHOWS mit dem amerikanischen Präsidenten DWIGHT („IKE") D. EISENHOWER (1890–1969) im September 1959 in Camp David oder, im Juni 1961 in Wien, mit Präsident JOHN F. KENNEDY (1917–1963).

Am 25. Juli 1961 verkündete KENNEDY die „three essentials" (die drei wesentlichen Bedingungen) der amerikanischen Berlinpolitik:
- Anwesenheit westlicher Truppen in Westberlin,
- freier Zugang dieser Truppen zu Westberlin,
- das Recht der Bevölkerung Westberlins, ihre Lebensweise selbst zu bestimmen.

> Dies bedeutete, dass Ostberlin zur Interessensphäre der Sowjetunion gehörte und, davon konnte Moskau ausgehen, sich die Westalliierten dort nicht einmischen würden.

▶ Parallel zum Zaun lag ein zehn Meter breiter „Schutzstreifen", der nicht betreten werden durfte. Daran schloss sich eine 5 km breite „Sperrzone" (auch: „Ausweiszone") an, die von DDR-Bürgern nur in Sonderfällen mit behördlicher Genehmigung betreten werden durfte.

13. August 1961: Bau der Berliner Mauer

In den ersten Jahren nach dem Ende des Zweiten Weltkrieges bestand zwischen der Bundesrepublik Deutschland und der DDR eine „grüne Grenze". Es gab fast so etwas wie einen **kleinen Grenzverkehr.** Verwandte besuchten sich, gelegentlich wurde mit Waren gehandelt. Das änderte sich mit der Berlinblockade (1948/49), schließlich wurde 1952 ein durchgehender Stacheldrahtzaun zwischen Ost- und Westdeutschland errichtet, der allmählich durch Doppelzäune mit Minenstreifen ersetzt und von Einheiten der Kasernierten Volkspolizei überwacht wurde. Ein Übertritt in den Westen war **Republikflucht,** die hart bestraft wurde. Eine verbreitete Unzufriedenheit mit den Lebensverhältnissen bestand in der Bevölkerung der DDR seit Jahren: keine Reisemöglichkeiten in den „Westen", keine Freiheit

der Information, kontinuierliche Indoktrination, allgegenwärtige Überwachungstätigkeit durch den Staatssicherheitsdienst, begrenzter Lebensstandard im Vergleich zur Bundesrepublik.
Eine **Flucht in den Westen** gestaltete sich im Laufe der Jahre immer schwieriger. Die innerdeutsche Grenze (in der BRD auch „deutsch-deutsche Grenze" genannt, in der DDR als „Staatsgrenze West" bezeichnet) war durch den Ausbau der Grenzanlagen kaum noch zu überwinden, die Ostseeküste wurde überwacht. Die einzige und auch relativ einfache Möglichkeit, in die Bundesrepublik zu gelangen, war über die Demarkationslinie zwischen Ost- und Westberlin. Da sich schon Monate vor dem Bau der Mauer in der DDR das Gerücht verbreitet hatte, dass die Grenze dicht gemacht werden sollte, nutzten in des ersten siebeneinhalb Monaten des Jahres 1961 über 200 000 Bürger der DDR die letzte Möglichkeit zur Flucht in den Westen. Insgesamt dürften es in den Jahren des Bestehens der DDR 2,7 Millionen DDR-Bürger gewesen sein, die in den Westen geflohen sind.

Mauerbau 1961

▶ Mittels der S-Bahn konnte man, meist unkontrolliert, nach Westberlin fahren, begab sich in eines der Auffanglager und wurde in die Bundesrepublik geflogen.

Anzahl der Flüchtlinge aus der DDR 1949–1961 (Zahlen gerundet)

Jahr	Anzahl	Jahr	Anzahl
1949	129 250	1956	279 200
1950	197 800	1957	261 600
1951	165 600	1958	204 100
1952	182 400	1959	143 900
1953	331 400	1960	199 200
1954	184 200	1961	207 000
1955	252 900		

▶ Ab dem 13. August konnten Ostberliner, sofern sie in Westberlin eine Arbeitsstelle hatten, und Ostberliner Schüler, die in Westberlin auf eine Schule gingen, den anderen Teil der Stadt nicht mehr erreichen.

Diesen **Aderlass** wollte die DDR-Führung nicht hinnehmen, zumal ein Großteil der Flüchtlinge, letztlich auf Kosten der DDR, recht gut ausgebildet war. Mitte 1961 stimmte CHRUSCHTSCHOW endlich dem Ansinnen der DDR-Führung zu, den Flüchtlingsstrom gewaltsam zu unterbinden. In der Nacht zum **13. August 1961** wurde Westberlin hermetisch abgeriegelt und an der Berliner Sektorengrenze begannen Bautrupps, bewacht von Militär und Volkspolizei, mit dem Bau des „antifaschistischen Schutzwalls". Die Westalliierten hielten sich – wie auch die Sowjetunion – an die stillschweigende Übereinstimmung, sich nicht in die Interessensphäre der jeweils anderen Großmacht einzumischen. Daher beließen es die Westmächte bei Protesten.

11 Von der Teilung zur Wiedervereinigung Deitschlands

Zwischen Dezember 1963 und März 1966 wurden zwischen dem Berliner Senat und Vertretern der DDR vier **Passierscheinabkommen** ausgehandelt. Westberliner durften ihre Angehörigen in Ostberlin besuchen. Später wurde die Zahl der Übergänge erhöht.

Wirtschaftlicher Aufschwung, Protest und Terror in der Bundesrepublik

> Checkpoint Charlie durfte nur von alliiertem Militärpersonal benutzt werden, Bahnhof Friedrichstraße von allen Zivilisten. Der Mindestumtausch stieg von 5 DM (1964) auf 25 DM (1980) pro Person und Tag. Ein Rücktausch war nicht möglich.

Die wirtschaftliche Entwicklung der Bundesrepublik ist eng mit der „sozialen Marktwirtschaft" verbunden. LUDWIG ERHARD (1897–1977) hatte als langjähriger Wirtschaftsminister (1949–1963) die Prinzipien der sozialen Gerechtigkeit und der **sozialen Sicherheit** durchgesetzt. In den 1950er-Jahren wurde das System der Sozialversicherung ausgebaut, um die Bürgerinnen und Bürger bei Krankheit, Arbeitslosigkeit, Unfällen, Erwerbsunfähigkeit oder Schwangerschaft abzusichern. Zudem mussten Kriegsopfer und Vertriebene finanziell unterstützt werden. Schon 1949 wurde für Gewerkschaften und Arbeitgeber die Tarifautonomie gesetzlich geregelt. Mit der Rentenreform (1957) wurden die Renten an die allgemeine Lohnentwicklung gekoppelt.

Der Arbeitswille der Bevölkerung, der Wiederaufbau der Industrie und der Infrastruktur, die zurückhaltende Tarifpolitik der Gewerkschaften und die Einführung moderner Technik führten zum **„Wirtschaftswunder"**. Damit wuchsen der Wohlstand und das Vertrauen in die Demokratie. „Made in Germany" und die Stabilität der DM waren Symbole des Stolzes auf das Geleistete.

> Zwischen 1948 und den 1960er-Jahren gab es verschiedene Wellen, wie die Fresswelle, die Motorisierungswelle oder die Reisewelle.

Nach einem Tief in der wirtschaftlichen Aufwärtsentwicklung Mitte der 1960er-Jahre führte im Herbst 1973 eine drastische Erhöhung des Erdölpreises durch die OPEC zu einer schweren Wirtschaftskrise. Eine bisher in der Bundesrepublik nicht gekannte Stagnation des Wirtschaftswachstums, beachtliche Preissteigerungen und eine wachsende Arbeitslosigkeit kennzeichneten das Ende des Wirtschaftswunders.

Die Brutalisierung des Vietnamkrieges (ab 1965) und die Verabschiedung der **Notstandsgesetze** (1968) führten zu heftigen Unruhen, vor allem in den Universitätsstädten. Der studentische Protest richtete sich nicht nur gegen die Notstandsgesetze und den „US-Imperialismus", sondern auch gegen die Springer-Presse, den „Konsumterror", eine repressive Sexualmoral und schließlich gegen die ältere Generation, der eine Verdrängung ihrer Vergangenheit vorgeworfen wurde.

> OPEC = Organization of Petroleum Exporting Countries (Organisation der Erdöl exportierenden Länder)

Angesichts der Ablehnung der bürgerlichen Gesellschaft, des „Establishments", schuf sich die jüngere Generation ihre eigenen Helden: KARL LIEBKNECHT und ROSA LUXEMBURG, MAO ZEDONG und HO CHI MINH, FIDEL CASTRO und CHE GUEVARA. Zur Überwindung des bürgerlich-kapitalistischen Systems bildete sich für kurze Zeit eine **„Außerparlamentarische Opposition"** (APO).
In den 1970er-Jahren erlebte der Staat eine Welle des **Terrorismus.** Ihre Hauptakteure (ANDREAS BAADER, ULRIKE MEINHOFF, GUDRUN ENSSLIN u. a.) kamen überwiegend aus den bürgerlichen Schichten. Sie gingen in den Untergrund und bauten die **„Rote Armee-Fraktion"** (RAF) auf, eine

relativ kleine, aber gefährliche Terrororganisation. Auf ihr Konto gingen 1977 die Morde an Generalbundesanwalt SIEGFRIED BUBACK, am Vorstandssprecher der Dresdner Bank, JÜRGEN PONTO, und am Arbeitgeberpräsidenten HANS-MARTIN SCHLEYER. Weil eine erwartete Solidarisierung der Bevölkerung ausblieb, ebbte der Terrorismus allmählich ab. Mit dem Wahlsieg der sozial-liberalen Koalition unter WILLY BRANDT (1913 bis 1992) stand die **neue Ostpolitik** im Mittelpunkt des Interesses.

WILLY BRANDT
(1913–1992)

Die Entwicklung in der DDR

Der Großteil der Bevölkerung der DDR wurde mit ganz anderen Problemen konfrontiert: äußerst hohe Reparationsleistungen und Besatzungskosten in den Nachkriegsjahren, geringe Möglichkeiten einer spürbaren industriellen Entwicklung, Auswirkungen einer Scheindemokratie mit ihrem Unterdrückungsinstrument, der **Staatssicherheit,** und abnehmende Kontaktmöglichkeiten zu Menschen jenseits der Grenzen. Die zunehmenden Flüchtlingsströme Richtung Westen hatten 1961 die völlige Unüberwindbarkeit der Außengrenzen zur Folge. Die materiellen Lebensverhältnisse waren erträglich, aber das System der Planwirtschaft ließ der Eigeninitiative des Einzelnen kaum Spielräume.

Mit dem Bau der Mauer 1961 war das Problem des „brain drain" (engl., eigentlich: Abwanderung von Wissenschaftlern) zunächst gelöst. Die Regierung versuchte mit einer **geänderten Wirtschaftspolitik** und einer Hochschulreform den Lebensstandard der Bevölkerung zu verbessern und die Voraussetzungen zu schaffen, dem „Weltniveau" näherzukommen. Schwerpunkte waren der Ausbau der Schwerindustrie und der chemischen Industrie.

Der **Erfolg blieb nicht aus.** Ab der Mitte der 1960er-Jahre stieg das Wirtschaftswachstum beträchtlich. Löhne, Renten und Sozialleistungen wurden erhöht, der Wohnungsbau angekurbelt. Die Versorgung mit Haushaltsgeräten (Waschmaschinen, Radios, Fernsehgeräte) näherte sich dem Westniveau. Der Wunsch nach den eigenen „vier Rädern" ließ sich aber erst nach einer Wartezeit von schließlich zehn und mehr Jahren erfüllen. Dann erhielt man einen Trabant oder gar einen Wartburg, während die Staatsführung und Personen der „Oberschicht" die großen Modelle des schwedischen Herstellers Volvo genießen konnten.

Schließlich erreichte die DDR den **höchsten Lebensstandard** im Ostblock und war die zweitgrößte Wirtschaftsmacht des RWG, zeitweilig stand sie auf der Liste der Industrienationen der Welt auf Platz zehn. Bei der Finanzierung des Angestrebten hatte die Staatsführung sich sichtlich übernommen. Der Lebensstandard stagnierte und die **Staatsverschuldung stieg rapide** an.

▶ Auf dem neu gestalteten Alexanderplatz mit seinem 365 Meter hohen Fernsehturm war das Weltniveau erreicht, zum Leidwesen anderer großer Städte wie Leipzig, Dresden oder Rostock.

Hinzu kamen die neue Ostpolitik der Regierung BRANDT, eine sich ändernde sowjetische Außen- und Sicherheitspolitik und eine langsam, aber stetig wachsende Opposition im eigenen Land.

11.2.3 Die neue Ostpolitik

Die Kuba-Krise 1962

> Ein weiteres Zeichen der Entspannung war 1963 die Einrichtung eines „heißen Drahts", eine telefonische Direktverbindung zwischen dem Weißen Haus und dem Kreml.

Von Dezember 1956 bis Januar 1959 hatte FIDEL CASTRO (geb. 1926) mit seinen Partisanen Kuba erobert, den westlich orientierten Diktator FULGENCIO BATISTA (1901–1973) gestürzt und einen kommunistischen Staat aufgebaut. 1961 blamierten sich von den USA unterstützte Exilkubaner bei dem Versuch einer Besetzung Kubas („Invasion in der Schweinebucht").

Im Herbst 1962 kam es zu einer für die USA bedrohlichen Entwicklung. Die Sowjetunion versuchte, atomare **Mittelstreckenraketen auf Kuba** zu installieren, die den Süden der Vereinigten Staaten erreichen konnten. US-Präsident KENNEDY reagierte mit einer Blockade Kubas und stellte CHRUSCHTSCHOW ein Ultimatum für den Abzug der Raketen.

> Das sowjetische Einlenken in der Kuba-Krise markierte den **Beginn einer Entspannungspolitik** zwischen den beiden Supermächten.

Kanzler- und Richtungswechsel in Bonn

> Nach dem Verlust der absoluten Mehrheit (1961) musste ADENAUER eine Koalitionsregierung mit der FDP eingehen, die seine starre Deutschlandpolitik nicht teilte. Die FDP bestand auf seinem Rücktritt vom Amt des Kanzlers noch während der kommenden Legislaturperiode.

Das veränderte Verhältnis zwischen Washington und Moskau erforderte ein Umdenken in der Bonner Deutschlandpolitik, vor allem hinsichtlich der Hallstein-Doktrin. ADENAUER schien das gemerkt zu haben, hatte aber eher Kontakte zur Sowjetunion im Sinn.

Im Oktober 1963 trat Bundeskanzler ADENAUER zurück. Sein Nachfolger wurde LUDWIG ERHARD, der eine Koalition aus CDU/CSU und FDP bildete. Im September 1965 gewann ERHARD die Bundestagswahl, (Fortsetzung der Koalition aus CDU/CSU und FDP). Die FDP schied aber wegen Differenzen beim Bundeshaushalt im Oktober 1966 aus der Koalition aus, woraufhin ERHARD zurücktrat.

Sein Nachfolger, KURT GEORG KIESINGER (1904–1988, CDU), bildete mit der SPD eine **große Koalition.** Außenminister wurde der Parteivorsitzende der SPD, WILLY BRANDT.

> Ein Vordenker der SPD, EGON BAHR, hatte bezüglich des Verhältnisses zur DDR schon 1963 die These vom „Wandel durch Annäherung" vertreten.

Die Regierung ließ die Hallstein-Doktrin fallen, nicht aber den Alleinvertretungsanspruch. Ein zweijähriger Notenwechsel zwischen der deutschen und der sowjetischen Regierung (1966–1968) über einen gegenseitigen Gewaltverzicht führte zu keinem konkreten Ergebnis.

Mit der Wahl des Sozialdemokraten GUSTAV HEINEMANN (1899–1976) am 5. März 1969 zum Bundespräsidenten kündigte sich ein **Machtwechsel in Bonn** an. Nach der Bundestagswahl vom 29. September 1969 bildeten SPD und FDP eine sozial-liberale Koalition mit WILLY BRANDT als neuem Bundeskanzler und WALTER SCHEEL (FDP) als Außenminister.

Erste Schritte zu einer Annäherung

Nach der Ankündigung WILLY BRANDTS (28.10.1969), die DDR als zweiten deutschen Staat anzuerkennen, begannen im Januar 1970 in Moskau Verhandlungen zwischen Staatssekretär EGON BAHR (geb. 1922) und dem sowjetischen Außenminister ANDREI ANDREJEWITSCH GROMYKO (1909–1989) über einen deutsch-sowjetischen Vertrag. Gleichzeitig kam es zu zwei deutsch-deutschen Begegnungen auf höchster Ebene, allerdings nicht in den Hauptstädten der beiden Staaten. Am 19. März 1970 trafen Bundeskanzler WILLY BRANDT und der Vorsitzende des Ministerrates der DDR, WILLI STOPH, in **Erfurt** zusammen. Die Gespräche blieben ohne Ergebnis, da STOPH eine völkerrechtliche Anerkennung der DDR verlangte, was BRANDT zu diesem Zeitpunkt ablehnte. Ihm ging es zunächst um eine Verbesserung der menschlichen Beziehungen zwischen den beiden deutschen Staaten. Ein zweites Treffen – sozusagen der Gegenbesuch – in **Kassel** (21. Mai 1970) verlief ebenfalls ergebnislos.

Gespräche zwischen BRANDT und STOPH im „Erfurter Hof"

Die Ostverträge

Der Moskauer Vertrag

Die Verhandlungspartner in Moskau unterzeichneten nach einem relativ kurzen Verhandlungszeitraum am 12. August 1970 eine Übereinkunft:

Art. 1 Wichtigstes Ziel: Frieden und Entspannung, ausgehend von der in Europa „bestehenden wirklichen Lage"

Art. 2 Entsprechend der UN-Charta Verzicht auf Drohung oder Anwendung von Gewalt

Art. 3 Territoriale Integrität aller europäischen Staaten, keine Gebietsansprüche, Unverletzlichkeit der Grenzen aller Staaten in Europa, „heute und künftig", einschließlich der Oder-Neiße-Linie und der Grenze zwischen der Bundesrepublik Deutschland und der Deutschen Demokratischen Republik.

Art. 4 Dieser Vertrag berührt nicht früher abgeschlossene Verträge und Vereinbarungen.

Die sowjetischen Verhandlungspartner nahmen einen **„Brief"** entgegen, nach dem es das politische Ziel der Bundesregierung sei, auf einen friedlichen Zustand in Europa hinzuwirken, in dem das deutsche Volk durch freie Selbstbestimmung seine Einheit wiedererlangen könne. Dieses Dokument wurde u. a. übergeben, um den **massiven Widerstand der CDU** gegen den Moskauer Vertrag abzuschwächen. Um westlichen Verdachtsmomenten vorzubeugen, erfolgte auch ein Notenwechsel mit den Westmächten, in dem die Bundesregierung betonte, dass die Rechte der vier Siegermächte des Zweiten Weltkrieges bezüglich „Berlin und Deutschland als Ganzes" nicht Gegenstand der Verhandlungen gewesen seien. Nach Abschluss des Moskauer Vertrages konnten nun im Rahmen der Entspannung in Europa weitere Verträge abgeschlossen werden.

▶ Die Sowjetunion wäre nicht bereit gewesen, den Inhalt des „Briefes" in den Vertrag mit aufzunehmen. Daher diese in der Diplomatie nicht unübliche Vorgehensweise.

Der Warschauer Vertrag

WILLY BRANDT kniend vor dem Denkmal des Warschauer Gettos

Noch im gleichen Jahr, am 7. Dezember 1970, konnte ein Vertrag mit der Volksrepublik Polen abgeschlossen werden.
Teilweise ist sein Inhalt mit dem Moskauer Vertrag identisch (Unverletzlichkeit der Grenzen, keinerlei Gebietsansprüche, keinerlei Drohung mit Gewalt oder Anwendung von Gewalt).

> Angesichts polnischer Befürchtungen mussten auch im **Warschauer Vertrag** frühere territoriale Vorstellungen CDU-geführter Regierungen (z. B. die Vorstellung eines künftigen Deutschlands in den Grenzen von 1937) ausdrücklich revidiert werden.

In der Präambel des Vertrages wird auf das große Leid durch die nationalsozialistische Eroberungspolitik hingewiesen, die Oder-Neiße-Linie konkret beschrieben und als Staatsgrenze benannt. Außerdem vereinbarten die Vertragspartner eine Erweiterung der Zusammenarbeit im wirtschaftlichen, wissenschaftlichen und kulturellen Bereich.

Das Viermächteabkommen über Berlin

Ankunft der Außenminister der vier Mächte am Kontrollratsgebäude zur Unterzeichnung des Schlussprotokolls am 3. Juni 1972

Vor einer Übereinkunft mit der DDR musste erst eine zufriedenstellende Regelung der Berlinfrage von den hierfür Zuständigen, den vier Siegermächten, getroffen werden.

Anderthalb Jahre – vom 26. März 1970 bis zum 3. September 1971 – benötigten die Botschafter der vier Mächte, um sich über den **künftigen Status von Berlin** zu einigen.

Ihre Beschlüsse:
- Beibehaltung der Gesamtverantwortung der vier Mächte für Berlin
- ein ungehinderter Personen- und Güterverkehr zwischen der Bundesrepublik und Westberlin
- Westberlin ist kein Teil der Bundesrepublik, doch die Bindungen mit ihr sollen bestehen bleiben
- Westberlin wird jedoch von der Bundesrepublik diplomatisch und konsularisch vertreten
- Details sollen zwischen den beiden deutschen Staaten ausgehandelt werden.

Durch diese Abkommen hatten sowohl die Bundesrepublik als auch die Sowjetunion frühere Forderungen aufgegeben. Die **Bundesregierung verzichtete** auf den Alleinvertretungsanspruch, d. h. auf die Nichtanerkennung der DDR als Staat, auf das Offenlassen der Grenzen zu Polen und damit die Zukunft der sogenannten Ostgebiete sowie auf ihre Weigerung, mit der DDR-Regierung zu verhandeln. Die **Sowjetunion verzichtete** auf die Vorstellung eines „sozialistischen" Gesamtdeutschlands, auf die Umwandlung Westberlins in eine „selbstständige politische Einheit" bzw. einen dritten deutschen Staat. Mit Erreichen dieses **modus vivendi** war der Entspannungsprozess ein gutes Stück vorangekommen.

WALTER ULBRICHT (1893–1973)

▶ Modus vivendi = ein Zustand erträglichen Zusammenlebens

In Ostberlin war es unterdessen am 3. Mai 1971 zu einem parteiinternen Putsch gegen ULBRICHT gekommen. Nach Differenzen mit dem sowjetische Parteichef BRESCHNEW lies dieser ihn fallen. Sein Nachfolger wurde ERICH HONECKER (1912–1994).

Jetzt kam es zu ersten Regierungsabkommen zwischen der Bundesrepublik und der DDR. Die Einigung zum Transitverkehr nach Westberlin brachte eine zügige Abfertigung von Reisenden und Gütern (17.12.1971). Der Verkehrsvertrag (26. Mai 1972) schuf Erleichterungen für Benutzer der Verkehrsverbindungen nach Berlin. Auch die Besuchsmöglichkeiten von DDR-Bürgern wurden erweitert.

Widerstand gegen die Verträge

Bei der **CDU** und bei den **Verbänden der Heimatvertriebenen** regte sich erheblicher Widerstand gegen die Verträge. Der Hauptvorwurf lautete „Ausverkauf" bzw. „Verrat deutscher Interessen". Damit war die Preisgabe deutscher Territorien (der Ostgebiete) und die Anerkennung des Unrechtsstaates DDR gemeint. Eine Reihe von SPD-Abgeordneten, die dem rechten Flügel der Partei zuzuordnen waren oder als Vertreter der Vertriebenen dem Bundestag angehörten, gaben ihre Partei- und Fraktionszugehörigkeit auf und wurden teilweise in die CDU-Fraktion aufgenommen.

▶ Später hieß es, ein CDU- und ein CSU-Abgeordneter, der sich ‚geoutet' hatte, seien mit jeweils 50 000 DM vonseiten der DDR bestochen worden.

Als sich im Bundestag eine rechnerische Mehrheit für die oppositionelle CDU abzeichnete, beantragte die CDU-Fraktion unter ihrem Partei- und Fraktionsvorsitzenden RAINER BARZEL (1924–2006) ein **konstruktives Misstrauensvotum** (27. April 1972), wobei die erwartete absolute Mehrheit knapp verfehlt wurde.

▶ Ratifizierung oder Ratifikation = völkerrechtliche Gültigkeit eines unterzeichneten Vertrages erst nach einer Zustimmung der Parlamente beider Unterzeichnerstaaten

Angesichts der anstehenden Ratifizierung des Moskauer und des Warschauer Vertrages war es seit den Verhandlungen in Moskau (Frühjahr 1970) zu heftigen Auseinandersetzungen zwischen der Regierung und der Opposition gekommen. Letztere drohte damit, bei der Abstimmung im Bundestag gegen die Verträge zu stimmen. Das hätte, angesichts monatelanger und letztlich doch erfolgreicher Verhandlungen mit der Sowjetunion, zu schweren Verstimmungen geführt, zumal die sowjetische Führung Teile ihrer bisherigen deutschlandpolitischen Positionen aufgegeben hatte.

▶ Die gemeinsame Entschließung des Bundestages: Kernstück der Ostverträge ist der Gewaltverzicht. Endgültige Festlegung der Grenzen Deutschlands bei einem Friedensvertrag.

Regierung und Opposition einigten sich schließlich auf eine **Gemeinsame Entschließung des Bundestages**. Bei der Abstimmung am 17. Mai 1972 stimmten alle 248 Abgeordneten der beiden Regierungsfraktionen für die Verträge, während nur zehn Abgeordnete der Opposition dagegen votierten, die übrigen 238 enthielten sich.

Dies ermöglichte eine Weiterführung der Entspannungspolitik. Am 11. Dezember 1973 konnte endlich auch ein **Vertrag mit der Tschechoslowakei** abgeschlossen werden. Der Hauptpunkt war die Nichtigkeitserklärung des Münchener Abkommens vom 30. September 1938, die erzwungene Abtretung des Sudetenlandes, allerdings nicht „von Anfang an".

Der Grundlagenvertrag zwischen der Bundesrepublik und der DDR

Um die Pattsituation im Bundestag zu beenden und in der Erwartung eines besseren Ergebnisses als 1969 stellte WILLY BRANDT Ende September 1972 die Vertrauensfrage, die er erwartungsgemäß verlor (233 Ja- gegen 248 Neinstimmen). Bei der Bundestagswahl am 19. November 1972 erhielt die SPD/FDP-Koalition 54,2 % der Wählerstimmen; 1969 waren es nur 48,5 %.

▶ Da es im Grundgesetz keine Möglichkeit einer Selbstauflösung des Bundestages gibt, wählte BRANDT diesen verfassungsrechtlich höchst umstrittenen Weg.

Im Dezember 1972 wurde dann der Grundlagenvertrag unterzeichnet (↗ Bild). der von EGON BAHR (Staatssekretär im Bundeskanzleramt) und MICHAEL KOHL (Westexperte der DDR) ausgehandelt worden war.

Einige Artikel ähneln dem Moskauer wie auch dem Warschauer Vertrag (Verweis auf die Prinzipien der UN-Charta, Streitfragen nur mit friedlichen Mitteln lösen, Unverletzlichkeit der Grenzen). Großen Wert legte die DDR auf ihre territoriale Integrität, darauf, dass keiner den anderen international vertreten könne und die Hoheitsgewalt sich nur auf das eigene Staatsgebiet beschränkte (Art. 4 und 6). Das war das **Ende der Hallstein-Doktrin** und des Alleinvertretungsanspruchs. In Art. 7 geht es um künftige Abkommen in den Bereichen Wirtschaft, Verkehr, Kultur u. a. In der Frage des Botschafteraustausches konnte sich die Bundesrepublik durchsetzen, man verständigte sich lediglich auf die Errichtung einer **„Ständigen Vertretung"**, was keine völkerrechtliche Anerkennung der DDR bedeutete. Durch die Folgeverträge wurde das deutsch-deutsche Verhältnis in verschiedenen Bereichen verbessert.

11.2 Konsolidierung der beiden deutschen Staaten

Die deutsch-deutschen Beziehungen bis zum Amtsantritt Helmut Kohls 1982

Ein Erfolg, eher für die DDR (als Beleg ihres völkerrechtlichen Status), war die Aufnahme beider deutscher Staaten in die UNO am 18. September 1973. Eine weitere Begebenheit erregte 1974 großes Aufsehen: die Enttarnung des Stasi-Spions GÜNTER GUILLAUME (1927–1995). Er war seit Oktober 1972 persönlicher Referent von Bundeskanzler BRANDT. Das führte zum Rücktritt BRANDTS am 6. Mai 1974. Sein Nachfolger, HELMUT SCHMIDT (geb. 1918, SPD), Bundeskanzler von 1974 bis 1982, stand vor schwierigen Aufgaben (Wirtschaftskrise, Terrorakte der RAF).

▶ Leiter der Ständigen Vertretung der DDR in Bonn wurde MICHAEL KOHL, in Ostberlin wurde dies GÜNTER GAUS (↗ Bild).

Erst im Dezember 1975 wurden die „Ständigen Vertretungen" in Bonn und Ostberlin eingerichtet. Im Vergleich zu 1971 hatte sich die Zahl der Reisen Westdeutscher und Westberliner in die DDR bis 1975 mehr als verdoppelt.

Reisemöglichkeiten für Bürger der DDR gab es seit 1964 zunächst nur für Rentner. Mit dem Verkehrsvertrag (1972) wurde der Kreis der Berechtigten erweitert. Jetzt durften auch Personen unterhalb des Rentenalters bei „dringenden Familienangelegenheiten" (Geburt, Taufe, Eheschließungen, Todesfälle) in die Bundesrepublik reisen.

Das Verhältnis der beiden Supermächte zueinander (1979: NATO-Doppelbeschluss, Einmarsch sowjetischer Truppen in Afghanistan) beeinflusste die Beziehungen der beiden deutschen Staaten zueinander, bewirkte hier aber keinen Stillstand.

Auch auf ‚hoher Ebene' kam es zu Begegnungen. Im Dezember 1981 konferierte Bundeskanzler SCHMIDT mit ERICH HONECKER am Werbellinsee (↗ Bild) und beide besuchten das Städtchen Güstrow in Mecklenburg.

Um ein zweites Erfurt zu verhindern (↗ S. 431) und ein positives Bild der Stadt und ihrer Bewohner zu erzeugen, wurden 35 000 Personen aufgeboten (MfS und Volkspolizei). Die gut organisierte Inszenierung hinterließ bei Fernsehzuschauern ein entsprechendes Bild.

11.3 Die Wiedervereinigung

11.3.1 Veränderungen in Mittel- und Osteuropa

Erfolgreiche Abrüstungsverhandlungen

RONALD REAGAN und MICHAIL GORBATSCHOW (1985)

Die 1980er-Jahre waren geprägt von einer vorsichtigen Zusammenarbeit der Regierung KOHL mit der DDR, von gravierenden Veränderungen in der Sowjetunion, erfolgreichen Abrüstungsverhandlungen und schließlich vom Fall der Mauer.

Internationale Ereignisse belasteten zunächst die Ost-West-Beziehungen. Am 25. Dezember 1979 besetzte die Sowjetunion zur Sicherung ihres Einflusses in der Region das benachbarte **Afghanistan**. Während einer zehnjährigen Anwesenheit sowjetischer Truppen in diesem Land gelang es über 100 000 Soldaten angesichts der erfolgreichen und zermürbenden Guerillataktik der Afghanen nicht, das Land dauerhaft und wirksam unter ihre Kontrolle zu bringen. Mitte Mai 1988 begann der Rückzug der sowjetischen Streitkräfte. Dies war eine Niederlage der östlichen Führungsmacht, vergleichbar der Niederlage der westlichen Großmacht USA im **Vietnamkrieg** der Jahre 1964 bis 1975.

▶ Vietnamkrieg: 1969 waren 540 000 amerikanische Soldaten im Einsatz. Es starben 58 000 Amerikaner, aber ca. 1 Mio. vietnamesische Soldaten und ca. 2 Mio. vietnamesische Zivilisten.

▶ SALT (engl.): Strategic Arms Limitation Talks – Gespräche über die Begrenzung strategische Waffen

▶ INF (engl.): intermediate-range nuclear forces – nukleare Mittelstreckenwaffen

Schon 1972 hatten sich die beiden Großmächte im **SALT-I-Abkommen** auf eine Obergrenze ihrer Interkontinentalraketen und der dafür erforderlichen Radaranlagen geeinigt. 1979 vereinbarten sie im Nachfolgevertrag, dem **SALT-II-Abkommen**, gemeinsame Obergrenzen bei den Trägerraketen und der Anzahl der mit Mehrfachsprengköpfen bestückten Raketen.

Der amerikanische Präsident RONALD REAGAN (1911–2004), US-Präsident von 1981 bis 1989, strebte eine internationale Führungsrolle der USA an. Er versuchte, dies durch eine Belebung der Wirtschaft und eine massive Steigerung der Rüstungsausgaben zu erreichen. Anscheinend wollte er die Sowjetunion, in seiner manchmal plastischen Ausdrucksweise „das Reich des Bösen", „totrüsten".

Mit dem Amtsantritt von MICHAIL SERGEJEWITSCH GORBATSCHOW (geb. 1931) verbesserte sich das Verhältnis zwischen den beiden Supermächten, die bald Abrüstungsgespräche führten. Das Wettrüsten war zu gefährlich und zu teuer geworden. Am 8. Dezember 1987 unterzeichneten REAGAN und GORBATSCHOW in Washington den **INF-Vertrag**. Alle Mittelstreckenraketen der beiden Vertragspartner sollten vernichtet werden, was bis Mitte 1991 auch umgesetzt wurde. Es war der erste wirkungsvolle Abrüstungsvertrag nach der Periode des Wettrüstens. Der Ost-West-Konflikt hatte seine Brisanz verloren.

Eine weitere Reduzierung der nuklearen Trägersysteme (Raketen, strategische Bomber) und der atomaren Gefechtsköpfe erfolgte durch den START-I und den START-II-Vertrag (1991 und 1993). Der bislang letzte Vertrag zur Reduzierung der Interkontinentalraketen erfolgte 2002 und trägt der Namen SORT. Hiernach entscheidet jedes der beiden Länder, welche Waffen es reduziert. Das bedeutete das (vorläufige?) Ende einer kontinuierlichen Abrüstung.

▶ START (engl.): Strategic Arms Reduction Talks – Gespräche über die Verringerung strategischer Waffen.

SORT (engl.): Strategic Offensive Reduction Treaty – Vertrag über die Verringerung strategischer Offensivwaffen

Der Beginn der Ära Kohl

1981/82 bekam Bundeskanzler SCHMIDT in der Nachrüstungsdebatte (NATO-Doppelbeschluss) Schwierigkeiten mit seiner eigenen Partei und der SPD-Bundestagsfraktion. Durch eine am 5. Februar 1982 gestellte Vertrauensfrage wurde SCHMIDT im Amt bestätigt. Entscheidender waren die Differenzen mit dem Koalitionspartner FDP über die Beschäftigungspolitik und Kürzungen im Sozialbereich, die zu einem Ausscheiden der FDP aus der Koalition führten. Durch ein **konstruktives Misstrauensvotum** wurde am 1. Oktober 1982 HELMUT KOHL (geb. 1930, ↗ Bild) Bundeskanzler einer CDU-FDP-Koalition. Eine „unechte" Vertrauensfrage, in ihrer Intention – Herbeiführung von Neuwahlen – ähnlich der von WILLY BRANDT 1972 (↗ S. 433), brachte der neuen Koalition durch die Bundestagswahl vom 6. März 1983 eine Bestätigung. KOHLS Ziel war eine „geistig-moralische Wende".

Erfolge hatte KOHL in der Umweltpolitik, bei der Kürzung der Staatsausgaben, d. h. der Reduzierung der jährlichen Neuverschuldung sowie bei der Bekämpfung der Kostenexplosion im Gesundheitswesen. Wirtschaftspolitisch gelang zwar eine enorme Steigerung des Exports, nicht jedoch die angestrebte Reduzierung der Arbeitslosigkeit. Aufsehen erregte eine **Parteispendenaffäre** („Flick-Affäre"), wobei Wirtschaftsminister OTTO GRAF LAMBSDORFF (1926–2009, FDP) im Juni 1984 von seinem Amt zurücktrat.
In der **Außen- und Deutschlandpolitik** setzte KOHL die Linie der bisherigen sozial-liberalen Regierungen fort. Auch der DDR-Führung war, trotz der Aufstellung neuer Mittelstreckenraketen durch die Sowjetunion und die USA in den beiden deutschen Staaten, daran gelegen, das Verhältnis zur Bundesrepublik nicht zu belasten. Es kam zu einer Reihe von Besuchen auf der politischen Ebene. 1986 wurde ein Kulturabkommen geschlossen, im Jahr darauf ein Abkommen über die Zusammenarbeit im technisch-wissenschaftlichen Bereich und im Umweltschutz. 1987 fand auch der **Gegenbesuch HONECKERS in Bonn** statt. Neben den bei Staatsbesuchen üblichen diplomatischen Gepflogenheiten besuchte HONECKER auch seinen Geburtsort im Saarland. Im selben Jahr nahmen Offiziere der Bundeswehr an Manövern des Warschauer Paktes in der DDR teil.
HONECKER konnte sich in der Frage der staatlichen Anerkennung der DDR fast am Ziel wähnen.

▶ NATO-Doppelbeschluss vom 12.12.1979: Aufstellung atomarer Mittelstreckenraketen (Pershing II) – als Antwort auf entsprechende sowjetische Raketen des Typs SS 20 – bei gleichzeitigem Verhandlungsangebot.

▶ Die Bundesrepublik wurde mehrfach „Exportweltmeister" vor den USA und Japan.

▶ 1987 wurden GRAF LAMBSDORFF und sein Parteikollege HANS FRIDERICHS (zuvor Finanzminister unter Brandt und Schmidt) wegen Steuerhinterziehung zu einer Geldstrafe verurteilt.

11 Von der Teilung zur Wiedervereinigung Deitschlands

▶ Vorsitzender der Solidarnosc wurde LECH WALESA. Bald hatte der Verband zehn Mio. Mitglieder. Auf sowjetischen Druck hin wurde über Polen das Kriegsrecht verhängt und der Gewerkschaftsverband 1982 verboten. Wiederzulassung im April 1989.

▶▶ MICHAIL SERGEJEWITSCH GORBATSCHOW (geb. 1931); sowjetischer Politiker, Generalsekretär der KPdSU 1985–1991, Staatspräsident der UdSSR 1990–1991

Gorbatschow: „Perestroika" und „Glasnost"

Die Entstehung freier Gewerkschaften in Polen wurde von den Regierungen der Ostblockländer mit großen Befürchtungen beobachtet.
Polnische Arbeiter hatten es 1980 fertiggebracht, einen großen Gewerkschaftsverband (Solidarnosc, dt.: Solidarität) auf demokratischer Basis aufzubauen.
Nach dem Tod BRESCHNEWS (10. November 1982) kamen zunächst zwei Präsidenten mit sehr kurzer Amtszeit (JURI ANDROPOW, November 1982 bis Februar 1984, und KONSTANTIN TSCHERNENKO, Februar 1984 bis März 1985) an die Schalthebel der Macht im Moskauer Kreml. Mit GORBATSCHOW (1985–1991) vollzog sich 1985 nicht nur ein Generationswechsel, es kam zu grundlegenden Veränderungen in der Sowjetunion.

GORBATSCHOW begann seine Politik der Erneuerung mit dem Austausch der Mehrzahl der hohen Funktionäre. Schlagworte der neuen Politik waren „Perestroika", die Umgestaltung von Wirtschaft und Gesellschaft sowie „Glasnost", freie Information und öffentliche Diskussion anstehender Entscheidungen. Ursprünglich wollte GORBATSCHOW eine Modernisierung der Sowjetunion unter Beibehaltung des kommunistischen Gesellschaftsmodells und der führenden Rolle der KPdSU.
Außenpolitisch war GORBATSCHOW ein Befürworter der Entspannungspolitik. Er verbesserte die Beziehungen zu den USA, was schließlich zum Ende des Kalten Krieges führte.

11.3.2 Die friedliche Revolution in der DDR

Ausschlaggebend für den Fall der Berliner Mauer waren (a) die wirtschaftlichen und politischen Verhältnisse in der DDR, (b) die zunehmenden Proteste und die Fluchtbewegung aus der DDR, (c) letztendlich die Abkehr der Sowjetunion von der Breschnew-Doktrin unter GORBATSCHOW.

▶ Zwischen 1962 und 1989 wurden über 33 000 Häftlinge freigekauft: Die Auslösesumme betrug gegen Ende dieses Zeitraumes pro Person fast 100 000 DM.

Der wirtschaftliche Niedergang der DDR

Ein beachtliches Wirtschaftswachstum in den 1960er-Jahren führte durch die Ölkrise der Jahre 1973/74 auch in der DDR zu einer wirtschaftlichen Stagnation. Obwohl die DDR durch den innerdeutschen Handel indirekt auch von der Teilnahme am Markt der Europäischen Gemeinschaft profitierte, stieg die Staatsverschuldung rapide an, 1989 waren es fast 50 Milliarden DM (im Vergleich: 2008 hatte die Stadt Berlin 61 Milliarden Euro Schulden). Die Einnahmen durch den Zwangsumtausch westlicher, hauptsächlich westdeutscher Touristen, den Häftlingsfreikauf durch die Bundesrepublik oder über die Geldbeschaffungsquelle „Genex" (ein Geschenkdienst), reichten bei Weitem nicht aus, den Devisenbedarf der DDR zu decken.
1983 erhielt die Regierung in Ostberlin einen Kredit der Bundesrepublik über 1 Mrd. DM, ein weiterer Kredit in ähnlicher Höhe folgte 1984. Als

Gegenleistung wurden die Selbstschussanlagen (SM 70) an der innerdeutschen Grenze abgebaut, die Besuchsmöglichkeiten von DDR-Bürgern (in der Bundesrepublik) erweitert und die Familienzusammenführung erleichtert.

Die Oppositionsbewegung im Staat der SED

Nach dem Mauerbau (1961) – offiziell „antifaschistischer Schutzwall" – mussten sich die DDR-Bürger mit den neuen Verhältnissen arrangieren. Viele wandten sich den Freiräumen Kirche und Sport zu. Man konnte bis zu einem gewissen Grad von einer Nischengesellschaft sprechen. Eines ihrer Symbole war die „Datsche" (vgl. die russische „Datscha"), ein liebevoll eingerichtetes kleines Wochenendhaus.
Nach ULBRICHTS Sturz 1971 ließ der Nachfolger ERICH HONECKER aufgrund wirtschaftlicher und jetzt auch außenpolitischer Erfolge kurzzeitig eine kulturelle Liberalisierung zu.
1975 hatte die DDR das Schlussdokument (auch: Schlussakte von Helsinki) der Konferenz über Sicherheit und Zusammenarbeit in Europa (**KSZE**) unterschrieben (↗ Bild).

▶ Genex, eher ein Versandhandel, über den Bundesbürger Verwandten oder Bekannten in der DDR Waren aller Art bis hin zu einem „Trabant" schenken konnten, bezahlbar in DM.

Die ersten Punkte in „Korb I" waren ganz im Sinne der DDR-Außenpolitik (z. B. souveräne Gleichheit, Unverletzlichkeit der Grenzen, territoriale Integrität der Staaten). Im Punkt VII heißt es aber auch:
„Die Teilnehmerstaaten werden die **Menschenrechte und Grundfreiheiten,** einschließlich der Gedanken-, Gewissens-, Religions- oder Überzeugungsfreiheit für alle ohne Unterschied der Rasse, des Geschlechts, der Sprache oder der Religion achten."
Auf diesen Punkt beriefen sich in den darauffolgenden Jahren zahlreiche Systemkritiker und Oppositionelle.

Der bekannteste Systemkritiker war **ROBERT HAVEMANN** (1910–1982), seit 1932 Mitglied der KPD, gehörte er von 1949 bis 1963 als SED-Abgeordneter der Volkskammer an. HAVEMANN vertrat einen „demokratischen Sozialismus". Mitte der 1960er-Jahre bekam er Berufs- und Publikationsverbot, stand von 1976 bis 1979 unter Hausarrest sowie bis zu seinem Tod 1982 unter ständiger Beobachtung der Stasi.
Ähnlich erging es **RUDOLF BAHRO** (1935–1997), der von 1954 bis 1977 Mitglied der SED und zehn Jahre lang Wirtschaftsfunktionär war. Er kritisierte das DDR-System von einer marxistischen Position aus, was ihm 1978 eine Verurteilung wegen Geheimnisverrats mit acht Jahren Zuchthaus (Gefängnis Bautzen II) einbrachte. Nach internationalen Protesten durfte er 1979 in die Bundesrepublik ausreisen, wo er Mitbegründer der Partei „Die Grünen" wurde.
Der Schriftsteller und Liedermacher **WOLF BIERMANN** (geb. 1936), gebürtiger Hamburger, ging mit 17 Jahren in die DDR und studierte dort

an der Humboldt-Universität Philosophie und Mathematik. Weil seine Lieder und Veröffentlichungen das Missfallen der SED-Spitze erregten, wurde er im November 1976 während eines Gastspiels in Köln vom Politbüro „wegen grober Verletzungen staatsbürgerlicher Pflichten" ausgebürgert.

Weil der Schriftsteller **JÜRGEN FUCHS** (1950–1999) gegen die Ausbürgerung BIERMANNS protestiert hatte, war er 1976/77 mehrere Monate im Gefängnis des MfS in Berlin-Hohenschönhausen inhaftiert und wurde dann nach Westberlin abgeschoben. Dort starb er 1999 an Leukämie. Ein weniger aufsehenerregendes Vorgehen, unliebsame Intellektuelle loszuwerden, bestand darin, ihnen nach Drangsalierungen die Ausreise in die Bundesrepublik zu erlauben, so den Schriftstellern REINER KUNZE (geb. 1933) und ERICH LOEST (geb. 1926).

Kleinere Friedensgruppen und Umweltaktivitäten gab es in der DDR schon vor den 1980er-Jahren. Durch den Berliner Appell „Frieden schaffen ohne Waffen" von Pfarrer **RAINER EPPELMANN** und ROBERT HAVEMANN (Februar 1982) erlebte die Friedensbewegung einen neuen Impuls. Es gab außer regelmäßigen Treffen (Friedensgebete) auch zunächst regional organisierte Netzwerke („Frauen für den Frieden", „Frieden konkret"). Am 13. Februar 1982 demonstrierten mehrere Zehntausend Personen in Dresden für den Frieden.

> Das MfS hatte ein eigenes Wachregiment, 1967 nach dem Gründer der bolschewistischen Geheimpolizei (der Tscheka), FELIKS DSERSCHINSKI, benannt. 1989 betrug seine Stärke über 11 000 Mitarbeiter

Es war primär die **evangelische Kirche,** die diesen Gruppen Räume und gelegentlich auch Kopiergeräte zur Verfügung stellte. Da sie sich als „Kirche im Sozialismus" verstand, ging die Staatsmacht selten massiv gegen solche Gruppen vor. Durch das Einschleusen von Stasi-Spitzeln in die Friedensgruppen und die Bürgerrechtsbewegung war das MfS in der Regel über deren Aktivitäten gut informiert. Im Laufe der 1980er-Jahre entstanden die mehr politisch orientierten Bürgerrechtsbewegungen. Führende Personen in den **Bürgerrechtsgruppen** waren FREYA KLIER, STEFAN KRAWCZYK, VERA WOLLENBERGER oder BÄRBEL BOHLEY.

Das Ministerium für Staatssicherheit

> Als das Hauptquartier in der Ostberliner Normannenstraße am 15. 01. 1990 von Demonstranten besetzt wurde, war ein Großteil der Akten bereits vernichtet worden.

1950 war das Ministerium für Staatssicherheit (MfS) gegründet worden. Es war **„Schild und Schwert der Partei".** Dieses Ministerium, zuständig für die Sicherung der Macht der SED, war gleichzeitig Geheimpolizei und für die Auslandsspionage zuständig. Es war das Unterdrückungsinstrument der SED-Führung und wurde von 1957 bis 1989 von ERICH MIELKE (1907 bis 2000, Minister für Staatssicherheit) geleitet.

Die auch **„Stasi"** genannte Organisation wurde nach dem Amtsantritt von ERICH HONECKER erheblich ausgebaut. Sie verfügte 1989 über 91 000 hauptamtliche und ca. 171 000 inoffizielle Mitarbeiter (IM) in der DDR. Die Zahl der IM in der Bundesrepublik ist unbekannt. Eine Anwerbung der IM (in der DDR) erfolgte durch Versprechungen, z. B. zum beruflichen Weiterkommen, durch Druck und Drohungen, zu einem nicht zu quantifizierenden Teil aber auch auf freiwilliger Basis. Die IM bespitzelten Nachbarn oder Personen an ihrem Arbeitsplatz, in seltenen Fällen auch den eigenen Ehepartner. Das Ministerium für Staatssicherheit war eine höchst verschwiegene Organisation. Abweichler in den eigenen Reihen wurden gnadenlos bestraft.

Ein wirkungsvolles Mittel der Stasi, ihre Opfer gefügig zu machen, war die **„operative Psychologie"**. Darunter verstand man die Untergrabung des Selbstvertrauens und des Selbstwertgefühls, die soziale Entwurzelung durch Diffamierung, Verwirrung und Verängstigung. In dem MfS-Gefängnis wurden die unterschiedlichsten physischen und psychischen Foltermethoden angewendet. Letztlich konnte die Stasi die Herrschaft der SED nicht vor dem Untergang bewahren.

▶ WERNER TESKE, MfS-Hauptmann, wurde am 26 06 1981 wegen Vorbereitung seiner Flucht in den Westen zum Tode verurteilt und durch Kopfschuss hingerichtet. Dies war das letzte Todesurteil in der DDR. Seine Ehefrau erfuhr davon erst 1990.

Die Ursachen des Falls der Mauer

Die **wirtschaftliche Lage der Bevölkerung** hatte sich in den Jahren vor dem Fall der Mauer kontinuierlich verschlechtert. Trotz der politischen Lockerungen in anderen osteuropäischen Staaten beharrte die SED auf ihrer absoluten Führungsrolle. Sie verweigerte, abgesehen von Besuchs- und Übersiedlungsmöglichkeiten, Zugeständnisse an die eigene Bevölkerung. Ein für die Opposition markantes Ereignis war die **Kommunalwahl am 7. Mai 1989.**
Oppositionelle konnten in einigen Fällen eine **Wahlfälschung** nachweisen. Gegen Demonstrationen am darauffolgenden Tag ging die Staatsmacht mit der gewohnten Härte vor. Während die DDR-Führung die gewaltsame Niederschlagung der **Proteste auf dem Platz des Himmlischen Friedens** in Peking (4. Juni 1989) begrüßte, verlief die Lockerung der politischen Verhältnisse in Polen und Ungarn anders.

Der ehemalige Grenzübergang auf der Bösebrücke in Berlin-Prenzlauer Berg am 18. November 1989

In **Polen** gab es im Frühjahr 1989 Gespräche zwischen Regierung und Opposition am „Runden Tisch". Bei den Parlamentswahlen im Juni errang die Opposition (das „Bürgerkomitee Solidarnosc") einen überwältigenden Sieg. Eindrucksvoller verlief die Entwicklung in **Ungarn,** wo sich schon 1988 freie Parteien gegründet hatten. Am 2. Mai 1989 begann dort der Abbau der Grenze zu Österreich. Im Spätsommer des Jahres kam es zu einer ersten großen Fluchtwelle von DDR-Bürgern über diese Grenze, die am 11. September offiziell für den Grenzübertritt von ausreisewilligen DDR-Bürgern freigegeben wurde.

Eine nicht so einfache Möglichkeit der Flucht bestand darin, sich in die bundesdeutschen Botschaften in Warschau und Prag zu begeben und auf eine Ausreise zu hoffen. In der Botschaft und auf dem **Botschaftsgelände der Bundesrepublik in Prag** warteten bis Ende September etwa 6 000 DDR-Bürger auf eine Lösung. Nach Verhandlungen mit den DDR-Behörden und der Regierung in Prag konnte Außenminister HANS-DIETRICH GENSCHER am 30. September die erlösende Nachricht überbringen, dass die Flüchtlinge in die Bundesrepublik ausreisen konnten. Auch etwa 1 500 DDR-Bürger,

▶ Auch die Ostblockstaaten beachteten das Völkergewohnheitsrecht, wonach Botschaftsgebäude und -gelände exterritorial, also Gebiete des anderen Staates sind.

die in der Warschauer Botschaft der Bundesrepublik Zuflucht gefunden hatten, wurden in den ersten Oktobertagen mit Sonderzügen über das Territorium der DDR in die Bundesrepublik gefahren.

Von besonderer Bedeutung für den Fall der Mauer waren im Herbst 1989 die **Montagsdemonstrationen.** Die erste fand am 4. September statt, nach dem Friedensgebet in der Leipziger Nikolaikirche. Etwa 1000 Bürger beteiligten sich daran. Im Laufe der Wochen stieg die Zahl der Teilnehmer rapide an, am 16. Oktober waren es über 100 000 (↗ Bild). Zwischen dem 9. September und dem 2. Oktober 1989 bildeten sich drei Bürgerrechtsorganisationen:

Als erste wurde am 9. September von BÄRBEL BOHLEY, KATJA HAVEMANN, JENS REICH und anderen das **„Neue Forum"** (NF) gegründet, das die Demokratisierung einer eigenständigen DDR anstrebte. Mit ihren landesweit organisierten Demonstrationen war das Neue Forum zunächst die wirksamste Oppositionsgruppe. Drei Tage später bildete sich **„Demokratie Jetzt"**, eine Berliner Gruppierung, die aus der evangelischen Kirche hervorging. Ihr Ziel war ein ökologisch ausgerichteter Rechtsstaat im Rahmen eines vereinten Deutschlands. Der **„Demokratische Aufbruch"** (DA) entsprang einer kirchlichen Oppositionsgruppe und konstituierte sich am 2. Oktober. Führende Mitglieder waren die Theologen REINER EPPELMANN und FRIEDRICH SCHORLEMMER sowie der Jurist WOLFGANG SCHNUR. Diese Oppositionsgruppe befürwortete ebenfalls eine deutsche Einheit.

Der 40. Jahrestag der DDR und das Ende der Berliner Mauer

Am 7. Oktober beging die DDR-Führung das 40-jährige Bestehen ihres Staates. Unter den angereisten Ehrengästen war auch GORBATSCHOW. Bei dieser Gelegenheit soll er (sinngemäß) gesagt haben. „Wer zu spät kommt, den bestraft das Leben." Deprimierend war für die DDR-Führung die Erkenntnis, dass sowjetische Truppen, anders als am 17. Juni 1953, im Fall eines Aufstandes nicht zur Hilfe kommen würden. Während im Palast der Republik gefeiert wurde, hatte sich draußen eine vieltausendköpfige Menge versammelt und skandierte „staatsfeindliche" Parolen.

11.3 Die Wiedervereinigung

Am 17. Oktober wurde ERICH HONECKER vom Politbüro entmachtet und EGON KRENZ als Generalsekretär des ZK der SED zu seinem Nachfolger bestimmt. Obwohl er von einer „Wende" sprach, gelang es ihm nicht, einen Meinungsumschwung im Land herbeizuführen. Die Demonstrationen gingen weiter. Am 9. November gab GÜNTER SCHABOWSKI, Mitglied des Politbüros, auf einer **Pressekonferenz** (↗ Bild S. 442 unten) ein neues Reisegesetz bekannt, wonach Reisen ins Ausland an keine der bisherigen Bedingungen geknüpft waren. Auf die Nachfrage eines Journalisten, wann das Gesetz denn in Kraft treten würde, erklärte er, das Gesetz gelte ab sofort. Kurz danach öffneten sich die Schlagbäume.

Das war das Ende der Berliner Mauer. Noch am selben Abend strömten mehrere Hunderttausend DDR-Bürger nach Westberlin und freuten sich mit vielen Westberlinern über die Grenzöffnung. In den darauffolgenden Tagen wurde auch die innerdeutsche Grenze geöffnet.

11.3.3 1990 – der Prozess der Vereinigung der beiden deutschen Staaten

Pläne für Deutschland

Am 13. November 1989 hatte die Volkskammer den gemäßigten SED-Chef von Dresden (für viele ein „Hoffnungsträger") HANS MODROW (geb. 1928) zum Ministerpräsidenten gewählt. In seiner Regierungserklärung vom 17. November erteilte er „gefährlichen Spekulationen über eine Wiedervereinigung die klare Absage" und plädierte für eine „Vertragsgemeinschaft" beider deutscher Staaten.

Bundeskanzler HELMUT KOHL gab seinerseits am 28. November im Bundestag ein **„Zehnpunkteprogramm zur Überwindung der Teilung Deutschlands und Europas"** bekannt. Er nannte als Ziele seiner Regierung nach wie vor eine Wiedervereinigung, möglicherweise auf dem Weg über eine Föderation. Die Bedingungen für Hilfe und Zusammenarbeit knüpfte er an einen grundlegenden und verbindlichen „Wandel des politischen und wirtschaftlichen Systems in der DDR". Die Entwicklung müsse sich in die künftige Gestaltung Europas einfügen. Die SPD war anfangs in der Frage einer Wiedervereinigung gespalten, die Grünen kritisierten KOHL heftig und MODROW konnte trotz eines teilweisen Eingehens auf KOHLS Vorstellungen kaum noch etwas beeinflussen.

ADN-Meldung von 1989: HELMUT KOHL, HANS MODROW und WALTER MOMPER waren die ersten, die den neuen Grenzübergang passierten.

Die Haltung von Verbündeten der Bundesrepublik zu der neuen Entwicklung

> ⏩ Der Vorgänger von BUSH, RONALD REAGAN, hatte im Sommer 1987 in einer Rede vor dem Brandenburger Tor gesagt: „Mr. Gorbachev (engl. Schreibweise) open this gate, … tear down this wall" (dt.:"… öffnen Sie dieses Tor, reißen Sie diese Mauer ein.").

Die meisten westlichen Verbündeten der Bundesrepublik hatten Vorbehalte oder lehnten zunächst eine Vereinigung Deutschlands ab. Obwohl es auch in den USA Bedenken gab, war Präsident GEORGE BUSH vorbehaltlos dafür. Der italienische Ministerpräsident GIULIO ANDREOTTI (geb. 1919) lehnte eine Vereinigung der beiden deutschen Staaten generell ab, ebenso die englische Premierministerin MARGARET THATCHER (geb. 1925). Sie befürchtete ein zu großes politisches und wirtschaftliches Gewicht eines vereinten Deutschlands und hätte gern eine fünfjährige Übergangsfrist (Beibehaltung beider deutschen Staaten) durchgesetzt. Der französische Präsident FRANÇOIS MITTERAND (1916–1996) war in einer Zwickmühle. Einerseits gab es seit dem Élysée-Vertrag vom Januar 1963 trotz zeitweilig kühlerer Phasen eine immer enger werdende Beziehung zwischen den früheren „Erbfeinden", der Bundesrepublik Deutschland und Frankreich. In Erinnerung an die beiden Weltkriege lehnte MITTERAND noch Anfang 1990 ein vereintes Deutschland ab, äußerte so etwas allerdings nicht in der Öffentlichkeit. Angesichts der Befürwortung einer Vereinigung durch BUSH und dann auch durch GORBATSCHOW sowie der Dynamik des Zusammenwachsens der beiden deutschen Staaten gaben die drei genannten europäischen Staatschefs ihren Widerstand auf.

> ⏩ ANDREOTTI sagte einmal sinngemäß, Deutschland sei seit 40 Jahren geteilt und das sollte auch so bleiben.

Das sowjetische Staatsoberhaupt, GORBATSCHOW, war bis Anfang 1990 gegen eine Vereinigung Deutschlands. Er befand sich in einer schwierigen Lage. Der von ihm angestoßene Prozess einer Erneuerung der Sowjetunion lief allmählich aus dem Ruder. Die sowjetische Regierung hatte große wirtschaftliche und finanzielle Probleme. Zudem schwand allmählich die Zustimmung hoher sowjetischer Militärs zu einer deutschen Vereinigung.

Vom „Runden Tisch" zur Volkskammerwahl

> ⏩ Am 17.12.1989 Umbenennung der SED in SED-PDS. Vom 4. Februar 1990–2007 hieß die Partei nur noch PDS (Partei des Demokratischen Sozialismus). Am 16. Juni 2007 fusionierte sie mit der WASG zur Partei Die Linke.

Innerhalb einer Woche ereigneten sich in Ostberlin grundlegende Veränderungen:
– 03.12. Auflösung des Politbüros und des Zentralkomitees der SED,
– 06.12. EGON KRENZ tritt als Staatsratsvorsitzender zurück,
– 07.12. Erste Beratungen des **„Runden Tisches"**,
– 09.12. GREGOR GYSI wird Vorsitzender der SED.
Selbst an der Basis der SED waren in den vorangegangenen Wochen massive Forderungen nach spürbaren Veränderungen verlangt worden.

> ⏩ Ein „Runder Tisch" symbolisiert die Gleichberechtigung der an ihm versammelten Personen. Als Möbelstück muss er nicht unbedingt ,rund' sein.

Am Runden Tisch saßen jeweils ein bis drei Vertreter der SED-PDS, der bisherigen „Blockparteien" (CDU, DBD, LDPD und NDPD) und Massenorganisationen (z. B. des Gewerkschaftsbundes [FDGB]) sowie Vertreter von neu gegründeten Parteien (DSU, Grüne, Neues Forum, Demokratischer Aufbruch, Demokratie Jetzt) und auch kirchlichen und verschiedenen anderen Organisationen. Wegen der sich verschlechternden innenpolitischen und wirtschaftlichen Zustände – Demonstrationen, Proteste, eine Abwanderungswelle in die Bundesrepublik – zog der Runde Tisch die geplanten Wahlen vor und bestimmte den 18. März 1990 als den Wahltag für die Volkskammer.

11.3 Die Wiedervereinigung

Um den beginnenden **Auflösungserscheinungen in der DDR** zu begegnen, hatte Ministerpräsident MODROW schon Anfang Februar acht Mitglieder des Runden Tisches als Minister ohne Geschäftsbereich in die Regierung aufgenommen. Noch vor der Volkskammerwahl wurden durch Gesetz einige demokratische Grundrechte in die bisherige DDR-Verfassung aufgenommen.

Am 7. Februar 1990 schlossen sich das Neue Forum, Demokratie Jetzt und die „Initiative Frieden und Menschenrechte" zum **Bündnis 90** zusammen. Nur zwei Wochen vor der Wahl, am 5. März 1990, hatte sich aus CDU (der DDR), DSU (Deutsche Soziale Union) und DA (Demokratischer Aufbruch) ein Wahlbündnis gebildet, die **Allianz für Deutschland.** Dieses Bündnis, in dem die CDU dominierte, setzte sich für die soziale Marktwirtschaft und vor allem für eine schnelle Wiedervereinigung ein.

Beratungen von Bündnis 90 zur Vorbereitung eines Wahlbündnisses am 4. August 1990 in Berlin

Bei dieser ersten freien Wahl zur Volkskammer erreichte die Allianz für Deutschland knapp 48 % der Stimmen [davon allein für die CDU 41 %], die SPD fast 22 % und die PDS 16.3 %. Bei dieser Wahl galt ein reines **Verhältniswahlrecht.** Es gab keine Wahlkreise und keine Sperrklausel. Die Wahlbeteiligung lag bei – für heutige Verhältnisse – sensationellen 93 %. Darin spiegelte sich das Interesse der Bevölkerung der DDR an der politischen Gestaltung ihres Landes und einer Vereinigung mit der Bundesrepublik wider.
Die Ziele der CDU, vor allem die angestrebte schnelle Wiedervereinigung, übten eine größere Anziehungskraft auf die Bevölkerung aus, als die abwartende Haltung der SPD, was sich im Wahlergebnis niederschlug. Primär wegen seiner Befürwortung des vorläufigen Weiterbestehens einer demokratischen DDR kam das Bündnis 90 nur auf 2,9 %.
Die „Allianz für Deutschland" bildete eine Koalition mit der SPD und dem Bund Freier Demokraten (BFD). Ministerpräsident wurde Lothar de Maizière (geb. 1940).

Kurz vor der Wahl wurde die Öffentlichkeit noch einmal mit den bisherigen Machenschaften der Staatssicherheit konfrontiert. Der Vorsitzende des Demokratischen Aufbruchs, WOLFGANG SCHNUR, und der Vorsitzende der SPD, IBRAHIM BÖHME, wurden als IM enttarnt und traten zurück. SCHNUR hatte seit 1965, BÖHME seit 1969 mit der Stasi zusammengearbeitet.

▶ Im August 1990 erfolgte der Zusammenschluss mit den Grünen der DDR zum Bündnis 90/Grüne. (Das Neue Forum blieb selbstständig.) Auf Bundesebene wurde im Mai 1993 daraus die Partei Bündnis 90/Die Grünen.

▶ KOHL wie auch andere westdeutsche Politiker hatten sich aktiv am Wahlkampf in der DDR beteiligt, auch auf öffentlichen Kundgebungen.

▶ Der BDF war ein Wahlbündnis liberaler Parteien in der DDR.

Die Wirtschafts-, Währungs- und Sozialunion

Bundeskanzler KOHL setzte unbeirrt seine Linie für das Zustandekommen eines vereinten deutschen Staates fort. Auf dem Weg zu diesem Ziel sollte zunächst eine deutsche Wirtschafts- und Währungsunion geschaffen werden.

Die Finanzminister der beiden deutschen Staaten (THEODOR WAIGEL und WALTER ROMBERG) unterzeichneten am 18. Mai 1990 den „Staatsvertrag über die Schaffung einer Währungs-, Wirtschafts- und Sozialunion", der am 1. Juli 1990 in die Realität umgesetzt werden sollte.

Währungsunion

Es wurde ein **einheitliches Währungsgebiet** geschaffen, mit der DM als gemeinsamer Währung. Löhne, Renten und Mieten wurden im Verhältnis 1:1 umgestellt, ebenso Sparguthaben bis 6 000 Mark (der DDR). Darüberliegende Beträge im Verhältnis 2 : 1 (Mark der DDR : DM).

Wirtschaftsunion

▶ Westliche Güter waren für DDR-Bürger zuvor nur in Intershops und mit Westgeld zu kaufen, was diesbezüglich zu einer ‚Zweiklassengesellschaft' geführt hatte: DM-Besitzer und solche, die dieses Zahlungsmittel nicht besaßen. (Verwandte und Bekannte aus der BRD ließen in der Regel die nicht ausgegebenen Teile des Zwangsumtausches bei den besuchten Familien.

Grundlage war die **soziale Marktwirtschaft** mit den Merkmalen „Privateigentum", „Leistungswettbewerb", „freie Preisbildung" und „grundsätzlich volle Freizügigkeit von Arbeit, Kapital, Gütern und Dienstleistungen". Die Erfordernisse des Umweltschutzes sollten berücksichtigt werden.

Sozialunion

Hier wurden folgende Aspekte genannt: eine der sozialen Marktwirtschaft entsprechende Arbeitsrechtsordnung und ein „umfassendes System der sozialen Sicherung", beruhend auf den Prinzipien der **Leistungsgerechtigkeit** und des sozialen Ausgleichs.

Damit kamen die von der großen Mehrzahl erhofften westlichen Konsumgüter ins Land. Zunächst musste improvisiert werden. Bankfilialen wurden in Containern eingerichtet, den Bedarf an Lebensmitteln und Gütern des täglichen Bedarfs konnte man in großen Zelten mit der neuen Währung kaufen. Die bisherigen Geschäfte versuchten sich in der Regel anzupassen, häufig unter großen Problemen.

Beschlüsse der Volkskammer

▶ Die Treuhand übernahm etwa 8 500 „Volkseigene Betriebe" samt ihren Schulden sowie unzählige Einzelbetriebe.

Um zur Lösung eines vor allem für Polen wichtigen Problems beizutragen, verabschiedeten Bundestag und Volkskammer am 31. Mai gleichlautende Entschließungen, in einem Vertrag mit Polen die Oder-Neiße-Grenze als polnische Westgrenze völkerrechtlich anzuerkennen.

▶ 1945 waren die fünf Länder auf Befehl der SMAD eingerichtet, 1952 von dieser wieder abgeschafft worden.

Am 17. Juni 1990 beschloss die Volkskammer gemäß Artikel 25 des Staatsvertrages das „Gesetz zur Privatisierung und Reorganisation des volkseigenen Vermögens", das sogenannte Treuhand-Gesetz. Es trat zum 1. Juli 1990 in Kraft. Die Hauptaufgabe der Treuhand bestand darin, fast alle staatlichen Betriebe zu privatisieren, sie wenn möglich zunächst zu sanieren und, falls sich kein Käufer finden sollte, sie stillzulegen. Die Treuhand beendete ihre Tätigkeit mit Ablauf des Jahres 1994.

Durch das Ländereinführungsgesetz vom 22. Juli.1990 durch die Volkskammer wurden die fünf Länder rechtlich gesehen mit dem Vollzug der Einigung, d. h. zum 3. Oktober 1990, wieder errichtet.

Der Zwei-plus-vier-Vertrag

Seit 1945 bestanden die Vorbehaltsrechte der vier Siegermächte in Bezug auf „Berlin und Deutschland als Ganzes". Außerdem gab es noch keinen Friedensvertrag zwischen den Siegern und den Besiegten, wie das bislang in der europäischen Geschichte üblich war.

Auf einer Außenministerkonferenz von NATO und Warschauer Pakt wurde am 12. März 1990 in Ottawa beschlossen, dass die beiden deutschen Staaten und die vier Siegermächte des Zweiten Weltkrieges (daher: Zwei-plus-vier-Verhandlungen) gemeinsam die Modalitäten der deutschen Vereinigung festlegen sollten. Dies war der Rahmen, in dem die alliierten Vorbehaltsrechte letztmalig ausgeübt werden sollten und damit dann erloschen.

Das erste Treffen zu diesen Verhandlungen fand Anfang Mai in Bonn statt, ohne dass dabei eine Einigung zustande kam; ähnlich ergebnislos war auch das zweite Treffen (21. Juni, im Schloss Niederschönhausen/Ostberlin), auf dem es um militärische Fragen ging.

Der Durchbruch – aber im Kaukasus

Vom 14. bis zum 16. Juli 1990 konferierten GORBATSCHOW, KOHL sowie die Außenminister der beiden Länder, TSCHEWARDNADSE und GENSCHER, miteinander in GORBATSCHOWS Geburtsort Stawropol (Nordkaukasus). Offenbar stimmte, wie es heute auch genannt wird, „die Chemie" zwischen den Teilnehmern. Man kam in folgenden Punkten überein:
- Herbeiführung der deutschen Einheit
- Ende der Viermächteverantwortung für Deutschland und Berlin
- Freie Wahl des Bündnisses nach der Vereinigung
- Regelung des Abzugs der sowjetischen Truppen aus der DDR

Das Ergebnis bedeutete den Durchbruch auf dem Weg zur deutschen Einheit.

Auf dem dritten Treffen der Zwei-plus-vier-Verhandlungen am 17. Juli in Paris verständigten sich die sechs Außenminister auf alle wesentlichen Bestimmungen, die den Zusammenschluss der beiden deutschen Staaten betrafen, einschließlich der Bestätigung der Oder-Neiße-Linie als polnischer Westgrenze. Das vierte Treffen, am 12. September in Moskau, diente nur noch der feierlichen Unterzeichnung des Vertrages über die abschließende Regelung in Bezug auf Deutschland. Dieser Vertrag machte den Abschluss eines Friedensvertrags überflüssig.

Die wichtigsten **Bestimmungen des Zwei-plus-vier-Vertrages** sind folgende:
- Das vereinte Deutschland besteht aus den Gebieten der beiden deutschen Staaten und Berlins. Es wird keine Gebietsansprüche erheben.

- Deutschland wird Mitglied der NATO. Die künftige Höchstgrenze seiner Streitkräfte beträgt 370 000 Soldaten.
- Deutschland verzichtet auf die Herstellung und den Besitz von ABC-Waffen.
- Die vier Siegermächte beenden ihre Rechte in Bezug auf „Berlin und Deutschland als Ganzes".
- Deutschland hat damit die „volle Souveränität über seine inneren und äußeren Angelegenheiten".

▶ In Art. 23 Grundgesetz werden noch als selbstständige Länder aufgezählt: Groß-Berlin, Baden, Württemberg-Baden und Württemberg-Hohenzollern. Die letzten drei, von den Westalliierten 1964/47 geschaffen, vereinigten sich 1952 zum Bundesland Baden-Württemberg.

Der Einigungsvertrag

Zur Regelung der vielen Details, in denen die Regierungen der Bundesrepublik und der DDR unterschiedlicher Meinung waren, bedurfte es eines zweiten Vertrages zwischen diesen beiden Staaten. Angesichts der zunehmenden wirtschaftlichen Probleme war Eile geboten. Nach acht Wochen intensiver Verhandlungen (Anfang Juli bis Ende August) konnte der „Vertrag zwischen der Bundesrepublik Deutschland und der Deutschen Demokratischen Republik über die Herstellung der Einheit Deutschlands", kurz „Einigungsvertrag" genannt, am 31. August 1990 unterzeichnet werden.

Vereinigung – aber in welcher Form?

Der Artikel I des Einigungsvertrages, nämlich die Vereinigung nach Artikel 23 des Grundgesetzes, wurde in der interessierten Öffentlichkeit kontrovers diskutiert. Nach dem Grundgesetz waren zwei unterschiedliche Wege möglich, eine Vereinigung Deutschlands herbeizuführen: nach Art. 23 oder nach Art. 146.

Nach Art. 23 GG „gilt [dieses Grundgesetz] im Gebiet der Länder... (es folgen 12 Länder – siehe Zusatzinformation in der Randspalte). In anderen Teilen Deutschlands ist es nach deren Beitritt in Kraft zu setzen."

Nach Art. 146 GG „verliert [dieses Grundgesetz] seine Gültigkeit an dem Tage, an dem eine Verfassung in Kraft tritt, die von dem deutschen Volke in freier Entscheidung beschlossen worden ist."

Wegen der Kürze der Zeit bis zum Inkrafttreten des Einigungsvertrages und weil sich das Grundgesetz bewährt hat, einigten sich die Verhandlungspartner auf den **Vollzug der Vereinigung nach Artikel 23**.

Der Umgang mit den Stasi-Akten

Dies war ein weiterer Diskussionspunkt. Hier setzten sich die Verhandlungspartner der DDR in einer Zusatzvereinbarung durch. Betroffenen wurde ein Auskunftsrecht eingeräumt. Außerdem sollte eine politische und juristische Aufarbeitung der Tätigkeiten des Ministeriums für Staatssicherheit ermöglicht werden.

Nachdem JOACHIM GAUCK schon seit dem 3. Oktober 1990 Sonderbeauftragter für die Stasi-Unterlagen gewesen war, leitete er vom Dezember 1991 an die Stasi-Unterlagen-Behörde, nach ihm kurz „Gauck-Behörde" genannt. Im September 2000 wurde MARIANNE BIRTHLER seine Nachfolgerin, die Kurzform der Behörde dementsprechend umbenannt in „Birthler-Behörde".

Weitere Vertragspunkte

Im Vereinigungsvertrag ging es außerdem neben schon zuvor geregelten Problemen um Eigentumsfragen, die Wiedergutmachung für politische Gefangene, mögliche Änderungen des Grundgesetzes, Errichtung eines Bundeslandes Berlin und um das Ziel einer einheitlichen Regelung des Schwangerschaftsabbruchs.

Am 3. Oktober 1990 feierten die Deutschen nach vierzigjähriger Teilung die wiedergewonnene Einheit. Anlässlich der Auflösung der Volkskammer am 2. Oktober bezeichnete der letzte Ministerpräsident der DDR, LOTHAR DE MAIZIÈRE, das Ende der DDR als einen „Abschied ohne Tränen". Europa war nun befreit „vom Erbe der Vergangenheit", wie es in der „Charta von Paris für ein neues Europa", einer Erklärung der Regierungschefs der KSZE-Mitgliedstaaten vom 21. November 1990, hieß.

Der 3. Oktober wurde zum **Nationalfeiertag** in der erweiterten Bundesrepublik Deutschland.

> ▶ Die Übersiedlung der Regierung nach Berlin wurde am 20.06.1991 durch Bundestagsbeschluss entschieden. 1999 war der Umzug von Regierung und Parlament abgeschlossen. Eine Minderzahl der Ministerien blieb in Bonn.

> Die Vereinigung Deutschlands wurde ermöglicht
> – durch das mutige Aufbegehren der Bevölkerung der DDR gegen die SED-Diktatur,
> – die Unterstützung durch die USA unter GEORGE H. BUSH,
> – das Einlenken der Sowjetunion unter MICHAIL GORBATSCHOW,
> – die zielstrebige Politik von Bundeskanzler HELMUT KOHL.

Zusätzliche Abmachungen mit der Sowjetunion und Polen

Noch ausstehende Übereinkünfte mit Polen und der Sowjetunion ließen sich schnell und relativ problemlos beschließen. Schon am 12. Oktober 1990 hatte sich die Bundesrepublik Deutschland mit der Sowjetunion über einen Truppenabzugsvertrag geeinigt. Bis 1994 sollten alle sowjetischen Truppen aus Ostdeutschland abgezogen werden. Die Bundesregierung stellte für verschiedene Zwecke 15 Mrd. DM zur Verfügung, hauptsächlich für den Bau von Wohnungen für die zurückkehrenden Offiziere und Mannschaften.

Am 9. November 1990 wurden zwei Verträge gleichzeitig unterzeichnet, der deutsch-polnische Nachbarschaftsvertrag und ein deutsch-sowjetischer Wirtschaftsvertrag. Kurz darauf folgte am 14. November 1990 der für Polen so wichtige deutsch-polnische Grenzvertrag. In diesem völkerrechtlichen Vertrag wurde die Unverletzlichkeit der deutsch-polnischen Grenze bekräftigt. Somit stellt er gleichzeitig einen Gewaltverzicht dar.

Deutschland – schwierig Vaterland?

Die Lebensverhältnisse im Osten Deutschlands sollten denen im Westen möglichst schnell angeglichen werden, auch um die Abwanderung ins westliche Deutschland zu reduzieren. Allein 1991 zogen 229 000 Menschen von Ost- nach Westdeutschland. In umgekehrter Richtung waren es fast 64 000.

Erhebliche Schwierigkeiten bereitete der Umbau der Wirtschaft in den „neuen Bundesländern", wie sie bald genannt wurden. Allgemein gesehen musste die Planwirtschaft in eine Marktwirtschaft umgewandelt werden. Nicht nur, dass man im Osten Deutschlands einen Wettbewerb westlichen Stils nicht kannte, die Einrichtungen und Maschinenparks der ehemaligen „Volkseigenen Betriebe" waren, von Ausnahmen abgesehen, veraltet, wenig produktiv und dementsprechend nicht konkurrenzfähig. In den neuen Bundesländern benötigte Ausrüstungsgegenstände und Waren aller Art wurden aus dem Westen Deutschlands, ggf. auch aus dem Ausland bezogen.

Fast die gesamte Infrastruktur musste modernisiert werden: Autobahnen und Straßen, die Energieversorgung und das Gesundheitswesen, Schulen und Hochschulen. Viele Häuser und Wohnungen genügten dem im Westen üblichen Standard nicht. Die Bau- und die Ausrüstungsindustrie boomten. Trotzdem war die Arbeitslosigkeit im Osten für viele Jahre im Durchschnitt fast doppelt so hoch wie im Westen.

> Die Gesellschaft für deutsche Sprache hatte schon 1991 die Bezeichnung „Besser-Wessi" zum Wort des Jahres gekürt.

Die von KOHL vorhergesagten „blühenden Landschaften" warteten lange auf ihre Blütezeit. Vor allem die Braunkohle- und die Chemieindustrie hatte, hauptsächlich durch die Emission von Schwefeldioxid und Staub, zu extremen Umweltbelastungen in den südlichen neuen Bundesländern geführt. Am stärksten war die Region um die Städte Leuna, Schkopau und Bitterfeld mit ihren großen Chemiewerken betroffen. Immerhin gab es zwei Jahrzehnte nach der Vereinigung in diesen Regionen, aber auch in anderen Gegenden Ostdeutschlands „blühende Erholungslandschaften". Hinsichtlich der Umweltbelastungen stehen die neuen Bundesländer heute zumindest genauso gut da, wie die „alten Bundesländer" im Westen.

> Die Transferleistungen von West- nach Ostdeutschland lagen in vielen Jahren bei 80–90 Mrd. Euro. Der Hauptteil ist für das Sozialsystem erforderlich, 20 % fließen in die Infrastruktur.

Die Übernahme der westlichen Verwaltungspraktiken bedeutete für die Mehrzahl fast eine Überforderung. Die Menschen mussten sich jetzt „um alles und jedes" selbst kümmern. Polikliniken und Kitas wurden erst etliche Jahre später im Westen eingeführt. Besonders negativ fielen Westdeutsche auf, „Besser-Wessis", die (vermeintlich) vieles besser wussten. Die Ausblendung oder Verdrängung der negativen Seiten des vergangenen Regimes führte zur Entstehung einer DDR-Nostalgie, was Wohlstandsbürger im Westen nicht verstehen konnten oder wollten. Sie hatten häufig die enormen Summen vor Augen, die in die neuen Bundesländer transferiert wurden. 20 Jahre nach der Vereinigung gehören

„Besser-Wessis" und „Jammer-Ossis" zu einer aussterbenden Spezies. Geringe Ressentiments gibt es heute bei den unter 30-Jährigen, die die DDR kaum erlebt, und bei der Mehrzahl der über 50-Jährigen, die die Veränderungen bewusst miterlebt haben.

11.3.4 Weitreichende Veränderungen in Osteuropa

Der Zerfall der Sowjetunion

GORBATSCHOWS Politik der Erneuerung und Modernisierung der Sowjetunion unter Beibehaltung des kommunistischen Modells und der führenden Rolle der KPdSU führte nicht zu dem angestrebten Erfolg. Inflation und steigende Arbeitslosigkeit, aber auch ein verändertes Bewusstsein in großen Teilen der Bevölkerung hatten Proteste, innere Konflikte und Auflösungserscheinungen in der UdSSR zur Folge.

MICHAIL GORBATSCHOW (r) und BORIS JELZIN nach dessen Vereidigung zum Präsidenten von Russland am 10.07.1991

Am 12. Juni 1990 erklärte Russland, die größte Republik der UdSSR, unter dem aufstrebenden radikalen Reformer BORIS NIKOLAJEWITSCH JELZIN (1931–2007) ihre Unabhängigkeit. Bis zum Dezember 1990 erklärten sich alle 15 Republiken der UdSSR als unabhängig. Die Zustimmung der Sowjetunion zur deutschen Vereinigung ermutigte die Staaten des östlichen Militärbündnisses dazu, sich von der sowjetischen Bevormundung zu befreien und auf eine Auflösung des Warschauer Paktes zu drängen.

Nachdem die militärischen Strukturen schon Ende März aufgelöst worden waren, erfolgte das offizielle Ende des Paktes am 1. Juli 1991. Drei Tage zuvor hatte sich auch das östliche Gegenstück zur Europäischen Gemeinschaft, der Rat für gegenseitige Wirtschaftshilfe (RGW), aufgelöst.

Putschversuch in Moskau und Gründung der GUS

Am 19. August 1991 erfolgte in Moskau ein Putschversuch von konservativen Politikern und Einheiten des Militärs. Dieser scheiterte zwei Tage später am Widerstand anderer Truppen und demokratisch gesinnter russischer Bürger, zusammen mit dem machtbewussten BORIS JELZIN. Die Position GORBATSCHOWS wurde durch die Vorgänge geschwächt. Da am 24. August 1991 auf Betreiben JELZINS die KPdSU verboten wurde, sah sich GORBATSCHOW genötigt, als Generalsekretär des Zentralkomitees dieser Partei zurückzutreten.

▶ GORBATSCHOW wurde für einige Tage auf der Krim festgesetzt. Die drei baltischen Staaten Estland, Lettland und Litauen nutzten diese Situation, um ihre Unabhängigkeit zu erklären.

Zu den Zielvorstellungen der meisten seit Dezember 1991 unabhängigen ehemaligen Sowjetrepubliken gehörten die staatliche Souveränität, die Unverletzlichkeit ihrer Grenzen und eine wirtschaftliche Zusammenarbeit. So gründeten am 8. Dezember 1991 Russland, die Ukraine und Weißrussland in der weißrussischen Hauptstadt Minsk die Gemeinschaft Unabhängiger Staaten (GUS).

Außer den drei baltischen Staaten und zunächst auch Georgien traten alle übrigen ehemaligen Sowjetrepubliken am 12. Dezember 1991 dieser Gemeinschaft bei. Russland war die führende Macht in dieser Gemeinschaft. Von Anfang an gab es Spannungen zwischen einzelnen Republiken, Vereinbarungen zwischen unterschiedlichen Staatengruppen der GUS, auch Auflösungserscheinungen. In den vergangenen Jahren spielte die GUS in der internationalen Politik keine
erkennbare Rolle mehr.

Der Weg der baltischen Staaten in die Unabhängigkeit

Die baltischen Staaten Estland, Lettland und Litauen waren vom Ende des Ersten Weltkrieges bis zu ihrer Okkupation durch die Sowjetunion im Sommer 1940 selbstständig, danach jeweils eine sozialistische Sowjetrepublik. Außenpolitisches Ziel dieser Länder war eine Westbindung, was den Austritt aus der Union der Sozialistischen Sowjetrepubliken (UdSSR) voraussetzte.

> Die 1980 gegründete OMON („Otrjad Milizii Osobogo Nasnatschenija" – „Einheit der Miliz besonderer Bestimmung") war ursprünglich eine Antiterroreinheit (bis zu 9 000 Mann). Bis in die jüngste Vergangenheit wurde sie in Russland im Antidrogenkampf, bei Geiselnahmen oder gegen nicht genehmigte Demonstrationen eingesetzt.

Seit 1987 gab es in allen drei Ländern wachsende Unabhängigkeitsbestrebungen. Als Erster der drei baltischen Staaten erklärte Litauen am 11. März 1990 seine Unabhängigkeit. Im Januar 1991 versuchten sowjetische Spezialtruppen (OMON) vergeblich, in Lettland und Litauen die Unabhängigkeitsbestrebungen zu unterdrücken. Estland und Lettland nahmen den Putschversuch in Moskau (19.–21. August 1990) zum Anlass, am 20. und 21. August ihre Unabhängigkeit zu verkünden.

Bis zum Herbst 1994 hatten sich alle russischen Truppen vertragsgemäß aus den drei baltischen Ländern zurückgezogen. Deren Regierungen versuchten in oft langwierigen Verhandlungen, die Aufnahme in internationale Organisationen (UNO, WTO, KSZE u. a.) zu erreichen. Gemeinsam wurden Estland, Lettland und Litauen am 29. März 2004 in die NATO und am 1. Mai 2004 in die Europäische Union aufgenommen.

Entwicklungen im übrigen Ost- und Südosteuropa

In **Polen** fanden schon vom Februar bis April 1989 Gespräche der Regierung (MIECZYSŁAW RAKOWSKI) mit der Opposition an einem „Runden Tisch" statt. Die Verhandlungspartner einigten sich auf die Wiederzulassung der Solidarnosc, die Einführung von Demokratie und Marktwirtschaft. Bei den Parlamentswahlen vom 4. Juni 1989 errang die Opposition einen überwältigenden Sieg. Mit dem neuen Ministerpräsident TADEUSZ MAZOWIECKI endete die Reihe kommunistischer Regierungschefs. Die kommunistische Partei des Landes (PZPR) löste sich 1990 auf.

Im Rahmen der NATO-Osterweiterung wurden 1999 neben Polen auch **Tschechien** und **Ungarn** in das westliche Militärbündnis aufgenommen. Der Beitritt zur EU erfolgte, wie derjenige der drei baltischen Staaten, am 1. Mai 2004.

11.3.5 Entkolonialisierung

Die Weltkriege als Katalysator der Entkolonialisierung

In den Jahrzehnten zwischen dem Beginn des Ersten und dem **Ende des Zweiten Weltkriegs** (1914–1945) begann allmählich der Prozess der Entkolonialisierung. Tausende sogenannte „Farbige", angelockt durch einen für ihre Verhältnisse relativ guten Lohn, hatten im Ersten Weltkrieg in den Kolonialtruppen der weißen Herren gedient, auf englischer, französischer und auch auf deutscher Seite. Im Fall Großbritanniens kamen im Ersten Weltkrieg zu den mehr als fünfeinhalb Millionen englischer Soldaten fast drei Millionen aus den Kolonien und aus den Dominions. Die Eliten in den Kolonien sahen, wie sich die Armeen ihrer hochnäsigen Beherrscher in Europa, Nordafrika und in vorderasiatischen Ländern bekämpften, ja zerfleischten.

König GEORGE VI. inspiziert seine Truppen, Italien 1944

Weltweite Beachtung fanden die „14 Punkte" des amerikanischen Präsidenten WOODROW WILSON (1856–1924) vom 8. Januar 1918, in denen er sich auch gegen die Großmacht- und Kolonialpolitik der europäischen Mächte wandte. Schon zwei Monate zuvor, am 8. November 1917, hatte LENIN im „Dekret über den Frieden" einen demokratischen Frieden ohne Annexionen und auf der Grundlage des Selbstbestimmungsrechts der Völker gefordert. Dieses Dekret ist auf dem Hintergrund der kommunistischen Imperialismuskritik zu sehen. Befürworter einer Entkolonialisierung wurden durch beide Dokumente in ihrer Kritik bestärkt.

Nach dem Ende des Ersten Weltkrieges verlor Deutschland seine Kolonien, das Osmanische Reich seine arabischen Besitzungen. Diese Gebiete wurden nicht zu Kolonien der Siegermächte, aber auch nicht zu selbstständigen Staaten. Den alten westeuropäischen Kolonialmächten war hinsichtlich der Gewinnung außereuropäischer Gebiete der „Appetit" noch nicht vergangen. Eine völkerrechtliche Absicherung entsprechender Bestrebungen findet sich in der Völkerbundssatzung, die Teil des Versailler Vertrages war. Hauptziele dieser Satzung waren die Friedenssicherung und die Förderung der internationalen Zusammenarbeit. In Art. 22 heißt es aber auch:

▶ Engl.: Commonwealth, Nationengemeinschaft (common – gemeinsam, wealth – Reichtum), dominion – Herrschaft, Herrschaftsgebiet

> „Über die Kolonien und Territorien, die infolge des Krieges ihre Selbstständigkeit erlangt haben, aber noch nicht in der Lage sind, sich selbst zu regieren, übernehmen entwickeltere Staaten das Mandat im Namen des Bundes. Die Befugnisse der Mandatarmacht ergeben sich aus dem Stand der Entwicklung, in dem sich das Territorium befindet."

▶ Im Sykes-Picot-Abkommen vom Januar 1916, einem englisch-französischen Geheimabkommen, wurde die spätere Aufteilung schon (mit Abweichungen) vorweggenommen.

Wie sich dann zeigen sollte, war keines der Territorien tatsächlich oder angeblich „in der Lage ... sich selbst zu regieren".

Vergleichbar dem UNO-Sicherheitsrat gab es einen Völkerbundsrat mit vier ständigen Mitgliedern (Großbritannien, Frankreich, Italien und Japan). Daher verwundert es nicht, dass Großbritannien 1920 den größten Teil, Frankreich einen kleineren Teil der ehemaligen Kolonien der Kriegsgegner erhielt. Im Sinne beider Staaten wurden auch die zum Osmanischen Reich gehörenden arabischen Gebiete unter Großbritannien und Frankreich aufgeteilt. (↗ 11.3.6)

Der Zweite Weltkrieg führte u. a. zu schweren Niederlagen der bis dahin führenden Kolonialmächte. Frankreich wurde, zusammen mit Belgien und den Niederlanden, 1940 binnen sechs Wochen von der deutschen Wehrmacht besiegt. Die in Südostasien und im westlichen Pazifik gelegenen Kolonien Großbritanniens und Frankreichs wurden ab Ende 1941 von den Japanern erobert. Diese Niederlagen führten zu einem großen Ansehensverlust Großbritanniens und Frankreichs, zumal auch hier wieder, wie im Ersten Weltkrieg, Bewohner ihrer Kolonien auf der Seite der ungeliebten Obrigkeit gekämpft oder einen Guerillakrieg gegen die japanischen Besatzer geführt hatten. Nach der japanischen Niederlage waren sie nicht bereit, zum früheren Kolonialstatus zurückzukehren. In den westlichen Staaten wuchs die Zahl derer, die ein Ende des Kolonialismus verlangten.

Die Unabhängigkeitsbewegungen in den Kolonien konnten sich schließlich auf die Charta der Vereinten Nationen berufen. Artikel 73 beginnt mit dem Satz:

> „Mitglieder der Vereinten Nationen, welche die Verantwortung für die Verwaltung von Hoheitsgebieten haben oder übernehmen, deren Völker noch nicht die volle Selbstregierung erreicht haben, bekennen sich zu dem Grundsatz, dass die Interessen der Einwohner dieser Hoheitsgebiete Vorrang haben."

▶ Im April 1946 wurden die vom Völkerbund verliehenen Mandate zu Treuhandgebieten der UNO. Das nordöstlich von Indonesien gelegene Palau wurde als letztes dieser Gebiet 1994 unabhängig.

Indiens Weg zur Unabhängigkeit

Der **Prozess der Entkolonialisierung** begann in Asien, erfasste dann die arabischen Länder und in den Jahren um 1960 schließlich Afrika. Er verlief in der Regel friedlich.
Lediglich in Indochina (Vietnam, Laos und Kambodscha) – vor allem in Vietnam – und in Algerien kam es zu jahrelangen heftigen Befreiungskriegen gegen die Kolonialmacht Frankreich. Nach dem Ende des Siebenjährigen Krieges (1763) begann England seine territoriale Position in Indien auszubauen. Zwischen 1838 und 1852 erfolgten Eroberungen im westlich angrenzenden Afghanistan und im Osten von Teilen Burmas. Nur wenige Jahre später mussten englische Truppen einen Aufstand in Nordindien, den „Sepoy-Aufstand", militärisch niederschlagen. Die wirtschaftliche Ausbeutung des Landes führte zur Entstehung eines indischen Nationalismus. Zum Träger der Nationalbewegung wurde 1885 der von Mitgliedern der einheimischen Bildungsschicht gegründete Indische Nationalkongress (INC). Die Beteiligung mehrerer indischer Divisionen während

des Ersten Weltkrieges auf britischer Seite führte zu großen Erwartungen auf der Seite der Nationalbewegung. Großbritannien dachte nach dem Kriegsende jedoch nicht an eine Erweiterung politischer Rechte für die Einheimischen.

Nach dem Ersten Weltkrieg wurde MAHATMA GANDHI (1869–1948) mit seinen Aktionen des zivilen Ungehorsams zur führenden Persönlichkeit der **indischen Unabhängigkeitsbewegung**. Er machte den INC zu einer landesweiten Massenbewegung für eine Unabhängigkeit Indiens. Wegen seiner Aktionen wurde er 1922 verhaftet und er zu sechs Jahren Gefängnis verurteilt wurde. Aufgrund seiner angegriffenen Gesundheit wurde er jedoch nach zweieinhalb Jahren begnadigt. Bis 1930 enthielt er sich antibritischer Aktionen, begann dann aber mit einer weiteren Kampagne zivilen Ungehorsams, woraufhin die britisch-indische Regierung ihn wiederholt verhaftete. Englische Zugeständnisse (1919 und 1935) führten nicht zum erhofften Erfolg.

MAHATMA GANDHI hatte in London Rechtswissenschaft studiert. Von 1893–1914 lebte er in Südafrika, wo er sich gegen die Diskriminierung indischer Einwanderer engagierte. 1914 kehrte er nach Indien zurück.

Seit Mitte der 1920er-Jahre kam es zu steigenden Spannungen zwischen Hindus und Muslimen in Indien. Nach dem Ende des Zweiten Weltkrieges forderte die Muslimliga einen eigenen Staat, was auch vom INC befürwortet wurde. So wurden am 14./15. August 1947 Indien und Pakistan unabhängig. GANDHI konnte sich nicht lange an den Früchten seines lebenslangen Kampfes erfreuen, denn am 30. Januar 1948 wurde er von einem jungen Hinduanhänger ermordet. Der Region blieben zunächst zwei Konfliktherde.

▶ GANDHI organisierte Protestmärsche, rief zur Nichtbefolgung ungerechter Gesetze auf und zur Verweigerung der Zusammenarbeit mit den britischen Behörden.

Kaschmir war 1846 von den Engländern annektiert und an das damalige Indien angegliedert worden. Nach dem ersten Kaschmirkrieg zwischen Indien und Pakistan (1947–1948) wurde es geteilt, was in Pakistan bis heute nicht akzeptiert wird und zu weiteren militärischen Auseinandersetzungen zwischen beiden Ländern führte.

Bangladesh, zu 90 % von Muslimen bewohnt, war ab 1947 ein Teil Pakistans, nur dass beide Teile durch das zwischen ihnen liegende Indien getrennt waren. Nach einem von Indien unterstützten Krieg wurde das nach Unabhängigkeit strebende ehemalige Ostpakistan Anfang 1972 selbstständig.

Frankreich – vergebliches Festhalten an Indochina

Indochina war neben den nord- und westafrikanischen Kolonien das zweitgrößte französische Kolonialgebiet. Am Anfang stand 1858–1863 die Eroberung von Cochinchina (der südliche Teil von Vietnam). Es folgten die Besetzung und **Errichtung von Protektoraten** in Kambodscha (1863), Annam (1883), dem mittleren Teil, und Tongking (1883), dem nördlichen

11 Von der Teilung zur Wiedervereinigung Deitschlands

Teil Vietnams. 1887 wurden diese Gebiete zur Union von Indochina zusammengefasst. 1893 kam noch Laos hinzu. Das Hauptinteresse Frankreichs galt den mineralischen Rohstoffen dieser Gebiete: Eisen, Kupfer, Mangan, Zinn, Bauxit u. a. Außerdem sollten diese Länder französische Fertigprodukte abnehmen.

Widerstand und vereinzelte Aufstände gegen die französischen Kolonialherren gab es schon vor dem Ersten Weltkrieg. Die **Unabhängigkeitsbestrebungen** nahmen in der Zwischenkriegszeit zu. 1930, im Jahr eines großen Aufstandes, wurde von HO CHI MINH (1890–1969) und einigen anderen Kampfgefährten die kommunistische Partei gegründet, die sich zur führenden Widerstandsbewegung des Landes entwickelte. 1940/41 besetzten die Japaner Indochina. Der 1941 zunächst als politischer Zusammenschluss gegründete Vietminh war kommunistisch dominiert. Seine Kampftruppen wandten sich unter General VÕ NGUYÊN GIÁP (geb. 1911) gegen die japanische Besatzungsmacht.

▶ Das französische Expeditionsheer bestand aus Berufssoldaten, Fremdenlegionären und zu einem kleineren Teil auch aus Kämpfern aus den französischen Kolonien in Afrika.

Am 2. September 1945 wurde die „Demokratische Republik Vietnam" ausgerufen. Kaum drei Wochen später landeten französische Truppen in Saigon (seit 1976 Ho-Chi-Minh-Stadt) und besetzten in den darauf folgenden Monaten die mittleren und nördlichen Landesteile. Da Frankreich die Rekolonialisierung des Landes anstrebte, konnte es keine Zusammenarbeit mit dem Vietminh geben. Ende 1946 begann der Indochinakrieg (1946–1954).

Der **Vietminh** war den französischen Soldaten ausrüstungs- und zahlenmäßig unterlegen, sodass die Taktik des Guerillakrieges angewendet werden musste. Von großem Vorteil war dabei die Unterstützung durch die Bevölkerung. Bis 1950 war der Vietminh in der Defensive, bekam dann aber militärische Hilfe aus China und beherrschte bald den größten Teil des nördlichen Vietnam, mit Ausnahme von Hanoi.
Ende 1953 wurde **Dien Bien Phu,** 300 km westlich von Hanoi, nahe der Grenze zu Laos, zu einer Festung ausgebaut. General VÕ NGUYÊN GIÁP belagerte diese mit etwa 70 000 vietnamesischen Soldaten und eroberte sie nach zweimonatigen schweren Kämpfen (März–Mai 1954). Das bedeutete das Ende des französischen Kolonialreiches in Ostasien. Da hatte auch die milliardenschwere Unterstützung der Amerikaner nicht geholfen. Die Schätzungen der Kriegsopfer bewegen sich zwischen 600 000 und 900 000 Personen.

Das vertragliche Nachspiel erfolgte auf der **Genfer Indochinakonferenz** (26. April – 21. Juli 1954), an der die Siegermächte des Zweiten Weltkrieges und die Delegationen der ostasiatischen Region teilnahmen. Im Ergebnis wurden Laos und Kambodscha zu unabhängigen Staaten, Vietnam wurde, getrennt durch den 17. Breitengrad, in zwei Teile geteilt. Freie Wahlen sollten zu einem geeinten Vietnam führen.
Die Vereinigung geschah dann, von Nordvietnam ausgehend, als Ergebnis des zweiten Vietnamkrieges (1964–1975), den die Amerikaner, trotz einer Armee von hunderttausenden Soldaten, massiver Bombardierungen Nordvietnams, und des Einsatzes von Napalm und Entlaubungsmitteln, nicht gewinnen konnten.

Die Entkolonialisierung Afrikas

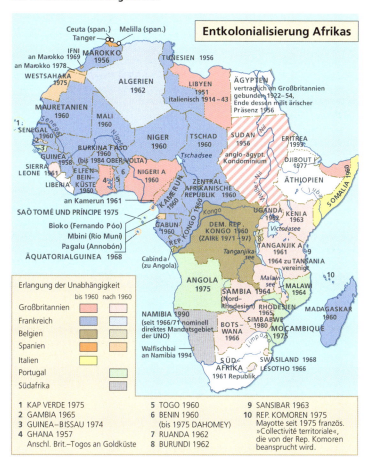

1960 war das entscheidende Jahr in Bezug auf die Zahl der afrikanischen Länder, die unabhängig wurden. Am 12. Dezember 1960 hatte die UNO eine Resolution verabschiedet, in der die Kolonialmächte aufgefordert wurden, den Kolonialismus „in allen Erscheinungsformen schnell und bedingungslos zu beenden". Die nordafrikanischen Länder hatten schon früher ihre Souveränität erhalten. Eine Ausnahme bildete hier Algerien.

Frankreich: Marokko und Tunesien

Die entscheidende Persönlichkeit der **tunesischen Unabhängigkeitsbewegung** war seit 1934 HABIB BOURGIBA (1903–2000). Als es 1952 zu Unruhen mit mehreren Hundert Toten kam, gab Frankreich allmählich nach. Das Ansehen des Landes bei den Eliten der Kolonialländer war durch die Niederlage 1940, zusätzlich noch durch den verlorenen Indochinakrieg stark gesunken. Am 20. März 1956 erhielt Tunesien die Unabhängigkeit. BOURGIBA war bis 1987 tunesischer Staatspräsident.

Der **Weg zur Souveränität** von Marokko verlief ohne große Gewaltanwendung. Der marokkanische Sultan MOHAMMED V. (1927–1961) verlangte 1947 die Unabhängigkeit des Landes.
Die Regierung in Paris zeigte sich jedoch erst 1954 nach dem Beginn des Aufstandes in Algerien gesprächsbereit und gewährte am 2. März 1956 dem Land die Unabhängigkeit.
Nachdem einen Monat später auch Spanien auf sein nordmarokkanisches Gebiet (Spanisch-Marokko) verzichtet hatte – es behielt lediglich die Küstenstädte Ceuta und Melilla – wurde in Marokko im August 1957 das Königreich ausgerufen.

Der algerische Befreiungskampf

Nach dem Zweiten Weltkrieg verweigerte Frankreich seiner größten und ältesten Kolonie, Algerien, jahrelang die Unabhängigkeit, denn Algerien war ein französisches Departement, in dem etwa 10 % der damaligen Bevölkerung (800 000 von insgesamt 8 Millionen) französische Siedler waren. Das Land verfügte über zahlreiche Bodenschätze, vor allem Erdöl und Erdgas, aber auch Eisenerz, Blei, Uran und Gold.

Noch vor dem Ende des Zweiten Weltkrieges hatte sich hier die FLN („Front de Libération Nationale", dt. „Nationale Befreiungsfront") gebildet. Dieser schloss sich AHMED BEN BELLA (geb. 1918) an, der während des Krieges als Unteroffizier im französischen Heer gekämpft hatte und bald zur Leitfigur des algerischen Widerstandes wurde. Am 1. November 1954 begann der bewaffnete Aufstand, der von beiden Seiten mit äußerster Brutalität geführt wurde. Mit schließlich 500 000 Soldaten hatte Frankreich in Algerien militärisch die Oberhand, konnte das Land aber nicht vollständig unterwerfen.

> Bis heute ist der 1. November in Algerien Nationalfeiertag. BEN BELLA saß von 1956–1962 in französischer Haft.

Aufgrund einer Staatskrise in Paris wählte die Nationalversammlung 1958 CHARLES DE GAULLE (1890–1970), der sich fünf Jahre zuvor aus der Politik zurückgezogen hatte, zum Ministerpräsidenten; Ende 1958 wurde er dann Staatspräsident.
Gegen seine Absicht, Algerien aus dem französischen Staatsverband zu entlassen, wehrten sich große Teile der Algerienfranzosen und der Armeeführung in Algerien. Es kam zu einer Reihe von Terroranschlägen. Anfang der 1960er-Jahre waren fast 80 % der Bevölkerung in Frankreich für eine Beendigung des Krieges. Verhandlungen im schweizerischen Évian-les-Bains brachten im März 1962 eine Einigung und am 1. Juli 1962 wurde Algerien ein souveräner Staat. In der Folgezeit flüchteten mehrere Hunderttausend Algerienfranzosen und Algerier, die mit den Franzosen gearbeitet hatten, nach Frankreich. Von 1962 bis 1965 war BEN BELLA die Leitfigur des algerischen Widerstandes, zunächst Ministerpräsident, dann Staatspräsident. Wie viele Hunderttausend Soldaten und Zivilisten ihr Leben lassen mussten, ist nicht feststellbar. Wie üblich differieren in Konfliktfällen die von den beteiligten Seiten bekannt gegebenen Zahlen erheblich.

> 1965 wurde BEN BELLA von einem Weggefährten, Verteidigungsminister BOUMEDIENNE, gestürzt.

Von der „Union Française" zur Unabhängigkeit

Die Engländer verwalteten ihre Kolonien (wann immer es möglich war) nach dem Prinzip der „indirekten Herrschaft" (indirect rule). Sie arbeiteten mit den einheimischen Autoritäten zusammen. Die Franzosen praktizierten stets die „direkte Herrschaft". Einheimische Führungskräfte, mit denen sie zusammen arbeiteten, hatten Befehle und Anweisungen der Gouverneure auszuführen.

Um den **Unabhängigkeitsbewegungen** den Wind aus den Segeln zu nehmen, schuf Frankreich im Oktober 1946 nach dem englischen Vorbild des „Commonwealth of Nations" eine staatsrechtliche Verbindung zwischen Paris und den Kolonien und nannte sie „Union Française" (dt.: „Französische Union"). Die Kolonien und die von Frankreich verwalteten Gebiete erhielten eine mehr oder weniger begrenzte innere Autonomie und sollten auf verschiedenen Politikfeldern zusammenarbeiten.
Vietnam, Laos und Kambodscha schieden schon 1953/54 aus der „Union" aus, Marokko und Tunesien 1956 bzw. 1957.

> „Union Française": vorbereitet 1944 auf der Konferenz von Brazzaville. Offenbar wollte de Gaulle die Hilfe der Kolonien bei der Befreiung Frankreichs erreichen.

Am 4. Oktober 1958 wurde dieser Zusammenschluss in „Communauté Francaise" („Französische Gemeinschaft") umbenannt. Ihr gehörten die Kolonien der Gebiete „Französisch-Westafrika", „Französisch-Äquatorialafrika", Madagaskar und die UN-Treuhandgebiete Togo und Kamerun an. Sie wurden 1960 unabhängig. Kurz danach schloss Frankreich mit den meisten dieser Staaten besondere zweiseitige Verträge ab. Das sicherte ihm einen beachtlichen Einfluss und eine Schlichterrolle bei inneren Konflikten in seinen ehemaligen Kolonien.

Großbritannien: die Früchte der „indirect rule"

Hatte Großbritannien schon die Verwaltung seiner Kolonien unter Einbeziehung einheimischer Stammesführer gestaltet, war der Prozess der Loslösung vom British Empire in den meisten Fällen einigermaßen problemlos.

> In Madagaskar kam es 1947 zu einem Aufstand der Autonomiebewegung, der blutig niedergeschlagen wurde (mehrere 10 000 Tote).

Ghana und Nigeria
Der Prozess der Loslösung begann mit der Unabhängigkeit der Kolonie Goldküste. Hier wurde schon 1948 von Einheimischen eine Autonomieverfassung entworfen und drei Jahre später wurde der populäre KWAME NKRUMAH (1909–1972) mit den Regierungsgeschäften betraut. 1957 wurde die Kolonie Goldküste selbstständig und nannte sich Ghana.
In Anbetracht seiner zahlreichen Stämme und durch die Größe des Landes war Nigeria nicht einfach zu verwalten. Auf Druck von Gewerkschaften und politischen Gruppierungen erhielt das Land 1951 eine bundesstaatliche Verfassung, nach der die einzelnen Regionen mehr Autonomie erhielten. 1954 sah eine geänderte Verfassung ein von den Einheimischen zu wählendes Zentralparlament und einen Ministerrat für das gesamte Land vor. Beide Länder erhielten 1960 die volle Souveränität. Fast alle übrigen englischen Kolonien wurden im Laufe der 1960er-Jahre unabhängig. Am Beispiel Nigerias und Ghanas sieht man, dass die Engländer ihre Kolonien in der Regel auf die Selbstständigkeit hin vorbereiteten.

> Wegen der verschiedenen Stämme und der Glaubensrichtungen – der Norden ist muslimisch, der Süden christlich – konnte sich nach 1960 das Demokratiemodell in Nigeria nicht entfalten.

Rhodesien

▶ CECIL RHODES (1853–1902) eroberte die Gebiete nördlich der britischen Kapprovinzen. Ihm zu Ehren nannte man die Gebiete **Nordrhodesien** und Südrhodesien.

Ernsthafte Probleme gab es nur in den Kolonien, in denen eine größere Zahl englischer Siedler heimisch geworden war, in Rhodesien/Simbabwe und in Kenia. 1953 schloss Großbritannien seine Kolonien Südrhodesien, Nordrhodesien und Njassaland zur Zentralafrikanischen Föderation zusammen. Die Einheimischen mussten als Arbeitskräfte in den Gold- und Kupferminen des südlichen Afrikas schuften und auf den Plantagen Rhodesiens für die weiße Minderheit hart arbeiten. Widerstandsbewegungen erreichten 1963 die Auflösung der Föderation, woraufhin 1964 Njassaland als Malawi und Nordrhodesien als Sambia ihre Eigenständigkeit erhielten. Ganz anders verlief die Entwicklung in Südrhodesien, dem heutigen Simbabwe. Der weiße Farmer IAN SMITH (1919–2007) übernahm 1964 den Vorsitz der radikalen „Rhodesian Front (RF)", die für die Unabhängigkeit des Landes eintrat, jedoch unter der Vorherrschaft der weißen Minderheit (5 % der fünf Millionen Einwohner). 1964–1979 war SMITH Ministerpräsident in einer (weißen) Minderheitsregierung. 1965 verkündete er die Souveränität im jetzt Rhodesien genannten Staat, welche weder Großbritannien noch ein anderer Staat anerkannte.

Anfang der 1960er-Jahre bildeten sich Befreiungsbewegungen, wobei ROBERT MUGABE (geb. 1924) und JOSHUA NKOMO (1917–1999) um die Führungsrolle kämpften. 1964 bis 1974 waren beide von IAN SMITH inhaftiert worden. Ab 1976 leiteten sie mit ihren nun vereinten Bewegungen einen Guerillakrieg gegen die weiße Regierung. Die Wahlen im Februar 1980 gewann MUGABES ZANU, der daraufhin Ministerpräsident wurde. Zwei Monate später, am 18. April 1980, erhielt Rhodesien die Unabhängigkeit und nennt sich seitdem Simbabwe.

▶ NKOMO leitete die „Zimbabwe African Peoples Union" (ZAPU), Mugabe die „Zimbabwe African National Union" (ZANU).

Aus der jetzt folgenden Auseinandersetzung zwischen NKOMO und MUGABE, zeitweise mit militärischen Mitteln geführt, ging MUGABE als Sieger hervor. Er errichtete eine Diktatur mit den üblichen gewaltsamen Erscheinungsformen. Zwischen 2002 und 2004 gaben fast alle der 2 900 Farmer ihre Höfe auf. Dies führte zu einer Hungersnot und zur Verarmung großer Teile der Bevölkerung. Im Jahr 2010 ist MUGABE immer noch an der Macht.

Kenia

In der englischen Kolonie Kenia begann schon vor 1914 die Niederlassung weißer Siedler. Um 1950 betrug ihre Zahl etwa 66 000, das war 1 %

der Bevölkerung, die aber ein Viertel des bebaubaren Landes besaßen. Dadurch fühlte sich der Stamm der Kikuyu existenziell bedroht. Während eines Aufstandes Von 1952 bis 1956 starben knapp 100 Europäer, aber 15 000 bis 20 000 Afrikaner.

JOMO KENYATTA (1893–1978), der Führer der Oppositionsbewegung, gehörte mit NKRUMAH zu den führenden Intellektuellen des neuen Afrika. Er lebte von 1929 bis 1947 in England, wo er auch promovierte.1952 wurde er verdächtigt, Initiator des sogenannten Mau-Mau-Aufstandes zu sein, und wurde zu sieben Jahre Haft verurteilt. 1963/64 wurde Kenia unabhängig, KENYATTA wurde Staatspräsident und stützte seine Macht auf ein Einparteienregime. Trotz seiner gemäßigten Afrikanisierungspolitik, die auf eine Versöhnung von Schwarzen und Weißen hinauslaufen sollte, verließ eine große Zahl Europäer das Land. 1978 starb der „Vater der Nation". Dank seines klugen Handelns verlief die Entkolonisierung in Kenia ganz anders als in Nordrhodesien, dem heutigen Simbabwe.

> 1960 erlaubten die Engländer, eine eigene von Einheimischen getragene Regierung zu bilden.

Namibia
Deutsch-Südwestafrika wurde 1922 als Völkerbundsmandat an Südafrika übergeben. Südafrika behandelte diese ehemalige deutsche Kolonie jedoch wie einen Teil ihres eigenen Staatsgebietes und führte hier auch die Apartheidpolitik ein. 1945 weigerte es sich, dieses Gebiet treuhänderisch für die UNO zu verwalten. Dagegen bildete sich eine Widerstandsbewegung, die SWAPO („South-West Africa People's Organization", dt.: „Südwestafrikanische Volksorganisation"). 1966 übernahm die UNO das Territorium und gab ihm den Namen Namibia. Nach langen Auseinandersetzungen und mehreren Konferenzen wurde Namibia erst am 21. März 1990 unabhängig.

Die spanischen Kolonien

Spanisch-Sahara
Erst 1958 erklärte Spanien Spanisch-Sahara zur Kolonie. Als 1960 etwa 100 km landeinwärts ausgedehnte Phosphatlager entdeckt wurden, weckte das auch die Begehrlichkeit der beiden Nachbarn, Marokko und Mauretanien. 1963 bildete sich mit der „Frente Polisario" eine von Algerien unterstützte Befreiungsbewegung. Am 14. November 1975 trat Spanien, über die Köpfe der einheimischen Bevölkerung (der Sahrauis) hinweg, seine Kolonie vertraglich an Marokko und Mauretanien ab. Die Polisario rief im Februar 1976 die „Demokratische Arabische Republik Sahara" aus. Zwischen den Kämpfern der Polisario und den Truppen Marokkos und Mauretaniens entstand ein jahrelanger Krieg. Mauretanien verzichtete 1979 zugunsten Marokkos auf seinen Teil. Ein von den USA und auch der UNO anberaumtes Referendum über die Zukunft des Landes fand bis 2010 nicht statt. Ein Großteil der Sahrauis lebt immer noch unter einfachsten Bedingungen in Zeltstädten und Lagern in Algerien, nahe der Grenze zur Westsahara.

> Marokko erhielt den nördlichen Teil, etwa 2/3 der gesamten (jetzt) „Westsahara" (dort liegen die Phosphatvorkommen), Mauretanien das südliche Drittel.

Spanisch-Guinea
1959 gewährte Spanien seinem kleinen Territorium am Golf von Guinea eine eingeschränkte Selbstverwaltung, 1964 erhielt es die volle Autono-

mie und 1968 schließlich seine Unabhängigkeit. Die darauffolgenden Jahre sind von Diktaturen und militärisch erzwungenen Machtwechseln gekennzeichnet.

Die Kanarischen Inseln erhielten 1983 ein Autonomiestatut. Sie sind mit den von ihnen gewählten Vertretern im spanischen Abgeordnetenhaus und im Senat vertreten.

▶ FRELIMO: Frente de Libertaçao de Moçambique, dt.: Befreiungsfront von Moçambique

Portugal: Angola und Moçambique

Portugal war das Land in Europa, das seine Kolonien mit allen Mitteln behalten wollte. 1951 wurden Angola und Moçambique Überseeprovinzen mit eingeschränkter Selbstverwaltung. Trotzdem entstanden in beiden Kolonien Befreiungsbewegungen, die dem „Mutterland" sehr zu schaffen machten. In Moçambique war es die 1962 gegründete FRELIMO, die zwei Jahre darauf mit ihrem Guerillakrieg begann.

In Angola entstand die erste von drei größeren Befreiungsbewegungen schon 1956, die von der UdSSR und Kuba unterstützte MPLA; es folgten 1962 die FNLA und 1966 die UNITA, beide unterstützt von den USA und auch von Südafrika. Die Verluste aufseiten der einheimischen Bevölkerung waren sehr hoch.

▶ Aus Freude über dieses Ereignis steckten Bürger den Soldaten Nelken in die Gewehrläufe.

Schon 1932 hatte ANTÓNIO DE OLIVEIRA SALAZAR (1889–1970) in Portugal ein rechtsgerichtetes diktatorisches Regime errichtet. Sein Nachfolger, MARCELLO CAETANO (1906–1980), wurde am 25. April 1974 in einem unblutigen Staatsstreich (der sogenannten „Nelkenrevolution") von einer oppositionellen Offiziersgruppe gestürzt. Deren Ziel war neben einer Demokratisierung ihres Landes die Entkolonialisierung. Moçambique wurde schon am 25. Juni 1975 unabhängig, Angola folgte am 11. November des Jahres. Nun erhielten auch die beiden kleinsten portugiesischen Kolonien in Afrika, Guinea Bissau (Sept. 1974) und die Inselgruppe Kap Verde (Juli 1975), ihre Unabhängigkeit.

In den darauffolgenden 30 Jahren litt Angola unter einem Bürgerkrieg zwischen den von westlichen und den von sozialistisch-kommunistischen Staaten unterstützten einstigen Unabhängigkeitsbewegungen. In Moçambique dauerte ein ähnlich gelagerter Bürgerkrieg 16 Jahre.

Belgien: Belgisch-Kongo

Nach dem Zweiten Weltkrieg wuchs in der belgischen Kolonie Kongo der Widerstand gegen das „Mutterland". Wie auch andere Kolonialländer versuchte es Belgien mit Reformen, die aber keine Wirkung zeigten. Überstürzt gewährte Belgien am 30. Juni 1960 dem Land die Unabhängigkeit, worauf es nicht vorbereitet worden war.

Wie schon 1931 versuchte 1960 und 1978 das im Süden des Kongo gelegene rohstoffreiche Katanga – wiederum erfolglos –, unabhängig zu werden. Die Herrschaft von MOBUTU SESE SEKO (1966–1997) war gekennzeichnet von Korruption und Bereicherung. Von 1971 bis 1997 war die Demokratische Republik Kongo in Zaire umbenannt worden. Durch bürgerkriegsähnliche Zustände und die Einmischung von Truppen benachbarter Länder ist die Republik Kongo bis heute praktisch unregierbar.

Italien

Als 1943 eine Niederlage Italiens drohte, wurde BENITO MUSSOLINI vom italienischen König entlassen und verhaftet. Im Oktober 1943 trat Italien auf der Seite der Alliierten in den Krieg gegen das Deutsche Reich ein. Das bewahrte das Land davor, 1945 sofort seine Kolonien zu verlieren. Libyen wurde auf Beschluss der UNO am 24. Dezember 1951 unabhängiges Königreich.
1950 erhielt Italien immerhin Italienisch-Somaliland als UN-Treuhandgebiet, bis dieses 1960 mit Britisch-Somaliland zusammengelegt wurde und als Somalia die staatliche Souveränität erhielt. Eritrea wurde 1941 von Großbritannien besetzt und musste 1952 auf einen UNO-Beschluss hin eine Föderation mit Äthiopien eingehen. Nach einem langen Befreiungskrieg wurde Eritrea 1993 unabhängig.

Der Nord-Süd-Konflikt

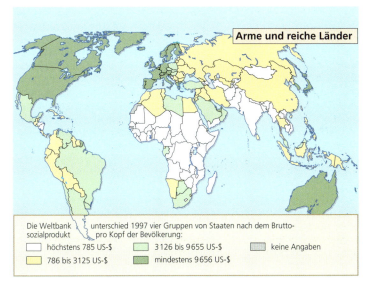

▶ „Erste Welt": die industrialisierten, demokratischen Staaten der westlich orientierten Welt; „Zweite Welt": die sozialistisch-kommunistischen Länder des Ostblocks; „Dritte Welt": die nicht hierzu gehörenden blockfreien Staaten

Die Kolonialzeit hat in den ehemaligen Kolonien noch heute Nachwirkungen. Die Kolonialmächte zogen die Grenzen ihrer Erwerbungen dort, wo ihre Eroberungen zum Stillstand gekommen waren. Vielfach haben die Kolonialverwaltungen soziale und wirtschaftliche Bedingungen geschaffen, die an den eigenen Strukturen und Interessen ausgerichtet waren und nicht dem Wesen und den Möglichkeiten der kolonialisierten Völker entsprachen. Somit sind viele von ihnen bis heute auf entwicklungspolitische Zusammenarbeit und Hilfe angewiesen.

Internationale Zusammenschlüsse

Der Ost-West-Konflikt beinhaltete seit den 1950er-Jahren auch das Bestreben, besonders der Führungsmächte dieser Konstellation (USA und

UdSSR), möglichst viele bis dahin ungebundene Staaten auf ihre Seite zu ziehen. Das führte auch zum Begriff **„Dritte Welt"**.
Eine erste Konferenz von Regierungsvertretern ehemaliger Kolonialländer fand schon 1956 im indonesischen Bandung statt. Die Teilnehmer einigten sich auf eine Deklaration zur „Förderung des Weltfriedens und der Zusammenarbeit". Die wichtigsten Ziele waren: Beendigung der Kolonialherrschaft, Nichteinmischung in innere Angelegenheiten eines Landes und friedliche internationale Zusammenarbeit.

▶ Hintergrund: 1948 Gründung des Staates Israel (Krieg, Vertreibung und Flucht 100 000er Palästinenser; 1956 zweiter israelisch-arabischer Krieg; 1961 Bau der Mauer in Berlin

JOSIP BROZ TITO (1892–1980), ehemaliger Präsident Jugoslawiens

Die **Belgrader Konferenz** (1961) war dann die eigentliche Gründungskonferenz der blockfreien Staaten. Die führenden Persönlichkeiten waren JAWAHARLAL NEHRU (1889–1964, Indien), JOSIP BROZ TITO (1892–1980, Jugoslawien) und GAMAL ABDEL NASSER (1918 bis 1970, Ägypten). Die Forderungen der „Blockfreien" umfassten über die Deklaration von Bandung hinausgehend die Beseitigung des wirtschaftlichen Ungleichgewichts auf der Welt, die Auflösung ausländischer Militärstützpunkte, begleitet von einer kontrollierten Abrüstung, aber auch die Wiederherstellung der Rechte der Bevölkerung Palästinas sowie eine friedliche Lösung des Berlin- und Deutschlandproblems.

1964 schlossen sich Entwicklungsländer in der **„Gruppe der 77"** zusammen, um sich auf UNO-Konferenzen mehr Gehör zu verschaffen. Obwohl diese Gruppierung über keine eigene Verwaltung verfügte, erhielt sie doch aufgrund ihrer damals aktuellen Forderungen eine spürbare Resonanz. Die „Gruppe der 77" setzte sich für folgende Belange der Entwicklungsländer ein: eine verbesserte Teilnahme am Weltmarkt, akzeptablere

▶ Niedrigere Zinssätze, längere Laufzeiten der Kredite

Bedingungen der gewährten Kredite und einen Schuldenerlass für die ärmsten Entwicklungsländer. Die Industrieländer sollten 0,7 % ihres Bruttoinlandsprodukts als Entwicklungshilfe zur Verfügung stellen, wozu kaum ein Land willens ist. Die unterschiedlichen wirtschaftlichen Fortschritte der Entwicklungsländer und die Bildung verschiedener Gruppierungen (z. B. Schwellenländer, OPEC-Staaten) erschweren die Arbeit der „Gruppe der 77".

▶ Ursprünglich sollte der IWF das internationale Währungssystem mit seinen damals festen Wechselkursen überwachen.

Bemühungen der UNO
Seit Beginn ihres Bestehens (1945) hat sich die UNO besonders für die Belange der Kolonien und deren Nachfolgestaaten eingesetzt. Sie hat für die unterschiedlichen Aufgaben eine Reihe von Unterorganisationen gebildet. 1947 begannen die drei wichtigsten Organisationen für die Bereiche Welthandel und Finanzen, IWF, Weltbank und GATT ihre Tätigkeit.

11.3 Die Wiedervereinigung

Die Hauptaufgabe des **„Internationalen Währungsfonds"** (IWF) besteht darin, Ländern bei Zahlungsbilanzschwierigkeiten (z. B. Staatsschulden, die auf dem üblichen Weg der Kreditaufnahme nicht zu begleichen sind) mit kurzfristig rückzahlbaren Krediten zu helfen. Entwicklungsländer beschweren sich über die damit verbundenen wirtschaftlichen Auflagen. Die Weltbank vergibt, hauptsächlich an Entwicklungsländer, langfristige Kredite, z. B. für Projekte zur Armutsbekämpfung oder zur Stärkung der wirtschaftlichen Infrastruktur.

Aufgabe des **GATT** („General Agreement on Tariffs and Trade", dt.: „Allgemeines Zoll- und Handelsabkommen") war ein allgemeiner Abbau von Zöllen und Handelshemmnissen, um durch den wachsenden Handel zwischen den Nationen die wirtschaftliche Lage der Bevölkerung zu verbessern. Weil die „Gruppe der 77" vor allen dem IWF und dem GATT eine Bevorzugung der Industrienationen vorgeworfen hatte, entstand 1964 als weitere Unterorganisation der UNO die UNCTAD („United Nations Conference on Trade and Development", dt.: „Konferenz der Vereinten Nationen für Handel und Entwicklung", kurz: „Welthandelskonferenz"). Sie versucht, den Welthandel zugunsten der Entwicklungsländer zu verändern.

> 1996 wurde das GATT durch die WTO (World Trade Organization, dt. Welthandelsorganisation) abgelöst, deren Aufgaben weitreichender sind.

Die Auffächerung der Entwicklungsländer

1970 hat die UNO begonnen, eine Klassifizierung der Entwicklungsländer vorzunehmen. Entwicklungsländer hießen jetzt „Less developed Countries" (LDC, dt. „wenig entwickelte Länder"), diejenigen mit einer fortschreitenden industriellen Entwicklung „Newly industrialising Countries" (NIC), „Schwellenländer". Zu diesen zählten Brasilien, Mexiko, Malaysia, Singapur, Südkorea, Hongkong und Taiwan.

1991 wurden aus den LDC die wirtschaftlich ganz schwachen Länder herausgenommen und als „Least developed Countries" (LLDC, dt. „am wenigsten entwickelte Länder") bezeichnet. Hierzu zählt die Mehrzahl der rund 50 afrikanischen Länder. Gelegentlich werden diese ärmsten Länder als „Vierte Welt" bezeichnet. Seit dem Zusammenbruch der Sowjetunion und der kommunistischen Herrschaft in Osteuropa und damit dem Verschwinden der einst „Zweiten Welt" ist diese Zählung nicht mehr sinnvoll.

> Heute fasst man vier gut entwickelte Schwellenländer unter der Bezeichnung BRIC zusammen (Brasilien, Russland, Indien, China).

Merkmale der Entwicklungsländer

Zu den allgemeinen Merkmalen von Entwicklungsländern gehören: Massenarmut, Hunger, Krankheiten, eine geringe Alphabetisierungsrate, hohe Arbeitslosigkeit, eine hohe Auslandsverschuldung sowie die Abhängigkeit von den schwankenden Einnahmen aus dem Export von landwirtschaftlichen Erzeugnissen oder Bodenschätzen. Somit sind diese Länder in gesteigertem Maße von Entwicklungshilfe durch die Industrienationen abhängig.

Zu den gravierenden Merkmalen zählen ein hohes Bevölkerungswachstum, Fehlinvestitionen, Korruption und Vetternwirtschaft sowie hohe Ausgaben für Waffenkäufe. Noch 1994 wurden 71% der weltweiten Waffenkäufe von den Staaten Asiens und des Nahen Ostens getätigt. Angesichts eines Überangebots von Erzeugerprodukten machen sich etliche Entwicklungsländer gegenseitig Konkurrenz.

> Ägypten hatte nach dem Ersten Weltkrieg 13 Mio Einwohner, heute sind es bald 80 Mio. Das Vermögen des kongolesischen Diktators MOBUTU, 1965–1997 Staatspräsident, wurde nach seinem Tod auf 10 Mrd.$ geschätzt.

Die OPEC

> OPEC: „Organization of the Petroleum Exporting Countries"; dt. Organisation der Erdöl exportierenden Länder

Um angemessene und einheitliche Weltmarktpreise für den Verkauf ihres Rohöls zu erzielen, schlossen sich 1960 mehrere Staaten des Nahen Ostens (Saudi-Arabien, Kuwait, Iran, Irak und Venezuela) zur OPEC, einem Rohstoffkartell, zusammen. In der Folgezeit vergrößerte sich die Zahl der Mitgliedsstaaten (Libyen, die Vereinigten Arabischen Emirate, Algerien, Nigeria und Indonesien). Die Festlegung auf Quoten für die einzelnen Länder hatte nur bedingten Erfolg.

Nach dem vierten israelisch-arabischen Krieg (Jom-Kippur-Krieg, 1973) benutzte die OPEC erstmalig das Erdöl als politische Waffe. Sie stoppte die Lieferungen an die USA und den größten europäischen Ölhafen Rotterdam. Der Rohölpreis vervierfachte sich. Die OPEC-Länder wandten sich damit gegen die Unterstützung Israels durch die westlichen Länder.

Die Reaktion der Industriestaaten bestand zunächst in der Intensivierung der Förderung des Jahre zuvor entdeckten Erdöls in Alaska (durch die USA) und der Nordsee (durch die Anrainerstaaten). Westeuropa bezog vermehrt russisches Erdöl aus Sibirien. Zudem begann die Entwicklung alternativer Energiequellen. Seit den 1990er-Jahren ist der Einfluss des OPEC-Kartells zurückgegangen.

Entwicklungshilfe – aber wie?

Nach 1960 wurde Hilfe für die Entwicklungsländer als eine notwendige Art der Wiedergutmachung und aus humanen Überlegungen heraus als Aufgabe der Industrieländer wahrgenommen.

Zunächst wurde Entwicklung mit wirtschaftlichem Wachstum gleichgesetzt. Um die Differenz zu den Industriestaaten zu vermindern, wurden erhebliche Kredite gewährt.

Man hoffte, dass es zu einer allmählichen Verbesserung der Lebensbedingungen der unteren Schichten kommen werde („Trickle-down-Theorie").

> trickle down: dt. heruntertröpfeln, (nach unten) durchsickern

Als dies nicht oder kaum eintrat, mussten die Entwicklungspolitiker umdenken. Die Infrastruktur in einem Land der „Dritten Welt" auszubauen war sinnvoll. Es war aber kontraproduktiv, einem Entwicklungsland z. B. Straßenkehrmaschinen zu „schenken". Dies kostete dort Arbeitsplätze; Ersatzteile mussten dann auf eigene Rechnung von den Firmen des Geberlandes bezogen werden oder die Maschine wurde einfach stillgelegt. Mit dem Hintergedanken an Arbeitsplatzsicherung und Firmengewinne (Steuermehreinnahmen) wurden auch gern „gebundene Entwicklungshilfe" gegeben oder Großprojekte gefördert. In manchen Fällen war das zunächst einigermaßen sinnvoll (z. B. der große Assuan-Staudamm in Ägypten).

Die neue Strategie hieß „Hilfe zur Selbsthilfe" mittels „angepasster Technologien". Damit hatten die Industrieländer mehr Erfolg. Einen sinnvollen Beitrag zur Verbesserung der Lebensbedingungen leisten „Nichtregierungsorganisationen" (NGOs – „Nongouvernmental Organizations") wie „Médecins sans Frontières" („Ärzte ohne Grenzen"), „Terre des Hommes" oder kirchliche Aktivitäten.

Im Zeitalter der Globalisierung, zunehmender Konflikte und einer Rückbesinnung auf die eigenen kulturellen Werte, vor allem in islamischen Ländern, ist Hilfe für arme und strukturschwache Länder ein schwieriges Unterfangen geworden.

11.3.6 Pulverfass Naher Osten: Die Entstehung des israelisch-arabischen Konflikts

Das frühe Schicksal der Juden

Seit vielen Jahrzehnten ist der Nahe Osten die (wahrscheinlich) konfliktreichste Region der Welt. Kulminationspunkt der Auseinandersetzungen ist Palästina.
Im 13. Jahrhundert v. Chr. wanderten israelitische Stämme in dieses Gebiet ein und errichteten unter den drei Königen SAUL, DAVID und SALOMO ein mächtiges Königreich (um 1020–926 v. Chr.), das nach dem Tod SALOMOS zerfiel. 63 v. Chr. wurde das Gebiet in das Römische Weltreich eingegliedert. TITUS schlug 69/70 n. Chr. einen jüdischen Aufstand nieder. Dabei wurde Jerusalem völlig zerstört, die Juden verließen das Land und lebten fortan in den europäischen Ländern. Dies war der Beginn der jüdischen Diaspora, des Lebens als zumeist ungeliebte Minderheit in fremden Ländern.

▶ Palästina kam 395 zum Byzantinischen Reich, wurde 636 von muslimischen Arabern erobert und war 1516–1917 ein Teil des Osmanischen Reiches.

Der Zionismus

Zionismus war im 19. Jahrhundert zunächst die Hoffnung und Erwartung europäischer Juden auf eine Rückkehr nach Jerusalem und damit auch Palästina, als das (so in der Bibel) von Gott verheißene „Gelobte Land". Der Begründer des politischen Zionismus war der österreichisch-jüdische Korrespondent THEODOR HERZL. In seiner bekanntesten Schrift „Der Judenstaat" (1896) stellt er die These auf, die Juden seien „ein Volk", das die Kraft habe, „einen Musterstaat zu bilden". 1897 lud er zum 1. Zionistischen Weltkongress nach Basel ein. Die Delegierten strebten eine „gesicherte Heimstätte" in Palästina an. In dem von ihnen verabschiedeten „Baseler Programm" beschlossen sie die Stärkung des jüdischen Zusammengehörigkeitsgefühls, die Förderung der Besiedlung Palästinas und die „Erlangung der Regierungszustimmungen".
Eine erste Einwanderungswelle (hebr.: Alijah, 1882–1903) kam aus Russland, ausgelöst durch antijüdische Pogrome. Einschließlich der 2. Alijah waren bis zum Beginn des Ersten Weltkrieges etwa 65 000 osteuropäische Juden in Palästina eingewandert. Entgegen manchen Vorstellungen kamen diese Einwanderer nicht in ein fast menschenleeres Land.

▶ Zion: urspr. Bezeichnung für (einen Teil) des Tempelberges, auch für ganz Jerusalem.

THEODOR HERZL (1860–1904)

Orthodoxe Juden an der Klagemauer

Englische und französische Interessen im Nahen Osten

Großbritannien hatte 1882 Ägypten besetzt und 1914 zu einem britischen Protektorat erklärt. Zunächst galt sein Interesse dem Suezkanal als Seeweg nach Indien, später kam noch die Sicherung der Erdölimporte aus dieser Region hinzu. Frankreich wollte sein Kolonialreich vergrößern.

1915 – Übereinkunft mit den Arabern
Um die Unterstützung der Araber im Kampf gegen das Osmanische Reich zu erhalten, kam es zwischen HENRY MCMAHON (1862–1949), dem britischen Hochkommissar in Ägypten, und Sherif HUSSEIN IBN ALI (1853 bis 1931, Sherif von Mekka), zu einem Briefwechsel. MCMAHON versprach den „arabischen Freunden" die Anerkennung eines unabhängigen arabischen Großreiches, wenn das „türkische Joch" abgeschüttelt sei.

1916 – geheime Absprache mit den Franzosen

▷ Die Emirate am Persischen Golf hatte sich Großbritannien schon in den Jahren vor dem Ersten Weltkrieg durch „Verträge" gesichert, daher „Vertragsstaaten" (engl. „Trucial States").

In einer geheimen Übereinkunft zwischen London und Paris im Mai 1916 gingen die Verhandlungspartner von einem arabischen Staat aus, der nach den heutigen Staatsgrenzen das östlichen Syrien, Jordanien und den nördlichen Irak umfassen sollte.
Die nördliche Hälfte (Gebiet „A") dieses Territoriums sollte französisches, die südliche Hälfte (Gebiet „B") britisches Einflussgebiet sein. Zusätzlich erhielt Frankreich als „Einflusssphäre" den Libanon, das westliche Syrien und Teile der an Syrien angrenzenden südöstlichen Türkei. Der Einfluss Großbritanniens sollte sich zusätzlich über die Mitte und den Süden des Iraks erstrecken. Das heikle Gebiet Palästina sollte internationalisiert werden.

1917 – die Balfour-Deklaration

▷ Als Einschränkung hieß es, dass die Rechte „bestehender nicht jüdischer Gemeinschaften in Palästina" nicht beeinträchtigt werden sollen.

ARTHUR BALFOUR (1848–1930)

Die Bemühungen um „Regierungszustimmungen" (vgl. „Baseler Programm") verliefen in Großbritannien erfolgreich. Am 2. November 1917 richtete der englische Außenminister ARTHUR BALFOUR eine Erklärung an Lord LIONEL WALTER ROTHSCHILD, den Präsidenten der „Englischen Zionistischen Föderation". Die britische Regierung betrachtete darin die Errichtung einer „nationalen Heimstätte in Palästina für das jüdische Volk mit Wohlwollen". Das sicherte den Briten die Sympathien jüdischer Organisationen.

1920/1922 – neue Aufteilung
Nicht zuletzt unter dem Eindruck des aufkommenden arabischen Nationalismus im Nahen Osten hatten die Siegermächte des Ersten Weltkrieges auf einer **Konferenz in San Remo** (April 1920) die bisherigen arabischen Gebiete des Osmanischen

11.3 Die Wiedervereinigung

Reiches neu aufgeteilt. Großbritannien sicherte sich jetzt das Mandat über Palästina, Jordanien und den Irak, für Frankreich blieben der Libanon und Syrien. Eine Bestätigung der Mandate durch den Völkerbund 1922 war dann nur noch eine Formsache.

Die Suche nach einer Lösung

Unruhen und Aufstände
In den ersten Jahren der jüdischen Einwanderung hatten die Siedler Gedanken eines arabischen Nationalismus schlichtweg verdrängt. In den 1920er-Jahren gab es aber schon vereinzelt Unruhen.
Nach der vierten Alijah (bis 1931) lebten etwa 175 000 Juden in Palästina. Allein zwischen 1932 und 1938 (fünfte Alijah) kamen weitere 200 000 hinzu, darunter befanden sich bis zu 70 000 Juden aus dem Dritten Reich. Zwischen 1936 und 1939 kam es zu einem großen Aufstand der Palästinenser, den die Engländer blutig niederschlugen. Auf palästinensischer Seite forderte er zwischen 4 000 und 5 000 Opfer.

Untersuchungskommissionen
Unter Leitung von Earl WILLIAM ROBERT WELLESLEY PEEL (1867–1937) versuchte 1936/1937 eine „Royal Commission", sich ein Bild von der Situation in Palästina zu machen Der Peel-Bericht (1937) empfahl eine Zweistaatenlösung, da eine Million Araber und 400 000 Juden sich in einem unüberwindlichen Konflikt befänden und nicht in der Lage seien, in einem gemeinsamen Staat miteinander zu leben.
Eine weitere Untersuchungskommission, die „Woodhead Commission" (1938), sollte den Peel-Bericht konkretisieren, was zu einer abstrusen Aufteilung des Landes auf die beiden Bevölkerungsgruppen führte. Juden wie Araber lehnten eine Zweistaatenlösung strikt ab. Zu keinem Ergebnis kam eine „Round Table Conference" (1939) in London.

Das britische Weißbuch (1939)
Jetzt legte sich die britische Regierung auf eine Einstaatenlösung fest: Innerhalb von zehn Jahren sollte ein Palästina-Staat errichtet werden, den Araber und Juden gemeinsam regieren. Die Juden sollten ein Drittel der Bevölkerung stellen, d. h. in den nächsten fünf Jahren weitere 75 000 Einwanderer. Danach sollte keine Einwanderung von Juden mehr erlaubt sein.
Kaum mehr als drei Monate nach der Veröffentlichung des Weißbuches begann in Europa der Zweite Weltkrieg. Trotz der Kenntnis (Mitte 1942) der Judenvernichtung in den von Deutschen besetzten Gebieten in Osteuropa hielt sich die britische Regierung strikt an diese Weigerung, selbst noch bis 1947. Ein besseres Verhältnis zu den Arabern und ihrem Rohöl schien der Regierung in London wichtiger zu sein als eine vieltausendfache Rettung von Menschenleben.

> ▶ Weißbücher (es gibt, je nach Umschlagfarbe, auch Braunbücher, Blaubücher usw.) enthalten die offizielle Dokumentation einer Regierung zu einem bestimmten politischen Problem.

Die UNO entscheidet

Nach dem Ende des Zweiten Weltkrieges lebten über 600 000 Juden, aber etwa 1,3 Millionen Araber in Palästina. Die Konflikte zwischen den beiden Gruppierungen spitzten sich zu, ebenso Angriffe und Überfälle von

> ▶ UNSCOP – United Nations Special Committee on Palestine

▶ Der Jerusalemer Tempelberg mit Felsendom und Klagemauer ist Heiligtum des Judentums und des Islams.
Die Klagemauer ist ein Überrest der westlichen Mauer eines unter Herodes umgebauten jüdischen Tempels.
Nach dem moslemischen Glauben erfolgte von dem Felsen in der Mitte des Tempelberges Mohammeds Himmelfahrt.

paramilitärischen Organisationen beider Bevölkerungsgruppen auf britische Einrichtungen.
Da laut UN-Charta, Art. 73, die vom Völkerbund vergebenen Mandate 1946 zu Treuhandgebieten der UNO wurden, war völkerrechtlich gesehen die UNO für die Zukunft Palästinas zuständig.

Sie setzte 1947 einen Sonderausschuss ein, der Vorschläge zur Lösung des Palästinaproblems erarbeiten sollte. In einem Mehrheitsvotum befürworteten sieben der elf Mitgliederstaaten des Sonderausschusses eine Zweistaatenlösung, wobei Jerusalem ein internationales Treuhandgebiet werden sollte. Im Minderheitsvotum wurde ein Bundesstaat befürwortet, bestehend aus einem arabischen und einem jüdischen Staat, wobei die Regierung des Bundesstaates für alle wichtigen Politikfelder zuständig sein sollte. Am 29. November 1947 stimmte die Mehrheit in der UN-Vollversammlung (Resolution 181, II) für eine Zweistaatenlösung, wobei Jerusalem eine „internationale Verwaltung" erhalten sollte. Die arabischen Staaten lehnten diesen Plan ab.

Jerusalem

An derartigen Entscheidungen sieht man immer wieder die große Bedeutung Jerusalems für Juden und Muslime, ebenfalls für Christen. Der Tempelberg mit seiner „Klagemauer" (auch: ‚Westmauer') ist ein Teil der westlichen Grundmauer des herodianischen Tempels, der völlig zerstört wurde. Als einziges Überbleibsel ist sie das größte Heiligtum der Juden. Für die Muslime ist der Tempelberg mit dem Felsendom und der El-Aqsa- Moschee, nach Mekka und Medina, das drittgrößte Heiligtum. Im christlichen Viertel der Jerusalemer Altstadt steht die Grabeskirche, in deren felsigem Grund sich vermutlich das Grab Jesu befunden hat.

Die Staatsgründung Israels

Die detaillierten Bestimmungen der UN-Resolution erwiesen sich von vornherein als illusorisch, vor allem auch wegen der territorialen Aufteilung dieses Gebietes. Unmittelbar nach ihrer Verabschiedung begannen schon Kämpfe zwischen jüdischen und palästinensischen Freischärlern. Am 14. Mai 1948 verlas DAVID BEN GURION (1886–1973) vor dem versammelten jüdischen Volksrat in Tel Aviv die Unabhängigkeitserklärung. Am Tag darauf marschierten Truppen der Länder Ägypten, Transjordanien, Syrien, Libanon und Irak in Palästina ein, um das Geschehen rückgängig zu machen. Für den Staat Israel war es ein Überlebenskampf.

11.3 Die Wiedervereinigung

Die israelisch-arabischen Kriege

- **1948 Unabhängigkeitskrieg,** Erfolg Israels (Januar 1949) dank westlicher Waffenlieferungen
- **1956 Suezkrise,** Ursache: Verstaatlichung des Suezkanals durch Ägypten, engl.-französ. Bombardierung und Besetzung von Port Said. Israel besetzte den Gaza-Streifen und große Teile der Sinai-Halbinsel. Rückzug auf Druck der USA und der UdSSR.
- **1967 Sechs-Tage-Krieg,** Ursache: Sperrung des Golfs von Akaba für israelische Schiffe. Israel eroberte den Gaza-Streifen, die Westbank einschließlich der Altstadt von Jerusalem (von Jordanien), die Sinai-Halbinsel (von Ägypten), die Golanhöhen (von Syrien).

▶ UNSCOP – United Nations Special Committee on Palestine

- **1973 Jom-Kippur-Krieg,** ägyptische und syrische Ziele: Rückgewinnung des Sinai und der Golanhöhen – nach Anfangserfolgen nicht erreicht.
- **1982 Libanon-Krieg,** Ursache: PLO-Attentate in Nordisrael. Ziel Israels: Vertreibung der PLO aus dem Libanon. Die PLO-Kämpfer zogen ab, ihr neues Hauptquartier errichtete die PLO in Tunis.

Organisierter palästinensischer Widerstand

Am 22. März 1945 wurde die **Arabische Liga** mit Sitz in Kairo gegründet. Ihre Ziele waren: allgemeine Zusammenarbeit, gemeinsame Vertretung arabischer Interessen, Unterstützung bei der Errichtung eines unabhängigen palästinensischen Staates. Letzteres trat ab 1948 in den Vordergrund.

▶ PLO: Palestine Liberation Organization, dt. Palästinensische Befreiungsorganisation; Sitz in Ramallah (Westjordanland), später in Beirut, nach der Vertreibung durch die Israelis 1982 in Tunis

Schon 1959 hatte JASIR ARAFAT (1929–2004) mit der **Fatah** eine Guerillaorganisation gegründet. 1964 kam es zur Einrichtung eines Dachverbandes der gegen Israel gerichteten Befreiungsorganisationen, die PLO. Sie kämpfte gegen Israel für einen eigenständigen palästinensischen Staat. Von 1969-2004 war JASIR ARAFAT ihr charismatischer Führer.

Nach einem **Ausgleich mit Israel** wurde er 1996 Präsident der palästinensischen Autonomiebehörde, musste sich jetzt noch mehr mit der radikalen islamistischen **Hamas** (gegr. 1986) auseinandersetzen. Seit 2005 ist MAHMUD ABBAS (geb. 1935) der Nachfolger ARAFATS. Schwere Auseinandersetzungen zwischen Hamas und Fatah führten 2007 zu einer Spaltung der PLO: Die Hamas herrscht seitdem im Gazastreifen, die Fatah im Westjordanland.

Unter **Intifada** versteht man einen Akt der Erhebung, primär getragen von jugendlichen Palästinensern, die für einen eigenen Palästinenserstaat kämpfen.
Die **Erste Intifada** (auch „Krieg der Steine", 1987–1993/94) endete mit dem Tod von über 1 200 Palästinensern auf der einen und rund 160 Israelis auf der anderen Seite. Opfer der Zweiten Intifada (2000–2005) wurden über 3 000 Palästinenser, aber auch rund 1 000 israelische Zivilisten und Soldaten.

Bemühungen um Entspannung

Die Bemühungen der UNO zur Entschärfung des Nahostkonflikts waren selten erfolgreich. Resolutionen des Sicherheitsrates (Nr. 242 und Nr. 338) z.B. nach dem 3. und dem 4. israelisch-arabischen Krieg (1967 und 1973) blieben ohne Ergebnis. Sinnvoll war nach kriegerischen Auseinandersetzungen der wiederholte Einsatz von **UN-Friedenstruppen** (die sog. „Blauhelme") an den Grenzen Israels mit seinen Nachbarn.

11.3 Die Wiedervereinigung

Internationale Konferenzen

US-Außenminister HENRY KISSINGER hatte 1973/74 ein Truppenentflechtungsabkommen zwischen Israel, Ägypten und Syrien vermittelt. 1978 erreichte der US-Präsident JIMMY CARTER in Camp David ein Abkommen zwischen Israel (MENACHEM BEGIN) und Ägypten (ANWAR AS-SADAT) über eine Normalisierung der Verhältnisse, darunter die Räumung des Sinai durch Israel. Dem folgte 1979 ein ägyptisch-israelischer Friedensvertrag. Nach Verhandlungen in Oslo schien mit der gegenseitigen Anerkennung von Israel und der Palästinensischen Befreiungsorganisation (PLO) 1993 ein Durchbruch erreicht zu sein. Mehrere nachträgliche Übereinkünfte scheiterten (Ausbau der israelischen Siedlungen im Westjordanland – palästinensische Selbstmordattentate). Es scheiterte auch 2002/03 der Versuch des „Nahost-Quartetts" (USA, Russland, EU und UNO), bis 2005 anhand einer „Roadmap" einen palästinensischen Staat einzurichten.

▶ Beide Politiker bekamen dafür den Friedensnobelpreis. SADAT wurde 1981 während einer Truppenparade in Kairo von islamischen Extremisten erschossen.

Ursachen und Aspekte des „Pulverfasses" Nahost

Historische Ursachen
- Palästina Jahrhunderte lang Teil des Osmanischen Reiches
- Jüdische Einwanderung in Palästina seit Ende des 19. Jh.
- Rolle der Kolonialmächte Großbritannien und Frankreich in der Region
- Vertreibung und Flucht 1948/49 von 600 000 bis 900 000 Palästinensern
- Niederlagen der arabischen Staaten in den israelisch-arabischen Kriegen
- Feindbild: der wirtschaftlich und technisch überlegene, aber gottlose und dekadente Westen

Israelisch-arabisches Gegeneinander
- Juden und Palästinenser beanspruchen dasselbe Gebiet.
- Jerusalem als religiöses Zentrum von Judentum und Islam
- Siedlungsbau Israels im Westjordanland (ca. 60 % des Gebietes werden von Israel kontrolliert)
- Israel verweigert Rückkehr der 1948/49 Vertriebenen und Geflohenen
- Problem durch Bevölkerungsexplosion bei den Palästinensern (inzwischen fünf Mio. außerhalb Palästinas, fast vier Mio. im Westjordanland und Gaza)
- kaum Kompromissfähigkeit auf beiden Seiten
- Israel im Besitz von Atomwaffen

Probleme im Nahen Osten
1. **Golfkrieg** (1980–1988) Irak gegen Iran
2. **Golfkrieg** (1990) Besetzung Kuwaits durch Irak. Westliche und arabische Streitkräfte besiegen Irak
3. **Golfkrieg** (2003) USA und Truppen vieler westlicher Staaten gegen Irak

Autokratische Regime, die von Islamisten bedroht werden
- Der Krieg westlicher Truppen gegen Guerillas (El Kaida) in Afghanistan
- Interne soziale Probleme in bevölkerungsreichen Ölländern

Bis heute (2010) ist, vor allem auch aufgrund des israelischen Siedlungsbaus im Westjordanland, kein Fortschritt erkennbar.

1945	Bedingungslose Kapitulation Deutschlands (8. Mai)
	Gründung der Vereinten Nationen (26. Juni)
	Potsdamer Abkommen (2. August)
1945–46	Nürnberger Prozess gegen die Hauptkriegsverbrecher
1948	Gründung Israels
1949	Gründung der beiden deutschen Staaten (BRD und DDR)
	Gründung der NATO (North Atlantic Treaty Organization)
1950–53	Koreakrieg
1953	Tod STALINS (5. März)
	Volksaufstand in der DDR (17. Juni)
1954–62	Algerienkrieg
1955	Inkrafttreten der Pariser Verträge – Souveränität der Bundesrepublik
	Beitritt der Bundesrepublik Deutschland zur NATO
1956	Ungarischer Volksaufstand
	Suezkrise (Konflikt zwischen Ägypten und Israel/Frankreich/ Großbritannien)
1957	Römische Verträge (25. März) – Gründung der EWG (spätere EU)
1961	Beginn des Baus der Berliner Mauer (13. August)
1962	Kubakrise (16. bis 28. Oktober)
1963	US-Präsident JOHN F. KENNEDY wird ermordet (22. November)
1965–75	Vietnamkrieg
1966–76	„Kulturrevolution" in China
1967	Sechs-Tage-Krieg zwischen Israel und Ägypten/Jordanien/Syrien
1968	1968 Prager Frühling
	Studentenrevolten in der Bundesrepublik Deutschland und Frankreich
1973	Jom-Kippur-Krieg zwischen Israel und Ägypten/Syrien – erste Ölkrise
	BRD und DDR werden Mitglieder der UNO (18. September)
1975	Unterzeichnung der „KSZE-Schlussakte" in Helsinki
1975–79	Diktatur der Roten Khmer in Kambodscha
1982	Libanon-Krieg
1986	Reaktorkatastrophe von Tschernobyl (26. April)
1989	Fall der Berliner Mauer (9. November)
1990	Deutsche Wiedervereinigung (3. Oktober)
1991	Auflösung der Sowjetunion
1991–99	Jugoslawienkriege
2001	Terroranschläge in New York und Washington (11. September)

Wissenstest 11   auf **http://wissenstests.schuelerlexikon.de** und auf der DVD

Anhang A

Register

A

Abbasiden 154
ABBAS, MAHMUD 472
Abeiterbewegung 327
Abgeordnetenhaus 330ff.
Abhängigkeit
– feudale 153
Ablass 240f.
Ablassbrief 241
Ablasshandel 239f.
Abrüstungsverhandlungen
  436
Absolutismus 267
– aufgeklärter 271f., 278
– in Frankreich 268, 302
– in Preußen 274
Achäer 92
Achse Berlin-Rom 379, 385
Ackerbau 67, 91
ACKERMANN, ANTON 414
Adel 44, 96, 140, 171, 173f., 282
Adelsherrschaft 44
Adelsrepublik 285
ADENAUER, KONRAD 413, 416f.,
  424, 430
Adliger 169
Afrika 222, 342
Afrika-Umseglung 217
Agrarkrise 207
Agrarreform 341
Ägypten 56f., 66, 69f., 87, 90,
  110, 153
Akademie 273
Akkad 49, 85
Akropolis 98
ALARICH 144
Alderleute 201
Alemannen 145, 157, 159
ALEXANDER DER GROSSE 83, 109f.,
  111ff., 119, 137
ALEXANDER II. 340, 356
ALEXANDER III. 340
Alexanderreich 111
ALFONS VON KASTILIEN 197
Alijah 467, 469
Alliierte 392, 403, 408, 463
– Kriegsziele 395f.
Allmende 247

Allod 158, 172
Altisrael 86
Altpreußen 190
Altsteinzeit 31, 91
AMENOPHIS IV. 63
Analyse 19f.
Angeln 146
Annalen 16, 17
Antike 142, 213
– griechische 137
– römische 138
Antikominternpakt 380
Antikriegskundgebung 354
Antisemitismus 375
Appeasement-Politik 385
Aquädukt 51
ARAFAT, JASSIR 472
Arbeiterbewegung 345
– deutsche 337
Arbeiterpartei 326f.
Arbeitsdienst 172
Arbeitslosigkeit 369, 373f.
Arbeitsteilung 36
Arbeitsweise 19
Archont 98, 106
Areopag 98, 106
Arianismus 143
Arier 80f.
Aristokratie 98
ARISTOTELES 108, 156
Armer Konrad 248
ARNULF VON METZ 160
Ashoka 83f.
Ashoka-Säule 84
Asien 342
Assyrien 50f.
Atahualpa 230
Athen 97, 104f.
Äthiopien 224
Atombombe 391
ATTILA 142
Attischer Seebund 105
ATTLEE, CLEMENT 402
Aufklärung 271f., 282f.
Augenzeuge 23
Augsburger Bekenntnis 244
Augsburger Religionsfrieden
  253, 255, 260, 266
Augustbeschlüsse 301
AUGUST DER STARKE 284
AUGUSTUS 125, 129, 138

Auschwitz 391
Außenpolitik
– HITLERS 379
AVERROES 156
Azteken 229

B

Babylon 51f., 54, 55, 70f.
Babylonien 46
BACON, FRANCIS 271
BAHR, EGON 431
Baiern 159
Balfour-Deklaration 468
Balkankrise 348
Ballhausschwur 301
Bann 180f., 187
Bannandrohungsbulle 241
BARENTS, WILLEM 221
Barock 236, 286f.
Bartholomäusnacht 259
Bastille 298, 301
Bauern 249, 278, 306
– hörige 191
– Lage 247
Bauernkrieg 247f., 288
Bauhaus 371
Bayern 185
Beamtenadel 150
BEBEL, AUGUST 326f.
Befreiungskriege 310
bekennende Kirche 394
Belgrader Konferenz 464
Benedikt von Nursia 182
Benefizium 241
BEN GURION, DAVID 470
Benin 223
Bericht 16, 17
BERING, VITUS 234
BERLICHINGEN, GÖTZ VON 249
Berliner Mauer 426, 442
Berlinfrage 432
Besatzungszone 396
Bewässerungsbau 81
Bibelübersetzung 243
Bild 19
Bilderchronik 230
Bilderhandschrift 229
Bilderschrift 51
Bilderstreit 149
Bildsprache 20
Bildverfälschung 21

Biografie 16f.
Bischof 169f., 180f., 192
BISMARCK, OTTO VON 326, 331ff.,
     336ff., 345, 358
– Außenpolitik 339
Blauhelme 472
Blitzkrieg 386f.
– Frankreich 386
Blockfreie 464
BLÜCHER VON WAHLSTATT,
     GEBHARD LEBERECHT
     FÜRST 312
Bodenfund 18
BOLÍVAR, SIMÓN 233
Bolschewismus 383
Bolschewisten 357
Bombenkrieg 400
BONHOEFFER, DIETRICH 394
BONIFATIUS 159
Boxeraufstand 344
Brahmane 82
Brahmanismus 82
BRANDT, WILLY 429ff., 434f., 437
BRECHT, BERTOLT 119, 371
BRESCHNEW, LEONID 423, 433, 438
Briand-Kellogg-Pakt 368
Brief 17
Bronzezeit 30, 38, 41
Buchdruck 243, 288
Bücherverbrennung 378
Buddhismus 83
BÜLOW, BERNHARD VON
     345
Bund
– Schmalkaldischer 252f.
– Schwäbischer 249
Bundesgenosse 122
Bundesgenossenkrieg 122
Bundeskanzler 430, 437, 443
Bundeslade 69f.
Bundesrepublik 440, 449
Bundesversammlung 105
Burenkrieg 344
Burg 174, 175
Bürger 171, 198
Bürgerkrieg 123f., 291, 293, 295,
     462
– russischer 395
Bürgerrecht 99, 119, 122, 126,
     131, 297
Burgfrieden 353

Burgherr 18
Burgunder 144
BUSH, GEORGE H. 444, 449
BYRNES, JAMES F. 409
Byzantinisches Reich 136, 147, 148
Niedergang 150
Byzanz 145, 154

C

CAESAR, JULIUS 24, 44, 123ff., 138
CALVIN, JOHANNES 258
Camp David 473
Canossa 180
CARTIER, JACQUES 231
CASTRO, FIDEL 428
CHAMBERLAIN 380, 385
CHAMPLAIN, SAMUEL DE 231
CHAMPOLLION, JEAN-
  FRANÇOIS 64
Checkpoint Charlie 428
CHILDERICH III. 161
China 73
CHLODWIG 146, 157, 159
CHLOTHAR I. 159
Christen 153, 203
Christentum 135f., 138, 151, 159,
  189
Christenverfolgung 136
Christianisierung 64, 159
Chronik 16f.
CHRUSCHTSCHOW, NIKITA SERGEJE-
  WITSCH 425ff., 430
CHURCHILL, WINSTON 396, 402,
  409
code civil 307
Codex 53
Codex HAMMURAPI 16,
  52ff.
COLBERT, JEAN-
  BAPTISTE 268f.
COOK, JAMES 235f.
CRANACH DER ÄLTERE, LUCAS
  244
CROMWELL, OLIVER 292f., 328

D

Dampfmaschine 323
DANTON, GEORGEs 298, 305
DAREIOS I. 104
DAREIOS III. 110
DARWIN, CHARLES 233

DAVID 68ff.
Dawes-Plan 365
D-Day 392
DDR 414, 421, 425
Declaration of Rights 294
DE GAULLE, CHARLES 397, 458
Delphi 94
Demokratie 80
 – attische 101
Demokratischer Aufbruch
  442
Demos 97
Deuteronomium 72
deutsch-dänischer Krieg 331, 358
Deutsche Arbeitsfront 380
Deutscher Bund 312ff., 330f.
deutscher Krieg 358
Deutscher Orden 189, 190, 353
Deutscher Volksrat 414
Deutscher Zollverein 313
Deutsches Kaiserreich 345
Deutsches Reich 177, 186f., 196f.,
  205, 207, 332f., 336f., 347ff.,
  350, 353, 354, 400
 – Anfänge 177
deutsch-französischer Krieg 333,
  358
Deutschland 450
Deutschlandpolitik 430, 434
Diadoche 111
Diadochenreich 113, 137
Diaspora 70
DIAZ, BARTOLOMEU 217f.
Diktator 123
Diktatur 378
Diktatur des Proletariats 357
DIOKLETIAN 134f.
Direktorialverfassung 305
Direktorium 305
Displaced Person 402
Dolchstoßlegende 367
Domäne 57, 74
Domestikation 35
Dominat 134
DÖNITZ, KARL 402
Dorer 93
DRAKE, FRANCIS 231
DRAKON 98
Dreibund 339
Dreifelderwirtschaft 194, 195
Dreiklassenwahlrecht 330

Dreißigjähriger Krieg 255, 260, 262f., 265f.
Drittes Reich 401
Druide 44
Dschihad 152
DÜRER, ALBRECHT 244

E

EBERT, FRIEDRICH 360ff., 373
ECHNATON 63
Edikt von Fontainebleau 259
Edikt von Nantes 259
Edikt von Nikaia 147
Edikt von St. Germain 258
EGKS 417
EICHMANN, ADOLF 391
EINHARD 165
Einheit, deutsche 447
Einigungsvertrag 448
EISENHOWER, DWIGHT D. 426
Eisenproduktion 42
Eisenzeit 30, 38, 41
Élysée-Vertrag 444
Emanzipations-Edikt 310
Emir 155
Empirismus 271
Emser Depesche 333
Endlösung der Judenfrage 389
England 290
 – viktorianisches 340
Entdeckungen 273
 – geografische 234
Entdeckungsreisen 213
Entente 349, 351, 354
Entente cordiale 347
Entkolonialisierung 454, 457, 462
Entnazifizierung 404
Entwicklungshilfe 466
Entwicklungsland 465f.
ERASMUS VON ROTTERDAM 212, 239
Erbmonarchie 186
Erfindungen 273
ERHARD, HANS 411
ERHARD, LUDWIG 428, 430
Ermächtigungsgesetz 377f.
ERMANERICH 142
Ernestiner 244
Erster Weltkrieg 347, 349ff., 353, 356, 358, 361, 453, 465
Erzamt 168

Etrusker 114
Europäische Freihandelsvereinigung 417
Europarat 418
European Recovery Program 410
Evolution, biologische 27
Evolutionstheorie 232f.
Ewiger Landfrieden 208
Exarchat 148
Exodus 67
Expansionspolitik 340
 USA 341
Expedition
 – Nordische 235
Expressionismus 370

F

Faustkeil 31
Februarrevolution 315, 356
FERDINAND II. 262f.
FERDINAND VII. 319
Fernhandel 43
Feudalismus 146
Fischfang 91
Föderaten 145
FORSTER, GEORG 235
Fotografie 19
FRANCO, FRANCISCO 379
Franken 145f.
Frankenreich 146, 157, 160, 161ff., 166, 171, 173
Fränkisches Reich 168, 177
Frankreich 270, 333
FRANZ FERDINAND 349
FRANZ II. 307
FRANZISKUS VON ASSISI 183
FRANZ JOSEPH I. 315
Französische Revolution 306
Freibeuter 231
Freikorps 362, 366
Fremdherrschaft 340
Friedensbewegung 348
Friedensgruppe 440
Friedensvertrag 352, 419
Frieden von Brest-Litowsk 353
Frieden von Hubertusburg 285
Frieden von Tilsit 308

FRIEDRICH DER WEISE 242ff.
FRIEDRICH I. BARBAROSSA 150, 170, 184ff.
FRIEDRICH II. 187, 276f., 284
FRIEDRICH II. VON PREUSSEN 272
FRIEDRICH V. 262
FRIEDRICH WILHELM I. 274ff.
FRIEDRICH WILHELM III. 309
FRIEDRICH WILHELM IV. 22
Fronarbeiter 59
Frondienst 171f., 191, 247
Frühkapitalismus 325
Frühmittelalter 140
Frühzeit
 – chinesische 73
 – griechische 90
Führerkult 375
Führerprinzip 375, 380
fünf Pfeiler des Islam 152
Fürst 245, 253, 256
Fürsten
 – protestantische 260f.
Fürstenmacht 204
Fürstenpredigt 249
Fürstenrevolution 254

G

Gaffel 200
GAIUS MARIUS 121
Galeere 215
Galeone 215
GALILEI, GALILEO 216
Gallien 157
GAMA, VASCO DA 217, 219
Gana 222
GANDHI, MAHATMA 455
Gang nach Canossa 180, 209
GATT 464f.
Gaza-Streifen 471
Gefolgschaftsadel 146
Gefolgschaftswesen 172
Gegenkaiser 133
Gegenkönig 187, 197, 206
Gegenreformation 255f.
Gegenrevolution 330
GEISERICH 145
Geldwirtschaft 120
Gemeinschaft Unabhängiger Staaten (GUS) 452
Generaldirektorium 276

Generalstaaten, niederländische 222
Generalstände 298, 301
GENSCHER, HANS-DIETRICH 441
Geograf 223
Gerichtsbarkeit 202
Geschichte 11ff., 24
 – Begriff 10
Geschichtsforschung 24
Geschichtsprozess 13
Geschichtsquellen 14
Geschichtsschreibung 10, 12, 14, 16, 24
Geschichtsunterricht 19
Geschichtswissenschaft 10, 12, 14
Gesetz 16
Gestapo 376, 393
Gewaltenteilung 179, 272
Gewerkschaften 341, 378, 380, 459
GEYER, FLORIAN 249
Gilde 199
Gladiator 126
Glasnost 438
Glaubensspaltung 257
Gleichschaltung 377f.
Glorreiche Revolution 293
GOEBBELS, JOSEPH 378, 393
Goldene Bulle 205
Goldene Zwanziger 369
Golfkrieg 473
GORBATSCHOW, MICHAIL SERGEJEWITSCH 436, 438, 442, 447, 449, 451
GÖRING, HERMANN 377
Gracchen (TIBERIUS GRACCHUS, GAIUS GRACCHUS) 120f.
Graf 169f.
GREGOR VII. 180f., 238
Griechenland 90f.
 – klassisches 96
GROMYKO, ANDREI ANDREJEWITSCH 31
großdeutsche Lösung 316
Großer Kurfürst 274f.
Großfürstentum 234
Großkönig 50, 104
Groß-Simbabwe 224

GROTHEWOHL, OTTO 416
Grundherr 191f.
Grundherrschaft 153, 172, 192f.,
 196
Grundlagenvertrag 434
Gruppe der 77 464
Guerillataktik 436
GUS 451
GUSTAV II. ADOLF 263f.
GUTENBERG, JOHANNES 243, 288
Gutenberg-Bibel 243
GYSI, GREGOR 444

H

Habsburger 204, 207, 254, 260,
 270, 278f.
Hadrianswall 132
HALLSTEIN, WALTER 424
Hallstein-Doktrin 430
Hambacher Fest 314
HAMMURAPI 52ff.
Handel 41, 43, 91, 107, 127, 198,
 203
Handwerk 36, 41, 79, 91, 107,
 127, 203
Handwerker 199, 306
Hanse 201
Hansestadt 201
Harappa 78f.
Harappa-Kultur 73, 78
HARDENBERG, KARL AUGUST
 VON 309
Häretiker 238
HARUN AR-RASCHID 155
Hausmachtkönigtum 197f., 205
Hausmeier 160, 168
HAVEMANN, ROBERT 439
Heerbann 51
Heeresreform 121f.
Heereswesen 131
Heilige Allianz 313, 315, 319
Heiliges Römisches Reich Deut-
 scher Nation 176, 266, 307
Heimatvertriebene 433
HEINEMANN, GUSTAV 430
HEINRICH DER LÖWE 185f., 198
HEINRICH DER SEEFAHRER
 217
HEINRICH I. 177
HEINRICH III. 179
HEINRICH IV. 181

HEINRICH V. 183
HEINRICH VI. 186
HEINRICH VON NAVARRA 259
Hellenismus 109, 112f.
KOHL, HELMUT 435
Helote 101ff.
Hemudu-Kultur 73
Heraklaios 148
Hereroaufstabnd 344
HERODOT 11, 56, 66, 108
Heroen 94
Herrenhausrede 336
Herrschaftssystem
 – preußisches 278
HERZL, THEODOR 467
Hexenverfolgung 238f.
Hieroglyphen 63ff.
Hieroglypheninschrift 229
Hieroglyphenschrift 59
Hilfswissenschaft
 – historische 14
HINDENBURG, PAUL VON 353, 355,
 367, 373f.
Hinduismus 80, 83
HIPPOKRATES 108
Hiroshima 391
HITLER, ADOLF 368, 375, 377f.,
 380, 383, 385, 387, 392ff., 400
Hitler-Putsch 368
Hitler-Stalin-Pakt 385f.
Hochadel 174
HO CHI MINH 456
Hochkultur 37, 46f., 49, 56, 64, 73,
 82, 104, 227f., 230
 – ägyptische 60
 Voraussetzung 46
Hochmittelalter 141
Hofkapelle 169
Hohenzollern 275, 333
Höhlenmalerei 33
Holocaust 390
HOMER 107
HONECKER, ERICH 433, 435, 437
Horde 31
Hörige 58, 149, 171
Hörigkeit 149, 172, 191
Hottentottenaufstand 344
Hufenland 193
Hügelgräber-Kultur 39
Hugenotten 258f., 269, 274
Hugenottenkriege 258

Humanismus 212.
Humanisten 140
HUMBOLDT, ALEXANDER
   VON 232f., 236
HUMBOLDT, WILHELM VON
   310
HUME, DAVID 271
Hunnen 142
Hunnenrede 345
HUTTEN, ULRICH VON 246

I

Imperialismus 340
 – informeller 342
Indianer 296f.
Indien
 – vedisches 80
indirect rule 459
Indischer Nationalkongress
   454
Indochina 455
Indochinakonferenz 456
Indochinakrieg 457
Indus-Hochkultur 47
Induskultur 78
Industrialisierung 323, 325, 341
industrielle Revolution 324, 325
 – in England 323
Inflation 367, 373
INF-Vertrag 436
Inkarnation 60
Innenpolitik 336
Innere Emigration 393
Innung 200
Inquisition 213, 238, 257
Internationaler Militärgerichts-
   hof 404
Internierungslager 405
Interpretation 19, 20
Intifada 472
Investiturstreit 179, 181, 209
ISABELLA VON SPANIEN 225
Islam 151
Israel 67ff.
IWAN III. 234, 280

J

Jahwe 67, 72, 135
Jainismus 83
JAKOB II. 293
Jakobiner 303, 305

Jakobinerherrschaft 298
JELZIN, BORIS NIKOLAJE-
   WITSCH 451
Jesuitenorden 257
JESUS VON NAZARETH 135
Jom-Kippur-Krieg 466, 472
JOSEPH I. 279
Joseph II. 272, 280
JUDA 69ff.
Juden 135, 153, 203, 383, 384,
   389, 467, 469
 – Deportationen 390
 – Ermordung 390
 – Massenerschießungen
   390
Judenpogrom 385
Judenstern 389
Judentum 151
Judenverfolgung 203, 382, 383
Judenvertreibung 204
Jungsteinzeit 30, 34
JUSTINIAN I. 143, 145, 147f.
JUSTIN II. 148
Jüten 146

K

Kaiser 76f., 129, 133, 134
Kaiserkrönung 164, 167
Kaisermacht 204
Kaiserpfalz 170
Kaiserreich 75
Kaisertum 74, 76, 77
Kaiserzeit 126, 128
 – römische 125
Kalender 229
 – julianischer 24
Kalif 153, 155
Kalifat 153, 154
Kalliasfrieden 105
Kanaan 67
Kanaanäer 71
Kapitalismus 325
Kapitulation 389
 – bedingungslose 393
Kapp-Lüttwitz-Putsch 366
Karacke 215
Karavelle 215
Karikatur 22
KARL DER GROSSE 149, 162, 163f.,
   165, 168ff., 178, 209
KARL DER KAHLE 166f.

KARL I. 290f.
KARL II. 293
KARL IV. 204f.
KARLMANN 161f.
KARL MARTELL 161
Karlsbader Beschlüsse 314
KARL V. 242, 245, 251ff., 260
KARL VI. 279
Karolinger 159f., 168
Karthago 119
Kastell 132f.
KATHARINA II. 272, 283
Katholiken 253, 255
Katholische Reform 256
Katholizismus 143f., 158, 159
Katyn 386
KAUTSKY, KARL 346
Keilschrift 51
Kelten 42f.
KENNAN, GEORGE F. 409
KENNEDY, JOHN
   FITZGERLD 425f., 430
Keramik 93
Ketzer 213, 238
KIESINGER, KURT GEORG 430
Kinderkreuzzug 189
Kirche 239
Kirchenrecht 240
Kirchenregiment 251
Kirchenstaat 186
Kirchenzehnt 163
KISSINGER, HENRY 473
kleindeutsche Lösung 317, 330
KLEISTHENES 100f., 106
KLEOPATRA 124
Kloster 191
Klosterreform 183
Knickpyramide 58
Knossos 92
Koalitionskriege 303
Kogge 215
KOHL, MICHAEL 435
KOHL, HELMUT 443, 449, 450
Kolonialgeschichte
 – Afrika 343
Kolonialkrieg 285
Kolonialpolitik 342
Kolonialreich 342
Kolonien 119, 124, 342, 346, 453,
   463
 – englische 295

 – französische 347
 – britische 340
 – englische 231
 – französische 306
 – in Amerika 294
 – portugiesische 320
Kolonisation 95f., 98
 – griechische 95f., 98
Kolosseum 129
KOLUMBUS, CHRISTOPH 225, 227,
   232
Komintern 410
Kommissarbefehl 388
Komnenen 150
Konferenz von Jalta 396
Konfuzianismus 77f.
KONFUZIUS 73, 75, 77
Kongo 224
König 291
Königreich 223
Königsbote 169
Königsherrschaft 114
Königswahl 183, 205
Königtum 48, 145, 179, 185,
   187, 197, 205,
   207, 300
Konkordat 181
KONRAD III. 184
Konsistorium 251
KONSTANTIN I. 135f., 147
Konstantinopel 136, 147
Konsul 118, 125
Kontinentalkongress 295f.
Konvent 305
Konzentrationslager 344, 376,
   385, 393
Konzil von Trient 253f., 256f.
KOPERNIKUS, NIKOLAUS 216
Koran 152
KOTZEBUE, AUGUST VON 314
Kreisauer Kreis 394
KRENZ, EGON 443f.
Kreta 91f.
Kreuzzüge 188
 – Ergebnisse 189
Kreuzzugsbewegung 188
Krieg
 – Schmalkaldischer 253
Kriegsende 400, 406
Kriegsflotte 346f.
Kriegsgefangenschaft 401

Kriegskonferenzen 395f.
Kriegswende 389, 391
Krisenjahre 366
Kronvasall 172, 181
Kuba-Krise 430
Kultur
– hellenistische 113
– mykenische 93
Kulturkampf 336f.
Kupferzeit 30
Kurfürst 168, 197, 205f.,
246, 284
Kuschan-Reich 84
KYRILLOS 149

L

Laieninvestitur 180
Landesausbau
– innerer 196
Landesherrschaft 182
Landrecht 277, 345
Landwirtschaft
– moderne 324
Langobarden 144
Langobardenreich 145
LAOTSE 75
LASSALLE, FERDINAND 326, 337
La-Tène-Kultur 42
Lea-Stämme 67
Lebensraumideologie 375
Legion 131
Lehen 172f.
Lehnsrecht 140
Lehnswesen 158, 171f.
Leibeigenschaft 191, 280f., 340
LENIN, WLADIMIR ILJITSCH
356, 453
Lex Salica 158
Libanon-Krieg 472
LIEBKNECHT, KARL 327,
354, 355, 360, 362,
367, 428
LIEBKNECHT, WILHELM 326
Liga
– katholische 261f.
Limes 132
LINCOLN, ABRAHAM 322
Liudolfinger 177
LOCKE, JOHN 271
Lordprotektor 293
LOTHAR III. 184

LOTHAR VON SUPPLINBURG
183
LOYOLA, IGNATIUS VON 257
Lückentheorie
– BISMARCKS 331
LUDENDORFF, ERICH 355, 360, 368
LUDWIG DER BAYER 205
LUDWIG DER DEUTSCHE 166f.
LUDWIG DER FROMME 165f.
LUDWIG XIV. 259, 267ff., 286
LUDWIG XVI. 298f., 303f.
Luftschlacht um England 387
LUGALZAGGESI 49
LUTHER, Martin 240, 242,
244, 246f., 250ff., 256,
258, 288
– Bibelübersetzung 243
– Thesen 241
LUXEMBURG, ROSA 355, 362, 367,
428
Luxemburger 205

M

Maat 65
MAGALHÃES, FERNÃO DE
227f.
MAGALLANES, FERNANDO DE
228
Magistrat 116
Magna Charta 290, 328
Makedonien 109, 111
Makkabäer 71
Mali-Reich 222
Manufaktur 269, 274, 277, 281
MARCUS ANTONIUS 124f.
MARIA THERESIA 279f., 284
Markgraf 170
Markomannen 146
Markt 59, 198
Marktwirtschaft
– freie 411
Marokko-Krise 347
MARSHALL, GEORGE 410
Marshall-Plan 410, 417
MARX, KARL 337
Märzrevolution 315
Massenmedien 372
Matrosenaufstand 352
Mauerbau 439
Maurya-Reich 83
MAXIMILIAN 135

MAXIMILIAN VON BAYERN 261
MAX VON BADEN 360
Maya 228
Medina 152
Medrese 155
MEHRING, FRANZ 355
MELANCHTHON, PHILIPP 244
Mengzi 75
Menschwerdung 26f., 29
Etappen 28
Merkantilismus 269, 277
Merowech 157
Merowinger 146, 157, 161
Mesopotamien 37f., 46f., 49, 51, 53, 55, 71, 73, 85, 90, 150
Methode 19
METHODIOS 149
METTERNICH, KLEMENS WENZEL LOTHAR VON 312, 315f.
MICHAEL III. 150
MIELKE, ERICH 440
MILET 104
Ministeriale 173
Ministerium für Staatssicherheit 440
MIRANDOLA, GIOVANNI PICO DELLA 213
Missionierung 149, 159
Mittelalter 16ff. 140, 142, 176, 191, 209, 213, 238, 245
Periodisierung 140
Mittelmächte 351
MITTERAND, FRANÇOIS 444
MODROW, HANS 445
Mogul-Reich 84
MOHAMMED 151ff.
Mohenjo-Daro 73, 78f.
MOLOTOW, WJATSCHESLAW MICHAILOWITSCH 385, 420
MOLTKE,HELMUTH VON 350
Monarchie 70, 97, 112, 285
– Beseitigung 361
– konstitutionelle 302f.
Mönch 159, 182
Monotheismus 70f., 135, 151
Montagsdemonstration 442
Montanunion 417

MONTESQUIEU, CHARLES DE SE-CONDAT, BARON DE LA BRÈDE ET DE 272
MONTEZUMA 230
Moschee 152
Moskauer Vertrag 431, 433
MPLA 462
MUGABE, ROBERT 460
Mumie 63
Münchener Konferenz 380
MÜNTZER, THOMAS 248f.
Münzprägung 98
Münzrecht 206
MUSSOLINI, BENITO 379f., 387, 391, 394, 463
Mykene 91, 93
Mythen 32

N

Nagasaki 391
Naher Osten 425, 468, 473
Nahostkonflikt 472
NAPOLEON 298f., 305, 307f., 311f.
NAPOLEON III. 333
Nationalkonvent 298, 304
Nationalsozialismus 381, 383f., 398
Ideologie 375
Nationalversammliung 398
Nationalversammlung 22, 298, 301, 303, 316f., 362
– preußische 330
– Weimarer 362
NATO 420, 447f.
NATO-Doppelbeschluss 435, 437
NATO-Vertrag 421
Nebukadnezar 54f.
NEHRU, JAWAHARLAL 464
Neolithikum 35
Neues Forum 442
Neues Reich 58
NGO 466
Nichtangriffspakt 379
Niederlande
– Freiheitskampf 259
NIEMÖLLER, MARTIN 394
Nika-Aufstand 148
NIKOLAUS II. 341
Nobilität 116
NOFRETETE 63
Norddeutscher Bund 332f., 358

Nordischer Kreis 40
Nordischer Krieg 283
Normannen 150
Notstandsgesetze 428
Notverordnung 373
Novemberrevolution 398
NSDAP 368, 374, 376, 378f.
NS-Staat 382
– Aufbau 377
Nürnberger Gesetze 384
Nürnberger Prozess 404

O

OCTAVIAN 124f., 138
Odoaker 136, 142
Oktoberrevolution 356, 395
Olymp 94
Olympia 95
Olympische Spiele 95
Omaijaden 154
OPEC 466
Opferritual 82
Opiumkrieg 320
Oppidum 43
Opposition 290
Optimaten 121
Ora et labora 182
Orakelknochen 73
Orakel von Delphi 95f.
Oral History 20
Ordensritter 189
Ordensstaat 190
Ordinatio imperii 166
Osmanisches Reich 260, 350
Ostblock 429, 438
Österreich 278, 280, 284f., 331f.
Österreich-Ungarn 349
Ostfränkisches Reich 167f., 177
Ostgoten 159
Ostgotenreich 142f.
Ostkolonisation 189, 195f.
Ostpolitik
– neue 430
Oströmisches Reich 136
Ostsiedlung
– deutsche 196
Ostverträge 431, 434
Ost-West-Beziehungen 436
Ost-West-Konflikt 409, 436, 463
OTTO DER GROSSE 178f.
OTTO I. 177, 178, 181, 209

OTTOKAR VON BÖHMEN 204
Ottonen 168

P

Palästina 69, 71, 135, 153, 468ff.
Palästinensische Befreiungsorgani-
   sation 473
Palastwirtschaft 53
Pantheon 131
Panzerreiter 171
PAPEN, FRANZ VON 374
Papst 240ff., 251, 253f., 261
Papsttum 141, 149, 179, 186, 187
Pariser Kommune 334
Parlament 290ff., 294, 301, 316,
   341
Parlamentarismus
– englischer 290
Parthenon 108
Partisanen 395
Patrizier 114f., 117, 199f.
PAUL III. 253, 257
pax romana 127
Pearl Harbor 389, 391
PEISISTRATOS 100
Peloponnesischer Bund 102, 109
Peloponnesischer Krieg 109
Perestroika 438
PERIKLES 106
Periodisierung 24
Periöke 101f.
Perser 147
Perserkriege 104, 106, 137
Persien 71, 153
Personenverbandsstaat 171
PETER DER GROSSE 281
PETER I. 281f., 283, 284
PETER III. 285
Pfahlbürger 205
Pfalzgraf 169f.
Phalanx 115
Pharao 60ff., 110
PHILIPP II. 110, 259
PHILIPP VON SCHWABEN 186
Philister 69
Phönizier 66
Phylenordnung 100
PIECK, WILHELM 416
PIPPIN DER ÄLTERE 160
PIPPIN I. 161f.
PIPPIN III., DER JÜNGERE 161

pippinsche Schenkung 162
PIZARRO, FRANCISCO 230, 236
PLATON 108
Plebejer 115ff.
Pogrom 203f.
Polis 93, 96f.
Politbüro 444
polnische Teilungen 285, 288
Polytheismus 62, 135
POMPEIUS 123
Popularen 121
Potsdamer Abkommen 402f.
Potsdamer Konferenz 403, 408
Prädestinationslehre 258
Prager Fenstersturz 261f.
Pragmatische Sanktion 284
Präsidialkabinett 373
Prätor 118
Prätorianer 131
Preußen 275ff., 280, 285, 330f.,
   333
Priester 44, 50, 79, 96
Priesterkönig 74, 79
Priesterschaft 70
Prinzipat 125, 134
Proletariat 121
Proletarier 120
Prophet 72, 151
Proskriptionsliste 123
Protektorat 385
Protestanten 253, 255, 262
Protestantismus 250, 253
Provinz 132
Pruzzen 189
PTOLEMÄUS 216
PTOLEMÄUS I. 64
Punier 119
Puritaner 232
Pyramide 64f.

▋ Q ▬▬▬▬▬▬
Quäker 232
Quellen 14, 18
Quellenkritik 21f.
QUIN SHI HUANG-DI 76

▋ R ▬▬▬▬▬▬
Rahel-Stämme 67
RALEIGH, WALTER 294
RAMSES III. 68
Rassenlehre 375

Rat der Volksbeauftragten 361
Räterepublik 366
RATHENAU, WALTHER 367
Rationalismus 271
Raubritter 176, 207, 246,
   249
Raubrittertum 206
Ravenna 136
REAGAN, RONALD 436, 444
Rechtfertigungslehre 240, 252
Reconquista 214, 225
Reformation 245, 251, 256, 258
 – in der Schweiz 257
Reformator 244, 257
Regierungsbildung 416
Reich Benin 223
Reiche der Araber 151
Reich Gana 222
Reich Kongo 224
Reich Mali 222
Reichsacht 242
Reichsbürgergesetz 384
Reichsdeputationshaupt-
   schluss 307
Reichsfürst 252
Reichsgründung 334
Reichskanzler 335, 337, 366
Reichskirchensystem 178f.
Reichskongress 362
Reichsreform 207
Reichsritter 249
Reichsstände
 – protestantische 253
Reichstag 205, 207f., 241, 253,
   345, 360, 412
Reichstagsbrand 377
Reichstag zu Augsburg 252, 254
Reichstag zu Speyer 251f.
Reichstag zu Worms 242
Reichsverfassung 317, 334
Reichsversammlung 163, 165
Rekatholisierung 257, 260, 262
Religion 33, 72, 135
 – vedische 82
Religionsfreiheit 261
Religionspolitik 62
Renaissance 212f., 217
 – karolingische 165
Renovatio Romanorum Impe-
   rii 164
Reparation 367

Reparationen 403
Republik 114, 120, 123f., 292,
  367, 374
 – französische 305
Revolution 291, 293f., 302f., 305,
  315, 317ff., 328, 348
 – agrarische 194
 – bürgerliche 314
 – englische 292
 – französische 298
 – friedliche 438
 – glorreiche 294, 328
 – in Deutschland 316f.
 – industrielle 323ff.
 – in England 290
 – neolithische 35
 – in Russland 356
Revolutionsschrift 247
Revolution von oben 334f.
Rheinbund 307
Rheinbundstaaten 311
RIBBENTROP, JOACHIM 385
Ritter 174, 176, 245f.
Ritteraufstände 245
Ritterschaft 44
Ritterstand 173
Rittertum 245
Ritual 32
Ritus 32
ROBERT GUISKARD 150
ROBESPIERRE, MAXIMILIAN DE
  298, 305f.
Rolandsstatue 202
Rom 119
Romanisierung 133
Römisches Reich 41, 114, 118, 125,
  128, 134, 136, 142f., 198, 467
 – Untergang 133
ROMMEL, ERWIN EUGEN 387,
  389, 391
ROMULUS AUGUSTUS 136
ROOSEVELT, FRANKLIN
  DELANO 372
Rote Armee-Fraktion 428
Rote Kapelle 393
Rote Ruhrarmee 366
ROUSSEAU, JEAN-JACQUES 272
Rückversicherungsvertrag 339
Runder Tisch 444
Russland 281f., 285
RWG 429

S

Sachsen 146, 163
Sachsenkriege 163f.
Sachüberrest 18
SAINT-JUST, LOUIS 305
SALOMO 68, 70
SALT-II-Abkommen 436
SAMMURAMAT 55
Sarazenen 144
SARGON 50
SAUL 68
SBZ 409
SCHABOWSKI, GÜNTER 443
Schamanismus 33
SCHARNHORST, GERHARD JOHANN
  DAVID VON 310
SCHEIDEMANN, PHILIPP 360, 362
Scherbengericht 101
SCHLEICHER, KURT VON 374
Schlesischer Krieg 284f.
SCHLIEFFEN, ALFRED GRAF
  VON 350
Schlieffenplan 350
SCHLIEMANN, HEINRICH 91
SCHMIDT, HELMUT 435, 437
Schreiber 59
Schrift 80
 – demotische 64
 – hieratische 64
Schulbesuch 273
Schuldsklave 99
Schulpflicht 107
Schulpolitik 369
SCHUMACHER, KURT 409
Schutzstaffel 376
Schwureinung 199
Sechs-Tage-Krieg 471
Seebundflotte 107
Seefahrt 91
Seeweg 214, 216
Seldschuken 188
Semiten 49
Senat 114, 116, 118
Senatsadel 126
Senatsherrschaft 123
Sesshaftwerdung 34
Sezessionskrieg 321f.
SHDANOW, ANDREI
  ALEXANDROWITSCH 411
Sicherheitsrat 472

SICKINGEN, FRANZ VON 246
sickingsche Fehde 246
Siebenjähriger Krieg 279, 284f.,
    295
Siedler 296f.
Siedlungsformen 43
Siegermächte 397, 401, 403, 407,
    431, 432
Silbenschrift 93
Sizilianische Vesper 187
Sklave 101, 104, 117, 126, 153
Sklavenhandel 213, 295
Sklavenwirtschaft 120
Sklaverei 321
SMAD 406ff., 412, 446
SOKRATES 95, 108
Soldatenkaiser 133
Soldatenrat 293
Solidarnosc 441
SOLON 99f.
Songhai-Reich 224
SORT 437
Sozialdarwinismus 375
Sozialdemokratische
    Arbeiterpartei 326, 337
sozialdemokratische Partei 346
soziale Frage 325
Soziale Marktwirtschaft 446
Sozialgesetzgebung 338
Sozialistengesetz 336, 338, 345f.
Sozialunion 445
Spanien 225
Spanischer Erbfolgekrieg 268
Sparta 97, 101ff., 109
SPARTAKUS 126
Spartakusaufstand 362
Spartakusbund 355, 362
Spartiat 101
Spartiate 102, 103
Spätmittelalter 141, 197,
    245
Kirche 238
Staatsreligion 135f., 238
Staatswirtschaft 57
Stadt
 – mittelalterliche 202
Städtebund
 – Lombardischer 185
 – Rheinischer 200
 – Schwäbischer 200
Stadtherr 198f.

Stadtkultur 47, 54
Stadtstaat 47, 80, 94, 119, 120,
    185, 223
STALIN, JOSEF WISSARIONO-
    WITSCH 379, 395f., 402, 411,
    419, 425
Stalingrad 388f.
Stamm 31, 119
Stammesgemeinschaft 44
Ständegesellschaft
 – frühindische 81
Ständige Vertretung 434f.
START-II-Vertrag 437
Stasi-Akten 448
Statthalter 120
Staufer 183f., 186f.
STAUFFENBERG, CLAUS GRAF
    SCHENK VON 394
Steckrübenwinter 354
STEIN, KARL FREIHERR VOM UND
    ZUM 309
Steinzeit 31
 – mittlere 34
Stellungskrieg 351
STOPH, WILLI 431
Straßburger Eide 166
Stratiote 149
Streik 356
Stufenpyramide 65
Sturmabteilung 376
Sudetenland 380
Sueben 144
Suez-Kanal 471
Suezkrise 471
SULLA, LUCIUS CORNELIUS 123
Sumer 46, 48, 50f., 85
Sumerer 47
Sunna 154
Sunniten 155
SUTTNER, BERTHA VON 348
SWAPO 461
Synagoge 203
System
 – totalitäres 382
Systemkritik 439

T

Tagebuch 17
Tagelöhner 278
TASSILO III. 164
Täufertum 250

Tempel 47f., 58, 73, 79, 94, 112
Tempelbau 65
Tempelstadt 47
Tempelwirtschaft 48
Territorialgewalt 187
Tetrarchie 134
Theater 109, 112
Themenadel 149
Themenordnung 148
THEODERICH 142f.
THEODOSIUS 136
Thermopylen 104
Thronstreit 187
TIBERIUS 121, 138
TILLY, JOHANN T'SERCLAES
    VON 262ff.
Timokratie 100
TITO, JOSIP BROZ   395, 464
Toleranz 212
– religiöse 269
totaler Krieg 389
Trajan 133
Trichterbecherkultur 36
trickle-down-Theorie 466
Tripelentente 349
Triumphbogen 130
Triumvirat 123f.
Tri-Zone 411
Troja 91
TRUMAN, HARRY S. 402
Trümmerfrau 401
Türken 252f., 261, 278,
    283
TYRANNIS 100

U

Überreste
– abstrakte 18
– schriftliche 15
U-Boot-Krieg 351
ULBRICHT, WALTER 416, 422, 433,
    439
Umerziehung 406
Umweltpolitik 437
Unabhängigkeit 296, 319f., 365
Unabhängigkeitsbewegung
    318, 459
Unabhängigkeitserklärung   321
Unabhängigkeitskämpfe
– weltweite 319
Unabhängigkeitskrieg 471

– Lateinamerika 320
UN-Charta 431, 470
UN-Friedenstruppen 472
Ungläubige 153
Ungleichheit
– soziale 295
Union
– protestantische 261f.
Union Française 459
UNITA 462
UNO 463f., 469f., 472
Unternehmen Barbarossa
    387
URBAN II. 188
Urkunde 15
Urnenfelder-Kultur 39f.
USA 320f., 389, 401

V

Vasall 51, 140, 150, 171, 234
Veden 80
Vereinigte Staaten von Ame-
    rika 295f.
Vereinigung 443
Vereinte Nationen 397, 454
Verfassung 101f., 296, 301ff., 321,
    330, 335f., 363, 415, 459
– römische 116
Verfassungskonflikt 330
Verfassungsreform 106
Verhältniswahlrecht 445
Vernichtungskrieg 387
Vernichtungslager 391
Vernunft 271
Versailler Vertrag 364f., 367, 398
Versailles 267, 268, 334f.
Vertrag von Meerssen 167
Vertrag von Rapallo 368, 395
Vertrag von Tordesillas 220
Vertrag von Verdun 166
Vertriebene 402
VESPUCCI, AMERIGO 227
Veteran 125
Via Appia 128
Vichy-Regime 387
Viehzucht 91
Viermächteabkommen 432
Vietminh 456
Vietnamkrieg 436, 456
VINCI, LEONARDO DA 214
Virginia Bill of Rights 296

Völkerbund 379, 454, 470
Völkerschlacht bei Leipzig
311
Völkerwanderung 136, 140, 142
Volksaufstand 422
Volksgemeinschaft 375
Volksgericht 100
Volksgerichtshof 379
Volkskammer 444, 446
Volksrat 470
Volkstribuns 125
Volksversammlung 100f., 106,
116f.
VOLTAIRE 271f.
Vorgeschichte 30
Vor- und Frühgeschichte
– Gliederung 30

W
Waffenstillstand 352, 361
Wahlfälschung 441
Wahlkapitulation 245
Wahlmonarchie 144
Wahlrecht 363
Währungsunion 445
Waldheimer Prozesse 416
WALLENSTEIN, ALBRECHT
WENZEL EUSEBIUS
VON 264
Wandalen, 145, 263
Wandalenreich 145
Wanderung
– 1. indoeuropäische 92
– 2. indoeuropäische 93
Warschauer Getto 389, 432
Warschauer Gettoaufstand 395
Warschauer Pakt 423, 447
Warschauer Vertrag 423, 432f.
Wartburg 246
Wartburgfest 314
WASHINGTON, GEORGE 296
Wehrpflicht 380
WEILL, KURT 371
Weimarer Republik 360,
363, 398
Kultur 370
Wissenschaft und Technik
371
Weiße Rose 394
Welfen 184
Weltbild

– geozentrisches 216
– heliozentrisches 216
– nationalsozialistisches
375
– neues 212
Weltmacht 120, 127, 323
Weltmächte
– neue 397
Weltreich 119, 219
– amerikanisches 342
– britisches 340
Weltumseglung 235
Weltwirtschaftkrise 365, 372
Weltwunder 54f., 113
Wesir 61f.
Westalliierte 411f., 419
Westberlin 432
Westfälischer Frieden 265, 270,
288
Westfränkisches Reich 167
Westgoten 143, 159
Westgotenreich 144, 157
Westjordanland 473
Westmächte 418
Weströmisches Reich 136, 140,
157
Westzone 403
Wettrüsten 346
Widerstand 393
– in den besetzten Ländern 395
– kirchlicher 394
– palästinensischer 472
– studentischer 394
Wiedertäufer 250
Wiedervereinigung 436
Wiener Kongress 259, 311f.,
319
WILHELM I. 335
WILHELM II. 344, 345, 353,
356
WILHELM III.
VON ORANIEN 259, 294
WILSON, WOODROW 453
Wirtschaft 36, 39f., 127
Wirtschaftsunion 445
Wittelsbacher 186, 204f.
Wittenberg 246
Wormser Edikt 241ff., 252,
288
Wormser Konkordat 181
Wüstung 207

X

XERXES 104

Y

Young-Plan 365

Z

ZANU 460
Zar 281, 341
Zehnpunkteprogramm 443
Zehnt 192
Zeitalter
– perikleisches 106, 108
– staufisches 183
Zeitrechnung 24
Zensor 125
Zentralgewalt 187, 197, 207
Zentralverwaltung 61
Zheng 76

Zhonghua 76
zhongren 77
Zikkurat 55
Zion 70, 72
Zionismus 467
Zölibat 239
Zollrecht 206
Zunft 200
Zwangsarbeit 58
Zwangsarbeiter 402
Zwangschristianisierung 196
Zwangsvereinigung 409
Zweibund 339, 353
Zweifelderwirtschaft 194
Zwei-plus-vier-Vertrag 447
Zweiter Weltkrieg 386, 388, 393,
397, 431, 455, 458, 469
ZWINGLI, ULRICH 257f.
Zwölf Artikel 247, 248, 250

Bildquellenverzeichnis

Adam, H. O., Böhmfeld: 40/1; akg-images: 16/1, 157/1, 166/1, 223/1, 325/1; akg-images/Erich Lessing: 222/1, 49/2; akg-images/Gérard Degeorge: 79/2; M. Biber, Istanbul: 152/2; Bibliographisches Institut GmbH, Mannheim:13/1, 22/1, 73/1, 76/1, 94/1, 98/1, 103/1, 111/2, 124/1, 124/2, 129/1, 130/3, 131/1, 133/2, 147/1, 148/1, 148/2, 154/1, 154/2, 155/1, 169/1, 170/1, 178/1, 180/1, 188/1, 204/1, 215/2, 226/1, 229/1, 230/1, 231/1, 232/1, 233/2, 234/1, 235/1, 235/2, 243/1, 243/3, 246/1, 250/2, 263/1, 264/1, 265/1, 274/1, 275/1, 279/1, 281/1, 283/1, 304/1, 306/1, 308/1, 310/2, 322/1, 324/1, 326/1, 327/1, 344/1, 357/2, 370/3, 370/4, 371/1, 372/2, 373/1, 383/1, 384/1, 394/2, 425/1, 455/1, 460/1, 464/1, 467/1, 468/1; Bibliographisches Institut, Mannheim/Alexander Burkatovski: 341/1; Bibliographisches Institut, Mannheim/Bild und Wort, Literatur- und Medienagentur, Hans-Joachim Rech: 175/1; Bibliographisches Institut, Mannheim/Prof. Dr. Heidemarie Koch: 104/1; Bibliographisches Institut, Mannheim/Prof. Dr. Horst Klengel: 47/1; Bundesarchiv: B 145 Bild-F005191-0040/unbekannt/CC-BY-SA 422/1; B 145 Bild-F031401-0029/ Wegmann, Ludwig/CC-BY-SA 431/1; B 145 Bild-F054631-0013/ Engelbert Reineke/CC-BY-SA 437/1; B 145 Bild-F057884-0009/Reineke, Engelbert/CC-BY-SA 429/1; B 145 Bild-F078072-0004/Young, Katherin/CC-BY-SA 413/1; Bild 101I-270-0298-14/Amthor/CC-BY-SA 389/1; Bild 102-12449/unbekannt/CC-BY-SA 348/1; Bild 102-14597/unbekannt/CC-BY-SA 378/1; Bild 146-1969-024-67/unbekannt/CC-BY-SA 351/1; Bild 146-1970-097-76/unbekannt/CC-BY-SA 394/3; Bild 146-1976-067-10A/unbekannt/CC-BY-SA 360/1; Bild 146-1987-127-09A/unbekannt/CC-BY-SA 355/2; Bild 183-1989-1109-030/Lehmann, Thomas/CC-BY-SA 442/2; Bild 183-1989-1118-018/Roeske, Robert/CC-BY-SA 441/1; Bild 183-1990-0804-001/Lehmann, Thomas/CC-BY-SA 445/1; Bild 183-1990-0922-002/Gahlbeck, Friedrich/CC-BY-SA 442/1; Bild 183-A1227-0009-001/Schneider, Erwin/CC-BY-SA 433/1; Bild 183-F0316-0204-005/unbekannt/CC-BY-SA 388/1; Bild 183-J0305-0600-003/unbekannt/CC-BY-SA 366/1; Bild 183-L0603-406/Sturm, Horst/CC-BY-SA 432/1; Bild 183-P0801-026/Sturm, Horst/CC-BY-SA 439/1; Bild 183-P1219-0310/Sturm, Horst/CC-BY-SA 435/1; Bild 183-R22572/unbekannt/CC-BY-SA 354/1; Bild 183-R86965/unbekannt/CC-BY-SA 403/1; Bild 183-R97512/unbekannt/CC-BY-SA 376/2; Bild 183-R98105/Hoffmann/CC-BY-SA 387/1; Bild 183-S10394/unbekannt/CC-BY-SA 352/1; Bild 183-Z1212-049/Mittelstädt, Rainer/CC-BY-SA 435/2; Bild 173-1321/Wolf, Helmut J./CC-BY-SA 427/1; © CORBIS/Royalty-Free: 65/1, 268/1, 404/1; Corel Photos Inc.: 124/3, 21/1, 21/2, 33/1, 35/1, 42/2, 45/1, 61/1, 63/2, 84/2, 95/1, 99/2, 108/2, 109/1, 114/1, 130/1, 130/2, 130/4, 135/1, 139/1, 214/3, 359/1, 391/1, 392/1, 401/1, 402/1, 448/1, 453/1, 467/2, 470/1, 472/1; Dietz Verlag Berlin 1989: 303/1; Dornier Medienholding, Berlin: 225/1; Duden Paetec GmbH/16/2, 17/1, 17/2, 17/3, 31/1, 32/3, 43/3, 182/1, 216/2, 313/1, 355/1, 372/1; Farb- und Schwarzweiß-Fotografie E. Böhm, Mainz: 47/2, 185/1; Fotoarchiv Panorama: 241/2, 242/2, 247/1, 248/1, 250/1, 370/2, 397/1, 443/1; Gedenkstätte Deutscher Widerstand: 394/1; M.-L. Gubig, Berlin: 32/2; Heimatmuseum, Berlin-Köpenick: 15/1; Hessen Touristik Service e.V., Wiesbaden: 18/3, 44/1; iStockphoto/Aidar Ayazbayev: 152/1; iStockphoto/Heiko Grossmann: 25/1; iStockphoto/Nikada: 475; Dr. A. Kalenberg: 399/1; Kantonale Denkmalpflege Aargau, Schweiz: 183/1; Prof. Dr. H. Klengel, Berlin: 46/1; Kloster Müstair: 163/1; R. Langenhan, Berlin: 91/1, 92/1, 93/1, 93/2; D. Langermann, Berlin: 63/1, 143/1, 146/1, 36/1, 173/1, 176/1, 191/1, 193/1, 196/1, 201/1, 202/2, 203/1, 211/1, 237/1, 239/1, 240/2, 371/2, 403/2, 406/1; G. Lattke, Berlin: 43/1, 43/2, 175/2, 193/2; F. K. Frhr. von Linden (+): 251/1; Lutherstadt Wittenberg/P. Kühn, Dessau: 244/2; MEV Verlag, Augsburg: 281/2, 287/1; www.moneymuseum.com: 30/2, 108/1; Museum für Regionalgeschichte und Volkskunde Gotha: 39/2, 30/3, 30/4; National Geographic: 27/1; Pfalzmuseum, Forchheim: 38/1; Photo Digital, München: 175/3, 252/3; Photo Disc Inc.: 9/1, 13/2, 89/1; picture-alliance/africamediaonline: 223/2; picture-alliance/akg-images: 52/1, 62/1, 77/1, 109/2, 113/1, 132/1, 134/1, 142/1, 155/2, 159/1, 161/1, 161/2, 179/1, 180/2, 181/1, 185/2, 216/1, 217/1, 221/1, 226/2, 241/1, 256/1, 300/1, 301/1, 304/2, 314/1, 320/3, 333/1, 335/1, 342/1; picture-alliance/akg-images/Erich Lessing: 30/1, 42/1, 50/1, 53/1, 68/1, 318/1; picture-alliance/akg-images/Hedda Eid: 180/3; picture alliance/akg-images/Jean-Louis Nou: 84/1; picture-alliance/akg-images/Robert Aberman: 224/1; picture-alliance/akg-images/Tristan Lafranchis: 102/1; picture-alliance/akg-images/VISIOARS: 151/1; picture-alliance/akg-images/Werner Forman: 66/1, 70/1; picture-alliance/dpa: 48/1, 64/1, 72/1, 393/2, 432/1, 434/1, 451/1; picture-alliance/dpa Pool: 447/1; picture-alliance/imagestate/HIP: 79/1, 396/1; picture-alliance/Judaica-Sammlung Richter: 276/1; A. Plotnikow/Stadtverwaltung Brandenburg an der Havel: 202/1; Presse- und Informationsamt des Landes Berlin/Landesbildstelle, Berlin: 345/3; D. Ruhmke, Berlin: 18/1, 18/2, 37/1, 277/1; S. Ruhmke, Berlin: 176/2; Walther-Maria Scheid, Berlin: 33/2, 73/2, 142/2; Wolfgang Schreier, Leipzig: 214/1; Chr. Seidel, Berlin: 382/1; Stadtarchiv, Weißenburg in Bayern: 133/1; Stadtverwaltung Mettmann: 251/2; Sybille Storch: 32/1, 34/1; © 2003 The Yorck Project: 112/1, 206/1, 208/1, 212/1, 214/2, 214/4, 215/1, 269/1, 270/1, 289/1, 291/1, 299/1, 316/2, 329/1; Tourismus & Congress Service, Coburg: 287/2; Touristenzentrum, Frankfurt am Main: 39/1; G. Wehner, Berlin: 370/1, 376/1; Zalf, 1998: 15/2; Zeno.org: 190/1

Notizen

Notizen